MMPI 검사 ^{제6판}

성격 및 정신병리 평가

문혜신, 박현진, 유성진, 김지영 옮김

Σ 시그마프레스

MMPI 검사 : 성격 및 정신병리 평가, 제6판

발행일 | 2023년 9월 20일 1쇄 발행
　　　　2025년 2월 5일 2쇄 발행

지은이 | John R. Graham, Carlo O. C. Veltri, Tayla T. C. Lee
옮긴이 | 문혜신, 박현진, 유성진, 김지영
발행인 | 강학경
발행처 | (주)시그마프레스
디자인 | 김은경, 우주연
편　집 | 윤원진, 김은실
마케팅 | 문정현, 송치헌, 김미래, 김성옥, 최성복

등록번호 | 제10-2642호
주소 | 서울특별시 영등포구 양평로 22길 21 선유도코오롱디지털타워 A401~402호
전자우편 | sigma@spress.co.kr
홈페이지 | http://www.sigmapress.co.kr
전화 | (02)323-4845, (02)2062-5184~8
팩스 | (02)323-4197

ISBN | 979-11-6226-457-7

MMPI Instruments: Assessing Personality and Psychopathology, Sixth Edition

역자 서문

미 네소타 다면적 인성검사(Minnesota Multiphasic Personality Inventory : MMPI)는 임
상 장면에서 가장 많이 사용되는 성격 및 정신병리 검사이자 진단도구입니다. 이 책
의 저자인 John R. Graham이 언급했듯이, MMPI 검사는 민사 및 형사 소송의 법정 증거로
인정될 정도의 신뢰와 안전이 확보된 몇 안 되는 검사 중 하나입니다. 그렇기 때문에 더욱더
MMPI를 정확히 알고 심도 있게 이해하는 과정이 필요한데, 2007년 처음으로 번역된 이 책
의 제4판은 심리검사를 공부하는 대학생부터 임상 현장의 실무자까지 많은 이들의 요구에
화답한 결과입니다.

MMPI에 대한 상세한 안내서이자 교과서와도 같았던 첫 번역서가 출간된 이후 MMPI 검
사군에도 많은 변화가 있었습니다. 그 사이 미국에서는 2008년 MMPI-2 재구성판(MMPI-2-
RF)을 시작으로 2016년 MMPI 청소년용 재구성판(MMPI-A-RF)과 2020년 MMPI-3의 출
시가 이루어졌습니다. 국내에서도 MMPI-2-RF와 MMPI-A-RF가 출시되어 다양한 장면에
서 사용되고 있으며 관련된 많은 연구가 발표되고 있습니다.

이번에 번역한 책은 최근까지의 변화를 오롯이 반영한 제6판으로, 아직 국내에서 출시되
지 않은 MMPI-3에 대한 내용까지 포함하고 있어 MMPI라는 매력적인 심리검사의 향후 청
사진을 엿볼 수 있다는 데 의의가 있습니다. 무엇보다 이 책의 가장 큰 미덕은 청소년용 검사
에 대한 내용과 최신 연구가 소개되어 있다는 점인데, 제6판에서는 MMPI-A-RF도 다루고
있어 성인용 개정판과 비교하면서 공부할 수 있는 이점도 있습니다.

이 책의 저자들이 밝혔듯이, MMPI-3의 출시가 이루어진 상황은 MMPI 검사가 본격적인

전환기에 진입했음을 알리는 신호입니다. 임상가들에게 새로운 검사의 등장은 기존의 심리평가 작업을 보완하거나 개선할 수 있는 유용한 기회가 되기도 하지만, 기존의 방식을 수정하고 새로운 방식을 익히는 과정에서 필연적으로 만나는 혼란과 좌절을 감내해야 하는 순간이기도 합니다. 조금은 불편할 수도 있는 전환기에 이 책이 현재와 미래의 임상가들에게 친절하고도 유용한 지침서가 되기를 바랍니다.

이 책을 효과적으로 활용하실 수 있도록 챕터의 구성을 간략히 소개하자면, 먼저 제1장부터 제11장까지는 MMPI 및 MMPI-2의 개발과정, 척도별 개발 및 해석, 전체 프로파일의 해석적 전략이 제시되어 있습니다. 제12장부터 제15장까지는 각각 MMPI-2-RF, MMPI-3, MMPI-A, MMPI-A-RF가 단독으로 설명되어 있습니다. 저자들이 권장하고 있듯이, MMPI를 기본부터 배우고자 하는 분들은 제1장부터 끝까지 읽는 것이 가장 효과적이며, MMPI에 대한 기본지식을 갖춘 분들은 필요에 따라 제12장부터 제15장의 내용을 선택적으로 공부하시면 유용할 것입니다.

제6판의 번역은 제4판의 번역을 진두지휘하신 서울대학교 심리학과 이훈진 교수님의 노고가 없었더라면 시작되지 못했을 것입니다. 이 자리를 빌려 깊은 감사를 드립니다. 또한 국내 최초의 MMPI 전문 안내서 다면적 인성검사의 저자이자 MMPI 대가이셨던 고(故) 김중술 교수님께도 감사를 드립니다. 교수님의 MMPI에 대한 통찰력 있는 해석이 이 책의 번역에 큰 도움이 되었습니다. 이 책의 출간을 위해 애써 주신 (주)시그마프레스의 강학경 사장님과 문정현 부장님, 편집부에도 감사의 마음을 전합니다. 마지막으로 지금 이 시간 수검자의 MMPI 프로파일을 가장 적확하게 해석하기 위해 고군분투하고 있을 수많은 임상가들께 존경과 응원을 보냅니다.

2023년 8월
역자 대표 김지영

저자 서문

미네소타 다면적 인성검사(MMPI) 제품군은 미국에서 가장 널리 사용되는 성격 및 정신병리 검사이며 전 세계에서 통상적으로 사용되고 있다. 검사는 입원 환자 및 외래 환자 정신건강 장면, 의료센터 및 교정 장면에서 사용된다. MMPI 검사는 공공의 신뢰와 안전을 필요로 하는 인사 선발에도 사용된다. 민사 및 형사 소송에서 종종 증거로 인정된다. 그러나 MMPI 제품군은 2008년 MMPI-2 재구성판(MMPI-2-RF) 출시를 시작으로 2016년 미네소타 다면적 인성검사 청소년용 재구성판(MMPI-A-RF) 및 2020년 미네소타 다면적 인성검사-3(MMPI-3) 출시로 이어지는 전환기에 있다. 이 책의 마지막 판 이후로 성인 및 청소년을 대상으로 MMPI 검사 사용을 검증한 수백 편의 논문이 발표되었다. 향후 몇 년간 MMPI 전환기를 항해하는 대학원생과 임상가 모두에게 이 책이 가교 역할을 하기를 바란다.

이번 판의 새로운 내용

MMPI 검사 : 성격 및 정신병리 평가에는 두 부류의 주요 독자가 있다. 우리는 이 책이 심리학 및 관련 분야 대학원 평가 수업에 적합한 교재가 될 수 있도록 작업했다. 또한 MMPI 검사를 해석하는 임상가를 위한 종합 안내서로 유용하도록 노력했다. 본문을 개정하면서 이전 판에서 변경된 주요 내용은 다음과 같다.

- MMPI-3에 대한 내용 추가
- MMPI-A-RF에 대한 내용 추가

- MMPI-2, MMPI-2-RF, MMPI-A에 관한 최신 연구

이 책의 이전 판에서는 미네소타 다면적 인성검사-2(MMPI-2)와 미네소타 다면적 인성 검사-청소년용(MMPI-A), (당시를 기준으로) 최근에 출판된 MMPI-2-RF를 다루었다. 그 이후로 MMPI 제품군에 중요한 변화가 있었다. 첫째, 2개의 새로운 MMPI 검사가 출시되었다. MMPI-A-RF가 2016년에 출시된 것이다. 이 검사는 MMPI-2-RF와 목적 및 설계가 유사한 MMPI-A의 단축형 대체검사이다. 2020년에 출시된 MMPI-3는 최신 규준 표본뿐만 아니라 MMPI-2-RF에 있는 최신 문항 및 척도 내용 범주도 제공한다. MMPI-3의 출시는 30년 만에 처음으로 임상가가 새로운 규준의 MMPI 검사를 사용하게 되었음을 의미한다. 수검자에게 사용할 MMPI 버전을 선정할 때 정보에 입각한 선택이 중요하다는 점을 고려하여 이번 개정판에는 각 검사에 대한 챕터를 수록하였다.

둘째, 새로운 검사 외에도 이 책의 이전 판이 완성된 이후 MMPI 검사에 대한 수백 편의 논문, 챕터, 책이 출판되었다. 경험적 연구는 이들 검사 사용에 대한 정보를 지속적으로 제공해 준다. 연구의 대부분은 오랜 관행을 지지하지만, 일부 결과는 검사 해석 방식의 변화를 요구하거나 새로운 적용법을 제안한다. 따라서 이번 판에서는 새로운 자료를 검토하여 MMPI 검사 척도의 해석에 통합하고자 한다.

이 모든 변화는 MMPI 검사가 전환기에 진입했음을 나타낸다. 우리는 이러한 전환을 MMPI 검사를 사용하여 임상 평가를 개선할 수 있는 흥미로운 기회로 보고 있지만, 새로운 검사도구로 임상 역량을 발휘하는 것이 어렵거나 혼란스럽거나 좌절을 줄 수 있음도 알고 있다. 이 책이 MMPI 검사를 사용하는 임상가, 대학원생 및 교사가 격동의 전환기를 건너 경험 기반의 평가과정을 연마하도록 돕는 다리 역할을 할 수 있기를 바란다.

MMPI 검사에 대한 포괄적이고 경험적인 정보를 제공하고 이 전환기 동안 MMPI 사용자를 안내하려는 목적을 고려하여 책의 구조에 몇 가지 변화를 주었다. 이 책의 첫 11개 장은 MMPI-2에 구체적인 초점을 계속 맞추고 있으며 나머지 4개 장은 각각 다른 MMPI 검사 중 하나에 초점을 두고 있다. 이 모든 장에서 논의 중인 MMPI 척도를 역사적 맥락에 두려고 시도했는데, 이는 현재 사용에 대한 정보를 제공할 수 있을 뿐만 아니라 향후 연구가 필요한 영역을 확인할 수 있기 때문이다.

5개 검사를 모두 사용하는 기본 역량과 함께 검사에 대한 가장 심도 있는 지식을 개발하려는 독자는 책 전체를 읽는 것이 가장 좋다. 그러나 일부 독자는 MMPI 검사 중 1~2개만 사용하는 것에 관심이 있을 것이다. MMPI-2에 관심이 있는 독자에게는 첫 11개 장이 검사 사

용에 필요한 역량을 습득하는 가장 좋은 방법이다. MMPI-2-RF, MMPI-3, MMPI-A 또는 MMPI-A-RF에 대한 학습에 관심이 있는 독자를 위해 이 책의 마지막 4개 장을 단독 자료로 읽을 수 있도록 작업했다. 학습하고자 하는 검사 버전을 자세히 설명하고 있는 장부터 시작하는 것이 좋다. 그러나 한 장에서 포괄적으로 다루지 못한 몇 가지 내용이 있음을 알게 될 것이다. 그러한 경우, 내용을 더 깊이 이해하는 데 도움이 되도록 이전 장으로 다시 안내하고 있다. 목차, 각 장의 제목 및 주제 색인을 자유롭게 사용하면 참조가 되는 장에서 가장 유용한 구절을 확인하는 데 도움이 될 것이다.

MMPI 검사는 오랫동안 미국과 전 세계에서 가장 널리 사용되는 성격검사였다. 이 검사는 정보에 정통한 전문가에 의해 적절히 사용될 때 다양한 장면에서 정확하고 유용한 평가에 기여한다. 이 책이 성격 및 정신병리 평가에서 MMPI 검사를 보다 효과적이고 적절하게 사용하는 데 기여하기를 바란다.

2021년 11월
저자 일동

차례

04 · 임상 척도

05 · 상승 척도 쌍(코드타입)

06 · 내용 해석

10 • MMPI-2 법정 적용

11 • 해석 전략

12 • MMPI-2-RF

13 • MMPI-3

14 · 청소년 평가 : MMPI-A

15 · MMPI-A-RF

CHAPTER 1

MMPI와 MMPI-2의 개발

MMPI의 개발

본래 목적

MMPI(Minnesota Multiphasic Personality Inventory, 미네소타 다면적 인성검사)는 Starke Hathaway 박사와 J. Charnley McKinley 박사에 의해 1943년에 처음 출판되었다. 당시 미네소타대학병원에서 근무하고 있던 저자들은 MMPI가 기본 진단 평가도구로 유용하게 사용될 것이라고 예상하였다. 1930~1940년대 심리학자와 정신과 의사의 주된 임무는 개별 사례에 대해 적절한 진단 명칭을 부여하는 것이었는데, 이를 위해서 일반적으로 개인면담, 정신상태검사, 개인심리검사 등을 실시하였다. Hathaway와 McKinley는 집단으로 실시할 수 있는 지필식 성격검사를 사용하면, 적절한 진단 명칭을 부여하는 작업이 더 효율적이고 신뢰성 있게 이루어질 수 있을 것이라고 생각하였다.

이론적 근거

Hathaway와 McKinley는 경험적인 방법(empirical keying approach)을 적용하여 MMPI의 다양한 척도들을 구성하였다. 어떤 문항이 개인이 속한 집단을 잘 변별하고 있는지를 경험적으로 검토한 뒤에 문항을 선정하는 경험적인 방법은, 오늘날에는 일반적으로 사용되고 있는 방법이지만 MMPI 제작 당시에는 상당히 혁신적인 것이었다. 기존에 사용되던 성격검사들은 대부분 논리적인 방법(logical keying approach)에 의해 개발된 것들이었다. 이 방법은 안면 타당도에 근거해서 논리적으로 문항을 선택하거나 제작하고, 그 문항을 통해 측정하려는 속성을 잘 드러낸다고 생각되는 반응이 무엇인지를 검사 제작자가 주관적으로 판단하여 채점하는 방법이다. 하지만 임상경험과 연구 자료에 의해서 논리적인 방법의 적절성에 심각한 의문이 제기되었다. 수검자들이 자신을 드러내고자 선택한 방향으로 어떻게든 반응을 왜곡하거나 거짓으로 응답할 수 있다는 사실이 점점 분명해졌기 때문이다. 더 나아가서, 경험적인 연구들을 통해서 검사 제작자가 주관적으로 채점한 반응이 실제로 관찰된 집단 간의 차이와 흔히 일치하지 않는다는 것이 입증되었다. 새롭게 도입된 경험적인 방법에서는 개별 문항에 대한 반응을 미지의 것으로 간주하며, 경험적인 문항분석을 통해 기준 집단과의 차이(예 : 우울증 환자 집단과 비임상 집단 간의 차이)를 드러내는 문항을 밝혀낸다. 이것은 기존의 주관적인 방법이 지닌 여러 가지 문제점을 극복할 수 있는 방법이었다.

임상 척도의 개발

MMPI 기본 척도를 제작하는 첫 단계는 검사 문항으로 선정될 가능성이 있는 잠재적 예비 문항들을 대규모로 수집하는 것이었다.[1] Hathaway와 McKinley는 심리학과 정신의학의 사례, 보고서, 교과서, 개인적 및 사회적 태도를 측정하는 기존 척도 등을 토대로 개인의 성격 유형을 기술하는 다양한 진술문들을 폭넓게 수집하였다. 그들은 최초에 수집된 대략 1,000여 개의 진술문 중에서 서로 독립적이라고 판단되는 504개의 진술문을 선정하였다.

두 번째 단계는 적절한 기준 집단을 선택하는 것이었다. '미네소타 정상 집단'이라고 명명된 한 기준 집단은 주로 미네소타대학병원 환자들의 친척과 방문객 724명으로 구성되었다. 여기에 몇 개의 다른 정상 집단이 추가되면서 이 기준 집단의 인원이 더 늘어났는데, 그중에는 미네소타대학 입학설명회에 참석한 최근 고등학교 졸업자 265명, 노동진흥청 소속 노동자 265명, 미네소타대학병원 일반 환자 254명 등이 포함되었다. '임상 집단'이라고 명명된 두 번째 대규모 집단은 미네소타대학병원의 정신과 환자 221명으로 구성되었는데, 여기에는 MMPI를 제작할 당시에 임상적으로 사용되던 주요 정신과적 범주들이 모두 포함되었다. 임상 집단은 임상적으로 부여된 진단 명칭에 따라서 별개의 하위 집단으로 나뉘었고, 임상

---

1   임상 척도 및 타당도 척도의 개발과 관련된 내용은 Hathaway(1956, 1965), Hathaway와 McKinley(1940, 1942), McKinley와 Hathaway(1940, 1944), McKinley, Hathaway와 Meehl(1948), Meehl과 Hathaway(1946) 등이 보고한 일련의 논문을 축약한 것이다.

적 진단이 의심스럽거나 한 가지 이상의 진단을 받은 환자들은 임상 집단에 포함시키지 않았다. 임상 집단은 건강염려증, 우울증, 히스테리, 반사회성, 편집증, 강박증, 조현병, 경조증 하위 집단으로 구성되었다.

척도 제작의 세 번째 단계로, 미네소타 정상 집단과 각 임상 집단의 피검자들에게 504개의 원래 문항으로 구성된 검사를 실시하였다. 504개의 문항들 중에서 어떤 문항이 특정 임상 집단과 정상 집단을 유의미하게 변별하는지를 밝혀내기 위해, 각 임상 집단별로 문항분석을 실시하였다. 이런 절차를 거쳐 확인된 문항들을 각 임상 집단을 겨냥한 MMPI 임상 척도에 최종적으로 포함시켰고, 임상 척도(clinical scales)라고 부르는 8개의 척도를 제작하였다. 임상 척도의 교차 타당화를 위해서, 새롭게 구성한 정상 집단, 그 임상 척도와 관련된 임상적 진단을 받은 환자 집단, 그리고 경우에 따라 그 임상 척도와 무관한 임상적 진단을 받은 환자 집단에 검사를 실시하였다. 이들 집단의 점수가 서로 유의미한 차이를 보일 때, 그 임상 척도가 적절한 교차 타당도를 지닌 것으로 간주하였으며, 진단적 인상을 모르는 새로운 환자의 감별진단을 위해 그 임상 척도를 사용할 수 있는 것으로 간주하였다.

이후에 2개의 임상 척도를 추가로 제작하였다. 첫 번째로, 남성성-여성성(Mf) 척도를 개발하였는데 이 척도의 원래 목적은 당시에 정신장애로 간주되던 동성애를 평가하기 위한 것이었다. 그런데 동성애자와 이성애자를 적절히 변별하는 문항이 너무 부족했기 때문에, Hathaway와 McKinley는 남성성-여성성 척도를 제작할 때 범위를 더 넓혀서 접근했다. 그들은 동성애 남성과 이성애 남성을 변별하는 몇 개의 문항에 더해, 정상 집단의 남성과 여성이 서로 다르게 응답하는 문항들을 찾아내었다. 또한 Terman과 Miles의 태도-흥미 분석검사(Attitude-Interest Analysis Test, 1936)에서 몇 문항을 발췌하여 남성성-여성성 척도에 포함시켰다. 그 결과, 남성성-여성성 척도는 성적 정체성이 아니라 전통적인 남성적 관심사와 여성적 관심사를 측정하는 척도가 되었다. 두 번째로, Drake(1946)에 의해 개발된 내향성(Si) 척도를 MMPI 기본 척도에 추가하였다. Drake는 미네소타 T-S-E 검사(Evans & McConnell, 1941)의 내향성-외향성 척도에서 높은 점수 혹은 낮은 점수를 받은 여대생 집단의 문항별 반응빈도를 대조하여 내향성 척도의 문항을 선택하였다. 내향성 척도를 교차 타당화할 때는 과외활동에 활발히 참여하는 여대생들의 점수와 과외활동에 거의 혹은 전혀 참여하지 않는 여대생들의 점수를 비교하는 방법을 사용하였다. 이후에 이 척도는 여성뿐만 아니라 남성에게도 사용할 수 있는 것으로 확장되었다.

타당도 척도의 개발

자기보고식 검사에는 수검자가 의도적으로 반응을 왜곡하거나 거짓으로 응답할 수 있다는 문제점이 있다. Hathaway와 McKinley는 이러한 문제점을 인식하고 수검자의 이상반응태도(deviant test-taking attitudes)를 탐지하려는 목적으로 4개의 척도를 더 개발하였는데, 이것을 타당도 척도(validity scales)라고 명명했다. 무응답(?) 척도의 점수는 수검자가 아예 응답을 하지 않았거나 혹은 그렇다와 아니다 모두에 중복으로 응답한 MMPI 문항들의 개수를 단순히 합산한 것이다. 수검자가 응답을 하지 않은 문항이 많을 때는 임상 척도의 점수가 낮아지는 경향이 있고, 전체 프로파일의 해석 가능성에 의문이 제기된다.

처음에는 거짓말(Lie) 척도라고 불렸던 L(부인) 척도는 자기 자신을 지나칠 정도로 좋게 드러내 보이려는 수검자의 다소 순진하고 세련되지 못한 시도를 탐지하기 위해 고안되었다. L 척도의 문항들은 논리적인 방법으로 제작되었으며, 자신의 성격이나 인성의 매우 사소한 약점조차도 인정하지 않으려는 정도가 얼마나 강한지를 평가하기 위해서 일상적인 상황들을 다루고 있다. 예컨대, '매일 신문의 모든 사설을 읽지는 않는다'라는 문항이 L 척도에 포함되는데, 대부분의 사람들은 신문의 모든 사설을 매일 읽지는 않는다고 인정할 것이다. 하지만 자신을 긍정적으로 드러내 보이려는 사람들은 자기의 단점이라고 생각될 수 있는 이런 내용을 기꺼이 인정하지 않으려고 할 것이다.

F(비전형) 척도는 검사에 임하는 방식이 검사 제작자의 의도와 판이하게 다른 사람들을 탐지하기 위해 고안되었다. F 척도를 구성하고 있는 문항들은 미네소타 정상 집단의 반응빈도를 조사했을 때 어느 특정한 방향으로 응답한 비율이 정상인의 10% 미만이었던 문항들이다. 정상인 중에서도 소수의 사람들만 어느 특정한 방향으로 응답하는 것이므로, 그런 방향으로 응답했다는 것은 이상반응태도를 시사한다. 이러한 이상반응이 많은 경우에는 수검자가 지시를 잘 따르지 않았을 것이라는 의문이 제기된다. Hathaway와 McKinley는 F 척도의 점수가 상승하는 가장 흔한 이유가 수검자가 문항 내용을 잘 읽지 않고 부주의하게 응답했기 때문이라고 생각했다.

K(교정) 척도는 수검자의 임상적인 방어성향을 확인하려는 목적으로 고안되었으며, Meehl과 Hathaway(1946)가 제작하였다. 명백한 심리적 문제를 지니고 MMPI를 실시한 사람들 중에서, 일부 사람들의 임상 척도 점수는 그러한 심리적 상태에 처해 있다면 어느 정도 상승할 것으로 예상한 수준만큼 상승하지 않는다는 점이 관찰되었다. K 척도의 문항들은 실제로 심리적인 문제를 지니고 있으면서도 MMPI 임상 척도에서는 정상 범위의 점수를 보인 사람들의 반응과 임상 척도에서 정상 범위의 점수를 보인 정상인들의 반응을 비교하는 경험

적인 방법으로 선정되었다. K 척도의 점수가 높다는 것은 방어성향을 시사하며, 따라서 다른 문항들에 대한 응답의 신뢰성에도 의문이 제기된다.

이후에 K 척도는 몇몇 임상 척도의 점수를 교정하기 위해서도 사용되었다. Meehl과 Hathaway는 만약 높은 K 척도 점수가 시사하는 수검자의 방어성향이 임상 척도의 점수를 낮추는 효과를 낸다면, 개인의 행동을 더 정확하게 반영하기 위해서는 임상 척도의 점수를 어느 정도 교정하여 높여 주어야 된다고 생각하였다. Meehl과 Hathaway는 교정 비율을 여러 가지로 조정해 가면서 임상 척도들의 진단적 효율성을 검토한 뒤, K 척도 점수에 반영된 방어성향을 교정하기 위해 각각의 임상 척도에 부여할 적당한 가중치 수준을 결정하였다. 몇몇 임상 척도들의 경우에는, 임상 척도의 원점수가 개인의 임상적 상태를 가장 정확하게 예측했기 때문에 K 교정 가중치를 부여하지 않았다. 그 외의 임상 척도들에서는 점수를 적절하게 조정하기 위해서 0.2~1.0 범위의 K 교정 가중치를 부여하여, 원래의 임상 척도 점수에 합산하였다.

MMPI 활용방식의 수정

10여 년간 임상적으로 MMPI를 활용하고 추가적인 타당도 연구를 거치면서, MMPI가 본래의 검사 개발 목적, 즉 새로운 환자를 타당하게 진단하는 기능을 성공적으로 수행하지는 못한다는 사실이 명백해졌다. 특정한 임상적 진단(예 : 우울증)을 받은 환자들이 그 진단 범주에 해당하는 임상 척도에서 높은 점수를 받기는 했지만, 그들은 또한 자신이 받은 진단과는 무관한 다른 임상 척도들에서도 종종 높은 점수를 보였다. 또한 정상인 가운데 상당수의 사람들도 1개 혹은 그 이상의 임상 척도에서 높은 점수를 받았다. 이러한 결과는 임상 척도가 그 척도의 명칭과 관련된 증상증후군만을 측정하는 순수한 측정치가 아님을 의미하는 것이었다.

MMPI가 본래 의도한 목적을 이루지 못한 이유에 대해서 몇 가지의 설명이 제시되었다. 후속 연구를 통해서, 상당수의 MMPI 임상 척도들이 서로 밀접한 상관관계를 보이기 때문에 오직 1개의 임상 척도만 단독으로 상승하기는 어렵다는 것이 분명해졌다. 이렇게 높은 상관을 보인 주된 이유는 임상 척도들 사이에 서로 중복되는 문항들이 있었기 때문이다. 또한 MMPI 척도의 개발과정에 참여한 환자들에게 내려진 특정한 임상적 진단의 신뢰성이 떨어진다는 점도 임상 집단 간의 변별에 실패하게 된 원인으로 지적되었다.

MMPI를 활용하여 임상 집단을 변별하려고 시도했으나 여기서 제한적인 성공만을 거둔 것이 1940년대 당시에는 상당한 골칫거리였겠지만, 오늘날에는 이런 한계점이 그다지 문제시되지 않고 있다. 시간이 흐르면서, 임상가들은 본래 의도했던 목적과는 상당히 다른 방식으로 MMPI를 활용하게 되었다. 몇몇 중요한 측면에서 서로 다른 특징을 지닌 사람들에게 MMPI를 실시했을 때 그들의 임상 척도 점수가 신뢰할 만한 수준으로 차이를 보였기 때문에, 임상 척도는 오차 변량 이상의 어떤 것을 측정하고 있다고 가정할 수 있었다. MMPI의 활용방식을 수정하면서 연구자들은 각각의 임상 척도를 미지의 것으로 간주하였으며, 임상적 경험과 경험적 연구를 통해서 각 임상 척도와 관련이 있는 변인들을 밝혀냈다(실제로 1만 편 이상의 MMPI 관련 연구가 출판되었다). 이런 접근방법에 따르면, 어떤 사람이 특정한 척도에서 어떤 점수를 얻었을 때, 임상가는 그 척도에서 유사한 점수를 얻은 다른 사람들에 관해 밝혀진 연구 결과와 임상경험을 바탕으로 하여, 검사를 받은 그 사람의 성격특성과 행동특징을 기술한다. 또한 임상 척도의 명칭 때문에 과도한 의미가 부여될 가능성을 줄이기 위해서, 지금은 임상 척도의 원래 명칭을 사용하지 않고 그 대신에 표 1.1과 같은 척도 번호를 부여하고 있다.

한편, 각 임상 척도의 높은 점수가 시사하는 경험적인 연구 자료를 밝히는 것에 더하여, 각 임상 척도의 낮은 점수 혹은 여러 임상 척도 사이의 다양한 조합(예 : 프로파일에서 가장 높은 점수를 얻은 2개의 임상 척도)에 대한 경험적인 연구 자료를 확인하려는 노력을 기울였다. 몇몇 연구자들은 개별 프로파일을 분류하는 매우 복잡한 규칙들을 개발하였고, 그 기준을 충족시키는 프로파일을 보이는 사람들의 행동적 특성을 밝혀내기도 했다(Gilberstadt & Duker, 1965; Marks et al., 1974). 이와 같이, 비록 MMPI를 개발한 본래의 목적은 그리 성공적으로 달성되지 못했지만, 임상 척도의 점수에 근거하여 개인에 관해 기술하고 추론하는 용도로 MMPI를 활용하게 되었다. 단순히 진단 명칭을 부여하는 것을 넘어서서 일상적인 장

표 1.1   MMPI 및 MMPI-2의 임상 척도

현재 척도 번호	본래 척도 명칭
1	건강염려증(Hs)
2	우울증(D)
3	히스테리(Hy)
4	반사회성(Pd)
5	남성성-여성성(Mf)
6	편집증(Pa)
7	강박증(Pt)
8	조현병(Sc)
9	경조증(Ma)
0	내향성(Si)

면에서 MMPI를 활용할 수 있게 만든 이런 행동기술적인 접근방식으로 인해, MMPI는 임상가들 사이에서 대단히 각광받게 되었다.

MMPI-2의 개발

원판 MMPI는 광범위하게 사용되는 검사였다. 전국 규모로 이루어진 몇몇 조사에 따르면, MMPI는 미국에서 가장 빈번하게 사용되는 성격검사였다(Harrison et al., 1988; Lubin et al., 1984). 그러나 이 검사의 일부 측면에 대해 우려를 표하는 사람들도 있었다. 첫째, 대부분 미네소타대학병원에 입원한 환자를 방문한 친척이나 친구를 표본으로 삼았던 원판 표준화 집단의 적절성에 심각한 우려가 제기되었다. 그 표본은 연구자의 편의에 따라 구성되었고, 미국인 모집단을 충실히 대표하는 표본을 구성하려는 노력은 거의 이루어지지 않았다. 둘째, 원판 MMPI의 문항 내용에 관한 문제 제기도 있었다. 문항에 사용된 단어나 표현들 중에는 너무 낡거나 구식이라서 지금은 일반적으로 쓰이지 않게 된 것들도 있었다. 또한 일부 문항에는 현대의 기준으로 보면 심리검사에 사용하기에 부적절한 표현(예 : 문화적 감수성이 부족한 표현)이나 수검자가 거북하게 받아들일 내용(예 : 대장의 기능에 대한 문항)이 포함되어 있었다. 원판 MMPI를 제작할 때 주의 깊게 편집 작업을 진행하지 않았기 때문에 문법이나 맞춤법에 어긋나는 문항들이 있었고, 문장의 구조가 너무 복잡해서 수검자가 이해하기 어려운 문항들도 있었다. 마지막으로, 원판 MMPI의 문항 선정에 사용된 예비 문항의 폭이 좁았기 때문에, 많은 임상가들이 중요하게 여기는 성격특성을 충분히 평가하지 못한다는 우려가 제기되었다. 예를 들어 자살 시도, 알코올 이외의 약물 사용 등을 측정하는 문항들은 매우 적었다.

재표준화 프로젝트

MMPI에 대한 문제 제기에 호응하여, 1982년에 미네소타대학출판부는 MMPI 개정의 필요성과 가능성을 검토하기 위해서 재표준화위원회를 구성하였고, James N. Butcher, W. Grant Dahlstrom 및 John R. Graham을 위원으로 위촉하였다.[2] 이 위원회의 권고를 바탕으로

2 재표준화 프로젝트의 초기 단계에는 관여하지 않았던 Auke Tellegen도 나중에 재표준화 위원으로 위촉되었다.

MMPI를 개정하기로 결정하였다. 재표준화위원회는 변화의 필요성을 인정하면서도, 모든 노력은 원판과 개정판 사이의 연속성을 유지시키는 방향으로 이루어져야 한다는 방침을 천명하였다. 이런 방침은 원판 MMPI가 출판된 이래로 축적된 방대한 연구성과를 개정판에서도 여전히 활용할 수 있도록 보존하려는 의도였다.

재표준화 프로젝트의 목표는 다음과 같았다. 주된 목표는 전반적인 모집단으로 원판 MMPI의 표본보다 더 적절하게 일반 인구를 대표하는 현대적인 규준 집단을 구성하는 것이었다. 이에 더해, 문제의 소지가 있다고 판단된 기존의 문항들을 정정하거나 삭제하고, 내용 차원을 확충할 수 있는 새로운 문항들을 추가하여 MMPI의 문항군집을 개선하는 것을 목표로 정했다. 이 프로젝트를 통해서 차후에 기본 척도 개선 작업을 위한 자료를 얻을 수 있을 것으로 기대하기는 했지만, 기존의 타당도 척도와 임상 척도를 대폭으로 개정하는 것은 재표준화 프로젝트의 목적이 아니었다. 다만 재표준화를 위한 문항군집에 추가된 문항들이 차후에 새로운 척도를 제작하는 데 유용하게 사용될 수 있을 것으로 기대하였다.

MMPI-2의 문항 및 척도

MMPI-2의 척도들은 몇 가지 묶음으로 구별된다. 일부 척도들의 묶음은 원판 시절부터 존재했고(예 : 임상 척도), 어떤 척도들의 묶음은 개정판에서 새롭게 등장했다(예 : 내용 척도). 재표준화 프로젝트에서는 704개의 예비 문항군집을 확보했는데, 550개 문항은 원판 MMPI에서 비롯되었고, 나머지 문항들은 기존에 다루지 못했던 중요한 내용을 평가하기 위해서 추가되었다. 원판 MMPI에서 비롯된 문항들 중에서 일부는 앞서 설명한 이유로 수정되었다. 그러나 미세하게 다듬는 수준의 정정이었으므로, 문항의 의미 혹은 반응의 양상은 크게 변경되지 않았다(Ben-Porath & Butcher, 1989).

개정판에 최종적으로 포함된 문항들을 선택한 기준은 다음과 같다. 표준적인 타당도 척도와 임상 척도에서 채점되는 문항들은 모두 선택하였다. 중요하다고 판단된 보충 척도의 채점에 필요한 문항들도 선택하였다. 향후에 제작될 새로운 척도에 포함될 가능성이 있는 문항들도 추가로 선택하였다. 결과적으로, MMPI-2는 모두 567개의 문항을 갖추고 있다.

MMPI-2의 규준

미국인 모집단을 폭넓게 대표하는 대규모 규준 집단을 확보하는 것을 목표로 표본을 수집하는 절차를 진행하였다(Butcher et al., 1989).[3] 연구 참여자 선발을 위한 지침으로는 1980년

이래의 인구조사 통계 자료를 사용하였다. 규준 집단의 대표성을 확보하기 위해서, 여러 지역의 인명록과 전화번호부를 이용하여 잠재적인 연구 참여자를 선발하였다. 이렇게 선발된 잠재적인 연구 참여자에게 프로젝트의 취지를 설명하고 연구에 참여해 줄 것을 요청하는 편지를 보냈다. 또한 표본의 대표성을 향상하기 위해서, 특별한 집단에 속한 사람(예 : 미군 복무자, 아메리카 원주민)을 추가하였다. 모든 연구 참여자는 자신의 일대기에 대한 질문지 및 생활사건에 관한 질문지에 응답하였고, AX형이라고 명명된 MMPI-2 시험용 검사지의 704개 문항에 응답하였다. 검사는 연구 참여자가 거주하고 있는 지역의 편리한 장소에서 실시되었고, 모든 절차를 종료하면 15달러의 사례금을 지급하였다.

이러한 절차를 거쳐서 약 2,900명의 자료를 수집하였다. 이 중에서 타당하지 않은 자료와 불완전한 자료를 제외하고 최종적으로 확보한 표본은 2,600명의 자료로 구성되었다(남성 1,138명, 여성 1,462명). 여기에는 841쌍의 커플이 포함되어 있는데, 커플은 각자 검사를 실시하였고 2개의 질문지에 추가로 응답하였다. 그중 하나는 관계의 기간 및 양상을 기술하는 질문지였고, 다른 하나는 Katz 적응 척도(Katz Adjustment Scales; Katz & Lyerly, 1963) 개정판에 포함된 110개의 성격특성에 관해 커플이 서로 상대방을 평정하는 것이었다. 검사-재검사 신뢰도 자료를 수집하기 위해, 처음 검사를 실시하고 나서 대략 1주일이 지난 뒤에 111명의 여성과 82명의 남성에게 재검사를 실시하였다.

표본의 인종별 구성 비율은 백인계 81%, 흑인계 12%, 라틴계 3%, 원주민 3%, 아시아계 1%였다. 연구 참여자의 연령은 18~85세 범위의 분포를 보였고(평균=41.04, 표준편차=15.29), 정규교육 수준의 범위는 3~20년이었다(평균=14.72, 표준편차=2.60). 기혼자의 비율은 남성이 61.6%, 여성이 61.2%였다. 대략 남성의 32%와 여성의 21%가 전문직이나 관리직에 종사했으며, 노무직에 종사하는 사람은 대략 남성의 12%와 여성의 5%였다. 가족 연소득의 중앙치는 남성이 3만~3만 5,000달러였고, 여성이 2만 5,000~3만 달러였다. 규준 집단에서 대략 남성의 3%, 여성의 6% 정도가 연구에 참여할 당시 심리적인 문제로 치료를 받고 있다고 응답하였다.

발표 시점에서, MMPI-2 규준 집단은 원판 MMPI 규준 집단보다 전체적인 모집단을 더 적절하게 대표하고 있었다. 교육 수준이 높은 사람들이 실제보다 많이 표집되었다는 우려가 일부 있었지만, 이것은 검사를 받을 가능성이 더 높은 사람들의 유형을 반영하고 있는

---

3 이 책에서 앞으로 사회문화적 하위 집단을 지칭할 때는 미국심리학회(2020)가 제시한 가이드라인을 준수할 것이다. 그러나 원판 MMPI 매뉴얼 및 개정판 MMPI-2 매뉴얼과 같은 기존에 출판된 자료나 경험적 연구를 소개할 때는 출처에 표기된 표현을 유지할 것이다. 연구 참여자의 자기정체성을 반영하는 표현일 것이기 때문이다.

것으로 이해되었다. Butcher(1990a), Dahlstrom과 Tellegen(1993), 그리고 Long 등(1994)은 MMPI-2 규준 집단의 교육 수준과 MMPI-2의 타당도 척도 및 임상 척도 점수 사이의 관련성이 무시할 수 있는 수준임을 확인하였다. Schinka와 LaLone(1997)은 MMPI-2 표준화 표본 중에서 일부를 선택해서 1995년에 실시된 인구조사 통계 자료의 성별, 인종, 연령, 교육수준 분포와 합치되는 하위 표본을 구성하였다. 그들은 MMPI-2 표준화 표본이 현재의 미국인 모집단과 매우 유사하며, 표준화 표본과 미국인 모집단 사이에 존재하는 (교육 수준을 포함한) 약간의 인구학적 차이는 임상적으로 의미가 없다고 결론지었다.

MMPI-2의 현황

MMPI-2에 대한 평가는 긍정적이었다. Nichols(1992)는 MMPI-2에 대해 개관하면서, "구조화된 검사를 처음 선택하는 심리진단가라면, 개인을 임상적으로 기술하고 예측하는 데 있어서 MMPI-2에 필적할 만큼 우수한 신뢰도를 지닌 이상심리 평가도구를 찾아내기는 어려울 것"(p. 565)이라고 논평하였다. 심리학자를 대상으로 조사했을 때(Camara et al., 2000), MMPI와 MMPI-2는 심리학자가 가장 많이 사용하는 성격검사였고(86%가 사용), 모든 심리검사 중에서 웩슬러 성인용 지능검사(WAIS; 94%가 사용) 다음으로 가장 많이 사용되는 검사였다. 최근에 C. V. Wright와 동료들(2017)이 실시한 조사에서도 유사한 결과가 보고되었다. MMPI-2와 MMPI-2-RF(Ben-Porath & Tellegen, 2008/2011; Tellegen & Ben-Porath, 2008/2011)는 외래 장면(83.8%) 및 입원 장면(94.9%)에서 성격과 정신병리를 광범위하게 평가할 때 가장 빈번하게 사용된다. 또한 MMPI와 MMPI-2는 심리학 박사과정(Ph. D. 및 Psy.D.)에서 가장 중점적으로 교육하는 성격 평가도구이며(Belter & Piotrowski, 2001; Mihura et al., 2017), 심리학 인턴을 가르치는 지도감독자들이 심리학자로서의 임상활동에 가장 필수적인 심리검사라고 손꼽는 것이기도 하다(Piotrowski & Belter, 1999). 지속적으로 축적되고 있는 연구 자료들도 MMPI-2의 유용성을 입증하고 있다. 1989년에 개정판이 출판된 이래로, MMPI-2를 활용하여 작성된 논문과 서적과 학위가 대략 3,000편에 이른다. 이런 연구들 중에는 다른 심리검사나 구성개념을 평가하기 위한 목적으로 MMPI-2의 척도들을 활용한 연구들도 일부 있지만, 대부분의 연구에서는 MMPI-2의 심리측정적 속성에 대한 중요한 정보를 제공하고 있으며, 다양한 임상 장면에서 여러 가지 목적으로 MMPI-2가 활용되고 있음을 보여 준다.

    비록 1989년에 MMPI-2가 출간된 이후로 더 이상의 개정 작업은 진행되지 않았지만, 몇 가지 주목할 만한 발전이 있었다. MMPI-2 매뉴얼 개정판(Butcher et al., 2001)을 보면, 1989년

이후로 MMPI-2에 추가된 일부 척도의 채점방식 및 해석지침에 관한 정보를 얻을 수 있다. 새로운 타당도 척도로 F_p(비전형–정신병리) 척도(Arbisi & Ben-Porath, 1995)와 S(과장된 자기제시) 척도(Butcher & Han, 1995)를 추가하였고, Ho(적대감) 보충 척도(Cook & Medley, 1954)를 보강하였다. 또한 내용 척도의 해석을 돕기 위해서 Ben-Porath와 Sherwood(1993)가 개발한 내용 소척도를 추가하였다. 아울러, MMPI-2와 성격장애의 차원 모델을 연결하는 PSY-5(성격병리 5요인) 척도가 포함되었다. PSY-5 척도는 Harkness 등(2002)의 저서에 자세히 소개되어 있다. MMPI-2 매뉴얼 개정판이 발간된 이후에 새롭게 제작되어 대부분의 표준적인 채점방식에서 제공되는 척도들도 있다. 예를 들어, RC 척도(재구성 임상 척도; Tellegen et al., 2003)와 FBS 척도(증상 타당도; Ben-Porath et al., 2009)가 그렇다. 이런 척도들에 대한 자세한 설명은 이 책의 해당 부분에서 상세히 다룰 것이다.

현재까지 몇 가지 버전의 MMPI가 추가로 제작되었다. 먼저, 1992년(Butcher et al., 1992)에 MMPI-A(청소년용)가 발표되었다. MMPI-2와 나란히 개발된 MMPI-A는 14~18세의 청소년에게 활용된다. 또한 성인용 재구성판인 MMPI-2-RF(Ben-Porath & Tellegen, 2008/2011)와 청소년용 재구성판인 MMPI-A-RF(Archer et al., 2016)가 존재한다. 재구성판은 각각 MMPI-2와 MMPI-A의 대안으로 개발되었고, 문항 수를 줄여서 검사시간을 단축하면서도 문항군집의 심리측정적 속성은 개선하려는 의도를 반영한다. MMPI-2-RF의 규준 집단은 MMPI-2의 규준 집단과 동일하며, MMPI-2의 문항군집에서 338개의 문항만 발췌해서 51개의 척도를 제공한다. Archer와 동료들(2016)은 이와 유사한 방식을 적용하여 MMPI-A-RF를 개발했고, 14~18세 청소년을 대상으로 하는 241개의 문항과 48개의 척도를 제공한다. 가장 최근에는 MMPI-3(Ben-Porath & Tellegen, 2020)가 발표되었다. 2020년 인구조사 통계 자료를 고려하여 2개의 새로운 규준 집단(영어 사용자, 스페인어 사용자)을 구성하였고, MMPI-2-RF의 문항군집에 몇 개의 새로운 문항을 추가하였다. MMPI-3는 335개의 문항과 52개의 척도를 제공하며, 18세 이상의 성인을 대상으로 활용된다. 이들 네 가지 버전의 MMPI에 대해서는 이어지는 해당 부분에서 상세히 논의하겠다.

CHAPTER 2

실시 및 채점

검사 실시자의 자격

MMPI-2는 지필검사 혹은 컴퓨터를 이용하여 쉽게 실시하고 채점할 수 있다. 적절한 교육과 감독을 받은 사무원, 비서, 직원 등이 검사의 실시 및 채점 절차를 대신할 수도 있겠지만, MMPI-2는 매우 복잡하고 정교한 심리검사이므로 심리검사 이론, 성격의 구조 및 역동, 정신병리학, 심리진단 등에 대해 충분한 훈련을 받고 자격을 갖춘 전문가만 MMPI-2를 사용할 수 있도록 제한한다. 따라서 MMPI-2 검사지를 구입하려면, 먼저 검사 보급회사에 다음과 같은 내용을 증명할 수 있는 서류를 제출해야 한다. (1) 독립적으로 심리학적 서비스를 실시할 수 있음을 증명하는 자격증, 혹은 (2) 심리학 또는 인접 학문 분야의 학위 및 대학원에서 심리검사와 심리측정 과목을 이수했음을 보여 주는 증명서, 혹은 검사 보급회사가 인정하는 워크숍이나 강좌를 이수했음을 보여 주는 수료증, 혹은 (3) 이런 수준의 심리검사를 실시할 수 있는 자격을 획득했음을 증빙하는 법적인 서류. 이러한 자격 기준은 미국심리학회 및 다른 전문기관들이 표방하고 있는 기준과 동일하다. 더욱이 MMPI-2를 사용하는 사람은 이 검사 자체에 대해서 상세하게 알고 있어야 한다. 또한 MMPI-2 매뉴얼(Butcher et al., 2001)에 제시된 모든 자료를 반드시 숙지해야 하며, 이 책과 같은 교과서에서 소개하는 MMPI-2 해석 절차를 숙달해야 한다.

누가 MMPI-2 검사를 받을 수 있는가?

MMPI-2를 실시하여 의미 있는 검사 자료를 얻으려면, 수검자가 모든 문항을 반드시 읽고 충분히 이해한 뒤에 적절하게 응답해야 한다. MMPI-2 매뉴얼(Butcher et al., 2001)에 따르면, 요즘 사람들의 독해능력을 감안할 때, MMPI-2의 모든 문항 내용을 이해하고 적절하게 응답하려면 적어도 초등학교 6학년 이상의 독해 수준이 필요하다. 만약 수검자의 독해능력이 저조한 것으로 의심된다면, 독해능력에 대한 표준화된 평가를 먼저 실시해야 한다. 수검자가 초등학교 6학년 수준에 미치지 못하는 독해능력을 지닌 경우라고 하더라도, 오디오테이프에 녹음된 문항을 듣고 응답하는 방식의 표준화된 절차를 따른다면 MMPI-2를 실시할 수 있는 경우도 간혹 있다.

MMPI-2는 18세 이상의 성인을 평가하기 위해 개발된 검사이다. 18세 이하의 청소년에게는 MMPI-A(Butcher et al., 1992) 혹은 MMPI-A-RF(Archer et al., 2016)를 실시해야 한다. 18세에 해당되는 규준은 MMPI-A와 MMPI-2 모두 갖추고 있으므로, 이 연령의 수검자에게는 두 검사 중 어느 것이라도 실시할 수 있다. 임상가는 18세인 수검자에게 MMPI-A와 MMPI-2 중에서 어떤 검사를 실시할 것인지를 개별 사례에 맞게 판단해야 한다. 일반적으로, 18세의 고등학생에게는 MMPI-A를 실시하는 것이 낫고, 같은 18세라고 하더라도 대학생이거나 직장생활을 하는 사람, 혹은 독립적인 생활을 영위하고 있는 사람에게는 MMPI-2를 실시하는 것이 낫다. 청소년용 MMPI에 대해서는 제14장과 제15장에서 설명하겠다. 성인용 MMPI-2의 경우, 연령의 상한선은 없다.

MMPI-2의 실시 여부를 결정할 때, 잠재적인 수검자의 임상적 상태를 고려하는 것이 중요하다. 이 검사를 끝내는 것은 많은 사람들에게 힘들고 지루한 과제이다. 심한 우울감, 불안감, 초조감을 경험하고 있는 사람은 검사를 마칠 때까지 견디기 어려워하며, 인지적 손상 혹은 쇠퇴를 겪고 있는 사람도 마찬가지다. 이런 경우라면 검사시간을 짧게 여러 번으로 나누어서 실시할 수 있다. 극도의 심리적 혼란상태에 있는 사람들은 검사의 표준적인 지시사항을 이해하거나 따르지 못할 수도 있는데, 이런 경우에 표준화된 절차로 녹음된 테이프를 통해 문항을 불러 주면 검사를 모두 마칠 수 있는 사람도 있다.

MMPI-2의 실시

MMPI-2는 표준화된 심리검사이며, 검사 결과의 차이는 수검자의 차이에서 비롯된 것으로 간주한다. 즉, 검사 실시의 차이가 검사 결과의 차이를 유발하면 안 된다는 뜻이다. 일반적으로, MMPI-2는 검사지와 답안지를 사용하는 방식으로 실시된다. 또는 컴퓨터를 이용해서 문항에 응답하는 방식도 가능하다. 대부분의 경우 검사자에게 가장 편리한 방식으로 실시되며, 개인적 혹은 집단적으로 실시될 수 있다. 보통 혹은 그 이상의 지능을 보유하고 있으면서 그 밖의 복합적인 문제(예 : 독해능력 부족, 심각한 정서적 고통)가 없는 사람들은 일반적으로 1시간에서 1시간 30분 사이에 검사를 마칠 수 있다. 지필식 검사가 컴퓨터식 검사보다 더 오래 걸린다. 독해능력이 부족한 사람들 혹은 그 밖의 복합적인 문제를 지니고 있는 사람들의 검사시간은 2시간을 초과할 수도 있다.

때로는 MMPI-2를 집으로 가져가서 실시하도록 하는 게 편리해 보일 수도 있겠지만, 이것은 허용되지 않는다. 이 검사는 적절한 감독이 이루어질 수 있는 전문적인 장소에서 실시되어야 한다. 그렇게 해야 검사를 진지하게 실시할 가능성이 높아지며, 타당하고 유용한 결과를 얻을 가능성도 높아진다. 법원에서 의뢰된 법적인 평가를 실시할 때, 채점되고 해석된 검사 자료가 정말로 그 사람의 자료이며 적절한 감독하에 실시된 것인지 등을 확인해 달라고 요구하는 경우가 있는데, 만약 직접 감독하에 검사를 실시하지 않았다면 검사자가 답변하기 곤란할 것이다.

MMPI-2를 실시하기 전에, 검사자는 수검자와 긍정적인 라포(rapport)를 형성해야 한다. 수검자의 협조를 이끌어 내는 가장 좋은 방법은 MMPI-2를 실시하는 이유를 설명하고, 검사 결과를 누가 알게 될 것인지 알려 주며, 수검자가 협조하는 것이 왜 중요한지를 설명해 주는 것이다. 검사는 조용하고 편안한 장소에서 실시해야 한다. 검사자나 감독자는 검사의 실시과정을 관찰하면서 혹시라도 있을 수 있는 수검자의 질문에 응답할 수 있어야 한다. 검사자는 수검자가 지시문을 신중하게 읽고 이해했는지를 주의 깊게 확인해야 한다. 검사 도중에 수검자가 질문을 하면, 이를 신속하고도 스스럼없이 다루어야 한다. 수검자로 하여금 표준화된 지시문을 다시 읽어 보게 하면, 대부분의 질문을 해결할 수 있다.

검사지 및 답안지

MMPI-2 검사지는 오직 한 가지 형식만 존재한다. 모든 문항은 동일한 순서로 배열되어 있으며, 기존의 타당도 척도(L, F, K) 및 임상 척도에 채점되는 문항들이 검사지의 전반부에 배치되어 있다. 따라서 전반부의 370문항만 실시해도 표준 척도(standard scales)들의 점수는 얻을 수 있다. 하지만 전체 문항에 모두 응답하지 않고 일부에만 응답하면, MMPI-2에서 활용할 수 있는 새로운 타당도 척도(VRIN, TRIN, F_B, F_P, FBS), 내용 척도, 내용 소척도, RC 척도, PSY-5 척도, 그리고 상당수의 보충 척도 점수를 구할 수가 없다. 따라서 아주 특별한 경우를 제외하면 모든 문항에 응답하도록 지시하는 것이 바람직하다.

MMPI-2는 여러 언어로 번역되어 있다. 미국에 거주하지만 영어가 주언어가 아닌 사람, 다른 언어를 주언어로 사용하는 지역에 거주하는 사람을 배려한 것이다. MMPI-2의 번역과 관련된 목록 및 정보를 원하는 사람은 미네소타대학출판부 홈페이지를 참고하기 바란다.

지필식으로 검사를 실시하는 경우, 수검자는 검사지에 제시된 문항을 읽고 답안지에 자신의 응답을 기입한다. 전형적인 검사지는 얇은 표지로 제작되어 있다. 두꺼운 표지로 제작된 검사지도 있지만, 이것은 책상이나 딱딱한 받침이 없을 때 선택적으로 사용된다. 미국에는 영어와 스페인어로 제작된 검사지가 있고, 캐나다에는 프랑스어로 제작된 검사지도 있다. 다른 언어로 제작된 검사지에 대해서는 미네소타대학출판부 또는 검사 보급회사 홈페이지를 참고하기 바란다.

MMPI-2에서는 몇 가지 종류의 답안지가 사용되고 있다. 검사자가 채점을 어떻게 할 계획인가에 따라서 어떤 답안지를 사용할지가 결정된다. 만약 지필식으로 채점할 것이라면, 그에 알맞은 답안지를 사용해야 한다. 만약 컴퓨터로 채점할 것이라면, 다른 형식의 답안지를 사용해야 한다. 따라서 검사자는 검사를 실시하기 전에 채점방식을 결정해야 한다. 검사 보급회사의 홈페이지를 참조하면 답안지 사용과 관련된 구체적인 정보를 얻을 수 있다.

컴퓨터 방식으로 검사를 실시하는 경우, 검사 보급회사가 제공하는 프로그램을 사용한다. Pearson Assessments는 Q-Local과 Q-Global이라는 소프트웨어를 제공한다. 수검자는 컴퓨터 모니터에 나오는 지시에 따라서 검사를 실시하며, 키보드나 마우스를 이용해서 자신의 응답을 입력한다. 다섯 편의 MMPI-2 연구를 메타분석한 결과(Finger & Ones, 1999), 컴퓨터 방식과 검사지 방식이 심리측정적으로 동등하였고, 표본오차 수준의 작은 차이만을 보였다.

만약 표준적인 검사지에 응답하는 것이 어려운 수검자가 있다면, 표준화된 절차에 의해서 녹음된 테이프를 들려주는 방식을 취할 수 있다. 성우가 감정이 섞이지 않은 목소리로 문항을 읽어 주고 반복하면, 수검자는 답안지 혹은 컴퓨터에 자신의 응답을 입력한다. 이 방식은 거의 문맹인 사람들이나 표준적인 절차를 따르지 못할 정도의 장애를 지니고 있는 사람들에게 유용하다. 음성녹음은 영어, 프랑스어, 스페인어, 남중국어 등으로 제작되어 있다. 몇몇 초기 MMPI 연구들은 음성녹음방식도 표준적인 방식과 유사한 결과를 산출한다는 점을 밝혔다(Henning et al., 1972; Reese et al., 1968; Urmer et al., 1960). 두 방식 간의 결과 차이는 표준적인 방식으로 두 번 실시했을 때의 차이보다 크지 않았다. 비록 모든 연구가 원판 MMPI를 기반으로 실시된 것이기는 하지만, MMPI-2를 활용한다고 해서 이런 결과가 달라질 이유는 없을 것이다.

경우에 따라서는, 검사자가 직접 수검자에게 MMPI-2의 문항들을 읽어 준 뒤 답안지에 응답하게 하거나 혹은 수검자로 하여금 큰 소리로 응답하게 하여 검사자가 답안지에 받아 적는 방식이 더 편리해 보일 수도 있다. 하지만 이런 방식으로 검사를 실시해서는 안 된다. 왜냐하면, 검사자가 문항을 읽어 주는 것은 표준화된 절차로부터 크게 벗어나기 때문이다. 한 연구에서(Edwards et al., 1998), MMPI-2 문항을 검사자가 직접 읽어 주는 방식이 수검자의 응답을 더 방어적으로 이끈다는 결과가 보고되었다. 검사자의 목소리 음색, 얼굴 표정, 기타 비언어적 행동 등이 수검자의 응답에 영향을 줄 수 있으며, 결과적으로 척도 점수를 알 수 없는 방향으로 변화시킬 수 있다. 이것은 특히 검사자나 수검자가 특정한 검사 결과를 얻으려는 동기가 있는 경우에 더욱 문제가 된다.

MMPI-2의 채점

수검자가 MMPI-2의 문항들에 응답하면, 지필식 혹은 컴퓨터 방식으로 채점할 수 있다. 컴퓨터로 채점하려면 그에 맞는 소프트웨어를 사용해야 한다. 소프트웨어를 활용하면 여러 척도의 점수와 해석 보고서를 선택할 수도 있다. 컴퓨터 방식으로 검사를 실시하는 경우에는 수검자의 반응이 컴퓨터에 저장되며, 곧바로 채점 프로그램을 작동시킬 수 있다. 지필식으로 검사를 실시하는 경우에도 수검자의 반응을 소프트웨어에 입력할 수 있고 채점할 수 있다. 컴퓨터 채점을 위한 마지막 방법은 검사를 채점해서 그 결과를 대략 1주일 이내에 통보해 주는 미니애폴리스의 Pearson Assessments로 답안지를 보내는 것이다. 여기서 제공되는 모든 컴퓨터 채점은 사용할 때마다 비용을 지불해야 한다. 컴퓨터 서비스와 관련된 자세한 내용에 대해서는 검사 보급회사에 문의하기 바란다.

여러 사람에게 한꺼번에 많은 검사를 실시하는 사용자가 아니라면, 상당수의 사용자들은 지필식 채점판을 활용해서 손으로 채점하는 것을 선호할 수 있다. 이것을 활용하면 121개 척도의 채점 방향을 알 수 있다. 자세한 사항은 MMPI-2 매뉴얼을 참고하기 바란다(Butcher et al., 2001). 비록 MMPI-2의 지필식 채점이 단순한 일이기는 하지만, 숫자를 세거나 기록하는 과정에서 실수하는 일이 흔하므로 주의를 기울여서 채점해야 한다. 사실, Allard와 Faust(2000)는 여러 객관적 성격검사에서 채점 오류가 상당히 자주 발생하는데, 지필식이나 컴퓨터식 모두에서 오류가 나타나고, 컴퓨터식에서는 키보드로 응답을 입력할 때 오류가 자주 생긴다는 점을 보여 주었다.

T 점수 변환

수검자의 자료를 규준 집단의 자료와 동일한 선상에서 비교하고 해석하기 위해서, 여러 척도들의 원점수는 T 점수로 변환된다. T 점수는 평균이 50, 표준편차가 10인 표준화된 점수를 뜻한다. 여기서 문제는 MMPI-2에 포함된 척도들의 원점수가 정규분포를 이루지 않기 때문에, 원점수와 동일한 분포를 갖는 선형(linear) T 점수는 개별 척도마다 정확히 같은 의미를 지니지 못한다는 것이다. 예를 들어, 어떤 임상 척도에서 선형 T 점수 65점이 의미하는 백분위와 다른 임상 척도에서 선형 T 점수 65점이 의미하는 백분위가 반드시 일치하지는 않는다.

이러한 문제점을 해결하기 위해서, MMPI-2는 동형(uniform) T 점수를 채택하였다. 척도 5와 척도 0을 제외한 나머지 8개의 임상 척도는 모두 동형 T 점수로 환산된다. 동형 T 점수를 사용하면, 임상 척도의 특정한 T 점수(예 : 65점)가 모두 동일한 백분위(예 : 92percentile)에 해당하므로 동등하게 비교할 수 있다(Butcher et al., 2001). 이를 위해, MMPI-2 규준 자료의 원점수를 기반으로 합성분포(또는 평균분포)를 산출한 다음, 8개 임상 척도 각각의 기존분포를 합성분포에 부합하도록 조정하였다. 이런 절차를 거쳐 백분위가 동등하며 분포의 왜도(skewness)와 첨도(kurtosis)가 근사하는 동형 T 점수를 도출하였다(Tellegen & Ben-Porath, 1992). 그 결과, 어떤 특정한 척도에서 분포의 변화가 지나치게 크지 않았고, 프로파일은 대부분 비슷한 특징을 계속해서 유지하게 되었다. 표 2.1에서 어떤 동형 T 점수에 해당

표 2.1 동형 T 점수와 백분위

동형 T 점수	백분위
30	≤1
35	4
40	15
45	34
50	55
55	73
60	85
65	92
70	96
75	98
80	≥99

출처 : Excerpted (Table 4) from the *MMPI®-2 (Minnesota Multiphasic Personality Inventory®-2) Manual for Administration, Scoring, and Interpretation, Revised Edition* by James N. Butcher, John R. Graham, Yossef S. Ben-Porath, Auke Tellegen, W. Grant Dahlstrom, and Beverly Kaemmer. Copyright © 2001 by the Regents of the University of Minnesota. Used by permission of the University of Minnesota Press. All rights reserved. "MMPI®" and "Minnesota Multiphasic Personality Inventory®" are registered trademarks of the Regents of the University of Minnesota.

하는 백분위를 파악할 수 있다.

　동형 T 점수는 내용 척도, PSY-5 척도, RC 척도에서도 동일하게 적용된다. 하지만 8개의 임상 척도와는 사뭇 다른 분포특성을 지니고 있는 척도 5와 척도 0, 그리고 타당도 척도에서는 동형 T 점수가 아니라 선형 T 점수를 적용한다. 보충 척도 역시 선형 T 점수를 적용한다.

　어떤 방식으로 MMPI-2를 채점하더라도, 검사자는 어떤 규준(norm)을 사용해서 표준 척도의 점수를 산출할 것인지 결정해야 한다. MMPI-2는 남성에게 사용하는 규준과 여성에게 사용하는 규준을 구분하였다. 남성의 원점수와 여성의 원점수가 중요한 차이를 보였기 때문이다. 그런데 이것은 남성과 여성이 실제로 기저율의 차이를 드러낸다는 가정이 아니라 남성과 여성이 증상과 문제를 기꺼이 인정하는 정도에서 차이를 드러낸다는 가정에 근거한다. 하지만 인사 선발 장면에서 남성과 여성을 구분하는 성별 규준을 사용하면 문제가 된다. 1991년에 발효된 시민권 법령에 따르면, 인사 선발 장면에서 인종, 피부색, 종교, 국적, 성별을 고려하는 것은 명백히 금지된다. 따라서 성별 규준을 사용하면 이 조항을 위배하게 되므로, 인사 선발 장면이나 성별 규준이 금지된 장면에서는 비성별 규준을 사용하는 것이 적절하다. 비성별 규준은 MMPI-2 규준 집단에 포함된 남성 1,138명과 여성 1,138명을 대상으로 제작되어 있다(Ben-Porath & Forbey, 2003). Ben-Porath와 Forbey(2003)는 성별 규준으로 채점된 점수와 비성별 규준으로 채점된 점수를 비교하는 연구를 수행했는데, 일부 척도들에서 유의미한 차이가 발견되기는 했지만, 어떤 규준을 적용하더라도 개인에 대한 해석은 달라지지 않는다고 결론지었다.

MMPI-2 프로파일

채점을 모두 마치면, 검사자는 수검자의 점수를 MMPI-2 프로파일로 요약하여 정리한다. 컴퓨터로 채점하는 경우, 프로파일이 자동으로 작성된다. 지필식으로 채점하는 경우에는 타당도 척도, 임상 척도, 내용 척도, PSY-5 척도, RC 척도 및 보충 척도 점수를 기록할 수 있는 프로파일 서식을 검사 보급회사에서 제공받을 수 있다. 모든 경우, 임상 척도의 T 점수는 두 가지 버전으로 제시되는데, 각각 K 교정을 실시한 점수와 K 교정을 실시하지 않은 점수이다. 역사적으로, 검사자는 주로 K 교정을 실시한 점수를 사용해 왔다. 그러나 지난 수십 년 동안 이에 대한 의문도 존재해 왔다. K 교정을 실시하지 않은 점수를 사용하는 것이 더 바람직한 상황에 대해서는 MMPI-2 매뉴얼(Butcher et al., 2001)을 참고하기 바란다. 일반적으로, K 교정을 실시하면 내담자나 환자가 아닌 사람들, 특히 MMPI-2에 방어적으로 응답한 사람들의 점수를 과대평가하게 된다. 이런 경우에는 K 교정을 실시하지 않은 점수를 활용해서 규준 집단과 비교해야 개인의 적응 수준을 더 정확하게 반영할 수 있다. 임상 장면에서는 두 점수가 매우 유사한 경향이 있다. 따라서 우리는 K 교정을 실시하지 않은 점수를 기본적으로 사용할 것을 권장한다. 이어지는 제3장에서 더 자세하게 논의하겠다.

CHAPTER 3

타당도 척도

MPI-2에서 최대한 정확하고 유용한 정보를 얻으려면, 수검자는 검사자의 표준적인 지시를 준수해야 한다. 검사자는 각 문항을 잘 읽고 내용을 파악한 뒤, '그렇다– 아니다' 형식으로 제시된 답안지에 솔직하고 정직하게 응답하라고 수검자에게 지시한다. 표준적인 절차에서 크게 벗어난 방식으로 검사를 실시한 경우, 그 자료는 타당하지 않은 것으로 간주되어야 하며, 더 이상 해석해서는 안 된다. 수검태도가 표준적인 절차와 약간 어긋나는 경우에는 검사 결과를 타당하지 않은 것으로 간주할 필요까지는 없지만, 자료를 해석할 때 이 점을 반드시 고려해야 한다.

MMPI-2의 타당도 척도는 검사 결과를 왜곡할 가능성이 있는 수검태도의 문제를 평가한다. 무응답(?) 점수, VRIN(무선반응 비일관성) 척도, TRIN(고정반응 비일관성) 척도, F(비전형) 척도, F_B(비전형–후반부) 척도, F_P(비전형–정신병리) 척도, FBS(증상 타당도) 척도, L(부인) 척도, K(교정) 척도, S(과장된 자기제시) 척도가 존재한다.

연구에 따르면, 타당도 척도는 수검자의 수검태도에 관해 중요한 정보를 제공할 뿐만 아니라 검사 외적인 행동(예 : 증상, 성격특성)과도 관련이 있다. 하지만 우리는 주로 수검태도를 평가하는 데 타당도 척도를 활용하기를 바라며, 수검자의 성격이나 정신병리에 대한 추론은 주로 MMPI-2의 다른 척도에서 이끌어 낼 것을 권장한다. 각각의 타당도 척도에 포함된 문항들과 채점 방향 및 선형 T 점수는 MMPI-2 매뉴얼(Butcher et al., 2001)의 부록에 제시되어 있다.[1] FBS 척도와 관련된 정보는 별도의 자료(Ben-Porath et al., 2009)를 참고하기 바란다. 비성별 규준과 관련된 정보는 Ben-Porath와 Forbey(2003)의 부록에 제시되어 있다.

Nichols 등(1989)은 수검자의 반응이 타당하지 않아서 검사 결과를 무효로 간주해야 할 때, 이것이 문항 내용과 '무관한' 무효 응답인지 아니면 문항 내용과 '관련된' 무효 응답인지 구분해야 한다고 강조하였다. 문항 내용과 무관한 무효 응답인 경우, 수검자는 문항의 내용과 상관없이 비일관적으로 응답한 것이다(예 : 무선반응). 그러나 문항 내용과 관련된 무효 응답인 경우, 수검자는 문항을 충분히 읽고 이해한 뒤에 자신을 실제와 달리 지나치게 부정적으로 혹은 긍정적으로 드러내려는 목적으로 일관된 응답을 한 것이다(예 : 부정왜곡, 긍정 왜곡). MMPI-2의 타당도 척도는 두 가지 경우를 모두 평가한다.

문항 내용과 무관한 무효 응답을 평가하는 척도

MMPI-2 해석의 첫 단계는 혹시라도 수검자가 문항의 내용을 충분히 고려하지 않은 채 응답하지 않았는지를 검토하는 것이다. 문항 내용과 무관한 무효 응답이란, 수검자가 아무렇게나 응답한 경우(예 : 무선반응) 또는 어떤 체계적인 방식을 따르기는 했지만 그것이 문항의 내용과는 무관한 경우(예 : 모두 '그렇다' 혹은 모두 '아니다' 반응)를 의미한다. 문항 내용과 무관한 무효 응답은 여러 이유로 관찰될 수 있는데, 독해능력이 부족하기 때문이거나 검사를 최대한 빨리 끝내고 싶었거나 심리검사에 수동공격적으로 저항했거나 또는 그 밖의 여러 동기와 요인이 검사 문항에 주의를 기울이지 못하거나 성실하게 반응하지 못하도록 이끌었을 수 있다. 어떤 까닭이든, 수검자가 문항 내용과 무관한 무효 응답을 했다는 사실을 탐지하는 것이 중요하다. 이를 위해 검사자는 무응답(?) 점수, VRIN(무선반응 비일관성) 척도, TRIN(고정반응 비일관성) 척도를 검토한다. 만약 이런 타당도 척도 중에서 어느 하나라도 수검자의 응답이 타당하지 않다고 시사한다면, MMPI-2의 나머지 모든 척도를 해석해서는 안 된다.

무응답(?) 점수

무응답(cannot say : ?) 점수는 수검자가 응답하지 않고 빠뜨린 문항의 개수 또는 채점이 불가

---

1   이 책의 이전 판에서는 각 척도에 포함된 문항과 T 점수 정보를 구체적으로 제시했었다. 그러나 검사의 안정성을 훼손할 수 있다는 우려를 감안하여, 이 책에서는 그러한 정보를 삭제하기로 결정하였다.

능한 문항의 개수를 합산한 것이다(예 : '그렇다'와 '아니다'에 모두 응답하여 채점이 불가능한 경우). 수검자가 MMPI-2의 문항에 응답하지 않는 데는 몇 가지 이유가 있다. 때때로 수검자가 부주의하거나 혹은 혼돈을 일으켜서 응답을 빠뜨리는 경우가 있다. 자신의 바람직하지 않은 부분에 대해서 거짓으로 응답하기보다는 인정하지 않고 회피하려는 경우에도 문항에 응답하지 않고 빈칸으로 남겨 둘 수 있다. 또한 2개의 선택지 중에서 하나를 선택하지 못하는 우유부단한 사람들이 많은 수의 문항에 응답하지 않은 채 그냥 빈칸으로 남겨 두곤 한다. 때로는 의미 있게 응답하기 위해서 필요한 정보나 경험이 부족하기 때문에 일부 문항에 응답하지 않는 경우도 있다.

　수검자가 어떤 이유로 문항에 응답하지 않고 빠뜨렸든 간에, 무응답 문항이 많아지면 다른 척도들의 점수가 낮아질 수 있다. 따라서 무응답 문항이 많다면 검사 결과의 타당성을 의심해야 한다. MMPI-2 매뉴얼(Butcher et al., 2001)에 따르면, 30개 이상의 문항에 응답하지 않은 자료는 혹시라도 전적으로 타당하지 않은 자료가 아닌지 강하게 의심해야 한다. 그런데 이 기준은 너무 느슨해 보인다. 실제로 우리는 무응답이 10개 이상인 자료는 매우 조심스럽게 해석하며, 무응답이 30개 이상인 자료는 아예 해석하지 않는다. 수검자가 몇 개의 문항에만 응답하지 않은 경우에는, 빠뜨린 문항이 어느 척도에 속하는지를 살펴보는 것이 좋다. 무응답 문항이 10개 미만이라고 할지라도, 만약 그 문항들이 모두 어느 한 척도에 속한다면 문제가 될 수 있다. 만약 무응답 문항이 어느 한 척도나 일부 척도에 국한된다면, 다른 척도들은 해석이 가능하다. 컴퓨터 방식으로 MMPI-2를 채점하면 수검자가 응답한 문항과 응답하지 않은 문항의 백분율을 각 척도별로 알 수 있다. Dragon 등(2012)에 따르면, 최대 10%의 문항에 무선적으로 무응답하더라도 MMPI-2의 타당성은 유의미하게 훼손되지 않는다. 따라서 우리는 최소한 90% 이상의 문항에 응답한 척도들만 해석할 것을 권장한다. 만약 응답률이 90% 이하임에도 불구하고 어떤 척도의 점수가 상승한다면, 그 척도에서는 수검자의 수검태도가 과소평가된 것으로 조심스럽게 해석할 수 있다.

　앞서 제2장에서 살펴보았듯이, 가장 좋은 방법은 수검자가 전혀 빠뜨리지 않거나 소수의 몇 문항만 빠뜨리도록 이끄는 것이다. MMPI-2를 실시하기 전에 모든 문항에 응답하라고 격려하면, 대부분의 수검자는 대개 아주 소수의 몇 문항만 빠뜨릴 것이다. 또한 검사가 끝난 뒤에 검사자가 답안지를 훑어보고 응답이 빠져 있는 문항에 응답해 달라고 요청하면, 대부분의 수검자는 모든 혹은 거의 모든 문항에 응답할 수 있을 것이다. MMPI-2를 컴퓨터로 실시하는 경우, 빠뜨린 문항이 있으면 그것을 지적하면서 가능한 한 많은 문항에 답하도록 유도하는 절차가 마련되어 있다.

무선반응 비일관성(VRIN) 척도

무선반응 비일관성(variable response inconsistency : VRIN) 척도는 비일관적으로 응답하는 경향을 탐지하기 위해서 MMPI-2에 추가되었다(Butcher et al., 2001). 이 척도는 내용이 유사한 문항들 혹은 내용이 상반된 문항들로 짝 지어진 67개의 문항 쌍(item pair)으로 구성된다. 수검자가 서로 짝 지어진 문항 쌍에 비일관적으로 응답할 때마다 VRIN 척도의 원점수가 1점씩 높아진다. 어떤 문항 쌍은 '그렇다'–'그렇다'로 반응했을 때 채점되고, 어떤 문항 쌍은 '아니다'–'아니다'로 반응했을 때 채점되며, 어떤 문항 쌍은 '그렇다'–'아니다' 혹은 '아니다'–'그렇다'로 반응했을 때 채점된다. 채점방식이 상당히 복잡하기 때문에, 이 척도를 채점할 때는 컴퓨터를 사용하는 것이 좋다(Iverson & Barton, 1999). 만약 검사자가 직접 채점한다면, 실수하지 않도록 상당한 주의를 기울여야 한다.

수검자가 문항 내용을 전혀 고려하지 않고 완전한 무선반응(random response)을 하면, VRIN 척도의 T 점수는 남성의 경우 96점, 여성의 경우는 98점이 된다. 수검자가 모두 '그렇다' 혹은 모두 '아니다' 반응세트로 응답하면, VRIN 척도의 T 점수는 거의 50점에 가까워진다. 수검자가 자신에게 심각한 정신병리가 있음을 솔직하게 인정한 경우 및 수검자가 의도적으로 과장해서 보고한 경우, VRIN 척도의 T 점수는 일반적으로 평균 수준에 머문다(Wetter et al., 1992).

MMPI-2 매뉴얼(Butcher et al., 2001)에 따르면, VRIN 척도의 원점수가 13점 이상(T≥80)일 때는 검사 자료의 타당성을 의심할 수 있는 정도의 비일관적인 응답일 가능성이 크다. 몇몇 경험적 연구에서, 비록 무선반응의 기저율이 비정상적으로 높은 상황에서는 VRIN 척도의 분할점을 조금 낮추어야 타당하지 않은 반응을 더 정확하게 탐지할 수 있지만(Gallen & Berry, 1996), VRIN 척도의 원점수가 분할점(즉, 13점) 이상일 때는 무선반응이 시사된다는 것을 확인하였다(Berry et al., 1991; Gallen & Berry, 1996; Paolo & Ryan, 1992; Pinsoneault, 2007).

수검자가 모든 문항이 아니라 일부 문항에서만 부분적으로 무선반응을 할 때도 VRIN 척도의 점수가 높아진다. 하지만 무선반응의 정도에 따라서 적용할 수 있는 최적 분할점은 아직 결정되지 않았다(Berry et al., 1991; Gallen & Berry, 1996; Pinsoneault, 2007). 부분적인 무선반응은 주로 검사의 후반부에 자주 나타나는 경향이 있다(Berry et al., 1992; Gallen & Berry, 1996).

요약하면, VRIN 척도는 문항의 내용을 제대로 읽지도 않고 응답했거나, 문항에 완전히 혹은 대부분 무선적으로 응답했기 때문에 비일관적인 반응을 보인 사람들을 탐지하기 위해서 개발되었다. 특히 VRIN 척도는 F 척도 점수가 왜 상승했는지를 이해하는 데 매우 도움이 된다. F 척도와 VRIN 척도가 함께 상승하면, 수검자가 무선반응을 했을 가능성이 시사된다. 그러나 F 척도의 점수가 상승했음에도 불구하고 VRIN 척도의 점수가 낮거나 보통 수준이면, 이것은 수검자가 무선반응을 했거나 혼동했기 때문임을 의미하지는 않는다.

고정반응 비일관성(TRIN) 척도

고정반응 비일관성(true response inconsistency : TRIN) 척도는 MMPI-2에서 새롭게 개발된 타당도 척도로서, 문항 내용과 상관없이 반복적으로 '그렇다'로 응답하는 경향(모두 긍정) 혹은 반복적으로 '아니다'로 응답하는 경향(모두 부정) 때문에 비일관적인 반응을 보인 사람들을 탐지한다(Butcher et al., 2001). 두 경우 모두에서, 검사 자료는 타당하지 않은 것으로 간주되어야 하며, 이를 해석하지 않아야 한다.

　TRIN 척도는 내용 면에서 정반대인 문항 쌍으로 구성되어 있다. 내용이 정반대인 문항 쌍에 모두 '그렇다'로 응답하거나 모두 '아니다'로 응답한 경우, 모순적인 응답(즉, 비일관적인 응답)으로 간주한다. TRIN 척도의 원점수를 계산할 때는, 내용이 정반대인 문항 쌍에 모두 '그렇다'로 비일관적으로 반응한 문항 쌍의 개수에서 모두 '아니다'로 비일관적으로 반응한 문항 쌍의 개수를 뺀 뒤, 그 차이에 상수 9를 더해 준다. TRIN 척도의 원점수 범위는 0∼23이다. TRIN 척도의 원점수가 높을 때는 수검자가 무분별하게 '그렇다'로 반응하는 경향이 있음이 시사되며, TRIN 척도의 원점수가 낮을 때는 수검자가 무분별하게 '아니다'로 반응하는 경향이 있음이 시사된다. TRIN 척도의 원점수를 T 점수로 변환할 때, 9점을 초과하는 원점수나 9점에 미달하는 원점수는 T 점수 50점 이상으로 변환되며, T 점수 뒤에 '그렇다(true)'를 뜻하는 'T' 혹은 '아니다(false)'를 뜻하는 'F' 첨자를 표시하여 '그렇다' 반응세트와 '아니다' 반응세트의 가능성을 구분한다. 앞서 VRIN 척도의 경우와 마찬가지로, TRIN 척도는 채점이 까다롭기 때문에 컴퓨터로 채점하는 것이 바람직하다(Iverson & Barton, 1999). 만약 검사자가 직접 채점한다면, 실수하지 않도록 세심한 주의를 기울여야 한다.

　MMPI-2 매뉴얼(Butcher et al., 2001)에 따르면, TRIN 척도의 원점수가 13점 이상(T ≥ 80, '그렇다' 방향으로)인 경우 혹은 원점수가 5점 이하(T ≥80, '아니다' 방향으로)인 경우에는 검사 자료의 타당성을 의심할 수 있는 무분별한 비일관적 반응일 가능성이 크다. Wetter와 Tharpe(1995)가 수행한 시뮬레이션에서, TRIN 척도는 무선적으로 입력된 '그렇다' 혹은 '아니다' 반응을 민감하게 탐지했으며, 이런 반응세트를 밝혀내는 데 TRIN 척도가 어느 척도보다도 특별하게 기여하였다.

문항 내용과 관련된 무효 응답을 평가하는 척도

과장된 보고를 탐지하는 척도

어떤 수검자들은 자신이 실제보다 더 많은 문제와 증상을 가지고 있으며 더욱 심각한 부적응을 겪고 있는 것처럼 보이려는 의도를 가지고 MMPI-2에 응답하기도 한다. 이렇게 과대보고(over-reporting)하는 동기는 다양하다. 어떤 수검자는 자신에게 전문가의 도움이 절실하게 필요하다고 호소하기 위해서 증상을 과장한다. 다른 수검자는 심리적으로 심각한 문제를 겪고 있는 것처럼 보임으로써 자신의 행동에 대한 책임을 회피하려는 목적으로(예 : 정신이상을 주장해서 무죄선고를 받으려고) 혹은 금전적인 이득을 얻기 위한 목적으로(예 : 개인적 상해 혹은 장애 배상금을 받으려고) 과장해서 보고한다. 어떤 동기에 의한 것이든, 수검자가 실제보다 더 심각한 부적응을 겪고 있는 것처럼 부정확하게 묘사되는 일을 막기 위해서는 과대보고를 탐지하는 것이 중요하다.

비전형(F) 척도

원판 MMPI의 비전형(infrequency : F) 척도는 문항 내용을 제대로 읽지 않고 무선적으로 응답하는 경우와 같은 비전형적인 반응 경향을 탐지하기 위해서 개발되었다(Meehl & Hathaway, 1946). 원판 MMPI의 F 척도 문항은 MMPI 규준 집단에서 오직 10% 이내의 사람들만 채점되는 방향으로 응답했던 문항들이다. 문항 내용에 대한 이견 때문에 MMPI-2에서는 몇몇 문항이 삭제되었으므로, MMPI-2의 F 척도는 60개의 문항으로 구성된다(Butcher et al., 2001).

F 척도의 문항들은 편집적 사고, 반사회적 태도 혹은 행동, 적대감, 낮은 신체적 건강 수준 등 다양한 특성을 평가한다. 일반적으로 MMPI-2의 척도들이 서로 밀접한 상관을 보이기 때문에 F 척도의 점수가 상승하면 다른 임상 척도들의 점수도 대개 상승하며, 특히 척도 6과 척도 8의 점수가 상승한다. MMPI-2 규준 집단에서 F 척도의 점수는 인종 및 민족과 상관이 있었는데, 아프리카계 미국인, 아메리카 원주민, 라틴계 미국인의 F 척도 점수가 백인에 비해서 T 점수로 대략 3~5점 정도 더 높았다(Butcher et al., 2001).

애초에는 무선반응을 탐지하려는 목적으로 F 척도를 개발했지만, F 척도 점수가 높아지는 데는 무선반응 이외에도 다른 이유들이 있다는 사실이 곧 밝혀졌다. 전형적으로, 심리적으로 심각한 문제를 겪고 있는 사람은 F 척도에 속하는 상당수의 문항들에 채점되는 방향으로 응답하며, 그리 심각한 문제를 겪고 있는 것은 아니지만 자신을 실제보다 더 부적응적인 모습으로 드러내려고 과장하는 사람도 이와 유사한 양상을 보인다. 반복적으로 모두 '그렇다' 혹은 모두 '아니다'로 편향되게 응답하는 경우에도 F 척도 점수가 상승한다. 다행히도 MMPI-2에는 무선반응을 직접적으로 평가하는 VRIN 척도, 무분별한 '그렇다' 혹은 '아니다' 고정반응을 직접적으로 평가하는 TRIN 척도, 증상을 과장하는 부정왜곡 경향을 평가하는 F_P 척도(비전형-정신병리)가 추가되었기 때문에, F 척도가 상승한 까닭을 설명하기가 훨씬 수월해졌다.

F 척도의 높은 점수

F 척도의 상승 정도를 몇 가지 범위로 구분하고, 그 범위에 적합한 해석적 가설을 논의하는 방식을 취하겠다. MMPI-2 매뉴얼(Butcher et al., 2001)에 따르면, F 척도가 실제로 정신병리와 관련되기 때문에 이 척도의 점수는 임상 장면과 비임상 장면에서 각기 다른 의미를 가진다. 또한 매뉴얼에서는 입원 환자, 외래 환자, 비임상 집단 각각에 서로 다른 분할점을 적용해야 한다고 제시하고 있다.

T≥100(입원 환자); T≥90(외래 환자); T≥80(비임상 장면). F 척도의 T 점수가 이렇게까지 높은 경우, 수검자가 문항 내용과 무관한 무효 응답을 했을 가능성을 반드시 고려해야 한다. 이렇게 높은 점수를 얻은 사람은 MMPI-2에서 무선반응 혹은 묵종반응(즉, '그렇다' 쪽으로 치우친 반응)을 했을 가능성이 있다. 무선반응 혹은 묵종반응 여부를 판단하려면, 앞에서 설명한 VRIN 척도와 TRIN 척도를 함께 살펴보는 것이 좋다. 만약 VRIN 척도의 T 점수가 80점 이상이면, 무선반응 때문에 F 척도가 상승했을 가능성이 크다. 만약 TRIN 척도의 T 점수가 ('그렇다' 방향으로) 80점 이상이면, 묵종반응 때문에 F 척도가 상승했을 가능성이 크다. 또한 MMPI-2를 실시할 때 비현실적일 정도로 부정적인 방향으로 왜곡하거나 과장하려는 시도를 한 경우에도, F 척도의 점수가 이렇게 상승할 수 있다. 지나치게 과장해서 응답한 사람을 가려내는 데는 뒤에서 설명할 F_P 척도를 고려하면 도움이 된다. 마지막으로, 정신과 입원 환자 중에서 F 척도의 T 점수가 100점 이상인 경우는 매우 심각한 정신병리를 지니고 있음을 시사한다.

T=80~99(입원 환자); T=70~89(외래 환자); T=65~79(비임상 장면). MMPI-2의 모든 혹은 거의 모든 문항에 '아니다'로 응답하면 이 정도 범위의 F 척도 점수를 얻게 된다. 이런 경우, TRIN 척도의 T 점수가 ('아니다' 방향으로) 80점 이상일 가능성이 크다. 또한 이런 범

위의 F 척도 점수는 수검자가 자신의 증상이나 문제를 과장했을 가능성을 시사한다. 아마도 '간절하게 도움을 청하려는' 목적으로 증상을 과장했을 수 있다. 하지만 이런 수준의 높은 점수는 수검자가 실제로 심각한 심리적 문제를 지니고 있음을 나타내기도 한다.

T=55~79(입원 환자); T=55~69(외래 환자); T=40~64(비임상 장면). 이런 수준의 F 척도 점수를 얻은 사람은 타당한 방식으로 검사에 임했을 가능성이 크다. 이 범위의 상단에 속하는 점수를 얻은 사람은 자신의 심리적 문제를 정확하게 보고했을 가능성이 높다.

F 척도의 낮은 점수

T≤54(입원 환자 및 외래 환자); T≤39(비임상 장면). F 척도의 T 점수가 평균 이하 범위에 속하는 사람은 자신의 심리적 문제를 부인하거나 축소해서 보고했을 가능성이 있다. 이런 경우, 과소보고 반응세트를 고려해야 한다. 과소보고에 대한 부가적인 정보는 이 장의 뒷부분에 제시되어 있다.

비전형-후반부(F_B) 척도

F 척도의 문항들은 MMPI-2 검사지의 전반부에 배치되어 있다. 따라서 F 척도로는 검사지의 후반부에서 발생하는 무효 응답을 탐지할 수 없다는 우려가 제기되었다. 이런 우려를 해소하려고 비전형-후반부(back infrequency : F_B) 척도를 개발하였다. F_B 척도의 개발 절차는 F 척도의 개발 절차와 비슷하였다(Butcher et al., 2001). F_B 척도의 문항들은 규준 집단에서 10% 미만의 사람들만 채점되는 쪽으로 응답한 문항들 중에서 검사지의 후반부에 배치되어 있는 문항들이다. F_B 척도는 40개 문항으로 구성되어 있고, 모두 281번 문항부터 555번 문항까지 범위에 배치되어 있다.

만약 F 척도를 살펴봤을 때 타당하다고 여겨지는 검사 자료에서 F_B 척도의 점수가 상승했다면, 이것은 수검자가 검사지의 후반부에 제시된 문항들에는 타당하지 않은 방식으로 응답했을 가능성이 있음을 의미한다. 이런 경우, 검사지의 전반부에 배치된 문항들을 중심으로 채점되는 표준 척도(L 척도, F 척도, K 척도, 임상 척도), HEA(건강염려) 내용 척도와 내용 소척도, PK(외상후 스트레스 장애) 보충 척도는 여전히 해석할 수 있지만, 검사지의 후반부에 배치된 문항들을 중심으로 채점되는 나머지 모든 척도들은 해석하지 말아야 한다.

F_B 척도는 비교적 새로운 척도이기 때문에, 수검자의 응답이 타당한지 여부를 구분하는 최적 분할점에 관한 연구가 부족하다. MMPI-2 매뉴얼(Butcher et al., 2001)에서는, F_B 척도의 점수가 유의미하게 상승(임상 장면에서 T≥110, 비임상 장면에서 T≥90)하면서 F_B 척도

의 T 점수가 F 척도의 T 점수보다 적어도 30점 이상 높을 때는 검사의 후반부에서 수검태도가 변화했을 가능성이 크므로 후반부의 문항들을 중심으로 채점되는 척도들은 해석하지 말라고 제안하였다. 이런 기준은 앞에서 언급하지 않았던 모든 척도에 동일하게 적용된다.

F_B 척도를 해석하기 전에, 반드시 VRIN 척도와 TRIN 척도를 먼저 고려해야 한다. 무선반응 혹은 묵종반응은 F_B 척도 역시 매우 상승시킬 것이기 때문이다. 정신병리를 과장하는 경우에도 F_B 척도가 매우 상승할 텐데, 이 경우에는 이어서 설명할 F_P 척도 점수 역시 함께 상승할 것이다.

비전형-정신병리(F_P) 척도

Arbisi와 Ben-Porath(1995)는 일부 임상 장면에서 MMPI-2의 F 척도 점수가 상승하는 이유가 반드시 무선반응 혹은 부정왜곡 때문만이 아니라 적어도 부분적으로는 수검자가 실제로 심각한 정신병리를 지니고 있기 때문일 수도 있다는 점을 인식하고, 비전형적인 반응을 탐지하는 F 척도와 F_B 척도를 보완하기 위해서 비전형-정신병리(infrequency psychopathology : F_P) 척도를 개발하였다. F_P 척도에 속하는 27개의 문항들은 MMPI-2 규준 집단뿐만 아니라 정신과 입원 환자마저도 채점되는 방향으로는 거의 응답하지 않는 문항들이다. 따라서 정상인이 거의 응답하지 않았다는 것을 근거로 선정된 F 척도와 F_B 척도의 문항들과 비교할 때, F_P 척도의 문항들은 실제의 정신병리를 반영할 가능성이 훨씬 낮다.

F_P 척도는 F 척도와 F_B 척도에 비해서 전반적인 부적응 및 심각한 정신병리에 '덜' 민감하다(Arbisi & Ben-Porath, 1998; Ladd, 1998; Tolin et al., 2004). Arbisi와 Ben-Porath(1995)는 Graham, Watts와 Timbrook(1991)이 수집한 자료를 분석했는데, F 척도와 더불어 F_P 척도를 추가로 고려하면 과장되게 응답한 사람과 정신과 입원 환자를 더 잘 판별할 수 있었다.

Gass와 Luis(2001)는 F_P 척도에 속하는 4개의 문항이 L 척도에서도 중복되는데 이것은 증상의 과장보다는 방어성향을 반영하는 것 같다고 언급하면서, 이런 문항들을 F_P 척도에서 삭제하면 효율성이 향상될 것이라고 제안하였다. 하지만 Arbisi 등(2003b)은 Gass와 Luis(2001)가 제안하여 개정한 척도보다 원래의 F_P 척도가 증상을 과장하여 꾸미는 경향을 더 효과적으로 탐지해 낸다는 것을 밝혔다.

비록 Arbisi와 Ben-Porath(1995)가 과대보고 경향과 실제의 정신병리를 잘 변별할 수 있는 최적의 F_P 척도 분할점을 설정하지는 못했지만, F_P 척도의 T 점수가 100점 이상이면 과대보고의 가능성이 높다고 제안하였다. MMPI-2 매뉴얼(Butcher et al., 2001)에서도 F_P 척도의 T 점수가 100점 이상이면 과대보고 혹은 무선반응이 시사된다고 설명한다. 만약 무선반응이라면, VRIN 척도의 T 점수 역시 유의미하게 상승할 것이다. 따라서 F_P 척도를 해석하기 전에, 문항 내용과 무관한 무선반응을 시도했을 가능성을 먼저 고려하는 것이 중요하다.

Rogers 등(1995)은 표준적인 지시에 따라서 검사를 실시한 정신과 외래 환자의 MMPI-2 점수와 자신의 문제를 실제보다 더 나쁘게 과장하라는 지시에 따라서 검사를 실시한 정신과 외래 환자의 MMPI-2 점수를 비교하였다. 이때, F_P 척도 점수로 과대보고를 정확히 변별할 수 있었다. 또한 F 척도 역시 과대보고를 거의 비슷한 수준으로 변별할 수 있었다. 후속 연구에서, F_P 척도가 F 척도보다 자신의 증상과 문제를 과장하라는 지시를 받은 정신과 입원 환자와 외래 환자를 더 정확하게 변별하는 것으로 밝혀졌다(Arbisi & Ben-Porath, 1998; Berry et al., 1996). 다른 연구에서는 F 척도와 함께 F_P 척도를 추가로 고려하면, 부정왜곡을 하라고 지시받은 재소자의 자료(Gallagher, 1997)와 조현병인 것처럼 꾸미라고 지시받은 대학생의 자료(Bagby, Rogers, Buis et al., 1997)를 더 잘 변별할 수 있었다.

Rogers 등(2003)은 MMPI-2에 진실과 다르게 허위로 응답하도록 지시한 65편의 연구 결과를 메타분석하였다. 그들은 일상적으로 채점되고 보고되는 MMPI-2의 타당도 척도 중에서 F 척도와 F_P 척도가 정신병리를 과장해서 보고하는 사람들의 자료를 효과적으로 변별한다고 결론지었다. 그들은 다양한 장면에서 일관된 최적 분할점을 적용할 수 있으며 긍정 오류의 확률이 낮다는 점 때문에 특히 F_P 척도를 선호하였다.

F_P 척도의 높은 점수

F_P 척도의 T 점수가 100점 이상인 경우, 타당하지 못한 자료일 가능성이 크므로 해석하지 말아야 한다(Butcher et al., 2001). 과대보고를 탐지하는 다른 척도들과 마찬가지로, 문항 내용과 무관한 무효 응답은 F_P 척도를 상승시킬 것이므로 해석하지 않아야 한다(앞서 설명한 VRIN 척도와 TRIN 척도를 참조하기 바란다). 수검자가 정신병리를 부정왜곡하면 F_P 척도가 100 이상으로 상승할 수 있다. F_P 척도가 70~99점의 범위에 속하는 경우, 아마도 간절히 도움을 청하려고 자신의 증상과 문제를 과장했을 가능성이 있지만, 타당한 자료라고 간주하고 해석할 수 있다. F_P 척도가 69점 이하인 경우, 수검자는 자신의 정신건강상태를 정확하게 보고했을 가능성이 있다.

증상 타당도(FBS) 척도

증상 타당도(symptom validity) 척도라고 개명된 FBS 척도의 원래 명칭은 부정왜곡 척도(fake bad scale)였고, Lees-Haley 등(1991)이 개발하였다. MMPI-2에 나중에 추가되었으므로

MMPI-2 매뉴얼에는 등장하지 않는다. FBS 척도의 개발과 해석에 관한 자세한 정보는 Ben-Porath 등(2009)의 저술을 참고하기 바란다.

Lees-Haley 등(1991)은 개인적인 상해 소송 장면에서 흔히 관찰되는 신뢰하기 어려운 수준의 정서적 고통을 탐지하려고 FBS 척도를 개발하였다. FBS 척도의 문항들은 꾀병이 의심되는 사람의 MMPI 반응과 개인적인 상해 소송에서 정말로 꾀병으로 판정된 사람의 반응을 토대로 합리적 방식으로 선정되었다. 하지만 후속 연구에서 FBS 척도는 소기의 목적을 달성하지 못하는 것으로 밝혀졌다. 작업장에서 사고를 당한 피해자의 자료에서, Bury와 Bagby(2002)는 FBS 척도가 허위로 정신병리를 가장하는 사람을 효율적으로 탐지하지 못한다고 보고하였고, 이런 목적으로 FBS 척도를 사용하는 것은 바람직하지 않다고 결론지었다. 다양한 장면에서 수집한 자료를 분석한 Butcher 등(2008)에 따르면, FBS 척도는 실제로 심리적 고통을 경험하고 있는 사람 중에서 상당수를 과대보고 프로파일로 잘못 분류하였다. MMPI-2의 과대보고 연구를 메타분석한 결과(Rogers et al., 2003), FBS 척도는 정서적 고통을 과장해서 보고하는 사람을 효과적으로 변별하지 못했다.

일부 연구에 따르면, 신경심리학적 검사에서 신뢰하기 어려운 수준의 인지적 결손을 보고하는 사람을 FBS 척도가 효율적으로 변별할 수 있다(Greiffenstein et al., 2002; Larrabee, 2003). 하지만 Dearth 등(2005)의 연구에서, 신경심리학적 검사에서 신뢰하기 어려운 수준의 반응을 보인 사람을 효율적으로 변별하는 FBS 척도의 능력은 F 척도, F_B 척도, F_P 척도의 수준에 미치지 못했다.

N. W. Nelson 등(2006)이 FBS 척도의 효용성을 조사한 19편의 연구를 메타분석한 결과, 신뢰하기 어려운 수준의 인지적 결손을 호소하는 사람과 실제로 인지적 결손을 지니고 있는 사람을 변별하는 데 FBS 척도가 F_B 척도나 F_P 척도보다 더 우수하였다. 하지만 신뢰하기 어려운 수준의 정서적 문제를 변별하는 데는 F 척도, F_B 척도, F_P 척도가 FBS 척도보다 더 우수하였다. N. W. Nelson 등(2010)이 FBS 척도의 효용성을 조사한 32편의 연구로 확대하여 메타분석을 실시했을 때, 이러한 결과가 반복검증되었다. FBS 척도를 사용하면, 과대보고 집단과 비교통제 집단을 상당히 효과적으로 변별할 수 있었다. 조절분석 결과, 수행검사에서 충분한 노력을 기울이지 않은 것으로 확인된 사람들의 반응과 문제를 과장해서 보고한 사람들의 반응을 변별하는 경우, FBS 척도의 효과크기가 특히 더 커졌다. 또한 외상성 뇌손상 때문에 평가받는 사람들의 반응과 문제를 과장해서 보고한 사람들의 반응을 변별하는 경우, FBS 척도의 효과크기가 특히 더 커졌다. 추가 연구에서, FBS 척도는 신뢰하기 어려운 수준의 통증을 보고하는 사람을 효과적으로 변별할 수 있었다(Bianchini et al., 2008). FBS 척

도 및 다른 MMPI-2 타당도 척도가 신경심리학적 검사에서 신뢰하기 어려운 수준의 인지적 결손을 보고하는 사람의 반응을 얼마나 잘 탐지하는지에 대해서는 더 많은 연구가 필요하다. 또한 숫자기억검사(Digit Memory Test; Hiscock & Hiscock, 1989), 기억꾀병검사(Test of Memory Malingering; Tombaugh, 1997), 문자기억검사(Letter Memory Test; Inman et al., 1998) 등 신경심리학적 수행검사를 실시할 때, MMPI-2의 어떤 척도를 추가로 고려하면 평가의 신뢰성을 증가시킬 수 있는지에 대해서도 더 많은 연구가 요망된다.

FBS 척도에 대한 비판도 존재한다. Butcher 등(2003)은 FBS 척도가 정말로 의학적인 문제를 겪고 있는 사람을 신체적인 문제를 과장하는 사람으로 부정확하게 분류한다고 지적하였다. 하지만 Ben-Porath 등(2009)은 여러 연구를 개관하고 원본 자료를 분석하여 이러한 지적을 반박하였다. 요점은, 적절한 분할점을 사용하면 정말로 의학적/신경학적인 문제를 겪고 있는 사람을 신뢰할 수 없는 응답이라고 부정확하게 분류하는 사례를 감소시킬 수 있다는 것이었다. 다른 비판으로, Nichols 등(2009)은 FBS 척도가 여성에게 더 가혹하다고 지적하였다. 이러한 지적에 대해 Lee 등(2012)은 적절한 분할점을 사용하면 인지적인 문제를 과장하는 사람의 응답과 정말로 인지적인 문제를 겪고 있는 사람의 응답을 변별할 수 있고, 그것은 남성과 여성에서 동등하다고 반박하였다. Dean 등(2008)은 신경심리학 클리닉에 의뢰된 사람과 직업재활훈련에 참여했던 환자의 자료를 분석했는데, 유럽계 미국인, 라틴계 미국인, 아프리카계 미국인의 FBS 척도 점수에는 차이가 없었다. 현존하는 연구 결과를 조심스럽게 요약하면, 적절한 분할점을 사용하는 경우 FBS 척도는 신뢰하기 어려운 수준의 인지적 문제 또는 신체적 문제를 보고하는 사람을 유용하게 변별할 수 있는 것으로 여겨진다.

FBS 척도의 높은 점수

Ben-Porath 등(2009)은 FBS 척도의 상승 정도를 몇 가지 범위로 구분하고, 그 범위에 가능한 해석적 가설을 제시하였다.

T≥100. FBS 척도의 T 점수가 이렇게 상승하면, 수검자가 문항 내용과 무관한 무효 응답을 했을 가능성을 먼저 고려해야 한다. 수검자가 무선반응 혹은 묵종반응을 시도한 경우, FBS 척도가 매우 상승한다. 따라서 FBS 척도를 해석하기 전에, VRIN 척도와 TRIN 척도를 먼저 고려해야 한다. 만약 문항 내용과 무관한 무효 응답이 아니라면, 수검자는 신체적 또는 인지적 문제를 과장해서 보고했을 가능성이 있다. 정말로 신체적/인지적/의학적 문제를 겪고 있는 사람의 경우에도 FBS 척도의 T 점수가 이렇게까지 상승하지는 않기 때문이다. 따라서 대부분의 척도에서 수검자의 기능 수준이 정확하게 반영되지 못했을 가능성이 크다. 특

히 신체적 및 인지적 문제를 평가하는 척도들의 점수를 신뢰하기가 어렵다.

T=80~99. FBS 척도의 T 점수가 이 정도로 상승한 경우, 무선반응 혹은 묵종반응의 결과일 수 있으므로 VRIN 척도와 TRIN 척도를 먼저 고려해야 한다. 그러나 만약 문항 내용과 무관한 무효 응답이 아니라면, 수검자는 신체적 또는 인지적 문제를 과장해서 보고했을 가능성이 있다. 정말로 심각한 의학적 문제를 겪고 있는 사람의 응답과 비교할 때, 흔히 관찰되지 않는 수준의 신체적 또는 인지적 문제를 보고하는 것이기 때문이다. 또한 수검자는 자신이 정말로 겪고 있는 신체적 또는 인지적 문제를 다소 부풀려서 보고했을 가능성이 있다. 그럼에도 불구하고, 신체적 및 인지적 문제를 평가하는 척도들의 점수가 과도하게 상승했을 가능성이 있으므로 주의해서 해석해야 한다.

T≤79. FBS 척도의 T 점수가 이 정도로 상승한 경우, 수검자는 신체적 및 인지적 문제를 솔직하게 보고했을 가능성이 크다.

축소된 보고를 탐지하는 척도

어떤 수검자는 때때로 자신의 문제를 축소하거나 혹은 자신의 강점을 강조하는 방식으로 과소보고(under-reporting)한다. 수검자가 문제를 축소해서 보고하는 이유는 다양한데, 자기를 기만하는 것일 수도 있고, 문제를 인식하지 못하기 때문일 수도 있고, 사회적으로 바람직한 방향으로 응답했을 수도 있다. 어떤 수검자는 정신과적 증상이 전혀 혹은 거의 없는 것처럼 정신건강 전문가를 속이려고 과소보고하며, 다른 수검자는 심리적으로 매우 잘 적응하고 있는 사람처럼 보이려고 과소보고한다(예 : 자녀 양육권 평가를 받는 보호자, 법 집행기관에 지원한 구직자). 따라서 수검자를 실제보다 잘 적응하고 있는 사람으로 잘못 간주하지 않으려면 과소보고를 탐지하는 것이 상당히 중요하다.

부인(L) 척도

원판 MMPI의 부인(lie : L) 척도는 자신을 실제보다 더 좋게 드러내려는 세련되지 못한 시도를 탐지하기 위해서 제작되었다(Meehl & Hathaway, 1946). 합리적 문항 선정방식으로 채택되어 원판 MMPI의 L 척도를 구성했던 15개 문항이 모두 MMPI-2에서도 그대로 유지되었다. L 척도의 문항들은 대부분의 사람이 기꺼이 인정하는 사소한 결점이나 약점에 관한 것들이다(예 : '내가 아는 모든 사람을 다 좋아하지는 않는다'). 하지만 자신을 지나치게 좋게 드러내려고 고의적으로 시도하는 사람은 이와 같은 사소한 단점마저도 인정하지 않으려고 하므로, L 척도의 점수가 상승한다.

많은 사람이 L 척도의 몇몇 문항에 채점되는 방향으로 응답한다. MMPI-2 규준 집단의 경우, 평균적으로 3개의 문항에 채점되는 방향으로 응답하였다. 그러나 Duris 등(2007)에 따르면, 독실한 기독교 신앙을 지니고 있는 사람은 L 척도의 문항에 채점되는 방향으로 더 많이 응답하였다. 종교를 지니고 있는 사람(주로 기독교 신학생과 성직자)의 자료 12편을 메타분석한 결과, L 척도의 문항에 채점되는 쪽으로 응답하는 비중이 T 점수로 약 5점 정도 더 높았다(Rosen et al., 2016). 이것은 종교성이 L 척도의 점수를 임상적으로 유의미한 수준까지 상승시키지는 않는다는 것을 시사한다.

비임상 장면(예 : 인사 선발, 자녀 양육권 평가)에서 MMPI-2를 실시하는 경우, 수검자는 자신을 실제보다 더 긍정적으로 보이려는 동기를 품을 수 있는데, 이것은 충분히 이해할 만하다. 예컨대 Bathurst 등(1997)이 자녀 양육권 심사를 받는 부모들을 조사했을 때, L 척도의 평균은 T 점수로 약 55점이었다. Bagby 등(1999)이 실시한 조사에서는 L 척도의 평균이 T 점수로 약 60점이었다. 이런 상황에서는 L 척도가 다소 상승할 수 있으며, 그렇다고 해서 반드시 수검자가 심각한 심리적 증상과 문제를 축소해서 보고했다고 간주할 필요는 없을 것이다.

L 척도의 높은 점수

T≥80(임상 장면 및 비임상 장면). L 척도의 T 점수가 80점 이상이면, 반드시 TRIN 척도의 점수를 먼저 고려해야 한다. 이런 경우, '아니다' 쪽으로 치우쳐서 응답한 광범위한 부인반응일 가능성이 크다. 만약 광범위한 부인반응이 아니라면, 수검자가 정직하고 솔직하게 응답하지 않았을 가능성이 크며, 자신의 부정적 특성은 부인하면서 긍정적 특성을 강조하는 성향이 대부분의 사람보다 훨씬 심하기 때문일 수 있다. 이런 태도로 응답하면, 다른 척도들의 T 점수는 대부분 실제와 다르게 낮아질 수 있으며, 심리적으로 더 잘 적응하고 있는 것처럼 보일 수 있다. 이렇게 지나친 부인과 방어성향을 시사하는 검사 자료는 해석하지 말아야 한다. 이런 수준으로 높은 L 척도 점수는 수검자에게 매우 잘 적응하고 있으며 정서적인 문제나 증상이 전혀 없는 것처럼 보이라는 긍정왜곡을 지시했을 때 전형적으로 관찰된다.

T=65~79(임상 장면); T=70~79(비임상 장면). L 척도 점수가 이 정도로 상승한 경우, 앞에서 언급한 가능성을 배제하기 위해서 먼저 TRIN 척도의 점수를 고려해야 한다. 만약 광범위한 부인반응이 아니라면, 이런 수준의 L 척도는 수검자가 문항에 정직하게 응답하지 않으면서 자신을 상당히 긍정적이며 잘 적응하고 있는 사람처럼 보이려고 시도했을 가능성을 시사한다. 이런 경우, MMPI-2의 다른 척도에서도 수검자의 심리적 상태가 정확하게 반영되

지 않았을 수 있으므로, 즉 실제보다 잘 적응하고 있는 사람으로 잘못 간주할 수 있으므로, 검사 자료를 아예 해석하지 않거나 혹은 매우 조심스럽게 해석해야 한다.

T=65~69(비임상 장면).　이 수준의 L 척도 점수는 자신을 지나치게 긍정적으로 드러내려는 경향이 있음을 시사한다. 수검자가 자신의 심리적 혹은 행동적 문제를 축소시켜서 보고했을 가능성이 있지만, 이러한 방어성향을 충분히 고려한다면 검사 자료를 해석할 수 있다.

T=60~64(임상 장면 및 비임상 장면).　이 수준의 L 척도 점수는 세련되지 못한 방어성향을 시사하며, 수검자가 그렇게 하고 싶다고 스스로 판단하는 범위 내에서 부정적인 특성은 부인하고 긍정적인 특성은 강조하는 모습을 보였을 수 있다. 하지만 이러한 수검태도 및 평가받는 입장이라는 상황적 요인을 충분히 고려한다면, 이런 정도의 검사 자료는 타당한 것일 가능성이 높으며 적절히 해석할 수 있다. 비임상 장면(예 : 인사 선발, 자녀 양육권 평가)에서 MMPI-2 검사를 받는 사람의 L 척도 점수는 종종 이 정도 수준으로 상승하는데, 이것이 꼭 수검자가 심각한 심리적 증상이나 문제를 지니고 있으면서도 숨기려는 시도라고는 말할 수 없다. 독실한 기독교 신앙이나 기타 종교적 신념을 지니고 있는 사람은 이런 수준의 점수를 얻을 수 있다.

L 척도의 평균 점수

T=50~59.　이 정도의 점수는 타당한 검사 자료임을 시사한다.

L 척도의 낮은 점수

T<50.　L 척도의 점수가 50점 미만인 경우를 낮은 점수로 간주한다. 추가로 고려할 사항은 없다.

교정(K) 척도

원판 MMPI부터 사용된 교정(correction : K) 척도는 정신병리를 부인하고 자신을 긍정적으로 드러내려는 시도를 더 섬세하게 탐지하려는 목적으로 개발되었다(McKinley et al., 1948; Meehl & Hathaway, 1946). 원판 MMPI의 K 척도는 명백한 정신과 환자임에도 불구하고 MMPI 임상 척도에서 정상 범위의 점수를 얻은 사람의 반응을 비임상 집단의 반응과 대조하는 과정에서 경험적으로 확인된 30개 문항으로 구성되었다. MMPI-2의 K 척도 역시 원판의 30개 문항을 모두 포함하고 있다(Butcher et al., 2001). K 척도의 문항들은 수검자가 부인할 수 있는 여러 가지 이질적인 영역의 내용들을 포괄한다(예 : 적대감, 의심성, 가정 불화, 자신감 부족, 지나친 걱정).

비록 매우 높은 K 척도 점수는 전형적으로 과소보고를 시사하지만, 경미한 상승은 때때로 자아강도가 강하고 심리적 자원이 풍부함을 반영하기도 한다(McGrath et al., 1998). K 척도 점수의 경미한 상승이 어떤 경우에 임상적인 방어성향을 시사하고 어떤 경우에 더 긍정적인 특성을 시사하는지를 명확히 구분하는 기준은 없다. 하지만 만약 심리적인 문제를 겪고 있지 않은 것처럼 보이거나 합리적으로 잘 기능하고 있는 것처럼 보이는 사람의 K 척도 점수가 약간 상승했다면, 이때는 K 척도 점수가 방어성향보다는 긍정적인 특성을 반영하고 있을 가능성을 고려해야 한다.

K 척도를 통해 이상반응태도를 탐지하는 것에 더하여, K 척도 점수를 근거로 몇몇 임상 척도의 점수를 교정하는 통계적 절차도 개발되었다(K 교정에 대한 추가적인 정보는 제1장을 참고하기 바란다). MMPI의 임상 척도 해석에 사용되는 대부분의 자료가 K 교정을 실시한 점수이기 때문에, K 교정은 MMPI-2에서도 여전히 유지되고 있다. 검사 보급회사는 K 교정을 실시한 점수와 K 교정을 실시하지 않은 점수를 모두 제공하며, 컴퓨터로 채점하는 경우에도 모든 점수를 제공받을 수 있다.

하지만 연구 결과는 K 교정의 효용성을 지지하지 않는 것 같다. Barthlow 등(2002)은 내담자에 대한 치료자의 평정 자료와 K 교정을 실시한 임상 척도 점수 및 K 교정을 실시하지 않은 임상 척도 점수 사이의 상관계수를 비교했는데, 두 쌍의 상관계수가 유의미한 차이를 보이지 않았다. Archer 등(1998)은 정신과 입원 환자의 자료를 분석하고 이와 유사한 결과를 얻었다. 물론, 이런 연구들이 방어성향을 거의 드러내지 않는 정신과 환자를 대상으로 실시되었다는 점에 유의할 필요가 있다.

비임상 집단의 자료를 사용해서 K 교정의 효용성을 분석한 연구도 있는데, 마찬가지로 경험적 지지를 얻는 데는 실패하였다. Weed와 Han(1992)은 결혼상담을 진행하는 커플의 자료와 MMPI-2 규준 집단에 포함된 커플의 자료를 비교하였다. 표준적인 K 교정을 실시하더라도, 상대방의 증상과 성격에 대해 파트너가 평정한 점수와 임상 척도 점수 사이의 상관계수가 증가하지는 않았다. 오히려 K 교정을 실시하지 않았을 때, 5개의 척도 중 4개의 척도에서 파트너가 평정한 점수와 임상 척도 점수 사이의 상관계수가 더 증가되었다. Sellbom 등(2007)은 상당한 방어성향을 드러낼 것으로 예상되는 경찰관 지망생의 자료에서 예언 타당도를 조사하였다. 경찰관의 비리행동 측정치와 비교했을 때, K 교정을 실시하지 않은 점수가 K 교정을 실시한 점수보다 더 높은 상관을 보였다. Detrick 등(2001)은 경찰관 후보생의 자료를 검토했는데, 여기서도 K 교정을 실시하지 않은 점수가 K 교정을 실시한 점수보다 개념적으로 더 높은 상관을 보였다. 이 연구에서는 경찰관 선발 심사에서 활용되는 평가도구 (Inwald Personality Inventory)를 사용하였다.

Ben-Porath와 Forbey(2004)는 임상 집단과 비임상 집단의 다양한 자료를 제시하였다. 개념적으로 관련된 준거 자료(수검자의 자기보고 및 치료자의 평정 자료)와 상관을 구했을 때, K 교정을 실시하지 않은 임상 척도 점수의 상관계수가 K 교정을 실시한 임상 척도의 상관계수보다 일관적으로 더 높았다. 이상의 결과를 종합하여, 우리는 MMPI-2 프로파일을 해석할 때 K 교정을 실시하지 않은 점수를 사용하고 있으며, 독자들도 그렇게 사용하기를 강력하게 권고한다.

K 척도의 높은 점수

T≥65(임상 장면); T≥75(비임상 장면). K 척도의 T 점수가 이 정도 수준일 때, 이것은 수검자가 매우 방어적인 태도로 검사에 임했을 가능성이 있음을 시사한다. K 척도의 점수가 더 높을수록 수검자가 과소보고했을 가능성이 더 높아지고, 프로파일의 무효 가능성이 더 강하게 의심된다. 이처럼 높은 K 척도 점수는 '아니다'로 편향되게 반응하는 경향을 시사하기도 한다. 따라서 K 척도의 점수를 해석하기 전에 TRIN 척도의 점수를 먼저 살펴보고, 고정반응의 가능성을 검토해야 한다. TRIN 척도의 해석지침은 앞에서 소개하였다.

비임상 장면(예: 인사 선발, 자녀 양육권 평가)에서는 K 척도의 T 점수가 65~74점의 범위에 속하는 경우가 매우 흔하다. 이런 경우, 무턱대고 검사 자료가 무효일 가능성이 높다고 판단하지 않도록 유의해야 한다. 하지만 비임상 장면이라고 할지라도, 이 정도로 상승된 점수는 경미한 방어성향을 반영할 수 있으므로 MMPI-2의 다른 척도를 해석할 때 충분히 감안해야 한다.

K 척도의 평균 점수

T=40~64. K 척도의 T 점수가 평균 범위라면, 수검자가 균형 잡힌 자기개념을 가지고 있음을 시사한다. 수검자는 자신의 긍정적인 행동 및 성격특성뿐만 아니라 부정적인 모습도 인정했을 가능성이 높다고 볼 수 있다.

K 척도의 낮은 점수

T<40. K 척도의 낮은 T 점수는 '그렇다'로 편향되게 반응하는 묵종성향을 반영할 수 있다. 따라서 K 척도의 점수를 해석하기 전에 TRIN 척도의 점수를 먼저 살펴보고, 고정반응의 가능성을 검토해야 한다. TRIN 척도의 해석지침은 앞에서 소개하였다. K 척도의 낮은

점수는 수검자가 도움을 간청하기 위해서 자신이 겪고 있는 문제를 과장하고 있음을 의미할 수도 있다. 하지만 이러한 해석을 지지하는 자료는 제한적이므로, 증상을 과장했을 가능성을 평가할 때는 과장된 보고를 탐지하는 척도(즉, F 척도, F_B 척도, F_P 척도, FBS 척도)를 활용하기 바란다. 각 척도의 해석지침은 앞에서 소개하였다.

과장된 자기제시(S) 척도

Butcher와 Han(1995)은 MMPI-2에 응답하면서 자신을 매우 정직하고, 책임감 있고, 심리적인 문제가 없고, 도덕적인 결점이 거의 혹은 전혀 없고, 다른 사람과 매우 잘 어울리는 사람인 것처럼 드러내려는 경향을 평가하기 위해서 과장된 자기제시(superlative self-presentation : S) 척도를 개발하였다. 과장된 자기제시 태도는 인사 선발 혹은 자녀 양육권 평가 등의 비임상 장면에서 흔히 관찰된다.

S 척도에 포함된 50개의 문항들은 비행기 조종사로 지원한 남성의 반응과 MMPI-2 규준 집단 남성의 반응을 대조하여 두 집단을 변별하는 문항들을 채택하는 경험적 방식으로 선정되었다. Butcher와 Han(1995)에 따르면, S 척도의 문항들은 다음과 같은 5개의 주요 내용 차원으로 구성된다. (1) 인간의 선함에 대한 믿음, (2) 평정심, (3) 삶에 대한 만족감, (4) 흥분/분노에 대한 부인 및 인내심, (5) 도덕적 결함에 대한 부인. 또한 그들은 MMPI-2 규준 집단 자료에서 S 척도와 K 척도 사이의 상관이 높았다고 보고하였다(남성의 경우 .81; 여성의 경우 .92). 하지만 S 척도와 L 척도 사이의 상관은 그리 높지 않았다(남성의 경우 .46; 여성의 경우 .34).

MMPI-2 규준 집단 연구에서, 배우자는 S 척도의 점수가 높은 자신의 배우자가 점수가 낮은 사람에 비해서 덜 침울하고, 덜 적대적이고, 덜 충동적이고, 더 자신감 있고, 더 사교적이고, 더 이완되어 있고, 더 유쾌하고, 더 협조적인 사람이라고 평정하였다. Butcher와 Han(1995)은 S 척도의 점수가 높은 사람은 자신의 긍정적인 특성을 비현실적으로 보고하고, 적응상의 어려움 없이 잘 적응하고 있다고 말하는 사람이라고 결론지었다. 그러나 S 척도가 수검자의 방어성향 혹은 과소보고 반응세트를 얼마나 잘 탐지할 수 있는지, 또는 S 척도의 높은 점수가 실제로 양호한 적응보다는 이러한 반응세트를 반영하는지에 대해서는 보고하지 않았다.

후속 연구에서 Baer, Wetter, Nichols 등(1995)은 임상적인 문제를 보이지 않는 사람이 자신이 원하는 직업을 얻으려고 현재 매우 잘 적응하고 있으며 심리적 및 정서적으로 건강한 것처럼 가장해서 MMPI-2에 반응할 때, S 척도의 점수가 높아진다는 것을 발견하였다. 더 나아가서 L 척도 및 K 척도와 더불어 S 척도를 고려하면, 표준적인 지시에 따라서 검사를 실시한 사람과 매우 잘 적응하고 있는 것처럼 가장해서 반응한 사람을 효과적으로 변별할 수 있었다. 또한 Baer, Wetter와 Berry(1995)는 S 척도가 MMPI-2에서 매우 잘 적응하고 있는 것처럼 가장해서 반응한 대학생의 자료를 효과적으로 변별한다고 보고하였다. Bagby, Rogers, Nicholson 등(1997)은 S 척도가 MMPI-2에 솔직하게 반응한 학생들과 긍정왜곡으로 반응한 학생들을 변별하는 데는 효과적이었지만, 검사에 솔직하게 반응한 정신과 환자들과 과소보고로 반응한 정신과 환자들을 변별하는 데는 그리 효과적이지 못했다고 보고하였다. 후자의 경우를 구분하는 데는 S 척도보다 L 척도가 더 효과적이었다.

Lim과 Butcher(1996)는 표준적인 지시에 따라서 MMPI-2에 반응한 학생들의 S 척도 점수보다 심리적인 문제를 부인하라는 지시 혹은 도덕적인 모습을 지나치게 강조하라는 지시에 따라서 반응한 학생들의 S 척도 점수가 더 높다는 것을 밝혔다. S 척도의 변별률은 L 척도의 변별률과 큰 차이를 보이지 않았다. 아쉽게도, S 척도를 함께 고려하면 L 척도만 사용할 때보다 변별의 정확성이 더 증가되는지에 대해서는 살펴보지 않았다. 흥미롭게도 두 가지 왜곡 조건(심리적인 문제를 부인하는 조건과 도덕적인 모습을 강조하는 조건)에서 얻어진 학생들의 S 척도 점수, 다른 타당도 척도 점수, 기타 연구에 사용된 지표 등은 서로 유의미한 차이를 보이지 않았다.

Baer와 Miller(2002)는 MMPI-2에 응답할 때 정신병리를 축소해서 보고하는 경향을 조사한 연구 자료를 메타분석하였다. 그들은 S 척도가 과소보고를 효과적으로 탐지하기는 하지만, S 척도가 L 척도 및 K 척도보다 과소보고를 더 잘 탐지한다고 볼 만한 일관적인 증거는 없다고 결론지었다. S 척도보다는 L 척도 및 K 척도에 관한 연구들이 훨씬 더 풍부하므로, 과소보고를 탐지하기 위해서는 L 척도 및 K 척도를 활용하는 것이 더 바람직하다고 권고하였다. 하지만 메타분석 결과, 탐지되지 않고 과소보고할 수 있는 방법을 교육받은 수검자의 자료를 변별할 때는 S 척도가 L 척도 및 K 척도보다 약간은 더 효과적이었다.

S 척도의 높은 점수

T≥70(임상 장면); T≥75(비임상 장면).   S 척도의 T 점수가 이렇게 상승한 경우, 수검자가 매우 방어적인 태도로 응답했을 가능성이 크므로 검사 자료를 무효로 간주할 수 있을 것이다. 임상 장면에서, S 척도의 T 점수가 70점 정도이면 다른 자료들을 해석하지 말아야 한다. 비임상 장면에서는 어느 정도의 방어성향을 보이는 것이 전형적이므로, S 척도의 T 점수가 75점 이상이면 다른 자료들을 해석하지 말아야 한다. 하지만 비임상 장면에서, S 척도의 T

점수가 70~74점 범위일 때는 다른 척도들의 점수가 다소 낮아졌을 것이라는 점을 감안하여 해석할 수 있다. 또한 S 척도의 높은 점수는 전반적인 부인반응('아니다') 경향을 시사하기도 한다. 따라서 S 척도를 해석하기 전에 TRIN 척도를 먼저 고려해야 한다. TRIN 척도의 해석 지침은 앞에서 설명하였다.

S 척도의 평균 점수

T=40~69.   S 척도의 T 점수가 보통 범위에 속하는 경우, 수검자가 MMPI-2에 그리 방어적이지 않은 태도로 응답했으며 다른 척도들의 점수를 해석할 수 있음을 시사한다.

S 척도의 낮은 점수

T<40.   비록 자신의 증상과 문제를 과대보고하는 사람이 S 척도에서 보통 이하의 낮은 점수를 얻을 때도 있지만, S 척도가 이러한 반응세트를 얼마나 잘 탐지하는지 조사한 연구 자료는 충분하지 않다. 따라서 증상을 과장해서 보고하는 경향성을 탐지하려면 앞에서 설명한 다른 타당도 척도를 고려하기 바란다.

기타 타당도 지표

F−K 지표

Gough(1950)에 따르면, 자신에게 심각한 정신병리가 있다는 인상을 주려고 하는 수검자의 경우, K 척도에 비해 F 척도의 점수가 훨씬 더 상승한다. 따라서 F 척도의 원점수와 K 척도의 원점수의 차이를 계산하면 과대보고 프로파일을 탐지하는 지표가 될 수 있다. 이것이 F−K 지표이다. 우리는 F 척도의 원점수가 K 척도의 원점수보다 너무 높은 경우, 항상 과대보고의 가능성을 탐색하라고 권유한다. F−K 지표의 점수가 더 클수록 과대보고의 가능성도 더 커진다. 하지만 대부분의 MMPI-2 연구에서, F−K 지표는 F 척도만큼 효과적으로 과대보고를 탐지하지는 못했다(Graham, Watts, & Timbrook, 1991; Rogers et al., 1995, 2003).

   MMPI-2의 과소보고 경향을 조사한 연구 결과를 메타분석했을 때, F−K 지표가 과소보고 집단과 표준 실시 집단을 어느 정도 효과적으로 변별했지만, F−K 지표의 유용성은 L 척도보다는 낮았고 K 척도와는 유사하였다(Baer & Miller, 2002). 따라서 다른 타당도 척도들 대신에 F−K 지표를 활용해야 할 이유는 별로 없는 것 같다.

프로파일의 무효 가능성

타당한 MMPI-2 프로파일을 얻으려면, 수검자가 각 문항을 잘 읽고 내용을 파악한 뒤 솔직하고 정직하게 '그렇다' 또는 '아니다'로 응답해야 한다. 어떤 수검자는 MMPI-2에 응답할 때 표준적인 지시에 어긋나는 이상반응태도를 보이는데, 그렇게 얻어진 프로파일은 해석할 수 없다. 예컨대, 어떤 수검자가 MMPI-2에서 고의적으로 정신병리가 있는 것처럼 꾸며 내는 극단적인 반응을 보였다면, 그 프로파일은 해석하지 말아야 한다. 어떤 수검자는 표준적인 지시를 정확하게 준수하지 않는데, 이런 경우에도 비록 덜 극단적이기는 하지만 이상반응이 관찰될 수 있다. 예컨대, 심리학적 치료나 정신과적 치료를 처음 받는 내담자는 간절히 도움을 청하려는 목적으로 자신의 증상과 문제를 다소 과장하는 경향이 있다. 다른 예로, 자녀 양육권을 심사하는 과정에서 부모에게 MMPI-2를 실시하면, 다소 방어적인 태도로 응답할 가능성이 있다. 자신의 가장 좋은 모습을 드러내려는 동기가 상당히 강할 것이기 때문이다. 이렇게 다소 방어적인 태도로 응답한 경우, 수검자의 방어성향을 감안해야 하겠지만 프로파일의 해석이 불가능하다고 단정할 필요는 없다.

  이상적으로 말하자면, 검사자는 수검자가 표준적인 지시에 따르지 않을 가능성이 높아지는 맥락 요인(contextual factor)을 반드시 유념해야 한다. 검사자는 수검자와 라포를 형성해서 수검자가 심리검사에 협력하도록 이끌어야 한다. 모든 상황에서, 검사자는 수검자에게 심리검사에 관한 기본 정보를 제공할 필요가 있다. 예컨대, 어떤 검사를 실시할 것인지, 어느 정도 시간이 소요될 것인지, 검사의 목적이 무엇인지, 검사에 협조하면 어떤 이득을 얻을 수 있는지 등을 설명해야 한다. 또한 검사자는 수검자의 주의가 분산되지 않도록 환경을 관리해야 하고, 수검자가 검사방법과 표준 절차에 익숙해지도록 설명해야 하고, 수검자가 언제든지 검사자에게 도움을 요청할 수 있다는 점을 안내해야 한다. 또한 검사자는 심리검사의 효용성을 향상시킬 수 있도록 치료적 평가 절차를 도입하는 것이 바람직하다(예 : Finn, 1996, 2007). 이렇게 배려할 때 타당한 MMPI-2 프로파일을 얻어 낼 가능성이 높아진다.

  검사자는 수검자가 표준적인 지시에 따라서 MMPI-2에 응답했는지 반드시 확인해야 한다. 수검자가 협조하지 않으면, 검사를 실시해서는 안 된다. 어떤 수검자는 표준적인 지시를 따르지 않고서 MMPI-2를 마치기도 하는데, 특히 많은 사람이 동시에 검사를 받는 상황에서 그러하다. 따라서 검사자는 타당하지 않아서 무효로 간주해야 하는 프로파일을 가려내는 방법을 숙지해야 한다. 만약 프로파일의 타당성이 의심스럽다면, 수검자의 행동을 관찰하면서 파악한 정보를 고려하는 것이 유용하다. 검사자가 관찰한 정보와 MMPI-2 프로파일이 서로 일치하지 않는 경우, 특정한 반응세트나 반응 스타일 때문에 그러한 결과가 나왔을 것이라고 예상할 수 있다.

어떤 MMPI-2 프로파일이 타당하지 않은 경우, 검사자는 수검자에게 적절한 이유를 설명하고 재검사를 실시하는 것이 바람직하다. 표준적인 지시를 준수하지 않은 상태에서 얻어진 프로파일은 검사자 및 수검자 모두에게 도움이 되지 않는다고 설명하고, 재검사를 실시할 때는 반드시 표준적인 지시를 준수하도록 권유한다. 재검사에서는 해석할 수 있는 타당한 자료를 얻어 내는 경우가 자주 있다(Butcher et al., 1997; Cigrang & Staal, 2001; Gucker & McNulty, 2004). 만약 재검사가 불가능하거나 혹은 재검사에서도 타당한 자료를 얻어 내지 못했다면, 그 프로파일은 해석하지 않는다. 타당하지 않은 검사 자료가 수검자에 대해서 말해 주는 유일한 의미는, 타당한 방식으로 응답하지 않은 상태에서 얻어진 점수는 그 수검자의 실제 모습을 정확하게 반영하지 못한다는 사실뿐이라는 점을 명심해야 한다. 예컨대, 수검자가 평균적인 수준의 증상이나 문제마저 부인하며 매우 방어적인 프로파일을 제출한 경우, 검사자는 수검자가 자신의 부적응을 감추려고 애쓰는 매우 부적응적인 사람이라고 추론하려는 유혹에 빠지기 쉽다. 하지만 그것을 입증하는 검사 외적인 자료가 없다면, 이런 추론은 정당화될 수 없다. 그 수검자는 어떤 특수한 상황에서 자신을 실제보다 잘 적응하고 있는 것으로 드러내고 싶어 하는, 대체로 잘 적응하고 있는 사람일 수도 있다. 예컨대, 자녀 양육권 심사를 받고 있는 부모는 MMPI-2에 방어적으로 응답할 가능성이 크다.

이어서 MMPI-2에서 자주 관찰되는 타당하지 않은 프로파일을 소개하겠다. 그것이 전형적인 예시에 불과하다는 점을 유념하기 바란다. 임상실제에서, 초반에 타당하게 응답하다가 후반에 수검태도가 변화되는 수검자도 존재한다. 따라서 각각의 수검자가 제출한 타당하지 않은 프로파일은 전형적인 프로파일과 상당히 유사하기는 하지만 정확히 일치하지는 않을 것이다. 수검자의 반응 스타일과 그것의 평가방법에 대해서는 Burchett과 Bagby(2014)의 저술을 참고하기 바란다.

문항 내용과 무관한 무효 응답

무선반응

표준적인 지시에서 벗어난 이상반응 중에는 문항 내용과 무관하게 무작위로 응답하거나 혹은 거의 무작위에 가깝게 응답하는 무선반응(random responding)이 있다. 수검자는 명백하게 무작위적인 반응을 할 수도 있고, 8개의 문항마다 '그렇다', '그렇다', '아니다', '아니다', '그렇다', '그렇다', '아니다', '아니다' 식으로 반복해서 응답하는 독특한 반응 패턴을 보일 수도 있다. 수검자가 무선반응을 하는 데는 다양한 이유가 있다. 어떤 사람은 문항의 내용을 충분히 이해할 만한 독해력이 부족하지만 그것을 검사자에게 알리는 것이 싫어서 무선반응을 보일 수 있다. 어떤 사람은 너무 혼란스러운 상태이기 때문에 무선반응을 보일 수 있고, 검사를 받기 싫지만 그것을 거부하지는 못하는 상황이라서 비협조적인 반응을 보일 수도 있다. 수검자의 동기가 어떠하든, 무선반응은 문항 내용과 무관한 무효 응답이므로 해석하지 말아야 한다.

무선반응을 탐지하기 위해 특별히 고안된 척도가 VRIN 척도다. MMPI-2 매뉴얼(Butcher et al., 2001)에 따르면, VRIN 척도의 T 점수가 80점 이상일 때 무선반응이 시사되며 프로파일을 무효로 간주한다. 후속 연구에서, 무선반응을 탐지하는 VRIN 척도의 최적 분할점은 T 점수 80점이었다(Berry et al., 1991; Gallen & Berry, 1996; Paolo & Ryan, 1992). 무선반응 프로파일의 경우, VRIN 척도와 함께 F 척도, FB 척도, FP 척도의 T 점수도 매우 상승하고 (대개 T>100), FBS 척도의 T 점수가 중간 정도로 상승하고(70점 중반까지), K 척도와 S 척도의 T 점수는 거의 50점에 가까워지며, L 척도의 T 점수는 약간 상승한다(T=60~70). 임상 척도 역시 전반적으로 상승하는데, 대개의 경우 척도 8의 T 점수가 가장 높고, 그다음으로 척도 6의 T 점수가 높다. 척도 5와 척도 0의 T 점수는 70점을 넘지 않는 편이다.

수검자가 문제에 과장해서 응답한 경우 혹은 '그렇다'–'아니다' 중 한쪽으로 편향되게 응답한 경우에도 무선반응 프로파일과 유사한 패턴이 관찰된다. 다시 말해, 이러한 패턴은 무선반응 혹은 과장반응 혹은 고정반응의 결과일 수 있으므로, 먼저 VRIN 척도를 고려해서 무선반응 여부를 판단해야 한다. 만약 무선반응이 아니라면, 다음으로 TRIN 척도를 고려해서 고정반응(묵종반응 혹은 부인반응)의 가능성을 검토해야 한다. 당연하게도, 무선반응 프로파일은 해석하지 않는다.

고정반응

모두 '그렇다' 혹은 모두 '아니다'로 반응하는 경우, 고정반응(fixed responding)으로 간주한다. TRIN 척도는 고정반응을 탐지하는 데 유용하다. MMPI-2의 모든 문항에 '그렇다'로 응답하면, TRIN 척도의 T 점수는 남자와 여자가 모두 120점이 된다. TRIN 척도의 T 점수가 ('그렇다' 방향으로) 80점 이상이면, 무효 가능성을 제기하기에 충분한 개수의 문항들에 '그렇다'로 응답했음을 시사한다. MMPI-2의 모든 문항에 '그렇다'로 응답하면, F 척도의 T 점수가 극단적으로 상승하고(T > 100), L 척도, K 척도, S 척도의 T 점수는 50점 미만이며, 프로파일의 오른쪽에 위치한 임상 척도들의 T 점수가 극단적으로 상승한다. 대개의 경우, 척도 6과 척도 8의 T 점수가 가장 높다. F_B 척도와 F_P 척도의 T 점수 역시 매우 상승하는데, 대체로 F 척도와 비슷한 수준까지 상승한다. 당연하게도, 모두 '그렇다' 반응으로 얻어진 고정반응 프로파일은 해석하지 않는다.

MMPI-2의 모든 문항에 '아니다'로 응답하면, TRIN 척도의 T 점수는 남자가 114점, 여자가 120점이 된다. TRIN 척도의 T 점수가 ('아니다' 방향으로) 80점 이상이면, 무효 가능성을 제기하기에 충분한 개수의 문항들에 '아니다'로 응답했음을 시사한다. MMPI-2의 모든 문항에 '아니다'로 응답하면, F 척도, F_P 척도, FBS 척도, L 척도, K 척도, S 척도의 T 점수 역시 매우 상승한다. 다만, F_B 척도와 VRIN 척도의 T 점수는 거의 50점 근처에 머문다. 프로파일의 왼쪽에 위치한 임상 척도(즉, 척도 1, 2, 3, 4)의 T 점수가 오른쪽에 위치한 임상 척도의 T 점수보다 더 높이 상승한다. 단, 척도 8은 예외적으로 높이 상승한다. 당연하게도, 모두 '아니다' 반응으로 얻어진 고정반응 프로파일은 해석하지 않는다.

문항 내용과 관련된 무효 응답

과대보고

어떤 수검자는 자신이 겪고 있는 증상과 문제를 실제보다 과장하는 방식으로 부정확하게 응답한다. 예컨대, 매우 심각한 심리장애를 겪고 있다고 호소하려고 문항 내용에 고의적으로 부정적인 응답을 하는 수검자가 있다. 이런 반응세트를 종종 '부정왜곡(faking bad)' 혹은 '꾀병(malingering)'이라고 부른다. 하지만 이런 용어를 사용하면 수검자가 외적인 동기를 지니고 있다고 성급하게 가정할 우려가 있으므로, 우리는 '과대보고'라는 일반적인 용어를 선호한다. 더 나아가서, MMPI-2의 타당도 척도를 활용해서 과대보고를 탐지할 수는 있지만 그것만 가지고는 수검자의 동기나 의도를 평가할 수 없다. 수검자가 과장해서 응답한 이유를 파악하려면, MMPI-2 프로파일 이외의 추가 정보가 필요하다.

MMPI-2의 타당도 척도는 수검자의 과대보고를 상당히 효과적으로 탐지한다. Graham, Watts와 Timbrook(1991)은 대학생들에게 심각한 정신병리를 겪고 있는 것처럼 거짓으로 꾸며 내서 MMPI-2에 응답하라고 지시하였다. 이렇게 과대보고를 지시한 결과, 특이한 문항에 채점되는 쪽으로 응답하였고, 실제로 심각한 심리장애를 겪고 있는 환자의 자료보다 F 척도 및 임상 척도의 점수가 더 상승하였다. 후속 연구에서도 유사한 결과가 반복검증되었다(예 : Storm & Graham, 2000; Wetter et al., 1992).

MMPI-2 과대보고 프로파일의 특징은 F 척도가 매우 상승한다는 것이다(대개 T > 100). 또한 F_B 척도와 F_P 척도의 T 점수가 상승하는데, 대개 F 척도의 T 점수와 비슷한 수준까지 높아진다. FBS 척도는 중간 정도로 상승하는 경향이 있다(T = 80~90). 과장해서 보고하는 사람은 문항 내용에 (비록 솔직하지는 않지만) 일관되게 응답하므로, TRIN 척도와 VRIN 척도의 T 점수는 유의미하게 상승하지 않는다. 임상 척도들의 T 점수는 매우 상승하며, 전형적으로 척도 6과 척도 8의 T 점수가 가장 높아진다. 이에 반해, 과대보고 프로파일에서 T 점수가 가장 낮은 임상 척도는 척도 5와 척도 0인 경우가 일반적이다.

언뜻 살펴보면, 과대보고 프로파일은 실제로 상당히 심각한 심리장애를 지니고 있는 사람에게서 예상되는 프로파일과 비슷해 보인다. 하지만 몇 가지 중요한 차이점이 있다. 과대보고 프로파일에서는 일반적으로 F 척도, F_B 척도, F_P 척도 및 FBS 척도의 T 점수가 더 높아진다. 심각한 정신병리를 겪고 있는 것으로 진단된 사람들의 F 척도의 T 점수는 대개 70~90점 범위인데, 과대보고 프로파일에서는 F 척도의 T 점수가 100점을 넘는다. 또한 과대보고 프로파일에서는 F_B 척도와 F_P 척도의 T 점수도 100점을 넘는 특징이 있다. 이에 더해, 실제로 심각한 심리장애를 지니고 있는 사람에게서 얻어진 타당한 프로파일과 비교할 때 과대보고 프로파일에서는 임상 척도들의 T 점수가 더 극단적으로 상승하는 경향이 있다.

앞서 언급한 Graham, Watts와 Timbrook(1991)의 연구에 이어서, 몇몇 다른 연구에서도 MMPI-2의 타당도 척도가 과대보고 경향을 잘 탐지한다는 것이 확인되었다. Rogers 등(2003)은 MMPI-2의 과대보고 경향을 조사한 62편의 연구를 메타분석하였다. 정신과 환자의 평균 점수와 과장해서 보고한 사람의 평균 점수를 비교한 결과, F 척도, F_B 척도, F_P 척도, 그리고 F−K 지표의 효과크기가 매우 컸다. 하지만 그들은 F_P 척도가 가장 효과적으로 과대보고를 탐지한다고 결론지었다. 다양한 장면과 진단을 막론하고, F_P 척도의 최적 분할점을 일관적으로 적용할 때 과대보고 집단과 정신과 환자 집단을 가장 잘 변별할 수 있었기 때문이다.

MMPI-2의 과대보고 경향을 조사한 대부분의 연구에서는 임상 집단과 비임상 집단의 자료를 비교하였다. 비임상 집단은 대부분 대학생이었고, 임의적으로 과장해서 보고하라는 지시를 받았다. 따라서 이런 결과를 정신병리를 정말로 더 잘 과장할 수 있고, 정말로 더 잘 과장하려는 동기가 있는 임상 장면까지 일반화시킬 수 있는지에 대해서 의문이 제기된다. 몇몇 연구에서는 증상과 문제를 과대보고하라는 지시에 따라서 MMPI-2에 응답한 재소자를 F 척도가 효과적으로 탐지할 수 있었다(Gallagher, 1997; Iverson et al., 1995). Gallagher의 연구에서, F 척도와 함께 F_P 척도를 고려하면 과대보고한 사람을 더 잘 가려낼 수 있었다. Berry

등(1996)은 표준적인 지시에 따라서 응답한 정신건강센터 외래 환자와 자신의 증상과 문제를 과장하라는 지시에 따라서 응답한 정신건강센터 외래 환자의 MMPI-2 점수를 비교하였다. 연구 결과, F 척도, F_B 척도, F_P 척도, F−K 지표 모두 두 집단을 효과적으로 변별하였다. Arbisi와 Ben-Porath(1998)는 F 척도와 F_P 척도 모두 표준적인 지시에 따라서 MMPI-2에 응답한 정신과 입원 환자와 자신의 증상과 문제를 과장하라는 지시에 따라서 응답한 정신과 입원 환자를 잘 변별한다는 것을 확인하였다. 하지만 심각한 정신병리의 기저율이 높은 장면에서는 F 척도보다 F_P 척도가 더 정확했다.

　MMPI-2에 과장해서 응답하면 F 척도의 점수가 매우 상승한다는 것은 분명하지만, 과대보고를 가려내는 최적 분할점은 확실하지 않다. 여러 연구에서 F 척도의 최적 분할점을 제안했는데, 그 범위는 75~120점으로 다양하다. 대부분의 연구에서는 F 척도의 T 점수가 100점 이상이면 과대보고가 시사된다고 제안하였다. 하지만 Graham, Watts와 Timbrook(1991)이 지적한 바와 같이, 정신과 입원 환자 중에서 과대보고한 사람을 가려내려면 F 척도의 원점수를 고려할 필요가 있고, T 점수의 상한선(120점)을 넘어서는 원점수를 최적 분할점으로 간주하는 것이 적절하다. 이번 장의 앞부분에서 언급했듯이, 심각한 정신병리의 기저율이 높은 장면에서 발생하는 과대보고 응답을 탐지하기 위해 특별히 F_P 척도를 고안하였으므로, 정신과 입원 환자의 자료를 검토할 때는 F 척도와 함께 F_P 척도까지 고려하는 것이 매우 도움이 된다. 아마도 MMPI-2가 사용되는 장면에 따라서 서로 다른 최적 분할점을 적용하는 것이 가장 좋겠지만, F 척도 및 F_P 척도의 점수가 높으면 높을수록 수검자가 과대보고를 시도했을 가능성이 더 크다고 볼 수 있다는 점은 분명하다.

　MMPI-2의 과대보고 경향을 조사한 대부분의 연구에서, 수검자는 심각한 또는 매우 심각한 정신병리를 임의적으로 꾸며 내라는 지시를 받았다. 하지만 MMPI-2의 타당도 척도를 활용해서 그보다 덜 극단적인 형태의 과대보고를 탐지할 수 있을까? Wetter 등(1992)은 학생들을 두 집단으로 나누고, 한 집단에는 심각한 정신병리를 꾸며 내라고 지시하였고 다른 집단에는 경미한 정신병리를 꾸며 내라고 지시하였다. 두 가지 조건 모두에서 F 척도의 점수가 유의미하게 상승했으며, 경미하게 꾸며 낸 조건의 점수(T=108)가 심각하게 꾸며 낸 조건의 점수(T=119)보다 약간 낮았다. 결과적으로, F 척도가 덜 극단적인 형태의 과대보고도 잘 탐지할 수 있지만, 경미한 과장을 가려내는 최적 분할점과 심각한 과장을 가려내는 최적 분할점을 서로 다르게 설정할 필요가 있어 보인다.

특정한 장애의 가장. 몇몇 연구에서, 수검자가 특정한 정신병리를 겪고 있는 것처럼 가장해서 MMPI-2에 응답할 수 있는지, 만약 그렇다면 MMPI-2의 타당도 척도는 그것을 얼마나 잘 탐지할 수 있는지 조사하였다. 비임상 집단에게 마치 조현병, 편집증, 외상후 스트레스 장애, 경계선 성격장애 환자인 것처럼 보이도록 가장하라고 지시했을 때, 일반적인 정신병리를 지니고 있는 것처럼 보이도록 가장하라는 지시를 받은 사람들의 결과와 상당히 유사하였다(Bagby, Rogers, Buis et al., 1997; Gold & Frueh, 1999; Rogers et al., 1993; Sivec et al., 1994, 1995; Wetter et al., 1993; Wetter & Deitsch, 1996). 이렇게 얻어진 프로파일의 특징은 F 척도, F_P 척도, 척도 6, 척도 8의 T 점수가 상승한다는 것이다. F 척도와 F_P 척도는 특정한 정신병리를 가장한 사람들의 자료, 실제로 특정한 정신병리를 겪고 있는 환자들의 자료, 그리고 표준적인 지시에 따라서 응답한 사람들의 자료를 매우 효과적으로 변별하였다. 외상후 스트레스 장애를 겪고 있는 것처럼 가장하라는 지시를 받은 사람들의 자료를 MMPI-2 타당도 척도로 변별할 수 있는지 메타분석한 결과, 유사한 결과가 도출되었다(Nijdam-Jones et al., 2020). 외상후 스트레스 장애를 겪고 있는 것처럼 가장하라는 지시를 받은 사람들의 자료와 표준적인 지시를 받은 사람들의 자료를 비교한 결과, F 척도, F_P 척도, F_B 척도, 그리고 F−K 지표의 효과크기가 상당히 컸다.

비임상 집단에게 마치 우울증, 신체형장애, 뇌손상 환자인 것처럼 보이도록 가장하라고 지시했을 때는 F 척도 및 대부분의 임상 척도들의 점수가 중간 수준으로 상승하였다(Bagby, Rogers, Buis et al., 1997; Berry et al., 1995; Sivec et al., 1994, 1995). 가장지시 집단과 표준지시 집단을 변별하는 능력은 F 척도와 F_P 척도가 제일 우수하였다. 그러나 더 심각한 정신병리를 가장하라고 지시한 경우와 비교하면, 변별의 정확성은 상대적으로 감소하였다. 성인에게 주의력결핍 과잉행동장애를 지니고 있는 것처럼 가장하라고 지시한 연구에서도 이와 유사한 결과가 보고되었다(Young & Gross, 2011).

일반적 정신병리를 가장하는 사람 혹은 특정한 정신병리를 가장하는 사람의 프로파일을 살펴보면, 대체로 타당도 척도와 임상 척도에서 분명한 패턴이 관찰된다. 가장 중요한 특징은 F 척도와 F_P 척도가 극단적으로 상승하고, 임상 척도들이 전반적으로 상승하고, 척도 6과 척도 8이 가장 높이 상승한다는 것이다. 수검자가 특정한 형태의 정신병리를 가장하면 정말로 그 정신병리를 겪고 있는 환자보다 더 높은 점수를 얻으며, F 척도와 F_P 척도에 의해서 정확하게 탐지된다. 하지만 어떤 특정한 정신병리를 가장했는지에 따라서 서로 다른 최적 분할점을 사용해야 하고, 상대적으로 덜 심각한 정신병리를 가장했을 때는 타당도 척도의 변별력이 감소된다는 점을 유의해야 한다.

응답 지도의 효과.   법정 장면에서 MMPI-2가 사용되면서, 응답 지도(coaching)의 효과에 대한 우려가 제기되었다. 만약 수검자가 심리장애를 겪고 있는 것처럼 꾸며 내기를 원하는데 심리장애의 증상에 대해서 알려 주는 응답 지도 혹은 MMPI-2에서 탐지되지 않고 가장하는 방법을 알려 주는 응답 지도를 받으면, 더 효과적으로 꾸며 낼 수 있을 것이라는 문제가 불거진 것이다. Wetter와 Corrigan(1995)의 조사에서, 현재 활동 중인 변호사 표본의 1/2 정도와 법과대학생 표본의 1/3 정도는 심리학적 평가를 받는 의뢰인에게 MMPI-2의 타당도 척도가 어떤 기능을 하는지 반드시 혹은 대체로 알려 줘야 한다고 답변하였다. 최근에, 미국의 변호사(가족법, 소년법, 민법, 형법 분야) 표본에서도 유사한 결과가 보고되었다(Spengler et al., 2020). 변호사의 73%가 심리학적 평가에 대한 정보를 의뢰인에게 제공해야 한다는 의견에 동의하거나 매우 동의하였다. MMPI-2의 타당도 척도에 대한 정보 및 수검태도의 문제를 탐지하는 방법에 대한 정보를 의뢰인에게 제공해야 한다는 의견에 동의하거나 매우 동의하는 변호사는 전체의 약 53%를 차지하였다.

여러 연구에서, 심리장애의 증상에 대한 정보를 제공하고 그것을 꾸며 내라고 지시하더라도 MMPI-2의 타당도 척도는 그것을 탐지할 수 있었다(Bagby, Rogers, Nicholson et al., 1997; Elhai et al., 2000; Rogers et al., 1993; Wetter et al., 1993, 1994). 예컨대, Bagby, Rogers, Nicholson 등(1997)은 심리검사와 정신병리에 관해 상당한 정보를 지니고 있는 임상심리학 전공 대학원생과 정신과 레지던트가 마치 조현병을 지니고 있는 것처럼 가장하여 MMPI-2에 응답하더라도 그것을 쉽게 탐지할 수 있었다. 하지만 Veltri와 Williams(2013)의 연구에서, 심리장애의 증상 및 타당도 척도의 기능에 대한 정보를 모두 제공하고 심리장애를 과장해서 보고하도록 지시한 경우에는 그것을 탐지하는 게 더 힘들었다. 특히 조현병이 아닌 다른 장애를 꾸며 낸 경우 그리고 범불안장애 혹은 외상후 스트레스 장애를 꾸며 낸 경우에 그것을 탐지하는 게 더 힘들었다.

몇몇 연구에서, 타당도 척도의 기능을 알려 주는 경우 혹은 탐지되지 않고 과대보고할 수 있는 방법을 알려 주는 경우, MMPI-2가 그것을 얼마나 잘 탐지하는지 조사하였다. 여러 연구에서, 이런 식으로 응답 지도를 실시하면 과대보고를 가려내는 것이 훨씬 어려워졌다(Rogers et al., 1993; Storm & Graham, 2000). 하지만 수검자가 타당도 척도의 기능을 알고 있더라도, 상당수의 자료는 그것을 정확하게 가려낼 수 있었다. 결론적으로, 아직까지 서로 불일치하는 결과가 혼재되어 있는 상황이다. Bagby 등(2002)은 전반적인 정신병리를 꾸며 낸 사람 중에서 응답 지도를 받고 꾸며 낸 사람의 자료와 응답 지도를 받지 않고 꾸며 낸 사람의 자료를 비교했는데, MMPI-2 타당도 척도의 탐지능력은 두 자료에서 동등하였다. 대부분의 연구에서, 응답 지도를 받고 과대보고한 사람의 자료를 탐지하는 데는 F 척도와 F_p 척도가 모두 효과적이었다. 일부 연구에서는 F_p 척도가 더 효과적이었다.

이와 달리, Rogers 등(1993)은 수검자에게 MMPI-2 타당도 척도의 기능을 설명하고 이런 척도에 탐지되지 않는 방법을 교육하면 조현병을 더 효과적으로 가장할 수 있었고, 표준적인 타당도 지표로는 그것을 가려낼 수 없었다고 보고하였다. Viglione 등(2001)은 수검자에게 제한된 수준의 응답 지도를 실시한 뒤 과대보고하도록 요구했는데, 지나치게 과장하지 말라고 조금만 주의를 주어도 수검자의 과대보고를 탐지하는 것이 훨씬 어려워졌다.

비록 우리가 참고할 수 있는 연구 자료는 제한되어 있지만, MMPI-2 타당도 척도가 어떻게 기능하는지 알고 있는 사람은 이런 척도에 탐지되지 않으면서 과장되게 응답할 수 있다는 사실을 고려해야 한다. 이런 문제가 얼마나 만연한지, 그리고 응답 지도의 효과를 더 효과적으로 탐지할 수 있는 방법은 무엇인지에 대해서 더 많은 연구가 요망된다.

과장. 정말로 심리적인 증상을 지니고 있는 수검자가 자신의 증상을 다소 과장(exaggeration)하는 방식으로 MMPI-2에 응답하는 경우도 있다. 전문적인 도움을 받을 필요성을 절실하게 느끼는 사람이 자신의 고통을 간절하게 호소하려고 할 때, 이런 일이 흔하게 발생한다. 이런 경우, 수검자가 어떤 증상과 문제를 과장하느냐에 따라서 프로파일의 점수가 달라진다. 따라서 이런 반응세트의 전형적인 프로파일은 존재하지 않는다. 이런 반응세트가 작동하고 있을 가능성을 시사하는 주요한 단서는 F 척도, F_p 척도, 임상 척도들의 점수가 수검자의 과거력이나 면담 및 검사 중에 관찰된 내용을 토대로 예상되는 수준보다 훨씬 더 상승한다는 것이다.

몇몇 연구에서, 증상의 과장이 MMPI-2에 미치는 영향을 조사하였다. 정신과 외래 환자를 대상으로, Rogers 등(1995)은 한 번은 표준적인 지시에 따라서 응답하게 하였고 다른 한 번은 증상이 매우 심각하여 즉시 입원치료를 받아야 한다는 인상을 주려는 의도로 응답하게 하였다. 두 조건에서 얻어진 프로파일의 형태는 비슷했지만, 표준지시 집단보다 증상과장 집단의 점수가 훨씬 높았다. F 척도와 F_p 척도 모두 증상과 문제를 과장한 환자의 프로파일을 상당히 효과적으로 변별할 수 있었다. Arbisi와 Ben-Porath(1998)는 표준적인 지시에 따라서 응답한 정신과 환자의 점수와 증상과 문제를 과장하라는 지시에 따라서 응답한 정신과 환자의 점수를 비교하였다. 증상을 과장한 사람은 대부분의 척도에서 유의미하게 더 높은 점수를 얻었다. F 척도와 F_p 척도 모두 과장된 프로파일을 효과적으로 가려냈지만, F 척도보다는 F_p 척도가 약간 더 정확하게 변별하였다. 증상을 과장한다고 해서 프로파일의 타당성이 반드시 훼손되는 것은 아니다. 하지만 이런 프로파일을 해석할 때는 수검자가 증상과 문제를 지나치게 과장했다는 점을 반드시 고려해야 한다.

과소보고

어떤 수검자는 자신의 문제를 부인하려는 동기 혹은 실제보다 심리적으로 더 잘 적응하고 있는 것처럼 보이려는 의도를 가지고 MMPI-2에 응답한다. 직장을 구하는 사람 혹은 자녀 양육권 심사를 받는 사람에게서 과소보고 반응세트가 자주 관찰된다.

MMPI-2의 과소보고 연구에서, Graham, Watts와 Timbrook(1991)은 남녀 대학생에게 한 번은 표준적인 지시에 따라서 응답하게 하였고 다른 한 번은 구직자의 입장에서 평가를 받는다고 가정하고 타인에게 매우 긍정적인 인상을 주려는 목적으로 응답하게 하였다. 과소보고 조건의 평균적인 프로파일을 살펴보면, 거의 모든 임상 척도의 점수가 상당히 낮아지며, L 척도와 K 척도의 T 점수는 50점 이상으로 상승한다. Graham, Watts와 Timbrook(1991)에 따르면, 과대보고를 탐지하는 것보다 과소보고를 탐지하는 것이 훨씬 어렵다.

Baer와 Miller(2002)는 MMPI-2의 과소보고 경향을 조사한 14편의 연구를 메타분석하고, MMPI-2의 타당도 척도가 표준지시 자료와 과소보고 자료를 효과적으로 변별할 수 있다는 사실을 발견하였다. 비록 과소보고 탐지의 정확성은 과대보고 탐지의 정확성에 미치지 못했지만(예 : Rogers et al., 2003), 여러 연구에서 확인된 전반적인 효과크기($d=1.25$)는 상당히 인상적이었다. 심리적으로 매우 잘 적응하고 있는 것처럼 보이라는 지시에 따라서 MMPI-2에 응답한 사람은 L 척도, K 척도, S 척도에서 높은 점수를 얻었고, F 척도, F_B 척도, F_P 척도에서는 평균 또는 평균 이하의 점수를 얻었다. Baer와 Miller(2002)는 "훨씬 많은 양의 연구자료가 있으므로, L 척도와 K 척도를 활용하는 것이 가장 안정적"(p. 24)이라고 결론지었다.

과소보고를 탐지하는 타당도 척도의 분할점과 관련하여, Baer와 Miller(2002)는 최적 분할점은 특정한 장면에서 발생하는 과소보고의 기저율이 어느 정도인지에 따라서 달라지며, 중요하게 간주되는 오류의 종류(긍정 오류, 부정 오류)가 무엇인지에 따라서도 달라진다고 제안하였다. 분할점을 상대적으로 높게 설정하면 과소보고라고 지목된 사람이 정말로 과소보고했을 가능성은 높아지지만, 상당수의 과소보고 자료를 타당한 자료라고 잘못 분류하게 된다. 이와 반대로 분할점을 상대적으로 낮게 설정하면 과소보고 자료를 타당한 자료라고 잘못 분류하는 문제는 줄어들지만, 상당수의 타당한 자료를 과소보고 자료라고 잘못 간주하게 된다.

요약하면 MMPI-2에 응답할 때 자신의 문제를 부인하면서 실제보다 더 잘 적응하고 있는 것처럼 보이려고 시도하는 경우, L 척도, K 척도, S 척도의 T 점수가 상승하고, F 척도, F_B 척도, F_P 척도의 T 점수는 평균보다 낮아진다. L 척도와 K 척도는 수검자의 과소보고를 상당히 효과적으로 탐지한다. 비록 경험적으로 확인된 최적의 분할점을 딱 하나로 설정할 수는 없지만, 이번 장의 앞부분에서 설명한 각 척도의 점수별 해석지침을 참고하면 과소보고의 가능성을 충분히 기민하게 탐지할 수 있을 것이다.

앞에서 MMPI-2의 과대보고와 관련해서 논의한 바와 마찬가지로, 검사자는 과소보고 지표가 말해 주는 것과 말해 주지 않는 것을 잘 구분해야 한다. 어떤 수검자가 MMPI-2에서 과소보고를 했다는 증거가 있는 경우, 수검자의 MMPI-2 점수는 그 사람의 심리적 적응 수준과 성격특성을 정확하게 반영하지 못한다고 결론지어야 한다. 이 경우에, 그 수검자가 실제로 어떤 사람인지에 대해서는 전혀 알지 못하는 것이다. MMPI-2에서 과소보고한 사람은 심리적으로 잘 적응하고 있는 사람일 수도 있고, 심리적으로 심각한 문제를 겪고 있는 사람일 수도 있다. MMPI-2 점수만으로는 그 사람이 정말로 어떤 사람인지 말할 수 없다. 더 나아가서, 심리검사 결과는 수검자가 과소보고한 동기가 무엇인지도 알려 주지 못한다. 이런 때는 면담 자료와 과거력 자료 같은 다른 자료를 참고하는 것이 도움이 된다.

방어성향.　때때로 자신을 비현실적인 수준으로 좋게 드러내려고 하면서도 지나치게 노골적으로는 응답하지 않는 수검자가 있다. 이런 경우, 타당하지 않은 프로파일로 간주하기는 어렵다. 예컨대, 직장을 구하는 사람이나 자녀 양육권을 얻으려는 사람은 자신의 긍정적인 특성을 강조하고 부정적인 특성을 축소해서 MMPI-2에 응답할 수 있다. 이렇게 얻어진 점수는 수검자의 증상과 문제를 과소평가하게 되지만, 그렇다고 해서 이 결과를 반드시 해석할 수 없는 것은 아니다.

방어성향(defensiveness)이 반영된 프로파일의 경우, L 척도, K 척도, S 척도의 점수가 F 척도, F_B 척도, F_P 척도의 점수보다 더 높게 상승한다. 만약 L 척도, K 척도, S 척도의 T 점수가 70점 이상으로 상승하면, 수검자가 자신의 증상과 문제를 지나치게 축소시켜서 보고했을 가능성이 크므로 임상가는 프로파일을 무효로 간주할 필요가 있는지 판단해야 한다. 만약 L 척도, K 척도, S 척도의 T 점수가 60~69점 범위에 속한다면, 방어성향에 기인한 과소보고일 가능성이 크지만 프로파일을 무효로 간주할 필요까지는 없다.

만약 타당도 척도에서 방어성향이 시사되고 T 점수가 60점 이상으로 상승한 임상 척도가 하나도 없다면, 이때 임상 척도의 점수는 수검자의 심리적 상태를 정확하게 반영하지 못했을 가능성이 크다. 하지만 이 점수만으로는 수검자가 사실은 심각한 문제를 숨기고 있는 것이라고 추론할 수가 없다. 수검자는 비현실적인 수준으로 호의적인 인상을 심어 주려고 하는 실제로 잘 적응하는 사람일 수도 있기 때문이다.

만약 타당도 척도에서 방어성향이 시사되고 T 점수가 60점 이상으로 상승한 임상 척도가 하나라도 있다면, 다른 변인들을 고려해야 한다. 방어적인 프로파일에서는 K 척도의 점수가 유의미하게 상승하고, 그것을 바탕으로 K 교정을 실시하면 몇몇 임상 척도의 점수도 상승하게 된다. 결과적으로 K 교정을 실시하는 몇몇 임상 척도(즉 척도 1, 4, 7, 8, 9)에서는, 수검자가 그 임상 척도의 문항에는 채점되는 방향으로 많이 (혹은 전혀) 응답하지 않더라도 T 점수가 높아질 수 있다. K 교정 자체가 임상 척도 점수를 상승시킬 수 있기 때문이다. 이런 경우, 수검자가 심각한 문제와 증상을 지니고 있다고 추론하는 것은 부적절하다. 방어성향이 의심되면, 검사자는 반드시 K 교정을 실시하지 않은 임상 척도 점수를 고려해야 한다. 만약 K 교정을 실시하지 않은 임상 척도가 상승했다면, 일반적인 방법에 따라서 해석할 수 있다. 이런 경우, 수검자가 방어적인 태도로 응답했음에도 불구하고 임상 척도가 상승한 것이므로 임상 척도 점수는 증상과 문제의 심각성을 실제보다 과소평가하고 있을 것이다.

어떤 방어적인 프로파일에서는 L 척도와 K 척도 중에서 하나만 상승한다. 두 척도가 약간 다른 측면의 방어성향을 측정하기 때문이다. K 척도가 상승한 사람은 일반적으로 심리적 증상과 문제를 부인하고 있는 것이다. L 척도가 상승한 사람은 자신이 정직하고, 도덕적이고, 동조적인 사람이라고 보여 주고 있는 것이다. 두 가지 방어성향이 동시에 나타나는 경우가 많지만, 어떤 경우에는 그렇지 않다.

응답 지도의 효과.   여러 연구에서 타당도 척도에 대한 정보를 제공하는 응답 지도가 과소보고에 미치는 영향을 조사하였다. 대학생의 자료에서, Baer, Wetter와 Berry(1995)는 증상과 문제를 축소해서 보고하라는 지시에 따라서 응답한 프로파일을 표준적인 타당도 척도를 활용해서 효과적으로 가려낼 수 있었다. 하지만 과소보고 경향을 탐지하는 타당도 척도에 대한 정보를 제공했더니, 과소보고를 탐지하는 것이 훨씬 어려워졌다.

Baer와 Sekirnjak(1997)은 정신건강센터 외래 환자를 대상으로 Baer, Wetter와 Berry(1995)의 연구를 반복검증하였다. 표준지시 집단과 과소보고 집단을 구분하고, 과소보고 집단을 다시 두 집단으로 나누었다. 한 집단에게는 과소보고를 탐지하는 타당도 척도에 대한 정보를 전혀 제공하지 않았고, 다른 집단에게는 과소보고를 탐지하는 타당도 척도에 대한 정보를 제공하였다. 모든 과소보고 집단은 심리적으로 건강하다는 인상 및 솔직하게 응답했다는 인상을 주려고 노력하면서 문항에 응답하라는 지시를 받았다. 연구 결과, Baer, Wetter와

Berry(1995)가 보고한 내용과 비슷하였다. 타당도 척도에 대한 정보를 전혀 제공하지 않은 상태에서 과소보고를 지시받은 집단은 표준적인 타당도 척도를 통해 쉽게 탐지되었다. 하지만 타당도 척도에 대한 정보를 제공받은 집단의 과소보고를 탐지하는 것은 훨씬 어려웠다. 이런 경우, 특히 S 척도가 효과적인 것으로 판단되었다.

응답 지도의 효과를 MMPI-2의 과소보고 지표가 적절히 탐지할 수 있는지에 대해서는 거의 연구된 바가 없다. Baer와 Miller(2002)의 메타분석에서, 탐지되지 않고 과소보고하는 방법을 수검자에게 알려 주면 어떤 결과가 관찰되는지 조사한 연구는 5편에 불과하였다. 메타분석 결과, 타당도 척도는 이러한 응답 지도를 받은 수검자의 자료를 효과적으로 탐지하지 못했다.

요약하면, MMPI-2에는 과소보고를 탐지하는 타당도 척도가 있다는 사실을 알고 심리적으로 건강하다는 인상 및 솔직하게 응답했다는 인상을 주려고 노력하라는 지시를 받은 사람은 비임상 집단의 자료와 유사한 프로파일을 얻었고, 전통적인 타당도 척도로는 그것을 탐지하기가 어려웠다. 이처럼 응답 지도가 과소보고에 미치는 영향을 탐지할 때, L 척도나 K 척도보다 S 척도가 더 효과적일 수 있다는 예비 연구가 존재한다. 하지만 응답 지도를 실시하면 얼마나 효과적으로 과소보고의 탐지를 회피하게 되는지, 표준적인 타당도 척도 이외에 응답 지도를 효과적으로 탐지할 수 있는 다른 방법은 없는지에 대해서 더 많은 연구가 필요하다.

특히 다양한 수검태도 조건, 그리고 다양한 타당도 척도 및 타당도 지표에 대해 분류 자료(즉, 긍정 예측력 및 부정 예측력)를 보고하는 대규모 표본의 연구가 절실하다. 이런 연구가 수행되기 전까지, 자신의 문제를 축소해서 보고하려는 동기가 강한 수검자 혹은 과소보고를 탐지하는 타당도 척도에 대한 정보를 제공받을 가능성이 높은 수검자가 빈번하게 방문하는 장면에서 MMPI-2를 사용하는 임상가는, 수검자가 MMPI-2에서 과소보고를 시도하더라도 그것을 임상가가 쉽게 탐지하지 못할 수 있다는 사실을 반드시 유념해야 한다. 이런 상황에서 수검자의 자기보고가 얼마나 타당한지를 평가하려면 MMPI-2 프로파일 이외의 정보, 즉 과거력, 정신상태검사, 중요한 타인에게서 얻은 정보를 참고하는 것이 도움이 된다.

CHAPTER 4

임상 척도

이 장에서는 각각의 MMPI-2 임상 척도가 평가하고 있는 성격 및 정신병리 차원들을 설명하고 있다. 아울러, 각 임상 척도에서 얻은 다양한 수준의 점수와 관련해서 기술할 수 있는 해석 자료를 제공하고 있다.

앞서 언급했듯이, MMPI-2 임상 척도는 원판 MMPI 임상 척도와 기본적으로 동일하다. 일부 임상 척도들에서는 몇 개 문항이 삭제되었는데, 그 이유는 문항이 시대에 뒤떨어지거나 혹은 종교적 신념이나 대장 및 방광 기능에 대한 내용을 다루고 있어서 문제의 소지가 있기 때문이다. 또한 임상 척도에 속하는 몇몇 문항이 약간 수정되었는데, 그 이유는 문항을 현대적인 표현으로 바꾸고, 성차별적 표현을 배제하고, 수검자가 쉽게 이해할 수 있게 하기 위해서였다. 각각의 임상 척도에 속하는 문항들 및 각 문항의 채점 방향은 MMPI-2 매뉴얼 부록에 임상 척도 원점수를 T 점수로 변환하는 표와 함께 제시되어 있다(Butcher et al., 2001). 남녀를 포함한 정규 자료에 기초한 점수 변환은 Ben-Porath와 Forbey(2003)의 비성별 규준 논문에서 사용할 수 있다.

임상 척도의 신뢰도

임상 척도들의 내적 일관성 계수(α 계수)를 표 4.1에 제시하였다. 경험적인 방식으로 임상 척도들을 구성하였고 임상 척도의 내적 일관성을 확립하려는 시도를 하지 않았기 때문에, 대부분의 임상 척도의 내적 일관성 계수가 상대적으로 낮은 편이며 특히 비임상 표집에서 낮다. 이것은 임상 척도에 다양하고 이질적인 문항 내용들이 포함되어 있음을 반영하는 것이다. 따라서 어떤 특정한 임상 척도의 높은 점수는 상당히 다른 응답 패턴들로부터 얻어질 수 있다. 예컨대, 몇 사람이 척도 4에서 동일하게 높은 점수를 얻었다고 하더라도 그들은 서로 다른 응답 패턴을 보였을 수 있다. (a) 어떤 사람은 반사회적 태도 및 행동에 관한 문항들에 응답했을 수 있고, (b) 다른 사람은 가족 구성원에 대한 부정적인 견해 및 감정에 관한 문항들에 응답했을 수 있으며, (c) 또 다른 사람은 양쪽 모두에 조금씩 응답했을 수도 있다.

표 4.2에는 MMPI-2 규준 집단 중에서 약 1주일 간격으로 두 번의 검사를 실시한 사람들의 검사-재검사 신뢰도 계수를 남자와 여자로 구분하여 제시하였다. 이 자료를 살펴보면, 상대적으로 짧은 간격이기는 하지만 임상 척도들이 상당히 안정적임을 알 수 있다. 척도 6의 안정성이 가장 저조했으며, 척도 0의 안정성이 가장 양호하였다. 표 4.2에는 MMPI-2를 5년 간격으로 검사한 노인 집단의 검사-재검사 신뢰도 계수를 제시하였다. 예상했던 것처럼 장기간에 걸친 안정성은 다소 줄어들기는 하지만, 신뢰도 계수는 비슷한 간격을 두고 실시한 다른 자기보고식 검사 결과와 비슷한 수준이다. 척도 0의 5년 간격 신뢰도 계수가 1주일 간격 신뢰도 계수만큼이나 높은 점은 주목할 만한데, 이는 척도 0과 관련된 성격특성이 상당히

표 4.1 규준 표본 남녀 집단의 MMPI-2 임상 척도 내적 일관성(α) 계수

척도	남		여	
	α	n	α	n
1-Hs	.77	1,116	.81	1,432
2-D	.59	1,095	.64	1,374
3-Hy	.58	1,095	.56	1,378
4-Pd	.60	1,063	.62	1,345
5-Mf	.58	1,056	.37	1,342
6-Pa	.34	1,097	.39	1,407
7-Pt	.85	1,099	.87	1,421
8-Sc	.85	1,076	.86	1,370
9-Ma	.58	1,062	.61	1,347
0-Si	.82	1,070	.84	1,345

안정적인 경향이 있음을 시사한다.

임상 척도의 타당도

MMPI가 출간된 이후로, 임상 척도와 연관된 검사 외적 특성(예 : 증상, 성격특질, 진단, 치료반응) 간의 관계를 살펴본 연구는 수백 편이 넘는다. 이러한 연구들은 비임상 장면, 의료 장면, 정신건강 장면, 법의학 및 교정 장면 등과 같은 다양한 영역에서 실시되었다. 원판 MMPI의 임상 척도들과 MMPI-2의 임상 척도들 사이에는 연속성이 존재하기 때문에, 지금껏 수행된 모든 연구들이 임상 척도의 타당성을 결정하는 데 적합하다. MMPI-2를 활용한 유사 연구들도 꾸준히 보고되고 있다. 축적된 자료에 따르면, MMPI-2의 임상 척도들은 각각의 척도와 개념적으로 관련되는 검사 외적 특성을 의미 있게 반영한다. 예컨대, 척도 1에서 높은 점수를 얻은 사람들은 낮은 점수를 얻은 사람들에 비해 신체적 불편감을 더 많이 호

표 4.2 MMPI-2 임상 척도 검사-재검사 계수

척도	1주 간격을 둔 규준 표본[a]		5년 간격을 둔 규준 노인 표본[b]
	남 (n=82)	여 (n=111)	남 (n=1,072)
1-Hs	.76	.75	.75
2-D	.79	.80	.71
3-Hy	.70	.74	.65
4-Pd	.79	.69	.67
5-Mf	.83	.74	.67
6-Pa	.67	.56	.55
7-Pt	.72	.68	.83
8-Sc	.72	.54	.71
9-Ma	.80	.65	.64
0-Si	.93	.92	.85

소하고, 척도 4에서 높은 점수를 얻은 사람들은 낮은 점수를 얻은 사람들에 비해 더 반사회적인 특징을 보이며, 척도 8에서 높은 점수를 얻은 사람들은 정신병적 장애의 증상을 드러낼 가능성이 더 크다. 이 장의 뒷부분에서는, 다양한 장면에서 얻어진 임상 척도와 관련되는 특성에 대한 연구 자료들을 바탕으로, 각 임상 척도에서 높은 점수를 얻은 사람들에 대한 해석적 추론을 제시할 것이다.

임상 척도의 높은 점수와 낮은 점수의 결정

임상 척도 점수가 어느 정도일 때 높은 점수라고 정의할 수 있는가에 대해서는 MMPI-2 문헌마다 서로 상당히 다르다. 어떤 연구자들은 MMPI-2의 T 점수가 65점 이상일 때를 높은 점수로 간주하지만, 다른 연구자들은 분포의 상위 1/4에 속할 때를 높은 점수로 정의하며, 또 다른 연구자들은 일부 임상 척도에 대해 T 점수 수준을 나누어 제시하면서 자료를 기술하기도 한다. 이 장에서는 모든 임상 척도에 동일한 기준을 적용하지는 않으며, 각 임상 척도의 높은 점수를 정의하는 T 점수 분할점을 분명히 제시하고 있다. 또한 대부분의 임상 척도에서, T 점수의 상승 정도를 몇 가지 수준으로 나누고 각 수준에 해당하는 해석지침을 제시하고 있다.

임상 척도 점수가 어느 정도일 때 낮은 점수라고 정의할 수 있는가에 대해서도 문헌마다 다르다. 어떤 경우에는 T 점수가 40점 미만일 때를 낮은 점수로 간주하는 경우도 있지만, 분포의 하위 1/4에 속할 때 낮은 점수로 정의하는 경우도 있다. 그러나 후자의 방식을 사용하면, 실제로는 T 점수가 50점 이상이라고 하더라도 낮은 점수로 간주되는 경우가 생긴다. 임상 척도의 높은 점수와는 대조적으로 임상 척도의 낮은 점수에 관한 자료들은 상당히 제한적이다. MMPI-2를 활용하여 임상 척도의 낮은 점수가 의미하는 바를 밝힌 몇몇 연구들이 있다. Keiller와 Graham(1993)은 MMPI-2 규준 집단에 속한 사람들의 8개 임상 척도 점수를 기준으로 각각 높은 점수를 얻은 사람들, 평균 점수를 얻은 사람들, 낮은 점수를 얻은 사람들로 분류한 뒤, 검사 외적인 특성을 조사하였다. 낮은 점수를 얻은 사람들은 평균 수준 이상의 적응을 보일 뿐만 아니라 증상 및 심리 문제는 평균보다 적었다. Timbrook과 Graham(1992)은 낮은 점수와 정신과 입원 환자들의 증상평정 간의 관련성을 조사하였다. 낮은 점수를 받은 사람이 평균이나 높은 점수를 받은 사람보다 심각한 증상이 적은 것으로 평정되는 척도도 있었고, 낮은 점수를 얻은 사람들이 평균 점수나 높은 점수를 얻은 사람들보다 더 심각한 증상을 지니고 있는 것으로 평정되는 척도도 있었다. 예를 들어, 척도 2에서 낮은 점수를 얻은 남성들은 그 척도에서 평균 점수나 높은 점수를 얻은 사람들보다 더 비협조적인 것으로 평정되었다. 그렇지만 이런 결과들도 임상 척도 간 상관 때문에 나타났을 수도 있다. 예를 들어, 척도 2의 점수가 낮았던 남성들은 척도 4에서 높은 점수를 보였을 수 있고, 이것이 척도 2의 낮은 점수가 비협조성과 관련되는 이유를 설명해 줄 수 있을 것이다. 정신과 외래 환자를 대상으로 낮은 점수의 의미를 연구한 Graham과 그의 동료들(1997)은 외래 환자들 중에서 낮은 점수를 얻은 사람들은 상대적으로 적었기 때문에, 척도 9와 0의 낮은 점수가 갖는 의미만 확인할 수 있었다. 척도 9에서 낮은 점수를 얻은 사람들의 증상이나 심리적인 문제는 평균 점수를 얻은 사람들과 크게 다르지 않았다. 하지만 척도 0에서 낮은 점수를 얻은 사람들의 특성들은 척도 0에서 높은 점수를 얻은 사람들이 보이는 특성과 정반대되는 것들이었다.

MMPI-2의 낮은 점수가 의미하는 바에 대한 경험적인 연구 자료가 비일관적이기 때문에, 필자는 MMPI-2 임상 척도에서 얻은 낮은 점수를 해석할 때 보수적으로 접근할 것을 권한다. 비임상 장면(예 : 인사 선발)에서 얻어진 프로파일이 타당하다면, 낮은 점수들은 높거나 평균 수준의 점수들보다 더 긍정적인 적응을 시사하는 것으로 해석해야 한다. 하지만 만약 타당도 척도에서 방어성향이 시사된다면, 낮은 점수를 해석하지 않아야 한다. 임상 장면에서는 낮은 임상 척도 점수들을 해석하지 말 것을 권한다. 낮은 점수를 얻은 사람들에 대한 제한적인 추론이 가능한 척도 5와 0의 경우는 예외이다.

임상 척도 점수의 해석

이 장에서는 각각의 임상 척도에서 높은 점수를 얻은 사람들에 관한 해석적 추론들을 제시할 것이다. 일반적으로 T 점수 65점 이상을 높은 점수로 간주하였고, 몇몇 임상 척도는 T 점수에 따라서 몇 개의 수준으로 나눈 뒤 그 수준에 해당하는 추론들을 제시하였다. 척도 5와 0의 경우에는, 평균 미만의 점수에 대한 추론들도 제시하였다. 여기서 사용한 T 점수 수준은 다소 임의적으로 만들어진 것이며, T 점수 수준의 분할점에 가까운 점수에 어떤 추론을 적용할 것인지에 대해서는 임상적인 판단이 필요하다는 점을 이해할 필요가 있다.

여기서 제시하고 있는 모든 추론들이 그런 특정한 수준의 T 점수를 받은 모든 사람에게 반드시 적용되는 것은 아니라는 점도 감안해야 한다. 극단적인 점수에 대해서는 더 확신을 갖고 추론할 수도 있다. 하지만 모든 추론은 일종의 가설로 간주되어야 하며, 수검자에 관한 다른 정보들과 통합하여 고려되어야 한다. 높은 점수가 보다 심각한 증상이나 문제(예 : 척도 2에서 우울증)와 관련될 것이라고 추론하는 것은 타당하다. 이러한 견해는 Graham과 동료들(2003)의 연구를 통해 지지되었다. 임상 척도에서 극단적으로 높은 점수를 얻은 환자들은 경미하게 높은 점수를 얻은 환자들에 비해서 더 심각한 증상이나 문제를 지니고 있었다.

각각의 임상 척도에서 기술하고 있는 해석적 설명들은 기본적으로 상당히 이질적이다. 예컨대, 척도 8에서 높은 점수를 얻은 사람들을 기술할 때 혼란되고 비조직화된 사고, 우울감, 불안감, 약물 남용, 신체증상 호소 등이 포함된다. 이렇게 광범위한 잠재적 특성들을 기술하게 된 이유 중의 하나는 척도 8의 문항 내용들이 매우 다양하기 때문이며, 부분적으로는 각각의 임상 척도에 전반적인 부적응 혹은 의기소침 요인이 반영되어 있기 때문이기도 하다(Tellegen et al., 2003). 특정한 임상 척도의 높은 점수가 반영하는 의미를 명확히 하기 위해서는, MMPI-2에서 제공되는 다른 정보들을 함께 고려하는 것이 좋다. 제6장에서 설명될 Harris-Lingoes 소척도, 내용 척도, 내용 소척도 등을 살펴보면, 특정한 임상 척도에서 높은 점수를 얻은 수검자가 어떤 종류의 문항들에 응답했는지를 알 수 있다. 더 나아가서, 제7장에서 설명될 재구성 임상(RC) 척도를 살펴보면, 특정한 임상 척도에서 얻은 높은 점수가 바로 그 척도가 측정하는 핵심 구성 개념(예 : 척도 8의 기태적 경험)과 관련된 것인지 아니면 전반적인 부적응이나 의기소침을 반영하고 있는 것인지를 파악할 수 있다. 마지막으로, 제8장에 제시된 기타 보충 척도들을 고려하면 임상 척도의 높은 점수가 어떤 의미를 지니고 있는지를 명확히 하는 데 도움이 된다[예 : 척도 8의 높은 점수로부터 추론된 약물 남용 가능성과 관련하여 중독 인정 척도(AAS)를 고려한다].

요약하면, 각각의 임상 척도에 대해 기술된 설명을 해석의 출발점으로 간주해야 한다. 특정 임상 척도에서 높은 점수를 얻은 사람에 대한 많은 설명들 중 어떤 것이 가장 적절한 기술인지 결정하기 위해서는 다른 정보들을 고려해야 한다. 이처럼 다양한 정보를 바탕으로 하여 해석을 정교하게 다듬어 가는 과정에 대해서는 이 책의 제11장에서 사례와 함께 상세히 논의할 것이다.

척도 1(건강염려증)

척도 1은 원래 건강염려증과 관련된 증상 패턴을 보이는 환자들을 가려내기 위해서 개발되었다. 건강염려증이란 신체적 건강에 집착하면서 질병에 대한 공포를 느끼는 임상적 상태를 말하며, 현재 DSM 진단 범주 중 질병에 대한 불안장애(illness anxiety disorder)와 유사하다(American Psychiatric Association, 2013). 대개의 경우 이런 공포가 본질적으로 망상적인 수준에 이르지는 않지만, 반대되는 정보가 있어도 교정되지 않고 지속되는 경향이 있다. 원판 MMPI의 척도 1은 33문항으로 구성되어 있었으나, MMPI-2에서는 내용적으로 문제의 소지가 있는 1개 문항을 삭제하였기 때문에 32문항이 남아 있다.

척도 1은 모든 임상 척도 중에서 가장 동질적이며, 단일 차원으로 구성되어 있다. 모든 문항이 신체에 대한 염려 혹은 전반적인 신체능력을 다루고 있다. 요인분석(Comrey, 1957b) 결과, 신체건강 부인 및 신체증상 인정이라는 단일 요인이 척도 1 변량의 대부분을 설명하였다. 실제 신체 문제가 있는 환자들은 척도 1에서 다소 상승된 T 점수(대략 60점 정도)를 얻는 것이 전형적이다. 일반적인 성인 표준화 집단과 비교할 때 노인들의 척도 1 점수가 약간 더 높은 경향이 있는데, 이것은 아마도 노화와 관련된 건강 약화를 반영하는 것 같다.

척도 1에서 높은 점수의 해석

척도 1 점수가 극단적으로 높은 사람들은(T≥80), 극적이고 때로는 기이한 신체적 염려를 할 수 있다. 만약 척도 3 점수 역시 극단적으로 높다면, 전환장애의 가능성을 고려해야 한다. 만성통증 환자들은 흔히 척도 1과 척도 3 모두에서 극단적으로 높은 점수(T=70~80)를 얻는다. 만약 척도 1과 더불어 척도 8이 매우 높다면, 신체와 관련된 망상을 지니고 있을 수 있다.

척도 1 점수가 다소 높은 사람들은(T=60~80), 일반적으로 모호하고 불특정한 신체적 불편감을 호소하는 경향이 있다. 특정 증상으로 나타나는 경우 만성통증, 두통, 위장계통의 불편감을 호소할 수 있다. 또한 다소 높은 점수를 얻는 사람들 중 종종 식사 관련 문제가 있을 수도 있다. 점수가 높은 사람들은 만성적인 쇠약감, 활력 부족, 피로감, 수면 곤란 등을 종종 호소한다. 척도 1 점수가 높은 사람들은 건강 문제에 자주 집착하며, 스트레스를 받으면 신체증상을 나타내는 경향이 있다.

실제로 신체적인 문제를 지니고 있는 일반 환자(정신과적인 문제가 아닌 일반 의학적 문제를 지닌 환자)들은, 척도 1에서 대체적으로 대략 60점 정도의 T 점수를 얻는다. 일반 의료 환자들이 60점 이상의 T 점수를 얻으면 질병과 관련된 강한 심리적인 요소가 동반될 가능성이 있다. 척도 1의 다소 높은 점수는 신체형장애, 통증장애, 불안장애, 우울장애와 관련되는 경향이 있다. 척도 1 점수가 높은 사람들은 흔히 항우울제나 항불안제 처방을 받는다. 척도 1 점수가 높은 사람들이 행동화(acting-out)하는 경우는 드물다.

정신과 및 비정신과 표본 모두에서, 척도 1 점수가 높은 사람들은(T≥60) 다소 뚜렷한 성격특성을 드러내는 경향이 있었다. 그들은 이기적이고, 자기중심적이며, 자기도취적인 편이었다. 그들은 삶에 대해서 비관적이고, 패배적이며, 냉소적인 시각을 지니고 있었다. 그들은 전반적으로 불만족스럽고 불행하다고 느끼며, 주위 사람들을 비참하게 만드는 경향이 있다. 그들은 불평이 많고, 다른 사람들에게 힘겹다는 식으로 말한다. 적개심을 다소 간접적인 방식으로 표현하는 경향이 있지만, 그들은 다른 사람에게 요구하는 것이 많으며 다른 사람이 한 것에 상당히 비판적이다. 척도 1 점수가 높은 사람들은 흔히 감각이 둔하고, 열정이나 야망이 없으며, 말로 표현하는 것을 쉽지 않아 하는 것으로 묘사된다. 척도 1 점수가 높은 사람들은 주요한 능력을 상실한 징후를 보이는 것은 드물며, 그보다는 효율성이 감소된 수준으로 기능하는 것처럼 보일 때가 많다. 그들은 상황적 혹은 일시적인 문제보다는 장기간 지속되는 문제를 지니고 있을 가능성이 크다.

극단적으로 높거나 다소 높은 점수를 얻은 사람들은 자기 자신을 신체적으로 아픈 사람이라고 여기며, 자신의 증상에 대한 의학적인 설명과 치료를 하려는 모습을 전형적으로 보인다. 그들은 신체증상의 원인에 대한 통찰이 부족하며, 심리학적인 해석을 거부한다. 이런 경향 및 전반적으로 냉소적인 시각이 있음을 감안할 때, 그들은 전통적인 심리치료나 상담에 그리 적합하지 않은 사람들이다. 그들은 치료자를 강하게 비난하는 경향이 있으며, 치료자가 심리적인 이유를 들어 증상을 설명해 주거나 혹은 자신에게 충분한 지지와 관심을 보여 주지 않는다고 지각할 때는 치료를 조기에 중단하는 경향이 있다.

척도 1에 대한 기술 요약

척도 1 점수가 높은 사람들은 다음과 같은 특징을 보인다.

1. 신체에 대해서 지나치게 염려한다.
2. 전환장애 가능성이 있다(T≥80이고 척도 3 역시 매우 높다면).
3. 신체망상 가능성이 있다(T≥80이고 척도 8 역시 매우 높다면).

4. 전반적으로 모호한 신체적 불편감을 호소하며, 만약 특정한 증상이 있다면 만성통증, 두통, 위장계통의 불편감을 호소할 수 있다.

5. 식사와 관련된 문제가 있을 수 있다.

6. 만성적인 쇠약감, 활력 부족, 피로감, 수면 곤란을 호소한다.

7. 건강 문제에 집착하며, 스트레스를 받으면 신체증상을 나타내는 경향이 있다.

8. 일반 의료 환자인 경우, 질병과 관련된 강한 심리적인 요소가 작용할 수 있다.

9. 흔히 신체형장애, 통증장애, 우울장애, 불안장애 진단을 받는다.

10. 종종 항우울제나 항불안제 처방을 받는다.

11. 반사회적인 방식으로 행동화하는 일은 드물다.

12. 이기적이고 자기중심적이며 자기도취적인 것처럼 보인다.

13. 삶에 대해 비관적이고 패배적이며 냉소적인 시각을 지니고 있다.

14. 불만족스럽고 불행하다고 느낀다.

15. 다른 사람을 비참하게 만드는 경향이 있다.

16. 불평을 많이 한다.

17. 다른 사람들과 이야기할 때 울먹이듯 힘겹게 말한다.

18. 다른 사람들에게 요구적이고 비판적이다.

19. 적개심을 간접적으로 표현한다.

20. 둔하고, 열정이나 야망이 없다고 묘사된다.

21. 말로 표현하는 것이 쉽지 않다.

22. 주요한 능력을 상실했다는 징후를 보이는 때는 드물다.

23. 오랫동안 효율성이 감소된 수준으로 기능하고 있는 것처럼 보인다.

24. 자신을 신체적으로 아픈 사람이라고 여기며, 증상에 대한 의학적 치료를 구한다.

25. 통찰이 부족하고, 심리학적인 해석을 거부한다.

26. 전통적인 심리치료나 상담에 그리 적합하지 않다.

27. 치료자를 비난하는 경향이 있다.

28. 치료자가 심리적인 이유를 들어 증상을 설명해 주거나 혹은 자신에게 충분한 지지와 관심을 보여 주지 않는다고 지각할 때는 치료를 조기에 중단하는 경향이 있다.

척도 2(우울증)

척도 2는 원래 우울 증상을 평가하기 위해 개발되었다. 우울증의 주된 특징은 의욕이 저하되고, 미래에 대한 희망을 상실하며, 자신의 생활 상황에 대해서 전반적인 불만족감을 갖는 것이다. 원판 MMPI의 척도 2를 구성하던 60개의 문항 중에서 57문항이 MMPI-2에서도 유지되었다. 척도 2에 속하는 상당수 문항들은 행복감과 자기 가치의 부인, 정신운동 지체, 위축 및 주변 환경에 대한 흥미 상실 등과 같은 우울증의 다양한 측면들을 다루고 있다. 또한 신체적 불평, 걱정 혹은 긴장, 적대적인 충동의 부인, 사고과정의 통제 곤란 등과 같은 다양한 증상 및 행동을 다루는 문항들도 있다.

척도 2는 수검자의 불편감 및 생활 장면에서의 불만족감을 잘 반영하는 지표이다. 척도 2의 매우 높은 점수는 임상적 우울증을 시사하지만, 다소 높은 점수는 의욕 저하나 관여 부족을 특징으로 하는 전반적인 태도나 생활방식을 나타내는 경향이 있다. 척도 2의 점수는 연령과 상관이 있는데, 노인들은 전체 MMPI-2 규준 집단의 평균보다 대략 5~10점 정도 더 높은 T 점수를 보인다. 최근에 입원을 하거나 수감된 적이 있는 사람들은 척도 2에서 다소 높은 점수를 얻는 경향이 있다. 이것은 임상적 우울증보다는 현재 상황에 대한 불만족감을 반영하는 것으로 생각된다.

척도 2에서 높은 점수의 해석

척도 2 점수가 높은 사람들은 (특히 T 점수가 70점을 넘을 때) 종종 우울 증상을 나타낸다. 그들은 우울하고, 슬프고, 울적하고, 불행하고, 가라앉은 느낌을 보고한다. 그들은 희망이 없다고 느끼고, 미래에 대해서 대체로 비관적이다. 더 구체적으로 말하자면, 그들은 장차 자신의 문제를 극복하고 더 나은 적응을 할 수 있을 가능성에 대해서 비관적이다. 그들은 자살에 관해 이야기할 수 있는데, 임상 장면을 찾은 사람들 중에서 척도 2가 높은 사람들은 다른 환자들에 비해 자살 시도를 할 가능성이 더 높다. 흔히 자기 자신을 비하하고, 죄책감을 느끼며 즐거움을 느끼기 어렵다. 행동적으로는 활력이 없고 말을 잘 하지 않고 자주 울며, 정신운동 속도가 느려지는 모습을 보일 수 있다. 척도 2에서 높은 점수를 얻은 사람들은 흔히 우울증으로 진단된다. 그들이 보이는 다른 증상들에는 신체적 불평, 수면 곤란, 악몽, 쇠약감, 피로감, 활력 상실, 초조감, 긴장감, 주의집중 곤란, 공포감 등이 있다. 또한 그들은 화를 잘 내고, 신경질적이며, 걱정이 많고, 안절부절못하는 사람으로 묘사되기도 한다. 그들은 흔히 좋지 않은 식사 패턴을 보인다. 그들은 자신에게 무언가 좋지 않은 일이 금방이라도 일어날 것 같은 두려움을 느끼기도 한다.

척도 2 점수가 높은 사람들은 불안정감을 느끼기도 하며, 자신감이 매우 부족한 경향이 있다. 그들은 자신이 쓸모없는 사람이라고 느끼며, 자기에게는 다양한 상황에서 적절히 기능할 수 있는 능력이 없다고 느낀다. 그들의 성취동기는 강하지 않다. 그들은 무기력하게 행동하며, 어려움에 직면하면 쉽게 포기한다. 그들은 자기 자신을 학교나 직장에서 적절한 성취를 이루어 내지 못하고 실패한 사람이라고 생각한다.

다른 사람들과 친밀한 관계를 맺지 않은 채 사회적으로 위축된 생활방식을 보이는 경우가 흔하다. 척도 2 점수가 높은 사람들은 내향적이고, 수줍음이 많고, 소극적이고, 심약하고, 나서기를 꺼리고, 자신을 숨기는 사람으로 묘사되는 경향이 있다. 또한 그들은 동떨어져 지내며, 다른 사람들과 심리적으로 거리를 두려는 경향이 있다. 그들은 다른 사람들이 자신을 돌봐 주지 않는다고 느낄 수 있으며, 쉽게 마음의 상처를 받는다. 그들은 흔히 매우 제한된 영역에만 흥미를 보이며, 이전에 했던 활동들을 그만둘 수도 있다. 그들은 지나치게 조심스럽고 관습적으로 행동하며, 문제 해결 방식도 그리 창의적이지 못하다.

척도 2 점수가 높은 사람들은 사소한 결정을 내리는 데도 심한 곤란을 겪으며, 직업이나 결혼처럼 삶에서 중요한 결정을 해야 할 때 강하게 압도된다고 느낄 수 있다. 그들은 감정을 지나치게 통제하며, 자신의 충동을 부인한다. 그들은 불쾌감을 피하려고 하며, 남들과 대립을 피하기 위해서 양보해 버릴 수 있다.

척도 2의 높은 점수는 개인적인 고통이 매우 크다는 것을 시사하기 때문에, 이 척도가 높은 사람들은 심리치료나 상담의 예후가 좋을 수 있다. 점수가 극단적으로 높다면, 치료에 적극적으로 참여할 만한 힘이 없을 수도 있다. 척도 2 점수가 높은 사람들은 종종 항우울제 처방을 받는다.

척도 2에 대한 기술 요약

척도 2 점수가 높은 사람들은 다음과 같은 특징을 보인다.

1. 우울 증상을 나타낸다(특히 $T \geq 70$이라면).
2. 우울하고, 슬프고, 울적하고, 불행하고, 가라앉은 기분을 느낀다.
3. 희망이 없고, 미래에 대해 비관적으로 느낀다.
4. 자살에 대해 이야기한다. 임상 장면의 다른 환자들에 비해 자살 시도를 할 가능성이

더 높다.

5. 자기 자신을 비하하고, 죄책감을 느낀다.

6. 즐거움을 느끼지 못한다.

7. 활력이 없고, 말을 잘 하지 않고, 정신운동 지체를 보인다.

8. 흔히 우울증 진단을 받는다.

9. 신체적 불평, 수면 곤란, 악몽, 쇠약감, 피로감, 활력 상실을 보고한다.

10. 초조감, 긴장감, 공포감을 느낀다.

11. 주의집중 곤란을 보인다.

12. 화를 잘 내고, 신경질적이며, 걱정이 많고, 안절부절못하는 사람으로 묘사된다.

13. 좋지 않은 식사 패턴을 지니고 있다.

14. 자신에게 무언가 좋지 않은 일이 금방이라도 일어날 것 같은 두려움을 느끼기도 한다.

15. 불안정감을 느끼며, 자신감이 부족하다.

16. 쓸모없는 사람이라고 느끼며, 적절히 기능하지 못한다고 느낀다.

17. 성취동기가 강하지 않다.

18. 무기력하게 행동하며, 쉽게 포기한다.

19. 학교나 직장에서 실패했다고 느낀다.

20. 다른 사람들과 친밀한 관계를 맺지 않은 채 사회적으로 위축된 생활방식을 지니고 있다.

21. 내향적이고, 수줍음이 많고, 소극적이고, 심약하고, 나서기를 꺼리고, 자신을 숨긴다.

22. 동떨어져 지내며, 다른 사람들과 심리적으로 거리를 둔다.

23. 다른 사람들이 자신을 돌봐 주지 않는다고 느낀다.

24. 쉽게 마음의 상처를 받는다.

25. 제한된 영역에만 흥미를 보인다.

26. 이전에 참여했던 활동들을 그만둘 수 있다.

27. 지나치게 조심스럽고 관습적인 방식으로 행동하며, 문제 해결 방식이 그리 창의적이지 못하다.

28. 의사결정을 내리는 것이 힘들다.

29. 삶에서 중요한 결정을 해야 할 때, 강하게 압도되는 느낌을 받는다.

30. 감정을 지나치게 통제하며, 자신의 충동을 부인한다.

31. 불쾌감을 회피하며, 남들과의 대결을 피하기 위해서 양보한다.

32. 개인적인 고통으로 인해, 심리치료나 상담을 받으려는 동기를 지니고 있다.

33. 점수가 극단적으로 높다면, 치료에 적극적으로 참여할 만한 힘이 없을 수 있다.

34. 종종 항우울제를 처방받는다.

척도 3(히스테리)

척도 3은 스트레스 상황에서 히스테리 반응을 보이는 환자들을 가려내기 위해서 개발되었다. 히스테리 증상의 특징은 불수의적인 심인성 기능 상실 혹은 기능장애이다. 원판 MMPI의 척도 3을 구성하고 있던 60문항 모두가 MMPI-2에서도 유지되었다. 척도 3의 몇몇 문항들은 신체건강에 대한 전반적인 부인 및 다양한 특정 신체증상 호소를 포함하는데, 여기에는 심장이나 가슴 통증, 메스꺼움과 구토, 수면 중 발작, 두통 등이 포함된다. 또한 심리적 혹은 정서적 문제에 대한 전반적인 부인 및 사회적 상황의 불편감에 대한 전반적인 부인을 다루는 문항들도 있고, 다른 사람에 대한 순진할 정도의 낙관적인 태도를 다루는 문항들도 있다. 임상 및 비임상 장면에서, 척도 3의 높은 점수는 남성보다 여성에게서 더 흔하게 나타난다.

척도 3에서는 점수의 상승 수준을 고려하는 것이 중요하다. 매우 높은 점수(T ≥80)는 전환장애 가능성을 시사한다. 또한 만성통증 환자들이 척도 3에서 종종 매우 높은 점수(T = 70~80)를 얻는다는 보고도 있었다. 다소 높은 점수는 모호한 신체증상 호소 및 자기중심성과 같은 전환장애와 동반되는 성격특성들과 관련이 있지만, 고전적인 히스테리 증상과는 관련이 없다. 척도 1의 경우처럼, 심리적인 요인은 시사되지 않지만 실제로 의학적인 문제를 지니고 있는 환자들은 척도 3에서 대략 60점 정도의 T 점수를 얻는 경향이 있다.

척도 3에서 높은 점수의 해석

척도 3 점수가 현저하게 높은 사람들은(T ≥80) 강하게 압도되는 느낌을 자주 경험하고, 스트레스를 받으면 신체증상을 나타내며, 신체증상을 이용하여 책임을 회피하는 경향이 있다. 이때 나타나는 신체증상들은 현재까지 밝혀진 어떤 기질적 장애의 패턴에도 대개 정확하게 들어맞지 않는다. 여기에는 두통, 위장 불편감, 흉통, 쇠약감, 빈맥 등이 포함되며, 몇 가지가 함께 나타날 수 있다. 이런 증상들은 스트레스를 받을 때 갑작스럽게 나타나며, 스트레스가 가라앉으면 갑자기 사라지는 경향이 있다.

척도 3 점수가 높은 사람들은 일반적으로 급성의 심각한 정서적 동요를 경험하고 있는 것처럼 보이지는 않으나, 그들은 때때로 슬프고, 우울하고, 불안한 느낌을 보고한다. 또한 그들은 활력 상실 및 지쳐서 녹초가 된 느낌을 보고할 수 있으며, 수면 곤란을 호소하는 일도 흔하다. 임상 장면에서 척도 3이 높은 사람들에게 가장 자주 내려지는 진단은 전환장애, 신체형장애, 심인성 통증장애이다. 높은 점수를 얻은 사람들은 흔히 항우울제와 항불안제 처방을 받는다.

척도 3 점수가 높은 사람들이 일상 기능에서 보이는 가장 두드러진 특징은, 자신의 증상을 초래했을 가능성이 있는 기저 원인에 대한 통찰이 전혀 없다는 것이다. 아울러 그들은 자신의 동기와 감정에 대한 통찰도 매우 부족하며, 세상에 대해 순진하고 극단적인 낙천성을 나타내기도 한다.

척도 3 점수가 높은 사람들은 흔히 심리적으로 미성숙하며 때로는 심지어 유치하고 유아적이라고 묘사된다. 그들은 매우 자기본위적이고, 자기도취적이고, 자기중심적이며, 다른 사람들로부터 지대한 관심과 애정을 기대한다. 그들은 자신이 갈구하는 관심과 애정을 얻기 위해서 흔히 간접적이고 우회적인 수단을 동원한다. 다른 사람들이 원하는 관심과 애정을 주지 않을 때, 그들은 화를 내고 분개할 수 있다. 하지만 이런 감정들은 곧잘 부인되며, 겉으로 혹은 직접적으로는 잘 표현되지 않는다.

임상 장면에서 척도 3 점수가 높은 사람들은 다른 환자들에 비해 대인관계에 더 많이 관여하는 경향이 있다. 애정 및 관심에 대한 욕구가 그들을 사회적 상호작용으로 밀어 넣을 수 있겠지만, 그들의 대인관계는 다소 피상적이고 미성숙한 경향이 있다. 그들이 다른 사람들에게 관심을 보이는 주된 이유는, 사람들에게 진정한 관심이 있기 때문이 아니라 다른 사람들로부터 무언가를 얻어 낼 수 있기 때문인 것 같다.

척도 3 점수가 높은 사람들은 수용과 애정에 대한 욕구 때문에, 초반에는 치료에 대한 강한 열정을 보일 수 있다. 하지만 그들은 의학적 문제가 있다고 생각하며, 의학적으로 치료받기를 원한다. 그들은 자신들의 행동 기저에 있는 원인에 대해 통찰하는 속도가 느리며, 심리학적인 해석에 강하게 반발한다. 만약 치료자가 증상의 심리적인 원인을 탐색해야 된다고 주장한다면, 그들은 치료를 조기에 종결할 것이다. 높은 점수를 얻은 사람들은, 그것이 증상을 초래한 원인이라고 생각되지 않는다면 자신의 삶에서 일어나는 문제들을 기꺼이 말하며, 치료자의 직접적인 조언이나 제안에 상당히 잘 반응한다. 치료 장면에서 그들은 학교나 직장에서 실패하는 것에 대한 걱정, 결혼생활의 불행, 사회적인 관계에서 수용받지 못하는 것, 권위적인 인물과의 문제 등에 대해서 이야기한다.

척도 3에 대한 기술 요약

척도 3 점수가 높은 사람들은 다음과 같은 특징을 보인다.

1. 흔히 강하게 압도되는 느낌을 경험한다.
2. 스트레스를 받으면 신체증상을 나타내며, 신체증상을 이용하여 책임을 회피한다(특히 T≥80이라면).
3. 두통, 위장 불편감, 흉통, 쇠약감, 빈맥 등을 보고할 수 있다.
4. 증상이 갑자기 나타나고, 갑자기 사라진다.
5. 일반적으로 급성의 심각한 정서적 동요를 경험하고 있는 것처럼 보이지는 않는다.
6. 때때로 슬프고, 우울하고, 불안한 느낌을 보고한다.
7. 활력 상실, 지친 느낌, 수면 곤란을 호소한다.
8. 흔히 전환장애, 신체형장애, 통증장애 진단을 받는다.
9. 흔히 항우울제나 항불안제 처방을 받는다.
10. 증상을 초래했을 가능성이 있는 기저의 원인에 대한 통찰이 없다.
11. 자신의 동기와 감정에 대한 통찰이 부족하다.
12. 흔히 심리적으로 미성숙하고, 유치하고, 유아적이라고 묘사된다.
13. 자기본위적이고, 자기도취적이고, 자기중심적이다.
14. 다른 사람들로부터 지대한 관심과 애정을 기대한다.
15. 관심과 애정을 얻기 위해서 간접적인 수단을 동원한다.
16. 충분한 관심과 애정을 받지 못하면 분노를 느낀다.
17. 부정적인 감정을 겉으로 혹은 직접적으로는 나타내지 않는다.
18. 세상에 대해 순진하고 극단적으로 낙천적인 믿음을 보일 수 있다.
19. 임상 장면에서, 다른 환자들에 비해 대인관계에 더 많이 관여하는 경향이 있다.
20. 대인관계가 피상적이고 미성숙한 경향이 있다.
21. 다른 사람들에게 관심을 보이는 이유는 주로 그들로부터 무언가를 얻어 내기 위해서다.
22. 수용과 애정에 대한 욕구가 있기 때문에, 초반에는 치료에 대한 강한 열정을 보일 수 있다.
23. 자신이 의학적인 문제를 갖고 있다고 생각하며, 의학적으로 치료받기를 원한다.
24. 행동의 원인이 되는 기저의 이유에 대해서 통찰을 갖는 속도가 느리다.
25. 심리학적인 해석에 강하게 반발한다.

26. 치료자가 증상의 심리적인 원인에 초점을 맞추면, 치료를 조기에 종결할 수 있다.

27. 문제가 신체증상과 연관된 것이 아니라면, 그것에 대해 기꺼이 이야기하려고 한다.

28. 직접적인 조언이나 제안에 상당히 잘 반응한다.

29. 치료 장면에서, 학교나 직장에서 실패하는 것, 결혼생활의 불행, 수용받지 못하는 것, 권위적인 인물과의 문제 등에 대해서 이야기할 수 있다.

척도 4(반사회성)

척도 4는 반사회적 혹은 비도덕적인 유형의 반사회적 성격으로 진단되는 환자들을 가려내기 위해서 개발되었다. 원판 MMPI 규준 집단에 포함되었던 사람들의 특징은 거짓말, 절도, 성적 방종, 지나친 음주 등 일상생활에서의 일탈행동이었지만, 극단적인 범죄행동에 관여한 사람들은 포함하지 않았었다. 원판 MMPI의 50개 문항이 MMPI-2에서도 모두 유지되었다. 문항들은 삶에 대한 불만족, 가족 문제, 일탈행동, 성 문제, 권위와의 갈등 등 다양한 주제들을 다루고 있다. 흥미롭게도, 사회적인 부적응을 인정하는 응답과 사회적인 침착성 및 자신감을 인정하는 응답 이 두 가지가 핵심이다.

척도 4 점수는 연령과 상관이 있는데, 젊은 사람들이 노인들에 비해 약간 더 높은 점수를 보인다. MMPI-2 규준 집단에서는 백인과 아시아계 미국인이 아프리카계 미국인, 아메리카 원주민, 라틴계 미국인에 비해 척도 4 점수가 다소 (T 점수로 5~10점 정도) 낮았다.

척도 4가 측정하고 있는 바를 개념화하는 한 가지 방법은, 이것을 반항성에 대한 측정치로 간주하는 것이다. 척도 4에서 가장 높은 점수를 얻은 사람들은 반사회적이고 범죄적인 행동을 통해 반항할 수 있으며, 다소 높은 점수를 얻은 사람들은 사회적으로 좀 더 용납될 수 있는 방식으로 반항성을 표현할 가능성이 있다.

척도 4에서 높은 점수의 해석

척도 4에서 극단적으로 높은 점수는(T ≥75) 사회의 가치와 기준을 자신의 것으로 받아들이는 데 어려움을 겪는 것과 관련될 수 있다. 이렇게 극단적으로 높은 점수를 얻은 사람들은 다양한 반사회적 행동뿐만 아니라 범죄행동에도 연루되기 쉽다. 이런 행동들에는 거짓말, 사기, 절도, 성적인 일탈행동뿐만 아니라 법에 저촉되는 문제가 생길 수 있는 물질 남용(예를 들어 음주 운전으로 유죄 판결을 받음) 등이 포함된다.

척도 4 점수가 높은 사람들은 권위적인 인물에 반항하는 경향이 있으며, 흔히 한 명 혹은 그 이상의 권위적인 인물들과 갈등을 빚을 수 있다. 그들은 종종 파란만장한 가족관계의 일원이며 자신의 문제를 다른 가족 구성원 탓으로 돌리고 비난한다. 그들은 학업성취도가 낮고, 직장생활에서 어려움을 겪으며, 결혼생활에서 문제를 보인다.

척도 4 점수가 높은 사람들은 매우 충동적인 사람들로 즉각적인 욕구 충족을 추구한다. 그들은 행동 계획을 잘 세우지 않으며, 흔히 자신의 행동이 초래할 결과를 고려하지 않은 채 행동해 버린다. 그들은 참을성이 매우 부족하고, 좌절을 감내하는 능력이 제한적이다. 그들의 행동은 섣부르고 잘못된 판단 및 위험을 무릅쓰는 경향과 관련이 있다. 그들은 경험을 통해서 무언가를 배울 줄 모르며, 똑같은 곤란에 반복적으로 처하게 되는 경향이 있다.

사람들은 척도 4 점수가 높은 사람들을 미성숙하고 유아적이라고 묘사한다. 그들은 자기도취적이고, 자기본위적이고, 이기적이며, 자기중심적이다. 그들은 허세를 부리며 과시하는 듯한 행동을 자주 한다. 그들은 타인의 욕구나 감정에 둔감하며, 다른 사람들을 이용하는 데에만 관심이 있다. 일반적으로 호감이 가고 괜찮은 듯한 첫인상을 주는 편이지만, 그들의 인간관계는 깊이가 부족하고 피상적이다. 이런 이유 중 하나는 자신들이 부당하게 대했던 사람들로부터 거부당하기 때문이기도 하지만, 이들에게는 다른 사람들과 따뜻한 애착관계를 형성할 능력이 없기 때문이기도 하다.

이에 더해, 척도 4 점수가 높은 사람들은 전형적으로 외향적이며 사교적이다. 그들은 말이 많고, 적극적이고, 모험적이고, 정력적이며 자발적이다. 사람들은 이들을 똑똑하고 자신감 있는 사람으로 평가한다. 그들은 다방면에 흥미를 보이면서 여러 가지 활동에 관여하지만, 그들에게는 분명한 삶의 목표가 결여되어 있고 명확한 방향 없이 행동한다.

척도 4 점수가 높은 사람들은 적대적이고 공격적인 편이다. 그들은 화를 잘 내고, 반항적이고, 남들과 대립하며, 고집이 세다. 그들은 비아냥거리고, 냉소적인 태도를 지니고 있으며, 신뢰가 부족하다. 그들은 흔히 자신들이 다른 사람들로부터 부당한 대우를 받았다고 느낀다. 척도 4 점수가 높은 남성과 여성 모두가 공격적으로 행동하지만, 여성들은 더 수동적이고 간접적인 방식으로 공격성을 표현하는 경향이 있다. 그들은 흔히 공격적인 행동에 대해서 전혀 죄책감을 느끼지 않는 것처럼 보인다. 그들은 자신의 행동으로 인해 곤란에 처하게 되면 죄책감을 느끼거나 후회하고 있는 것처럼 꾸며 내지만, 그런 반응은 대개 짧은 순간 동안에만 나타나며, 당면한 위기를 넘기고 나면 바로 사라진다.

척도 4 점수가 높은 사람들은 정서적인 동요에도 압도되지 않는 것처럼 보이는 경우가 일반적이지만, 그들도 때로는 슬픔이나 두려움을 느끼기도 하며 미래에 대해 걱정하기도 한다. 그들은 자신에게는 깊은 정서반응이 없다는 것을 경험할 수 있으며, 이로 인해 공허하고 권태로우며 우울감을 느낄 수도 있다. 정신과 환자들 중에서 척도 4가 높은 사람들은 성격장애로 진단되는 경향이 있는데, 반사회적 성격장애 진단이 가장 흔하다.

그들이 지닌 유창한 언변과 사교적인 태도 및 지적인 능력 때문에, 그들은 심리치료나 상담을 받기에 적절한 사람들로 보이는 경우가 많다. 불행하게도, 변화의 예후는 좋지 않다. 그들은 무언가 더 불편한 것(예 : 수감, 이혼)을 면하려는 목적으로 치료를 받겠다고 동의하지만, 일반적으로 자신의 문제에 대한 책임을 인정하지 못하며, 가능한 한 빨리 치료를 중단한다. 그들은 치료 장면에서 지나치게 주지화하는 모습을 보이며, 자신들의 문제를 다른 사람들 탓으로 돌린다.

척도 4에 대한 기술 요약

척도 4 점수가 높은 사람들은 다음과 같은 특징을 보인다.

1. 사회의 가치와 기준을 자신의 것으로 받아들이는 데 어려움을 겪는다.
2. 거짓말, 사기, 절도, 성적인 일탈행동, 알코올이나 기타 약물 남용 등의 반사회적인 행동에 연루될 수 있다.
3. 권위적인 인물에 반항하는 경향이 있다.
4. 가족관계가 파란만장하다.
5. 자신의 문제를 가족 구성원들 탓으로 돌리고 비난한다.
6. 개인력상 성취도가 낮다.
7. 결혼생활에서 문제를 보인다.
8. 충동적이며, 충동을 즉각적으로 만족시키려고 한다.
9. 행동 계획을 잘 세우지 않는다.
10. 자신의 행동이 가져올 결과를 고려하지 않은 채 행동한다.
11. 참을성이 부족하고, 좌절을 감내하는 능력이 제한적이다.
12. 섣부르고 잘못된 판단을 하며, 위험을 무릅쓰는 경향이 있다.
13. 경험을 통해 무언가를 배울 줄 모른다.
14. 다른 사람들에게 미성숙하고 유아적으로 보인다.
15. 자기도취적이고, 자기본위적이고, 이기적이며, 자기중심적이다.

16. 허세를 부리고 과시적이다.

17. 다른 사람들의 욕구나 감정에 둔감하다.

18. 다른 사람들을 이용하는 데에만 관심이 있다.

19. 호감이 느껴지고 괜찮은 듯한 첫인상을 준다.

20. 인간관계의 깊이가 부족하고 피상적이다.

21. 다른 사람들과 따뜻한 애착관계를 형성하지 못한다.

22. 외향적이고 사교적이다.

23. 말이 많고, 적극적이고, 모험적이고, 정력적이며, 자발적이다.

24. 다른 사람들에게 똑똑하고 자신감 있는 사람으로 평가된다.

25. 흥미 범위가 넓으나 행동 방향은 불분명하다.

26. 적대적이고, 화를 잘 내고, 반항적이고, 남들과 대립하며, 고집이 세다.

27. 비아냥거리고, 냉소적이며, 의심이 많다.

28. 공격적으로 행동하며, 여성의 경우는 공격성을 간접적으로 표현한다.

29. 곤란에 처하게 되면 죄책감을 느끼거나 후회하고 있는 것처럼 꾸며 낸다.

30. 정서적인 동요에도 압도되지 않는 것처럼 보인다.

31. 때로는 슬픔이나 두려움을 느끼기도 하며 미래에 대해 걱정하기도 한다.

32. 자신에게는 깊은 정서반응이 없다는 것을 경험할 수 있다.

33. 공허감, 권태감, 우울감을 느낄 수 있다.

34. 임상 장면에서 반사회적 성격장애로 진단받기 쉽다.

35. 더 불쾌한 무엇인가를 피하기 위해 치료를 받겠다고 동의할 수 있다.

36. 심리치료나 상담의 예후가 좋지 않다.

37. 치료를 조기에 중단하는 경향이 있다.

38. 치료 장면에서 지나치게 주지화하며, 자신의 문제를 다른 사람의 탓으로 돌리고 비난한다.

척도 5(남성성-여성성)

원판 MMPI 개발 당시에는 동성에게 연애감정을 느끼거나 성적으로 매혹되는 것을 일명 '동성애'로 언급하면서 정신장애로 취급하였다. 따라서 포괄적인 감별진단 도구를 만들려는 노력의 일환으로 Hathaway와 McKinley는 동성애 남성을 가려내는 척도를 개발하였으며, 이는 나중에 임상 척도 5가 되었다. 검사 제작자들은 환자 집단 중 동성애 남성과 이성애 남성을 변별하는 것으로 밝혀진 문항들은 소수에 불과함을 확인하였다. 따라서 규준 집단의 남성과 여성이 서로 다르게 응답하는 문항들을 찾아내어 이 척도에 추가하였다. 또한 Terman과 Miles의 태도-흥미 분석검사(1936)에서 몇 문항을 추려 이 척도에 포함시켰다. 그들은 동성애 여성을 확인할 수 있는 유사한 척도도 개발하려 했으나 성공적이지는 않았다. Hathaway와 McKinley는 이 척도를 예비적인 것으로 간주했지만, 원판 MMPI에서는 이 척도를 일상적으로 사용하였다. 그러나 원래의 목적으로 사용되지는 않았으며, 전통적인 남성적 또는 여성적인 관심이 있는지 여부를 측정하는 데 사용하였다.

척도 5는 남성과 여성 모두에게 사용해 오고 있으며, 생물학적 성, 성적 정체성 및 성적 지향성에 관한 관습적인 생각들로 구성되었다. 이 척도 중에서 52개의 문항은 남성과 여성 모두 같은 방향으로 채점되지만, 명백하게 성적인 내용을 측정하는 네 개의 문항은 서로 반대 방향으로 채점된다. 원점수를 계산한 뒤 T 점수로 변환하는 과정은 성별에 따라서 역채점 되는데, 남성의 높은 원점수는 자동적으로 높은 T 점수로 변환되는 반면 여성의 높은 원점수는 낮은 T 점수로 변환된다. 남성과 여성 모두에서, 높은 T 점수는 수검자가 전통적인 성적 정체성 반응으로부터 상당히 이탈되어 있음을 의미한다.

원판 MMPI의 척도 5에 포함되었던 60문항 중에서 56문항이 MMPI-2에서도 사용된다. 척도 5의 문항들 중에서 명백하게 성적인 내용을 다루는 문항은 소수에 불과하며, 대부분의 문항들은 본질적으로 성적인 주제가 아닌 직업 및 여가에 대한 관심, 걱정과 두려움, 지나친 민감성, 가족관계 등과 관련된 것들이다.

Butcher(1990a)는 MMPI-2 규준 집단의 남성들이 얻은 척도 5 점수와 교육 수준 사이에는 .35의 상관이 있었으며, 여성들은 −.15의 상관을 보였다고 보고했다. Long 등(1994)은 MMPI-2 표준화 표본의 남성들 중에서 교육 수준이 가장 높은 집단(대졸 이상)은 교육 수준이 가장 낮은 집단(고졸 미만)에 비해 척도 5의 점수가 T 점수로 5점 정도 높다는 것을 밝혔다. 반대로, 교육 수준이 가장 높은 여성들은 교육 수준이 가장 낮은 여성들에 비해서 T 점수로 5점 정도 더 낮았다. 아마도 교육 수준이 높은 남성과 여성의 흥미 범위가 더 넓기 때문에 이런 차이가 나타난 것으로 생각되지만, 척도 5의 점수를 교육 수준에 따라서 달리 해석해야 될 만큼 충분히 큰 차이를 보이는 것은 아니다.

척도 5 점수는 비임상 집단(Long & Graham, 1991), 정신과 입원 환자(Graham, 1988), 정

신건강센터 외래 환자(Graham et al., 1999)의 증상이나 심리 문제와는 관련이 없는 것처럼 보인다. 사실, 척도 5에서의 높은 점수가 실제로는 더 긍정적인 기능과 관련이 있음을 시사하는 몇몇 연구들도 있다(Reed et al., 1996; Tanner, 1990). 비록 일부 유형의 성범죄자들이 척도 5에서 높은 점수를 얻었다는 몇몇 보고들도 있었지만(G. C. N. Hall et al., 1991; Walters, 1987), 성적인 공격성 혹은 다른 종류의 성 문제와 척도 5 사이의 관련성은 충분히 입증되지 않아서 개별 사례에서 이러한 문제행동을 예측하기는 힘들다.

척도 5 점수의 해석

척도 5 점수가 높은 남성들은 전통적인 남성적 흥미가 부족한 사람들이다. 그들은 심미적이고 예술적인 흥미를 가지고 있으며, 대부분의 남성들에 비해서 집안일이나 자녀 양육에 더 많이 관여하는 편이다.

여성들이 척도 5에서 높은 점수를 받는 경우는 매우 드물다. 대체로 그들은 전통적인 여성 역할을 강하게 거부한다. 척도 5 점수가 높은 여성들은 전형적으로 여성적이기보다는 남성적인 스포츠나 취미, 그 밖의 다른 활동에 흥미를 보이며, 주장이 강하고 경쟁적인 모습을 보인다.

척도 5 점수가 낮은 남성들은 자기 자신을 매우 전통적인 남성의 모습으로 드러낸다. 그들은 직업, 취미, 그 밖의 다른 활동에서 전형적인 남성적 선호를 지니고 있다. 척도 5 점수가 낮은 여성들은 전형적으로 여성적인 흥미를 많이 지니고 있다. 그들은 아내나 어머니의 역할에서 만족을 얻는 경향이 있다. 하지만 척도 5 점수가 낮은 여성들이 매우 전통적인 여성일 수도 있고 혹은 보다 양성적인(androgynous) 생활방식을 받아들였을 수도 있다. 특히 교육 수준이 높은 여성이 척도 5에서 낮은 점수를 얻는다면, 양성적인 생활방식과의 관련성이 높다.

척도 5에 대한 기술 요약

척도 5 점수가 높은 남성들은 다음과 같은 특징을 보인다.

1. 전통적인 남성적 흥미가 부족하다.
2. 심미적이고 예술적인 흥미를 지니고 있다.
3. 대부분의 남성들에 비해서 집안일이나 자녀 양육에 더 많이 관여하는 편이다.

척도 5 점수가 높은 여성들은 다음과 같은 특징을 보인다.

1. 전통적인 여성적 역할을 거부할 수 있다.
2. 전형적으로 여성적이기보다는 남성적인 스포츠나 취미, 그 밖의 다른 활동에 흥미를 보인다.
3. 주장이 강하고 경쟁적인 모습을 보인다.

척도 5 점수가 낮은 남성들은 다음과 같은 특징을 보인다.

1. 극단적인 남성성을 보인다.
2. 직업, 취미, 그 밖의 다른 활동에서 전형적인 남성적 선호를 지니고 있다.

척도 5 점수가 낮은 여성들은 다음과 같은 특징을 보인다.

1. 전형적으로 여성적인 흥미가 많다.
2. 아내나 어머니의 역할에서 만족을 얻는 경향이 있다.
3. 전통적인 여성일 수도 있고 혹은 양성적일 수도 있다.

척도 6(편집증)

척도 6은 원래 관계 사고, 피해의식, 웅대한 자기개념, 의심성, 지나친 예민성, 경직된 의견 및 태도 등과 같은 편집 증상을 지니고 있는 사람들을 가려내기 위해 개발되었다. 이 척도는 교차 타당화의 문제 때문에 예비 척도로 고려되었으나, 긍정 오류를 보이는 경우가 상대적으로 적어서 원판 MMPI에서 사용하게 되었다. 즉, 이 척도에서 높은 점수를 얻는 사람들은 대개 편집증(paranoia)을 지니고 있다고 볼 수 있다. 그러나 명백한 편집 증상을 지닌 환자들 중 일부는 척도 6에서 평균 수준의 점수를 얻기도 한다.

원판 MMPI의 척도 6에 포함되었던 40문항 모두가 MMPI-2에서도 사용된다. 이 척도의 일부 문항들이 분명한 정신병적 행동(예 : 의심성, 관계 사고, 피해망상, 과대성)을 다루고 있기는 하지만, 다수의 문항들은 예민성, 냉소적 태도, 비사교적 행동, 지나친 도덕성, 타인에 대한 불평 등의 다양한 주제를 포괄하고 있다. 따라서 분명한 정신병적 행동을 측정하는 문항들에 체크하지 않더라도, 이 척도에서 65점 이상의 T 점수를 얻는 것이 가능하다.

척도 6에서 높은 점수의 해석

척도 6의 T 점수가 70점 이상일 때, 특히 척도 6이 프로파일에서 가장 높이 상승한 척도이기도 한 경우, 수검자들은 분명한 정신병적 행동을 나타낸다. 그들은 사고장애를 겪으며, 피해망상이나 과대망상을 지니고 있을 수 있다. 관계 사고 역시 흔하게 나타난다. 그들은 자신이 남들로부터 부당한 대우를 받거나 괴롭힘을 당한다고 느끼며, 화를 내면서 분개하고, 원한을 품고 있을 수 있다. 이들이 가장 흔하게 구사하는 방어기제는 투사이다. 정신과 환자들 중에서는 조현병이나 편집망상장애 또는 편집성 성격장애 진단을 받는 경우가 가장 많으며, 일반적으로 과거에 입원치료를 받은 적이 있는 경우가 많다.

척도 6의 T 점수가 60~70점 범위에 속할 때, 분명한 정신병적 증상을 지닌 경우가 흔하지는 않다. 하지만 이 범위에 속하는 점수를 얻은 사람들은 편집증적인 경향을 시사하는 다양한 특질이나 행동을 보인다. 그들은 다른 사람들의 견해에 지나치게 예민하며, 너무 과도하게 반응한다. 그들은 자신들이 힘겹고 불공평하게 살아가고 있다고 느끼며, 자신들의 어려움을 다른 사람들 탓으로 돌리면서 자기를 합리화하는 경향이 있다. 또한 그들은 다른 사람들을 의심하고 경계하며, 흔히 적대감과 분노를 드러내고, 논쟁적인 태도를 취한다. 그들의 견해나 태도는 매우 도덕적이고 경직되어 있으며, 합리성을 너무 지나치게 강조한다. 이 범위의 점수를 얻은 사람들은 우울감, 슬픔, 위축감, 불안감 등을 토로할 수도 있다. 다른 사람들에게 이들은 정서적으로 불안정하고 변덕스럽게 보인다. 심리치료의 예후는 좋지 않다. 왜냐하면 그들은 정서적인 문제에 대해서 말하지 않으려고 하고, 대부분의 시간을 합리화하는 데 사용하기 때문이다. 그들은 치료자와 라포를 형성하는 것이 매우 어렵다. 치료시간에, 그들은 가족들에 대한 적개심과 분노감을 드러내는 경향이 있다.

척도 6에 대한 기술 요약

척도 6 점수가 매우 높은 사람들(T≥70)은 다음과 같은 특징을 보인다.

1. 분명한 정신병적 행동을 드러낼 수 있다.
2. 사고장애, 피해망상, 과대망상, 관계 사고를 지니고 있을 수 있다.
3. 남들에게서 부당한 대우를 받거나 괴롭힘을 당한다고 느낀다.
4. 화를 내며 분개한다.
5. 원한을 품고 있다.
6. 방어기제로 투사를 사용한다.

7. 임상 장면에서 흔히 조현병이나 편집망상장애 또는 편집성 성격장애 진단을 받는다.

8. 만약 정신과 환자라면, 이전에 입원치료를 받은 적이 있는 경우가 많다.

척도 6 점수가 약간 높은 사람들(T=60~70)은 다음과 같은 특징을 보인다.

1. 편집증적인 경향을 지니고 있다.

2. 다른 사람들의 견해에 지나치게 예민하며, 너무 과도하게 반응한다.

3. 힘겹고 불공평하게 살아가고 있다고 느낀다.

4. 자신의 어려움을 다른 사람들 탓으로 돌리면서 자기를 합리화하는 경향이 있다.

5. 다른 사람들을 의심하고 경계한다.

6. 적개심과 분노감을 드러내고, 논쟁적인 태도를 취한다.

7. 견해나 태도가 도덕적이고 경직되어 있다.

8. 합리성을 지나치게 강조한다.

9. 우울감, 슬픔, 위축감, 불안감 등을 토로할 수 있다.

10. 다른 사람들은 이들을 정서적으로 불안정하고 변덕스럽다고 여긴다.

11. 심리치료의 예후가 좋지 않다.

12. 정서적인 문제에 대해서 말하지 않으려고 한다.

13. 치료시간에 지나치게 합리화한다.

14. 치료자와 라포를 형성하는 것이 어렵다.

15. 치료시간에 가족들에 대한 적개심과 분노감을 드러낸다.

척도 7(강박증)

척도 7은 원래 신경쇠약이라고 명명된 전반적인 증상 패턴을 측정하기 위해서 개발되었다. 지금은 이런 진단명이 널리 쓰이지 않고 있지만, 이 척도가 개발되던 당시에는 흔히 사용되던 것이었다. 현대적인 진단 범주들 중에서 원래의 강박증과 가장 유사한 범주는 아마도 강박장애(obsessive-compulsive disorder)일 것이다. 신경쇠약으로 진단받았던 사람들의 사고특징은 지나친 회의, 강박행동, 강박사고, 불합리한 두려움 등이다. 이런 증상 패턴은 입원 환자들보다 외래 환자들에게서 더 흔하게 나타나기 때문에, 이 척도를 제작하는 데 사용된 사례 수는 많지 않았다.

원판 MMPI의 척도 7을 구성하던 48문항 모두가 MMPI-2에서도 유지되었으며, 문항들은 다양한 증상 및 행동을 포괄하고 있다. 상당수의 문항들이 통제 불가능한 생각 혹은 강박적인 생각, 두려움, 불안, 자신의 능력에 대한 회의를 다룬다. 또한 이 척도에서는 불행감, 신체적 불평, 주의집중 곤란 등도 반영된다.

척도 7에서 높은 점수의 해석

척도 7은 심리적 혼란과 불편감을 반영하는 신뢰할 만한 지표이며, 이 척도 점수가 높은 사람들은 지나치게 불안하고, 긴장하고, 초조해하는 모습을 보인다. 그들은 사소한 문제에 대해서도 지나치게 걱정하며, 두려움이 많고, 혹시라도 무슨 일이 일어나지 않을까 미리 염려한다. 그들은 신경이 곤두서 있고 조마조마해하며, 주의집중 곤란을 호소한다. 높은 점수를 얻은 사람들은 흔히 슬프고 불행한 느낌을 토로하며, 미래에 대해서 비관적인 편이다. 어떤 사람들은 주로 심장계통, 소화기계통, 생식 · 비뇨기계통과 관련된 신체적 불편감을 호소하기도 한다. 피로감, 소진감, 불면증, 악몽을 호소하는 일도 흔하다. 척도 7 점수가 높은 사람들은 흔히 불안장애, 강박장애 또는 외상과 관련된 장애를 진단받는다.

척도 7 점수가 높은 사람들은 자신의 내면을 관찰하는 내성 경향이 강하며, 때때로 제정신을 잃어버리고 통제력을 상실할 것 같은 두려움을 느낀다. 주로 불안정감이나 열등감과 관련된 강박사고, 강박행동이나 의례행동, 반추사고 등이 척도 7 점수가 높은 사람들에게서 흔히 관찰된다. 그들은 자신감이 부족하고, 자기에게 비판적이며, 자의식이 강하고, 자기를 깎아내리며, 자기에 대한 의심과 회의로 힘들어한다. 그들은 융통성 없이 매우 경직되어 있으며, 지나치게 도덕적이고, 자신과 타인의 행동이나 수행에 대한 기준이 너무 높다. 그들은 완벽주의적이고 양심적이다. 그들은 자신의 기준에 도달하지 못할 때 죄책감을 느끼며, 목표가 조금만 어그러져도 우울해진다.

일반적으로, 척도 7 점수가 높은 사람들은 깔끔하고, 질서 정연하고, 체계적이며, 꼼꼼하다. 그들은 끈기가 있고 믿음직스럽지만, 문제 접근 방식이 창의적이거나 독창적이지 못하다. 사람들은 그들을 무미건조하고 진부하며 형식적인 사람으로 지각한다. 그들은 의사결정을 내릴 때 상당한 곤란을 겪는다. 그들은 스트레스에 잘 대처하지 못하는데, 흔히 문제의 중요성을 왜곡시키며, 스트레스 상황에서 과도한 반응을 보인다.

척도 7 점수가 높은 사람들은 수줍음이 많고, 사교적으로 잘 어울리지 못하는 경향이 있다. 그들은 속마음을 알기 힘든 사람으로 묘사된다. 그들은 남들에게 인기 있고 사회적으로 인정받는 것에 대해서도 걱정을 많이 한다. 사람들은 흔히 그들을 감상적이고, 평화롭고, 온화하고, 믿을 수 있고, 예민하며, 친절한 사람으로 지각한다. 그들은 또한 의존적이고, 자기주장을 하지 않으며, 미성숙한 사람으로 묘사되기도 한다.

척도 7 점수가 높은 사람들이 심한 불편감과 괴로움을 느끼기 때문에 치료에 대한 동기가 높을 수 있지만, 단기 심리치료나 상담에 대한 반응은 그리 좋지 않다. 그들 자신의 문제에 대해서 어느 정도의 통찰을 얻을 수는 있지만, 그들은 지나치게 합리화하고 주지화하는 경향이 있다. 그들은 흔히 해석을 거부하며, 치료자에게 적대감을 표현하기도 한다. 하지만 그들은 다른 환자들에 비해서 더 오랫동안 치료를 받는 편이며, 더디기는 해도 꾸준한 진전을 보일 수 있다. 치료시간에 드러낼 수 있는 문제들로는 권위적인 인물과의 관계, 좋지 않은 직무 혹은 학업 습관 등이 있다.

척도 7에 대한 기술 요약

척도 7 점수가 높은 사람들은 다음과 같은 특징을 보인다.

1. 심리적 혼란과 동요, 불편감을 겪고 있다.
2. 불안해하고, 긴장하고, 초조해한다.
3. 걱정이 많고 두려워하며, 혹시 무슨 일이 일어나지 않을까 미리 염려하고, 신경이 곤두서 있으며 조마조마해한다.
4. 주의집중 곤란을 호소한다.
5. 흔히 슬프고 불행한 느낌을 토로한다.
6. 미래에 대해서 비관적이다.
7. 심장계통, 소화기계통, 생식·비뇨기계통과 관련된 신체적 불편감을 호소한다.
8. 피로감, 소진감, 불면증을 호소한다.
9. 임상 장면에서 흔히 불안장애, 강박장애 또는 외상 관련 장애를 진단받는다.
10. 자기성찰적이다.
11. 제정신을 잃어버리고 통제력을 상실할 것 같은 두려움을 느낀다.
12. 강박사고, 강박행동이나 의례행동, 반추사고를 지니고 있다.
13. 불안정감과 열등감을 느낀다.
14. 자신감이 부족하다.
15. 자기비판적이고, 자의식이 강하며, 자기를 깎아내린다.
16. 자기에 대한 의심과 회의로 힘들어한다.

17. 융통성 없이 경직되어 있으며, 지나치게 도덕적이다.

18. 자신과 타인의 행동이나 수행에 대한 기준이 높다.

19. 완벽주의적이고 양심적이다.

20. 목표에 도달하지 못하면 우울해하며 죄책감을 느낀다.

21. 깔끔하고 체계적이며, 꼼꼼하다.

22. 끈기가 있고 믿음직스럽다.

23. 문제 접근 방식에서 독창성이 부족하다.

24. 다른 사람들에게 무미건조하고 진부하며 형식적인 사람으로 비친다.

25. 의사결정을 내릴 때 곤란을 겪는다.

26. 스트레스에 잘 대처하지 못한다.

27. 흔히 문제의 중요성을 왜곡시키며, 스트레스 상황에서 과도한 반응을 보인다.

28. 수줍음이 많으며, 사교적으로 잘 어울리지 못하는 경향이 있다.

29. 남들에게는 속마음을 알기 힘든 사람으로 묘사된다.

30. 남들에게 인기 있고 사회적으로 인정받는 것에 대해서 걱정한다.

31. 사람들에게 감상적이고, 평화롭고, 온화하고, 예민하며, 친절한 사람으로 지각된다.

32. 심한 불편감으로 인해 치료에 대한 동기가 높을 수 있다.

33. 단기 심리치료나 상담에 대한 반응은 그리 좋지 않다.

34. 자신의 문제에 대해서 어느 정도의 통찰을 얻는다.

35. 지나치게 합리화하고 주지화한다.

36. 치료 장면에서 심리적 해석을 거부한다.

37. 치료자에게 적대감을 표현하기도 한다.

38. 다른 환자들에 비해서 더 오랫동안 치료를 받는다.

39. 치료를 받으면, 더디기는 해도 꾸준한 진전을 보인다.

40. 치료시간에 권위적인 인물과의 관계, 좋지 않은 직무 혹은 학업 습관 등의 문제를 이야기할 수 있다.

척도 8(조현병)

척도 8은 조현병(schizophrenia) 환자를 가려내기 위해 개발되었다. 이 범주는 DSM-5의 조현병 스펙트럼 장애 범주에 포함되는 역기능들로, 사고, 기분 및 행동의 혼란을 특징으로 하는 이질적인 집단들을 포괄한다(American Psychiatric Association, 2013). 그들은 현실에 대한 그릇된 해석, 망상, 환각을 보일 수 있다. 양가감정 혹은 제한된 정서반응도 흔하게 나타난다. 또한 철수행동, 공격행동, 기태적인 행동을 보일 수 있다.

원판 MMPI의 78문항 모두가 MMPI-2에서도 유지되었다. 문항들 중 일부는 기태적인 심리상태, 지각적 이상경험, 피해망상, 환각 등 분명한 정신병적 증상들을 담고 있다. 다른 문항들은 사회적 소외, 빈약한 가족관계, 성에 대한 염려, 충동통제 곤란, 주의집중 곤란, 두려움, 걱정, 불만족감 등의 주제를 포괄한다.

정신병과 관련된 경험이 없더라도 척도 8의 점수가 상승할 수도 있다. 예컨대, 척도 8의 점수는 연령 및 인종과 상관이 있다. MMPI-2 규준 집단에 포함된 아프리카계 미국인, 아메리카 원주민, 라틴계 미국인의 T 점수는 백인에 비해 대략 5점 정도 더 높았다(Butcher et al., 2001). 이들 아프리카계 미국인, 아메리카 원주민 및 라틴계 미국인들의 경우 점수가 경미하게 높다고 해서 더 뚜렷한 정신병리가 있음을 시사하는 것은 아니다. 이는 단지 일부 소수 인종들이 겪고 있는 사회적 소외감이나 거리감의 반영일 수 있다. 게다가 처방을 받았거나 혹은 처방을 받지 않은 채 무단으로 사용하고 있는 약물, 특히 암페타민의 사용으로 인해서 기이한 경험이나 감정, 지각을 보고하는 사람들도 척도 8에서 높은 점수를 얻을 수 있다. 또한 간질, 뇌졸중, 두뇌손상과 같은 의학적 장애가 있는 사람들이 감각과 인지의 이상을 측정하는 문항들에 체크한 경우에도, 척도 8 점수가 보통 이상으로 상승할 수 있다(예 : Dikmen et al., 1983; Dodrill, 1986; Gass, 1991, 1992; Gass & Lawhorn, 1991).

척도 8에서 높은 점수의 해석

오직 척도 8의 점수만을 근거로 조현병 진단을 내려서는 안 되지만, 척도 8의 T 점수가 75점 이상인 수검자는 정신병적 장애가 있을 가능성이 있다. 정신병적 장애를 진단하기 위해서는 반구조화된 진단적 면담도구로부터 얻은 정보를 바탕으로 척도 8 점수를 추가해서 보게 된다. T 점수 75점 이상인 수검자들은 혼란, 와해, 지남력 상실(disorientation)을 보일 수 있다. 또한 망상 수준에 이를 수 있는 기이한 사고와 태도, 환각, 심각한 수준의 판단력 상실 등의 문제를 나타낼 수 있다. 척도 8 점수가 높은 사람들은 흔히 오랫동안 정신과 입원치료나 외래치료를 받은 경력이 있다.

척도 8의 점수가 높다고 해서 반드시 정신병적 장애가 시사되는 것은 아니다. 오히려 급성의 심리적 혼란을 겪고 있는 사람 혹은 덜 심각한 장애를 지니고 있지만 도움을 간절히 호소하려는 목적으로 기이한 경험을 기술하는 문항들에 많이 체크한 사람들도 척도 8에서 극단적으로 높은 점수를 얻을 수 있다. 척도 8의 높은 점수를 해석할 때, 그 점수가 물질 남용과 관련된 기이한 증상을 반영하고 있을 가능성 및 간질, 뇌졸중, 두뇌손상 등의 의학적인 장애와 관련된 기이한 증상을 반영하고 있을 가능성을 고려하는 것이 중요하다.

척도 8의 높은 점수는 사회적 소외를 시사할 수도 있다. 척도 8 점수가 높은 사람들은 마치 자신이 속한 사회적 환경의 구성원이 아닌 것처럼 느끼는 경향이 있다. 그들은 동료로부터 고립되고, 소외되고, 오해받고, 수용받지 못한다고 느낀다. 그들은 자신이 살면서 부당한 대우를 받고 있다고 믿는다. 그들은 사회적으로 철수되어 있고, 은둔적이고, 자신을 숨기며, 남들이 쉽게 다가가기가 어렵다. 그들은 다른 사람들을 만나거나 새로운 상황에 접하는 것을 회피한다. 사람들로부터 수줍음이 많고, 동떨어져 지내고, 좀처럼 인간관계를 맺지 않는다고 묘사되며, 그들 자신도 종종 친구가 적거나 혹은 친구가 아무도 없다고 보고한다.

척도 8 점수가 높은 사람들은 혹시라도 무슨 일이 생기지 않을까 염려하는 예기불안 및 일반화된 불안을 상당히 많이 경험하고 있을 수 있으며, 흔히 악몽을 꾸거나 주의집중 곤란을 보고한다. 그들은 슬프고, 울적하고, 우울함을 느낄 수 있다. 그들은 무기력하고, 미래에 대해서 비관적이며, 자살 사고를 보고하기도 한다. 그들은 심한 분노감, 적대감, 공격적인 감정을 느낄 수 있지만, 이런 감정을 직접적으로 표현하지는 못한다. 스트레스를 받을 때 그들이 보이는 전형적인 반응은 백일몽이나 공상에 빠져드는 것이며, 척도 8 점수가 높은 사람들 중의 일부는 현실과 공상을 구분하는 데 어려움을 겪을 수 있다.

척도 8 점수가 높은 사람들은 자기에 대한 의심과 회의로 괴로워한다. 그들은 불안정감, 열등감, 무능감, 불만족감을 느낀다. 그들은 어려운 상황에 처하면 쉽게 포기하며, 흔히 자신을 실패자라고 생각한다. 성적인 집착이나 성 역할의 혼돈을 보이는 경우도 흔하다. 다른 사람들은 그들의 행동이 남들처럼 관행을 따르지 않고, 기이하고, 비관습적이며, 기괴하다고 생각한다. 그들은 신체적인 불편감을 호소할 수 있는데, 일반적으로 모호하고 오랫동안 지속되는 불편감을 호소한다.

척도 8 점수가 높은 사람들이 때로는 매우 완고하고, 변덕스럽고, 독단적인 모습을 보일 수 있다. 하지만 이와 달리 관대하고, 평온하고, 감상적인 사람처럼 보이는 때도 있다. 척도

8 점수가 높은 사람들을 묘사할 때, 미성숙한, 충동적인, 모험적인, 예리한, 양심적인, 신경이 곤두서 있는 등의 표현을 쓰기도 한다. 그들은 폭넓은 흥미를 지니고 있을 수 있고, 창의적이고 상상력이 풍부한 방식으로 문제에 접근할 수도 있지만 그들의 목표는 일반적으로 추상적이고 막연하고 모호하며, 문제 해결에 필요한 기본적인 상식이 결여된 것처럼 보인다.

척도 8 점수가 높은 사람들은 심리치료의 예후가 좋지 않다. 왜냐하면 그들은 오랫동안 지속되는 만성적인 문제를 지니고 있고, 치료자와 의미 있는 관계를 형성할 수 있는 능력이 부족하기 때문이다. 하지만 그들은 다른 환자들에 비해 더 오랫동안 치료받는 경향이 있으며, 결국에는 치료자를 신뢰하게 될 수도 있다. 이들에게 약물치료를 받게 하는 것이 적절한지 평가하기 위해 의학적인 자문을 구할 필요도 있다. 어떤 경우에는 입원치료 프로그램처럼 구조화된 환경을 제공할 필요가 있다. 치료시간에 통찰 지향적인 접근을 취하는 것보다는 구체적이고 실용적인 문제에 초점을 맞추는 것이 더 효과적일 수 있다.

척도 8에 대한 기술 요약

척도 8 점수가 높은 사람들은 다음과 같은 특징을 보인다.

1. 정신병적 장애가 있을 수 있다(특히 T≥75이라면).
2. 혼란, 와해, 지남력 상실을 보일 수 있다.
3. 기이한 사고나 태도와 환각을 보고할 수 있다.
4. 심각한 수준의 판단력 상실을 보일 수 있다.
5. 흔히 오랫동안 정신과 입원치료나 외래치료를 받은 경력이 있다.
6. 급성의 심리적 혼란을 겪고 있을 수 있다.
7. 약물 남용 혹은 간질, 뇌졸중, 두뇌손상 등의 의학적인 문제와 관련된 기이한 증상을 보고할 수 있다.
8. 사람들로부터 떨어져 있는 경향이 있다.
9. 스스로에 대해 자신이 속한 사회적 환경의 구성원으로 느끼지 않는다.
10. 동료들과의 관계가 소원하고, 이해받지 못하고, 수용되지 못한다고 느낀다.
11. 부당한 대우를 받으며 살고 있다고 느낀다.
12. 사회적으로 고립되어 있고, 은둔적이고, 자신을 숨기며, 남들이 다가가기가 어렵다.
13. 다른 사람들을 만나는 일이나 새로운 상황에 접하는 것을 회피한다.
14. 다른 사람들은 그들이 수줍음이 많고, 동떨어져 지내며, 좀처럼 인간관계를 맺지 않

는다고 묘사한다.

15. 친구가 적거나 아예 없다고 보고한다.

16. 예기불안 및 일반화된 불안을 경험한다.

17. 악몽 및 주의집중 곤란을 보고한다.

18. 슬프고, 울적하고, 우울하게 느낄 수 있다.

19. 무기력하고, 미래에 대해서 비관적일 수 있다.

20. 자살 사고를 보고할 수 있다.

21. 분노감, 적대감, 공격적인 감정을 느낀다.

22. 부정적인 감정을 직접적으로 표현하지 못한다.

23. 스트레스를 받으면 백일몽이나 공상에 빠져든다.

24. 현실과 공상을 구분하는 데 어려움을 겪는다.

25. 자기에 대한 의심과 회의로 괴로워한다.

26. 불안정감, 열등감, 무능감, 불만족감을 느낀다.

27. 어려운 상황에 처할 때 쉽게 포기한다.

28. 흔히 자신을 실패자라고 생각한다.

29. 성적인 집착이나 성 역할의 혼돈을 보일 수 있다.

30. 남들처럼 관행에 따르지 않고, 기이하고, 비관습적이며, 기괴하다.

31. 모호하고 오랫동안 지속되는 신체적 불편감을 호소한다.

32. 때로는 완고하고, 변덕스럽고, 독단적인 모습을 보일 수 있다.

33. 때로는 관대하고, 평온하고, 감상적인 모습을 보일 수 있다.

34. 미성숙하고, 충동적이고, 모험적이고, 예리하고, 양심적이고, 신경이 곤두서 있다고 묘사된다.

35. 폭넓은 흥미를 가지고 있다.

36. 창의적이고 상상력이 풍부한 방식으로 문제에 접근할 수 있다.

37. 추상적이고 모호한 목표를 지니고 있다.

38. 문제 해결에 필요한 기본적인 상식이 결여된 것처럼 보인다.

39. 만성적인 문제를 지니고 있고, 치료자와 의미 있는 관계를 형성할 수 있는 능력이 부족하기 때문에 심리치료의 예후가 좋지 않다.

40. 다른 환자들보다 치료를 오래 받는 경향이 있다.

41. 결국에는 치료자를 신뢰하게 될 수도 있다.

42. 약물치료를 받는 것이 적절한지 평가하기 위해 의학적 자문을 구할 필요가 있다.

43. 어떤 경우에는 입원치료 프로그램처럼 구조화된 환경을 제공할 필요가 있다.

44. 치료시간에 구체적이고 실용적인 문제에 초점을 맞추는 것이 더 효과적일 수 있다.

척도 9(경조증)

척도 9는 원래 경조증 증상을 보이는 정신과 환자들을 가려내기 위해서 개발되었다. 경조증의 임상적 특징은 고양된 기분, 말과 행동이 빨라짐, 화를 잘 냄, 사고의 비약, 단기간의 우울증 등이다. 원판 MMPI의 척도 9를 구성하던 46문항 모두가 MMPI-2에서도 그대로 사용되고 있다. 문항들 중 일부는 경조증 증상(예 : 활동 수준, 흥분성, 신경질, 과대성)을 구체적으로 반영한다. 다른 문항들은 가족관계, 도덕적 가치 및 태도, 신체적 염려 등의 주제를 포괄한다. 내용 차원들 중에서 어떤 것도 척도 9의 변량 대부분을 단독으로 설명하지는 못하며, 이 척도에서 반영되는 변량의 대부분이 다른 임상 척도들과는 중복되지 않는 것들이다.

척도 9의 점수는 연령 및 인종과 상관이 있다(Butcher et al., 2001). 노인들은 대개 50점 미만의 T 점수를 얻는 것이 보통이다. MMPI-2 규준 집단에 포함된 아프리카계 미국인, 아메리카 원주민, 라틴계 미국인들은 백인에 비해 다소 높은 점수를 보였다(T 점수로 5∼10점 정도 높음).

척도 9는 심리적 및 신체적 활력의 측정치로 간주하는데, 척도 9 점수가 높은 사람들은 활력이 지나치게 높다. 척도 9 점수가 높을 때는, MMPI-2 프로파일의 다른 측면에서 시사되는 특징들이 강하게 활성화된다. 예를 들어 척도 4의 높은 점수는 반사회적인 경향을 시사하는데, 만약 척도 4와 더불어 척도 9 역시 상승한다면 척도 4에서 시사되는 반사회적인 경향이 명백하게 겉으로 드러나서 행동으로 발현될 가능성이 높다.

척도 9에서 높은 점수의 해석

척도 9 점수의 극단적인 상승(T≥80)은 조증 삽화를 시사할 수 있다. 이런 상승 점수를 보이는 환자들은 과도하고 목적이 없는 활동을 보이며, 말의 속도가 빨라지고, 환각이나 과대망상이 있을 수 있으며, 정서적으로 매우 불안정하다. 그들은 심리적인 혼란을 보이며, 사고의 비약을 나타내는 경우도 흔하다.

척도 9 점수가 약간 높은 사람들은 심각한 증상을 나타낼 가능성은 적은 편이다. 그러나 과잉행동 경향성 및 자기를 비현실적으로 과장되게 평가하는 양상은 확실히 있다. 척도 9 점수가 높은 사람들은 힘이 넘치고, 말이 많으며, 생각하는 것보다는 행동하는 것을 선호한다. 그들은 폭넓은 흥미를 지니고 있으며, 한꺼번에 여러 가지 일들에 관여한다. 하지만 그들은 활력을 지혜롭게 사용하지 못하며, 추진하던 일들을 마무리하지 못하는 경우가 빈번하다. 그들은 창의적이고, 진취적이고, 독창적이지만, 일상적으로 반복되는 일이나 세부적인 사항에는 거의 관심을 갖지 않는다. 척도 9 점수가 높은 사람들은 쉽게 지루함을 느끼고 안절부절못하는 경향이 있으며, 좌절을 견뎌 내는 능력이 매우 부족하다. 그들은 충동 표현을 억제하지 못하며, 성급하게 화를 내거나 적대적이고 공격적인 분노 폭발 삽화를 주기적으로 보이는 경우가 흔하다. 비현실적이고 근거가 부족한 낙관주의 역시 척도 9 점수가 높은 사람들의 특징이다. 그들은 불가능한 것은 없다고 생각하는 듯하며, 웅대한 포부를 지니고 있다. 또한 그들은 자기 자신의 가치와 중요성을 과대평가하며, 자신의 한계를 인식하지 못한다. 척도 9 점수가 높은 사람들은 알코올이나 다른 약물을 남용할 가능성이 높으며, 법적인 문제와 관련된 곤란에 처할 가능성도 평균 수준보다 높다.

척도 9 점수가 높은 사람들은 매우 외향적이고, 사교적이며, 사람들과 어울리는 것을 좋아한다. 그들은 다른 사람들과 함께 있는 것을 선호하며, 일반적으로 첫인상이 좋은 편이다. 그들은 남들에게 우호적이고, 유쾌하고, 열정적이고, 침착하고, 자신감이 있다는 인상을 준다. 그들은 다른 사람들보다 우위에 서서 지배하려는 경향이 있다. 그들의 인간관계는 대체로 매우 피상적이다. 그들을 더 잘 알게 될수록, 사람들은 그들이 남을 조종하고 기만하는 신뢰할 수 없는 사람이라는 것을 깨닫게 된다.

겉으로 드러나는 자신감 있고 침착한 모습에도 불구하고, 척도 9 점수가 높은 사람들은 자신들의 삶에 대한 불만족감을 품고 있을 가능성이 높다. 그들은 심란하고, 긴장되고, 조마조마하고, 불안하고, 초조한 기분을 느낄 수 있으며, 스스로를 걱정이 많은 사람이라고 묘사한다. 또한 주기적인 우울증 삽화를 보일 수도 있다.

심리치료 장면에서, 척도 9 점수가 높은 사람들은 지배적인 부모에게 느끼는 부정적인 감정을 드러낼 수 있고, 학교나 직장에서의 곤란을 보고할 수 있으며, 다양한 비행을 저질렀다고 인정할 수 있다. 척도 9 점수가 높은 사람들은 해석을 거부하고, 치료 회기에 불규칙적으로 참석하며, 치료를 조기에 종결하는 경향이 있다. 그들은 지나치게 주지화하며, 똑같은 문제행동을 여러 번 반복할 수 있다. 그들은 치료자에게 의존하지 않으며, 치료자를 향한 적대감과 공격성을 가지기도 한다.

척도 9에 대한 기술 요약

척도 9 점수가 높은 사람들은 다음과 같은 특징을 보인다.

1. 만약 T 점수가 80점을 넘는다면, 다음과 같은 조증 삽화의 행동적 특성이 나타난다.
   a. 과도하고 목적이 없는 활동
   b. 말의 속도가 빨라짐
   c. 환각
   d. 과대망상
   e. 정서적 불안정
   f. 사고의 혼란
   g. 사고의 비약
2. 과잉활동을 보인다.
3. 비현실적인 자기평가를 한다.
4. 활력이 넘치고 말이 많다.
5. 생각하는 것보다 행동하는 것을 선호한다.
6. 폭넓은 흥미를 지니고 있다.
7. 한꺼번에 여러 가지 일들에 관여한다.
8. 활력을 지혜롭게 사용하지 못한다.
9. 추진하던 일들을 마무리하지 못하는 경우가 빈번하다.
10. 창의적이고, 진취적이고, 독창적이다.
11. 일상적으로 반복되는 일이나 세부적인 사항에는 거의 관심을 갖지 않는다.
12. 쉽게 지루함을 느끼고 안절부절못하는 경향이 있다.
13. 좌절을 견뎌 내는 능력이 부족하다.
14. 충동 표현을 억제하지 못한다.
15. 성급하게 화를 내거나 적대적이고 공격적인 분노 폭발 삽화를 주기적으로 보인다.
16. 비현실적이고 근거가 부족한 낙관주의를 보인다.
17. 웅대한 포부를 지니고 있다.
18. 자신의 가치를 과대평가한다.
19. 자신의 한계를 인식하지 못한다.
20. 알코올 및 다른 약물을 남용할 가능성이 평균보다 높다.

21. 법적인 문제로 곤란을 겪을 수 있다.

22. 외향적이고, 사교적이다.

23. 붙임성이 좋고 다른 사람들과 함께 있는 것을 선호한다.

24. 좋은 첫인상을 준다.

25. 남들에게 우호적이고, 유쾌하고, 열정적이고, 침착하고, 자신감이 있다는 인상을 준다.

26. 다른 사람들을 지배하려고 한다.

27. 인간관계가 매우 피상적이다.

28. 사람들도 결국 이들이 남을 조종하고 기만하는 신뢰할 수 없는 사람이라는 것을 알게 된다.

29. 겉으로 드러나는 자신감 있고 침착한 모습의 이면에는 불만족감을 품고 있다.

30. 심란하고, 긴장되고, 조마조마하고, 불안하고, 초조한 기분을 느낄 수 있다.

31. 스스로를 걱정이 많은 사람이라고 묘사할 수 있다.

32. 주기적인 우울증 삽화를 보일 수 있다.

33. 심리치료 장면에서, 지배적인 부모에게 느끼는 부정적인 감정, 학교나 직장에서의 곤란, 다양한 비행 등을 드러낼 수 있다.

34. 심리치료의 예후가 좋지 않다.

35. 해석을 거부한다.

36. 치료시간에 불규칙하게 참석한다.

37. 치료를 조기에 종결할 가능성이 크다.

38. 지나치게 주지화한다.

39. 똑같은 문제를 여러 번 반복한다.

40. 치료자에게 의존하지 않는다.

41. 치료자에게 적대감과 공격성을 가질 수 있다.

척도 0(내향성)

척도 0은 다른 임상 척도들에 비해 늦게 개발되었지만, 사회적인 접촉이나 책임으로부터 철수하는 경향을 평가하기 위해 개발되었다. 척도 0을 구성하는 문항들은 미네소타 T-S-E 질문지의 내향성–외향성 척도(Evans & McConnell, 1941)에서 높은 점수를 얻은 사람들과 낮은 점수를 얻은 사람들의 차이를 보이는 문항들을 선별한 것이다. 이 척도는 여성에 국한된 자료를 바탕으로 개발되었지만, 남성에게도 이 척도를 적용하고 있다.

원판 MMPI의 척도 0을 구성하던 70문항 중에서 한 문항을 제외한 나머지 69문항이 MMPI-2에서도 유지되고 있다. 문항들은 크게 두 가지 유형으로 구분된다. 한 유형의 문항들은 사회적 참여 정도를 다루며, 다른 유형의 문항들은 전반적인 신경증적 부적응 및 자기비하 양상을 다룬다. 이 중에서 한 유형에 체크하거나 혹은 두 가지 유형에 모두 체크하였을 때 척도 0의 점수가 상승할 수 있다. 척도 0의 점수는 상당한 시간이 지나도 매우 안정적으로 유지된다.

척도 0 점수의 해석

척도 0 점수가 높은 사람들의 가장 두드러진 특징은 내향성이다. 척도 0 점수가 높은 사람들은 사회적인 상황에서 심한 불안정감과 불편감을 느낀다. 그들은 수줍음이 많고, 마음을 터놓지 않고, 소심하며, 물러나 있으려는 경향이 있다. 그들은 혼자 있을 때나 소수의 친한 친구들과 있을 때 가장 편안하게 느끼며, 많은 사회적인 활동에 참여하지 않는다. 그들은 연애 혹은 성적 대상으로 끌리는 사람들과 같이 있을 때 특히 불편해할 수 있다.

척도 0 점수가 높은 사람들은 자신감이 부족하고, 다른 사람들 눈에 띄지 않으려는 경향이 있다. 사람들은 그들을 속마음을 알기 힘들고, 차갑고, 거리감이 느껴지는 사람이라고 묘사한다. 그들은 남들이 자기를 어떻게 생각하는지에 예민하며, 사람들과 잘 어울리지 못하는 문제 때문에 곤란을 겪을 수 있다. 그들은 감정을 지나치게 통제하며, 감정을 직접적으로 표현하지 않는다. 그들은 대인관계에서 수동적이고, 복종적이고, 순종적이며, 권위에 지나치게 순응적이다.

척도 0 점수가 높은 사람들은 진지하고, 어떤 일을 추진하는 속도가 느리다고 묘사되기도 한다. 그들은 믿음직스럽고 믿을 만하지만, 어떤 문제에 접근할 때 너무 조심스럽고 관습적이고 독창적이지 못한 방식으로 접근하며, 쉽게 포기한다. 그들은 다소 경직되고 융통성 없는 태도나 의견을 고수한다. 또한 그들은 사소한 결정도 쉽게 내리지 못해서 큰 어려움을 겪는다. 전형적으로 성취 욕구가 강하지 않은 편이다.

척도 0 점수가 높은 사람들은 걱정이 많고, 과민하며, 불안해하는 경향이 있다. 그들은 흔히 건강 문제에 집착한다. 사람들은 그들을 시무룩해 보인다고 묘사한다. 죄책감을 나타내거나 우울 삽화를 보이기도 한다. 활력이 부족해 보이며, 관심이나 흥미를 보이는 범위가 넓지 않다. 치료 장면에서 치료자와 동맹을 형성하는 데 어려움을 겪을 수 있으며, 흔히 치료시간 중에도 몹시 불편하고 긴장된다고 보고한다.

척도 0 점수가 낮은 사람들은 사교적이고 외향적인 편이다. 그들은 활달하고, 사람들과 잘 어울리고, 우호적이며, 말수가 많다. 그들은 주변 사람들과 어울리고 싶어 하는 욕구가 강하며, 남들과 잘 섞여서 어우러진다. 사람들은 그들이 언어적으로 유창하고 표현을 잘하는 사람이라고 생각한다. 그들은 적극적이고, 활력이 있고, 원기가 왕성하다. 그들은 권력, 지위, 인정받는 것 등에 관심이 있으며, 경쟁적인 상황을 즐기는 편이다.

척도 0에 대한 기술 요약

척도 0 점수가 높은 사람들은 다음과 같은 특징을 보인다.

1. 사회적으로 내향적이다.
2. 사회적인 상황에서 심한 불안정감과 불편감을 느낀다.
3. 수줍음이 많고, 마음을 터놓지 않고, 소심하고, 물러나 있으려는 경향이 있다.
4. 혼자 있을 때나 소수의 친한 친구들과 있을 때 더 편안하게 느낀다.
5. 사회적인 활동 참여가 많지 않다.
6. 연애 혹은 성적 대상으로 끌리는 사람들과 같이 있을 때 특히 불편해할 수 있다.
7. 자신감이 부족하고, 다른 사람들 눈에 잘 띄지 않으려는 경향이 있다.
8. 속마음을 알기 힘들다.
9. 사람들은 그들이 차갑고, 거리감이 느껴지는 사람이라고 묘사한다.
10. 사람들이 자기를 어떻게 생각하는지에 예민하다.
11. 다른 사람들과 잘 어울리지 못하는 문제로 인해 곤란을 겪을 수 있다.
12. 지나치게 억제되어 있으며, 감정을 겉으로 표현하지 않는다.
13. 대인관계에서 수동적이고, 복종적이고, 순종적이다.
14. 권위에 지나치게 순응적이다.
15. 진지하고, 어떤 일을 추진하는 속도가 느리다고 묘사되기도 한다.
16. 믿음직스럽고 믿을 만하다.
17. 문제에 접근하는 방식이 조심스럽고 관습적이며 독창적이지 못하다.
18. 쉽게 포기하는 경향이 있다.
19. 다소 경직되고 융통성 없는 태도나 의견을 고수한다.

20. 사소한 결정도 쉽게 내리지 못해서 큰 어려움을 겪는다.

21. 성취 욕구가 강하지 않다.

22. 걱정이 많고, 과민하며, 불안해하는 경향이 있다.

23. 흔히 건강 문제에 집착한다.

24. 사람들은 그들이 시무룩해 보인다고 묘사한다.

25. 우울 삽화를 경험할 수 있다.

26. 흥미 범위가 넓지 않다.

27. 치료 장면에서, 치료자와의 동맹을 형성하는 데 어려움을 겪을 수 있다.

28. 치료시간 중에도 몹시 불편하고 긴장된다고 보고한다.

척도 0 점수가 낮은 사람들은 다음과 같은 특징을 보인다.

1. 사교적이고 외향적이다.

2. 활달하고, 사람들과 잘 어울리고, 우호적이며, 말수가 많다.

3. 주변 사람들과 어울리고 싶어 하는 욕구가 강하다.

4. 사람들과 섞여서 잘 어울린다.

5. 언어적으로 유창하고 표현을 잘하는 사람으로 보인다.

CHAPTER 5

상승 척도 쌍(코드타입)

M MPI를 제작할 당시부터, Hathaway와 McKinley는 임상 척도들 사이의 관계를 고려해서 형태해석(configural interpretation)을 실시하면, 임상 척도들 사이의 관계를 고려하지 않고 각각의 임상 척도를 개별적으로 해석할 때보다 진단적으로 더 풍부하고 유용한 정보를 얻을 수 있다는 점을 강조하였다. 오직 한 개의 임상 척도에서 높은 점수를 얻었다는 이유로 집단으로 묶인 경우보다 1개 이상의 임상 척도에서 얻어진 높은 점수에 근거하여 집단으로 묶인 경우, 그 집단에 속한 사람들끼리 서로 더 비슷한 모습을 보일 것이다. 즉, 단일한 임상 척도가 아니라 임상 척도들의 형태적 관련성을 해석해야 수검자의 구체적인 행동특성을 더 신뢰도 있게 평가할 수 있다. 이러한 형태해석을 상승 척도 쌍(code type) 접근법이라고 부른다. Meehl(1951), Meehl과 Dahlstrom(1960), Taulbee와 Sisson(1957)을 비롯한 여러 연구자들도 MMPI를 해석할 때 형태적으로 접근할 필요가 있음을 강조하였다. MMPI와 MMPI-2를 이용한 후속 연구에서, 빈번하게 관찰되는 몇몇 상승 척도 쌍의 검사 외적 상관관계가 신뢰할 만한 수준으로 확인되었다(예 : Arbisi et al., 2003a; Archer et al., 1995; Dahlstrom et al., 1972; Graham et al., 1999; Lewandowski & Graham, 1972; Sellbom, Graham, & Schenk, 2005).

상승 척도 쌍의 결정

단순하게 설명하면, 상승 척도 쌍은 프로파일에서 가장 높이 상승한 임상 척도들을 의미한다. 여러 개의 임상 척도가 동시에 상승할 수 있지만, 전통적으로는 가장 높이 상승한 2개 혹은 3개의 임상 척도들만 상승 척도 쌍으로 간주해 왔다. 이것을 각각 2개의 척도로 구성된 상승 척도 쌍 혹은 3개의 척도로 구성된 상승 척도 쌍이라고 부른다.

2개의 척도로 구성된 상승 척도 쌍(two-point code type)은 그 2개의 임상 척도 점수가 프로파일에서 가장 높다는 것을 의미한다. 즉, 2-7 상승 척도 쌍은 척도 2의 점수가 프로파일에서 가장 높고, 그다음으로 척도 7의 점수가 높다는 뜻이다. 대부분의 2개의 척도로 구성된 상승 척도 쌍에서, 척도의 순서는 서로 바뀌어도 상관없다. 예컨대, 우리는 흔히 27/72 상승 척도 쌍이라고 부르는데, 2-7 상승 척도 쌍과 7-2 상승 척도 쌍의 해석은 기본적으로 동일하다. 척도의 순서에 따라서 해석이 달라지는 경우도 있는데, 이번 장에서 그런 상승 척도 쌍을 설명하는 부분이 나오면 그것을 분명히 언급하였다. 2개의 척도로 구성된 상승 척도 쌍은 그 상승 척도 쌍에 포함된 2개의 임상 척도 점수의 절대적인 수준에 대한 정보는 제공하지 않으며, 그 밖의 다른 임상 척도들의 점수에 대한 정보도 제공하지 못한다.

3개의 척도로 구성된 상승 척도 쌍(three-point code type)은 그 3개의 임상 척도 점수가 프로파일에서 가장 높다는 것을 의미한다. 예컨대, 2-7-8 상승 척도 쌍은 척도 2의 점수가 프로파일에서 가장 높고, 그다음으로 척도 7의 점수가 높으며, 척도 8의 점수가 세 번째로 높다는 뜻이다. 대부분의 3개의 척도로 구성된 상승 척도 쌍에서, 척도의 순서는 서로 바뀌어도 상관없다. 척도의 순서에 따라서 해석을 달리하는 경우도 있는데, 이번 장에서 그런 상승 척도 쌍을 설명하는 부분이 나오면 그것을 분명히 언급하였다.

상승 척도 쌍 해석의 초창기에는 어떤 경우를 상승 척도 쌍으로 정의할 것인지를 고려하지 않았었다. 이른바 정의(definition)란, 상승 척도 쌍에 포함된 척도들의 점수와 상승 척도 쌍에 포함되지 않은 척도들 사이의 점수 차이를 뜻한다. 연구에 따르면, 잘 정의된 상승 척도 쌍이 잘 정의되지 않은 상승 척도 쌍보다 신뢰도와 타당도가 훨씬 우수하다. 예컨대, Munley 등(2004)이 실시한 시뮬레이션에서, 상승 척도 쌍이 더 잘 정의될수록 그것의 안정성도 더 증가되었다. McNulty 등(1998)에 따르면, 정의된 상승 척도 쌍의 경우에는 이와 개념적으로 관련된 성격특성의 개수가 더 풍부하고 더 강력하다.

이러한 결과를 고려할 때, 오직 정의된 상승 척도 쌍만 해석할 것을 권장한다. 즉, 상승 척도 쌍에 포함된 척도 중에서 가장 낮은 점수가 프로파일에서 그다음으로 높은 척도의 점수보다 T 점수로 적어도 5점 이상 높은 경우만 해석할 것을 권장한다. 정의된 상승 척도 쌍의 경우, 그 상승 척도 쌍과 관련된 설명들이 수검자의 특성을 잘 묘사하고 있다는 확신을 가지고 프로파일을 해석할 수 있다. 물론, 모든 MMPI-2 프로파일에 정의된 상승 척도 쌍이 존재하는 것은 아니다. 정의된 상승 척도 쌍이 존재하지 않는 경우, 상승 척도 쌍을 활용한 해석을 하지 말아야 한다. 그 대신, 개별 임상 척도 점수의 상승 정도를 바탕으로 수검자에 대한 추론을 하는 것이 바람직하다.

상승 척도 쌍을 정의할 때, 상승 척도 쌍에서 가장 낮은 척도와 프로파일에서 그다음으로 높은 임상 척도의 T 점수 차이를 고려해야 한다. 예컨대, 2개의 척도로 구성된 상승 척도 쌍의 경우, 프로파일에서 두 번째로 높은 척도와 세 번째로 높은 척도의 T 점수 차이를 확인해야 한다. 만약 3개의 척도로 구성된 상승 척도 쌍이라면, 프로파일에서 세 번째로 높은 척도와 네 번째로 높은 척도의 T 점수 차이를 확인해야 한다. T 점수로 5점 이상의 분명한 차이가 확인되는 경우, 그 상승 척도 쌍은 잘 정의된 것으로 간주된다. 그러나 임상 척도에는 측정의 표준오차가 포함되어 있으므로, T 점수의 차이가 5점 미만일 때는 그 차이가 유의미하다고 간주해서는 안 된다(Graham, Timbrook et al., 1991).

잘 정의된 상승 척도 쌍에 포함된 척도들의 T 점수가 60점 이상이라면, 그것을 언제라도 해석할 수 있다. 전형적으로, 특정한 상승 척도 쌍에 대한 설명들의 목록에는 증상과 성격특성이 모두 포함되어 있다. 상승 척도 쌍에 포함된 척도들의 점수가 매우 높다면, 증상과 성격특성에 관한 추론을 모두 고려해야 한다. 상승 척도 쌍에 포함된 척도들의 점수가 그렇게 높지 않다면, 증상에 대한 추론은 하지 않아야 하며(혹은 상당히 조심해서 추론해야 하며), 성격특성에 관한 추론만 적용할 수 있다. 일반적으로 상승 척도 쌍에 포함된 모든 임상 척도의 T 점수가 65점을 넘지 않을 때는 증상에 대한 추론을 하지 않는 것이 바람직하다. 물론, 상승 척도 쌍의 T 점수가 65점 이상으로 매우 높을 때는 증상에 관한 추론이 적절하고 정확할 가능성이 더 커진다.

전통적으로, 척도 5와 척도 0은 상승 척도 쌍에 포함시키지 않는다. 척도 5와 척도 0이 원판 MMPI의 출판 이후에 추가되었고 임상적인 증상이나 문제를 직접적으로 측정하지 않기 때문이다. 나머지 8개 임상 척도를 조합하면 2개의 척도로 구성된 상승 척도 쌍의 조합이 28가지 가능하고, 3개의 척도로 구성된 상승 척도 쌍의 조합은 56가지 가능하다. 척도의 순서를 무시했을 때 그러하다. 이번 장에서는 다양한 장면에서 빈번하게 관찰되는 상승 척도 쌍과 여러 문헌에서 적절하게 주목해 왔던 상승 척도 쌍에 대한 해석 자료만 제시할 것이다.[1] 일반적으로, 다양한 상승 척도 쌍에 대한 설명들은 동일한 장면에서 특정한 상승 척도 쌍을 보인 사람들과 그런 상승 척도 쌍을 보이지 않은 사람들을 비교하는 연구를 통해서 확인된 자료들이다. 2개 혹은 3개의 척도로 구성된 상승 척도 쌍에 대한 설명들은 결코 논리적으로 도출된 것이 아니라는 점, 즉 개별 척도들에 대한 설명을 조합하는 방식으로 작성된 것이 아니라는 점을 강조할 필요가 있다. 또한 상승 척도 쌍에 대한 설명들은 그런 상승 척도 쌍을 보이는 사람들의 가장 전형적인 양상을 의미하는 것이며, 각 개인을 한 치의 오차도 없이 정확하게 기술하는 것은 아님을 명심해야 한다. 오히려, 특정한 상승 척도 쌍에 대한 설명은 그 상승 척도 쌍을 얻지 않은 사람들보다는 그 상승 척도 쌍을 얻은 사람들에게 더 잘 적용될 수 있는 설명이라는 점을 염두에 둘 필요가 있다. 이번 장에서 제공하는 정보들은 수검자의 성별에 따라서 구분되지 않았는데, 이는 대부분의 초기 연구들이 성별에 근거하여 자료를 분석하지 않았고 대부분의 MMPI-2 연구에서 남성과 여성의 자료가 상당히 유사했기 때문이다(예 : Graham et al., 1999).

상승 척도 쌍의 신뢰도

MMPI-2 프로파일의 형태적 안정성에 관한 정보는 매우 부족하다. 하지만 원판과 개정판이 연속성을 지니고 있으므로, MMPI-2의 형태적 안정성은 MMPI의 형태적 안정성과 상당히 유사할 것이라고 가정된다. 원판 MMPI 상승 척도 쌍의 시간적 안정성에 대한 연구에서, 두 번 연속으로 검사를 실시했을 때, 약 1/4~1/3의 수검자가 동일한 2개의 척도로 구성된 상승 척도 쌍을 제출하였고, 약 1/4의 수검자가 동일한 3개의 척도로 구성된 상승 척도 쌍을 제출하였다(예 : Chojnacki & Walsh, 1992; Graham, 1977; Faschingbauer, 1974). 당시에는 잘 정의된 상승 척도 쌍을 고려하지 않았으므로, 원판 MMPI의 시간적 안정성이 개정판 MMPI-2의 시간적 안정성보다 다소 저조할 것이라고 사료된다. 실제로, Graham 등(1986)은 척도들의 점수가 처음부터 높았던 경우에 상승 척도 쌍이 더 안정적인 경향이 있다고 보고하였다.

---

1   상승 척도 쌍의 해석에 관한 자료는 다음 문헌들을 참고하여 제작되었다. W. Anderson & Bauer(1985), Arbisi et al.(2003a), Archer et al.(1995), Carson(1969), Dahlstrom et al.(1972), Davis & Sines(1971), Drake & Oetting(1959), Duckworth & Anderson(1986), Gilberstadt & Duker(1965), Good & Brantner(1961), Graham et al.(1999), Gynther et al.(1973), Hovey & Lewis(1967), Kelley & King(1979a, 1979b), Lachar(1974), Lewandowski & Graham(1972), Marks et al.(1974), Merritt et al.(1998), L. D. Nelson & Marks(1985), Persons & Marks(1971), Sellbom, Graham, & Schenk(2005).

또한 상승 척도 쌍에 포함된 척도들과 포함되지 못한 척도들 사이의 점수 차이가 컸을 때, 즉 잘 정의된 상승 척도 쌍이 더 안정적이었다.

　　Graham, Timbrook 등(1991)은 MMPI-2 규준 집단에서 관찰된 2개 및 3개의 척도로 구성된 상승 척도 쌍의 시간적 안정성을 보고하였다. 1주일 간격의 재검사에서 동일한 상승 척도 쌍이 관찰된 비율은 각각 26%(2개의 척도로 구성된 상승 척도 쌍)와 15%(3개의 척도로 구성된 상승 척도 쌍)였다. 이것은 규준 집단의 소수에게만 재검사를 실시한 것이고, 잘 정의된 상승 척도 쌍으로 한정한 것도 아니다. 만약 잘 정의된 상승 척도 쌍으로 한정했다면 시간적 안정성이 더 높았을 것으로 추정된다.

　　Ryan 등(1995)은 2개의 물질 남용 집단에서 각각 5개월 간격과 13개월 간격으로 상승 척도 쌍의 시간적 안정성을 조사하였다. 5개월 간격에서, 2개의 척도로 구성된 상승 척도 쌍은 20%, 3개의 척도로 구성된 상승 척도 쌍은 14%가 일치하였다. 13개월 간격에서는 각각 12%(2개의 척도로 구성된 상승 척도 쌍)와 6%(3개의 척도로 구성된 상승 척도 쌍)가 일치하였다. Graham, Timbrook 등(1991)의 논의와 유사하게, 만약 잘 정의된 상승 척도 쌍으로 한정했다면 시간적 안정성은 더 높았을 것이다. 아울러, 물질 남용 집단에서 관찰된 상승 척도 쌍의 시간에 따른 변화는 그들에게 제공된 치료의 효과를 어느 정도 반영하는 것일 수도 있다.

　　Munley 등(2004)은 상승 척도 쌍을 정의하는 기준을 강하게 혹은 약하게 변경하는 것이 상승 척도 쌍의 안정성에 어떤 영향을 미치는지 탐색하였다. 예상할 수 있듯이, 2개의 척도로 구성된 상승 척도 쌍에서 두 번째로 높아서 상승 척도 쌍에 포함된 척도와 세 번째로 높아서 상승 척도 쌍에 포함되지 못한 척도의 점수 차이가 커질수록(예 : 3점 차이에서 15점 차이까지) 안정성도 더 증가되었다. 즉, 상승 척도 쌍이 잘 정의될수록 그것의 안정성도 증가하였다. 부상당한 작업자들의 상승 척도 쌍을 21개월 간격으로 조사한 Livingston 등(2006) 역시, 처음에 잘 정의된 상승 척도 쌍이 이후에 더 안정적이었다고 보고하였다.

　　요약하면, 상승 척도 쌍은 시간의 측면에서 상당히 안정적이다. 잘 정의된 상승 척도 쌍은 잘 정의되지 않은 상승 척도 쌍보다 더 안정적이다. 검사와 재검사에서 관찰되는 상승 척도 쌍의 변화는 그렇게 크지 않으며, 이로부터 비롯된 해석적 추론 역시 상당히 유사할 것이다.

상승 척도 쌍의 타당도

상승 척도 쌍의 타당도를 입증하려면, 특정한 상승 척도 쌍에서 독특하게 드러나는 검사 외적인 특성이 있어야 하고, 그것을 통해 특정한 상승 척도 쌍에 해당하는 사람과 그렇지 않은 사람을 변별할 수 있어야 한다. MMPI와 MMPI-2의 임상 척도가 유사하므로, 우리는 검사 외적인 특성을 조사한 모든 과거의 자료까지 참고할 것이다. Gynther 등(1973) 및 Lewandowski와 Graham(1972)은 가장 높은 2개의 척도를 기준으로 분류한 프로파일들의 검사 외적인 특성을 밝혀낼 수 있다고 생각하였다. Graham 등(1999)은 정신건강센터 외래 환자를 대상으로 2개 혹은 3개의 척도로 구성된 MMPI-2 상승 척도 쌍의 특성을 조사하였다. 개업한 임상가를 찾아온 내담자가 드러내는 상승 척도 쌍의 특성은 Sellbom, Graham과 Schenk(2005)가 확인하였다. Arbisi 등(2003a)과 Archer 등(1995)은 정신과 입원 환자에서 흔히 관찰되는 2개의 척도로 구성된 상승 척도 쌍의 특성을 보고하였다. 이를 종합할 때, MMPI-2 상승 척도 쌍의 검사 외적인 특성은 여러 장면에 걸쳐서 일관적이며, 과거에 원판 MMPI에서 보고된 자료와도 부합한다.

2개의 척도로 구성된 상승 척도 쌍의 해석지침

12/21

12/21 상승 척도 쌍의 가장 두드러진 특징은 신체적 불편감이다. 그들은 신체증상의 기질적 원인에 대한 아무런 임상적 증거가 없음에도 불구하고, 신체적 질병이 있다고 호소한다. 건강과 신체 기능에 집착하며, 사소한 신체적 이상에도 너무 예민하게 반응한다. 다양한 영역에 펼쳐진 신체적 불편감을 호소하기도 하고, 특정한 영역에 국한된 신체증상들을 호소하기도 한다. 두통 혹은 흉통을 호소하는 경우도 있지만, 소화기계통의 불편감을 호소하는 경우가 더 많다. 궤양, 특히 위장 상부의 궤양을 흔히 호소하며, 거식증, 구역질, 구토감 등을 호소할 수도 있다. 12/21 상승 척도 쌍을 보이는 사람들은 현기증, 불면증, 쇠약감, 피로감, 피곤함을 호소하기도 한다. 스트레스를 받으면 신체증상을 드러내는 경향이 있고, 이런 신체증상을 정서적 혹은 심리적 원인으로 설명하려는 시도에는 저항한다.

  12/21 상승 척도 쌍을 보이는 사람들은 우울감, 불행감, 저조감, 근심, 의욕 상실 등을 보

고하기도 한다. 불안하고, 긴장하며, 신경이 과민하다. 초조감을 느끼며, 여러 가지 일에 대해서 걱정하고, 안절부절못하거나 쉽게 짜증을 내는 경향이 있다.

12/21 상승 척도 쌍을 보이는 사람들은 자의식이 상당히 강하다. 사회적인 상황, 특히 이성과 함께 있을 때 내향적이고 수줍어하며, 다소 위축되어 자신을 드러내지 않는 경향이 있다. 자신의 능력을 강하게 회의하고, 사소하고 일상적인 문제를 결정할 때도 우유부단한 모습을 보인다. 타인이 자신을 어떻게 생각하는지에 매우 예민하며, 대인관계를 맺을 때 타인을 다소 의심하며 불신하는 편이다. 또한 수동-의존적인 대인관계를 맺는 편이며, 자신에게 충분한 관심과 지지를 제공하지 않는다고 여겨지는 사람에게 분노와 적대감을 품기도 한다.

특히 정신과 환자라면, 알코올을 남용하고 있을 수 있다. 알코올 남용과 관련해서 일시적인 의식 상실, 실직, 구금, 가족 문제 등을 일으킨 경력이 있을 수 있다. 12/21 상승 척도 쌍을 보이는 사람들은 흔히 불안장애, 강박장애, 외상 관련 장애, 우울장애, 신체증상장애 진단을 받으며, 비록 소수지만 조현병 스펙트럼 장애를 진단받기도 한다. 조현병 스펙트럼 장애를 진단받은 경우, 대개 척도 1 및 척도 2와 함께 척도 8도 상승한다.

그들은 전통적인 심리치료에 적합하지 않아 보인다. 변화하려는 동기를 별로 느끼지 못하며, 극심한 불편감까지 참아 내는 경향이 있다. 억압 및 신체화 방어기제를 지나치게 구사하며, 통찰과 자기이해가 결여되어 있다. 더욱이, 수동-의존적인 생활방식을 지니고 있어서 자신의 행동에 대한 책임을 지려고 하지 않는다. 비록 심리치료를 통해서 장기적인 변화를 가져오는 것은 어렵겠지만, 단기적인 증상 변화는 일어날 수 있다.

13/31

남성보다 여성에서 더 흔하며, 젊은이보다 노인에서 더 자주 관찰된다. 13/31 상승 척도 쌍을 보이는 정신과 환자들은 흔히 신체증상장애 및 이와 관련된 장애를 진단받는다. 고전적인 전환 증상(즉, 기질적 원인이 없는 의학적 문제)을 드러낼 수 있는데, 특히 척도 1과 척도 3이 매우 높고, 척도 2가 척도 1과 척도 3보다 상당히 낮은 경우(즉, 전환 V 형태)에 그렇다. 13/31 상승 척도 쌍을 보이는 사람들이 어느 정도의 불안과 우울 증상을 보고할 수도 있으나, 전형적으로는 심각한 정서적 동요를 경험하지는 않는다. 전반적인 기능을 완전히 상실하기보다는 효율이 상당히 저하된 상태에서 지속적으로 기능을 유지하는 경향이 있다.

13/31 상승 척도 쌍을 보이는 사람들이 호소하는 신체적 불편감은 두통, 흉통, 요통, 사지의 마비 혹은 경련 등이다. 또한 거식증, 구역질, 구토감, 비만 등의 섭식 문제를 보이는 경우가 흔하다. 그 밖에도 쇠약감, 피로감, 현기증, 수면 곤란 등의 신체적 불편감을 호소한다. 신

체증상은 스트레스를 받을 때 증가되며, 증상과 관련된 분명한 이차적 이득(secondary gain)이 있는 경우가 많다.

그들은 자신을 심리적으로 정상이고, 책임감 있고, 결함이 없는 사람이라고 묘사한다. 부인, 투사, 합리화 방어기제를 지나치게 구사하며, 자신이 겪는 곤란을 다른 사람의 탓으로 돌린다. 자신의 신체증상에 대한 의학적인 설명을 선호하며, 증상의 이면에 존재하는 심리적인 요인에 대한 통찰이 결여되어 있다. 자신이 처한 상황 및 세상사 일반에 대해서 지나치게 긍정적이고 낙관적인 견해를 드러내며, 자신의 증상이나 문제에 대해서 충분히 할 법한 수준의 걱정도 하지 않는다.

13/31 상승 척도 쌍을 보이는 사람들은 다소 미성숙하고, 자기중심적이고, 이기적이고, 연극적인 경향이 있다. 그들은 불안정하며, 남에게서 관심과 애정을 이끌고 동정을 받으려는 강한 욕구를 지니고 있다. 그들은 매우 의존적이지만 이런 의존성을 불편해하며, 이로 인해 갈등을 경험한다. 사교적이고 외향적임에도 불구하고, 대인관계에 깊이가 부족하고 피상적인 경향이 있으며, 다른 사람들과 진정한 정서적 교류를 맺지 못한다. 그들은 자신의 욕구를 채우기 위해서 사회적 관계를 이용하는 경향이 있다. 성적 또는 낭만적 파트너를 대하는 기술이 부족하며, 성적인 활동에 대한 관심이 거의 없다.

13/31 상승 척도 쌍을 보이는 사람들은 다른 사람, 특히 관심을 받고 싶은 욕구를 충족시켜 주지 않는다고 여겨지는 사람에게 분노감과 적대감을 품는다. 대부분의 경우, 자신의 부정적인 감정을 지나치게 통제하면서 이를 간접적이고 수동적인 방법으로 표현하지만, 간혹 이성을 잃고 화를 내기도 한다. 하지만 폭력적으로 표현하지는 않는다. 그들에게는 사회적으로 수용될 수 있는 방식으로 행동하는 것이 중요하기 때문이다. 다른 사람들에게 자신이 논리적이고 합리적인 사람이라는 점을 확인시키고 싶어 하며, 태도와 가치에 있어서 관습적이고 동조적인 양상을 보인다.

증상 이면의 심리적인 문제를 인정하지 않으려는 경향 때문에, 13/31 상승 척도 쌍을 보이는 사람들은 전통적인 심리치료에 대한 동기가 부족하다. 신체증상과 관련될 소지가 있는 심리적인 요인에 대해서 언급하는 것을 꺼리며, 치료자가 계속 이런 주제를 제기하면 치료를 조기에 종결할 가능성이 높다. 신체증상과 직접적인 관련이 있음을 암시하지 않는다면, 때로는 심리적인 요인에 대해서 논의하는 것이 가능할 때도 있다. 치료 장면에서, 치료자가 자신의 문제에 대한 분명한 답변과 해결책을 제시해 줄 것이라고 기대하며, 치료자가 이런 요구에 부응하지 않을 때는 치료를 종결할 수 있다. 13/31 상승 척도 쌍을 보이는 사람들은 피암시성이 강하기 때문에, 흔히 치료자가 제안하는 활동들을 시도해 보는 경우도 있다.

14/41

임상 장면에서는 자주 관찰되지 않으며, 여성보다 남성에서 더 흔하다. 14/41 상승 척도 쌍을 보이는 사람들은 극심한 신체증상을 호소하는 경우가 많은데, 특히 불특정적인 두통을 호소한다. 우유부단하고 불안해 보이기도 한다. 사회적으로 외향적이기는 하지만, 잠정적으로 성적 혹은 낭만적 관계를 형성할 수 있는 이성을 대하는 기술이 부족하다. 부모나 가족들에게 반항적이지만, 이런 감정을 직접적으로 표현하는 일은 드물다. 상당한 기간 동안 알코올을 지나치게 남용하는 문제를 보일 수 있으며, 음주로 인해 실직이나 가족 문제 등을 보인 경력도 있을 수 있다. 14/41 상승 척도 쌍을 보이는 사람들은 학교나 직장에서 동기가 부족하고 뚜렷한 목표가 없다. 삶에 대해서 불만족스러워하고 비관적이며, 대인관계에서 요구적이고 불평이 잦으며, 다른 사람들로부터 심술궂다는 말을 듣는다. 심리적인 문제를 부인하는 경향이 있어 전통적인 심리치료를 거부하는 편이다.

18/81

18/81 상승 척도 쌍을 보이는 사람들은 흔히 적대적 및 공격적 감정을 품고 있으나, 이런 감정을 조절되고 적응적인 방식으로는 표현하지 못한다. 따라서 감정의 표현을 거의 완전히 억제하여 억눌린 느낌을 경험하거나 혹은 지나치게 호전적이고 마찰을 일으키는 모습을 드러낸다.

18/81 상승 척도 쌍을 보이는 사람들은 사회적인 부적절감을 느끼는데, 특히 성적 혹은 낭만적 관계를 형성할 가능성이 있는 사람과 함께 있을 때 그렇다. 다른 사람들을 믿지 못하고, 남들과 거리를 두고 지내며, 전반적으로 고립되고 소외되어 있다고 느낀다. 방랑하며 떠도는 삶을 살거나 직업 경력이 부실한 경우가 흔하다.

18/81 상승 척도 쌍을 보이는 정신과 환자들은 흔히 조현병 진단을 받으며, 때로는 불안장애나 조현성 성격장애로 진단된다. 그들은 불행감과 우울감을 느끼는 편이며, 둔마한 정서상태를 보일 수 있다. 그들은 (두통과 불면증을 포함한) 신체적 불편감을 호소하며, 때로는 증상이 너무 심해서 망상적인 수준의 경계에까지 이르기도 한다. 또한 18/81 상승 척도 쌍을 보이는 사람들은 사고의 혼란을 겪기도 하며, 주의가 쉽게 산만해진다.

19/91

19/91 상승 척도 쌍을 보이는 사람들은 극심한 고통과 동요를 경험하고 있을 가능성이 높

다. 매우 불안하고, 긴장하며, 안절부절못한다. 소화기계통의 문제, 두통, 소진감 등의 신체적 불편감을 흔히 호소하며, 증상에 대한 심리학적인 설명을 받아들이지 않는다. 19/91 상승 척도 쌍을 보이는 사람들은 겉으로는 말을 잘하고, 외향적이고, 공격적이고, 호전적으로 보일 수 있다. 하지만 그들은 자기 성격의 이런 측면들을 부인하려고 하는 기본적으로 수동-의존적인 사람들이다.

19/91 상승 척도 쌍을 보이는 사람들은 흔히 상당한 야망을 지니고 있는 것처럼 보이기도 한다. 자신이 높은 수준의 성취를 이룰 것이라고 기대한다. 하지만 분명하고 명확한 목표가 결여되어 있다. 그들은 높은 수준의 성취를 이루지 못할 때 좌절한다. 뇌손상을 입은 뒤 자신의 한계와 결함에 대처하는 데 어려움을 겪는 사람들에게서 때때로 19/91 상승 척도 쌍이 관찰된다. 그러나 19/91 상승 척도 쌍이나 MMPI-2의 다른 어떤 자료도 뇌손상을 진단하는 데 사용되어서는 안 된다는 점을 명심해야 한다.

23/32

23/32 상승 척도 쌍을 보이는 사람들은 아무 일도 못 할 정도로 극심한 불안을 경험하지는 않는다. 그러나 신경이 날카롭고, 초조하고, 긴장하고, 걱정되는 느낌을 보고하며, 흔히 수면 곤란을 겪는다. 또한 슬픔, 불행감, 우울감을 보고하며, 자살 사고를 품고 있을 수도 있다. 피로감, 소진감, 쇠약감, 수면 문제 등이 자주 나타난다. 일상생활에 대한 흥미가 부족하고 잘 참여하지도 않으며, 어떤 일을 시작하는 것을 힘들어한다. 신체적 활동이 줄어들며, 대개 소화기계통의 신체적 불편감을 호소한다.

23/32 상승 척도 쌍을 보이는 사람들은 다소 수동적이고, 고분고분하고, 의존적이다. 자기 회의에 사로잡혀서 괴로워하며, 마음속에 부적절감, 불안정감, 무력감을 품고 있다. 그들은 다른 사람들로부터 도움을 유발해 내는 경향이 있다. 그렇지만, 23/32 상승 척도 쌍을 보이는 사람들은 성취, 지위, 권력에 상당한 관심을 보인다. 그들은 경쟁적이고, 근면하고, 추진력 있는 사람처럼 보일 수도 있다. 하지만 실패할 가능성이 있는 경쟁 상황에는 직접 뛰어들지 않는다. 더 많은 책임을 갖고 싶어 하면서도, 그 책임과 연관된 스트레스나 압박감을 두려워한다. 흔히 자신이 성취한 만큼의 충분한 인정을 받지 못하고 있다고 느끼며, 사소한 비난에도 쉽게 상처를 받는다.

23/32 상승 척도 쌍을 보이는 사람들은 감정을 지나치게 통제한다. 감정을 잘 표현하지 못하며, 억눌린 듯한 느낌을 받는다. 그들은 수용될 수 없는 충동을 부인하는 경향이 있으며, 부인 방어기제가 실패하면 불안감과 죄책감을 느낀다. 사회적 상황에서 부적절감을 느

끼며, 사회적 관계를 회피한다. 특히 잠정적으로 성적 혹은 낭만적 관계를 형성할 가능성이 있는 사람과 함께 있을 때 불편해하며, 성기능의 문제를 보이기도 한다.

23/32 상승 척도 쌍은 남성보다 여성에서 더 자주 관찰된다. 이 상승 척도 쌍은 수검자가 갑자기 심리적 증상을 겪기 시작했다기보다 상당한 시간 동안 효율성이 떨어진 채로 기능하고 있다는 것을 시사한다. 대개 오랫동안 지속되는 문제를 지니고 있는 경우가 많고, 상당한 수준의 불행감을 경험하면서도 그것을 감내하는 방법에 익숙한 사람들이다. 23/32 상승 척도 쌍을 보이는 정신과 환자들에게는 흔히 우울증 진단이 내려진다. 반사회적 성격장애 진단을 받는 경우는 거의 없다.

23/32 상승 척도 쌍을 보이는 사람들이 전통적인 심리치료를 통해서 호전될 가능성은 낮은 편이다. 자기의 내면을 살피지 않으며, 자신의 행동에 대한 통찰이 결여되어 있고, 자신의 문제에 대한 심리적인 설명을 거부하기 때문이다. 그들은 상당한 불행감을 감내하고 난 뒤에야 변화에 대한 동기를 갖게 된다.

24/42

24/42 상승 척도 쌍을 보이는 사람들은 대부분 가족과의 문제나 법적인 문제로 인해 곤란을 겪은 뒤에야 전문가를 찾아온다. 흔히 분노감, 적대감, 원한을 가슴에 품고 있는 것처럼 보이며, 비판적이고 논쟁적이며 신뢰하기 어려운 사람으로 여겨진다. 충동을 즉각적으로 만족시키기를 원하고, 만족을 지연시키지는 못한다. 사회적 기준을 경시하며, 때때로 사회의 가치에 정면으로 위배되는 행동을 한다. 그들의 일탈행동에는 알코올 남용이나 약물 남용이 포함될 수 있고, 흔히 약물 남용 때문에 구금, 실직, 가정 불화 문제를 겪기도 한다. 일부 정신과 환자들은 섭식장애를 경험한 적이 있다.

24/42 상승 척도 쌍을 보이는 사람들은 자신의 보잘것없는 성취 때문에 좌절감을 느끼며, 다른 사람이 자신에게 어떤 요구를 하면 몹시 싫어한다. 이러한 상황에서 무모한 행동을 한 뒤, 자신의 행동을 매우 후회하며 죄책감을 느끼는 모습을 보이기도 한다. 우울감, 불안감, 무가치감을 보고할 때도 있는데, 다른 사람들은 이런 표현의 진실성에 흔히 의문을 갖게 된다. 장차 달라지겠다는 결심에도 불구하고, 비슷한 행동을 다시 범할 가능성이 크다. 문헌들을 살펴보면, 척도 2와 척도 4가 함께 상승하는 경우에는 자살 사고를 지니고 있을 가능성과 자살을 시도할 가능성이 상당히 높다고 보고된다. 흔히 다른 사람들이 죄책감을 느끼게 하려고 자살을 시도하는 것으로 여겨진다.

현재 어떤 곤경에 처해 있는 경우가 아니라면, 24/42 상승 척도 쌍을 보이는 사람들은 활력이 넘치고, 사교적이고, 외향적인 사람으로 보일 수 있다. 호감이 가는 첫인상을 주지만, 타인을 조종하려는 경향이 있기 때문에 장기적인 관계에서는 타인의 분노를 유발해 낸다. 겉으로는 유능하고 편안한 사람처럼 보일 수 있지만, 그런 겉모습의 이면에는 내향적이고, 자의식이 강하고, 수동-의존적인 모습이 숨겨져 있다. 자신에 대한 부적절감과 불만족감을 품고 있으며 사회적 관계, 특히 잠정적으로 낭만적 혹은 성적인 관계를 형성할 가능성이 있는 사람과의 관계에서 불편감을 느낀다. 때로는 경직되어 있고 지나치게 주지화하는 사람으로 보이기도 한다.

24/42 상승 척도 쌍을 보이는 사람들 중에서 치료를 받으려고 하는 사람들은 우울증으로 진단되는 경우가 흔하며, 성격장애를 진단받는 경우도 흔하다. 도움을 호소하거나 변화하고 싶은 소망을 표현할 때도 있지만, 전통적인 심리치료의 예후는 좋지 않다. 상황적인 스트레스가 줄어들거나 지금 곤란을 겪고 있는 문제가 해결되면, 치료를 조기에 종결할 가능성이 높다. 계속해서 치료를 받는다고 해도, 별로 나아지지 않는 경우가 많다.

26/62

26/62 상승 척도 쌍의 특성에 관한 자료는 매우 적다. 26/62 상승 척도 쌍을 보이는 환자들은 의심, 불신, 분노, 적대감, 공격성 등을 특징으로 하는 뚜렷한 성격적인 문제를 지닌 사람들로 묘사되어 왔다. 또한 우울감과 피로감을 호소하며 건강 문제에 집착하는 사람들로 기술되곤 했다. 스트레스에 적절히 대처하지 못하며, 수면 곤란, 활력 감퇴, 무망감 등을 경험한다. 일부는 자살을 시도한 적이 있다.

27/72

27/72 상승 척도 쌍을 보이는 사람들은 불안하고, 초조하고, 팽팽하게 긴장된 모습을 드러낸다. 걱정을 지나치게 많이 하며, 실제의 및 가상의 위협에 매우 취약하다. 어떤 일이 발생하기도 전에 미리 염려하며, 사소한 스트레스에도 과도하게 반응한다. 흔히 강박사고와 강박행동을 보고한다. 신체증상을 호소하는 경우도 흔한데, 다소 모호한 양상의 피로감, 피곤함, 소진감 등을 보고한다. 불면증, 거식증, 폭식증 등을 호소하기도 한다. 27/72 상승 척도 쌍을 보이는 사람들은 흔히 임상적인 수준의 우울증을 지니고 있고, 우울 증상에는 슬픔, 체중 감소, 활력 감퇴, 사고의 지체, 자살 사고 등이 포함된다. 말하는 속도가 느리며, 머뭇거리고 주저한다. 세상사 일반에 대해서, 더 구체적으로는 자신이 지니고 있는 문제를 극복할 수

있는 가능성에 대해서 비관적이고 희망이 없다고 여긴다. 자신의 문제에 대한 깊은 생각에 빠져 골몰하고 반추하면서 대부분의 시간을 보낸다.

27/72 상승 척도 쌍을 보이는 사람들은 미성숙하며, 성취하고 싶은 욕구 및 성취를 통해 인정받고 싶은 강한 욕구를 지니고 있다. 자신에게 상당히 많은 것을 기대하며, 목표를 달성하지 못하고 실패하면 죄책감을 느낀다. 그들은 우유부단하며, 마음속에 부적절감, 불안정감, 열등감을 품고 있다. 자기 스스로를 처벌하는 사람들이며, 일상생활에서 어떤 문제가 생기면 자신을 비난한다. 27/72 상승 척도 쌍을 보이는 사람들의 사고방식과 문제 해결 양상은 경직되어 있으며, 일상생활에서 매우 꼼꼼하고 완벽주의적인 모습을 보인다. 또한 매우 종교적이며 지나치게 도덕적인 모습을 보일 수 있다.

27/72 상승 척도 쌍을 보이는 사람들은 다른 사람들과의 관계에서 고분고분하고 수동-의존적이다. 사실상, 적절한 수준의 자기주장을 하는 것도 매우 힘들어한다. 다른 사람들과 깊은 정서적 유대관계를 맺을 수 있는 능력을 가지고 있지만, 스트레스를 받으면 남에게 너무 매달리거나 의존하는 모습을 보인다. 이렇게 타인에게서 도움이나 보살핌을 잘 이끌어 내는 경향이 있다.

27/72 상승 척도 쌍을 보이는 정신과 환자들은 흔히 불안장애, 우울장애, 강박장애 진단을 받는다. 반사회적 성격장애 진단을 받는 경우는 드물다. 심한 불편감을 경험하고 있기 때문에, 심리치료를 받으려는 동기가 강하다. 다른 환자들에 비해서 더 오랫동안 심리치료 장면에 머무는 경향이 있으며, 느리지만 꾸준한 진전을 기대할 수 있다.

28/82

28/82 상승 척도 쌍을 보이는 사람들은 흔히 불안하고, 초조하고, 긴장하고, 안달하는 느낌을 보고한다. 수면 곤란, 주의집중 곤란, 혼란한 사고, 건망증 등도 28/82 상승 척도 쌍을 보이는 사람들의 특징이다. 자신이 맡은 일을 효율적으로 완수하지 못하고, 사고방식과 문제 해결의 양상이 독창적이지 못하다. 자신을 몸이 아픈 사람이라고 표현하는 경향이 있으며, 현기증, 일시적 의식 상실, 과식, 구역질, 구토감 등의 신체적 불편감을 호소한다. 이런 문제에 대한 심리적인 해석을 거부하며, 변화에 저항한다. 자신의 문제가 그리 심각하지 않다고 과소평가하며, 자신의 능력을 비현실적으로 평가하는 경향이 있다.

28/82 상승 척도 쌍을 보이는 사람들은 기본적으로 의존적이고, 비효율적이며, 자기주장을 못 한다. 쉽게 화를 내고, 대부분의 시간 동안 분노를 품고 지내며, 통제력을 상실할까 봐 두려워하고, 자신의 생각과 감정을 직접적으로 표현하지 않는다. 그들은 바람직하지 않은

충동을 부인하려고 시도하며, 부정적인 감정을 표출했던 기간을 기억하지 못하는 인지적 해리 증상을 보일 수도 있다. 그리고 이런 일이 있었다는 것을 알게 되면, 죄책감과 우울감에 시달린다. 28/82 상승 척도 쌍을 보이는 사람들은 타인의 반응에 예민하며, 타인의 동기를 의심한다. 과거에 정서적으로 상처받았던 사람일 수 있고, 다시 그런 상처를 받을까 봐 두려워한다. 친밀한 대인관계를 회피하며, 다른 사람들과 정서적으로 거리를 둔다. 이렇듯 타인과 의미 있는 관계를 맺지 못하기 때문에, 절망감과 무가치감은 증폭된다.

만약 척도 2와 척도 8이 동시에 매우 상승한다면, 28/82 상승 척도 쌍은 심각하고 만성적인 정신병리를 시사한다. 이런 경우, 정신과 환자들에게 가장 흔하게 내려지는 진단은 양극성장애와 조현정동장애이다. 외상후 스트레스 장애로 진단받은 사람들에게서도 흔히 관찰된다. 28/82 상승 척도 쌍을 보이는 사람들은 죄책감에 시달리거나 임상적인 수준의 우울증을 겪고 있을 수도 있다. 사회적 위축, 둔마한 정서, 유약한 언어, 빈약한 언어, 인지적 지체, 눈물을 자주 흘리는 일도 흔하다. 28/82 상승 척도 쌍을 보이는 정신과 환자들은 자살 사고에 몰두할 수 있으며, 스스로 목숨을 끊으려는 구체적인 계획도 가지고 있을 수 있다.

29/92

29/92 상승 척도 쌍을 보이는 사람들은 자기중심적이고 자기도취적인 경향이 있다. 그들은 자신의 가치에 대해서 곰곰이 반추하는 일을 너무 많이 한다. 높은 수준의 성취를 이루는 것에 대한 관심을 표현하기도 하지만, 흔히 실패를 자초하는 것처럼 보이기도 한다. 젊은 사람이 29/92 상승 척도 쌍을 보일 경우, 이것은 개인적·직업적 방향 설정의 부족과 관련되는 정체감의 위기를 시사할 수 있다.

29/92 상승 척도 쌍을 보이는 사람들은 긴장감과 불안감을 보고하며, 위장 상부 근처에 집중된 신체적 불편감을 흔히 호소한다. 검사를 실시할 당시에는 임상적인 수준의 우울증을 겪지 않는 것처럼 보일 수 있지만, 과거력을 조사하면 심각한 우울증을 겪었던 적이 있는 경우가 많다. 스트레스나 압박감에서 벗어나기 위해서 지나치게 술을 마시기도 한다.

29/92 상승 척도 쌍은 주로 내면의 부적절감과 무가치감을 부인하는 사람들에게서 관찰되며, 과도한 활동을 통해서 우울감을 방어하려고 시도하는 사람들에게서 나타난다. 활동이 증가되는 기간과 피로에 빠져드는 기간이 교차해서 나타날 수 있다. 29/92 상승 척도 쌍을 보이는 정신과 환자들은 흔히 양극성장애를 진단받는다. 하지만 정서를 통제하지 못하는 뇌손상 환자 혹은 과도한 활동을 통해 결함에 대처하려고 시도하는 뇌손상 환자들도 때때로 이런 모습을 보인다. 그러나 29/92 상승 척도 쌍이나 MMPI-2의 다른 어떤 자료도 뇌손상을

진단하는 데 사용되어서는 안 된다는 점을 명심해야 한다.

34/43

34/43 상승 척도 쌍을 보이는 사람들의 가장 두드러진 특징은 만성적이고 강렬한 분노이다. 적대적이고 공격적인 충동을 품고 있지만, 그런 부정적인 감정을 적절한 방식으로는 표현하지 못한다. 만약 척도 3이 척도 4보다 유의미하게 높다면, 분노를 수동적이고 간접적으로 표현할 가능성이 크다. 만약 척도 4가 척도 3보다 유의미하게 높다면, 전반적으로 감정을 지나치게 통제하다가도 어느 순간에 공격적으로 분출하는 짧은 삽화를 보일 수 있다. 34/43 상승 척도 쌍을 보이는 수감자들은 폭력을 동반한 범죄를 저지른 경력을 지니고 있다. 몇몇 드문 경우, 34/43 상승 척도 쌍을 보이는 사람들은 공격적인 행동을 과도하게 표출했던 시기를 해리시키기도 한다. 34/43 상승 척도 쌍을 보이는 사람들은 자신의 행동의 원인과 결과를 통찰하지 못한다. 곤란을 겪으면 자신이 아닌 타인을 과도하게 비난하고 책망하는 경향이 있다. 타인의 눈에는 34/43 상승 척도 쌍을 보이는 사람들의 행동에 문제가 있는 것으로 보이지만, 정작 그들의 눈에는 그렇게 보이지 않는다.

　34/43 상승 척도 쌍을 보이는 사람들은 아무것도 못 할 정도의 불안이나 우울을 경험하지는 않는다. 하지만 그들도 두통, 위장 상부의 불편감, 신체적 불편감을 보고할 수 있다. 때때로 심리적인 동요를 느끼지만, 그것이 외부적 스트레스와 직접적으로 연관 있어 보이지는 않는다. 알코올이나 다른 약물을 지나치게 남용한 경력을 지니고 있을 수 있다.

　34/43 상승 척도 쌍을 보이는 사람들이 겪는 곤란은 대부분 가족에 대한 깊고 만성적인 적대감에서 비롯된다. 타인으로부터 관심과 인정받기를 간절히 원하면서도, 남들에게는 냉소적이고 의심을 품는다. 거절당하는 것에 예민하며, 비난을 받으면 적대감을 드러낸다. 겉으로는 사회적으로 순응적인 사람처럼 보일 수 있지만, 속으로는 매우 반항적이다. 성적인 부적응을 겪을 수 있으며, 흔히 결혼생활이 불안정하거나 성적으로 방종한 모습을 보인다. 34/43 상승 척도 쌍을 보이는 사람들은 자살 사고를 품거나 자살 시도를 할 수 있는데, 특히 지나친 음주나 폭발적인 행동을 한 뒤에 나타나기 쉽다. 성격장애, 특히 수동-공격성 성격장애 진단이 34/43 상승 척도 쌍과 흔히 관련되며, 물질 관련 장애 진단도 내려질 수 있다.

36/63

36/63 상승 척도 쌍을 보이는 사람들은 상당한 수준의 긴장감과 불안감을 보고하며, 두통이

나 소화기계통의 신체적 불편감을 호소한다. 하지만 이런 문제들이 급성으로 생겨났거나 아무 일도 못 할 정도로 심각하지는 않아 보인다. 그들이 겪는 곤란은 대부분 가족에 대한 깊고 만성적인 적대감에서 비롯된다. 이런 감정을 직접적으로 표현하지는 못하며, 대부분의 시간 동안 자신의 적대적인 감정을 인식하지 못하는 경우도 많다. 자신이 분노하고 있다는 것을 인식하게 되면, 타인의 행동을 탓하는 방식으로 자신의 분노를 정당화하려고 한다. 일반적으로 36/63 상승 척도 쌍을 보이는 사람들은 반항적이고, 비협조적이며, 어울리기 힘든 사람들이다. 타인에 대한 경미한 수준의 의심이나 분노를 겉으로 표현할 수 있으며, 매우 자기중심적이고 자기도취적이다. 자신에게 심각한 심리적 문제가 있다는 것을 부인하며, 세상에 대해서 지나치게 낙관적이고 순진한 태도를 드러낸다.

38/83

38/83 상승 척도 쌍을 보이는 사람들은 상당한 심리적 동요를 경험하고 있는 상태로 보인다. 불안하고, 초조하고, 긴장되는 느낌을 보고한다. 또한 두려움과 걱정에 휩싸여 있을 수 있으며, 공포증을 지니고 있을 수 있다. 38/83 상승 척도 쌍을 보이는 사람들은 흔히 우울감과 무망감을 드러내며, 사소한 문제를 결정하는 것도 어려워한다. 다양한 종류의 신체적 불편감(예 : 소화기계통 및 근골격계통 불편감, 현기증, 시야혼탁, 가슴과 성기의 통증, 두통, 불면증)을 호소하기도 한다. 38/83 상승 척도 쌍을 보이는 사람들은 자신의 불편감이나 곤란한 점을 호소할 때 의미를 파악하기가 어려운 모호한 방식으로 말하는 경향이 있다.

38/83 상승 척도 쌍을 보이는 사람들은 다분히 미성숙하고, 의존적이며, 관심과 애정을 받고 싶은 욕구가 강하다. 일상생활에 적극적으로 관여하지 않으며, 감정이 무디고 비관적이다. 그들은 문제를 해결해야 할 때 독창적이지 못하고 상투적인 방식으로 접근한다.

38/83 상승 척도 쌍은 사고장애의 가능성을 시사하는데, 특히 두 척도 모두 매우 상승했을 때 그렇다. 생각이 명료하지 않고, 주의집중이 곤란하며, 기억력의 저하를 호소할 수 있다. 흔히 기이한 생각 혹은 관습에서 벗어난 생각을 표현하며, 연상의 과정이 이완되어 있다. 강박적인 반추사고, 명백한 망상 혹은 환각, 부적절하고 지리멸렬한 언어 등의 증상을 보일 수 있다. 38/83 상승 척도 쌍을 보이는 정신과 환자들에게 가장 흔한 진단은 조현병이며, 신체증상장애를 진단받기도 한다. 통찰 지향적인 심리치료를 통해서는 별로 호전되지 않으나, 지지적인 치료관계는 환자들에게 보통 도움이 된다.

46/64

46/64 상승 척도 쌍을 보이는 사람들은 미성숙하고, 자기도취적이고, 제멋대로 행동하는 방종한 모습을 보인다. 타인에게는 관심과 동정을 지나치게 요구하면서도 그들이 자신에게 사소한 것이라도 요구하면 몹시 싫어하는 수동-의존적인 사람들이다. 46/64 상승 척도 쌍을 보이는 여성들은 전통적인 여성 역할에 너무 동일시하는 것처럼 보이며, 남성에게 매우 의존적일 수 있다. 46/64 상승 척도 쌍을 보이는 남성과 여성은 사회적인 상황에서 다른 사람들과 잘 어울리지 못하며, 특히 잠정적으로 성적 혹은 낭만적 관계를 형성할 가능성이 있는 사람과 함께 있을 때 불편해한다. 타인의 동기를 의심하고, 자신이 상당히 힘들게 살고 있다고 느끼며, 깊은 정서적 관계를 맺으려고 하지 않는다. 흔히 직장생활이 별로 좋지 않았던 경험이 있으며, 결혼생활의 문제를 보이는 경우도 상당하다. 억압된 적대감과 분노는 46/64 상승 척도 쌍을 보이는 사람들의 특징이다. 비아냥거리고, 쉽게 화를 내고, 심기가 불편하고, 논쟁적이며, 미움을 받는 사람으로 보일 수 있다. 특히 권위자를 몹시 싫어하며 권위적인 인물의 평판을 훼손한다.

46/64 상승 척도 쌍을 보이는 사람들은 자신에게 심각한 심리 문제가 있다는 것을 인정하지 않는다. 자기를 합리화하고, 다른 사람들, 특히 가족에게 책임을 전가하며, 자신의 행동에 대해 거의 혹은 전혀 책임지지 않으려고 한다. 자기 평가는 다소 비현실적이고 과장되어 있다. 자신에게 정서적으로 심각한 문제가 있다는 것을 부인하기 때문에, 일반적으로 전통적인 상담이나 심리치료를 받지 않으려고 한다.

46/64 상승 척도 쌍을 보이는 정신과 환자들은 흔히 조현병이나 성격장애, 특히 수동-공격성 성격장애를 진단받는다. 일반적으로, 척도 4와 척도 6이 매우 상승할수록 그리고 척도 6이 척도 4보다 더 높을수록 정신병적인 장애를 겪고 있는 경우가 많다. 정신과 환자라면, 흔히 알코올을 남용하거나 법적인 문제를 일으킨 적이 있다. 46/64 상승 척도 쌍을 보이는 사람들이 호소하는 정서적 및 신체적 불편감은 모호하다. 신경이 예민해지고 우울한 느낌을 보고하며, 우유부단하고 불안정하다. 천식, 열감, 고혈압, 두통, 의식 상실, 흉통 등의 신체 증상을 호소하기도 한다.

47/74

47/74 상승 척도 쌍을 보이는 사람들은 자신의 행동이 초래할 결과에 무관심하고 신경을 쓰지 않는 기간과 그 행동이 남들에게 미칠 영향을 지나치게 걱정하는 기간을 번갈아 보일 수

있다. 지나친 음주나 성적으로 방종한 행동을 포함하는 과도한 행동의 시기가 지난 다음, 일시적으로 죄책감을 느끼며 자기를 비난하는 시기가 뒤따른다. 하지만 그렇게 후회한다고 해서 이후에 과도한 행동을 억제하는 것은 아니다. 47/74 상승 척도 쌍을 보이는 사람들은 두통이나 위장통 등의 모호한 신체적 고통을 호소한다. 긴장감, 피로감, 소진감 등을 보고하기도 한다. 자신의 가치를 거의 항상 다른 사람들을 통해서 확인하려고 하는 다분히 의존적이고 불안정한 사람들이다. 47/74 상승 척도 쌍을 보이는 사람들에게는 흔히 성격장애, 특히 수동-공격성 성격장애 진단이 내려진다. 심리치료 장면에서 지지와 위안을 받으면 증상이 완화되는 경향이 있지만, 성격의 장기적인 변화를 기대하기는 어렵다.

48/84

48/84 상승 척도 쌍을 보이는 사람들은 주어진 환경에 잘 적응하지 못하는 것처럼 보인다. 타인의 입장에서 그들은 기이하고, 특이하고, 괴상한 사람으로 여겨진다. 권위자에게 동조하지 않고 적개심을 보이며, 종교적으로 혹은 정치적으로 급진적인 견해를 지니기도 한다. 그들의 행동은 유별나고 예측할 수 없으며, 충동을 통제하는 데 심각한 문제가 있다. 그들은 실수를 통해서 어떤 교훈도 얻지 못하는 것으로 보인다. 쉽게 화를 내고 분노를 표현하며, 비사회적으로 혹은 반사회적으로 행동한다. 48/84 상승 척도 쌍을 보이는 사람들이 범죄에 연루될 때는 포악하고 폭력적인 범죄를 저지르는 편이며, 흔히 무분별하고 계획성 없는 범죄를 엉성하게 범하는 경향이 있다. 매춘, 성적인 방종, 성적인 일탈행동을 보이는 경우도 꽤 흔하다. 이 상승 척도 쌍은 남성 강간범에게서 가장 흔하게 관찰되는 것이다. 지나치게 술을 마시거나 약물(특히 환각제)을 남용하는 문제도 보일 수 있다. 48/84 상승 척도 쌍을 보이는 사람들의 과거력을 살펴보면 일반적으로 저조한 성취, 고르지 못한 수행, 최저 수준에 가까운 적응, 무책임성 등이 나타난다.

48/84 상승 척도 쌍을 보이는 사람들은 깊은 불안정감을 지니고 있으며, 관심과 애정을 받으려는 욕구가 상당히 크다. 자기개념은 부정적이고 취약하며, 마치 거절과 실패를 자초하는 것처럼 보인다. 한동안 동요되고 우울해질 수 있으며, 자살 사고에 강박적으로 몰두하기도 한다. 48/84 상승 척도 쌍을 보이는 사람들은 다른 사람을 거의 믿지 못하며, 친밀한 인간관계를 회피한다. 누군가와 관계를 맺게 되더라도 상대방을 공감하지 못하며, 자신의 욕구를 충족시키기 위해 다른 사람들을 조종하려고 한다. 기본적인 사회적 기술이 결여되어 있으며, 사회적으로 위축되고 고립되기 쉽다. 세상을 위협적이고 거부하는 곳으로 지각하기 때문에, 위축되는 반응을 보이거나 혹은 상처를 입지 않으려고 분노를 터뜨리며 먼저 공격

하는 반응을 보인다. 자신의 행동을 책임지지 않으려고 하며, 자기합리화를 너무 많이 하고, 자신이 겪는 고통을 다른 사람의 탓으로 돌린다. 48/84 상승 척도 쌍을 보이는 사람들은 자신의 남성성 혹은 여성성에 대해서 심히 염려할 수도 있다. 정신과 환자들의 경우, 다른 환자들에 비해서 과거에 성적으로 학대당했을 가능성이 높다. 성적인 생각에 강박적으로 집착할수 있지만, 실제로 성적인 장면에서는 적절하게 수행하지 못할까 봐 두려워한다. 이러한 부적절감에 대처하기 위한 방편으로서 공상이나 반사회적인 성적 행동에 지나치게 빠져들 수있다.

48/84 상승 척도 쌍을 보이는 정신과 환자들은 조현병이나 성격장애 진단을 많이 받는다. 만약 척도 4와 척도 8이 매우 상승한다면, 그리고 특히 척도 8이 척도 4보다 훨씬 높다면, 정신병적 장애 및 환각, 기이한 사고, 편집증적 의심 등의 기태적인 증상을 보일 가능성이 높아진다.

49/94

49/94 상승 척도 쌍을 보이는 사람들의 가장 두드러진 특징은 사회적인 기준이나 가치를 매우 심하게 무시하는 것이다. 반사회적인 행동으로 인해서 권위적인 인물들과 자주 마찰을 빚는다. 양심이 제대로 발달되지 않았으며, 도덕성이 낮고, 제멋대로인 윤리관을 지니고 있다. 알코올 남용, 폭행, 부부 문제, 성적으로 지나친 행동, 다양한 일탈행동 등의 문제에 연루될 수 있다. 이 상승 척도 쌍은 알코올이나 다른 약물을 남용하는 사람들에게서 흔하게 관찰되는 것이다.

49/94 상승 척도 쌍을 보이는 사람들은 자기도취적이고, 이기적이고, 제멋대로 방종한 행동을 보인다. 매우 충동적이고, 충동의 만족을 지연시키지 못한다. 판단력이 떨어지고, 흔히 자신의 행동이 초래할 결과를 고려하지 않은 채 행동해 버리며, 경험을 통해서 무언가를 배우지 못한다. 자신의 행동을 책임지려고 하지 않으며, 자신의 실패나 단점을 합리화하고, 문제가 생기면 다른 사람을 탓하며 비난한다. 좌절을 잘 감내하지 못하며, 변덕스럽고, 화를 잘 내고, 비꼬는 말투로 이야기한다. 강한 분노와 적대감을 품고 있으며, 이런 감정들이 때때로 강렬한 정서적 폭발로 표출된다.

49/94 상승 척도 쌍을 보이는 사람들은 야망과 활력이 있는 편이며, 안절부절못하고 과잉활동적이다. 그들은 정서적인 자극과 흥분을 추구한다. 사회적 상황에서 억제를 못하고, 외향적이며, 수다스럽고, 호의적인 첫인상을 준다. 하지만 자기중심성 및 타인에 대한 불신으로 인해 인간관계가 피상적으로 흐르기 쉽고, 특히 서로 주고받는 보상적인 관계를 맺지 못

한다. 깊은 정서적 유대관계를 형성하지 못하며, 타인과 정서적인 거리를 유지한다. 49/94 상승 척도 쌍을 보이는 사람들은 외견상으로는 자신감과 안정감이 있어 보이지만, 그 이면에는 미성숙하고, 불안정하고, 의존적인 측면을 부인하려고 애쓰는 모습이 숨겨져 있다. 49/94 상승 척도 쌍을 보이는 정신과 환자들 중에는 때로 편집증 혹은 양극성장애로 진단되는 경우도 있지만, 반사회적 성격장애로 진단되는 경우가 흔하다.

68/86

68/86 상승 척도 쌍을 보이는 사람들은 강한 열등감과 불안정감을 품고 있다. 그들은 자신감과 자존감이 부족하며, 실패라고 생각되는 것에 대해서 죄책감을 느낀다. 흔히 불안감, 우울감, 일상생활의 위축, 정서적 무감동을 보인다. 무망감, 비관주의, 자살 사고 등도 나타날 수 있다.

　68/86 상승 척도 쌍을 보이는 사람들은 타인과 정서적인 관계를 맺지 않으며, 과거에도 친구가 매우 적거나 없었다. 타인을 의심하고 불신하며, 깊은 정서적 유대관계를 회피한다. 사회적 기술에 심각한 결함이 있으며, 혼자 있을 때 가장 편안하다고 느낀다. 남들이 자신에게 무언가를 요구하는 것을 몹시 싫어한다. 타인의 입장에서, 이들은 변덕스럽고, 성마르고, 불친절하고, 부정적인 사람으로 여겨진다. 남에게 좋은 첫인상을 주지 못하며, 기이하고 이상한 사람으로 여겨진다. 열심히 일하지도 않고, 성취동기도 강하지 않다. 일반적으로 그들의 생활방식은 고립적이다.

　68/86 상승 척도 쌍을 보이는 사람들은 흔히 편집성 혹은 조현성 성격장애를 진단받는다. 정신과 환자들의 경우, 흔히 편집형 조현병을 진단받으며, 특히 척도 6과 척도 8이 척도 7보다 상당히 높을 때 그러하다. 68/86 상승 척도 쌍을 보이는 사람들은 분명한 정신병적 행동을 드러낸다. 그들의 사고는 자폐적이고 단편적이며, 사고의 이탈과 우원증을 보이고, 사고의 내용은 기태적이다. 주의집중 곤란, 기억력 결함, 판단력 손상을 보이는 경우가 흔하다. 피해망상, 과대망상, 환각 등을 보일 수 있으며, 비현실감을 보고하기도 한다.

　68/86 상승 척도 쌍을 보이는 사람들은 생활의 특정적이고 구체적인 측면은 무시한 채, 흔히 추상적이거나 이론적인 문제에 매달린다. 둔마한 정서를 보이며, 말이 빠르고 때로는 두서없이 지리멸렬하다. 방어를 효과적으로 구사하지 못하는 것으로 보이며, 스트레스나 압력을 받으면 현실에서 도피하여 공상이나 백일몽으로 빠져드는 모습을 보인다. 68/86 상승 척도 쌍을 보이는 사람들은 흔히 현실과 공상을 구분하지 못한다. 항정신병 약물 처방이 적절한지 판단하기 위해 의학적인 자문을 구할 필요가 있다.

69/96

69/96 상승 척도 쌍을 보이는 사람들은 다분히 의존적이며, 사랑을 받으려는 욕구가 강하다. 실제의 혹은 가상의 위협에 취약하며, 대부분의 시간 동안 불안해하고 긴장한다. 더욱이, 눈물을 자주 흘리며 떨고 있는 모습을 보이기도 한다. 사소한 스트레스에도 과도한 반응을 보이는 것 또한 69/96 상승 척도 쌍을 보이는 사람들의 특징이다. 심각한 스트레스를 받으면, 전형적으로 공상으로 도피하는 모습을 보인다. 69/96 상승 척도 쌍을 보이는 사람들은 감정을 적응적이고 조절된 방식으로 표현하지 못하며, 감정을 지나치게 통제하는 모습과 감정을 직접적이고 통제되지 않은 방식으로 폭발시키는 모습을 번갈아 보이기도 한다.

69/96 상승 척도 쌍을 보이는 정신과 환자들은 흔히 조현병을 진단받으며, 특히 두 척도의 점수가 매우 상승했을 때는 사고장애 양상을 보일 가능성이 크다. 사고 및 주의집중의 곤란을 호소하며, 사고의 흐름이 지체되기도 한다. 그들은 반추적이고, 생각이 너무 많으며, 강박적이다. 망상과 환각을 보이기도 하며, 두서가 없고 지리멸렬한 방식으로 이야기한다. 지남력을 상실한 채 혼란스러워하는 것처럼 보이며, 판단력의 손상을 보이기도 한다.

78/87

78/87 상승 척도 쌍을 보이는 사람들은 전형적으로 상당히 혼란스러운 정서적 동요상태에 처해 있다. 자신에게 심리적인 문제가 있다는 점을 쉽게 인정하며, 편안한 상태를 유지하는 데 필요한 적절한 방어를 구사하지 못하는 것처럼 보인다. 우울하고 비관적인 느낌을 보고하며, 자살 사고를 경험하기도 한다. 또한 걱정이 많고, 긴장되어 있고, 불안한 모습을 보이며, 건강 문제에 집착한다. 처음 전문가를 찾아올 때, 혼란된 상태이거나 공황상태인 것처럼 보일 수 있다. 판단력이 손상되어 있으며, 경험으로부터 배우지 못한다. 내성적이고, 반추적이며, 생각이 너무 많다.

78/87 상승 척도 쌍을 보이는 사람들은 만성적인 불안정감, 부적절감, 열등감을 품고 있으며, 우유부단하다. 다른 사람들과 어울리는 사회적 경험이 평균 수준보다 부족하고, 사회적 장면에서 침착하지 못하고 자신감 없는 모습을 보이며, 사회적 관계로부터 위축되고 고립된다. 대인관계에서 주도적인 역할을 취하지 못하는 수동-의존적인 사람들이다. 78/87 상승 척도 쌍을 보이는 사람들은 특히 성숙한 이성관계를 맺는 것이 힘들다. 흔히 부적절감에 사로잡히며, 성적인 수행도 좋지 않다. 이러한 결함을 보완하기 위한 시도로서 여러 가지 성적인 공상에 몰두하기도 한다.

78/87 상승 척도 쌍을 보이는 사람들은 조현병, 우울장애, 강박장애, 외상후 스트레스 장애, 성격장애 등의 진단을 받을 수 있다. 가장 흔한 성격장애는 조현성 성격장애이다. 정신병적 장애와 비정신병적 장애를 감별하는 데는 척도 7과 척도 8의 상대적인 상승 정도를 고려하는 것이 중요하다. 척도 8이 척도 7보다 훨씬 더 높을수록, 정신병적 장애를 지니고 있을 가능성이 더 커진다. 하지만 78/87 상승 척도 쌍을 보이는 사람에게 어떤 정신병적 진단이 내려진다고 해도, 분명한 정신병적 증상은 존재하지 않을 수도 있다.

89/98

89/98 상승 척도 쌍을 보이는 사람들은 다른 사람들에게 다분히 자기중심적이고 유아적인 기대를 한다. 자신에게 많은 관심을 보여 줄 것을 요구하며, 이런 요구가 충족되지 않으면 화를 내면서 적대적으로 행동한다. 타인과의 정서적 관계형성을 두려워하기 때문에, 친밀한 관계를 회피하며 사회적으로 위축되고 고립된다. 특히 이성과의 관계를 불편해하며, 성적인 적응이 곤란한 경우가 흔하다.

89/98 상승 척도 쌍을 보이는 사람들은 과잉활동적이고 정서적으로 불안정하다. 그들은 동요되고 흥분된 상태인 것처럼 보이며, 지나치게 큰 목소리로 말하기도 한다. 자기 평가는 비현실적으로 과장되어 있으며, 타인에게는 웅대하고, 허풍스러우며, 변덕스러운 사람이라는 인상을 준다. 자신이 겪고 있는 곤란에 대해서 말할 때, 모호하고 애매하게 이야기하며 그것을 부인하려고 한다. 자신에게는 전문적인 도움이 필요하지 않다고 말하기도 한다.

89/98 상승 척도 쌍을 보이는 사람들은 성취 욕구가 강하고 성취에 대한 압박감을 느끼지만, 실제 수행은 기껏해야 평범한 수준인 경우가 많다. 열등감과 부적절감을 느끼며 자존감이 낮기 때문에, 경쟁적인 상황이나 성취 지향적인 상황에 선뜻 나서지 못한다. 지나친 공상이나 백일몽에 몰두한다.

89/98 상승 척도 쌍은 심각한 심리적 장애를 시사하며, 특히 척도 8과 척도 9가 매우 상승할 때 그렇다. 89/98 상승 척도 쌍을 보이는 사람들에게는 조현병 진단이 가장 흔하게 내려지며, 심각한 사고장애가 분명히 드러나기도 한다. 89/98 상승 척도 쌍을 보이는 사람들은 혼란감과 당혹감을 느끼며, 지남력이 상실되어 있고, 비현실감을 보고하기도 한다. 사고와 주의집중의 곤란을 보이며, 내면적 경험에 집착한다. 그들의 사고는 기이하고, 유별나고, 우원적인 모습을 보이기도 한다. 언어는 와해되어 보이고, 음향연상, 신조어, 반향언어를 보이기도 한다. 또한 망상과 환각을 보일 수 있다.

3개의 척도로 구성된 상승 척도 쌍의 해석지침

이번 장의 앞부분에서 언급한 바와 같이, 3개의 척도로 구성된 상승 척도 쌍은 그 3개의 임상 척도가 프로파일에서 가장 높은 점수를 얻은 척도들임을 의미한다. 3개의 척도로 구성된 상승 척도 쌍에 대한 연구는 2개의 척도로 구성된 상승 척도 쌍에 대한 연구에 비해 숫자가 훨씬 적다. 여기서 소개하는 3개의 척도로 구성된 상승 척도 쌍들은 다양한 임상 장면에서 빈번하게 관찰되는 것들이며, 경험적인 자료를 어느 정도 확인할 수 있는 것들이다. 이 상승 척도 쌍들은 3개의 임상 척도를 동시에 고려했기 때문에 더욱 동질적인 양상을 보이며, 따라서 특정한 상승 척도 쌍에 대한 설명들은 그런 상승 척도 쌍을 보이는 많은 사람들에게 더 잘 부합할 수 있다. 하지만 상승 척도 쌍에 대한 설명들은 그런 상승 척도 쌍을 보이는 사람들의 가장 전형적인 양상을 의미한다는 점을 다시 한번 강조한다. 특정한 상승 척도 쌍에 대한 모든 설명들이 그런 상승 척도 쌍을 보이는 모든 사람들에게 반드시 적용되는 것은 아니다.

2개의 척도로 구성된 상승 척도 쌍과 달리, 3개의 척도로 구성된 상승 척도 쌍은 서로 호환되지 않는다. 예컨대, 123/213/231 상승 척도 쌍과 132/321 상승 척도 쌍이 동일한 요소로 이루어져 있지만, 이들은 서로 다른 특성과 문제를 지니고 있을 가능성이 크다. 123/213/231 상승 척도 쌍은 일반적인 신체적 불편감과 관련이 있고, 132/321 상승 척도 쌍은 전환 증상과 관련이 있다. 따라서 3개의 척도로 구성된 상승 척도 쌍을 해석할 때는, 어떤 척도가 포함되었는지와 얼마나 잘 정의되었는지뿐만 아니라 그것을 구성하는 척도들의 순서까지 고려해야 한다.

123/213/231

이런 상승 척도 쌍을 보이는 사람들은 일반적으로 신체증상장애, 불안장애, 우울증을 진단받는다. 그들은 흔히 신체적 불편감, 특히 소화기계통과 관련된 불편감을 호소하며, 증상으로 인해서 명백한 이차적 이득을 얻는 경우가 많다. 이런 상승 척도 쌍을 보이는 사람들은 흔히 우울 증상을 드러내며, 수면 곤란, 당혹감, 낙심, 무망감, 비관주의 등의 징후를 보인다. 그들에게는 삶이 긴장의 연속처럼 느껴지며, 이에 대처하기 위해서 알코올이나 약물을 남용하기도 한다. 그들은 의존성과 자기주장 사이에서 갈등을 겪는 것처럼 보이며, 흔히 다른 사람들과 정서적으로 거리를 두며 지낸다. 그들은 피로감을 느끼며, 활력 수준이 낮고, 성적인 욕구도 적은 편이다. 그들은 직장생활이나 부부생활에 상대적으로 잘 적응하고 있을 수 있지만 성취 지향적인 사람은 아니며, 생활 속에서 위험을 무릅쓰고 어떤 일을 시도해 보려고 하지 않는다.

132/312

이 상승 척도 쌍에서는 척도 1과 척도 3의 점수가 척도 2보다 유의미하게 높은데, 이를 가리켜 '전환 V'라고 부른다. 이런 상승 척도 쌍을 보이는 사람들은 고전적인 전환 증상을 드러낼 수 있으며, 흔히 전환장애, (통증을 동반한 또는 통증을 동반하지 않은) 신체증상장애를 진단받는다. 이들은 스트레스가 가중되면 흔히 신체증상을 보인다. 이런 상승 척도 쌍을 보이는 사람들은 부인과 억압 방어기제를 지나치게 구사하며, 증상의 원인에 대한 통찰이 결여되어 있고, 자신들의 문제를 심리적인 요인으로 설명하는 것에 저항한다. 이들은 다소 사교적이기는 하지만, 대인관계에서 수동–의존적인 편이다. 그들은 남들이 자신을 좋아해 주고 인정해 주는 것을 중요하게 생각하며, 전형적으로 남에게 동조하고 관습에 따르는 행동을 한다. 그들은 신체증상을 완화시키기 위해 의학적인 치료를 받으려고 하며, 심리적인 문제에 대한 논의를 종용하면 치료를 조기에 종결할 가능성이 크다.

138

이런 상승 척도 쌍을 보이는 사람들은 흔히 조현병이나 편집성 성격장애를 진단받는다. 그들은 망상 수준에 이르는 다소 기태적인 신체증상을 지니고 있을 가능성이 크다. 우울 삽화, 자살 사고, 성적 혹은 종교적인 생각에 집착하는 모습을 보이기도 한다. 명백한 사고장애 양상을 보일 수도 있다. 그들은 동요되어 있고, 흥분을 잘 하며, 시끄럽고, 화를 잘 낸다. 그들은 알코올을 남용한 적이 있으며, 대부분의 시간을 안절부절못하고 지겨워하면서 보낸다. 그들은 친밀한 관계를 형성하는 것에 대해서 양가적인 태도를 보이며, 흔히 남을 의심하거나 질투하는 경향이 있다.

139

이런 상승 척도 쌍을 보이는 사람들은 흔히 신체증상장애나 기질성 뇌 증후군을 진단받는다. 후자의 진단을 받는 경우 짜증, 폭력적인 행동, 분노 폭발 등을 보일 수 있다. 이 상승 척도 쌍이나 MMPI-2의 다른 어떤 자료도 기질성 뇌 증후군을 진단하는 데 사용되어서는 안 된다는 점을 명심해야 한다.

237/273/372

이런 상승 척도 쌍을 보이는 사람들은 신체적 불편감 및 우울과 불안 증상을 보고하는 경향이 있다. 아울러, 그들은 다른 사람을 신뢰하지 못한다.

247/274/472

이런 상승 척도 쌍을 보이는 사람들은 흔히 성격장애, 특히 수동-공격성 성격장애를 진단받는다. 이 상승 척도 쌍은 알코올이나 다른 약물을 남용하는 환자들에게서 제일 흔하게 관찰되는 것이다. 이런 상승 척도 쌍을 보이는 사람들 중에는 가족 문제나 부부 문제를 겪는 사람들이 많다. 그들은 우울하고 비관적인 기분을 느끼며, 자살 사고, 강박사고, 강박행동을 경험하기도 한다. 또한 그들은 불안하고, 두려워하며, 걱정을 많이 하고, 신경이 예민해져 있다. 그들은 스트레스에 과도하게 반응하며, 충동을 잘 통제하지 못한다. 그들은 분노감과 적대감을 지니고 있으며, 미성숙하다. 그들에게는 타인의 관심과 지지를 받고 싶은 충족되지 못한 강한 욕구가 있으며, 자신이 부당한 대접을 받고 있다고 느낀다. 그들은 의존성과 성에 대한 갈등을 겪으며, 이성과 함께 있을 때 불편해한다. 그들은 공포증을 지니고 있을 수 있으며, 반추하고, 생각이 많고, 분노감과 관련된 죄책감을 느낀다. 그들은 흔히 강한 성취 욕구를 지니고 있지만, 실패할까 봐 두려워서 경쟁하는 것을 겁낸다. 그들은 치료시간에 유발되는 불안을 견디지 못하며, 지시적이고 목표 지향적인 치료에 가장 잘 반응한다.

278/728

이런 상승 척도 쌍을 보이는 사람들은 심각한 정서적 혼란을 경험하고 있으며, 다소 분열적인 생활방식을 지니고 있다. 그들은 긴장하고 있고, 초조해하고, 두려워하며, 주의집중 곤란을 보인다. 또한 그들은 슬프고 우울한 기분을 느끼며, 미래에 대해서 낙담하고 비관적이고 희망이 없게 여기고, 흔히 자살에 대한 생각을 곰곰이 반추한다. 그들의 정서는 둔마해 있거나 부적절하다. 여러 종류의 신체적 불편감을 호소할 수 있으며, 여성의 경우 흔히 섭식장애를 보고하기도 한다. 이런 상승 척도 쌍을 보이는 정신과 환자들은 다른 환자들에 비해서 과거에 성적으로 학대를 당했을 가능성이 크다. 그들은 기본적인 사회적 기술이 결여되어 있고, 수줍음이 많고, 위축되어 있고, 내향적이고, 사회적으로 고립되어 지낸다. 그들은 대인관계에서 수동적인 편이다. 그들은 부적절감과 열등감을 느낀다. 그들은 스스로에게 높은 기준을 세우며, 이런 기준에 도달하지 못할 때 죄책감을 느끼는 경향이 있다. 그들은 불명료하고 난해한 주제에 관심을 보이기도 한다. 그들은 스트레스에 대처하기 위해서 알코올이나 다른 약물을 사용하기도 한다.

278/728 상승 척도 쌍을 보이는 사람들은 가지각색의 진단을 받는다. 우울증과 불안장애 진단이 흔히 내려진다. 조현병 스펙트럼 장애, 기타 정신증적 장애, 군집A 성격장애(즉, 편집성, 조현성, 조현형) 진단도 흔하다. 감별진단을 위해서는, 척도 2 및 척도 7과 더불어 척도 8이 상승한 이유를 이해하는 것이 중요하다. Harris-Lingoes 소척도를 살펴봤을 때, 수검자가 Sc4(자아통합 결여-동기적) 소척도의 문항들보다는 주로 Sc3(자아통합 결여-인지적)나 Sc6(기태적 감각 경험) 소척도의 문항들에 반응하여 척도 8의 점수가 상승했다면, 정신병적 장애의 가능성이 더 높다. 또한 BIZ(기태적 정신상태) 내용 척도에서 높은 점수를 얻었거나 RC8(기태적 경험) 척도의 점수가 높을 때도 정신병적 장애의 가능성이 더 크다.

468/648/684/846/864

이 상승 척도 쌍의 특성에 관한 연구는 많지 않다. 그러나 정신건강센터를 찾은 내담자들 중에서 이런 상승 척도 쌍을 보이는 사람들은 급성의 심리적 혼란을 경험하고 있었던 것으로 알려져 있다. 그들은 불안하고, 우울하며, 초조해한다. 그들은 다른 내담자들보다 주요우울장애, 지속성우울장애, 반사회적 성격장애를 더 많이 진단받았다. 또한 그들은 과거에 정신과 입원치료를 받았을 가능성이 더 컸으며, 자살 시도를 했거나 신체적으로 학대를 당했을 가능성도 더 높았다. 이런 내담자들 중의 일부는 편집증적인 사고가 동반되는 정신병적 증상을 지니고 있었다. 그들은 반사회적인 행동을 하고, 좌절을 잘 감내하지 못하는 편이었다. 그들은 비판적이고, 적대적이고, 화를 내고, 공격적이고, 논쟁적이고, 분개하는 사람으로 여겨졌다. 그들은 흔히 가족 문제나 직장 문제를 지니고 있다.

478/748

이 상승 척도 쌍에 대한 자료는 적은 편이지만, 정신건강센터를 찾은 내담자들 중에서 478/748 상승 척도 쌍을 보이는 사람들은 망상, 환각, 연상의 이완, 현실검증력 손상 등의 정신병적 증상을 지니고 있는 것으로 보고된 바 있다. 그들의 특징은 기이함과 의심성이었으며, 과거에 정신과 입원치료를 받은 적이 있었다. 우울감, 자살 사고, 불안감, 초조감 등도 이런 상승 척도 쌍을 보이는 사람들의 특징이었다. 그들은 자기 비하적인 말과 자기처벌적인 행동을 하는 연극적이고, 불안정하고, 내향적인 사람으로 여겨졌다.

687/867

이 상승 척도 쌍에서는 척도 6과 척도 8의 점수가 척도 7보다 훨씬 더 높은데, 이를 가리켜 '정신증적 V'라고 부른다. 이 상승 척도 쌍은 심각한 정신병리를 시사하며, 이런 상승 척도 쌍을 보이는 사람들에게 가장 흔하게 내려지는 진단은 조현병이다. 일반적으로 환각, 망상, 극도의 의심성을 드러낸다. 그들의 정서는 둔마해 있다. 이런 상승 척도 쌍을 보이는 사람들은 수줍음이 많고, 내향적이고, 사회적으로 위축된 사람들이지만, 술을 마시면 매우 공격적인 모습을 보이기도 한다. 그들은 기억력 및 주의집중의 곤란을 보인다. 이런 상승 척도 쌍을 보이는 사람들이 아무 일도 못 할 정도의 정서적 동요를 경험하는 것은 아니지만, 흔히 그들은 일상생활에서 자신에게 부과되는 책임들을 다루지 못하며, 입원치료가 필요하다. 보통 향정신성 약물이 처방된다.

그 밖의 형태적 측면

척도 1, 척도 2, 척도 3의 상대적인 높낮이는, 그 세 척도의 절대적인 점수에 상관없이, 그리고 그 세 척도의 점수가 프로파일에서 가장 높은지 여부에 상관없이 해석적으로 중요한 정보를 제공한다. 척도 1과 척도 3의 T 점수가 척도 2보다 10점 이상 높은 사람들은, 아마도 부인과 억압 방어기제를 지나치게 구사하는 것으로 보인다. 그들은 자기 자신의 욕구, 갈등, 증상에 대한 통찰이 거의 혹은 전혀 없다. 논리적으로 볼 때 그들은 우울, 불안 및 다른 정서적 동요를 경험하지 않지만, 신체증상을 보일 수 있다. 그들은 자신의 문제를 의학적으로 설명해 주기를 원하며, 심리적인 이유에 대한 설명을 싫어한다. 척도 2의 점수가 척도 1과 척도 3의 점수와 같거나 혹은 그보다 높은 사람들은, 방어를 그리 잘하지 못한 것처럼 보이며, 정서적 동요 및 다양한 증상을 보고할 수 있다.

척도 3과 척도 4 사이의 관계는 분노통제에 관한 중요한 정보를 알려 준다. 이 두 척도가 프로파일에서 가장 높이 상승한 척도가 아니더라도, 두 척도 사이의 상대적인 높낮이는 의미가 있다. 척도 4의 T 점수가 척도 3보다 10점 이상 높은 사람의 경우, 분노통제에 문제가 있다. 이런 사람들은 자신의 행동이 초래할 결과를 적절히 고려하지 않은 채 공공연하게 분노를 표출하는 경향이 있다. 척도 3의 T 점수가 척도 4보다 10점 이상 높은 사람은, 분노를 적절히 통제할 수 있는 능력을 지니고 있으며 분노를 공공연하게 표출하지 않는 사람이라고 예상할 수 있다. 척도 3과 척도 4가 거의 비슷하게 상승한 경우, 특히 두 척도에서 모두 65점 이상의 T 점수를 얻은 사람은, 대부분의 시간 동안 분노를 지나치게 통제하며 분노를 공공연하게 표출하지 않지만, 간혹 충동적으로 분노를 폭발시키는 때가 있을 수 있다.

CHAPTER 6

내용 해석

Hathaway와 McKinley는 원판 MMPI 척도를 구성하기 위해 경험적 접근방식을 사용하였다. 다른 진단 규준 집단들과 경험적으로 구별해 주는 문항이 있다면 이를 동일 척도에 포함하였다. 이런 식으로 확인된 문항들의 내용에 대해서는 강조하지 않았으며, 척도 7에 한해서만 내적 일관성을 확보하고자 하였다. 경험적 접근방식은 수검자가 같은 방식으로 문항 내용을 해석하고 반응했다는 것을 전제로 한 해석에서 벗어나려는 데 목적을 둔 것으로, 경험적 결과를 바탕으로 해석하려 하였다(Meehl, 1945). 사실 MMPI 초기에 일부 임상가들은 수검자가 체크한 문항들의 내용을 검토하는 것은 평가에 대한 경험적 접근에서 벗어나는 것이라고 믿었다.

그러나 MMPI를 계속 사용하면서 다른 임상가들은 문항 내용이 수검자 자신 및 자신이 처한 어려움을 어떻게 보는지에 대한 수검자의 시선에 대한 중요한 정보를 반영한다고 주장하였다(예 : Wiggins, 1966). 따라서 검사 해석은 두 가지를 결합하여 해석하는 전략으로 바뀌었고, 수검자의 내용에 대한 반응과 수검자의 사회적, 정서적, 행동 기능에 대한 척도 점수의 의미에 대한 경험적 결과를 모두 포함하였다. 이 장의 목적은 MMPI-2 내용 차원 해석을 위한 일부 접근들을 논하는 것이다. 이런 접근들은 MMPI-2 기본 척도 해석에 대한 보충적인 면으로 고려될 뿐, 기본 척도를 대신해서 사용할 수 없다는 점을 강조하는 바이다.

Harris-Lingoes 소척도

소척도 개발

Hathaway와 McKinley가 척도의 동질성을 염두에 두지 않았기 때문에, 기본 임상 척도의 문항 내용은 대부분 매우 이질적이다. 동일한 임상 척도에서 원점수 총점이 같다 하더라도 각 수검자가 체크한 문항 조합은 매우 상이할 수 있다. 몇몇 연구자들은 기본 임상 척도 내 문항들의 하위 범주를 체계적으로 분석하는 것이 원자료 해석에 도움이 된다고 제안하였다(예 : Comrey, 1957a, 1957b, 1957c, 1958a, 1958b, 1958c, 1958d; Comrey & Marggraff, 1958; Graham et al., 1971; Harris & Lingoes, 1955, 1968; Pepper & Strong, 1958).

Harris와 Lingoes(1955, 1968)가 개발한 소척도들은 이 점을 가장 잘 이해하여 노력한 성과를 담은 것이다. 이들 척도는 임상적으로 광범위하게 사용되어 왔고, 자동화된 채점 및 해석 서비스에서 기본적으로 채점되고 보고된다. Harris와 Lingoes는 10개 기본 임상 척도 중 6개 척도(척도 2, 3, 4, 6, 8, 9)의 소척도를 구성하였다. 그들은 척도 1과 척도 7에 대해서는 소척도를 개발하지 않았는데, 이들 척도가 내용상 동질적이라고 생각했기 때문이었다. Harris와 Lingoes는 척도 5와 척도 0을 기본 임상 척도로 고려하지 않았기 때문에 이들 척도에 대해서는 소척도를 개발하지 않았다.

Harris-Lingoes 소척도 각각은 기본 임상 척도 내 문항 내용을 살펴보고, 내용상 비슷해 보이거나 단일 태도나 특성을 반영하는 것으로 판단되는 문항들을 묶어 논리적으로 구성하였다. 소척도 문항 내용에 대한 연구자의 임상적 판단에 기초하여, 각각의 소척도에 이름을 붙였다. Harris와 Lingoes는 특정 문항을 여러 소척도에 배치하기도 하였다. 따라서 소척도 간에 겹치는 문항도 상당수 있었고 특정 소척도 간의 상관을 높이는 역할을 하였다. 그들은 총 31개 소척도를 개발하였으나, 몇몇 소척도에 중복되어 있는 문항들이 포함된 3개 소척도는 일반적으로 채점도 하지 않고 임상적 해석에도 사용하지 않는다.

Harris-Lingoes 소척도는 MMPI 문항군을 사용하여 구성되었지만, MMPI-2에서도 채점될 수 있다. 그러나 일부 소척도에 속하는 몇몇 문항들은 MMPI를 재정비하는 과정 동안 삭제되었고, 이에 MMPI-2에는 몇몇 소척도의 문항 수가 줄어 있다. 단지 몇 개 문항이 삭제되었지만, 일부 소척도는 이전에도 문항 수가 너무 적었던 터라 삭제가 심각한 문제가 된다. Harris-Lingoes 소척도 각각의 MMPI-2 검사지 문항 번호와 각 문항의 채점 방향은 MMPI-2 매뉴얼의 부록 B에 제시하였다(Butcher et al., 2001). Harris-Lingoes 소척도 원점수의 선형 T 점수 변환은 MMPI-2 규준 집단 자료를 기초로 하였으며, 이는 MMPI-2 매뉴얼의 부록 A에 성별로 나누어 제시하였다(Butcher et al., 2001). 남녀를 포괄한 규준 집단 자료를 기초로한 점수 변환은 Ben-Porath와 Forbey(2003)의 남녀 규준 논문의 부록에서 사용 가능하다.

Harris – Lingoes 소척도 신뢰도

Harris와 Lingoes(1955)는 소척도들이 이들을 뽑았던 모척도보다 동질적이어야 한다는 직관적 판단만 했을 뿐, 이를 고려한 어떤 증거 자료도 제시하지는 않았다. 출간되지 않은 MMPI-2 규준 집단 자료분석에서 이런 가정을 지지하는 엇갈린 증거들이 있는데, 내적 일관성 계수가 남자 표본($n=1,138$; 중앙치 = .57)에서는 .17(Hy5)에서 .73(Hy1)까지, 여자 표본($n=1,462$; 중앙치 = .57)에서는 .11(Hy5)에서 .74(D1, Hy1)까지 다양하였다.[1]

남자와 여자 성별을 나누어 검사–재검사 상관계수를 계산하기 위해 MMPI-2 규준 집단의 검사–재검사 자료를 사용하였으며, 평균 9일 간격으로 두 번 시행한 것이었다. 그 결과 모척도보다 소척도의 시간적 안정성이 낮기는 하지만 대부분의 척도가 충분한 안정성을 지니고 있음이 시사되었다. 검사–재검사 상관계수는 남자 표본($n=82$; 중앙치 = .76)에서는 .58(Pa3)에서 .86(Hy1 & Hy3)까지, 여자 표본($n=111$; 중앙치 = .75)에서는 .58(Ma4)에서 .88(Hy3)까지 다양하였다.

Harris – Lingoes 소척도 타당도

Harris-Lingoes 소척도가 생긴 지 65여 년이 되었고, 임상가들 사이에서 광범위하게 사용되어 왔지만(대개 일부 자동화된 채점 및 해석 서비스에서 기본적으로 채점되기 때문에), 소척도의 타당도에 관한 경험적 연구 발표 수는 극히 제한적이다. MMPI-2를 사용한 연구로 국한시켜 검토해 보면, 발표된 연구 수가 적다는 것이 사실이다.

Graham과 동료들(1999)은 정신건강센터 외래 환자로 구성된 대규모 표본에서 Harris-Lingoes 소척도의 MMPI-2 버전과 검사 외적 특성 간에 상관이 있음을 보고하였다. 그 결과 대부분의 소척도가 검사 외 변인과 신뢰할 만한 상관이 있고, 이런 상관은 개별 척도 문항 내용이 시사하는 증상, 행동 및 특징과 일치하는 것으로 나타났다. 그러나 결과는 일반적으로 변별 타당도가 낮다고 시사되는데, 척도 내용상으로는 예측하기 어려운 검사 외적 특성과

---

1 내적 일관성(α) 계수 및 검사–재검사 상관에 대한 출처는 MMPI 재표준화 과정에서 수집한 자료분석에서 나온 것으로 출판되지는 않았다. 자료는 이 책의 제1 저자인 John R. Graham으로부터 얻을 수 있다.

특정 소척도 간에 의미 있는 연관성이 있다고 나타났기 때문이다.

Yamout와 동료들(2017)은 간질발작이 아닌 삽화(전극상의 변화가 동반되지 않는 간질행동 증상이 있는 개인에게서 나타나는 간질발작이나 허위성 간질 등)를 감지해 내기 위해 임상 척도 1과 임상 척도 3, Harris-Lingoes Hy4(신체증상 호소) 소척도 및 RC1 척도 점수의 사용 가능성을 조사하였다. 그 결과 전통적인 분할점인 T >65를 사용하는 경우, Hy4 척도가 간질을 경험한 개인과 허위성 간질이 있는 개인을 더 정확하게 변별함으로써, 검토된 임상 척도와 RC 척도보다 변별도가 높았다.

두 편의 MMPI-2연구에서 척도 4와 Harris-Lingoes Pd 소척도의 관계, 반사회적 행동과 반사회성 측정치들 간의 관계를 검증하였다. Meloy와 Gacono(1995)는 척도 4보다는 Pd2(권위 불화) 소척도가 Hare의 사이코패시 질문지 개정판(Hare Psychopathy Checklist-Revised; Hare, 1991) 점수를 잘 예측한다고 밝혔다. Lilienfeld(1999)도 자신이 만든 반사회적 성격 척도(psychopathic personality inventory; Lilienfeld & Andrews, 1996)를 규준측정치로 사용하여 유사한 결과를 보고하였다.

Harris-Lingoes 소척도의 구성 타당도를 지지하는 증거들은 엇갈린다. 예를 들어 Comrey의 연구(1957a, 1957b, 1957c, 1958a, 1958b, 1958c, 1958d; Comrey & Marggraff, 1958)에서는 논리적으로 뽑은 Harris-Lingoes 소척도와 MMPI 문항군 분석으로부터 추출한 요인들 간에 유의미한 차이가 있음이 시사되었다. 그러나 일반적으로 Comrey 연구에서 개별 임상 척도 내에 있는 요인들이 Harris-Lingoes 소척도와 유사한 것으로 나타났다. 그렇지만 Almagor와 Koren(2001)이 이스라엘과 미국의 대규모 정신과 환자 표본을 사용하여 MMPI-2 Harris-Lingoes 소척도 문항들을 요인분석한 결과, Harris-Lingoes 소척도로 나뉘는 대부분의 임상 척도에서 구체적인 내용 영역으로 나뉘지 않았다.

Harris-Lingoes 소척도 해석지침

Harris-Lingoes 소척도 점수들은 특정 임상 척도에서 채점 방향으로 체크된 문항들에 대한 정보를 제공한다. 이 책에서 언급된 나머지 척도들처럼 Harris-Lingoes 소척도의 높은 점수를 절대적으로 확고한 분할점으로 정의하는 것은 어렵다. 일반적으로 높은 점수는 T 점수 65점을 넘는 것으로 정의된다. 그러나 소척도 일부는 문항 수가 지극히 적고 비교적 신뢰도가 낮을 뿐만 아니라 소척도의 MMPI 외 다른 변인과의 상관 연구가 지극히 제한적이기 때문에, 모척도와 독립적으로 해석해서는 안 된다. 따라서 소척도는 일반적으로 모척도가 T 점수 65점 이상으로 유의미하게 상승할 경우에만 해석해야 한다.

Harris-Lingoes 소척도 사용은 임상 척도에서 높은 점수를 얻은 이유를 이해하기 위한 것으로만 제한해야 한다. 예를 들어 자기보고 및 관찰상 우울증이 있고 우울 증상으로 상당한 치료 병력이 있는 경우 척도 2, 7, 8이 상승하는 프로파일을 보일 수 있다. 척도 2와 척도 7의 상승은 그 사람의 과거력 및 임상 관찰과 일치한다. 그러나 척도 8의 상승은 다소 문제가 된다. 조현병이나 사고장애의 과거력이나 임상 징후가 없는 환자가 왜 척도 8 점수가 높은가? Harris-Lingoes 소척도를 참조해 보면, 척도 8의 상승은 대부분 자아통합 결여-동기적 소척도(Sc4) 문항들 때문일 수 있다. 이 소척도는 우울감과 절망감을 측정할 뿐만 아니라 환자가 거의 언제나 인생살이가 힘들다고 느끼는지 여부를 평가한다. 이런 특징들은 나머지 프로파일에서 나타나는 특징 및 환자의 과거력과 잘 일치한다.

Harris-Lingoes 소척도는 임상 척도에 대한 경험적 상관과 관련하여 고려할 수 있다. 어떤 임상 척도든지 높은 점수는 다양한 행동 및 특성과 관련이 있다. 예를 들어, 척도 4에서 높은 점수를 얻은 것은 가정 불화, 반사회적 행동 및 사회적 불안이 없다는 것과 관련이 있다. 대개 어떤 척도의 높은 점수와 관련된 서술들이 척도에서 높은 점수를 보이는 특정 개인의 특성과 전부 다 맞지는 않을 것이다. Harris-Lingoes 소척도를 검토해 보면 많은 여러 서술들 중 어떤 것이 강조되어야 할지를 결정하는 데 도움이 된다. 예컨대 척도 4가 상승한 경우 Pd1(가정 불화) 소척도 점수만 높고 다른 소척도는 상승하지 않았다면 해석상 가족 문제와 관련된 점들을 강조할 것이다. 한편 Pd2(권위 불화) 소척도가 소척도 4 중 유일하게 높다면, 우리는 행동화(acting-out)하는 측면과 관련지어 강조할 것이다.

소척도 사용을 지지하는 신뢰도 및 타당도 증거가 제한적이므로, 우리는 Harris-Lingoes 소척도의 해석은 오직 내용 해석에만 포함시킬 것을 제안한다. 이와 같이 소척도에 대한 다음 기술들은 각 소척도 문항 내용 검토를 바탕으로 한다. 이런 기술들은 모척도인 임상 척도에서 높은 점수를 얻은 이유에 대한 가설을 만드는 데 사용할 수 있다. 서술된 모든 것이 특정 소척도에서 높은 점수를 얻은 개개인에게 다 해당되는 특징은 아니기 때문에, 수검을 받은 개인에 관해 활용 가능한 다른 정보와 연관 지어 가설을 검토해 볼 필요가 있다. 낮은 소척도 점수에 대해서는 서술하지 않았는데, 왜냐하면 낮은 점수를 얻은 그 개인에게 낮은 점수가 의미하는 바가 무엇인지 알기 어렵기 때문이다. 그러므로 Harris-Lingoes 소척도의 낮은 점수는 해석하지 말 것을 권한다.

주관적 우울감(D1)
D1 소척도 점수가 높은 사람들은

1. 불행감, 울적함이나 우울감을 느낄 때가 많다.

2. 일상생활에서 일어나는 문제들을 처리할 힘이 모자란다.

3. 주변에서 어떤 일이 일어나는지 관심이 가지 않는다.

4. 신경이 예민하거나 긴장해 있는 경우가 대부분이다.

5. 주의집중이 어렵다.

6. 식욕이 줄고 수면에 어려움이 있다.

7. 걱정, 근심을 되풀이하며 자주 운다.

8. 자신감이 부족하다.

9. 열등하고 쓸모없다고 느낀다.

10. 비판에 쉽게 상처받는다.

11. 사회적인 상황에서 불편해하고 수줍어하며 당황한다.

12. 친한 친구 및 친척을 제외한 다른 사람들과의 교류를 피하는 경향이 있다.

정신운동 지체(D2)

D2 소척도 점수가 높은 사람들은

1. 움직이지 않고 틀어박혀 있다.

2. 일상생활에서 일어나는 문제들을 처리할 힘이 모자란다.

3. 사람들을 피한다.

4. 적대적이거나 공격적인 충동이 없다.

신체적 기능 장애(D3)

D3 소척도 점수가 높은 사람들은

1. 자신의 신체 기능에 집착한다.

2. 건강이 좋지 않다.

3. 허약하고, 건초열(hay fever)이나 천식, 식욕부진, 메스꺼움이나 구토 및 경련과 같은 여러 종류의 다양한 신체증상을 경험한다.

둔감성(D4)

D4 소척도 점수가 높은 사람들은

1. 일상생활에서 일어나는 문제들을 처리할 힘이 모자란다.

2. 긴장한다.

3. 정신을 집중하기 어렵다.

4. 기억력 및 판단력이 떨어진다.

5. 자신감이 부족하다.

6. 열등감을 느낀다.

7. 일상에서 거의 즐거움을 얻지 못한다.

8. 더 이상 살 가치가 없다고 생각한다.

깊은 근심(D5)

D5 소척도 점수가 높은 사람들은

1. 깊은 근심을 되풀이하며 우는 경우가 많다.

2. 문제들을 처리할 힘이 모자란다.

3. 더 이상 살 가치가 없다고 생각한다.

4. 열등하고 불행하며 쓸모없다고 느낀다.

5. 비판받으면 쉽게 속상해한다.

6. 사고과정을 통제하지 못한다고 느낀다.

사회적 불안의 부인(Hy1)

이 소척도에서 T 점수 65점 이상을 얻는 것은 불가능하기 때문에(Krishnamurthy et al., 1995), 척도 3 상승의 이유를 이해하는 데 도움이 되지 않는다.

애정 욕구(Hy2)

Hy2 소척도 점수가 높은 사람들은

1. 사람들로부터 주목과 사랑을 받고 싶은 욕구가 강하며, 자신의 감정이나 태도를 더 솔직하게 드러내면 이런 욕구가 충족되지 못하리라는 두려움이 있다.

2. 사람들에 대해 낙관적이고 사람을 잘 믿는 태도를 보인다.

3. 사람들을 정직하고 민감하며, 사리가 분명하다고 본다.

4. 타인에 대한 부정적인 감정이 없다.

5. 가능하면 불쾌한 대립은 피하려고 애쓴다.

권태-무기력(Hy3)

Hy3 소척도 점수가 높은 사람들은

1. 몸이 불편한 느낌이 있고 건강이 좋지 않다.

2. 허약하고 쉽게 피로감을 느끼거나 지친다.

3. 특별한 신체증상을 호소하지 않는다.

4. 정신집중이 어렵고, 식욕부진과 수면장애가 있다.

5. 불행감 및 울적함을 느낀다.

6. 자신의 가정 환경이 유쾌하지 않으며 재미도 없다고 본다.

신체증상 호소(Hy4)

Hy4 소척도 점수가 높은 사람들은

1. 많은 신체증상을 호소한다.

2. 심장이나 가슴 통증을 경험한다.

3. 잠깐 기절하거나 현기증이 나서 몸의 균형을 잡지 못할 때가 있다.

4. 메스꺼움 및 구토, 시야 흐림, 떨림이나 너무 뜨겁거나 차가워지는 느낌을 경험한다.

5. 타인에 대해 거의 혹은 전혀 적대감을 표현하지 않는다.

공격성의 억제(Hy5)

Hy5 소척도 점수가 높은 사람들은

1. 적대적 · 공격적인 충동을 경험하지 않는다.

2. 범죄 및 폭력에 대한 읽을거리에 관심을 가지지 않는다.

3. 사람들이 자신에게 어떻게 반응하는지에 민감하다.

4. 결단력이 있다.

그러나 이 소척도의 내적 일관성이 너무 낮기 때문에 척도 3이 왜 상승하는지를 이해하는데 그리 유용하지는 않은 것 같다(예 : MMPI 재표준화 작업 자료 중 남자 표집 $\alpha = .17$, 여자 표집 $\alpha = .11$).

가정 불화(Pd1)

Pd1 소척도 점수가 높은 사람들은

1. 자신의 가정 및 가족 상황을 유쾌하지 않다고 본다.

2. 자신의 가정을 떠나고 싶어 한다.

3. 자신의 가정은 사랑, 이해 및 지지가 부족하다고 본다.

4. 자신의 가족들이 비판적이고 걸핏하면 싸우며, 충분한 자유 및 독립성을 보장하지 않는다고 느낀다.

권위 불화(Pd2)

Pd2 소척도 점수가 높은 사람들은

1. 사회적으로 통용되고 부모님이 가지고 있는 규준 및 관습에 분개한다.

2. 학교에서 또는 법적으로 문제가 된 적이 있다.

3. 옳고 그름에 대한 분명한 소신이 있다.

4. 자신이 믿는 것을 옹호한다.

5. 다른 사람의 가치 및 규준에 크게 영향받지 않는다.

사회적 침착성(Pd3)

이 소척도에서 T 점수 65점 이상을 얻는 것이 불가능하므로(Krishnamurthy et al., 1995), 척도 4가 상승한 이유를 이해하는 데 도움이 되지 않는다.

사회적 소외(Pd4)

Pd4 소척도 점수가 높은 사람들은

1. 소외감, 고립감 및 소원함을 느낀다.

2. 사람들로부터 이해받지 못한다고 느낀다.

3. 외롭고 불행하며, 사랑받지 못한다고 느낀다.

4. 살면서 부당한 대우를 받는다고 느낀다.

5. 자신의 문제와 결점들을 다른 사람 탓으로 돌린다.

6. 사람들이 자신에게 어떻게 반응할지를 걱정한다.

7. 자신의 행동에 대한 후회, 죄책감 및 양심의 가책을 경험한다.

내적 소외(Pd5)

Pd5 소척도 점수가 높은 사람들은

1. 불편감과 불행감을 느낀다.

2. 집중력이 떨어진다.

3. 일상에서 재미나 보람을 찾지 못한다.

4. 예전에 한 일에 대해 후회, 죄책감 및 양심의 가책을 경험하지만, 무엇을 잘못했는지는 잘 모른다.

5. 차분하게 마음잡기가 힘들다.

6. 과도하게 술을 마실 수 있다.

피해의식(Pa1)

Pa1 소척도 점수가 높은 사람들은

1. 세상을 위협적인 곳으로 본다.
2. 살면서 부당한 대우를 받고 있다고 느낀다.
3. 이해받지 못한다고 느낀다.
4. 사람들로부터 부당한 비난이나 책망을 받는다고 느낀다.
5. 타인을 의심하고 믿지 못한다.
6. 자신의 문제 및 결점에 대해 다른 사람을 비난한다.
7. 사람들이 자신에게 영향력을 행사하거나 자신을 통제하려 한다고 느낀다.
8. 사람들이 자신에게 독을 먹이거나 다른 방법으로 자신을 해하려 한다고 믿는다.

예민성(Pa2)

Pa2 소척도 점수가 높은 사람들은

1. 다른 사람들보다 신경이 과민하고 더 민감하다.
2. 다른 사람들에 비해 더 강렬한 감정을 느낀다.
3. 외롭고 이해받지 못한다고 느낀다.
4. 기분이 나아지기 위해 위험하거나 자극적인 활동을 찾는다.

순진성(Pa3)

Pa3 소척도 점수가 높은 사람들은

1. 사람에 대해 매우 낙관적인 태도를 취한다.
2. 사람들이 정직하고, 이기적이지 않고, 관대하며 이타적이라고 본다.
3. 잘 믿는다.
4. 도덕적 기준이 높다.
5. 적대감 및 부정적인 충동을 경험하지 않는다.

사회적 소외(Sc1)

Sc1 소척도 점수가 높은 사람들은

1. 살면서 부당한 대우를 받고 있다고 믿는다.
2. 사람들로부터 이해받지 못한다고 믿는다.
3. 사람들이 자신에 대해 원한을 품고 있다고 믿는다.

4. 사람들이 자신에게 해를 입히려 한다고 믿는다.

5. 가족 간에 사랑과 지지가 부족하다고 느낀다.

6. 가족들이 자신을 애 취급한다고 느낀다.

7. 외로움과 공허감을 느낀다.

8. 누구와도 사랑을 해 본 적이 없다.

9. 가족에 대해 적개심과 증오를 품는다.

정서적 소외(Sc2)

Sc2 소척도 점수가 높은 사람들은

1. 우울 및 절망감을 경험한다.

2. 죽어 버렸으면 하는 마음이 있을 수 있다.

3. 냉담하고 겁이 많다.

4. 가학적인 혹은 피학적인 욕구가 있다.

자아통합 결여-인지적(Sc3)

Sc3 소척도 점수가 높은 사람들은

1. 미칠지도 모른다고 느낀다.

2. 생각이 이상하게 흘러가며 비현실감이 든다.

3. 정신집중 및 기억력에 문제가 있다.

자아통합 결여-동기적(Sc4)

Sc4 소척도 점수가 높은 사람들은

1. 인생살이가 힘들다고 느끼며, 우울 및 절망감을 경험한다.

2. 일상적인 일을 처리하는 데 어려움이 있으며, 과도하게 염려한다.

3. 스트레스에 부딪히면 공상 및 백일몽으로 빠져들게 된다.

4. 일상에서 재미와 보람을 찾지 못한다.

5. 모든 게 더 나아질 거라는 희망을 잃었다.

6. 죽어 버렸으면 하는 마음이 있을 수 있다.

자아통합 결여-억제부전(Sc5)

Sc5 소척도 점수가 높은 사람들은

1. 자신의 감정과 충동을 통제하지 못한다고 느끼며 자신의 통제력 상실에 놀란다.
2. 안절부절못하고 과잉행동을 보이며 짜증을 부리는 경향이 있다.
3. 웃음과 울음을 참지 못하는 때가 있을 수 있다.
4. 자신이 무엇을 하고 있는지 모르고, 나중에도 자신이 한 행동을 기억하지 못했던 경험이 있을 수 있다.

기태적 감각 경험(Sc6)

Sc6 소척도 점수가 높은 사람들은

1. 자신의 몸이 이상하고 특이한 방식으로 변하고 있다는 느낌을 가진다.
2. 피부가 민감해지고, 뜨겁거나 차가운 느낌이 들고, 목소리가 변하고, 근경련이 일어나고, 동작이 서툴고, 몸의 균형을 잡는 데 어려움이 있고, 귀가 윙윙거리거나 울리고, 마비를 경험하고 몸이 허약해지는 것을 경험한다.
3. 환각, 특이한 사고 내용을 경험하고, 외부의 어떤 힘이 작용한다고 생각한다.

비도덕성(Ma1)

Ma1 소척도 점수가 높은 사람들은

1. 사람들을 이기적이고 정직하지 못하며 기회주의적이라고 보면서, 그런 사람들처럼 행동하는 게 정당하다고 느낀다.
2. 사람들을 조종하고 착취함으로써 대리만족을 얻는다.

심신운동 항진(Ma2)

Ma2 소척도 점수가 높은 사람들은

1. 말의 속도, 사고과정 및 운동 속도가 빨라진다.
2. 긴장감을 느끼고 안절부절못한다.
3. 이유 없이 흥분하거나 기분이 고양된다.
4. 쉽게 지루함을 느끼고 이를 벗어나기 위해 모험이나 흥분, 위험을 좇게 된다.
5. 해롭거나 충격적인 무엇인가를 하려는 충동이 있다.

냉정함(Ma3)

Ma3 소척도 점수가 높은 사람들은

1. 사회적 장면에서 불안을 경험하지 않는다.
2. 사람들과 함께 있는 것이 편안하다.

3. 사람들과 이야기하는 데 어려움이 없다.

4. 다른 사람의 견해, 가치 및 태도에 관심이 없다.

5. 참을성이 없고 다른 사람들에게 짜증을 부린다.

자아팽창(Ma4)

Ma4 소척도 점수가 높은 사람들은

1. 자신은 중요한 사람이라고 생각한다.

2. 다른 사람들이 요구를 할 경우 분개하는데, 요구하는 사람이 자신보다 무능하다고 느끼는 경우 특히 그렇다.

3. 부당하게 취급받는다고 느낀다.

척도 0 소척도

MMPI-2에서 척도 0 소척도 개발

앞서 언급했던 것처럼 Harris와 Lingoes(1955, 1968)는 척도 5와 척도 0의 소척도를 개발하지 않았는데, 이는 척도 5와 척도 0을 기본 임상 척도로 고려하지 않았기 때문이었다. 그러나 연구 결과 척도 0의 내용은 꽤 이질적이었다. 이에 Ben-Porath와 동료들(1989)은 MMPI-2의 척도 0 소척도들을 개발하였다. 남녀 대학생 집단의 척도 0 문항반응을 요인분석하여 임시 소척도를 구성하였다. 그리고 소척도를 세분화하기 위해 내적 일관성 절차를 사용하였다. 이런 절차를 통해 3개의 소척도를 추렸고 이는 상호 배타적이고 내적으로 일관성을 지니며 적당히 독립적으로 척도 0의 주요 내용 차원을 대표한다. 소척도 각각의 문항 번호와 채점 방향은 MMPI-2 매뉴얼 부록 B에 제시되어 있다(Butcher et al., 2001). 소척도 원점수에 대한 선형 T 점수는 성별로 MMPI-2 매뉴얼 부록 A에 있다. 소척도에 대한 남녀 전체 T 점수 변형은 Ben-porath와 Forbey(2003)의 부록에 있다.

척도 0 소척도 신뢰도

남녀 전체 규준 집단의 소척도별 내적 일관성(α) 계수를 계산하였다(Ben-Porath et al., 1989). 이 계수는 남자 표본($n=1,138$; 중앙치 $=.77$)의 경우 $.75$(Si3)에서 $.81$(Si1)까지, 여자 표본($n=1,462$; 중앙치 $=.78$)의 경우 $.75$(Si2)에서 $.84$(Si1)까지 다양했다. Sieber와

Meyers(1992)는 다른 대학생 표본에서 내적 일관성 계수가 비슷했다고 보고했다. 1주일 간격을 두고 두 번 검사받은 MMPI-2 규준 집단 중 82명의 남자와 111명의 여자로 구성된 하위 표본을 사용하여 이 소척도의 검사-재검사 신뢰도 계수를 계산하였다(Ben-Porath et al., 1989). 검사-재검사 계수는 남자 표본($n=82$; 중앙치$=.88$)의 경우 .77(Si3)에서 .91(Si1)까지, 여자 표본($n=111$; 중앙치$=.88$)의 경우 .87(Si2)에서 .90(Si1)까지 다양했다.

척도 0 소척도 타당도

Ben-Porath와 동료들(1989)은 척도 0 소척도에 대한 예비 타당도 자료를 제공하였다. 연구에 참여한 규준 집단 중 822쌍을 표집하여 독립적으로 서로에 대해 평정하도록 한 행동평정과 소척도 점수 간에 상관이 있었다. 상관 패턴은 소척도들에 대한 수렴 및 변별 타당도를 지지하는 것으로 나타났다.

 Sieber와 Meyers(1992)는 3개 소척도와 다르게 관련 맺고 있는 것으로 생각되는 구성개념들을 측정하는 다른 자기보고식 측정치들과 척도 0 소척도들 간의 상관을 봄으로써 척도 0 소척도의 타당도를 검토하였다. 그 결과 남녀가 매우 비슷하였다. 연구자들이 보고한 바로는, Si1 소척도 점수가 높은 사람은 사회적으로 좀 더 불안하고, 덜 사회적이며 자존감이 낮았다. Si2 소척도 점수가 높은 사람은 좀 더 수줍어하며 덜 사회적이었다. Si3 소척도 점수가 높은 사람들은 자존감이 낮았으며, 통제 소재가 외부에 있었다.

 Ward와 Perry(1988)는 몇몇 임상 표본에 적용하여 Si 소척도의 포괄성, 신뢰도 및 독특성을 확인하였다. Graham과 동료들(1999)은 정신건강센터 외래 환자 대규모 표본에서 척도 0 소척도 점수와 검사 외적 특성 간의 상관을 연구하였다. 그 결과가 이전에 보고되었던 특징들과 일치하였으며, 이들 외래 환자들 사이에서 소척도가 행동특성과 신뢰할 만한 상관이 있음이 시사되었다.

척도 0 소척도 해석

규준 및 임상 집단에서 비교적 긍정적인 신뢰도 및 타당도를 지지하는 것으로 나타나, 척도 0 소척도에 대한 내용 해석과 경험적 해석이 모두 가능하다. 척도 0 소척도를 살펴봄으로써 척도 0에서 높은 점수가 의미하는 바를 설명하는 데 도움을 얻을 수 있다. 일례로, 척도 0 점수가 높고 Si1(수줍음/자의식)과 Si2(사회적 회피) 모두 높은 점수를 보이는 경우, 사회적 상호작용 시 불편감을 느끼며 대부분의 사회적인 상황을 회피함이 시사된다. 척도 0 점수가 높고 Si1은 높지만 Si2는 낮은 경우, 이는 사회적 불편감은 있지만 사회적 상황을 회피하려고 하지는 않는다는 점을 시사한다. 척도 0 소척도 각각은 동질적이며 양극성을 지니고 있기에, 높은 점수와 낮은 점수 모두 해석이 가능하다. Ben-Porath와 동료들(1989)은 T 점수 65점 이상인 경우 소척도의 높은 점수로 간주하도록 권하였다. 소척도 개발자들이 낮은 점수에 대해서는 어떤 분할점을 제시하지 않았지만, T 점수 39점 아래를 낮은 점수로 고려하는 것이 합리적인 것 같다.

수줍음/자의식(Si1)

Si1 소척도 점수가 높은 사람들은

1. 사회적 장면에서 수줍어하고 불안해하며, 불편감을 느낀다.
2. 쉽게 당황한다.
3. 새로운 상황에서 마음이 편치 못하다.
4. 말수가 많지 않거나 붙임성이 없다.
5. 자신감이 부족하여 쉽게 포기한다.
6. 임상 장면에서, 우울 증상을 보인다.
7. 임상 장면에서, 활력 부족이 관찰된다.

Si1 소척도 점수가 낮은 사람들은

1. 외향적이다.
2. 사람들에게 먼저 다가간다.
3. 말수가 많고 붙임성이 있다.
4. 자기 확신이 있어 쉽게 포기하지 않는다.

사회적 회피(Si2)

Si2 소척도 점수가 높은 사람들은

1. 집단이나 다수의 사람들과 어울리는 자리를 즐겨 하지 않는다.
2. 사람들과 함께 있게 되는 상황을 적극적으로 피한다.
3. 수줍어한다.
4. 포부나 성취동기가 높거나 강하지 않다.
5. 임상 장면의 경우, 우울, 불안, 신체증상 및 강박적 사고와 행동을 보고한다.

Si2 소척도 점수가 낮은 사람들은

1. 집단이나 다수의 사람들과 어울리는 자리를 즐긴다.
2. 사람들에게 먼저 다가간다.

내적/외적 소외(Si3)

Si3 소척도 점수가 높은 사람들은

1. 자존감이 낮다.
2. 활동에 흥미가 없다.
3. 자신의 생활여건을 변화시키는 것이 불가능하다고 느낀다.
4. 통제 소재가 외부에 있다.
5. 대인관계에서 매우 민감하다.
6. 불안정감을 느낀다.
7. 강한 성취동기가 없다.
8. 임상 장면의 경우, 우울감, 슬픔 및 무망감을 느낀다.
9. 임상 장면의 경우, 강박적 사고 및 행동을 보고한다.

Si3 소척도 점수가 낮은 사람들은

1. 자존감이 높다.
2. 활동하는 것에 흥미를 느끼는 것같다.
3. 자신의 생활 여건을 변화시킬 수 있다고 느낀다.

MMPI-2 내용 척도

Wiggins(1969)는 전체 MMPI 문항군을 사용하여 그 내용을 기초로 13개 척도를 만들었다. 그러나 1989년 MMPI-2가 출간될 때 일부 MMPI 문항이 삭제되고 새로운 문항이 추가되어 Wiggins 척도는 더 이상 적절하지 않았다. 따라서 MMPI-2에서는 Wiggins 척도 대신 Butcher와 동료들(1990)이 MMPI-2 문항군을 바탕으로 내용 척도를 개발하였으며, 이는 개정된 검사의 내용 차원을 측정하기 위한 것이었다.

내용 척도 개발

MMPI-2 내용 척도는 논리적 절차와 통계적 절차를 결합하여 개발하였다. 개발의 첫 단계는 MMPI-2 문항에 반영된 임상적으로 의미 있는 내용 영역들을 정의하는 것이었다. 여러 범주를 이론적으로 확인하였으며, 각각에 대한 정의를 기술하였다. 세 명의 임상심리학자가 심사에 참가하여 문항들을 내용 범주별로 할당하였다. 심사위원들은 자유롭게 범주들을 추가할 수 있었고, 문항들을 하나 이상의 범주에 할당할 수도 있었다. 두 명이나 세 명의 심사위원이 특정 범주에 할당한 문항들을 예비 척도에 넣었다. 그리고 심사위원들이 만나 배치한 문항들을 모두 재검토하였다. 의견이 일치되지 않는 경우에는 문항을 어디에 넣을지 세 명 모두가 충분히 동의할 때까지 논의하였다. 원판에 있었던 범주 하나는 해당 문항들이 적정하지 않은 것으로 확인되어 추후 고려 대상에서 제외하였다.

척도 개발의 다음 단계에서는, 정신과 환자 두 표본과 대학생 집단 두 표본에서 각각 얻은 문항반응을 사용하여 예비 척도 중 척도 총점과 상관이 높지 않으며 내적 일관성을 떨어뜨리는 문항을 추렸다. 이런 문항들은 척도에서 제외시켰다. 이 단계에서 일부 예비 척도가 추후 고려 대상에서 제외되었는데, 이는 낮은 내적 일관성 때문이었다. 또 다른 내용 범주인 냉소적 태도 역시 이전에 문항 요인분석을 통해 확인되기는 했지만, 내용 척도를 제대로 반영하지 못하는 것으로 나타났다. 이에 냉소적 태도 척도에 20문항을 추가 구성하였다. 문항이 잘 배치되었는지 확인하는 다른 방법은 내용 소척도 내 각 문항과 예비 내용 척도의 총점 간에 상관을 보는 것이었다. 특정 문항이 자신이 속했던 척도 점수보다 다른 척도 점수와 높은 상관을 보이는 경우, 그 문항은 삭제하거나 다른 척도로 옮겨 배치하였다.

마지막 단계에서는 문항들이 내용 영역의 정의와 개념적으로 맞는지를 이론적으로 결정하기 위해, 각각 내용 척도 내 문항 내용을 검토하였다. 특정 척도의 총점과 통계적으로는 상관을 보이지만 내용상 맞지 않는 일부 문항들은 삭제하였다. 이런 여러 단계를 거쳐, 내적 일관성이 있고 상대적으로 독립적이며 MMPI-2 문항군 내 내용 차원을 임상적으로 잘 반영하는 것으로 판단된 15개 척도를 얻었다. 척도 간에 겹치는 문항은 최소화하였으나 겹치는 문항 중 일부는 척도가 측정하는 구성개념과 개념적으로 연관이 있을 때는 그대로 두었다. 표 6.1에 15개 내용 척도 목록을 제시하였다.

각 내용 척도의 문항 번호와 채점 방향은 MMPI-2 매뉴얼 부록 B에 제시되어 있다 (Butcher et al., 2001). 내용 척도는 동형 T 점수를 사용하여 채점하였으며, 이에 임상 척도와 동일한 측정 기준으로 표현됨으로써 내용 척도 군집 내 상호 비교가 가능해졌을 뿐만 아니라 내용 척도와 임상 척도 간의 비교도 용이해졌다. 내용 척도에 대한 동형 T 점수 변환은

표 6.1 MMPI-2 내용 척도 신뢰도

척도		문항 수	내적 일관성[a]		검사-재검사 신뢰도[b]	
			남자 ($n=1,138$)	여자 ($n=1,462$)	남자 ($n=82$)	여자 ($n=111$)
ANX	불안	23	.82	.83	.90	.87
FRS	공포	23	.72	.75	.81	.86
OBS	강박성	16	.74	.77	.83	.85
DEP	우울	33	.85	.86	.87	.88
HEA	건강염려	36	.76	.80	.81	.85
BIZ	기태적 정신상태	23	.73	.74	.78	.81
ANG	분노	16	.76	.73	.85	.82
CYN	냉소적 태도	23	.86	.85	.80	.89
ASP	반사회적 특성	22	.78	.75	.81	.87
TPA	A 유형 행동	19	.72	.68	.82	.79
LSE	낮은 자존감	24	.79	.83	.84	.86
SOD	사회적 불편감	24	.83	.84	.91	.90
FAM	가정 문제	25	.73	.77	.84	.83
WRK	직업적 곤란	33	.82	.84	.90	.91
TRT	부정적 치료 지표	26	.78	.80	.79	.88

[a] Cronbach's coefficient alpha

[b] 재검사 실시 간격은 평균 9일이다. 출처 : Excerpted (Table E-12) from Development and Use of the MMPI-2 Content Scales by James N. Butcher, John R. Graham, Carolyn L. Williams, and Yossef S. Ben-Porath. Copyright © 1990 by the Regents of the University of Minnesota. Reproduced by permission of the University of Minnesota Press. All rights reserved. "MMPI®" and "Minnesota Multiphasic Personality Inventory®" are registered trademarks of the Regents of the University of Minnesota.

MMPI-2 매뉴얼 부록 A에 남녀별로 제시되어 있다. 남녀 전체 규준 자료를 바탕으로 한 변환 점수는 Ben-porath와 Forbey(2003)의 부록에 있다.

내용 척도 신뢰도

표 6.1에 규준 집단 남녀의 반응을 기초로 한 내용 척도의 내적 일관성(α) 계수가 나와 있다. 예상대로 내용 척도의 내적 일관성은 매우 높은데, 남자 표본(중앙치 = .78)의 경우 .72(TPA & FRS)에서 .86(CYN)까지, 여자 표본(중앙치 = .80)의 경우 .68(TPA)에서 .86(DEP)까지 다양했다. 일반적으로 내용 척도는 임상 척도보다 좀 더 내적으로 일관되며, (MMPI-2 내용 척도 이전에 사용되었던) Wiggins 척도의 내적 일관성과 비슷하다.

규준 집단 중 남자 82명과 여자 111명의 내용 척도에 대한 검사-재검사 신뢰도 계수가 표 6.1에 나와 있다. 평균 재검사 간격은 약 9일 정도였다. 이 계수가 시사하는 바는 내용 척도가 단기간 내 시간적 안정성을 띠고 있다는 점이며, 검사–재검사 신뢰도 계수는 남자 표본(중앙치=.83)의 경우 .78(BIZ)에서 .91(SOD)까지, 여자 표본(중앙치=.86)의 경우 .79(TPA)에서 .91(WRK)까지 다양했다. 사실 내용 척도가 기본 임상 척도보다 더 안정적인 것 같다.

내용 척도 타당도

Butcher와 동료들(1990)은 내용 척도에 대한 여러 종류의 예비 타당도 자료를 제시하였다. 내용 척도와 다른 MMPI-2 척도 간의 상관이 표 6.2에 제시되어 있다. 이런 상관 자료는 내용 척도의 구성 타당도 이해에 큰 도움이 된다. 일부 내용 척도는 임상 척도와 높은 상관을 보이며, 이들이 유사한 방식으로 해석될 수 있음을 시사한다. 예를 들어 건강염려(HEA) 척도와 척도 1(건강염려증)은 규준 집단 남자의 경우 상관이 .89, 규준 집단 여자의 경우 상관이 .91로 두 척도 모두 건강염려를 측정하고 있음을 시사한다. 사회적 불편감(SOD) 척도와 척도 0(내향성) 역시 남자의 경우 .85의 상관을 보였고, 여자는 .84의 상관이 있다. 그러나 다른 내용 척도는 비슷한 이름을 가진 임상 척도와의 상관이 그리 높지 않은데, 이는 이들 척도가 공통적이면서도 나름대로 고유한 특징을 측정하고 있음을 시사한다. 예를 들어 우울(DEP) 척도와 척도 2(우울증) 간의 상관이 남자는 .52였고 여자는 .63이었는데, 이는 우울을 측정하는 이들 두 측정치를 서로 바꿔 쓸 수 없음을 시사한다.

다양한 장면에서 내용 척도의 상관 연구가 이루어졌다. Butcher와 동료들(1990)은 MMPI-2 표준화 작업에 참여했던 800쌍을 대상으로 내용 척도와 검사 외적 특성과의 상관 자료를 제시하였다(Butcher et al., 2001). 내용 척도들이 신뢰성 있고 개념적으로 적절한 상관이 있다는 점이 정신과 입원 환자(Archer et al., 1996; Dwyer et al., 1992), 정신건강 외래 환자(Graham et al., 1999), 대학생(Ben-Porath et al., 1993), 호주 노인(Strassberg et al., 1991), 만성통증 환자(Strassberg & Russell, 2000), 외상으로 인한 뇌손상 환자(Palav et al., 2001) 표본 연구에서 보고되었다.

특정 내용 척도의 타당도를 검증한 연구들도 있다. Schill과 Wang(1990)은 분노(ANG) 내용 척도가 분노 표현 측정치와는 정적으로 상관이 있고 분노통제 측정치와는 부적 상관이 있음을 보고하였다. 분노 내용 척도는 남자 표본에서는 공격성을 언어적으로 표현하는 것과 유의미한 상관이 있었고, 여자 표본에서는 물리적인 공격성을 나타내는 것과 상관이 있었다. O'Laughlin과 Schill(1994)은 자신이 인식하는 공격성과 분노 내용 척도 간에 유의미한

표 6.2 MMPI-2 남녀 규준 집단에서 내용 척도와 임상 척도 간 상관

	1(Hs)	2(D)	3(Hy)	4(Pd)	5(Mf)	6(Pa)	7(Pt)	8(Sc)	9(Ma)	0(Si)
				남자(n =1,138)						
ANX	.50	.45	.04	.50	.20	.33	.80	.69	.31	.43
FRS	.34	.22	.02	.16	.01	.09	.37	.35	.06	.28
OBS	.40	.26	−.16	.29	.12	.18	.77	.64	.31	.44
DEP	.48	.52	.02	.58	.16	.38	.80	.75	.27	.48
HEA	.89	.45	.39	.35	.10	.25	.50	.55	.18	.29
BIZ	.38	.03	−.09	.36	.08	.33	.51	.62	.48	.11
ANG	.33	.01	−.21	.36	−.02	.15	.55	.53	.42	.19
CYN	.33	.07	−.43	.26	−.17	−.16	.51	.53	.42	.32
ASP	.26	.01	−.36	.37	−.15	−.12	.45	.50	.51	.18
TPA	.29	.05	−.30	.22	−.05	.04	.53	.48	.38	.25
LSE	.42	.42	−.11	.27	.07	.18	.72	.61	.11	.59
SOD	.24	.39	−.19	.04	.11	.09	.40	.36	−.20	.85
FAM	.32	.21	−.11	.57	.18	.21	.59	.66	.43	.31
WRK	.49	.44	−.09	.41	.14	.21	.81	.73	.23	.59
TRT	.46	.40	−.12	.40	.02	.19	.72	.68	.20	.56
				여자(n =1,462)						
ANX	.58	.60	.17	.51	.10	.39	.83	.71	.34	.48
FRS	.34	.20	−.01	.13	.00	.06	.39	.33	.11	.32
OBS	.45	.40	−.06	.36	.08	.25	.79	.65	.36	.47
DEP	.54	.63	.12	.61	.01	.44	.83	.77	.31	.55
HEA	.91	.45	.48	.33	.00	.25	.55	.59	.29	.31
BIZ	.36	.11	−.03	.39	−.14	.31	.51	.65	.50	.15
ANG	.39	.20	−.06	.44	.00	.25	.62	.60	.44	.27
CYN	.41	.17	−.24	.32	−.24	−.06	.51	.54	.46	.35
ASP	.30	.09	−.25	.37	−.28	−.09	.44	.51	.51	.23
TPA	.32	.15	−.16	.23	−.05	.13	.53	.49	.36	.28
LSE	.44	.53	−.04	.31	.01	.23	.74	.61	.14	.65
SOD	.24	.43	−.17	.06	.07	.19	.43	.35	−.17	.84
FAM	.40	.32	.04	.61	.04	.33	.60	.72	.45	.33
WRK	.52	.58	.02	.44	.04	.29	.82	.72	.27	.63
TRT	.45	.50	−.05	.42	−.04	.26	.72	.69	.24	.61

정적 상관이 있음을 밝혔다. Carr와 Graham(1996)은 분노 내용 척도에서 높은 점수를 얻은 남자 대학생들은 누가 옆에서 도발하지 않아도 자주 화를 낸다고 보고했으며, 분노 내용 척도는 화를 안으로 삭이거나 밖으로 표현하는지 여부를 예측하는 데 도움이 되지 않음을 밝혔다. 분노 내용 척도에서 높은 점수를 얻은 여자 대학생들 또한 화내는 경우가 더 잦고 이를 조절하는 게 어려우며 화를 밖으로 표출한다고 보고했다. Clark(1994)는 통증 조절 프로그램에 참가한 사람들 중 분노 내용 척도 점수가 높으면 화를 외현화하는 경향이 있는 반면, 냉소적 태도(CYN) 내용 척도 점수가 높으면 화를 내재화하는 경향이 있음을 보고했다.

Butcher와 동료들(1990)은 만성통증 환자, 정신과 환자 및 비임상군의 건강염려(HEA) 내용 척도 점수에 관한 자료를 제시하였다. 예상했던 대로 만성통증 환자들이 다른 집단보다 건강염려 척도 점수가 유의미하게 높았다. 건강염려 척도에서 T 점수 65점을 분할점으로 사용하면 대부분의 만성통증 환자들이 분류되었으며, 잘못 분류되는 경우는 지극히 소수였다. Boone(1994)은 정신과 입원 환자 표본에서 우울(DEP) 내용 척도 점수가 우울, 무망감 및 자살에 대한 자기보고식 측정치들과 높은 상관이 있음을 보고했다.

Butcher와 동료들(1990)은 직업적 곤란(WRK) 내용 척도에서 다르게 나타날 것으로 기대되는 몇몇 남자 집단의 자료를 제시하였다. 조종사 지원자, 군인, 정신과 입원 환자 및 치료 중인 알코올 중독자들의 점수를 비교하였다. 조종사 지원자들은 가장 긍정적인 직업태도를 보일 것으로 예상되었고 기대대로 직업적 곤란 척도 점수가 가장 낮았던 반면, 정신과 환자와 알코올 중독자 집단은 가장 높은 점수를 얻었다.

Lilienfeld(1996)는 몇몇 남자 표본에서 반사회적 특성(ASP) 내용 척도가 일반화된 사회적 일탈뿐만 아니라 정신병질(psychopathy)의 핵심 성격특징 중 일부를 측정한다고 보고하였다. S. R. Smith와 동료들(1999)은 반사회적 특성 내용 척도가 반사회적 성격장애로 진단되는 내담자와 다른 성격장애가 있는 내담자 집단을 변별하는 데 유용함을 증명하였다. Lee와 Forbey(2010)는 ASP 척도와 ANG 척도 점수가 남자 대학생 대규모 표본에서 성적 집착과 중간 수준의 정적 상관이 있음을 보였다.

대학생 참가자를 대상으로 한 몇몇 연구에서는 낮은 자존감(LSE) 내용 척도가 부정적인 자기 가치감, 부적절감 및 타인과의 부정적인 비교를 측정하는 다른 자기보고식 검사들과 상관이 높았다(Brems & Lloyd, 1995; Englert et al., 2000; McCurdy & Kelly, 1997). Rice와 Stuart(2010)는 대규모 대학생 집단에서 LSE 척도와 DEP 척도 점수가 자신의 수행에 기대와 수행에 대한 자기 평가 간의 불일치가 정적으로 상관이 있음을 제시하였으며, 이는 부적응적 완벽주의와 관련된 특성이다.

Clark(1996)는 만성통증 치료 프로그램에 참여한 남성을 대상으로 부정적 치료 지표(TRT) 척도의 활용성을 검토하였다. TRT 점수가 높은 사람들은 치료기간 중 우울 증상이 크게 줄어들긴 했지만, 신체적인 면에서 좋아진 폭은 훨씬 적은 양상을 보였다. 또한 점수가 높을수록 조기에 치료를 중단하는 경우가 많았다. Gilmore와 동료들(2001)은 TRT 척도 점수가 높을수록 초기 면담 후 치료를 지속하는 확률이 낮음을 발견했다. 치료를 지속하는 사람들 중에서도 TRT 척도 점수가 높은 사람들은 치료를 받으러 오는 날이 적고, 동기가 낮고 잘 참석하지 않으며 치료 내용에 대한 이해도도 낮은 것으로 평정되었다. Michael과 동료들(2009)은 TRT 척도 점수가 첫 접수 면접에서 보이는 고통 및 기능과 관련이 있었지만, 인지행동치료나 대인관계치료를 받을 때 보이는 고통이나 기능상에서의 변화와는 관련이 없다는 것을 보고하였다. Craig와 Olson(2004)은 아프리카계 남성으로 이루어진 소규모 표본의 경우 TRT 척도가 치료의 성공을 예언하지는 않음을 발견하였다.

내용 척도 점수가 특정한 임상적 문제들과 어느 정도 관련이 있는지를 살펴본 연구들도 있다. Egeland와 동료들(1991)은 아동학대 위험이 높은 엄마들이 LSE 척도를 제외한 모든 내용 척도에서 평균 점수 이상을 얻었다고 밝혔다. 이들이 얻었던 가장 높은 점수의 내용 척도는 반사회적 특성(ASP), 냉소적 태도(CYN), 기태적 정신상태(BIZ), 분노(ANG) 내용 척도였다. Bosquet와 Egeland(2000)는 임신 시 MMPI-2에서 반사회적 특성(ASP) 내용 척도 점수가 높았던 여성들의 경우, 아이가 13~24개월 무렵에 평가했을 때 아이에게 둔감하고 적대적이며 가혹한 태도를 보이는 경향이 나타났다고 보고하였다. McAnulty와 동료들(2014)은 비폭력적 범죄를 범한 소규모 여성 표본에서 공포(FRS) 내용 척도 점수가 낮고 억압(R) 보충 척도 점수가 높은 경우 입주치료 프로그램에서 치료에 참석하지 않는 것과 상관이 있음을 보고하였다. 그들은 척도 4, 사회적 책임감(Re) 보충 척도, 중독 인정 척도(AAS) 점수가 높은 경우 입주치료 프로그램을 끝까지 참석할 여성을 예측하는 데 있어서 우울(DEP) 내용 척도 점수가 유용하다는 점도 보고하였다.

Hjemboe와 Butcher(1991)는 가정 문제(FAM) 내용 척도가 MMPI-2 규준 집단 부부들 중 부부상담을 받는 쌍을 변별해 내는 데 강점이 있으며, FAM 점수가 결혼생활 적응 측정치와 유의미한 부적 상관이 있음을 제시하였다. Kopper와 동료들(2001)은 대학생 집단에서 몇몇 내용 척도와 자살 사고에 관한 자기보고 측정치 간에 유의미한 상관을 보고하였다. 여자들의 경우 몇몇 타당도 척도 및 임상 척도와 함께 분노 내용 척도가 자살 사고 예측에 도움이 되었고, 반면에 남자들의 경우 몇몇 다른 타당도 및 임상 척도와 함께 A 유형 행동(TPA) 내용 척도가 자살 사고를 예측하는 역할을 했다.

건강심리학 영역에서도 MMPI-2를 적용한 연구가 있는데, Kawachi 등(1998)은 남자 노인들의 경우 TPA 척도 점수와 심혈관계 질환이 유의미한 상관이 있음을 발견했다. Gass(1991)는 일부 뇌손상 환자들의 경우 몇몇 MMPI-2 임상 척도에서 자연스럽지 못한 높은 점수를 얻는데, 이는 신경학적 호소 문항들이 이들 척도에 포함되어 있기 때문이라고 보고했다. 그는 반대로 뇌손상 환자의 정서상태를 이해하는 데 내용 척도들이 특히 유용한 이유에 대해 내용 척도에는 신경학적 호소 문항들이 별로 포함되어 있지 않기 때문이란 결론을 내렸다.

Butcher와 동료들(1995)은 MMPI-2에서 새로 개발된 척도들이 기존 척도들을 사용하여 예측할 수 있는 것 이상으로 MMPI 외의 다른 검사특성들을 예측 가능하게 한다는 점을 강조하였다. 몇몇 연구는 MMPI-2 내용 척도의 증분 타당도(incremental validity)를 보여 주었다. Ben-Porath와 동료들(1991)은 MMPI-2 내용 척도로 정신과 입원 환자의 경우 조현병과 주요우울증 환자의 감별진단이 되는지 연구하였다. 그들은 두 장애의 감별진단에 임상 척도와 내용 척도 모두 관련이 있으며, 내용 척도는 임상 척도만 활용하는 것 이상으로 진단적 문제와 관련된 정보를 포함하고 있음을 밝혔다. 남자 환자의 경우 우울(DEP) 및 기태적 정신상태(BIZ) 내용 척도가, 여자 환자의 경우 BIZ 내용 척도가 감별진단에 추가되었다. 비슷하게 Wetzler와 동료들(1998)도 우울증 진단에 임상 척도와 더불어 DEP 내용 척도를 추가하는 것이 유의미하며, 정신병 환자를 진단하는 데는 임상 척도에 BIZ 및 DEP 내용 척도를 추가하는 것이 유의미하다는 점을 밝혔다. Bagby와 동료들(2005)은 DEP와 ANX 내용 척도로 양극성 및 단극성 우울을 예측하며 조현병의 경우 BIZ와 LSE 내용 척도로 예측 가능하다는 것을 발견하였다.

Ben-Porath 등(1993)은 대규모 대학생 표본을 사용하여, 임상 척도에 MMPI-2 내용 척도를 추가하여 다른 자기보고식 측정치들로 평가된 관련 특성을 예측하였다. Archer 등(1996)은 성인 정신과 입원 환자 표본에서, 대부분의 내용 척도를 추가함으로써 자기보고 및 임상가들의 평정을 통해 관련 특징을 예측함을 보고하였다. Strassberg와 동료들(1991)은 호주에 거주하는 노인 표본을 사용하여 4개 내용 척도(DEP, ANX, LSE, HEA)에 대한 증분 타당도를 보고하였다.

Barthlow와 동료들(1999)은 임상 척도에 내용 척도를 추가해서 사용했을 때 치료자들이 평정한 정신건강센터 외래 환자들의 특징 예측도가 얼마나 높아지는지 살펴보았다. 증분 타당도가 크지는 않았지만, 대부분의 내용 척도가 그에 해당하는 임상 척도에 의해 설명되는 비율에서 변량이 유의미하게 추가됨을 보였다. 이들은 임상 척도, 내용 척도로 구성된 각각의 세트 내에서 임상 척도는 내용 척도에, 내용 척도는 임상 척도에 설명력을 더하기 때문에,

MMPI-2 해석 시 두 척도가 함께 사용되어야 한다고 결론지었다.

Carter와 동료들(2019)은 입원치료를 위해 참고하는 개인의 반구조화된 진단면담에 임상 및 내용 척도를 추가함으로써 비정동성 정신병 진단 예측이 더 높아지는지 조사하였다. 결과는 척도 8과 BIZ 내용 척도 점수가 높고 ANX 내용 척도에서 점수가 낮은 경우 비정동성 정신병을 다른 정신건강상태로부터 변별해 내는 것으로 시사되었다.

요약하면, MMPI-2 내용 척도의 타당도를 뒷받침하는 상당한 증거들이 있다. 내용 척도들은 관련된 검사 외적 특징과 유의미한 상관이 있으며, 대부분의 경우 내용 척도와 관련된 검사 외적 특징 간의 상관관계가 임상 척도와 이들 관련 특징 간의 상관보다 강하다. 또한 임상 척도로 관련 검사 외적 특징을 예측하는 데 있어 내용 척도를 추가함으로써 예측력을 높여 준다는 몇몇 증거들도 있었다. 이런 자료들을 종합해 보면 내용 척도가 MMPI-2 검사를 받은 사람을 이해하는 데 상당한 도움을 줄 수 있으며, 표준적인 타당도와 임상 척도의 의미 해석에도 부가적으로 도움을 준다는 점이 시사된다.

그러나 모든 사람들이 이런 긍정적 견해에 동의하는 것은 아니다. Jackson과 동료들(1997)은 "MMPI-2 내용 척도의 수렴 및 증분 타당도는 상당량의 혼재된 전체 변량으로 인해 심각하게 훼손되었다"(p. 111)라고 주장하였으며, 사회적 바람직성과 묵종 반응세트(acquiescence response sets)들이 반영된 것이라고 믿었다. 이들의 주장은 원판 MMPI 척도들에 대한 이전 주장들(예 : Edwards, 1957; Jackson & Messick, 1961)과 유사하다. J. Block(1965)은 반응세트 논쟁을 일축하는 자료를 제시했다. MMPI-2 내용 척도가 안정적이며 개념적으로 관련이 있는 검사 외적 측정치와 상관이 있다는 증거들이 축적됨에 따라, 이들 척도가 특정 방식으로 문항을 체크하는 경향과 부분적으로 겹칠 수는 있으나 개인의 성격 및 정신병리에 관한 중요 측면을 평가하고 있다는 점이 시사되었다.

내용 소척도

MMPI-2 내용 척도 개발의 가장 중요한 목표는 개별 척도의 내적 일관성을 최대화하는 것이었지만, Ben-Porath와 Sherwood(1993)는 15개 내용 척도 중 12개가 내용 소척도를 만들기 위해 문항들을 세분화하는 것이 가능하다고 주장하였다. 예를 들어, 반사회적 특성(ASP) 내용 척도 문항들은 반사회적 태도와 반사회적 행동이라는 두 개의 군집 문항으로 세분화될 수 있다고 지적했다. Ben-Porath와 Sherwood는 일부 사례를 들어 어떤 척도에서 특정 T 점수를 얻었을 때 어떤 종류의 문항에 체크했는지에 대한 추가적인 정보가 내용 척도 해석에 의미를 더해 준다고 보았다.

내용 소척도 개발

내용 소척도를 만들기 위해 Ben-Porath와 Sherwood(1993)는 대학생 및 정신과 입원 환자 표본 등 MMPI-2 규준 집단 자료를 이용하여, 처음에는 15개 내용 척도 각각에 속한 문항을 요인분석하였다. 요인분석 결과를 일부 예비 내용 소척도 개발을 위해 사용하였다. 다음 단계로, 몇몇 통계적 절차를 이용하여 내용 소척도의 내적 일관성을 높였다. 마지막으로, 문항군 간의 개념적 독립성을 확인하고 최종 내용 소척도에 알맞은 이름을 붙이는 이론적 분석을 도입하였다. 15개 내용 척도 중 12개의 최종 내용 소척도가 표 6.3에 나와 있다. ANX, OBS, WRK 척도에 대해 내용 소척도는 개발되지 않았다. MMPI-2 매뉴얼(Butcher et al., 2001)의 부록 B에 각각의 내용 소척도 문항(및 채점 방향)이 있다. MMPI-2 규준 집단 자료를 기초로

표 6.3 MMPI - 2 내용 소척도

공포(FRS) 　FRS1 : 일반화된 공포 　FRS2 : 특정 공포	반사회적 특성(ASP) 　ASP1 : 반사회적 태도 　ASP2 : 반사회적 행동
우울(DEP) 　DEP1 : 동기 결여 　DEP2 : 기분 부전 　DEP3 : 자기 비하 　DEP4 : 자살 사고	A 유형 행동(TPA) 　TPA1 : 조급함 　TPA2 : 경쟁 욕구
건강염려(HEA) 　HEA1 : 소화기 증상 　HEA2 : 신경학적 증상 　HEA3 : 일반적인 건강염려	낮은 자존감(LSE) 　LSE1 : 자기 회의 　LSE2 : 순종성
기태적 정신상태(BIZ) 　BIZ1 : 정신증적 증상 　BIZ2 : 조현형 성격특성	사회적 불편감(SOD) 　SOD1 : 내향성 　SOD2 : 수줍음
분노(ANG) 　ANG1 : 폭발적 행동 　ANG2 : 성마름	가정 문제(FAM) 　FAM1 : 가정 불화 　FAM2 : 가족내 소외
냉소적 태도(CYN) 　CYN1 : 염세적 신념 　CYN2 : 대인 의심	부정적 치료 지표(TRT) 　TRT1 : 낮은 동기 　TRT2 : 낮은 자기개방

해서 내용 소척도 원점수를 선형 T 점수로 변환한 점수들은 MMPI-2 매뉴얼 부록 A에 제시되어 있다. 남녀 전체 규준 자료를 기초로 한 변형 점수는 Ben-Porath와 Forbey(2003)의 전체 규준 논문의 부록에서 확인할 수 있다.

내용 소척도 신뢰도

Ben-Porath와 Sherwood(1993)는 정상인, 대학생 및 정신과 표본에서 내용 소척도의 내적 일관성 계수를 보고하였다. 내용 소척도의 내적 일관성은 상당히 다양했지만, 그들의 모척도인 내용 척도의 내적 일관성 계수보다는 전반적으로 낮았다. 내용 소척도의 내적 일관성이 더 낮아진 것이 적어도 부분적으로는 모척도인 내용 척도보다 문항 수가 적기 때문일 수 있다. 예상했던 대로 많은 내용 소척도의 내적 일관성이 정신과 표본보다 정상인과 대학생 표본에서 더 낮아졌는데, 아마도 이는 규준 집단에서 일부 내용 소척도의 점수 변산이 크지 않음을 반영하는 것 같다. Ben-Porath와 Sherwood(1993)는 내용 소척도의 내적 일관성이 좀 더 광범위하게 쓰이고 있던 Harris-Lingoes 소척도의 내적 일관성과 비슷하다는 점을 지적하였다. 또한 Ben-Porath와 Sherwood(1993)는 MMPI-2 규준 집단 중 하위 표본의 검사-재검사 신뢰도도 보고하였다. 신뢰도 계수는 남자 표본(중앙치 = .77)의 경우 .47(FRS1)에서 .90(SOD1)까지, 여자 표본(중앙치 = .79)의 경우 .67(BIZ1)에서 .88(SOD1)까지 매우 다양하였다. 이런 신뢰도 계수가 모척도인 내용 척도에 대해 보고되었던 것보다는 다소 낮지만, 예전에 보고된 Harris-Lingoes 소척도의 신뢰도 계수와는 비슷하다.

내용 소척도 타당도

Ben-Porath와 Sherwood(1993)는 MMPI-2 규준 집단 수검자들이 평정한 내용 소척도 점수와 검사 외적 특성 평정치 간의 상관을 보고하였다. 비록 평정치가 내용 소척도에서 측정되는 특징을 모두 반영하지 못할 뿐만 아니라 규준 집단의 점수 변산이 적어서 최종 상관의 크기도 약해졌지만, 상관 패턴을 볼 때 내용 소척도의 외적 타당도를 뒷받침하는 일부 예비적 자료로 해석된다.

　　Graham과 동료들(1999)은 정신건강센터 외래 환자 대규모 표본을 대상으로 내용 소척도의 검사 외적 특성을 확인하였다. 이런 특징들과의 상관이 여러 척도들에서 모척도인 내용 척도나 내용 소척도에서도 비슷했지만, 특이한 상관 패턴을 보이는 일부 사례도 있었다. 예를 들어 신체적 학대나 가정폭력의 과거력은, 성마름(ANG2) 내용 소척도보다 폭발적 행동(ANG1) 내용 소척도와 더 강한 상관이 있었다.

Clark(1996)는 부정적 치료 지표(TRT) 내용 척도 및 낮은 동기(TRT1) 내용 소척도가 만성통증 치료 프로그램에 참가한 남성의 우울 및 신체능력 변화를 예측하는 데 똑같이 효과적이었음을 발견하였다. 그러나 낮은 자기개방(TRT2) 내용 소척도는 이런 변화를 예측하는 데 그다지 효과적이지 않았다.

Ben-Porath와 Sherwood(1993)는 내용 소척도 점수 해석을 위한 일부 지침을 제시하였다. 이들은 내용 소척도는 모척도인 내용 척도 해석을 돕기 위해 사용되어야 하며, 해석을 위해 항상 내용 척도와 함께 사용할 것을 권하였다. 내용 소척도는 모척도인 내용 척도의 T 점수가 60점 이상일 때만 해석되어야 한다고 지적하였다. 내용 척도 안에 있는 각각의 내용 소척도가 상이한 상승을 보이는 것은 내용 척도 상승과 관련된 증상 및 문제를 기술하는 데 있어 특히 유용할 수 있다. 이런 상이한 상승은 대개 모척도인 내용 척도 점수가 T 점수 60~75점으로 적당히 높을 때 그런 것 같다.

McNulty, Ben-Porath 등(1997)은 내용 소척도 점수는 모척도인 내용 척도가 T>60으로 상승하고 내용 소척도 중 하나가 같은 내용 척도에 속한 다른 것과 적어도 10점 이상 차이가 날 때 가장 도움이 되는 것 같다고 주장하였다. 정신건강센터 내담자 표본자료 분석 결과, 일부 내용 척도의 경우에는 내용 소척도의 상이한 상승으로 내용 척도와의 상관치들을 해석상에서 강조해야 할지 강조하지 않아야 할지에 관한 중요한 정보를 추가적으로 얻을 수 있다는 생각이 지지되었다.

내용 척도 및 내용 소척도 해석

앞에서 요약된 자료 및 각각의 내용 척도에 포함된 문항 내용을 검토해 보면, 내용 척도들에서 높은 점수를 얻은 사람들(T>65)에 대한 해석적인 추론이 가능하다. 내용 척도의 낮은 점수의 의미를 살펴본 이전 연구는 하나였는데(Graham, Ben-Porath et al., 1997), 해석적 기술을 위해 내용 척도의 낮은 점수는 사용하지 않도록 권하고 있다.

WRK와 TRT 척도 해석에는 특별히 주의를 기울여야 한다. 이들 척도가 구성된 방식 때문에 이들 척도 각각은 일반적인 부적응과 의기소침으로 가득 차 있는 것 같다. 따라서 상당한 심리적 동요를 겪고 의기소침해 있는 사람들은 직업이나 치료에 대한 특정한 그들의 태도에 상관없이 이들 척도에서 높은 점수를 얻을 수 있다.

내용 소척도는 모척도인 내용 척도의 T 점수가 60점 이상일 때만 해석해야 한다. 이때 내용 척도 내 내용 소척도들의 T 점수를 비교해 봐야 한다. 만약 내용 소척도 간에 상이한 패턴을 보인다면(즉 한 소척도가 다른 소척도보다 적어도 T 점수 10점 이상 높다면), 내용 소척도의 문항 내용을 살펴봄으로써 내용 척도와 얼마나 관련이 있는지를 강조해야 할지 하지 말아야 할지에 대해 추가적인 정보를 얻을 수도 있다.

내용 척도를 해석할 때는 수검태도를 고려하는 것이 매우 중요하다. 척도들이 주로 명백 문항을 포함하고 있기 때문에, 척도 점수는 수검태도와 관련하여 쉽게 왜곡될 가능성이 있다. MMPI-2 수검 시, 과소보고를 한 사람들은 대부분의 척도에서 낮은 점수를 얻고, 자신의 문제를 과장하는 사람들은 대부분의 척도에서 점수가 상승한다. 확실히 MMPI-2에서 내용 척도가 가장 유용할 때는 수검자가 협조적이고 개방적인 태도로 접근하는 경우이다.

임상가들은 내용 척도 점수를 수검자와 검사자 간의 직접적인 의사소통으로 봐야 한다. 내용 척도의 높은 점수에 반영되는 특징들은 수검자가 검사자에게 알리고 싶어 하는 것들이다. 내용 척도 결과를 사용해서 수검자들이 MMPI-2를 작성하였을 때 의사소통하려고 하는 것들을 인식하도록 피드백해 주는 경우 내담자와의 라포는 증가한다.

불안(ANX)

ANX 척도 점수가 높은 사람들은

1. 불안하고, 신경이 예민해져 있고, 걱정이 많고, 염려한다.
2. 주의집중에 어려움이 있다.
3. 수면 문제를 호소한다.
4. 의사결정이 어렵다.
5. 신체증상을 호소할 수 있다.
6. 슬프고 침울하거나 우울한 느낌을 보고할 수 있다.
7. 자살 사고를 할 수도 있다.
8. 인생살이가 힘들다고 느끼며, 모든 게 더 나아지리라는 점에 대해 비관적이다.
9. 무망감을 느낀다.
10. 불안정감을 느끼고 자기 확신이 부족하다.
11. 일상의 책임에 압도된다고 느낀다.
12. 임상 장면에서, 불안장애나 외상 관련 장애를 진단받는 경우가 흔하다.

불안 내용 소척도

불안 내용 척도에는 내용 소척도가 없다.

공포(FRS)

FRS 척도 점수가 높은 사람들은

1. 두렵고 불안한 경우가 대부분이다.
2. 다양한 두려움이나 공포를 보고한다.
3. 지나친 경쟁을 보이지 않는다.

공포 내용 소척도

일반화된 공포(FRS1) 및 특정 공포(FRS2) 내용 소척도는 공포 및 불안과 관련된 문항들로 이루어져 있다. 그러나 FRS1 척도는 좀 더 일반적인 불안 및 공포 상태를 측정하는 듯하며, 반면 FRS2 척도는 특수한 대상(예 : 번개, 동물, 불, 피 등)과 관련된 공포를 나타내는 문항들로 이루어져 있다.

강박성(OBS)

OBS 척도 점수가 높은 사람들은

1. 결정을 내리는 데 상당한 어려움이 있다.
2. 완고하고 변화를 싫어한다.
3. 사소한 일에 조바심을 내고 걱정하며, 반추한다.
4. 우울, 슬픔 및 낙담을 느낄 수 있다.
5. 자신감이 부족하다.
6. 무망감을 느끼는 경향이 있다.
7. 흔히 수면장애를 호소한다.
8. 강박 증상을 보고한다.
9. 흥미가 생기지 않는다.

강박 내용 소척도

강박 내용 척도에는 내용 소척도가 없다.

우울(DEP)

DEP 척도 점수가 높은 사람들은

1. 우울하고 슬퍼하고 울적해하거나 낙담한다.
2. 피로감을 느끼며 흥미가 생기지 않는다.

3. 비관적이고 무망감을 느낀다.

4. 최근 죽음 및 자살에 대한 생각에 빠져 있을 수 있고 자살을 시도한 적이 있을 수 있다.

5. 잘 운다.

6. 우유부단하고 자신감이 부족하다.

7. 인생살이가 힘들다고 느낀다.

8. 죄책감, 실패감을 느낀다.

9. 그다지 성취 지향적이지 않고 기대만큼 성과를 내지 못한다고 생각한다.

10. 건강을 염려한다.

11. 흔히 수면장애를 호소한다.

12. 외로움과 공허함을 느낄 때가 대부분이다.

13. 정서적으로 위축되어 있다.

14. 친구가 거의 없거나 전혀 없다.

15. 대인관계에서 지나치게 민감하다.

16. 사람을 사귀는 데 어려움이 있다.

17. 임상 장면에서 우울장애를 진단받는 경우가 흔하다.

우울 내용 소척도

DEP 내용 소척도 4개 모두에서 높은 점수는 슬프고 우울하다는 것을 시사한다. 동기 결여(DEP1) 내용 소척도 문항은 인생이 공허하고 의미가 없으며, 더 나은 미래를 향한 희망도 포기한 상태에 맞춰져 있다. 기분 부전(DEP2) 내용 소척도는 기분에 초점을 둔 것으로, 점수가 높은 사람들은 슬프고 울적하며 불행하다고 느낄 때가 많다. 자기 비하(DEP3) 내용 소척도는 과거 행동에 대한 부적절감 및 죄책감을 주로 다루고 있다.

척도 이름이 말해 주는 것처럼 자살 사고(DEP4) 내용 소척도는 최근 혹은 현재 죽음이나 자살에 대한 생각들이 있음을 인정하는 것들이다. 이 척도의 5개 문항 중 네 문항이 자살 사고를 직접적으로 다루고 있다. 다섯 번째 문항은 무망감 경험에 대해 묻는다. 잠재적 자살 위험성을 시사하는 문항들을 고려할 때는 피검자가 검사를 마쳤을 때 DEP4 반응을 잘 살펴볼 것을 추천하며, 피검자들이 채점 방향으로 체크한 문항들에 대해 함께 이야기해 보는 것도 권하는 바이다.

건강염려(HEA)

HEA 척도 점수가 높은 사람들은

1. 신체적으로 건강하다는 것을 부인한다.
2. 신체 기능에 집착한다.
3. 스트레스가 생기면 신체증상이 나타날 수 있다.
4. 지쳐 버린 느낌이며 기운이 모자란다.
5. 구체적으로 다양한 신체증상을 호소하는데, 신경학적 장애를 시사할 수 있는 증상도 포함된다.
6. 어려운 일들이 생기는 경우 잘 대처하지 못한다.
7. 불안해하고 압도된다고 느낄 때가 대부분이다.
8. 슬프고 우울하며, 비관적인 느낌을 호소할 수 있다.
9. 흔히 수면장애를 호소한다.
10. 임상 장면에서 우울장애로 진단받는 경우가 흔하다.

건강염려 내용 소척도

소화기 증상(HEA1) 내용 소척도 문항들은 메스꺼움, 변비 및 소화기계통의 불편감 증상이 있음을 시사한다. 신경학적 증상(HEA2) 내용 소척도는 신경학적 장애(예 : 피부 감각 마비, 경련, 졸도, 균형 문제 등)와 관련된 감각 및 운동 경험을 다룬다. 일반적인 건강염려(HEA3) 내용 소척도는 병이나 질환에 대해 과장된 일반적인 염려가 있음을 시사한다.

기태적 정신상태(BIZ)

BIZ 척도 점수가 높은 사람들은

1. 정신병적 사고과정이 있을 수 있다.
2. 기이한 사고 내용을 보고할 수 있다.
3. 환청, 환시 혹은 환후를 호소할 수 있다.
4. 비현실감을 호소한다.
5. 지남력 문제를 보일 수 있다.
6. 사람들이 자신에 대해 나쁘게 이야기하는 것 같다고 느낀다.
7. 의심하는 경향이 있다.
8. 사람들이 자신을 해치려 한다고 믿을 수 있다.

9. 사람들이 자신의 마음을 읽거나 자신의 생각이나 행동을 조종할 수 있다고 믿기도 한다.

10. 정동이 둔하다(blunted affect).

11. 친구가 소수이거나 없다고 보고하는 경우가 흔히 있다.

12. 자살 시도를 한 과거력이 있을 수 있다.

13. 물질 남용 과거력이 있을 수 있다.

14. 성적으로 학대받았던 과거력이 있을 수 있다.

15. 성취 지향적인 면이 약하다.

16. 임상 장면에서, 조현병 스펙트럼 및 기타 정신병적 장애를 진단받는 경우가 흔하다.

기태적 정신상태 내용 소척도

정신증적 증상(BIZ1) 내용 소척도나 조현형 성격특성(BIZ2) 내용 소척도 점수가 높으면 정신증적 증상들이 있음을 시사한다. 그러나 BIZ1 척도 점수가 높으면 대체로 자신의 생각과 행동을 다른 사람이 조종하고 있는 느낌을 갖는 듯하다.

분노(ANG)

ANG 척도 점수가 높은 사람들은

1. 분노나 적대감을 느끼는 경우가 대부분이다.

2. 사람들에게 짜증스럽고, 부루퉁해 있고, 조급하며 고집스러운 사람으로 보일 수 있다.

3. 공격적이고 비판적이며 논쟁적이다.

4. 욕설을 퍼붓거나 뭔가를 때려 부수고 싶을 수 있다.

5. 성질을 부린다.

6. 자제력을 잃고 신체적인 학대를 할 수 있다.

7. 충동적이며 좌절을 견디는 힘이 약하다.

8. 부당하게 취급받는다고 느낀다.

9. 비판에 매우 민감하다.

10. 종종 대인관계에 문제가 있다.

11. 신체적으로 학대받았던 과거력이 있을 수 있다.

12. 슬프고 우울하며, 희망이 없다고 호소할 수 있다.

분노 내용 소척도

성마름(ANG2) 내용 소척도보다 폭발적 행동(ANG1) 내용 소척도 점수가 높은 사람들은 스스로를 화가 나고 적대적이며, 때로 통제력을 잃고 사람을 때리거나 사물을 친다고 기술하고 있다. 반대 패턴일 경우, 즉 ANG1보다 ANG2가 훨씬 높은 사람들은 만성적으로 화가 나고 적개심을 느끼기는 하지만, 이런 감정 표현을 조절하는 과정에서 문제를 나타낼 가능성은 더 적은 것 같다.

냉소적 태도(CYN)

CYN 척도 점수가 높은 사람들은

1. 사람들은 정직하지 못하고 이기적이며 배려심이 없다고 본다.
2. 타인의 동기를 의심한다.
3. 대인관계에서 경계하고 믿지 못한다.
4. 적대적이고 고압적일 수 있다.
5. 자신은 요구적이면서도, 다른 사람들이 자신에게 아주 작은 요구라도 하면 분개할 수 있다.
6. 호의를 베풀지 않고 도움을 주지 않는다.
7. 성취 지향적인 면이 약하다.
8. 편집증적인 생각이 있을 수 있다.
9. 신체적으로 학대받았던 과거력이 있을 수 있다.

냉소적 태도 내용 소척도

염세적 신념(CYN1) 내용 소척도 문항은 타인에 대한 경멸적이고 불신하는 태도를 시사하는데, 사람들은 문제에서 빠져나오기 위해 거짓말을 하고, 자신이 타인에게 했던 것보다 더 존경을 요구하며, 이익을 얻거나 유리한 입장을 점하기 위해 정당하지 않은 수단들을 사용한다는 것이다. 대인 의심(CYN2) 내용 소척도는 다른 사람들의 동기에 대한 불신뿐만 아니라 수검자가 성취한 것들에 대해 사람들은 자신들이 과도한 공로를 세운 것처럼 행동한다고 지각하는 면에 초점을 둔다.

반사회적 특성(ASP)

ASP 척도 점수가 높은 사람들은

1. 학교에서 혹은 법적으로 문제가 있었던 것 같다.

2. 법을 어기지 않고 슬쩍 피해 가면 문제 될 것이 없다고 믿는다.

3. 범죄자들의 터무니없는 행동에 대해 듣는 것을 즐길 수도 있다.

4. 사람들은 이기적이고 정직하지 못하다고 하면서, 전반적으로 타인에 대해 냉소적인 태도를 취한다.

5. 권위에 대해 분개한다.

6. 자신이 겪는 어려움에 대해 다른 사람을 탓한다.

7. 속임수를 써서 조종하려 한다.

8. 냉담하다.

9. 자기중심적이다.

10. 세상은 정직하지 않고 신뢰할 만하지 않으며 믿을 수 없다고 본다.

11. 물질 남용 문제가 있을 수 있다.

12. 공격적이고, 화를 내며, 분개한다.

13. 충동적이다.

14. 임상 장면에서, 반사회적 성격장애로 진단받는 경우가 흔하다.

반사회적 특성 내용 소척도

반사회적 태도(ASP1) 내용 소척도 점수가 높은 사람들은 순응적이지 않은 태도를 보이지만(즉, 실제로 법을 어기지 않는 한 법을 살짝 피해 가는 것도 괜찮다. 곤경에서 빠져나오기 위해 거짓말을 할 수도 있다), 그렇다고 과거에 반사회적 행동을 했던 것은 아니다. 반사회적 행동(ASP2) 내용 소척도는 학창 시절 비행 및 법적인 문제에 연루된 적이 있는 과거력에 초점이 있다.

A 유형 행동(TPA)

TPA 척도 점수가 높은 사람들은

1. 정력적이고 민첩하며 업무 지향적이다.

2. 일이 끝날 때까지 계속 서두른다.

3. 기다리거나 방해받기를 싫어한다.

4. 적대적이고 짜증을 부리며, 쉽게 성내는 경우가 흔하다.

5. 대인관계에서 고압적이고 비판적인 경향이 있다.

6. 원한을 품고 앙갚음하고자 한다.

7. 심혈관계 문제가 일어날 확률이 높다.

8. 임상 장면에서, 편집적인 생각을 보일 수 있다.

A 유형 행동 내용 소척도

조급함(TPA1) 내용 소척도는 다른 사람들에게 짜증을 부리는 것과 기다리거나 줄을 서는 것을 몹시 싫어하는 면에 초점을 두고 있다. 경쟁 욕구(TPA2) 내용 소척도는 대인관계에서의 질투 및 경쟁심과 관련이 있다.

낮은 자존감(LSE)

LSE 척도 점수가 높은 사람들은

1. 자신이 아주 보잘것없다고 생각한다.

2. 실패를 예상하고 쉽게 포기한다.

3. 능력 부족을 느끼면서 업무성취도가 자신의 기대 수준에 못 미친다고 생각한다.

4. 자신은 남들과 비교가 안 된다고 본다.

5. 비판과 거절에 지나치게 민감하다.

6. 칭찬을 받아들이는 것이 힘들다.

7. 대인관계에서 소극적이다.

8. 의사결정이 힘들다.

9. 걱정과 두려움이 많을 수 있다.

낮은 자존감 내용 소척도

자기 회의(LSE1) 내용 소척도 점수가 높은 사람들은 자신에 대한 여러 가지 부정적 태도를 표현하고 있다. 이들은 자신의 능력에 회의를 보이고 자신에게 불리한 방향으로 다른 사람들과 비교하며, 자신은 결코 바뀔 수 없다고 느끼기도 한다. 순종성(LSE2) 내용 소척도 점수가 높은 사람들은 다른 사람들로부터 쉽게 영향받고 대인관계에서도 수동적이며 복종적인 경향이 있다.

사회적 불편감(SOD)

SOD 척도 점수가 높은 사람들은

1. 수줍어하고 내향적이다.

  2. 사회적인 장면에서 어색해한다.

  3. 사람들과 어울리기보다는 혼자 있는 편이다.

  4. 사교모임과 다른 집단활동을 싫어한다.

  5. 대화 시 먼저 말을 꺼내지 않는다.

  6. 흥미 범위가 좁다.

  7. 흔히 초조하고 불안하다.

  8. 수면장애를 호소하는 경우가 잦다.

  9. 건강 및 질병에 집착할 수 있다.

 10. 우울감과 무망감을 호소할 수 있다.

 11. 대인관계에서 지나치게 민감하다.

 12. 활력 수준이 낮다.

 13. 정서적으로 위축되어 있을 수 있다.

 14. 임상 장면에서, 우울장애 또는 사회불안장애로 진단받는 경우가 흔하다.

사회적 불편감 내용 소척도

내향성(SOD1)과 수줍음(SOD2) 내용 소척도 점수가 높은 사람들은 내향적이지만, 각각의 소척도의 초점은 약간 다른 측면에 맞춰져 있다. SOD1 내용 소척도 문항들은 특히 집단 안에서 혹은 파티에서 주변 사람들과 어울리기보다는 혼자 있는 것을 선호하는 면을 다루고 있는 반면, SOD2 문항들은 새로운 사람들을 만나거나 자신에게 이목이 집중되는 경우 불편감을 느끼는 면에 초점을 두고 있다.

가정 문제(FAM)

FAM 척도 점수가 높은 사람들은

1. 현재 가족 혹은 원가족 간에 상당한 불화가 있다고 말한다.

2. 자신의 가족은 사랑, 이해 및 지지가 부족하다고 말한다.

3. 가족이 요구나 충고를 하면 분개한다.

4. 가족들에게 화가 나고 적대감을 느낀다.

5. 부부관계가 행복하지 않고 애정이 부족하다고 느낀다.

6. 살면서 부당한 대우를 받고 있다고 느끼는 경우가 흔하다.

7. 신체적으로 학대받은 과거력이 있을 수 있다.

8. 우울감과 무망감을 호소할 수 있다.

9. 임상 장면에서, 우울장애로 진단받는 경우가 흔하다.

가정 문제 내용 소척도

가정 불화(FAM1) 내용 소척도 문항들은 가족 구성원에 대한 분노, 미움 및 적개심과 가족으로부터 벗어나고 싶은 마음을 표현하는 것들이다. 가족내 소외(FAM2) 내용 소척도는 가족 구성원들 간에 이해 및 지지가 부족하다고 느끼는 면에 초점이 맞춰져 있다.

직업적 곤란(WRK)

이전에 언급했던 대로 WRK 내용 척도는 개인이 보이는 직무에 대한 구체적인 태도와는 상관없이, 극단적으로 심리적 스트레스가 있으면 상승할 수 있다. 이와 같이 높은 WRK 점수는 수검자가 일반적으로 부적응하거나 의기소침이 시사될 때 가장 유용하다. 부적응 수준이 높다고 시사되는 경우 높은 WRK 점수는 조심스럽게 해석해야만 한다.

 WRK 척도 점수가 높은 사람들은

1. 직무수행성과를 떨어뜨리는 다양한 태도와 행동 문제를 보고한다.
2. 자신의 직업 선택에 대해 회의를 느끼고 있을 수 있다.
3. 가족들이 자신이 택한 직업을 인정해 주지 않는다고 말한다.
4. 야심이 없고 활력이 부족하다.
5. 직장 동료에 대해 부정적인 태도를 보인다.
6. 흔히 스트레스에 짓눌려 대처할 수 없다고 느낀다.
7. 불안정감을 느낀다.
8. 흔히 실패한 기분이 든다.
9. 자신이 보잘것없다고 생각한다.
10. 강박사고가 있고, 주의집중에 어려움이 있다.
11. 의사결정에 어려움이 있으며 판단력이 떨어질 수 있다.
12. 불안하고, 긴장하고, 걱정이 많으며 두려워한다.
13. 우울, 슬픔 및 무망감을 느낀다.
14. 자살 사고가 있을 수 있다.
15. 활력 수준이 낮다.
16. 성취 지향적인 면이 약하다.

17. 흔히 신체증상을 호소한다.

18. 수면장애를 호소하기도 한다.

19. 임상 장면에서, 우울장애로 진단받는 경우가 흔하다.

직업적 곤란 내용 소척도

직업적 곤란 내용 척도에는 내용 소척도가 없다.

부정적 치료 지표(TRT)

이전에 언급했던 것처럼, TRT 내용 척도는 개인이 보이는 치료에 대한 특정한 태도와 상관없이 극단적인 심리적 스트레스로 상승할 수 있다. 이와 같이, 높은 TRT 점수는 수검자가 일반적으로 부적응하거나 의기소침이 시사될 때 가장 유용하다. 부적응 수준이 높다고 시사되는 경우 높은 TRT 점수는 조심스럽게 해석해야만 한다.

  TRT 척도 점수가 높은 사람들은

 1. 의사나 정신건강치료에 대해 부정적인 태도를 보인다.

 2. 치료를 조기에 종결할 수도 있다.

 3. 어느 누구도 자신을 이해할 수 없다고 느낀다.

 4. 누구와도 자신의 문제를 나눌 수 없다고 믿는다.

 5. 문제에 부딪힐 때 쉽게 포기한다.

 6. 삶에서 중요한 변화를 이끌어 낼 수 없다고 느낀다.

 7. 강한 정서적 고통감을 경험하고 있다.

 8. 흔히 수면장애를 호소한다.

 9. 자주 신체증상을 보고한다.

10. 우울, 슬픔 및 무망감을 느낀다.

11. 자살 사고가 있을 수 있다.

12. 활력 수준이 낮다.

13. 흔히 불안하고 불안정감을 느낀다.

14. 문제 해결에 취약하다.

15. 종종 판단력이 떨어진다.

부정적 치료 지표 내용 소척도

낮은 동기(TRT1) 내용 소척도 문항은 자신의 문제에서 벗어나지 못하리라는 비관적인 태도와 무력감이 관련되어 있다. 낮은 자기개방(TRT2) 내용 소척도 문항들은 다른 사람들에게 자신의 개인적인 정보를 드러내는 것을 꺼릴 뿐만 아니라 그렇게 하지 않음을 시사한다.

결정적 문항

결정적 문항들(critical items)은 그 내용이 심각한 정신병리 지표로 판단되는 것들이다. Koss, Butcher와 Hoffman(1976)과 Lachar와 Wrobel(1979)은 각각 MMPI의 결정적 문항 리스트를 개발하였으며 이는 MMPI-2에도 그대로 가져왔다. MMPI-2 결과 보고서 MMPI-2 Extended Score Report(Pearson Assessments에 실림)는 수검자가 체크한 결정적 문항의 문항 번호와 내용을 제공한다.

결정적 문항 사용에 관한 제언

Koss(1979)는 결정적 문항의 유용성을 개관하였다. 그녀는 결정적 문항세트 모두 F 척도 및 척도 8과 상당 부분 겹치며, 대부분의 결정적 문항들이 '그렇다' 쪽으로 채점 방향이 정해져 있다. 따라서 결정적 문항에 체크한 것은 묵종 반응세트를 보이거나 자신의 증상 및 문제를 과장하고 있는 사람들에 대해 잘못된 판단을 할 수 있다.

MMPI-2 사용자들은 결정적 문항에 체크한 것을 해석할 때, 단일 문항반응이 갖는 오류에 대한 취약성 때문에 척도들만큼 신뢰성이 있지는 않다는 점을 이해해야 한다. 수검자는 특정 문항을 잘못 이해하거나 잘못 기표할 수 있고 이로 인해 검사 해석자가 잘못된 결론에 이르기도 한다. 반면 문항 수가 많은 척도에서는 이런 실수가 그 척도에서 얻는 개인의 총점에 크게 영향을 미치지 않는다. 이와 같이 결정적 문항반응들을 과잉해석해서는 안 된다. 유효한 MMPI-2 원자료에서, 결정적 문항에 '그렇다'라고 반응한 경우 임상가들은 그 문항들이 측정하고 있는 영역에 대해 더 질문해 보아야 한다. 자살 사고와 기괴한 생각 및 행동을 다루는 결정적 문항에 체크한 경우 특별히 주의를 기울여야 한다.

CHAPTER 7

재구성 임상 척도 및 성격병리 5요인 척도

1989년에 MMPI-2가 출판된 뒤, MMPI-2의 문항군집을 활용하여 몇 종류의 중요한 척도를 새로 개발하였고, 그것을 표준적인 채점 절차에 추가하였다. 이 중에서 두 종류의 묶음, 즉 PSY-5 척도(성격병리 5요인 척도; Harkness et al., 2002)와 RC 척도(재구성 임상 척도; Tellegen et al., 2003)를 이번 장에서 소개하겠다. 이 척도들의 신뢰도와 타당도는 MMPI-2를 빈번하게 사용하는 다양한 장면에서 강력하게 지지되었다. 특히 구성 타당도가 우수했는데(Sellbom, 2019), 이것은 MMPI-2를 현대적인 정신병리 모형과 연계해서 활용할 수 있다는 뜻이다. 예컨대, 정신병리 위계적 분류체계(Hierarchical Taxonomy of Psychopathology : HiTOP; Kotov et al., 2021), 정신장애의 진단 및 통계 편람(DSM-5; American Psychiatric Association, 2013)에 기술된 성격장애 대안모형(Alternative Model of Personality Disorders : AMPD) 등과 연계할 수 있다.

심리측정적으로 우수하기 때문에, RC 척도와 PSY-5 척도는 MMPI의 동일한 버전(MMPI-2-RF; Ben-Porath & Tellegen, 2008/2011; Tellegen & Ben-Porath, 2008/2011)과 개정된 버전(MMPI-3; Ben-Porath & Tellegen, 2020a, 2020b)에서 모두 채점된다.[1] MMPI-2-RF는 제

---

1 RC 척도의 명칭/약자는 MMPI-2와 MMPI-2-RF에서 동일하다. PSY-5 척도의 명칭/약자는 조금 다른데, MMPI-2-RF에서는 약자의 뒤에 '-r'을 덧붙였다. MMPI-3에서는 RC 척도와 PSY-5 척도의 채점방식이 기존의 방식과 달라졌다. 그러나 Ben-Porath와 Tellegen(2020a, 2020b)이 명칭/약자를 변경하지는 않았으므로, MMPI-2의 명칭/약자가 MMPI-3에서도 그대로 사용된다. 혼돈을 피하기 위해서, 우리는 MMPI-2를 기준으로 논의했고, 구별이 필요한 경우에는 그것을 명시했다.

12장에서, MMPI-3는 제13장에서 소개하겠다. RC 척도의 경우, MMPI-2와 MMPI-2-RF
는 동일하고, MMPI-3에서 일부 개정되었다. PSY-5 척도의 경우, MMPI-2-RF와 MMPI-3
에서 일부 수정되었다. 초기 연구에서, 모든 버전의 RC 척도와 PSY-5 척도가 MMPI-2 버전
과 동등하다고 확인되었다(Ben-Porath & Tellegen, 2020b; Harkness, McNulty et al., 2014).
그러므로 MMPI-2, MMPI-2-RF, MMPI-3를 활용한 연구를 망라하여 이 척도들의 타당도
에 대한 정보를 제시하겠다. 어떤 버전의 MMPI를 사용하더라도, 이번 장에 제시된 정보가
이 척도들을 이해하고 해석하는 데 도움이 될 것이다.

재구성 임상 척도

원판 MMPI 임상 척도의 문항들은 경험적 방식으로 선정되었다. 그 결과, 동일한 임상 척
도에 포함된 문항들이 상당히 이질적이라는 문제, 그리고 상이한 임상 척도가 서로 독립적
이지 못하다는 문제가 발생하였다. 여러 연구자(예 : Dahlstrom & Welsh, 1960)가 MMPI
의 임상 척도들이 서로 높은 상관을 보인다고 보고하였다. 이렇게 높은 상관을 보이는 부
분적인 이유는 1개 이상의 척도에 중복으로 채점되는 문항들이 있었기 때문이었다. 하지만
Welsh(1956)는 중복으로 채점되는 문항들을 제거하더라도 몇몇 임상 척도들 사이에는 여전
히 높은 상관이 존재한다는 것을 밝혔다. 초기의 요인분석 연구(예 : Eichman, 1961; Welsh,
1956)에 따르면, 임상 척도의 주요 변량원은 불안, 전반적 부적응, 정서적 불편감이라고 명
명된 요인이었다. MMPI-2의 임상 척도를 요인분석했을 때에도 이와 유사한 결과를 얻었다
(Butcher et al., 1989). MMPI의 임상 척도를 경험적 방식으로 제작했기 때문에 이런 '1차 요
인'이 여기저기서 암약하게 된 것이다. 즉, 각 정신과 환자 집단(예 : 우울증 환자 집단, 조현
병 환자 집단)과 비임상 집단의 반응을 대조하는 방식으로 문항을 선정했기 때문이다. 그 결
과, 두 집단이 상이하게 응답한 문항들도 일부 선정되었지만, 두 집단이 동일하게 응답한 문
항들도 다수 선정될 수밖에 없었다. 아마도 그것은 두 집단의 환자들이 공통적으로 치료받
고 싶어 하는 정서적 불편감 및 불행감과 관련이 깊을 것이다.

  물론, 수검자가 어느 정도의 정서적 불편감을 겪고 있는지 파악하는 것은 중요하다. 하지
만 모든 임상 척도에 수검자의 정서적 고통이 반영되면 프로파일을 명료하게 해석하는 것이
어려워진다. 즉, 수검자가 특정한 임상 척도에서 높은 점수를 얻었을 때 이 점수에는 그 특정

표 7.1 재구성 임상 척도 : MMPI - 2, MMPI - 2 - RF		
RCd	의기소침(dem)	24문항
RC1	신체증상 호소(som)	27문항
RC2	낮은 긍정 정서(lpe)	17문항
RC3	냉소적 태도(cyn)	15문항
RC4	반사회적 행동(asb)	22문항
RC6	피해의식(per)	17문항
RC7	역기능적 부정 정서(dne)	24문항
RC8	기태적 경험(abx)	18문항
RC9	경조증적 상태(hpm)	28문항

출처 : Excerpted from the *MMPI®-2(Minnesota Multiphasic Personality Inventory®-2) Reconstructed Clinical (RC) Scales: Development, Validation, and Interpretation* by Auke Tellegen, Yossef S. Ben-Porath, John L. McNulty, Paul A. Arbisi, John R. Graham, and Beverly Kaemmer, B. Copyright © 2003 by the Regents of the University of Minnesota Press. "MMPI®" and "Minnesota Multiphasic Personality Inventory®" are registered trademarks of the Regents of the University of Minnesota.

한 척도에서 측정하고 있는 핵심적 구성개념과 관련된 특성(예 : 우울한 기분, 기태적 사고) 뿐만 아니라 공통적인 정서적 고통도 반영되어 있기 때문이다. 따라서 임상 척도의 점수에 핵심적 구성개념과 관련된 특성은 얼마나 반영되어 있는지, 그리고 공통적인 정서적 불편감 으로부터 비롯된 변량은 얼마나 반영되어 있는지를 판단하기가 어렵다. 그래서 임상가들은 임상 척도의 상승이 의미하는 바를 명확하게 하려고 상승 척도 쌍(코드타입), 임상 소척도, 내용 척도 등을 활용해 왔다. 그럼에도 불구하고, 임상 척도의 내용적 이질성 및 상호적 관련 성 문제는 여전히 남아 있었다.

임상 척도들의 이러한 제한점을 극복하고 보다 순전하게 정제된 해석을 시도하기 위해 서, Tellegen 등(2003)은 재구성 임상(Restructured Clinical : RC) 척도를 개발하였다. 그들은 "RC 척도를 개발한 목적은 기존 MMPI-2 임상 척도의 중요한 기술적 특성을 그대로 유지하 면서도 변별력을 증가시키는 것"(p. 1)이라고 천명하였다. 표 7.1에 MMPI-2에서 개발되고 MMPI-2-RF에도 존재하는 RC 척도의 목록을 제시하였다.

재구성 임상 척도의 개발

여기서는 RC 척도를 개발하는 과정에서 전반적으로 취했던 접근방법을 설명하겠다. 간결성 을 위해 일부 방법론적 세부사항은 생략하였다. 자세한 내용은 Tellegen 등(2003)의 저술에 서 확인할 수 있다.

RC 척도 개발의 첫 번째 단계로, 모든 임상 척도에서 공통으로 관찰되는 전반적인 정서적 불편감을 측정하는 척도를 개발하였다. Tellegen 등(2003)은 이 척도를 RCd(demoralization : 의기소침) 척도라고 명명하였다. 모든 임상 척도에서 공통으로 관찰되는 의기소침 요인을 제거하면, 재구성된 척도들 사이의 상관이 기존의 임상 척도에 비해서 더 줄어들고 변별 타당도는 더 높아질 것으로 기대하였다. Watson과 Tellegen(1985)이 제안한 정서의 2요인 모델에 비추어 볼 때, 의기소침 요인은 자신이 보고한 감정의 유쾌-불쾌(pleasant-unpleasant) 차원과 상응하는 것으로 이해되었다. 척도 2와 척도 7은 불안, 우울 및 기타 정서적 불편감과 관련이 있다고 이미 알려져 있었기 때문에, 이 척도들에 의기소침 차원을 평가하는 문항들이 포함되어 있을 것이라고 가정하였다. 4개의 임상 표본을 활용하여 척도 2와 척도 7의 문항들을 요인분석했을 때, 의기소침 요인을 반영하는 문항들이 도출되었다. 이 문항들은 잠정적인 예비 척도로 채점되었으며, 이 잠정적인 예비 척도와 MMPI-2에 포함된 모든 문항 간의 상관을 구하여 의기소침 요인을 반영하는 문항들을 추가로 발견하였다.

　RC 척도 개발의 두 번째 단계로, 각 임상 척도들에 반영되어 있는 의기소침 요인을 제거하는 방법으로 각 임상 척도들의 핵심적 구성요소를 확인하였다. 각 임상 척도별로, 그 임상 척도에 포함된 문항들과 잠정적인 예비 척도(즉, RCd)에 포함된 문항들을 모두 합친 다음 요인분석을 실시하였다. 요인을 추출하고 회전시킬 때는 의기소침 요인이 명확하게 산출될 수 있도록 했다. 즉, 잠정적인 예비 척도(즉, RCd)의 모든 문항뿐만 아니라 각 임상 척도의 문항들 중에서 주로 의기소침을 반영하는 문항들도 한 요인으로 묶었다. 이런 식으로 의기소침 요인이 제거된 다음에 얻어진 두 번째 요인은, 그 임상 척도의 본질적이고 핵심적인 특성을 반영하는 것으로 간주하였다(예 : 척도 1의 경우, 건강에 대한 염려).

　RC 척도 개발의 세 번째 단계로, 각각의 재구성 임상 척도(RC)의 토대가 될 각각의 씨앗 척도(seed scale)를 제작하였다. 씨앗 척도는 각 임상 척도의 핵심적 특성을 반영하는 요인과의 요인부하가 높은 문항들로 구성되었다. 즉, 각 씨앗 척도에 포함된 문항들은 그 척도의 핵심 요인과는 요인부하가 가장 높으면서 동시에 의기소침 요인과는 요인부하가 현저히 낮은 문항들이었다. 또한 씨앗 척도에 포함되기 위해서는 다른 척도들에서 측정하는 핵심 요인과의 상관이 최소한으로 낮은 문항이어야 했다. 또한 여러 씨앗 척도에 중복되는 문항들이 척도의 내적 일관성을 훼손시켰기 때문에, 중복 문항을 제거하였다. 이 단계의 목적은, 최종적으로 개발될 RC 척도의 변별 타당도를 높이기 위해서 씨앗 척도의 차별성을 극대화하는 것이었다.

　RC 척도 개발의 마지막 단계로, 4개의 임상 표본을 활용하여 12개의 씨앗 척도(RCd 및 10개의 기존 임상 척도에서 얻어진 씨앗 척도들. 척도 5의 경우 심미적/문학적 흥미를 반영하는 척도와 기계적/신체적 흥미를 반영하는 척도의 2개로 구성되므로, 모두 12개임)와 MMPI-2의 모든 문항 간의 상관을 구하였다. 상관분석에서, 1개의 특정한 씨앗 척도와는 상관이 높지만(즉, 수렴성) 그 밖의 다른 씨앗 척도들과는 상관이 낮은(즉, 변별성) 문항들을 가려내어 각각의 RC 척도에 포함시켰다. 그 후에, 각 척도의 내적 일관성을 훼손시키는 문항들을 삭제하였고, 6개 척도의 경우 개념적으로 관련된 외적 준거 측정치와 부적절한 상관을 보이는 문항들도 삭제하였다. 척도 5와 척도 0은 정신병리의 핵심적 요소를 평가하지 않는다고 판단되었기에, 이들 두 척도에 상응하는 재구성 척도는 제작하지 않았다. 하지만 Tellegen 등(2003)은 이후에 척도 5와 척도 0의 재구성 척도를 제작할 것이라고 언급하였다.

임상 척도 1, 2, 3, 4, 6, 7, 8, 9에 대응되는 RC 척도와 RCd(의기소침) 척도는 이처럼 복잡한 심리측정적 및 통계적 절차를 거쳐서 제작되었다. 앞의 표 7.1에 각 RC 척도의 명칭, 약자, 문항 수를 제시하였다.

재구성 임상 척도와 임상 척도의 상관

표 7.2에서 보듯이, RC 척도를 개발한 목적과 부합하게, RC 척도들 사이의 상관은 임상 척도들 사이의 상관보다 더 낮다. RC 척도의 독립성이 향상되었기 때문에, 변별 타당도 역시 임상 척도에 비해 더 증가되었다. 이에 대해서는 다음 부분에서 논의하겠다. 또한 표 7.2에는 MMPI-2 규준 집단이 얻은 기존 임상 척도 점수와 RC 척도 점수 사이의 상관을 제시하였다. 대부분의 비교에서, RC 척도와 그에 상응하는 임상 척도 사이에는 강력한 정적 상관이 나타나는데, 이것은 이 척도들이 서로 유사하지만 동일하지는 않은 구성개념을 측정하고 있음을 시사한다. RC1과 척도 1 사이의 매우 높은 상관(남성 .89; 여성 .92)은 이들 두 척도가 본질적으로 동일한 구성개념(즉, 건강에 대한 염려)을 측정하고 있음을 시사한다. 이러한 상관 패턴과 어긋나는 가장 흥미로운 (하지만 예상되었던) 예외가 있는데, 그것은 바로 RC3와 척도 3 사이의 부적 상관이다(남성 −.42; 여성 −.24). 척도 3에는 원래 신체적 불편감과 관련된 문항들이 포함되어 있었지만, 이런 문항들은 RC1으로 묶였으며 RC3에는 반영되지 않았다. 그 대신에, 척도 3에서 타인에 대한 순진하고 긍정적인 지각을 반영하는 문항들이 RC3에서는 반대 방향으로 채점된다. 이렇게 구성된 RC3의 명칭은 냉소적 태도다.

표 7.2에 제시된 상관관계를 살펴보면, 기존 임상 척도와 비교할 때 RC 척도에서 Tellegen 등(2003)이 의기소침이라고 명명한 정서적 불편감 요인이 얼마나 성공적으로 제거되었는지(혹은 적어도 감소되었는지)를 알 수 있다. 이러한 상관관계를 기반으로, Tellegen 등(2003)은 RC 척도는 기존 임상 척도에 비해 본질적으로 의기소침 요인의 영향을 훨씬 덜 받는다고 결

표 7.2 MMPI-2 규준 표본의 남(n=1,138), 여(n=1,462) 집단별 MMPI-2 재구성 임상 척도와 임상 척도 간 교차 상관

척도	RCd	RC1	RC2	RC3	RC4	RC6	RC7	RC8	RC9	1	2	3	4	6	7	8	9
RCd	—	.40	.44	.37	.34	.36	.68	.35	.32	.45	.53	.03	.53	.36	.83	.75	.23
RC1	.47	—	.27	.25	.22	.32	.39	.40	.22	.89	.44	.37	.30	.24	.48	.56	.20
RC2	.53	.27	—	.05	.03	.08	.18	.07	.25	.37	.64	.25	.27	.20	.35	.32	.29
RC3	.42	.34	.09	—	.27	.42	.50	.37	.47	.29	.11	-.42	.22	-.19	.46	.47	.34
RC4	.36	.25	.13	.27	—	.26	.33	.38	.47	.21	.02	-.04	.63	.24	.39	.49	.43
RC6	.42	.35	.09	.45	.27	—	.40	.49	.32	.33	.16	-.06	.38	.38	.39	.49	.35
RC7	.73	.46	.31	.49	.34	.43	—	.49	.53	.43	.28	-.24	.33	.21	.82	.72	.33
RC8	.38	.39	-.01	.40	.34	.52	.46	—	.49	.37	.03	-.07	.31	.29	.50	.62	.50
RC9	.34	.28	-.16	.46	.48	.38	.49	.52	—	.21	-.21	-.25	.25	.11	.48	.51	.72
1	.52	.92	.36	.38	.24	.34	.48	.38	.27	—	.53	.41	.33	.23	.53	.56	.15
2	.66	.48	.66	.19	.09	.20	.42	.10	-.10	.56	—	.35	.34	.26	.47	.39	-.21
3	.12	.47	.21	-.24	.01	-.03	-.12	.01	-.14	.53	.35	—	.25	.32	-.05	.01	-.09
4	.57	.32	.30	.29	.64	.42	.37	.36	.31	.36	.37	.26	—	.41	.46	.55	.36
6	.42	.24	.25	-.10	.24	.41	.30	.28	.17	.24	.31	.22	.41	—	.34	.39	.15
7	.86	.55	.45	.46	.39	.45	.83	.48	.47	.59	.61	.09	.51	.43	—	.84	.33
8	.77	.59	.38	.49	.53	.58	.72	.64	.53	.60	.48	.15	.64	.47	.84	—	.46
9	.27	.27	-.22	.39	.44	.39	.34	.54	.74	.25	-.07	.01	.42	.21	.37	.51	—

주 : 남성 집단의 상관은 대각선 위쪽에, 여성 집단의 상관은 대각선 아래쪽에 제시되었다.

론지었다. 하지만 그들은 몇몇 척도들(특히 RC2와 RC7)은 의기소침 요인으로부터 자유롭지 못한데, 이것은 이들 세 척도의 기저에 존재하는 구성개념들이 서로 개념적으로 관련되어 있기 때문이라고 언급하였다. 또한 RCd와 RC9 사이의 상관이 RCd와 척도 9 사이의 상관보다 다소 높은데, 이것은 RC9이 더 초점을 맞추고 있는 경조증적 상태라는 것이 RCd가 측정하는 부정적 정서요소와 유사하기 때문일 것이라는 점도 언급하였다. 또한 RC 척도와 그에 상응하는 임상 척도 간의 상관이 높은 편이다. 이로 인해, 외적 준거 측정치를 예측하는 데 있어서 내용 척도만을 활용할 때보다 RC 척도를 같이 활용할 때 얼마나 예측력이 증가되는지에 대해서는 의문의 여지가 있다. 이 점에 관해서는 이번 장의 다음 부분에서 논의하겠다.

Forbey 등(2004)은 정신건강센터의 내담자 1,020명을 대상으로 RC 척도와 내용 척도를 비교하였다. 이들 두 척도세트를 서로 비교하는 것은 굉장히 흥미로운 일이다. 왜냐하면 내용 척도는 임상 척도보다 더 동질적인 척도를 제작하려는 의도에서 구성된 것이며, 척도 간의 문항중복을 최소로 했기 때문이다. 따라서 우리는 RC 척도와 그에 상응하는 내용 척도 사이의 유사성이 RC 척도와 그에 상응하는 임상 척도 사이의 유사성에 비해 훨씬 클 것이라고 예상할 수 있다. 예상과 일치하게, 대부분의 RC 척도와 그에 상응하는 내용 척도 사이에는 강한 상관이 있었다[예 : RC1과 HEA(건강염려 척도), RC8와 BIZ(기태적 정신상태 척도)].

재구성 임상 척도의 신뢰도

표 7.3에는 MMPI-2 규준 집단과 3개의 임상 표본에서 얻어진 RC 척도의 내적 일관성 계수 및 검사-재검사 신뢰도 계수를 제시하였다. 내적 일관성은 RC 척도의 제작과정에서부터 고려된 것이기 때문에, RC 척도의 내적 일관성 계수가 기존 임상 척도에 비해 더 높다는 것은 그리 놀라운 일이 아니다. 모든 표본에서 RC 척도는 매우 양호한 내적 일관성을 보였으며, MMPI-2 규준 집단보다는 임상 집단의 내적 일관성 계수가 다소 높았다.

약 1주일 간격으로 두 번의 검사를 받았던 MMPI-2 규준 집단의 남성 82명과 여성 111명의 자료를 기반으로, RC 척도의 검사-재검사 신뢰도를 산출하였다. 표 7.3에서 보듯이, RC 척도의 단기적 안정성은 상당히 양호한 수준이며, 대부분의 경우에 상응하는 임상 척도보다 더 안정적이었다.

재구성 임상 척도의 타당도

앞에서 논의했던 RC 척도와 임상 척도 및 내용 척도 사이의 상관관계는 RC 척도의 타당도

표 7.3 재구성 임상 척도의 내적 일관성(α) 계수 및 검사-재검사 신뢰도 계수

| 척도 | 내적 일관성 계수 | | | | | | 검사-재검사 신뢰도 계수 | | |
| | 규준 집단 | | 외래 환자 집단 | | 입원 환자 집단 1 | | 입원 환자 집단 2 | 규준 집단 | |
	남 (n=1,138)	여 (n=1,462)	남 (n=410)	여 (n=610)	남 (n=722)	여 (n=501)	남 (n=1,229)	남 (n=82)	여 (n=111)
RCd	.87	.89	.93	.93	.95	.95	.93	.89	.90
RC1	.73	.78	.88	.89	.86	.88	.88	.81	.79
RC2	.68	.62	.83	.82	.85	.87	.84	.76	.77
RC3	.80	.79	.81	.80	.86	.84	.84	.76	.87
RC4	.76	.74	.81	.77	.83	.82	.83	.90	.87
RC6	.63	.65	.80	.78	.86	.85	.85	.77	.54
RC7	.81	.83	.87	.87	.90	.90	.89	.91	.87
RC8	.70	.71	.81	.81	.87	.85	.84	.80	.75
RC9	.79	.76	.80	.78	.84	.83	.83	.88	.86

출처 : Excerpted (Tables 4.4 and 4.5) from the *MMPI®-2 (Minnesota Multiphasic Personality Inventory®-2) Restructured Clinical (RC) Scales: Development, Validation, and Interpretation* by Auke Tellegen, Yossef S. Ben-Porath, John L. McNulty, Paul A. Arbisi, John R. Graham, and Beverly Kaemmer. Copyright © 2003 by the Regents of the University of Minnesota. All rights reserved. Reproduced by permission of the University of Minnesota Press. All rights reserved. "MMPI®" and "Minnesota Multiphasic Personality Inventory®" are registered trademarks of the Regents of the University of Minnesota.

에 관한 정보도 일부 제공해 준다. 이러한 상관관계에 따르면, 대부분의 RC 척도는 그에 상응하는 임상 척도 및 내용 척도와 유사하지만 동일하지는 않은 특성들을 측정하고 있다. 상관이 매우 높은 몇몇 척도들의 경우(예 : RC1), RC 척도가 그에 상응하는 임상 척도 및 내용 척도와 불필요하게 중복되는 것으로 보인다(예 : 척도 1과 HEA). 다른 어떤 척도보다도 더욱 재구성되었다고 말할 수 있는 RC3의 경우에는, 척도 3이 측정하는 것(순진성 및 냉소적 태도)의 오직 일부만을 RC3로 측정하고 있는 것으로 보인다. RC3와 CYN(냉소적 태도) 내용 척도 모두가 동일한 특성을 측정하고 있는 것이다. RC3는 보다 순수하게 사람에 대한 염세적인 믿음을 측정하고 있는 데 반해, CYN 내용 척도는 이러한 믿음과 함께 의심성을 측정하고 있는 것으로 여겨진다.

비록 척도 간의 상관이 주된 관심사이기는 하지만, 어떤 척도의 타당도를 반영하는 가장 중요한 지표는 그 척도와 외적 준거 측정치 간의 상관이다. 만약 어떤 척도가 그 척도와 개념적으로 연관되어 있는 외적 준거 측정치와 유의미한 상관을 보인다면, 그 척도는 수렴 타당도를 지닌다고 말할 수 있다. 또한 만약 어떤 척도가 그 척도와 개념적으로 연관되어 있지 않은 외적 준거 측정치와 상관을 보이지 않는다면(혹은 낮은 상관을 보인다면), 그 척도는 변별 타당도를 지닌다고 말할 수 있다. 이러한 타당도와 관련된 자료들은 여러 연구에서 보고되었다.

1개의 정신건강센터 외래 환자 집단 및 2개의 정신과 입원 환자 집단을 대상으로 한 연구에서, Tellegen 등(2003)은 RC 척도와 몇몇 종류의 외적 준거 측정치 사이의 상관을 보고하였다. 여기서 RC 척도가 수렴 타당도를 갖추고 있다는 것이 전반적으로 지지되었다. 외래 환자 집단의 자료에서, RC1 척도는 신체증상에 대한 치료자의 평정과 가장 높은 상관을 보였고(남성 .58; 여성 .35), RC2 척도는 우울감에 대한 치료자의 평정과 가장 높은 상관을 보였으며(남성 .57; 여성 .34), RC4 척도는 반사회적 행동에 대한 치료자의 평정과 가장 높은 상관을 보였다(남성 .36; 여성 .35).

변별 타당도의 관점에서 Tellegen 등(2003)의 자료를 살펴보면, 비록 RC 척도 역시 개념적인 연관성이 그리 크지 않은 몇몇 외적 준거 측정치들과도 유의미한 상관을 보였지만, 그 상관의 정도는 개념적인 연관성이 큰 외적 준거 측정치들과의 상관보다는 경미한 경향이 있었다. 기존 임상 척도와 RC 척도를 비교해 보면, 몇몇 기존 임상 척도는 그 척도와 개념적으로 연관되어 있는 치료자 평정과 상관이 있었으며, 상관계수는 그 임상 척도에 상응하는 재구성 임상(RC) 척도의 상관계수와 유사한 수준이었다. 하지만 척도 4의 경우는 예외였다. 척도 4와 반사회적 행동 및 행동화 경향에 대한 치료자 평정 사이의 상관은 RC4 척도와 치료자 평정 사이의 상관보다 현저하게 낮았다. RC 척도와 비교할 때, 기존 임상 척도는 그 척도와의 개념적인 연관성이 적은 특성에 대한 치료자 평정과 더 유의미한 상관을 보였다. 변별 타당도에서 가장 현저한 차이를 보이는 척도는 RC4와 척도 4였다.

대학교 클리닉에 내원한 813명의 남녀 대학생을 대상으로 한 연구에서, Sellbom 등(2004)은 RC 척도와 기존 임상 척도 및 외적 준거 측정치 사이의 상관을 조사하였다. 여기서 얻어진 상관계수는 지역사회의 정신건강센터 환자를 대상으로 했던 Tellegen 등(2003)의 상관계수와 매우 유사했다. 다시 말해, 대부분의 RC 척도와 그에 상응하는 임상 척도는 개념적인 연관성이 있는 외적 준거 측정치와 유사한 정도의 상관을 보였다. 예컨대, RC1 척도와 신체 증상에 대한 치료자 평정 사이의 상관은 .25였고, RC1 척도에 상응하는 척도 1과 신체증상에 대한 치료자 평정 사이의 상관도 .25였다. 반사회적 행동에 대한 치료자 평정과 RC4 척도 사이의 상관은 .35였으며, 척도 4와의 상관은 .25였다. 분명한 것은, RC 척도의 변별 타당도가 상당히 높다는 것이다. 이에 더해, RCd 척도는 전반적인 부적응 및 우울감과 중간 수준의 상관을 보였고, RC 척도보다 임상 척도가 전반적인 부적응 및 우울감과 더 높은 상관을 보였다. 이것은 RC 척도를 개발한 목표, 즉 기존 임상 척도에 반영되어 있는 전반적인 부적응 요인을 제거하려는 노력이 성공적이었음을 시사한다.

Forbey 등(2004)은 외래 환자 및 입원 환자 표본을 활용하여 RC 척도와 내용 척도의 외적 타당도를 비교하였다. RC 척도 및 그에 상응하는 내용 척도는 그 척도와 개념적인 연관성이 있는 외적 준거 측정치들과 강한 상관을 보였다. 예컨대, RC1 척도는 신체증상에 대한 치료자 평정과 .44의 상관을 보였고, HEA(건강염려) 내용 척도는 신체증상에 대한 치료자 평정과 .45의 상관을 보였다. 반사회적 행동에 대한 치료자 평정과 RC4 척도 및 ASP(반사회적 특성) 내용 척도 사이의 상관은 각각 .37과 .30이었다. 여기서도, RC 척도의 변별 타당도가 내용 척도의 변별 타당도보다 전반적으로 더 우수하다는 것이 확인되었다. 연구자들은 일부 내용 척도[FAM(가정 문제), ANG(분노)]는 RC 척도에는 반영되지 않는 영역들을 평가한다고 지적하였다. 아쉽게도, 이 연구에서는 RC 척도와 비교하여 내용 척도의 타당도를 살펴볼 수 있는 적절한 외적 준거 측정치가 존재하지 않았다. 또한 연구자들은 RC 척도로는 척도 0에서 측정하는 내향성이라는 구성개념을 적절히 평가할 수 없다고 인정하였다.

초기 연구 결과를 종합할 때, Tellegen 등(2003)이 개발한 RC 척도의 수렴 타당도는 기존의 척도들보다 더 우수하거나 그것들과 동등하고, RC 척도의 변별 타당도는 기존의 척도들보다 더 우수하다고 평가된다. 다음에 열거한 연구들에서도 유사한 결과가 보고되었다. (a) 정신건강센터 외래 환자(Sellbom, Ben-Porath, & Graham, 2006; Sellbom, Graham, &

Schenk, 2006; Shkalim, 2015; Simms et al., 2005; van der Heijden et al., 2013; Wallace & Liljequist, 2005), (b) 정신과 입원 환자(Arbisi et al., 2018; Handel & Archer, 2008), (c) 대학교 클리닉(Forbey & Ben-Porath, 2008; Osberg et al., 2008; Sellbom & Ben-Porath, 2005), (d) 체중감량수술 대상자(Wygant et al., 2007), (e) 만성요통 환자(Tarescavage, 2015). 하지만 몇 가지 예외가 있었다. 예컨대, 대학교 클리닉에 방문한 내담자들의 자료에서, Binford와 Liljequist(2008)는 RC4 척도의 수렴 타당도와 변별 타당도는 척도 4 및 ASP(반사회적 특성) 내용 척도보다 더 우수하였다. 그러나 RCd 척도, RC2 척도, 척도 2, DEP(우울) 내용 척도는 수렴 타당도와 변별 타당도에서 유의미한 차이를 보이지 않았다.

　　RC 척도의 우수한 변별 타당도를 감안할 때, RC 척도를 활용하면 감별진단에 도움이 된다. RC 척도의 감별진단능력을 조사한 Kamphuis 등(2008)에 따르면, 축2장애를 동반한 또는 동반하지 않은 축1장애 환자(물질사용장애, 주요우울장애)를 감별할 때, RC 척도가 임상 척도보다 더 우수하였다. E. J. Wolf 등(2008)에 따르면, RC 척도와 임상 척도는 구조화된 면접으로 진단된 외상후 스트레스 장애를 동등한 수준으로 우수하게 예측하였다. 그러나 외상후 스트레스 장애의 공존장애를 예측할 때는 RC 척도가 임상 척도보다 더 우수한 결과를 보였다. Lee 등(2018)은 조현병과 우울장애의 감별에서 일부 RC 척도가 유용했다고 보고하였다. RC 척도와 임상 척도 모두 조현병과 우울장애를 동등한 수준으로 양호하게 탐지했지만, 그것을 감별하는 능력은 RC 척도가 임상 척도보다 전반적으로 더 우수하였다. McCord와 Drerup(2011)에 따르면, 만성통증과 정신건강 문제로 신경심리학 클리닉에 방문한 사람들 중에서 우울장애가 동반되는 사람과 우울장애가 동반되지 않는 사람을 감별할 때, RC 척도와 임상 척도는 모두 양호한 결과를 보였다. 하지만 감별에 사용된 척도의 개수를 고려하면, RC 척도가 임상 척도보다 더 우수하였다. 즉, 감별에 사용된 RC 척도의 개수가 더 적었는데도 감별진단의 수준은 동등하였다. 따라서 연구자들은 RC 척도를 활용하면 더 효율적으로 감별진단을 수행할 수 있다고 결론지었다.

　　임상 척도와 직접적으로 비교하지는 않았지만, 심리장애의 증상을 RC 척도가 얼마나 잘 측정하는지 조사한 연구들도 있다. 몇몇 연구에서 외상후 스트레스 장애에 주목하였다. 예컨대, Sellbom 등(2012)은 장애 판정을 받고 있는 347명의 자료를 조사했는데, 전반적인 외상후 스트레스 장애 증상을 가장 잘 예측하는 것은 RCd 척도였다. Arbisi 등(2011)은 자대 배치를 받은 미국 국가경비대원의 자료를 분석했는데, RCd 척도와 RC7 척도가 외상후 스트레스 장애 증상이 있는 사람과 증상이 없는 사람을 잘 감별하였다. 성격장애에 주목한 연구도 있다. J. L. Anderson 등(2015)은 네덜란드의 임상 장면과 법정 장면에서 구조화된 면접을 실시하고 DSM에 등재된 성격장애 증상의 개수를 산출하였다. 이 자료를 MMPI-2-RF의 RC 척도와 대조했을 때, RC 척도는 개념적으로 관련이 있는 성격장애 증상군과 유의미한 상관을 보였다. 예컨대, RC4 척도와 RC9 척도는 군집B 성격장애 증상군과 유의미한 상관을 보였고, RC7 척도는 회피성 성격장애 및 강박성 성격장애와 유의미한 상관을 보였으며, RC7 척도와 RC6 척도는 각각 편집성 성격장애 및 조현형 성격장애와 유의미한 상관을 보였다.

감별진단과 관련된 연구들을 더 살펴보자. Sellbom 등(2012)은 정신건강센터와 중독센터에서 수집한 대규모 자료를 분석했는데, MMPI-2-RF의 RC 척도가 구조화된 면접을 통해서 진단된 주요우울장애, 양극성장애, 조현병을 적절하게 감별하는지, 그리고 고유하게 예측하는지 조사하였다. 다양한 통계적 방법을 적용했지만, 통계적 분석의 결과는 대체로 일치하였다. RCd 척도와 RC2 척도는 주요우울장애를 진단하는 데 유용하였고, RC6 척도와 RC8 척도는 조현병을 진단하는 데 유용하였다. 양극성장애의 감별에서는 상대적으로 뚜렷하지 않은 결과를 얻었는데, RC8 척도와 RC9 척도가 어느 정도 유용한 것으로 시사되었다. 대학교 상담실에서 치료 중인 내담자를 조사한 Haber와 Baum(2014) 역시 동일한 결론을 얻었다. RCd 척도와 RC2 척도는 우울 증상을 탐지하는 데 유용하였다.

재구성 임상 척도를 처음 소개한 자료에서, Tellegen 등(2003)은 RC3 척도의 경우에는 낮은 점수(즉, T<39)도 유의미한 정보를 제공할 것이라고 언급하였다. 이후에 MMPI-2-RF 버전이 등장하자, 다른 RC 척도들(단, RC6 척도와 RC8 척도는 제외)의 낮은 점수에도 해석적 관심이 확산되었다(Ben-Porath & Tellegen, 2008/2011). 이 과정에서 제안된 해석적 가설은 주로 문항의 내용에 근거한 것이었다. 그러나 Tellegen과 Ben-Porath(2008/2011)의 매뉴얼에 제시된 상관계수를 살펴보면, RC2 척도의 낮은 점수는 외향성 및 사회적 참여와 유의미한 관련이 있고, RC9 척도의 낮은 점수는 활력 저하 및 환경으로부터의 위축과 유의미한 관련이 있다.

RC 척도의 낮은 점수에 관한 경험적 연구들을 더 살펴보자. Kremyar 등(2020)에 따르면, RC1 척도에서 낮은 점수를 보이는 사람은 의학적 및 신체적 문제를 더 적게 보고한다. 이것은 MMPI-2-RF 매뉴얼에 제시된 문항 내용을 중심으로 한 해석적 가설과 일치한다. 대규모의 대학생 자료에서(J. T. Hall et al., 2021), RC2 척도의 낮은 점수는 긍정적 정서, 자존감, 삶의 만족도와 유의미한 상관을 보였다. Corey 등(2018)은 MMPI-2-RF의 척도들이 법집행기관 공무원들의 문제행동을 평가할 수 있는지 조사했는데, RC4 척도를 비롯한 외현화장애 척도들의 낮은 점수는 과잉통제된 행동과 유의미한 상관을 보였다. 과잉통제된 행동은 낮은 자기주장성 및 스트레스 반응성을 통해서 직무수행의 부진을 유도하였다.

2003년에 RC 척도가 등장한 이후로, 여러 연구자들이 특정한 RC 척도의 타당도 및 특정한 RC 척도가 특정한 구성개념을 정말로 잘 측정하는지 조사하였다. 이렇게 경험적으로 얻어진 자료가 RC 척도의 해석에 어떤 시사점을 제공하는지 간단히 살펴보겠다.

J. T. Hall 등(2018)은 대규모의 대학생 집단을 대상으로 RCd 척도의 구성 타당도를 조사했는데, RCd 척도의 높은 점수는 심리적 고통 및 정서적 불편감을 반영하였다. 더 나아가서, RCd 척도의 높은 점수는 우울성 귀인 양식(즉, 부정적 생활사건에 대한 내부적, 전반적, 안정적 귀인), 외부적 통제 소재, 스트레스에 대한 부적응적 반응, 과도한 안심추구행동과 밀접한 관련이 있었다. 또한 RCd 척도의 높은 점수는 척추수술 환자와 척수 자극기 이식 환자의 파국적 사고 경향과 관련이 있었다(A. R. Block et al., 2013; Marek et al., 2020). 정신과 입원 환자의 자료에서, RCd 척도의 높은 점수는 과거의 자살 시도 경력과 상관이 있었고, 특히 RC9 척도의 점수도 함께 상승한 경우에 더 강력한 상관을 보였다(Stanley et al., 2018).

정신건강 장면에서 수집한 자료에서, RCd 척도 및 내재화와 신체화를 반영하는 RC 척도들(즉, RC1 척도, RC2 척도, RC7 척도)은 치료 참여 및 성과와 상관을 보였다. 예컨대, Tarescavage 등(2015)은 정신건강 클리닉에 방문한 사람들의 RC 척도 점수와 조기종결 사이의 관계를 조사했는데, RC2 척도와 RC7 척도의 점수가 높은 사람들이 치료를 조기에 종결할 가능성이 더 높았다. Tylicki 등(2019)은 이 연구를 확대하여 정신과 외래 환자의 치료성과와 MMPI-2-RF 척도들 사이의 관계를 조사하였다. 연구 결과, RCd 척도와 RC1 척도의 높은 점수는 모두 부정적인 치료성과와 상관을 보였다. RCd 척도와 RC1 척도가 높은 사람은 치료에 참여하지 않았고, 치료에 순응하지 않았고, 치료목표를 달성하지 못했고, 치료종결 시점에 기능 수준이 더 낮았다.

RC3 척도는 냉소적 태도를 측정한다(Tellegen et al., 2003). Ingram 등(2011)에 따르면, RC3 척도의 점수가 높은 사람은 냉소적인 세계관을 지니고 있을 뿐만 아니라 영향력 있는 인간관계에서 조작적인 모습과 적대적인 태도로 상호작용한다. 소규모의 대학생 자료에서, RC3 척도는 마키아벨리적인 성격특성 및 소외의 측정치와 강한 상관을 보였다. Arbisi 등(2013)이 수집한 대규모의 국가경비대원 자료에서, 자대 배치 이전의 RC3 척도 점수는 자대 배치 8개월 이후의 정신건강 서비스 이용률과 부적 상관을 보였다. 놀랍게도, RC3 척도의 점수는 정신건강 서비스에 대한 낙인효과와 부정적인 태도를 배제한 뒤에도 여전히 치료에 참여하지 않을 가능성을 유의미하게 예측하는 지표였다. 대규모의 지역사회 외래 환자 자료를 수집한 Tylicki 등(2019)에 따르면, RC3 척도의 T 점수가 60점 이상인 경우에 치료성과가 저조할 가능성이 높았다. 전반적으로, RC3 척도의 높은 점수는 수검자의 적대적 및 냉소적 세계관을 반영하며, 이러한 특징은 본인에게 도움이 될 수 있는 치료를 시작하지도 않고 치료에 참여하지도 않도록 방해하는 요인으로 작용하는 것 같다.

RC4 척도는 반사회적 태도와 행동을 측정한다(Tellegen et al., 2003). 연구에 따르면, 이러한 태도는 치료종결에 영향을 미칠 수 있다. 구체적으로, Mattson 등(2012)은 법원의 명령에 따라 평가를 받은 남성 및 여성 133명의 자료를 기반으로 RC4 척도와 약물치료 참여도 사이의 관계를 조사하였다. 상관분석 및 상대적 위험분석 결과, RC4 척도의 T 점수가 65점 이상인 경우 치료를 끝까지 마치지 못할 위험성이 유의미하게 증가되었다.

RC8 척도와 정신증적 증상의 관계는 이미 밝혀져 있다(Tellegen et al., 2009). 하지만 RC8 척도는 그보다 덜 분명한 형태의 정신증을 반영하는 것일 수 있다. 구체적으로, Hunter 등(2014)은 2개의 대학생 자료를 기반으로 MMPI-2-RF 척도들의 '조현성향(schizotypes)' 감별능력을 조사하였다. 조현성향이란 조현병 발병의 위험성을 증가시키는 성격특성 및 인지특성을 의미한다. 통제 집단과 비교했을 때, RC8 척도와 일부 MMPI-2-RF 척도들을 조합하면 효율적으로 감별할 수 있었다. 이러한 결과는 대규모의 대학생 자료를 수집한 Schuder 등(2016)의 연구에서 반복검증되었다.

몇몇 연구자들은 요인분석을 활용하여 RC 척도들의 구성 타당도를 조사하였다. Tellegen 등(2006)은 의기소침을 제외한 8개의 RC 척도들에 대응되는 8개의 요인을 확인하였다. 하지만 Hoelzle과 Meyer(2008)는 5요인 구조가 적합하다고 제안하였다. 외현화/반사회성 요인은 RC4 척도 및 RC9 척도의 상승과 관련이 있었다. 우울/위축 요인은 RC2 척도 및 RCd 척도의 상승과 관련이 있었다. 신체화 요인은 RC1 척도의 상승과 관련이 있었다. 정신증 요인은 RC6 척도 및 RC8 척도의 상승과 관련이 있었다. 마지막으로 냉소성 요인은 RC3 척도의 상승과 관련이 있었다. 정신과 입원 환자 자료(Sellbom et al., 2008b)에서는 3요인 구조가 도출되었는데, 이것은 Hoelzle과 Meyer(2008)가 제안한 요인 중에서 외현화, 우울/위축, 정신증 요인과 유사하였다. 구체적으로, 외현화(externalizing) 요인은 RC4 척도와 RC9 척도에서 채점되는 문항들로 구성되었다. 사고장애(thought dysfunction) 요인은 RC6 척도와 RC8 척도에서 채점되는 문항들로 구성되었다. Sellbom 등(2008b)은 마지막 요인을 우울/위축이 아니라 내재화(internalizing) 요인이라고 명명했는데, 이것은 RCd 척도, RC1 척도, RC2 척도, RC7 척도에서 채점되는 더 광범위한 문항들로 구성되었다. 임상 자료와 법정 자료를 조합한 Heijden 등(2012)의 후속 연구에서, 이러한 3요인 구조가 반복검증되었다. 또한 이러한 3요인 구조는 MMPI-2-RF 매뉴얼에 보고되어 있는 구조와 흡사하다(제12장 참고).

RC 척도들에 대한 분석에서 외현화, 내재화, 사고장애의 3요인 구조가 일관적으로 관찰된다는 사실은 중요하다. HiTOP 모델(Kotov et al., 2021)과 같은 현대적인 정신병리 분류체계 및 평가도구와 연결되는 접점을 제공하기 때문이다. HiTOP 모델은 DSM-5(American Psychiatric Association, 2013)와 같은 범주적 분류체계의 잘 알려진 문제점, 즉 공존병리의 문제 및 이질성의 문제를 극복하기 위해 개발되었다. HiTOP 모델의 주창자들은 정신병리 증상을 분류하는 새로운 모델, 즉 경험적으로 도출된 차원적 분류체계를 개발하려고 시도하였다. 현재, HiTOP 모델은 다음과 같은 6개의 광범위한 정신병리 스펙트럼을 제안한다. 신체화(somatoform), 내재화(internalizing), 탈억제 외현화(disinhibited externalizing), 반동적 외현화(antagonistic externalizing), 탈애착(detachment), 사고장애(thought dysfunction). 각 스펙트럼은 하위 스펙트럼으로 더 세분화된다. 앞서 언급한 RC 척도들의 요인 구조를 감안할 때, RC 척도들은 이 중에서 3개 혹은 4개의 차원을 평가하며, 결과적으로 HiTOP 모델과 잘 부합한다. Sellbom(2019)은 HiTOP 모델과 RC 척도들, MMPI-2-RF 척도들의 관계를 조사하고 RC 척도들의 구성 타당도를 지지하였다. RC 척도들은 HiTOP 모델에서 정의하는 심리장애의 전반적인 측정치로 간주되었다.

몇몇 구성 타당도 연구에서는 특정한 RC 척도에 주목하였다. 예컨대, Thomas와 Locke (2010)는 뇌전증 발작 또는 심인성 비뇌전증 발작 환자의 자료를 바탕으로 RC1 척도의 구성 타당도를 검토하였다. 요인분석 결과, RC1 척도는 신체적 불편감, 소화 기능 문제, 두통, 신경과적 문제 등의 몇 가지 요인으로 구성되어 있었다. 이러한 결과는 다중 차원 모델이 적합함을 시사했지만, 연구자들은 단일 차원 모델도 검토하였다. 연구 결과, 단일 차원 모델도 적합도가 양호하였다. 전반적으로, 이러한 결과는 RC1 척도의 구성 타당도가 양호함을 시사하며, RC1 척도는 광범하게 정의된 신체화를 측정하는 것으로 평가된다.

몇몇 구성 타당도 연구에서는 RC 척도와 기분, 정신병리, 성격에 관한 이론적 모델의 관계를 탐색하였다. 예컨대, RC 척도의 개발과정에는 Tellegen 등(1999a, 1999b)이 제안한 기분 모델이 영향을 미쳤다. 기분 모델의 유쾌-불쾌(혹은 행복-불행) 차원은 쾌감을 경험하는 수준의 변산성을 반영하며, 긍정적 정서성 및 부정적 정서성과는 구별된다. 불쾌 차원의 극단은 정서적 불편감과 상관이 있고, 높은 부정적 정서성 또는 낮은 긍정적 정서성과 관련이 있다. 연구 결과, RCd 척도는 유쾌-불쾌 차원을 측정하였고, RC2 척도는 낮은 긍정적 정서성을 측정하였으며, RC7 척도는 높은 부정적 정서성을 측정하였다(Sellbom & Ben-Porath, 2005; Shkalim et al., 2016; Simms et al., 2005). 또한 이 척도들은 내재화 정신병리와 상관을 보였는데, 이론적 모델의 제안과 부합하는 결과였다(Sellbom et al., 2008a; Shkalim et al., 2017). 종합하면, RCd 척도와 RC2 척도와 RC7 척도는 Tellegen 등(1999a, 1999b)의 기분 모델과 강력한 상관관계를 보인다.

이상의 논의를 바탕으로, RC 척도에 대해서 다음과 같은 몇 가지 결론을 내릴 수 있겠다. RC 척도의 수렴 타당도는 그에 상응하는 임상 척도 및 내용 척도의 수렴 타당도와 유사하거나 혹은 그보다 양호하다. 비록 RC 척도에도 의기소침 요인이 어느 정도는 여전히 반영되고 있지만, 임상 척도 및 내용 척도와 비교할 때 RC 척도는 의기소침이라는 공통 요인의 영향을 훨씬 덜 받는 것으로 보인다. 이렇게 의기소침 요인을 감소시켰기 때문에, RC 척도의 변별 타당도가 기존의 척도에 비해 향상되었다. 일부 RC 척도는 그에 상응하는 임상 척도 및 내용 척도에 비해서, 그 척도에서 평가하는 핵심 구성개념을 더 집중적으로 측정하고 있다. 마지막으로, RC 척도의 구성 타당도는 경험적 연구를 통해서 지지되며, 현대적인 정신병리 모델 및 정서 모델과 잘 부합한다.

RC 척도에 대한 비판도 엄연히 존재한다. 예컨대, 성격평가저널(*Journal of Personality Assessment*; October 2006)은 특별호의 모든 지면을 RC 척도에 대한 비판 및 그에 대한 답변에 할애한 적이 있다. 특별호에서 제기된 모든 비판과 답변을 여기서 다룰 수는 없지만, 주요한 사안을 간략하게 요약하면 독자들에게 도움이 될 것이다.

성격평가저널 특별호에서, Nichols(2006)는 RC 척도는 타당도가 충분히 입증된 기존의 MMPI-2 척도들이 이미 측정하고 있는 구성개념을 불필요하게 반복해서 측정한다고 비판하였다(예 : RCd 척도, 내용 척도). 둘째, Butcher 등(2006)과 Nichols(2006)는 RC 척도의 타당도가 임상 척도의 타당도보다 더 미흡하다고 지적하였다(예 : RC3 척도, RC9 척도). 셋째, 복잡한 정신병리 증후군을 탐지하는 능력에서 RC 척도가 임상 척도보다 더 미흡하다고 지적하였다(Caldwell, 2006; Nichols, 2006; Rogers et al., 2006). 넷째, Rogers 등(2006)은 RC 척도의 구성 타당도에 의문을 제기했는데, Tellegen 등(2003)이 보고한 결과를 반복검증하는 데 실패했기 때문이다. 다섯째, Rogers 등(2006)은 RC 척도를 개발하는 과정에서 사회적 바람직성을 고려하지 않았다는 점을 지적하면서, RC 척도가 수검태도에 매우 취약하다고 우려하였다.

이에 대한 답변으로, Tellegen 등(2006)은 일부 비판의 논리적 오류를 지적하면서 새로운 자료를 제시하였다. 구체적으로 기존의 연구를 개관하였고 새로운 증거를 제시했는데, RC 척도의 수렴 타당도는 기존의 임상 척도, 내용 척도, 보충 척도의 수렴 타당도와 유사하거나 혹은 그보다 양호하다는 것이었다. 또한 구성개념의 초점 및 범위 측면 모두에서, RC 척도의 변별 타당도가 기존의 척도들보다 더 우수하다는 것이었다. Tellegen 등(2006)은 심리적 고통이 여러 정신병리 증후군에서 관찰되는 핵심요소라는 사실을 인정했지만, 변별 타당도를 저하시키는 공통 요인을 모든 척도에서 반복적으로 측정할 필요는 없다고 논박하였다. 또한 Rogers 등(2006)이 적용한 요인분석 기준이 RC 척도를 개발할 때 적용한 요인분석 기준과 다르다고 지적하면서, Rogers 등(2006)의 요인분석 기준을 적용했더니 RC 척도의 요인 구조가 반복검증되었다고 보고하였다. 마지막으로, Sellbom, Ben-Porath, Graham 등(2005)의 자료를 검토하면서, RC 척도가 임상 척도나 내용 척도에 비해 수검태도에 더 취약한 것은 아니라고 논박하였다.

재구성 임상 척도의 해석

RC 척도에서 채점되는 문항들의 문항 번호와 채점 방향은 Tellegen 등(2003)의 저술을 참고하기 바란다. MMPI-2 규준 집단의 원점수와 동형 T 점수도 같은 저술에서 제공된다. 비성별 규준 자료는 Ben-Porath와 Forbey(2003) 저술의 부록에서 제공된다.

Tellegen 등(2003)의 저술 및 앞으로 소개할 연구에 따르면, RC 척도를 활용하면 MMPI-2 프로파일의 해석을 유의미하게 향상시킬 수 있다. RC 척도는 임상 척도가 상승한 이유를 명확하게 해석하는 데 도움이 되며, 임상 척도와는 독립적으로 수검자에 대한 가설을 수립하는 데 도움이 된다. 하지만 다른 모든 MMPI-2 척도와 마찬가지로, 임상가는 검사 자료의 타당성을 가장 먼저 평가해야 한다. Sellbom, Ben-Porath, Graham 등(2005)은 RC 척도가 과대보고 및 과소보고에 취약하다는 사실을 입증하였다.

Tellegen 등(2003)은 RC 척도에 대한 잠정적 해석지침을 제시하였다. 그들은 거의 모든 MMPI-2 척도들과 마찬가지로, 대부분의 RC 척도 역시 T 점수가 65점 이상(백분위 92%ile) 상승한 경우에 높은 점수로 간주하라고 제안하였다. 하지만 몇몇 RC 척도에서는 T 점수가 65점보다 훨씬 더 상승하여 분포의 극단에 해당하는 경우(T>70 또는 T>80)에 대한 해석적 의미도 제시하였다. 또한 몇몇 RC 척도에서는 낮은 점수(T<39)의 해석적 의미도 논의하였다.

임상 척도와 RC 척도에서 얻어진 해석 정보를 통합하려면, 다음과 같은 전략을 따르는 것이 좋다. 먼저, 어떤 특정한 임상 척도와 RC 척도가 쌍을 이룰 때는(예 : 임상 척도 1과 RC1의 쌍) 네 가지 조합이 가능하다. (a) 임상 척도와 RC 척도 모두 상승하지 않은 경우, (b) 임상 척도와 RC 척도 모두 상승한 경우, (c) 임상 척도는 상승했지만, RC 척도는 상승하지 않은 경우, 마지막으로 (d) 임상 척도는 상승하지 않았지만, RC 척도는 상승한 경우. 정신건강센터 및 대학교 클리닉에서 얻어진 Sellbom 등(2004)의 자료에 따르면, 가장 빈번하게 관찰되는 조합은 두 척도 모두 상승하는 경우 혹은 두 척도 모두 상승하지 않는 경우였다. 두 척도 중에서 하나만 상승하는 경우는 그리 많지 않았지만, 이런 조합도 MMPI-2를 해석할 때 유념해야 될 정도로는 관찰되었다. 두 척도 중에서 하나만 상승하는 경우에는, 임상 척도가 상승하고 RC 척도는 상승하지 않는 조합이 그 반대의 조합보다 더 일반적이었다. Bowden 등 (2014)이 수집한 뇌전증 환자들의 자료에서도 유사한 결과가 관찰되었다.

임상 척도와 RC 척도의 상승 패턴을 관찰했는데, 만약 임상 척도와 RC 척도 모두 상승하지 않는다면 각 척도에 대해서 어떤 해석도 실시하지 않는다. 만약 임상 척도와 RC 척도 모두 상승한다면 임상 척도의 핵심적 구성개념(예 : 임상 척도 1의 건강에 대한 염려)에 대한 추론을 상당히 확실하게 할 수 있다. 임상 척도 상승을 기초로 해서, 그 임상 척도의 핵심적 구성개념과 연관된 수검자의 특성에 대한 추론이 적절해지는 것이다. 예컨대, 임상 척도 7의 점수와 RC7의 점수가 모두 상승한다면, 역기능적 부정 정서(예 : 불안, 짜증, 공포)라는 임상 척도 7의 핵심적 구성개념과 연관된 특성을 더욱 확실하게 추론할 수 있다. 또한 임상 척도 7의 상승에 근거하여 추가적인 추론을 할 수 있다(예 : 조직화되어 있고, 인내심 있으며, 다른 환자들에 비해 치료 장면에 오랫동안 머무는 경향이 있음).

임상 척도는 상승했지만 RC 척도는 상승하지 않은 경우, 수검자가 그 임상 척도의 핵심적 구성개념과 부합하는 특성을 지니고 있다고 추론할 때 매우 조심스럽게 해야 한다. 임상 척도의 높은 점수는 전반적인 의기소침 때문에 얻어진 결과일 수 있으며, 수검자가 그 임상 척도의 핵심적 구성개념과 연관된 특성을 지니고 있음을 시사하는 것은 아닐 수 있다. 그런 경우에는 RCd 척도의 점수가 높이 상승할 가능성이 크다.

만약 임상 척도는 상승하지 않고 RC 척도만 상승한다면, 핵심적 구성개념과 연관된 특성(예 : RC1의 건강에 대한 염려)에 대한 추론을 하는 것이 적절하다. 이때 임상 척도가 상승하지 않은 이유는 전반적인 의기소침 성향이 낮기 때문일 가능성이 크다. 수검자는 그 척도의 핵심적 구성개념과 부합하는 문항에는 많이 응답했지만 의기소침과 관련된 문항에는 그리 많이 응답하지 않았을 것이며, 이로 인해서 임상 척도가 상승하지 않은 것이다. 물론, 이런 경우에는 RCd 척도의 점수도 높이 상승하지 않을 것이다.

의기소침(RCd)

RCd 척도는 Tellegen 등(1999a, 1999b)이 제안한 정서모형에서 유쾌-불쾌(혹은 행복-불행) 차원을 반영하며, 최근에 정신병리 정량모형에서 제안된 내재화장애의 '고통(distress)' 차원과 밀접한 관련이 있다. RCd 척도는 수검자가 경험하고 있는 전반적인 정서적 불편감 및 정서적 동요를 측정한다. RCd 척도의 점수가 높으면(T≥65) 다른 RC 척도, 임상 척도, 내용 척도의 점수도 높을 가능성이 크며, 특히 강렬한 정서적 요소를 반영하는 척도들의 점수가 높을 가능성이 크다.

점수가 매우 높은(T ≥ 80) 사람은 다음의 특징을 보인다.

1. 심각한 정서적 동요를 경험한다.
2. 우울감을 보고한다.
3. 불안감과 주의집중 곤란을 보고한다.
4. 스트레스 상황에서 심해지는 신체적 불편감을 보고한다.
5. 일상생활의 요구에 압도당했다고 느낀다.
6. 현재의 문제 상황에 대처할 수 없다고 느낀다.
7. 자살에 대해서 생각하거나, 자살과 관련된 행동을 한다.
8. 자살 위험성을 평가해야 한다(특히, RC9 > 65인 경우).
9. 저조감이 특징적인 장애를 평가해야 한다(우울장애, 범불안장애, 외상 관련 장애).
10. 정서적 고통 때문에 치료에 대한 동기가 높을 것이다.
11. 정서적 고통을 경감시키는 개입이 요구된다.
12. 치료성과가 부진할 우려가 있다.

점수가 높은(T = 65~79) 사람은 다음의 특징을 보인다.

1. 슬픔과 불행감을 느낀다.
2. 대부분의 시간 동안 불안하다.
3. 삶의 여건이 불만족스럽다.
4. 자기개념이 취약하고, 실패자라고 느낀다.
5. 자기효능감이 낮고, 자신을 무가치하고 무능하다고 여긴다.
6. 스트레스 대처능력이 취약하다.
7. 행동과 사건의 결과를 최악으로 상상하는 경향이 있다.
8. 부정적인 생활사건을 내부적, 전반적, 안정적 방향으로 귀인한다.
9. 삶이 나아질 것이라는 기대에 비관적이다.
10. 안심추구행동이 지나치다.

점수가 낮은(T < 39) 사람은 평균 수준 이상의 삶에 대한 의욕과 만족감을 시사한다.

신체증상 호소(RC1)

RC1 척도는 전반적인 신체적 안녕감과 구체적인 신체적 불편감을 측정하며, 정신병리 차원 모델의 광범위한 신체증상장애와 유사한 구성개념을 평가한다. RC1 척도는 척도 1 및 HEA(건강염려) 내용 척도와 매우 비슷하다. 척도 1 및 HEA 내용 척도와 마찬가지로, RC1 척도의 점수가 높은(T≥65) 사람의 핵심 특징은 신체적 문제에 대한 집착이다.

점수가 높은(T≥65) 사람은 다음의 특징을 보인다.

1. 소화 기능 문제, 두통, 신경과적 증상을 비롯한 다양한 신체증상을 보고한다.
2. 스트레스 상황에서 신체증상이 심해진다.
3. 신체증상에 영향을 미칠 수 있는 심리적 요인에 대한 고려를 거부한다.
4. 목표를 달성하기 전에 치료를 조기종결할 우려가 있다.
5. 만약 신체증상이 의학적인 원인과 무관하다면, 신체증상장애의 가능성을 평가해야 한다.

점수가 낮은(T<39) 사람은 신체적 안녕감을 보고하며, 의학적 및 신체적 문제를 호소할 가능성이 일반인보다 더 낮다.

낮은 긍정 정서(RC2)

RC2 척도의 문항들은 긍정적 정서 경험, 사회적 관여 수준, 다양한 활동에 대한 관심과 능력을 측정한다. RC2 척도는 Tellegen 등(1999a, 1999b)의 정서모형에서 긍정적 정서 차원을 반영한다. 또한 RC2 척도는 정신병리 차원 모델에서 제안된 내재화장애의 '탈애착' 차원과 개념적으로 관련이 깊다. 긍정적 정서 경험이 부족한 사람들이 RC2 척도에서 높은 점수를 얻는데, 이것은 우울증후군(즉, 무쾌감증)의 핵심 요인이다.

점수가 높은(T≥65) 사람은 다음의 특징을 보인다.

1. 일상생활에서 긍정적 정서를 경험하지 못한다.
2. 기쁨과 행복감을 경험하는 능력에 결함이 있다(무쾌감증).
3. 불행하고 의기소침하다.
4. 일상생활의 문제에 대처할 만한 에너지가 부족하다.
5. 책임완수, 의사결정, 업무추진이 어렵다.
6. 사회적 상황에서 내향적이고, 수동적이고, 위축되는 경향이 있다.
7. 흔히 지루함과 고립감을 느낀다.

8. 미래에 대해서 비관적이다.

9. 성공을 기대하지 않고, 남들과 경쟁하지 않으려고 한다.

10. 주요우울장애 또는 기타우울장애 진단 기준을 충족할 수 있다.

11. 사회불안장애처럼 사회적 위축과 회피가 특징적인 심리장애의 가능성을 평가해야
한다.

12. 항우울제 처방의 필요성을 평가해야 한다.

13. 긍정적 정서성이 낮으므로, 치료에 참여하는 것이 어려울 수 있다.

14. 목표를 달성하기 전에 치료를 조기종결할 우려가 있다.

15. 점수가 매우 높은 경우(T ≥75), 우울증에 대한 입원치료가 필요할 수 있다.

점수가 낮은(T <39) 사람은 다음의 특징을 보인다.

1. 높은 수준의 심리적 안녕감을 보고한다.

2. 자신의 삶에 만족하고 있다.

3. 다양한 긍정적 정서 경험을 보고한다.

4. 자신감이 있고 활력을 느낀다.

5. 높은 수준의 긍정적 정서를 경험한다.

6. 긍정적인 자존감을 지니고 있다.

7. 사회적으로 외향적이고 참여적이다.

8. 미래에 대해서 낙관적이다.

냉소적 태도(RC3)

임상 척도 3은 크게 두 가지 요소(신체증상 호소, 타인에 대한 신뢰를 지나치게 공언하는 특성)로 구성된다. 앞서 언급했듯이, 신체증상 호소라는 첫 번째 요소는 RC1 척도에서 평가된다. RC3 척도는 두 번째 요소인 타인에 대한 신뢰를 지나치게 공언하는 특성을 평가하며, 임상 척도 3과 반대 방향으로 채점된다. 결과적으로, RC3 척도는 (순진성과 반대되는) 타인에 대한 냉소적 태도를 측정한다.

점수가 높은(T ≥65) 사람은 다음의 특징을 보인다.

1. 냉소적 신념을 지니고 있다.

2. 타인을 신뢰할 수 없고, 배려가 부족하고, 오직 자신만 생각하는 존재라고 생각한다.

3. 타인을 적대적으로 또는 조작적으로 대한다.

   4. 인간관계에서 소외감을 느낀다.

   5. 인간관계에서 신뢰감을 느끼려면 도움이 필요하다.

   6. 치료에 참여하거나 치료관계를 형성하는 것이 어렵다.

   7. 치료성과가 부정적일 우려가 있다.

점수가 낮은(T < 39) 사람은 다음의 특징을 보인다.

   1. 냉소적 신념을 드러내지 않는다.

   2. 타인을 신뢰할 수 있고, 선한 의도를 지닌 존재라고 생각한다.

   3. 순진하고, 남에게 잘 속고, 타인을 지나치게 신뢰한다.

반사회적 행동(RC4)

과거에 반사회적인 태도와 행동을 보인 적이 있는 사람들은 임상 척도 4에서 흔히 높은 점수를 얻는다. 하지만 임상 척도 4는 전반적인 의기소침 요인에 지나치게 영향을 받기 때문에, 임상 척도 4의 점수가 높다고 해서 수검자가 반드시 반사회적 성향을 지니고 있다고 단정하기는 어렵다. 임상 척도 4와 비교할 때, RC4 척도는 반사회적 특성에 대한 보다 순전한 측정치이다. RC4 척도는 정신병리 차원 모델에서 제안된 외현화장애의 '반동성(antagonistic)' 및 '탈억제(disinhibited)' 차원과 모두 관련이 있다.

   점수가 높은(T ≥ 65) 사람은 다음의 특징을 보인다.

   1. 과거에 반사회적인 행동을 한 적이 있다.

   2. 사회적 규범과 기대에 순응하지 않는다.

   3. 법률에 저촉되는 행동을 하고 있을 가능성이 있다.

   4. 물질을 남용하고 있을 가능성이 크다.

   5. 타인에게 공격적이다.

   6. 비판적이고, 논쟁적이고, 반동적이다.

   7. 갈등적인 인간관계를 형성한다.

   8. 심각한 가족 문제를 겪고 있을 수 있다.

   9. 군집B 성격장애의 가능성을 평가해야 한다.

  10. 치료를 받으려고 하지 않는다.

  11. 치료에 순응하지 않을 가능성이 매우 크다.

  12. 치료를 끝까지 진행하지 못할 우려가 있다.

13. 치료에서 자기통제력을 향상시킬 필요가 있다.

점수가 낮은(T<39) 사람은 평균 수준 이상의 행동적 자제력을 시사한다. RC4 척도의 점수가 낮은 사람은 지나치게 통제하는 사람일 수 있다.

피해의식(RC6)

RC6 척도에서는 타인이 자신을 해치려고 한다고 믿는지 질문하며, 임상 척도 6과 마찬가지로 피해의식을 측정한다. 하지만 RC6 척도가 임상 척도 6에 비해 의기소침 요인의 영향을 덜 받으므로, 더 순수하게 피해의식적인 사고를 측정한다. RC6 척도는 정신병리 차원 모델에서 제안된 '사고장애' 측면의 취약성과 밀접한 관련이 있다. 그러나 RC6 척도의 점수가 높다고 해서 수검자가 반드시 망상적 사고를 지니고 있다고 단정하기는 어렵다. 여러 다른 이유(예 : 외상경험 피해자) 때문에 타인을 의심하고 조심하는 경우에도 RC6 척도가 상승할 수 있다.

점수가 높은(T≥65) 사람은 다음의 특징을 보인다.

1. 자신이 타인의 표적이 되고, 타인에게 통제당하거나 희생당한다고 느낀다.
2. 타인의 동기를 의심한다.
3. 인간관계를 형성하기가 어렵다.
4. 치료관계를 형성하기도 어려울 수 있다.
5. 점수가 매우 높은 경우(T≥80), 편집증적 망상 또는 환각을 경험할 수 있다.
6. 점수가 매우 높은 경우(T≥80), 조현병, 조현병 스펙트럼 장애, 군집A 성격장애 등의 가능성을 추가로 평가해야 한다.

RC6 척도의 낮은 점수는 해석하지 않는다.

역기능적 부정 정서(RC7)

RC7 척도는 Tellegen 등(1999a, 1999b)의 정서모형에서 부정적 정서 차원을 반영한다. 또한 RC7 척도는 정신병리 차원 모델에서 제안된 내재화장애의 '공포(fear)' 차원과 밀접한 관련이 있다. RC7 척도는 수검자가 불안, 분노, 공포 같은 부정적 정서를 얼마나 경험하고 있는지 평가한다. 따라서 RC7 척도의 점수가 높은 사람은 흔히 의기소침 척도에서도 높은 점수를 얻을 것이다. 그러나 비록 부정적 정서와 의기소침이 상관관계를 보이더라도 두 요인은 서로 다른 개념이다. 부정적 정서는 여러 정신병리에 광범위하게 영향을 미친다.

점수가 높은(T≥65) 사람은 다음의 특징을 보인다.

1. 불안, 공포, 짜증을 비롯한 부정적 정서를 경험한다.
2. 걱정이 지나치게 많다.
3. 침투적 사고를 경험한다.
4. 슬픔과 불행감을 느낀다.
5. 불안정하고, 타인의 비판에 지나치게 예민하다.
6. 자기를 비난하고 죄책감을 느낀다.
7. 실패에 집착하고 과도하게 되새기며 반추한다.
8. 공포 관련 장애(예 : 공포증, 사회적 불안, 강박장애), 외상 관련 장애, 군집C 성격장애의 가능성을 평가해야 한다.
9. 정서적으로 고통스럽기 때문에 치료를 받으려고 한다.
10. 목표를 달성하기 전에 치료를 조기종결할 우려가 있다.
11. 항불안제 처방의 필요성을 평가해야 한다.

점수가 낮은(T<39) 사람은 평균 수준 이하의 부정적 정서 경험을 시사한다.

기태적 경험(RC8)

임상 척도 8과 마찬가지로, RC8 척도는 수검자의 사고와 지각이 얼마나 특이한지를 평가한다. 그러나 RC8 척도는 임상 척도 8에 비해 의기소침 요인의 영향을 덜 받는다. 따라서 RC8 척도는 정신병적 장애에서 관찰되는 감각, 지각, 인지 및 운동의 장애를 더 집중적으로 측정한다고 볼 수 있다. RC8 척도는 정신병리 차원 모델에서 제안된 '사고장애' 차원과 밀접한 관련이 있다.

점수가 높은(T≥65) 사람은 다음의 특징을 보인다.

1. 특이한 감각, 지각, 인지, 운동 경험을 보고한다.
2. 환각 또는 망상을 경험할 수 있다.
3. 기태적 감각을 경험할 수 있다.
4. 현실검증력이 손상되어 있다.
5. 불안감 또는 우울감을 보고한다.
6. 직업적 및 대인관계적 기능이 손상되어 있다.
7. 정신병적 장애에 대한 취약성을 시사하는 준임상적 수준의 사고장애를 경험할 수 있다.

8. 정신건강 장면에서, 조현병을 비롯한 조현병 스펙트럼 장애의 가능성을 추가로 평가해야 한다.
9. 구조화된 환경에서 치료를 받을 필요가 있다.
10. 항정신병 약물 처방의 필요성을 평가해야 한다.
11. 사고장애 때문에 치료에 적절히 참여하지 못할 수 있다.

RC8 척도의 낮은 점수는 해석하지 않는다.

경조증적 상태(RC9)

비록 RC9 척도와 임상 척도 9 모두에 중복되는 문항들이 적기는 하지만, 이들 두 척도는 상당히 유사해 보인다. 두 척도 모두 의기소침 요인의 영향을 많이 받지 않으며, 비슷한 구성개념을 평가하고 있는 듯하다. RC9 척도는 정신병리 차원 모델에서 제안된 외현화장애의 '탈억제' 차원과 관련이 있는데, 아마도 충동적 행동과 감각추구 성향을 평가하기 때문인 듯하다.

점수가 높은(T ≥65) 사람은 다음의 특징을 보인다.

1. 지나치게 빠른 사고를 경험한다.
2. 고양된 활력 수준을 경험한다.
3. 고양된 기분상태를 보고한다.
4. 짜증을 부리고 공격적이다.
5. 충동 조절에 곤란을 겪는다.
6. 반사회적 행동에 연루될 수 있다.
7. 물질을 남용할 수 있다.
8. 자극을 추구하며 위험을 무릅쓴다.
9. 양극성장애의 가능성을 평가해야 한다.
10. 과도한 행동 활성화 때문에 치료에 적절히 참여하지 못할 수 있다.
11. 기분안정제 처방의 필요성을 평가해야 한다.
12. 점수가 매우 높은 경우(T ≥75), 조증 삽화를 경험할 수 있다.

점수가 낮은(T <39) 사람은 평균 수준 이하의 활성화 및 활동성을 시사한다. RC9 척도의 점수가 낮은 사람은 활력 수준이 저하되어 있고 환경으로부터 위축되어 있을 가능성이 크다. 특히 RC2 척도가 상승한 경우, 우울장애의 가능성을 평가해야 한다.

성격병리 5요인 척도

Widiger(1997)를 비롯한 일부 연구자들은 정신장애를 범주적(categorical)으로 분류하는 체계에 문제가 있음을 지적하였다. 그들은 성격장애를 정상적인 성격 기능의 연장선상에서 개념화할 필요가 있다고 보았고, 차원적(dimensional)으로 접근할 것을 제안하였다. Harkness, McNulty와 Ben-Porath(1995)는 성격 구인을 이해하게 되면 임상적인 치료, 특히 성격병리를 생각해 볼 때 유용할 수 있다는 견해에 동의하였다. 하지만 이 구성개념들을 평가하는 기존의 성격 척도들[예 : NEO-PI-R(Costa & McCrae, 1992)]이 정상적 성격 기능과 비정상적 성격 기능 모두를 평가하기에는 적절하지 않다고 생각했다. 그래서 그들은 적응적 및 부적응적인 성격 모두와 관련되는 성격특질들을 평가하기 위해 PSY-5(성격병리 5요인) 척도를 개발하였다(Harkness, McNulty, & Ben-Porath, 1995). PSY-5 척도의 근간을 이루는 개념들은 성격의 5요인 이론(five-factor model)과 유사하지만 동일하지는 않다. PSY-5 모델은 독립적으로 반복검증되었으며(Harkness et al., 2012) 정신과적 장애의 차원 모델에서 설명하는 성격 차원(Sellbom, 2019)과 유사하다. 이는 최근에 제기된 성격장애 모델(예 : AMPD; American Psychiatric Association, 2013) 및 보다 광범위한 정신병리학 모델(예 : HiTOP; Kotov et al., 2021)과도 유사하다.

PSY-5 구인

일반인(병원 자원봉사자 및 대학생 집단)들에게 성격을 기술하는 표현들을 보여주고 심리적 거리 재기(method of psychological distances) 방법을 활용해 이를 평정하게 하였고, 여기서 얻은 결과를 토대로 PSY-5 척도의 구성개념을 만들었다. 이러한 방법론은 여러 문헌에서 소개된 바 있으나, 미네소타대학출판부에서 펴낸 책자에 가장 간명하게 제시되어 있다(Harkness et al., 2002).

우선, Harkness는 성격 및 성격장애를 기술하는 표현들을 대규모로 수집하였다. DSM-III-R (Diagnostic and Statistical Manual III-R; American Psychiatric Association, 1987)에서 성격장애에 관해 기술된 120여 개의 표현을 뽑아서 보통 사람들이 이해할 수 있도록 말을 다듬었다. 그뿐만 아니라 정신병질에 관한 16개 표현(Cleckley, 1982)도 비슷하게 다듬었다. 끝으로 정상적인 성격을 기술하는 94개의 표현도 만들었는데, 이는 Tellegen(1982)이 기술했던 성격 차원을 바탕으로 하였다. 일반인들에게 비슷한 표현끼리 분류하도록 하여, 이 평정치를 성격특징 군집을 확인하기 위해 수학적으로 분석하였다.

이런 절차를 거쳐 나온 60개의 성격특징을 다른 일반인들에게 검토하도록 하였고, 비슷한 특징끼리 묶어 달라고 요청하였으며, 이 평정치를 가지고 고유근 산출법(latent root methods)을 이용하여 정상 및 이상 성격 모두를 반영하는 광범위한 5개의 구성개념을 찾아냈다. 이 5개의 구성개념(공격성, 정신증, 통제감, 부정적 정서성/신경증, 긍정적 정서성/외향성)이 MMPI-2의 PSY-5 척도 구성개념의 근간이 되었으며, 후속 버전인 MMPI-2-RF 및 MMPI-3의 PSY-5 척도(이는 이 책의 12장과 13장에 기술되어 있다)도 마찬가지다. 주목할 점은 5개 차원 모두 높은 점수가 성격의 부적응적인 특징과 관련되는 방식으로 만들어졌다는 것이다. 즉, 나중에 구성개념 중 하나였던 통제감을 역으로 바꿔 통제 결여로, 긍정적 정서성/외향성 역시 내향성/낮은 긍정적 정서성으로 재명명하였다.

Harkness 등(2002)은 PSY-5 구성개념에 관해 짧게 기술하였고, Harkness, Reynolds와 Lilienfeld(2014)에 의해 확장되었다. 공격성(AGGR)은 보호의제 — 어떤 사람이 그의 목표를 달성하지 못하게 방해하는 사회적, 환경적 장애물을 극복할 수 있도록 하는 특성 — 의 개인차를 반영하는 것으로 가정한다. AGGR이 찾아내는 핵심적인 성격특성은 스스로를 보호하고 나아갈 수 있게 하기 위해 타인을 지배하고 자기주장을 할 수 있는 정도의 차이를 말한다. 그런 의미에서 AGGR은 공세적이고 도구적인(offensive and instrumental) 공격성에 초점을 두고 있으며, 자신의 목표를 이루기 위해 다른 사람을 협박하는 일을 즐기는 내용도 포함된다. 이 차원은 AMPD의 적대적 차원과 HiTOP 모델의 적대적 외현화 스펙트럼과 유사하다.

정신증(PSYC)은 다른 사람과 공유되지 않는 믿음, 정상적이지 않은 감각 및 지각 경험, 소외감, 위험이나 상해를 입을 것에 대한 비현실적인 예측 등 현실과의 단절과 관련된 것들이다. Harkness, Reynolds와 Lilienfeld(2014)는 PSYC를 외적 실재를 내적으로 표상하는 데 함께 작동하는 다중의 뇌신경체계로부터 가져온 것이라 하였다. PSYC는 특히 외부세계에 대한 새로운 정보나 기존의 정보가 실재의 내적 모델로 통합되는 정도에서 개인차를 살펴보기 위한 것이다. PSYC는 같은 이름의 AMPD 차원 및 HiTOP 모델의 사고장애 스펙트럼과 유사하다.

통제 결여(DISC)에는 위험을 즐기고 충동적이며 전통적인 도덕적 신념과 행동을 무시하는 내용이 포함되어 있다. 이 척도는 HiTOP 모델의 탈억제 외현화 스펙트럼 및 AMPD의 탈억제 영역 특질과 가장 유사하다. Harkness, Reynolds와 Lilienfeld(2014)는 DISC가 즉각적인 혜택 및 위험 대 장기적인 이점과 위험을 평가할 수 있는 능력의 개인차를 측정한다고 하였다. 이들의 설명에 따르면, DISC 점수가 낮은 사람은 미래에 대한 예측에 더 잘 부합하도록 지금의 즉각적인 행동을 바꿀 수 있지만, DISC 점수가 높은 사람은 미래의 결과를 별로 고려하지 않고 현재의 위험을 최소화하고 현재의 이익을 극대화하는 행동을 한다.

　Harkness, Reynolds와 Lilienfeld(2014)는 부정적 정서성/신경증(NEGE)을 환경에서 위험을 감지하는 데 활용되는 뇌신경체계 내에 위치하는 것으로 본다. 따라서 NEGE는 부정적인 감정(예 : 두려움, 불안)을 쉽게 느끼는 성향, 입력 정보 가운데서도 문제가 될 만한 측면에만 초점을 맞추어 염려하고 자기비판적이고 죄책감을 느끼며, 가장 최악의 시나리오를 만들어 내는 성향을 찾아낸다. HiTOP 모델의 내현화 스펙트럼(특히, '공포'의 하위 스펙트럼) 및 AMPD의 부정적 정서성 영역 특질과 NEGE는 개념적으로 상당히 중복된다.

　Harkness, Reynolds와 Lilienfeld(2014)에 따르면 내향성/낮은 긍정적 정서성(INTR)은 보다 넓은 범위의 자원 획득 뇌신경체계의 일부라고 본다. 이 체계는 목표추구행동에 대한 인식, 계획, 활성화, 협응 및 강화를 책임지는 체계로서 내적 욕구 상태 및 외부의 기회 모두에 반응한다. 개념적으로 INTR은 AMPD 및 HiTOP 모델 모두에서 애착 상실(detachment)이라는 구인에 부합한다.

PSY-5 척도의 구성

Harkness, McNulty와 Ben-Porath(1995)는 앞에 기술했던 절차를 통해 얻은 구성개념을 사용하여 각각의 구성개념을 측정하고 있는 것으로 보이는 MMPI-2 문항들을 확인하였다. 처음에는 114명의 대학생을 대상으로 PSY-5 구성개념을 이해하도록 훈련하였다. 그리고 학생들에게 MMPI-2의 각 문항들을 살펴보고 PSY-5 구성개념을 측정한다고 생각되는 문항을 가려내도록 하였다. 이런 식으로 대다수의 평정자들이 확인한 문항들을 뽑아 예비적인 PSY-5 척도를 만들었다.

　그리고 나서 전문가들에게 이 예비 척도를 검토하도록 하여, 특정 척도 내 문항들이 구성개념을 시사하도록 맞춰져 있을 뿐만 아니라 구성개념을 직접 측정하고 있으며, 오직 한 구성개념과만 상관이 있는 것들을 확인하였다. 예비 척도를 개정한 후, 4개의 대규모 표본에서 얻은 자료를 기초로 심리측정적 분석을 하였다. 문항들 중에서 그 문항이 속한 척도보다 다른 척도와 상관이 더 높은 문항은 삭제하였다. 각 문항은 하나의 PSY-5 척도에만 채점되었다. MMPI-2 규준 표본 자료를 토대로 각각의 원점수를 동형 T 점수로 변환하였다. 표 7.4에는 PSY-5 척도의 목록과 각 척도의 문항 수가 실려 있다. PSY-5 척도 각각의 문항 번호와 채점 방향은 MMPI-2 매뉴얼의 부록 B(Butcher et al., 2001)에 나와 있다. PSY-5 척도 원점수를 동형 T 점수로 변환하는 표는 MMPI-2 매뉴얼의 부록 A(Butcher et al., 2001)에 있다.

표 7.4 성격병리 5요인(PSY-5) 척도

공격성 척도	AGGR	18문항
정신증 척도	PSYC	25문항
통제 결여 척도	DISC	29문항
부정적 정서성/신경증 척도	NEGE	33문항
내향성/낮은 긍정적 정서성 척도	INTR	34문항

출처 : Excerpted from *MMPI®-2 Personality Psychopathology Five (PSY-5) Scales: Gaining an Overview for Case Conceptualization and Treatment Planning* by Allan R. Harkness, John L. McNulty, Yossef S. Ben-Porath, and John R. Graham. Copyright © 2002 by the Regents of the University of Minnesota. All rights reserved. Reproduced by permission of the University of Minnesota Press. "MMPI®" and "Minnesota Multiphasic Personality Inventory®" are registered trademarks of the Regents of the University of Minnesota.

비성별 규준 자료에 기반한 점수 변환은 Ben-Porath와 Forbey(2003)의 비성별 규준 연구 논문의 부록에 나와 있다.

PSY-5 척도의 신뢰도

표 7.5는 PSY-5 척도의 신뢰도에 관한 여러 다양한 자료들을 제시하고 있다. Harkness 등(2002)은 MMPI-2 규준 표본과 3개의 임상 표본의 내적 일관성 계수를 보고하였으며, Trull

표 7.5 성격병리 5요인(PSY-5) 척도의 내적 일관성(α) 계수

	내적 일관성 계수				
척도	규준 집단 (*n*=2,567)	대학생 집단 (*n*=2,928)	정신과 환자 집단 A[a] (*n*=328)	정신과 환자 집단 B[b] (*n*=156)	약물 의존 집단 (*n*=1,196)
AGGR	.68	.71	.70	.73	.72
PSYC	.70	.74	.84	.78	.74
DISC	.71	.69	.73	.68	.75
NEGE	.84	.84	.88	.88	.86
INTR	.71	.74	.86	.85	.81

주 : AGGR=공격성, PSYC=정신증, DISC=통제 결여, NEGE=부정적 정서성/신경증, INTR=내향성/낮은 긍정적 정서성

출처 : Excerpted (Tables 1 and 2) from *MMPI®-2 Personality Psychopathology Five (PSY-5) Scales: Gaining an Overview for Case Conceptualization and Treatment Planning* by Allan R. Harkness, John L. McNulty, Yossef S. Ben-Porath, and John R. Graham. Copyright © 2002 by the Regents of the University of Minnesota. All rights reserved. Reproduced by permission of the University of Minnesota Press. "MMPI®" and "Minnesota Multiphasic Personality Inventory®" are registered trademarks of the Regents of the University of Minnesota.

[a] 주립 병원 정신과 환자 집단
[b] 개인 병원 정신과 환자 집단

등(1995)도 정신과 환자로 구성된 두 표본에서 비슷한 결과를 보고하였다. 그 이후로도 대학생 표본(Sharpe & Desai, 2001)과 네덜란드 정신과 환자 표본(Egger et al., 2003)의 내적 일관성 자료가 보고되었다. 이들 임상 표본과 비임상 표본 모두에서, PSY-5 척도의 내적 일관성(>.60)은 받아들일 수 있을 만한 정도였다. 전반적으로 비임상 표본에서보다 임상 표본에서 내적 일관성이 약간 더 높았다.

PSY-5 척도가 지속적인 성격특성을 측정하는 것으로 생각되므로, 이들 척도 점수는 비교적 시간적인 안정성을 지녀야 한다. Harkness 등 (1995)은 MMPI-2 규준 표본(1주일 간격)과 보스턴 재향군인병원의 규준 노인 표본(5년 간격)의 검사-재검사 신뢰도 계수를 보고하였다. Trull 등(1995)은 정신과 표본의 환자들에게 3개월 및 6개월 간격으로 MMPI-2를 실시하여 PSY-5 척도의 검사-재검사 계수를 보고하였다. Langwerden 등(2021)은 MMPI-2 및 MMPI-2-RF의 규준 작성을 위해 모집한 네덜란드 규준 표본에서 하위 표본을 뽑아 20년 간격으로 PSY-5 척도에 대한 검사-재검사 계수를 보고했다. 이들 각 표본의 신뢰도 계수가 표 7.6에 제시되어 있다. 이들 계수는 PSY-5 척도가 시간 간격이 비교적 길었음에도 불구하고

표 7.6   성격병리 5요인(PSY-5) 척도의 검사-재검사 신뢰도 계수

척도	1주[a]	3개월[b]	6개월[b]	5년[c]	20년[d]
AGGR	.82	.65	.62	.74	.73
PSYC	.78	.83	.67	.69	.30
DISC	.88	.84	.86	.74	.56
NEGE	.88	.78	.84	.82	.65
INTR	.84	.76	.70	.79	.63

주 : AGGR=공격성, PSYC=정신증, DISC=통제 결여, NEGE=부정적 정서성/신경증, INTR=내향성/낮은 긍정적 정서성

[a] MMPI-2 규준집단 남녀 11명. 출처 : Excerpted (Table 3) from *MMPI®-2 Personality Psychopathology Five (PSY-5) Scales: Gaining an Overview for Case Conceptualization and Treatment Planning* by Allan R. Harkness, John L. McNulty, Yossef S. Ben-Porath, and John R. Graham. Copyright © 2002 by the Regents of the University of Minnesota. All rights reserved. Reproduced by permission of the University of Minnesota Press. "MMPI®" and "Minnesota Multiphasic Personality Inventory®" are registered trademarks of the Regents of the University of Minnesota.

[b] 정신과 외래환자 44명. 출처 : Trull, T. J., Useda, J. D., Costa, P. T., & McCrae, R. R. (1995). Comparison of the MMPI-2 Personality Psychopathology Five (PSY-5), the NEO-PI, and the NEO-PI-R. *Psychological Assessment, 7*, 508-516.

[c] 보스턴 재향군인병원의 규준 노인 표본 약 959~998명의 남자. 출처 : Harkness, A. R., Spiro, A., Butcher, J. N., & Ben-Porath, Y. S. (1995, August). *Personality Psychopathology Five (PSY-5) in the Boston VA Normative Aging Study.* Paper presented at the 103rd Annual Convention of the American Psychological Association, New York. Reproduced by permission from the authors.

[d] 1992년과 2012년 네덜란드어 표준화 표본 65명의 성인. 이 표본에서 검사-재검사 계수는 MMPI-2-RF로 채점한 PSY-5 개정판을 사용하여 계산함. 출처 : Langwerden, R. J., van der Heijden, P. T., Egger, J. I. M., & Derksen, J. J. L. (2021). Robustness of the mal-adaptive personality plaster: An investigation of stability of the PSY-5-r in adults over 20 years. *Journal of Personality Assessment, 103*(1), 27-32.

정신과적 치료를 받은 환자나 비환자 집단 모두에게 시간적으로 안정성이 있음을 보여 준다.

PSY-5 척도의 타당도

Bagby와 동료들(2002)은 PSY-5 척도의 구성 타당도를 지지하는 자료를 보고하였다. 이 연구자들은 대학생과 정신과 환자 집단을 대상으로 PSY-5 척도에 있는 문항의 확인적 요인분석을 실시했다. 이들은 PSY-5 척도의 가설적인 모형과 요인분석 결과가 적합도가 좋다고 보고하였다.

몇몇 타당도 연구에서는 PSY-5 척도와 기타 자기보고식 검사에서 나온 척도들 사이에 상관이 있는지를 살펴보았다. Harkness, McNulty와 Ben-Porath(1995)는 PSY-5 척도와 Tellegen의 다면적 성격 질문지(Multidimensional Personality Questionnaire : MPQ; Tellegen, 1982) 척도들 간의 상관을 구하였다. 적어도 어느 정도는 MPQ의 구성개념을 기초로 PSY-5 구성개념을 결정했으므로, 두 세트의 척도 사이에 상관이 있을 것이라 예상할 수 있다. 예를 들어, PSY-5의 공격성 척도는 MPQ의 공격성 척도와 가장 높은 상관을 보이며, PSY-5의 통제 결여 척도는 MPQ의 억제 상위 요인 척도와 가장 높은 상관(부적 상관)을 보인다. Harkness, Spiro 등(1995)은 또한 PSY-5 척도와 16PF(16 Personality Factor Questionnaire; Cattell, Eber, & Tatsuoka, 1970) 척도 간의 상관을 구하였다. 또다시 일련의 척도들 사이에 나타난 상관은 PSY-5 구성개념의 정의와 일치하였다. 예를 들면, PSY-5의 통제 결여 척도가 16PF의 낙천성 대 침착성 척도와 가장 높은 정적 상관을 보였으며, 양심 대 실리성 척도 및 주장성 대 조심성 척도와는 가장 높은 부적 상관을 보였다.

또한 비임상군 남자 노인 집단(Trull et al., 1995)과 정신과 환자 집단(Bagby et al., 2008; Egger et al., 2003) 연구에서, PSY-5 척도와 NEO 및 NEO-PI-R 점수 간의 상관을 구하였다. 이들 연구 자료를 통해서도 일반적으로 PSY-5 척도의 구성 타당도를 지지하는 상관의 양상이 나타났다.

J. L. Anderson 등(2013)은 MMPI-2-RF로 측정한 PSY-5를 DSM-5의 성격 질문지(Personality Inventory for DSM-5 : PID-5; Krueger et al., 2012)와 비교했다. PID-5는 자기보고식 검사인데, DSM-5의 AMPD(American Psychiatric Association, 2013)에서 뽑은 성격특질의 영역과 측면(facet level)을 측정하기 위해 만든 검사이다. J. L. Anderson과 동료들(2013)은 대학생 표집에서 PSY-5와 AMPD 특질이라는 2개의 성격 모델이 경험적으로도 상관이 높다는 것을 보여 주었는데 이는 이론적 개념에 따른 두 모델의 유사성에 대한 예측과도 부합하는 것이다. AGGR-r은 일반적으로 PID-5 적대감(Antagonism) 및 적대감 특질 측면(facet)과 가

장 강한 상관을 보이며, PSYC-r은 PID-5의 정신증과, DISC-r은 PID-5 탈억제와, NEGE-r은 PID-5 부정적 정서성과, INTR-r은 PID-5의 애착 상실과 경험적으로 가장 강한 상관을 보였다. Finn과 동료들(2014)은 치료를 받지 않는 2개의 표집(대학생 및 군복무요원)을 사용하여 PSY-5와 AMPD의 관계를 살펴보았다. Finn과 동료들(2014)은 SCID-II 성격 설문지(SCID-II-PQ; First et al., 1997)를 사용하였다. 이 설문지는 AMPD의 특질 영역 대리 척도를 구성하기 위해 만든 것으로 DSM-IV의 성격장애 표지를 찾기 위해 만든 자기보고식 질문들을 이용했다. 대체로 전반적인 결과는 앞서 언급한 J. L. Anderson 등(2013)의 연구 결과를 반복검증하였다.

Harkness, McNulty 등(2014)은 대학생 표본을 활용하여 PSY-5 척도와 Oxford-Liverpool 감정 및 경험 척도(O-LIFE; Mason et al., 1995) 간의 상관을 살펴보았다. O-LIFE는 조현형(schizotypy)의 네 가지 측면, 즉 이상한 경험, 인지왜곡, 내향적 무쾌감, 충동적 불순응을 측정하도록 설계된 자기보고식 검사다. O-LIFE 요인과 PSY-5 사이의 상관은 대체로 개념적으로 예상한 내용[예 : 비정상적인 경험은 PSYC-r과 가장 강한 상관관계가 있었고, 내향적 무쾌감(introvertive anhedonia)은 INTR-r과 가장 강한 상관관계가 있었다]과 일치하였다. 그러나 NEGE-r은 네 가지 O-LIFE 요인 모두와 중간 정도로 높은 상관을 보였다.

Sharpe와 Desai(2001)는 PSY-5 척도 점수와 Buss & Perry 공격성 설문지(AQ; Buss & Perry, 1992) 척도들 사이의 상관을 살펴보았다. AGGR 척도 점수는 AQ의 총점 및 모든 하위 척도 점수와 유의미한 상관을 보였다. 그러나 AGGR 척도는 AQ의 언어적 공격성 하위 척도 점수를 예측할 때 특히 중요했다. 언어적 공격성 하위 척도는 주장성 혹은 도구적 공격성을 평가하는 측정치이다.

Harkness, McNulty 등(2014)은 PSY-5 척도와 외현화 스펙트럼 검사(Externalizing Spectrum Inventory : ESI; Krueger et al., 2007) 간 상관을 살펴보았다. ESI는 415개 문항으로 된 자기보고식 검사이며, 외현화행동의 다양한 측면을 반영하는 23개 하위 척도로 묶여 있다. DISC-r은 대부분의 하위 척도와 의미 있는 상관관계가 있었으며, 특히 반항(rebelliousness), 흥분추구(excitement seeking) 및 약물 남용 하위 척도와 강한 상관을 보였다. AGGR-r은 물리적 공격성과 관계적 공격성 모두와 중등도의 상관을 보였다. 다소 놀랍게도 NEGE-r은 참을성 없는 급박성(impatient urgency) 및 문제가 되는 충동성(problematic impulsivity)과 중등도의 상관을 보였다.

McDermut 등(2019)은 PSY-5와 역기능적 믿음 및 정서 사이의 관계를 연구하였다. 전반적으로 NEGE-r은 PSY-5 척도 가운데 자기가 보고한 우울, 불안 및 분노와 가장 밀접한 관련을 보였다. 그러나 NEGE-r과 그러한 감정상태의 관계는 역기능적 믿음에 의해 부분적으로 중재된다는 것을 발견하였다. 역기능적 믿음은 단축형 역기능적 태도 척도(DAS-SF1; Beevers et al., 2007)로 측정하였다. 다시 말해, McDermut과 동료들은 NEGE-r이 정서적 상태와 연결되는 기제 중 하나가 역기능적 신념임을 밝혀내었다.

또한 정신건강센터에 내원한 남녀 내담자(Harkness et al., 2002) 및 법정 평가를 받기 위해 법원 클리닉에 의뢰된 남녀(Petroskey et al., 2003)를 대상으로 PSY-5 척도와 개인력 변인들 간의 상관을 살펴보았다. 두 표집 모두에서 PSY-5 척도는 관련이 있을 거라고 예상되는 개인력 변인(예 : AGGR 및 신체적 학대의 개인력; INTR과 이전 자살 시도 개인력)과 상관을 보였다. Harkness 등(2002)은 또한 PSY-5 척도와 내담자에 대한 치료자의 평정 점수 간 상관을 보고하였다. 다시 한번 예상과 일치하는 상관이 관찰되었다. AGGR 척도는 치료자가 평정한 내담자의 공격행동과 가장 높은 상관을 보였고, DISC 척도는 반사회적 행동에 대한 치료자의 평정과 가장 높은 상관을 보였다. NEGE 척도와 INTR 척도는 여러 개의 치료자 평정과 유의미한 상관을 보였지만 흥미롭게도 이 두 척도는 분노 및 반사회적 행동과 관련되는 평정과는 상관이 없는 것으로 나타났다.

재향군인병원 정신과 입원 환자 표집에서 Harkness, McNulty 등(2014)은 환자 기록을 검토한 결과 PSYC-r은 병원 입원 시 정신병 증상의 개수와 강한 상관을 보인다고 하였다. Bryant와 McNulty(2017)는 같은 표집을 사용하였지만 환자 기록 가운데 입원 접수 면접 때 기록된 물질 남용 과거력 변인을 조사하였다. 그들은 이러한 변인들 각각에 대해서 PSY-5 중 DISC-r이 가장 강한 상관을 보인다는 것을 밝혀냈다. Bryant와 McNulty 또한 지역사회 정신건강센터의 외래 환자에게 접수 면접 시 약물 남용 이력을 조사하였고 PSY-5 척도 중 DISC-r이 이들 변인과 가장 강한 상관을 보인다는 것을 다시 한번 확인하였다.

사설기관에서 치료를 받는 내담자 표집의 경우, Wygant 등(2006)에 따르면 성격장애 준거를 예측할 때 PSY-5 척도가 임상 척도와 내용 척도에 더하여 부가적인 도움을 주었다. AGGR 척도는 자기애성 성격장애, 반사회적 성격장애 및 편집성 성격장애 준거와 상관이 높았고, PSYC 척도는 경계선 성격장애, 편집성 성격장애 및 조현형 성격장애와 상관이 높았으며, DISC 척도는 반사회적 성격장애와 가장 상관이 높았다. INTR은 회피성 성격장애와 가장 강한 상관을 보였다. NEGE는 모든 성격장애와 상관을 보이지만 경계선 성격장애 및 조현형 성격장애과 가장 강한 상관을 보였다.

Wygant와 Sellbom(2012)은 법정에서 심리 평가 명령을 받은 표집을 대상으로 PSY-5와 정신병질 간의 상관을 살펴보았다. 법정 평가자(forensic evaluator)가 사이코패시 질문지 :

Screening 버전(PCL:SV; S. D. Hart et al., 1995)을 평정하였고 이를 PSY-5 척도 점수와 비교하였다. PCL:SV는 총점뿐 아니라 정신병질의 네 가지 측면, 즉 대인관계, 정서, 생활방식, 반사회성에 대한 점수를 제공한다. Wygant와 Sellbom에 따르면 AGGR, DISC 및 NEGE 각각이 PCL:SV 총점에서 고유하고 의미 있는 변량을 설명한다. AGGR 척도는 정신병질의 네 가지 측면 모두와 강력한 상관을 보였다. 이에 비해, DISC 척도는 반사회적 측면과만 정적 상관을 보였고, NEGE는 대인관계 및 정서적 측면 모두와 부적 상관을 보였다.

M. W. Miller 등(2004)은 PSY-5 척도가 외상후 스트레스 장애(PTSD) 진단을 받은 환자가 보고하는 다양한 증상을 이해하는 데 도움이 된다는 것을 보여 주었다. PSY-5 척도 점수에 대한 군집분석을 기초로 외상후 스트레스 장애 환자를 세 집단으로 나누었다. 첫 번째는 낮은 병리를 보이는 집단, 두 번째는 외현화 문제를 보이는 집단, 세 번째는 내재화 문제를 보이는 집단이었다. 낮은 병리 집단은 PSY-5 척도 점수가 정상 범위에 속하였다. 외현화 문제를 보이는 집단은 NEGE와 DISC 점수가 높았고, 내재화 문제를 보이는 집단은 NEGE(부정적 정서성)와 INTR(낮은 긍정적 정서성)이 높았다. 각 집단은 공존장애가 달랐는데, 외현화 집단은 알코올과 관련된 문제 및 반사회적 성격장애가 많았으며, 내재화 집단은 공황장애 및 주요 우울장애를 많이 보였다. 이러한 결과는 발병 전의 성격특성이 외상 후에 드러나는 증상에 영향을 미친다는 것을 시사한다.

J. L. Anderson 등(2018)은 PSY-5-r 척도를 사용하여 교도소 내 정신과 입원 환자 집단을 대상으로 공격성이 드러나는 사건이 발생할 가능성을 예측해 보았다. 이 연구를 위해 533명의 재소 중인 정신과 환자들에게 MMPI-2 혹은 MMPI-2-RF 검사를 시행한 후 교도소 내에 재소하는 기간 동안 언어 및 신체적 공격이 발생한 기록을 조사했다. 5개 척도 모두가 이러한 예측에 고유한 기여를 했지만 NEGE-r과 AGGR-r 2개의 척도는 언어적 공격성과 신체적 공격성 모두의 발생 가능성을 예측할 수 있는 가장 강력한 예측인자였다.

Caillouet 등(2010)은 PSY-5 척도 점수와 법 집행관(law enforcement officer)의 몇 가지 부정적인 직무수행 측정치 사이의 관계를 살펴보았다. PSY-5 척도는 상급자가 평가한 직무 위법 행위와 가벼운 상관을 보였다. 그러나 PSY-5 척도 점수와 해고(비자발적 고용 종료) 사이에는 더욱 강한 상관을 보였다. 이들 상관은 L 및 K 척도 점수가 높지 않을 때 더 강력했고, AGGR 및 DISC에서 높은 점수를 보인 경우 가장 강력하였다.

지금까지의 연구 결과를 고려하면, 여러 연구들은 예비적이기는 하지만 PSY-5 척도의 구성 타당도를 강력하게 지지한다. PSY-5 척도는 척도의 구성개념과 일치하는 방향으로 주요한 성격특성 및 행동특성과 관련되는 것으로 보인다. 몇 가지 검사 외적 특징이 하나 이상의

PSY-5 척도와 관련을 보였지만 각 척도들이 변별 타당도를 갖는다는 것을 보여 주는 자료들이 있다. 예를 들어, Petroskey 등(2003)은 AGGR 척도가 범죄자들 가운데 반사회적 성격장애 진단 및 범죄자들의 폭력 개인력과 정적인 상관을 보이지만, 우울장애나 불안장애 진단과는 역상관을 보이거나 상관을 보이지 않는다는 것을 발견하였다. PSYC 척도는 조현병의 진단과는 정적인 상관을 보였지만 반사회적 성격장애 진단과는 상관을 보이지 않았다. A. R. Harkness(개인적 교신, 2004년 12월 8일)는 기타 MMPI-2 척도들과 비교했을 때 PSY-5 척도와 의기소침(RCd) 척도 간의 상관이 알맞은 수준이었다는 것을 밝혀냈다.

요약하면, PSY-5 척도를 포함하는 연구는 이 척도들이 임상 및 비임상 수검자들의 기저 성격특성을 보여 주는 유용한 정보원이 된다는 것을 시사한다. Harkness와 Lilienfeld(1997)의 연구와 Harkness와 McNulty(2006)의 연구는, PSY-5 척도가 제공하는 성격특질에 관한 정보가 치료 계획 수립에 어떻게 사용될 수 있을 것인지에 관한 흥미로운 제안을 보여 준다. Vendrig 등(2000)은 내향성/낮은 긍정적 정서성(INTR) 척도에서 높은 점수를 받은 통증 환자들이 치료만족도와 자가평정한 정서적 변화에서 더 많은 호전을 보인다는 것을 밝혀내었다. 그러나 PSY-5 척도는 신체적 변화에 대한 측정치(예 : 통증의 강도, 운동에 대한 두려움)와는 상관이 없었다.

PSY-5 척도의 해석

Harkness 등(2002)은 PSY-5 척도 점수를 해석하기 위한 임시적인 지침을 만들었다. 문항반응이론에 따라 5개 척도 모두 점수가 높으면(T≥65) 해석을 할 수 있다. 그러나 통제 결여(DISC) 척도, 내향성/낮은 긍정적 정서성(INTR) 척도와 공격성(AGGR) 척도는 낮은 점수(T<39)인 경우도 해석할 것을 권하고 있다(Rouse et al., 1999; Weisenburger et al., 2008). Harkness 등(2002)은 PSY-5 척도에 대한 보다 많은 연구가 이루어지게 되면 자신들이 만든 해석지침이 수정되고, 정교화되고, 확장될 수 있다는 것을 인정하고 있다. 다음 해석은 Harkness 등(2002)의 지침에 따른 것이며 필자가 PSY-5 척도에 대한 연구를 하면서 밝혀낸 내용에 기초하고 있다.

공격성(AGGR) 척도

AGGR 척도는 공세적 공격 및 도구적 공격 모두의 개인차를 광범위하게 찾아내며, 자신의 목적을 위해 타인을 위협하는 것을 즐기는 것을 포함한다. 이러한 특질은 AMPD의 적대적 영역 특질 및 HiTOP 모델에서의 적대적인 외현화 스펙트럼과 유사하다. 이 척도는 높은 점수와 낮은 점수를 모두 해석한다.

점수가 높은(T ≥65) 사람은 다음의 특징을 보인다.

1. 언어적으로든 신체적으로든 공격적이다.
2. 다른 사람을 지배하거나 통제하기 위해 폭력을 사용한다.
3. 다른 사람들을 위협하기를 즐긴다.
4. 자극을 받으면 공격적으로 반응한다.
5. 학교에서 행동 문제를 보인 개인력이 있다.
6. 체포된 적이 있다.
7. 남자라면 가정폭력을 저지른 적이 있는 경우가 많다.
8. 임상 장면이나 법정 장면에서 반사회적 성격장애의 진단을 받는 경향이 있다.
9. 법정 장면에서 사이코패스에 부합하는 특질을 나타낸다.
10. 치료 중에 치료자를 통제하거나 지배하려고 노력한다.
11. 치료과정에서 폭력성에 대한 대가와 비용에 대한 토론을 하면 도움이 될 수 있다.

정신증(PSYC) 척도

PSYC 척도는 현실과의 단절, 소외감, 비현실적으로 위험을 예상하는지를 확인한다. PSYC는 같은 이름의 AMPD 특질 영역과 HiTOP 모델의 사고장애 스펙트럼과 유사하다. 낮은 점수는 해석하지 않는다.

점수가 높은(T ≥65) 사람은 다음의 특징을 보인다.

1. 현실과 단절된 경험을 하고 있다.
2. 다른 사람에게는 없는 신념 혹은 이상한 감각 혹은 지각적 경험을 한다.
3. 관계망상을 보고한다.
4. 기태적이거나 혼란되어 있거나 우원적인 사고를 보인다.
5. 비현실적인 수준으로 위험을 예상한다.
6. 소외감을 느낀다.
7. 친구가 극소수이거나 전혀 없다.
8. 직업적 적응이 빈약한 전력을 보인다.
9. 성취 지향적이지 않다.
10. 치료에서 현실검증을 할 기회를 자주 만들면 도움이 될 수 있다.

통제 결여(DISC) 척도

DISC 척도는 자제력, 자극추구행동, 규칙과 기대를 따르는 경향의 차이를 측정한다. HiTOP 모델의 탈억제 외현화 스펙트럼 및 AMPD의 탈억제 특질 영역과 가장 유사하다. 높은 점수와 낮은 점수를 모두 해석한다.

점수가 높은(T ≥65) 사람은 다음의 특징을 보인다.

1. 충동적이고 자기통제가 결여되어 있다.
2. 신체적으로 위험추구적인 행동을 한다.
3. 일상생활을 쉽게 지루해하며, 흥분되는 경험을 찾아다닌다.
4. 반항적이다.
5. 전통적인 도덕적 제약에 덜 얽매인다.
6. 약물 남용 전력을 보이는 경우가 많다.
7. 학교에서 문제를 일으키거나 체포되었던 경우가 많다.
8. 법정 장면에서는 폭력이나 반사회적 성격장애를 진단받은 전력이 있다.
9. 치료 중에 보다 건설적인 방식으로 새로움, 흥분, 위험 감수의 욕구를 충족시킬 수 있는 방법을 탐색함으로써 도움이 될 수 있다.

점수가 낮은(T <39) 사람은 다음의 특징을 보인다.

1. 자제력이 있고 충동적이지 않다.
2. 신체적으로 위험한 일은 하려 하지 않는다.
3. 지루함을 잘 견딘다.
4. 규칙이나 법을 잘 따른다.
5. 구조화된 치료적 접근에 보다 잘 반응한다.

부정적 정서성/신경증(NEGE) 척도

NEGE 척도는 부정적인 정서(예 : 두려움, 불안)를 경험하며, 입력되는 정보 가운데 문제로 발전할 만한 특징에 집착하는 성향을 측정한다. HiTOP 모델의 내재화 스펙트럼 및 AMPD의 부정적 정서성 특질 영역과 개념적으로 상당히 중복된다. 낮은 점수는 해석하지 않는다.

점수가 높은(T ≥65) 사람은 다음의 특징을 보인다.

1. 부정적인 정동을 경험하는 소인을 갖고 있다.

2. 입력되는 정보 가운데 문제로 발전할 만한 특징에 초점을 맞춘다.

3. 최악의 시나리오를 상상한다.

4. 친구가 극소수이거나 혹은 전혀 없다.

5. 자기비판적이다.

6. 과도하게 걱정한다.

7. 죄책감을 느낀다.

8. 슬프거나 우울한 감정을 보고한다.

9. 비관주의적이다.

10. 자기 자신 및 자신이 맺고 있는 관계에 대해 역기능적 믿음을 갖고 있다.

11. 그리 성취 지향적이지 않다.

12. 임상 장면에서라면 자살 시도를 했던 전력이 있을 수 있다.

13. 임상 장면에서는 우울증이나 기분 부전 장애의 진단을 받는 경우가 많다.

14. 매우 불안하다.

15. 신체증상을 보고한다.

16. 불안을 유발하는 방식으로 정보를 처리하는 경향을 찾아서 다루어 주면, 치료로부터 도움을 받을 수 있다.

내향성/낮은 긍정적 정서성(INTR) 척도

INTR 척도는 내향성과 긍정적인 감정(예 : 기쁨) 및 긍정적인 경험을 할 수 있는 능력 면에서 개인차를 알아보기 위한 것이다. 개념적으로, AMPD와 HiTOP 모델 둘 모두의 애착 상실 구인과 일치한다. 높은 점수와 낮은 점수를 모두 해석한다.

점수가 높은(T ≥65) 사람은 다음의 특징을 보인다.

1. 기쁨이나 즐거움을 경험할 수 있는 능력이 거의 없다.

2. 사회적으로 내향적이다.

3. 성취에 대한 욕구가 낮다.

4. 슬프거나 울적하고, 우울한 느낌을 보고한다.

5. 신체증상을 보고한다.

6. 불안을 자주 느낀다.

7. 미래에 대해 비관적이다.

8. 임상 장면에서라면 우울증을 진단받는 경향이 있다.

9. 임상 장면에서는 자살 시도의 전력이 있다.

10. 치료에서 거의 정서반응을 보이지 않는 경향이 있다.

점수가 낮은(T<39) 사람은 다음의 특징을 보인다.

1. 기쁨과 즐거움을 느낄 수 있는 능력이 있다.

2. 꽤 사교적이다.

3. 에너지가 많다.

4. 점수가 매우 낮은 경우 경조증의 증상을 보일 수 있다.

5. 치료에서 정서적인 반응성이 상당히 높을 가능성이 있다.

CHAPTER 8

보충 척도

원판 MMPI 문항군집은 타당도 및 임상 척도 구성에 쓰였을 뿐만 아니라, 문항분석, 요인분석 및 직관적 절차를 통해 567문항을 다양하게 재조합하여 여러 다른 척도 개발을 위해서도 사용되었다. Dahlstrom과 동료들(1972, 1975)은 원판 MMPI로 개발한 450여 개 이상의 보충 척도(supplementary scales)가 있음을 확인하였다. 이 척도들은 '지배성(dominance)', '의심(suspiciousness)'과 같이 전통적인 것부터 '야구에서의 성공'과 같은 특이한 것까지 상당히 다양한 명칭이 있었다. 척도들은 측정하는 내용, 구성된 방식, 신뢰도, 교차 타당도 수준, 규준 자료의 활용성 및 추가적인 타당도 자료 등 여러 측면에서 매우 다양하였다. 또한 임상 및 연구 장면에서 사용되는 빈도도 다양하였다. 개발자만이 사용했던 척도가 있는 반면, 연구에 광범위하게 사용되었을 뿐만 아니라 MMPI의 임상적 해석에 항상 사용되었던 척도들도 있었다.

MMPI-2에는 원판 MMPI의 몇몇 보충 척도만 유지되었다(Butcher et al., 1989, 2001). 대부분의 경우, 연구 자료를 참조하여 신뢰도와 타당도가 있는 척도들만을 남기기로 결정하였다. 그러나 일부 척도는 과학적인 근거가 제한적이었음에도 유지되었다. 예를 들면, MMPI-2 저자들은 Harris-Lingoes 소척도(제6장)는 유지하기로 했는데, 임상 척도 해석에 도움이 되는 정보를 보충해 준다고 판단했기 때문이었다. 원판 MMPI 보충 척도 중 일부는 유지되었을 뿐만 아니라 MMPI-2를 사용하여 새로운 척도들도 개발되었다. 몇몇 새로운 타당도 척도(제3장)와 내용 척도(제6장)도 개발되었다. 재표준화 프로젝트의 일부로 다른 척도들도 개발되었으며, 이는 이 장에서 기술될 것이다. MMPI-2 출간 이후, 물질 남용 및 부부 문제를 측정하는 몇몇 부가적인 척도들도 출판되었으며, 이 역시 이 장에서 다루게 될 것이다.

각각의 보충 척도 역시 동일한 형식을 사용하여 살펴볼 것이다. 척도 개발에 대한 정보를 제시할 것이며, 신뢰도와 타당도 자료도 언급하겠다. 각 척도에 대한 해석지침도 제시할 것이다. 임상 및 타당도 척도와 마찬가지로, 보충 척도에 대해서도 절대적인 분할점은 기술할 수 없다. 다만 일반적으로 T 점수 65점 이상을 높은 점수로 고려할 수 있다. 특정 척도의 구체적인 분할점에 대해서는 정보가 있을 때마다 제시할 것이다. 점수가 높을수록 제시된 해석 정보가 더 잘 들어맞을 것이다. 낮은 점수 해석에 활용할 자료가 있는 척도에 대해서는 이 장에서 낮은 점수 해석에 대해 제시할 것이다. 그러나 이 책의 이전 장에서 언급되었던 다른 척도들처럼, 대부분의 보충 척도에 대해 낮은 점수는 해석되어서는 안 되는데, 낮은 점수 해석 진술에 확신을 줄 만한 연구 자료가 충분하지 않기 때문이다.

연구들을 토대로 해석적 정보를 얻으려고 했지만, 해석을 기술하는 데 문항 내용 검토가 필요한 경우도 있었다. 원판 MMPI 때 개발되어 MMPI-2에도 그대로 유지된 보충 척도들의 경우, 해석적 진술을 만들기 위해 원판 MMPI로부터 나온 연구 자료를 사용하였다. 이 척도들이 원판과 개정판에서 본질적으로 동일하기 때문에, 이런 접근은 적절한 것 같다. Archer 와 동료들(1997)은 정신과 입원 환자가 스스로 보고한 증상 및 심리학자들이 평정한 증상 예측에서, 보충 척도가 임상 척도에 부가적인 역할을 하지 못한다고 결론지었다. 그러나 주목할 점은 그들 연구에서 대부분의 보충 척도에 대한 검사 외적 특성에 대한 측정치가 포함되지 않았다는 것이다. Graham과 동료들(1999)은 지역 정신건강센터에 내원한 내담자를 대상으로 한 연구에서 많은 보충 척도들에 대한 의미 있는 상관을 확인할 수 있었다. 그럼에도 불구하고 보충 척도는 표준적인 타당도 및 임상 척도를 대신할 수 없다는 점이 강조되어야 한다. 오히려 부가적으로 사용되는 것이다.

보충 척도 채점과 프로파일은 직접 채점해서 사용할 수도 있고 Pearson Assessment에서 제공하는 컴퓨터로 채점된 보고서를 통해서도 사용할 수 있다. 다만 주목해야 할 점은 대부분의 보충 척도가 전체 567문항이 있는 MMPI-2를 실시할 때 채점할 수 있다는 것이다. 각 보충 척도의 구성 및 채점은 MMPI-2 매뉴얼(Butcher et al., 2001) 부록 B에 제시되어 있다. MMPI-2 매뉴얼 부록 A에는 보충 척도의 T 점수 변환이 제시되어 있다. 비성별 자료에 기초한 점수 변환은 Ben-Porath와 Forbey(2003)의 비성별 규준 논문의 부록에 제시되어 있다.

불안(A) 척도와 억압(R) 척도

척도 개발

MMPI나 MMPI-2의 기본 타당도 및 임상 척도를 요인분석하여 가장 공통적인 요소를 추릴 때면 언제나 2개의 기본 차원이 일관되게 드러난다(예 : Block, 1965; Butcher et al., 1989; Eichman, 1961, 1962; Welsh, 1956). Welsh(1956)는 이런 기본 차원의 첫 번째 것을 측정하기 위해 불안(anxiety : A) 척도를 개발하였다. Welsh는 재향군인병원 남자 환자들의 MMPI 점수를 요인분석하여 요인 하나를 확인하였는데, 이를 처음에는 '일반적인 부적응'이라고 명명했다가 나중에는 '불안'이라고 하였다. 이 요인은 척도 7 및 척도 8로부터 높은 정적 부하량을, 교정(K) 척도로부터 높은 부적 부하량을 얻는 것으로 정의되었다. A 척도는 가장 높은 상관을 보이는 문항들을 확인하여 이 요인을 측정하기 위해 개발되었다. 정신과 환자의 새로운 표본을 대상으로 이를 실시한 후, 내적 일관성 절차를 사용하여 이 척도를 다시 다듬었다. 원래 A 척도는 39문항으로 구성되었으며, 이 문항 모두가 MMPI-2 A 척도에 포함되었다. 문항들은 A 척도의 점수가 높을수록 정신병리가 심한 쪽으로 채점되게 된다.

억압(repression : R) 척도를 구성한 사람도 Welsh(1956)로, 원판 MMPI 기본 타당도 및 임상 척도를 요인분석하여 나온 두 번째 주요 차원을 측정하기 위해서 개발되었다. 이 요인은 척도 1, 2, 3으로부터 정적 부하량을, 척도 9로부터 부적 부하량을 얻는 것으로 정의되었다. A 척도를 개발할 때와 유사한 절차를 사용하여 R 척도도 만들어졌다. 그 결과 최종적으로 40개 문항이 척도에 포함되었는데, 이 중 37개가 MMPI-2 R 척도에 포함되었다.

신뢰도와 타당도

MMPI-2 규준 집단에서 A 척도의 내적 일관성 계수는 남자의 경우 .89, 여자의 경우 .90이었다. R 척도의 내적 일관성 계수는 남자의 경우 .67, 여자의 경우 .57이었다(Butcher et al., 2001). 따라서 A 척도는 상당히 내적으로 일관된 반면 R 척도는 덜하다. 동일 표본에서 검사–재검사 신뢰도는(평균 1주 간격으로 시행) A 척도의 경우 남녀 각각 .91, .91이었다. R 척도는 남녀 각각 .79, .77이었다(Butcher et al., 2001). 따라서 비교적 단기간에 걸친 A 척도와 R 척도 점수의 안정성은 상당히 인정할 만한 것 같다.

일부 연구자들 사이에서 MMPI 반응에서 나타난 주요 변량원이 반응세트와 관련 있다는 주장이 제기되었다. 반응세트는 수검자가 자신이 보이고 싶은 쪽으로 특정 관점이나 태도로 문항에 답할 때 나타난다. A. L. Edwards(1964)가 주장하기를, MMPI의 첫 번째 요인인 A 척도가 측정하는 것은 수검자가 자신을 기술하는 과정에서 사회적으로 바람직하지 않은 문항도 기꺼이 체크하는 단순한 수검태도일 뿐이라고 하였다. Messick과 Jackson(1961)은 R 척도 점수는 수검자가 여러 가지 정서적인 어려움이 있음을 검사상에서 인정하지 않으려는 정도를 시사할 뿐이라고 하였다. 이런 해석은 모든 R 척도 문항이 '아니다'로 채점된다는 점에서 지지되는 것 같다. J. Block(1965)은 A. L. Edwards(1964)와 다른 연구자들이 개발한 기법을 사용하여 사회적 바람직성과 묵종효과를 통제하기 위해 MMPI 척도를 바꿨을 때조차도 동일한 두 요인 차원이 나타난다는 것을 증명함으로써 반응세트 또는 편향 주장을 반박하였다. 또한 J. Block은 연구를 통해 두 요인 차원에 대한 신뢰할 만하고 의미 있는 검사 외적 상관을 확인하였다. 따라서 A, R, 다른 MMPI 척도 점수가 단지 반응 스타일을 측정한다는 생각을 지지할 만한 증거는 거의 없다.

MMPI에 대한 경험적 연구들은 A 척도 점수가 정서적 불편감, 비관주의, 심리치료에서 변화를 위한 동기뿐만 아니라 자기의심을 경험하는 것과 긍정적으로 관련되어 있다는 점을 시사하였다(예 : J. C. Duckworth & Duckworth, 1975; Sherriffs & Boomer, 1954; Welsh, 1965). Graham과 동료들(1999)은 MMPI-2 상관 연구에서 A 척도 점수가 높은 정신건강센터 내담자들이 불안, 우울 및 신체적인 어려움을 포함한 여러 증상이 있었으며, 낮은 점수를 보이는 사람들보다 정신건강상의 문제로 입원치료한 경험 및 자살 사고 과거력이 더 많은 경향이 있다고 보고하였다.

R 척도에 대해 원판 MMPI를 사용한 경험적 연구에서는 이 척도가 신체화 및 우울과 상관이 있음이 시사되었으며, R 척도 점수가 높은 사람들은 부인, 합리화 및 자기 통찰이 부족한 것으로 묘사되었다(예 : J. C. Duckworth & Duckworth, 1975; Welsh, 1956). Archer와 동료들(1997)은 MMPI-2의 동일 척도를 사용하여 정신과 입원 여자 환자들의 경우 R 척도 점수가 정신운동 지체 평정치와 정적 상관이 있음을 밝혔다. Graham과 동료들(1999)은 정신건강센터 내담자 집단에서 R 척도와 상관이 있는 측정치가 거의 없음을 확인하였다. 그러나 척도 점수가 높은 내담자일수록 치료자 평정에서 건강에 집착하고 신체증상을 호소하고 있는 것으로 묘사되었다. 남자 내담자이면서 R 척도 점수가 높은 경우 신경이 과민하고, 우울하고, 활력이 부족하며 정동이 제한적이었다. 또한 좀 더 구체적(concrete)으로 사고하고 비관적으로 느꼈다. 점수가 높은 여자 내담자들 또한 불안하고, 내향적이며, 수줍어하는 것으로 나타났다. 또한 흔히 압도감을 느끼고 인생살이가 힘들다고 느꼈다. 그들은 많은 두려움을 드러냈으며 활력도 낮았다.

높은 A 척도 점수 해석

A 척도 점수가 높은 사람들은 다음과 같은 특징을 보인다.

1. 전반적으로 부적응적이다.
2. 불안하고 마음이 편치 않다.
3. 우울하다.
4. 신체증상을 호소한다.
5. 개인적인 생활리듬이 느리다.
6. 자살 사고가 있음을 인정한다.
7. 비관적이다.
8. 냉담하고 침착하며, 잘 흥분하지 않는다.
9. 수줍어하고 뒤로 물러나 있다.
10. 능력에 대한 자신감이 부족하다.
11. 주저하고 머뭇거린다.
12. 억제되어 있고 과잉통제한다.
13. 주변 사람들의 이런저런 기분에 영향을 받는다.
14. 방어적이다.
15. 합리화하고, 어려운 일이 생기면 남을 탓한다.
16. 사회적 상황에서 침착함이 부족하다.
17. 권위에 순응하고 과도하게 수용한다.
18. 복종적이고 고분고분하며 쉽게 영향을 받는다.
19. 조심스럽다.
20. 까다롭다.
21. 냉정하고 거리감을 유지하며 관여하지 않으려는 것 같다.
22. 스트레스가 생기면 혼란스러워하고 뒤죽박죽이 되며 부적응적이 된다.
23. 정신건강 문제로 입원치료한 과거력이 있는 것 같다.
24. 심리치료에서, 변화를 위한 충분한 동기가 생길 정도로 심리적 불편감이 크다.

높은 R 척도 점수 해석

R 척도 점수가 높은 사람들은 다음과 같은 특징을 보인다.

1. 수동적이고 복종적이다.

2. 흥분하지 않는다.

3. 관습적이고 의례적이다.

4. 느리고 공들여 천천히 수행한다.

5. 정신운동 지체를 보일 수 있다.

6. 내향적이다.

7. 신체증상을 호소한다.

자아강도(Es) 척도

척도 개발

자아강도(Es) 척도는 개인 심리치료를 받는 신경증 환자들의 반응을 예측하기 위해 Barron (1953)이 개발하였다. Es 척도 문항을 확인하기 위해, 6개월간의 심리치료 후 확실한 진전을 보이는 것으로 판단된 17명 환자의 문항반응과 진전이 없는 것으로 평가되는 16명 환자의 문항반응을 비교하여 결정하였다. MMPI-2 Es 척도 52문항은 진전을 보인 환자들 대부분이 선택한 방향으로 채점된다(문항 구성 및 채점은 MMPI-2 매뉴얼의 부록 B에 제시됨; Butcher et al., 2001). Es 척도 문항은 신체 기능, 은둔성, 도덕적 신념, 개인이 느끼는 적절감, 대처능력, 공포증 및 불안 등을 다루고 있다.

신뢰도와 타당도

MMPI-2 규준 집단에서 남녀 Es 척도의 내적 일관성 계수는 각각 .60과 .65이다. MMPI-2 규준 집단에서 (평균 1주일 간격) 검사-재검사 계수는 남녀 표집 각각 .78과 .83이다(Butcher et al., 2001).

Es 척도가 치료에 대한 반응을 예측하기 위해 개발되었지만, 이런 목적으로 사용하기 위한 지지 증거는 엇갈린다. Dahlstrom과 동료들(1975)의 연구는 원판 MMPI의 Es 척도 점수와 치료효과 간의 관계가 일관되지 않음을 보이고 있다. Es에 관한 원판 MMPI를 바탕으로 한 연구들은 Es 척도 점수와 치료 결과 간의 관계가 단순하지 않고, 환자유형, 치료 종류 및 결과 측정치의 성격 등과 같은 요인들을 고려해야만 한다는 점을 시사한다. 그러나 일반적으로 높은 Es 척도 점수는 전통적인 개인 심리치료를 받는 '신경증적'으로 묘사되는 환자들이 경험하는 증상의 긍정적인 변화를 예측하는 것 같다.

Es 척도를 전반적인 심리적 적응의 지표로 볼 수 있음을 시사하는 자료들도 있다. Schuldberg(1992)는 대학생 표본에서 MMPI-2 Es 척도 점수는 심리적 건강에 대한 다른 자기보고식 측정치들과 정적 상관이 있음을 밝혔다. Graham과 동료들(1999)은 높은 Es 척도 점수를 보이는 정신건강센터 내담자들의 경우, 낮은 점수를 보이는 사람들보다 증상 수가 적고, 인생살이가 덜 힘들다고 느끼며, 스트레스에 더 잘 대처한다는 평가를 받았다고 보고하였다. 게다가 Es 척도 점수가 높은 내담자들이 치료자 평정에서 더 활력이 넘치고, 경쟁적이며, 흥미 범위가 더 넓은 것으로 나타났다. Windle(1994)은 자살 시도 경험이 있는 알코올 관련 문제를 지닌 남자들이 알코올 관련 문제만 있는 다른 남자들보다 Es 척도 점수가 낮음을 발견했다. Rosch와 동료들(1991)은 폭식증으로 치료받고 있는 여대생들의 Es 척도 점수를 다른 문제로 치료받거나 치료를 받지 않은 여대생들과 비교하였는데, 폭식증으로 치료받고 있는 여대생들의 Es 척도 점수가 더 낮았다. Archer와 동료들(1997)은 정신과 입원 환자군에서 Es 척도 점수가 정신운동 지체 및 기이한 사고 내용 평가상에서 부적 상관이 있음을 보고하였다.

Es 척도 점수상에서 일관된 남녀 성차가 있다는 보고가 있었는데, 남자들이 여자들보다 원점수가 더 높았다(Butcher et al., 1989; Distler et al., 1964; Getter & Sundland, 1962; Taft, 1957). 이런 성차는 원래 여자들이 문제나 어려움을 더 쉽게 인정함을 반영하는 것으로 해석되었다(Getter & Sundland, 1962). 그러나 Es 척도에서 나타나는 성차와 관련해, 남자들이 여자들보다 높은 점수를 받는 이유는 척도 안에 전형적인 남성적 역할 동일시를 다루는 문항들이 많이 포함되어 있기 때문으로 설명하는 것이 타당하다(Holmes, 1967). 그럼에도 불구하고 우리는 검사자들이 Es 척도 해석 시 비성별 규준을 사용하여 해석할 때 주의할 것을 권한다.

높은 Es 척도 점수 해석

방어적임이 시사되는 프로토콜에서는 Es 척도를 해석할 때 매우 주의를 요한다. 그런 상황에서 Es 척도 점수는 인위적으로 상승하는 경향이 있으며 치료에 대한 긍정적인 반응을 예측하지 못한다. 마찬가지로, 증상을 과장하는 것으로 시사되는 프로토콜에서 Es 척도 해석 역시 주의를 기울여야 한다. 이런 상황에서 Es 척도 점수는 인위적으로 내려가는 경향이 있으며, 치료에 대한 부정적인 반응을 예측하지 못한다.

Es 척도 점수가 높은 사람들은 다음과 같은 특징을 보인다.

1. 심각한 증상의 수나 정도가 덜하다.
2. 만성적인 정신병리가 덜하다.
3. 안정적이고 신뢰가 가며 책임감이 있다.
4. 참을성이 있고 편견이 없다.
5. 기민하고 활력이 넘치며 대담하다.
6. 감각추구자일 수 있다.
7. 단호하고 끈질기다.
8. 자신감이 있고, 거리낌 없이 말하며 사교적이다.
9. 지적이고 자원이 풍부하며 독립적이다.
10. 현실감이 있다.
11. 사람들과 효과적으로 거래한다.
12. 호감 가는 첫인상을 준다.
13. 사람들에게 인정받는다.
14. 활력이 넘치고 관심사가 많다.
15. 주변에서 일어나는 문제로 도움을 구한다.
16. 심리치료에서, 직면을 견딜 수 있다.

낮은 Es 척도 점수 해석

Es 척도 점수가 낮은 사람들은 점수가 높은 사람들과 여러 가지 면에서 상반된다. 점수가 낮은 사람들은 좀 더 심각한 문젯거리가 있는 듯하며 이는 본질적으로 상황적일 가능성이 낮다. 이들은 스트레스에 대처할 만한 심리적 자원이 많지 않은 듯하며, 치료적인 변화에 대한 예후도 좋지 않다.

지배성(Do) 척도

Gough와 동료들(1951)은 정치 참여와 관련된 대규모 프로젝트의 일환으로 지배성(Do) 척도를 개발하였다. 고등학생과 대학생을 대상으로 지배성(대면 상황에서 강한 모습을 보임,

타인에게 영향력을 미칠 수 있는 능력, 쉽게 겁먹거나 물러서지 않음, 대면 상황에서 안전감과 안정감 및 자신감을 보임)을 정의해 준 후, 동료들 중 가장 지배적인 사람과 가장 지배적이지 않은 사람을 지명하도록 하였다. 이런 또래 지명을 바탕으로 지배성이 높은 준거 집단과 낮은 준거 집단으로 나누었으며, 이 두 집단원들에게 MMPI 문항이 일부 포함된 150문항짜리 질문지를 작성하도록 하였다. 반응분석 결과, 낮은 집단과 높은 집단을 구별해 주는 문항들을 확인하였다. 문항들은 Do 척도 점수가 높은 경우 지배성이 높음을 반영하는 쪽으로 채점되며, MMPI-2 매뉴얼 부록 B에 25개 문항의 채점 방향이 제시되어 있다(Butcher et al., 2001).

신뢰도와 타당도

MMPI-2 규준 집단에서 남녀 Es 척도의 내적 일관성(α) 계수는 각각 .74와 .79이다(Butcher et al., 2001). MMPI-2 규준 집단에서 (평균 1주일 간격) 검사-재검사 계수는 남녀 표본 각각 .84와 .86이다(Butcher et al., 2001).

원판 MMPI의 Do 척도를 사용한 경험적 연구에서 척도 점수는 사회적 지배성과 관련이 있음이 지지되었다(Gough et al., 1951). MMPI-2에서도 비슷한 결과를 확인하였다. Hedayat와 Kelly(1991)는 정신과 낮병원(day-treatment) 여자 내담자의 Do 척도 점수와 의료진이 평정한 지배성 정도 간의 상관이 .86이었다고 하였다. Archer와 동료들(1997)은 정신과 입원 환자의 Do 척도 점수와 의료진이 평가한 과대성(grandiosity) 측정치 간에 정적 상관이 있음을 발견하였다. Graham과 동료들(1999)은 지역 정신건강센터 내담자를 대상으로 한 Do 척도의 상관 연구를 보고하였다. Do 척도 점수가 높은 내담자들이 불안, 우울 및 신체증상 호소와 같은 증상 수가 더 적은 경향이 있었으며, 덜 수동적이고, 사회적인 면에서도 덜 서투르며, 좀 더 성취 지향적이었다.

높은 Do 척도 점수 해석

Do 척도 점수가 높은 사람들은 다음과 같은 특징을 보인다.

1. 침착하고 확신에 차 보인다.
2. 안정감 있다.
3. 낙천적이다.
4. 내적 자원이 있고 효율적이다.

5. 현실적이고 성취 지향적이다.

6. 충분히 어려움을 다룰 만하다고 느낀다.

7. 끈질기다.

8. 도덕적 본분을 다한다.

9. 사회적인 장면에서 편안해한다.

10. 사람들에게 쉽게 주눅 들지 않는다.

11. 정신과 환자라면, 불안, 우울 및 신체증상 호소 등의 증상 수가 적은 경향이 있으며, 다소 과대성이 있을 수도 있다.

사회적 책임감(Re) 척도

척도 개발

사회적 책임감(Re) 척도 역시 Gough와 동료들(1952)에 의해 정치 참여에 관한 대규모 프로젝트의 일환으로 개발되었다. Re 척도 구성에 사용된 표본은 50명의 남자 대학생 동아리원, 50명의 여자 대학생 동아리원, 123명의 고등학교 사회과학 수강생 및 221명의 9학년 학생들로 구성되었다. 각 표본 내에서 가장 책임감 있는 사람과 가장 책임감이 부족한 사람이 지명되었다. 책임감은 자신의 행동 결과를 기꺼이 수용하려 하고, 믿을 만하고, 신뢰할 수 있고, 성실하며, 집단에 속한 의무를 잘 이해하고 있는 것으로 정의되었다. 고등학생 및 대학생 표본에서는 또래 지명을 통해 책임감이 가장 높은 사람과 가장 낮은 사람을 뽑았다. 9학년 표본에서는 책임감 평정에 선생님들이 참여하였다. 각 표본 내에서 책임감이 가장 높은 사람과 낮은 사람의 MMPI 문항반응을 검토하였다. 모든 표본에서 책임감이 가장 높고, 가장 낮은 사람들을 제일 잘 구별해 주는 것으로 나타난 문항들을 Re 척도에 포함시켰다. MMPI-2의 Re 척도 30문항은 MMPI-2 매뉴얼 부록 B에 채점 방향과 함께 제시되어 있다(Butcher et al., 2001).

신뢰도와 타당도

MMPI-2 규준 집단에서 내적 일관성(α) 계수는 남녀 각각 .67과 .61이다(Butcher et al., 2001). MMPI-2 규준 집단에서 (평균 1주일 간격) 검사-재검사 계수는 남녀 표본 각각 .85와 .73이다(Butcher et al., 2001).

　원판 MMPI의 Re 척도 연구에서 척도 점수는 책임감이 있고 믿을 만하고 신뢰할 수 있고 집단에 속한 진정성과 책임감을 느낄 뿐만 아니라 타인에 의해서도 그렇게 평가되는 경향이 있다는 점과 관련이 있음을 시사한다(예 : Gough et al., 1952). Re 척도 점수가 높은 사람들이 점수가 낮은 사람들보다 지도력 및 책임감이 요구되는 위치에 있는 경향이 있었고(예 : Knapp, 1960), 기존의 가치를 지키면서 다른 가치를 살펴보려고 하지 않는 경향도 있었다(J. C. Duckworth & Duckworth, 1975). 이 척도에 대한 MMPI-2를 이용한 연구는 거의 없다. 그러나 Graham과 동료들(1999)은 정신건강센터 내담자들을 대상으로 Re 척도의 상관 연구를 하였다. Re 척도 점수가 높은 내담자들은 불안, 우울 및 신체증상 호소 등의 증상이 적었다. 또한 이들은 평정에서 다른 내담자들보다 더 안정적이며 사회적인 장면에서도 덜 서툴러 보였다.

높은 Re 척도 점수 해석

Re 척도 점수가 높은 사람들은 다음과 같은 특징을 보인다.

1. 자신이 보기에도 다른 사람이 보기에도 신뢰할 만하다.
2. 윤리적이고 도덕적인 문제에 대해 깊은 관심을 보인다.
3. 정의감이 강하다.
4. 스스로에 대한 규준이 높다.
5. 특권과 호의를 거부하며, 자신의 행동 결과를 기꺼이 받아들이려는 모습을 보인다.
6. 타인에 대해 책임감을 느끼고 지도자 위치에 있을 수도 있다.
7. 자신이 짊어진 부담 및 의무 이행을 과도하게 강조한다.
8. 안정적이고 자신감이 있다.
9. 사회적인 장면에서 편안해한다.
10. 일반적으로 세상에 대한 신뢰 및 자신감이 있다.
11. 기존의 가치를 고수하면서 다른 가치들을 탐색하려 하지 않는다.
12. 정신과 환자의 경우, 다른 내담자들보다 불안, 우울 및 신체증상 호소를 포함한 증상 수가 적은 편이다.

대학생활 부적응(Mt) 척도

척도 개발

대학생활 부적응(Mt) 척도는 대학생들의 정서적 적응 및 부적응을 구별해 내기 위해 구성되었다(Kleinmuntz, 1961). Mt 척도 문항들은 적응적인 남녀 학생 40명, 부적응적인 남녀 학생 40명의 반응을 비교해서 MMPI 문항군집에서 선별하였다. 적응적인 학생들은 대학 내 학생생활연구소에 교사자격 취득 절차의 일환으로 정신건강 평가를 받기 위해 내원한 학생들이었으며, 정신과적 병력은 없었다. 부적응적인 학생들은 같은 기관에 정서적인 문제로 도움을 구하러 내원하였으며, 3회기 또는 그 이상 심리치료를 받고 있는 상태였다. 문항분석 절차를 통해 적응적인 학생과 부적응적인 학생을 변별해 주는 43개 문항을 확인하였다. MMPI-2 Mt 척도에는 원래 척도 43개 문항 중 41문항이 유지되었고, 이 척도에서 점수가 높을수록 부적응적임을 시사하는 쪽으로 채점되었다(MMPI-2 매뉴얼 부록 B에 문항 구성 및 채점이 제시됨; Butcher et al., 2001).

　　Barthlow와 동료들(2004)은 MMPI-2 Mt 척도 문항들을 요인분석하여, 3개의 해석 가능한 요인을 확인하였다. 첫째 요인은 '낮은 자존감'으로 명명되었고, 자신감이 부족하며 자신을 다른 사람과 부정적인 쪽으로 비교하는 문항들이었다. '활력 부족'으로 명명된 두 번째 요인은 피로감을 느끼고 뭔가를 시작하는 데 어려움이 있음을 나타내는 문항들이었다. 세 번째 요인은 '냉소적 태도/안절부절못함'으로 명명되었고, 다른 두 요인보다는 뭔가 이질적인 내용들이었으며, 다른 사람들에 대한 부정적인 표현, 흥분 및 입 밖으로 꺼내기 어려운 나쁜 생각들을 나타내었다.

신뢰도와 타당도

MMPI-2 규준 집단에서 Mt 척도의 내적 일관성(α) 계수는 남녀 각각 .84와 .86이었다(Butcher et al., 2001). MMPI-2 규준 집단에서 1주 간격의 검사-재검사 신뢰도 계수는 남녀 모두 .90이었다(Butcher et al., 2001).

　　원판 MMPI Mt 척도 연구는 척도 점수가 미래 정서적 문제를 예측하는 것보다는 현재 겪고 있는 정서적 문제를 확인하기 위해 사용할 때 좀 더 정확함을 시사하였다(Kleinmuntz, 1961, 1963; Parker, 1961). MMPI-2 Mt 척도를 사용한 연구에서 높은 점수는 우울, 불안 및 외상과 관련된 장애 등 정서적/내재화된 형태의 정신병리 증상이 있음과 관련되었다

(Lauterbach et al., 2002; Svanum & Ehrmann, 1993). 그러나 Mt 척도 점수와 물질사용장애 증상과는 관련이 없었다. Mt 척도 원점수는 남자 대학생들보다는 여자 대학생들, 학업성취도가 높은 학생들보다는 학업성취도가 낮은 학생들이 더 높았다(Lauterbach et al., 2002).

이와 유사한 연구들이 Barthlow와 동료들(2004)에 의해서도 증명되었는데, Mt 척도 점수가 높으면 정서적 혼란과 고통감(예 : 우울, 불안, 불안정감)이 상승하였고 행동화는 없다는 점을 정신건강 클리닉에 내원한 표본에서 확인하였다. 이런 연구 결과는 Mt 척도 점수와 정서적 고통 간에 상관이 일반적인 부적응과 관련된 지표와 다른 MMPI-2 척도 간의 상관과 비슷함을 시사한다. 실제로 Mt 척도 점수는 구성개념의 다른 MMPI-2 측정치(예 : Welsh의 A 척도, 낮은 Es 척도 점수 또는 8개 임상 척도의 평균 점수 등) 이상으로 부적응을 예측하는 데 더 설명력을 갖지는 못하는 것으로 시사되었다.

높은 Mt 척도 점수 해석

Mt 척도는 대학 외에 다른 장면에서는 체계적으로 연구된 바가 없기 때문에 오직 대학생인 경우에만 사용할 것을 권한다.

일반적인 부적응을 시사하는 것뿐만 아니라 Mt 척도 점수가 높은 대학생들은 다음과 같은 특징을 보인다.

1. 무능하다.
2. 비관적이다.
3. 매사에 늦장을 부린다.
4. 불안하고 걱정이 많다.
5. 스트레스가 많아지면 신체증상을 보인다.
6. 인생살이가 힘들다고 느끼는 경우가 대부분이다.

외상후 스트레스 장애(PK) 척도

척도 개발

Keane 등(1984)이 외상후 스트레스 장애(PTSD)를 진단하기 위해 외상후 스트레스 장애(PK) 척도를 개발하였는데, 구조화된 면담과 심리생리학적 측정과정을 통해 PTSD 진단을 받은

60명의 남자 베트남전 참전 재향군인과 PTSD가 아닌 다른 진단을 받은 60명의 남자 재향군인의 MMPI 문항반응을 비교하였다. 이들은 두 집단이 유의미하게 다르게 응답한 49문항을 확인하였다. 원점수 30점을 분할점으로 하는 경우, PTSD와 PTSD가 아닌 재향군인에 대한 판별력이 82%였다.

PK 척도 문항 내용은 정서적 혼란을 시사한다. 불안, 걱정 및 수면장애를 다루는 문항들도 있고, 죄책감과 우울을 시사하는 문항들도 있다. 특정 문항들에 대한 수검자 응답을 살펴보면, 원하지 않는 혼란스러운 생각이 난다고 보고하고, 감정 조절의 어려움이 있다고도 기술하고 있다. 이해받지 못하며 학대받고 있다는 느낌을 반영하는 문항도 있다. MMPI-2 PK 척도 46문항 및 채점 방향은 MMPI-2 매뉴얼(Butcher et al., 2001) 부록 B에 제시되어 있다.

PK 척도가 대개는 MMPI-2 전체를 실시함으로써 채점되지만, Lyons와 Scotti(1994)는 PK 척도만 따로 실시하여 채점해도 전체 MMPI-2 실시를 바탕으로 얻은 점수와 매우 유사함을 보여 주었다. 그러나 이것만 떼어서 실시하는 경우의 큰 단점은 타당도 척도가 채점되지 않을 때에는 수검태도에 관한 중요한 정보가 손실된다는 것이다. 따라서 우리는 PK는 오직 전체 MMPI-2를 실시하고 반응왜곡이 없다는 조건에서만 해석할 것을 권한다.

신뢰도와 타당도

MMPI-2 규준 집단에서 PK 척도의 내적 일관성 계수는 남녀 각각 .85, .87이었다(Butcher et al., 2001). MMPI-2 규준 집단 내 남녀 하위 표본의 경우 검사-재검사 신뢰도(평균 1주일 간격)는 .87로 보고되었다(Butcher et al., 2001).

구체적인 판별률과 적정 분할점은 다양하고 연구들마다 다르기는 했지만, 상당수의 MMPI 연구들은 개인의 PTSD 진단을 확인하기 위해 PK 척도를 일반적으로 사용할 수 있음을 지지하였다(예 : Butler et al., 1988; Hyer et al., 1990; Vanderploeg et al., 1987). 일반적으로 MMPI의 PK 척도가 PTSD 환자와 다른 진단을 받는 환자를 감별하는 것보다는 PTSD 환자와 정상인를 구별하는 데 더 효과적이었다. Lyons와 Wheeler-Cox(1999)는 MMPI-2 PK 척도에 관한 연구들을 검토한 결과, 진단 분할점으로 원점수 >28점을 적용할 때 재향군인 중 PTSD 환자와 다른 장애를 가진 환자들을 적절하게 변별한다고 결론지었다. 또한 범주적 접근보다는 차원적 관점에서 PTSD를 조사한 연구들도 있었다(Adkins et al., 2008; L. A. Neal et al., 1994, 1995; Sloan et al., 1996; C. G. Watson et al., 1994). 이 연구 결과들은 MMPI-2 PK 척도 점수와 구조화된 면담이나 다른 방법을 통해 확인된 PTSD 증상 간에 정적인 상관이 있음을 시사하였다.

대부분의 PK 척도 연구 초점은 전투와 관련된 PTSD에 맞춰져 있다. 그러나 몇몇 연구들은 MMPI-2 PK 척도 점수가 학대와 같이 민간인 외상과도 관련이 있을 수 있음을 시사하였다. Sinnett과 동료들(1995)은 사설 상담소 두 곳의 내담자들을 대상으로 연구한 결과, 학대 피해자로 내원한 여성 내담자들이 다른 문제로 내원한 여성 내담자들보다 PK 척도 점수가 높다고 하였다. Noblitt(1995)도 유사한 보고를 하였는데, 대부분이 여자 정신과 환자로 구성된 작은 표본에서 악마적 의식에서 행해지는 아동학대(ritual abuse)를 경험했다고 보고한 환자의 PK 척도 점수가 이런 학대를 보고하지 않은 환자들보다 높았다.

민간인 외상 연구들은 학대보다는 외상 지표에 해당하는 다른 외상을 포함하였다. 일례로, Bowler와 동료들(1998)은 화학물질 유출사건과 관련해 PTSD로 진단받은 사람들로 이루어진 표본에서 약 반수 정도가 PK 척도에서 T 점수 65점 이상이었다고 보고하였다. Haisch와 Meyers(2004)는 경찰관의 PK 척도 점수가 직무 스트레스, 직무 압력 및 직무에 대한 지원 부족 인식과 유의미한 관련이 있음을 발견하였다. M. P. Duckworth와 Iezzi(2005)는 차량 사고 후유증으로 만성통증을 보고하는 사람들을 연구하였다. PK 척도 점수가 높을수록 신체적 손상이 많고 심리적 고통감이 높았으며, 부적응적 통증–대처 전략을 더 많이 사용하였다. 전반적으로 민간인 표본 연구는 PTSD 증상을 탐지하는 데 PK 척도의 사용이 특정 지표의 외상에만 국한되지 않음을 시사한다.

PK 척도 점수가 일반적인 고통감과 관련 있다는 증거들도 쌓이고 있다. 예를 들어, Lyons와 Wheeler-Cox(1999)에 따르면 정상인에 비해 PTSD 없이 우울만 보이는 환자들의 PK 척도 점수가 높았고, 신체형장애로 진단받은 여자 환자의 20% 이상이 PK 척도 원점수가 28점 또는 그 이상이었다. 따라서 매우 상승한 PK 척도 점수는 PTSD를 시사하지만, 이 척도에서의 다소 경미한 상승은 일반적인 고통감을 반영할 뿐 외상후 스트레스를 시사하지는 않는다고 볼 수도 있겠다.

요약하면, 재향군인들에게서 PK 척도가 PTSD 진단과 관련이 있다는 상당한 증거들이 있는 것 같다. Keane과 동료들(1984)처럼 PTSD 진단을 위해 잘 정의된 규준을 사용한 연구들은 신뢰성 있는 진단 절차를 사용하지 않았던 다른 연구들에 비해 높은 판별률을 보고하였다. 재향군인들의 PTSD 여부를 분류하기 위해 PK 척도를 사용하는 경우, 부정 오류보다는 긍정 오류가 더 많이 생길 것이다. 실제로는 아니지만 PTSD처럼 보이려 마음먹고 가장하는 경우 PK 척도 점수가 얼마나 상승하는지는 분명하지 않다. 정신건강센터 내담자 중 PK 척도 점수가 높은 사람들은 좀 더 많은 심리적 부적응 증상들을 보이는 경향이 있기 때문에 (Graham et al., 1999), PTSD와 다른 장애 간의 감별진단을 위해 이 척도를 사용하는 것은 한계가 있을 수 있다. 전투 이외의 스트레스와 관련된 PTSD를 확인할 때 PK 척도가 유용한가에 대해서도 불분명하다. 다른 MMPI-2 척도들과 마찬가지로 진단명을 부여하기 위해 척도 하나만 사용하는 것은 임상 장면에서 책임 있는 행동은 아니다.

높은 PK 척도 점수 해석

PTSD 관련 전형적인 증상과 행동이 있을수록 PTSD 진단 가능성이 높아질 뿐만 아니라 PK 척도 점수가 높은 사람들은 다음과 같은 특징을 보인다.

1. 극심한 정서적 고통감을 호소하고 있다.
2. 불안 및 수면장애 증상을 보고한다.
3. 죄책감과 우울감을 느낀다.
4. 원하지 않은 혼란스러운 생각들이 있을 수 있다.
5. 감정 및 인지적 통제력을 잃어버릴까 봐 두려워한다.
6. 제대로 이해받지 못하며 학대받고 있다고 느낀다.

결혼생활 부적응(MDS) 척도

척도 개발

Hjemboe와 동료들(1992)은 부부관계 문제를 측정하기 위해 MMPI-2 결혼생활 부적응(MDS) 척도를 개발하였다. 임시 문항으로는 MMPI-2 규준 집단에 속한 392쌍과 부부상담을 받는 150쌍이 작성한 DAS(Dyadic Adjustment Scale; Spanier, 1976) 점수와 상관을 보이는 MMPI-2 문항을 뽑았다. DAS는 31개 문항으로 이루어진 검사지로, 관계 일치도, 결속력, 애정 및 만족도를 측정하고 있다. 임시 척도 점수와 다른 MMPI-2 문항 간의 상관을 토대로 임시 MDS에 문항을 추가하였다. 만약 문항 내용이 결혼생활 부적응과 구체적으로 연관이 없다고 판단된다거나 그 문항을 삭제하는 것이 변별력을 더 높여 주는 경우 해당 문항들은 나중에 삭제되었으며, 최종 MDS 척도는 14개 문항으로 구성되었다. 어떤 문항 내용은 결혼생활 부적응을 명백하게 드러내는 것 같다(예 : 집안 식구들과 말다툼을 한다. 우리 가정은 즐겁지 않다). 결혼생활 부적응과의 관계가 명백하지 않은 문항들도 있다(예 : 결정을 빨리 내리지 못해서 종종 기회를 놓쳐 버리곤 했다. 내 인생목표에 닿기 어려운 것 같다).
문항 채점은 긍정적인 결혼생활 적응이 어렵다고 하는 사람들이 선택하는 방향으로 채점되
며, MMPI-2 매뉴얼 부록 B에 제시된다(Butcher et al., 2001). Hjemboe와 동료들(1992)이
MDS 척도의 원점수에 상응하는 동형 T 점수를 보고하였으나, MMPI-2 매뉴얼에서 제시된
T 점수는 선형 T 점수다(Butcher et al., 2001). 비성별 규준 자료에 기초한 점수 변환은 Ben-
Porath와 Forbey(2003)의 비성별 규준 논문의 부록에 제시되어 있다.

신뢰도와 타당도

Hjemboe와 동료들(1992)은 내적 일관성(α) 계수가 개발 당시 표본에서는 .65라고 보고하였
다. MMPI-2 규준 집단 내 남녀 각각의 내적 일관성 계수는 .61, .68이었으며, MMPI-2 규
준 집단에서 (평균 1주일 간격) 검사-재검사 계수는 남녀 표집 각각 .78과 .81이다(Butcher
et al., 2001).

　Hjemboe와 동료들(1992)은 결혼 적응도 평가도구로 MDS 사용을 지지하는 증거를 처음
제시하였다. 그러나 이들의 연구 결과를 평가하기에는 다소 어려운 점이 있는데, 왜냐하면
타당도 분석에 포함되었던 대다수의 수검자가 척도 개발을 목적으로 사용했던 자료의 수검
자들이었기 때문이다.

　MDS 점수의 타당도에 대해서는 엇갈린 결과들이 상당수 있다. Graham과 동료들(1999)
은 정신건강센터 내담자들을 대상으로 MDS 척도 점수의 상관을 살펴보았다. 남자 내담자
들의 경우 MDS 점수가 높을수록 치료자가 평정한 내담자의 가족 문제가 많았다. 그러나 여
자 내담자의 경우는 이런 상관을 보이지 않았다. 남자 내담자의 경우 MDS 점수가 높을수록
우울이나 분노 및 자살 사고 등과 같은 광범위하고 다양한 증상 및 부정적인 특징들을 보이
는 경향이 있었다. O'Reilly와 동료들(2003)은 부부상담을 받는 부부들 중 MDS 척도 점수가
높을수록 부부 문제가 더 많으며, 부부 문제를 예측하기 위한 다른 MMPI-2 척도와 더불어
이 척도 점수가 도움이 됨을 밝혔다. 그러나 MDS 역시 Welsh의 A 척도, Es 척도 및 8개 임상
척도의 평균 T 점수 등 다른 MMPI-2 측정치들처럼 일반적인 부적응을 측정하고 있는 듯하
다. 전반적으로 이런 결과들은 MDS 점수의 타당도를 뒷받침하지만 변별 타당도에는 의문
을 제기한다.

MDS 척도 점수 해석

MDS 척도에 관한 타당도 연구가 제한적이기 때문에, 척도 점수 해석 시 주의를 기울여야 한다. 높은 점수(T > 60)는 결혼생활 부적응 문제를 시사하므로, 이 영역에 대한 추가적인 평가가 권장된다. 이미 결혼생활에 문제가 있음을 인정하고 도움을 구하러 온 사람들을 평가하는 경우에는, 이 척도가 크게 도움이 되지 않는다는 점은 확실한 것 같다. 그러나 좀 더 일반적인 평가의 하나로 MMPI-2를 사용할 때, MDS 척도 점수가 높은 경우 임상가들은 불안이나 우울과 같은 다른 증상의 기저에 결혼생활 문제가 있는지 주의해서 살펴보아야 한다.

결혼 혹은 다른 친밀한 관계에서의 부적응을 시사하는 것뿐만 아니라 MDS 척도 점수가 높은 사람들은 다음과 같은 특징을 보인다.

1. 전반적으로 부적응적이다.
2. 우울을 경험하고 있을 수 있다.
3. 실패했다고 느낄 때가 대부분이다.
4. 인생살이가 힘들다고 느낀다.
5. 화가 나 있다.
6. 친구가 극소수이거나 아예 없으며, 거부당한다고 느낄 수 있다.

적대감(Ho) 척도

척도 개발

적대감(Ho) 척도는 학급 내에서 선생님과 학생 사이의 라포를 예측하기 위해 Cook과 Medley(1954)가 개발한 몇 가지 척도 중 하나이다. 선생님과 학생 간의 상호작용을 예측하는 것으로 잘 알려진 도구인 Minnesota Teacher Attitude Inventory(MTAI)에서 매우 높은 점수나 매우 낮은 점수를 얻은 선생님들을 분류하여 이들의 MMPI 응답을 비교하였다. 이들이 확실히 다르게 응답한 250문항 중 가장 분명하게 적대감을 반영하는 77개 문항을 적대감 척도 예비판에 포함시켰다. 예비 척도를 5명의 임상심리학자들이 독립적으로 평정하여 가장 확실하게 적대감과 관련이 있다고 선택한 문항들로 예비 척도를 추렸다. Han과 동료들(1995)은 MMPI-2 규준 집단 중 부부상담을 하고 있는 쌍, 물질 남용 문제가 있는 개인 및 일반적인 정신과 환자 집단으로 혼합 표본을 구성하여 Ho 척도 문항반응을 요인분석하였다. 그들은 냉소적 태도, 과민성, 공격적 반응 및 사회적 회피 등 4개의 문항군집을 확인하였다. MMPI-2 Ho 척도 50문항 및 채점 방향은 MMPI-2 매뉴얼 부록 B에 제시한다(Butcher et al., 2001).

신뢰도와 타당도

MMPI-2 규준 집단에서 Ho 척도의 내적 일관성 계수는 남녀 각각 .87과 .85이다. MMPI-2 규준 집단에서 (평균 1주일 간격) 검사-재검사 계수는 남녀 표집 각각 .85와 .88이다(Butcher et al., 2001).

대학생(A. Brown & Zeichner, 1989; Hardy & Smith, 1988; K. E. Hart, 1966; Houston & Vavak, 1991; M. K. Pope et al., 1990; T. W. Smith & Frohm, 1985; Swan et al., 1991), 직장인 여성(Houston & Kelly, 1989), 부부(T. W. Smith et al., 1990), MMPI-2 성인 규준 집단(Han et al., 1995), 건강한 남성(Carmody et al., 1989), 내과 환자들(Blumenthal et al., 1987) 등을 대상으로 한 연구들에서 Ho 척도의 타당도가 지지되었다. 이런 연구들에서 Ho 척도 점수가 높은 사람들이 낮은 사람들보다 더 쉽게 화가 나고 외현적 적대행동을 보이는 경향이 있었다. 또 점수가 높은 이들이 더 쉽게 짜증을 내고 적대적이며 분개하는 일이 많았다. 그뿐만 아니라 더 냉소적이고 의심이 많으며 잘 믿지 못했다. 이들은 호의적이지 않고 다른 사람에게 적대감을 투사하며 자신의 문제에 대해 다른 사람을 탓했다. 또한 Ho 척도 점수가 높은 이들은 사회적으로 지지받지 못한다고 느꼈으며 이를 추구하려는 노력도 부족했다. 기존 연구를 통해 Ho 척도에 정서적 고통감 요소가 내포되어 있음이 시사되었으며, 이 척도 점수가 높을수록 불안 및 우울감이 크고 신체증상을 더 호소하며 자신감도 낮다는 점이 시사되었다(Blumenthal et al., 1987).

Graham과 동료들(1999)은 정신건강센터 외래 환자 표본에서 Ho 척도의 상관치들을 측정하였다. 이 척도 점수가 높은 사람들은 사람들에 대해 냉소적인 태도로 불신하고 정서적 고통감이나 일반적인 부적응이 있음이 시사되지만, Ho 척도가 측정하는 일차적인 특징은 냉소주의임을 발견하였다. 이 결과를 바탕으로, 연구자들은 외래 임상 장면에서 Ho 척도를 사용하는 임상가들이 Ho 척도 점수가 높은 사람은 낮은 사람보다 더 적대적이거나 공격적일 것이라고 추론하지 않도록 주의해야 한다고 결론지었다.

Ho 척도에 대한 관심이 높아지면서 후속 연구들도 급격히 늘었는데, A형 성격 구성개념 중 분노요소가 건강 문제, 특히 관상동맥성 심장 질환과 유의미한 상관이 있음이 시사되었다(예 : R. B. Williams et al., 1980). 관상동맥 혈관 조영술을 받은 환자들에서 Ho 척도 점수가 높은 경우 심각한 관상동맥 질환을 가지는 경향이 있다는 결과에 이어, 3개의 연구에서 Ho 척도로 측정된 적대감과 심각한 건강 문제 간에 관련이 있음이 지지되었다. Barefoot과 동료들(1983)은 의대 재학 중에 MMPI 검사를 받았고 후에 내과 의사가 된 사람들을 25년간 추적한 연구에서, Ho 척도 점수가 추후 관상동맥성 심장 질환 발병 및 여러 원인으로 인한 사망과 정적인 상관이 있음을 발견하였다. Shekelle과 동료들(1983)은 Ho 척도 점수가 10년 추적 연구에서는 심근경색 및 심장 질환으로 인한 사망을, 20년 추적 연구에서는 관상동맥성 심장 질환 및 여러 원인에 의한 사망을 예측하였음을 보고하였다. Barefoot과 동료들(1989)은 25년 전 법대 재학 중 MMPI 검사를 받았던 변호사 집단에서 Ho 척도 점수가 조기사망과 관련이 있었음을 발견하였다.

모든 연구에서 Ho 척도 점수와 심각한 건강 문제 간의 상관이 지지되지는 않았다. Colligan과 Offord(1988)는 정상인 및 일반내과 환자 중 유달리 많은 수가 이전 연구에서 제안되었던 분할점보다 더 높은 Ho 척도 점수를 얻었으며, 이는 Ho 척도를 관상동맥성 심장 질환의 예측 지표로 해석하는 데 좀 더 엄격해야 함을 시사한다고 밝혔다. Maruta와 동료들(1993)은 620명의 일반내과 환자를 대상으로 한 20년 추적 연구에서 Ho 척도 점수가 관상동맥성 심장 질환 발병을 예측하는 데 유의미함을 보고하였다. 그러나 연령 및 성별을 통제했을 때 Ho 척도 점수는 유의미한 예측 변인이 아니었다.

Ho 척도 점수 해석

Ho 척도 점수가 높은 사람들은 다음과 같은 특징을 보인다.

1. 냉소적이고 의심이 많으며 잘 믿지 못하는 것 같다.
2. 특히 대인관계 상황에서 더 자주 화가 난다.
3. 쌀쌀맞아 보인다.
4. 적대감을 다른 사람 탓으로 돌린다.
5. 자신의 문제에 대해 다른 사람을 비난한다.
6. 사회적 지지가 부족하다고 지각하며, 이를 추구하려 하지도 않는다.
7. 높은 수준의 불안, 우울 및 신체증상을 호소한다.
8. 자기개념이 빈약하다.
9. 관상동맥 심장 질환과 같은 심각한 건강 문제에 대한 위험이 증가한다.
10. 심리적으로 잘 적응하지 못한다.

적대감 과잉통제(O-H) 척도

척도 개발

Megargee와 동료들(1967)은 극단적인 신체 공격 행위를 하는 사람들이 크게 두 부류로 나뉜다고 주장했다. 첫째는, 습관적으로 공격적인 모습을 보이는(과소통제하는) 사람들로 공격성 조절능력이 적절하게 발달되지 않아서 화가 나면 화가 난 만큼 강렬한 공격반응을 보인다. 두 번째 타입인 만성적으로 과잉통제하는 사람들은 어떤 상황에서도 어김없이 심한 억제를 보이며 어떤 형태로도 공격성을 표현하지 않는다. 과잉통제하는 사람들 대부분은 화가 날 때 당연한 공격반응조차도 보이지 않지만, 때때로 너무 화가 날 때는 극단적인 공격적 형태로 행동화하기도 한다. Megargee와 동료들(1967)은 가장 공격적인 행동들은 전형적으로 과소통제하는 사람들보다는 과잉통제하는 사람들에게서 나타난다고 하였다.

적대감 과잉통제(overcontrolled-hostility : O-H) 척도는 앞에서 기술한 대로 과잉통제하는 성격을 측정하기 위해 개발되었다. 원판 O-H 척도는 극단적 폭력 범죄를 저지른 수감자, 중등도급의 폭력 범죄를 저지른 수감자, 폭력이 아닌 다른 범죄를 저지른 수감자 및 어떤 범죄도 저지르지 않은 일반인을 대상으로 이들이 각각 다르게 반응했던 문항을 확인하여 구성하였다. 문항들은 O-H 척도 점수가 높은 사람들이 좀 더 공격적인(과잉통제적인) 사람들로 채점되었다. O-H 척도를 구성하는 28개 문항은 채점 방향과 함께 MMPI-2 매뉴얼 부록 B에 제시되어 있다(Butcher et al., 2001).

신뢰도와 타당도

MMPI-2 규준 집단에서 내적 일관성(α) 계수는 남녀 각각 .34와 .24이다. MMPI-2 규준 집단에서 (평균 1주일 간격) 검사-재검사 계수는 남녀 표집 각각 .68과 .69이다(Butcher et al., 2001).

폭력 범죄자들과 비폭력 범죄자들 간에 원판 MMPI O-H 척도 점수를 비교한 연구 결과들은 일관적이지 않은데, 일부 연구들에서 폭력성이 더 높은 범죄를 저지른 사람일수록 O-H 척도 점수가 높다는 점이 밝혀졌지만, 다른 연구들에서는 차이가 보고되지 않았다(예 : Fisher, 1970; Megargee et al., 1967). MMPI-2를 사용하여 Verona와 Carbonell(2000)은 한 번 폭력 범죄를 저지른 여성 범죄자가 폭력 범죄를 저지르지 않은 여성 범죄자들보다 O-H 척도 점수가 높았다고 보고했다.

Archer와 동료들(1997)은 정신과 입원 환자들의 O-H 척도 점수가 검사 외적 측정치인 과대성과는 정적 상관이 있었으며, 비협조성과 관련된 측정치와는 부적 상관을 보였다고 보고하였다. Graham과 동료들(1999)은 정신건강센터 남자 내담자 중 O-H 척도 점수가 높은 사람들이 다른 남자 내담자들보다 덜 우울하다는 치료자 평정을 받았으며, 법적인 문제로 체포되는 경우도 적은 경향이 있음을 보고하였다. 여자 내담자 중 O-H 척도 점수가 높은 경우 다른 여자 내담자들보다 좀 더 낙관적인 것으로 평정되었다. O-H 척도 점수가 높은 남녀 내담자들은 자신을 덜 우울하고, 덜 공격적이며, 덜 강박적이라고 했다. 요약하자면, 수감자 집단을 제외하고는 높은 O-H 척도 점수가 폭력적인 행동과 관련이 있음을 시사하는 증거는 거의 없다.

Caldwell(2005)은 O-H 척도가 아동 양육권 평가에서 부모 특징에 대한 정보를 준다고 시사했는데, 척도 점수가 높은 부모들은 화를 억누르고 참았다가 통제되지 않는 방식으로 표출함을 시사했다. 그러나 Bow, Flens와 동료들(2006)은 아동 양육권 평가에서 MMPI-2를 활용했던 임상가들의 경우 O-H 척도가 매우 유용함을 발견하지 못했다는 점을 시사하는 연구 자료를 보고하였다. 이 저자들은 양육권 평가 장면에서 O-H 척도 점수와 관련된 행동에 관해서 학계의 검증을 거쳐 출간된 논문은 없었다고 보고하였다.

높은 O-H 척도 점수 해석

교정 장면에서 높은 O-H 척도 점수는 공격 및 폭력적 행동과 연관을 가지는 경향이 있다. 그러나 O-H 척도의 타당도를 살펴보면 척도 점수로 개인의 폭력성을 예측하는 것은 매우 정확하지 않음이 시사된다. O-H 척도는 다른 장면에서는 잠재적 유용성이 있는데, 개인이 화가 날 만한 상황에서 전형적으로 어떻게 반응하는지에 대해 임상가들에게 정보를 주기 때문이다. O-H 척도 점수가 높은 사람들은 거의 대부분 도발에 대해 적절하게 반응하는 경향이 있지만, 때때로 과도한 공격반응을 보일 수도 있다.

이 척도 점수가 높은 사람들은 다음과 같은 특징을 보인다.

1. 화난 감정을 표현하지 않는 경향이 있다.
2. 더 사교적이고 책임감이 있다.
3. 두각을 나타내려는 욕구가 강하다.
4. 다른 사람에게 의존적이다.
5. 믿음직스럽다.

6. 충분한 돌봄을 받으며 지지적인 가족 분위기에서 성장했다고 기술한다.

7. 정신과 입원환자의 경우, 다소 과대망상적이지만 협조적일 수 있다.

8. 정신건강센터 내원자의 경우, 다른 내담자들보다 증상 수나 부정적인 특성을 적게 호소할 수 있다.

MacAndrew의 알코올 중독 척도-개정판(MAC-R)

척도 개발

MacAndrew의 알코올 중독(MAC) 척도(MacAndrew, 1965)는 정신과 환자 중 알코올 중독자와 알코올 중독이 아닌 환자들을 변별하기 위해 개발되었다. 외래 클리닉에 치료받으러 온 200명의 남자 알코올 중독자와 같은 기관을 찾은 알코올 중독이 아닌 200명의 정신과 외래환자들의 MMPI 반응을 비교하여 척도를 구성하였다. 이런 분석을 통해 두 집단을 구별해 주는 51개 문항을 확인하였다. MacAndrew는 모호 척도 개발에 관심이 있었기 때문에, 51개 문항 중 과도한 음주행동을 직접적으로 다루고 있는 두 문항은 척도에서 삭제하였다. 문항들은 알코올 중독 환자들이 반응한 쪽으로 채점 방향을 맞췄다.

원판 MAC 척도의 네 문항은 불쾌감을 주는 내용 때문에 MMPI-2에서 삭제되었다. MAC 척도는 전통적으로 원점수로 해석되기 때문에 MMPI-2에서는 49개 문항을 그대로 남겨 두기로 결정하였다. 따라서 불쾌감을 주는 4문항이 새로운 문항 4개로 대치되었으며, 이는 알코올 관련 문제가 있는 남자와 알코올 관련 문제가 없는 남자를 변별해 주었는데, 새 척도는 MacAndrew 알코올 중독 척도-개정판(MAC-R; Butcher et al., 1989)으로 명명되었다. MAC-R 척도 구성 문항 및 채점 방향은 MMPI-2 매뉴얼 부록 B에 제시한다(Butcher et al., 2001). Weed와 동료들(1995)은 알코올 관련 장애가 있는 환자와 다른 정신과적 어려움이 있는 환자로 구성된 혼합 표본을 사용하여 MAC-R 문항들을 요인분석하였다. 이들은 6개의 요인을 발견했으며, 각 요인을 인지적 손상, 학교 부적응, 대인관계 능력, 위험 감수, 해로운 습관 및 전형적인 남성적 관심사 등으로 명명하였다.

신뢰도와 타당도

MAC-R 척도는 부분적인 이유이기는 하지만 문항 내용이 이질적이기에 특별히 내적 일관성이 좋은 것 같지는 않다. MMPI-2 규준 집단에서 내적 일관성(α) 계수는 남녀 각각 .56과 .45이다(Butcher et al., 2001). Butcher와 동료들(1995)은 물질 관련 문제, 다른 정신과적 문제 및 정상인 남녀 표본에서 α 계수가 각각 .51, .61임을 보고하였다. C. S. Miller와 동료들 (2007)은 MAC/MAC-R 자료를 보고하는 210개 논문을 검토하여, 이들 연구의 9%만이 신뢰도 자료를 보고한 것을 발견하였다. 이들 연구의 내적 일관성 계수의 중앙치는 .48이었다.

　MMPI-2 규준 집단에서 (평균 1주일 간격) 검사–재검사 계수는 남녀 표집 각각 .62와 .78 이다. 이렇게 비교적 중등도 수준의 검사–재검사 신뢰도 계수를 보이는 것은 부분적으로는 이 표본에서 점수 변산이 적었던 것으로 설명될 수 있다.

　물질 남용자가 비남용자들보다 MAC-R 척도 점수가 높음을 시사하는 연구들도 있다 (예 : T. G. Brown & Fayek, 1993; Cavaiola et al., 2002; Clements & Heintz, 2002; Rouse et al., 1999; Stein et al., 1999; Wasyliw et al., 1993; Weed et al., 1995). 척도명에서 알코올 관련 문제로 한정하고 있음에도 불구하고, 지난 연구들에서 MAC/MAC-R 척도가 코카인과 같은 다른 약물이나 문제성 도박 등과 같은 문제들도 탐지할 수 있음이 입증되었다(T. G. Brown & Fayek, 1993; Graham, 1978). Cooper-Hakim과 Viswesvaran(2002)은 MAC/MAC-R 척도가 포함된 161개 연구를 메타분석한 결과를 보고하였다. 그들은 원점수 27점을 분할 점으로 잡을 때 물질 관련 문제가 있고 없음을 정확하게 판별해 주는 비율이 72%라고 결론지었다. 좀 더 전통적인 분할점인 24점으로 해도 정확한 판별률은 72%였다. Craig(2005)는 1988년부터 2001년 사이 발표된 71개의 MAC-R 연구를 검토한 후, 이 척도가 "사용–남용의 연속선상의 다양한 스펙트럼에 걸쳐 남녀와 청소년 및 성인에서의 알코올 및 물질 남용 측정치와 유의미한 상관이 있다"(p. 444)라고 결론지었다.

　MAC-R 척도가 물질 관련 문제를 탐지하는 데 효과적임을 시사하는 상당한 연구가 있었지만, 시간 경과에 따른 증상 모니터링에는 유용하지 않은 경향이 있음을 시사하는 연구도 있다. 특히 원판 MMPI MAC 척도에 관한 연구 중에는 물질 관련 문제가 있는 개인의 척도 점수가 치료 후 변화하지 않음을 시사하는 연구도 있다(예 : Gallucci et al., 1989; Huber & Danahy, 1975; Rohan, 1972). 이는 부분적으로는 이 척도가 물질 남용과 관련된 최근 행동보다는 위험 감수처럼 물질 남용 기저에 있는 특성을 평가하는 문항들로 구성되어 있기 때문이다(Weed et al., 1995). 그럼에도 불구하고 MAC/MAC-R 점수가 물질 관련 문제로 발전할 수 있는 성격 스타일을 확인하는 데 유용할 수 있다고 시사되었지만, 이런 관계 예측을 조사한 이전 연구는 전혀 없다.

　몇몇 연구들은 MAC-R 점수를 여성뿐만 아니라 소수 인종 및 민족 집단에서 사용할 때는 주의를 요한다고 시사하였다. 미국 흑인 표본에서 물질 관련 문제가 있는지 없는지를 MAC-R 척도를 사용하여 살펴본 바 판별률이 낮음을 보이는 연구들도 있었다(Graham & Mayo, 1985; Walters et al., 1983, 1984). Greene과 동료들(2003)은 아메리카 원주민 두 부족 구성원들의 표본에서 물질 남용을 측정하는 다른 몇 가지 측정치들과 MAC-R 점수가 관련이 없었다고 보고하였다. 원판 MMPI를 사용한 몇몇 연구에서도 MAC 척도가 남자들만큼 여자들에게서도 잘 들어맞지는 않음이 시사되었다(Gottesman & Prescott, 1989; Schwartz & Graham, 1979).

Ward와 Jackson(1990)은 MAC 척도 점수는 정신과적 진단뿐만 아니라 알코올 사용 및 남용과 함수관계에 있음을 시사하였으며, 이는 후속 연구에 의해 지지되었다. 다른 정신과적 진단을 받고 물질 남용을 하는 환자들(예 : MacAndrew의 이차적 알코올 중독)은 MAC 척도 점수가 비교적 낮은 경향이 있으며(예 : Ward & Jackson, 1990), 물질 남용을 하지 않는 정신과 환자와 쉽게 변별이 되지 않는다. 반사회적 성격장애로 진단받은 환자들은 물질 남용이 있든 없든 간에 MAC 척도 점수가 비교적 높았다(예 : Wolf et al., 1990). 따라서 반사회적 성격장애로 진단받았지만 중독 문제가 없는 환자들이 종종 물질 남용 문제가 있는 것으로 오해받는다.

MAC-R 척도 점수 해석

MAC-R 척도 점수가 높은 사람들은 알코올이나 다른 물질 남용 문제가 있을 수 있음을 시사한다. 물론 MAC-R 척도만으로 물질 남용이라고 결론지어서는 안 된다. 이 척도 점수가 높은 경우 임상가는 물질 관련 문제 가능성에 대한 추가적인 정보를 탐색하는 것을 간과해서는 안 된다. 검사 점수만으로 물질 관련 문제가 있다고 결론짓는 것은 임상 장면에서 무책임하고 부주의한 일일 수 있다.

다음 지침은 MAC 및 MAC-R에 관한 경험적 연구 문헌을 검토한 결과를 바탕으로 제시하는 것이다. 일반적으로 MAC-R 척도에서 원점수 28점 이상은 물질 남용 문제를 시사한다. 그런 경우 알코올 및 약물 사용에 대한 추가적인 정보를 수집해야 한다. 24~27점은 물질 남용을 시사하지만, 이 수준에서는 긍정 오류, 즉 점수 때문에 비중독자가 중독자로 분류되는 경우가 많을 것이다. 24점 아래는 물질 남용 문제 가능성이 거의 없음을 시사한다. 그렇지 않은 사람을 중독자로 잘못 분류하는 판별 오류는 반사회적 성격장애 진단과 관련된 특징이 많은 개인들에서 잦다. 조현병이나 주요정동장애와 같은 다른 정신과적 장애가 함께 있는 물질 남용 환자들은 MAC-R 척도에서 비교적 낮은 점수를 받는 것 같으며, 이 척도를 통해 물질 남용 문제가 확인되지 않을 수 있다. 물질 관련 문제 패턴이 있는 미국 흑인들이 MAC-R 척도 점수가 높은 경향이 있지만, 비남용자인 흑인들도 이 척도 점수가 높은 경향이 있어 백인들보다 더 많은 긍정 오류가 나올 수 있다.

역사적으로 MAC 척도는 때때로 중독되기 쉬운 성격을 측정하는 것으로 기술되었다. 이는 척도 점수가 높은 사람들은 현재 물질 남용을 하지 않을지라도 물질 남용 문제로 발전될 위험이 높다는 시사점을 준다. 현존하는 문헌들은 이런 해석을 단순히 지지하지는 않는다. 우리는 MAC-R 척도 점수는 현재의 물질 남용 문제 가능성에 초점을 두는 것으로 해석을 제한할 것을 강력하게 권고한다. MAC-R 척도 점수는 물질 남용 문제로 발전할 미래의 취약성을 과학적으로 예측하지 못한다.

MAC-R 척도 대부분의 문항들이 물질 사용 및 남용과 명백하게 관련되어 있지는 않으나, 알코올 중독자들이 문제나 결점을 숨기려는 의도로 MMPI-2를 작성하는 경우, 좀 더 정직하게 검사를 받을 때보다 MAC-R 척도 점수를 낮출 수 있다는 점을 시사하는 연구들이 있다(Wasyliw et al., 1993). 따라서 우리는 MMPI-2 타당도 척도에서 수검자가 지나치게 방어적인 태도로 접근했음이 시사되는 경우, 낮은 MAC-R 척도 점수를 해석하는 데 극도의 주의를 기울일 것을 권고한다.

MAC-R 척도 점수가 높은 사람들은 물질 관련 문제가 있을 수 있을 뿐만 아니라, 다음과 같은 특징을 보인다.

1. 사회적으로 외향적이다.
2. 과시적이다.
3. 자신감이 있고 자기주장적이다.
4. 술을 마신 뒤 필름이 끊긴 경험이 있을 수 있다.
5. 경쟁과 위험을 즐긴다.
6. 정신을 집중하는 데 어려움이 있다.
7. 학교에서 혹은 법적으로 문제를 일으킨 과거력이 있다.
8. 공격적이다.

중독 인정(AAS) 척도

척도 개발

Weed와 동료들(1992)은 물질 남용과 관련된 명백한 내용을 포함하는 MMPI-2 문항들을 사용하여(예 : '나는 술이나 마약으로 인한 문제가 있다', '술에 취했을 때만 솔직해질 수 있다'), 중독 인정(AAS) 척도를 개발하였다. 14개 문항으로 구성된 임시 척도는 내적 일관성 절차를 거쳐 다시 다듬어졌으며, 척도의 동질성을 해치는 세 문항을 삭제하였다. 11개 문항으로 구성된 척도 점수는 MMPI-2 다른 문항들과 각각 상관이 있었다. 추가할 두 문항이 확인되어 이를 척도에 포함시켰다. 따라서 최종 AAS는 13문항이다(MMPI-2 매뉴얼 부록 B에 제시됨; Butcher et al., 2001). AAS 원점수는 MMPI-2 규준 자료를 사용하여 선형 T 점수로 변환된다(MMPI-2 매뉴얼 부록 A에 제시됨). 비성별 자료에 기초한 점수 변환은 Ben-Porath와 Forbey(2003)의 비성별 규준 논문의 부록에 제시되어 있다.

신뢰도와 타당도

Weed와 동료들(1992)은 물질 남용자, 정신과 환자 및 MMPI-2 규준 집단에 속한 개인으로 구성된 혼합 표본에서 내적 일관성(α) 계수는 .74라고 보고하였다. C. S. Miller와 동료들(2007)은 AAS에 대한 내적 일관성 자료를 보고한 연구는 단지 2개임을 발견하였다. 그 중앙치는 .58이다. Weed와 동료들(1992)은 MMPI-2 규준 집단 남녀 각각의 검사-재검사 신뢰도 계수는 .89, .84라고 보고하였다. AAS 문항 요인분석으로부터는 음주 문제 인정과 관련된 아주 강력한 요인 하나를 얻었으며, 보다 약한 요인으로는 알코올보다는 약물 사용을 반영하는 요인과 알코올이나 약물 사용과 관련된 사회적 문제와 연관 있는 요인, 이렇게 두 요인을 발견하였다(Weed et al., 1995).

  Weed와 동료들(1992)은 물질 관련 장애가 있는 개인(남자 832명, 여자 380명), 정신과 입원 환자(남자 232명, 여자 191명), MMPI-2 규준 집단(남자 1,138명, 여자 1,462명) 등의 표본을 사용하여 AAS 척도의 유용성을 살펴보았다. 물질 관련 장애가 있는 남녀 모두 AAS 평균점이 가장 높았으며, 규준 집단에 속한 사람들이 가장 낮은 평균점을 보였다. 정신과 환자들의 평균점은 다른 두 집단의 중간이었다. AAS 점수가 물질 관련 문제를 시사하는 다양한 지표들과 상관이 있음을 지지하는 다른 연구들도 있다. MMPI-2 규준 집단(Butcher et al., 1989)에서 AAS 척도 점수가 높을수록 과도하게 술을 마실 뿐만 아니라 처방전 없이 약을 복용한다고 그 배우자들을 통해 기술되는 경향이 있다. 몇몇 연구에서는 정신건강 문제가 있는 환자들 중 높은 AAS 점수는 물질 남용의 지표가 되는 것 같다는 보고가 있었으며(Stein et al., 1999; Wong & Besett, 1999), 비슷한 관계가 교정 장면(Ben-Porath & Stafford, 1993)과 대학생 표본(Clements & Heintz, 2002; Svanum et al., 1994)에서도 관찰되었다. Rouse와 동료들(1999)은 물질 관련 문제로 심리치료를 받는 환자들이 이런 문제가 없는 환자들보다 AAS 척도 점수가 유의미하게 높다고 보고하였다.

Weed와 동료들(1992)이 AAS의 진단 분할점을 제안하지는 않았으나, 자료를 검토해 보면 T 점수 60점이 최적의 변별을 해 주는 것으로 나타났다. AAS T 점수 60점을 넘는 남자들은 물질 남용자로, T 점수 60점 이하는 비남용자로 고려해 볼 때, 물질 남용자의 72%, 정신과 환자의 51%, 규준 집단의 87%가 정확하게 분류되었다. 여자의 경우 분할점인 T 점수 60점으로 물질 남용자의 58%, 정신과 환자의 66%, 규준 집단의 95%를 정확하게 분류했다. Greene과 동료들(1992)은 물질 남용 표본과 일반 정신과 환자 표본에서 비슷한 AAS 판별률을 보고했다. 다른 연구에서 판별률은 다양했지만(예 : Clements & Heintz, 2002; Stein et al., 1999), 일반적으로 자료들을 종합해 볼 때 AAS T 점수 60점이 넘는 경우, 다른 참조 자료들과 함께 주의 깊게 평가되어야 할 물질 관련 문제가 있을 가능성을 시사한다.

전반적으로 이 자료를 통해 AAS는 물질 관련 문제가 있는 사람과 아닌 사람을 잘 변별하는 것으로 시사되지만, 물질 남용자와 일반적인 정신과 환자를 변별하는 데는 덜 유용할 수 있음이 시사된다. 이런 목적으로 AAS를 사용하는 경우 많은 정신과 환자가 물질 남용자로 잘못 분류될 수 있다. 그러나 이는 이전 연구들에서 사용된 정신과 집단 표본의 특징이 반영된 것일 수도 있는데, Weed와 동료들(1992)의 연구는 알코올이나 약물 문제가 있는 정신과 환자들을 표본에서 배제하지 않았다. 사실 Greene과 동료들(1992)은 연구 장면에서 정신과 환자의 10~20%가 알코올 혹은 약물 의존으로 진단받았다고 보고하였다.

AAS 척도 점수 해석

요약하면, AAS 점수가 높은 사람들(T>60)이 물질 관련 문제를 공개적으로 인정하고 있으며, 이 영역에 대한 추가 평가의 필요성이 시사된다. AAS 문항 내용은 높은 안면 타당도가 있기 때문에, 물질 남용 문제를 드러내고 싶지 않은 사람들은 쉽게 낮은 점수를 얻을 수 있다. 그러므로 낮은 점수가 물질 남용 문제가 없는 것인지, 아니면 실제로 물질 남용자인데 이 문제를 부인하는 것인지를 결정하는 것은 어렵다. MMPI-2 타당도 척도를 살펴봄으로써 이런 면에 도움을 얻을 수 있다. 증상과장을 시사하는 타당도 패턴은 염려스럽지 않은데, 왜냐하면 이 사람들은 정말 알코올이나 약물 문제가 없는데 있는 것처럼 보이려고 하지는 않기 때문이다. 그러나 어떤 법적인 문제에 연루된 사례에서는 이런 동기도 고려해야만 한다 (예 : 약물 의존으로 판단된다면 좀 더 좋은 판결을 받을 수 있는 피고인의 경우).

AAS 척도 점수가 높은 사람들은 물질 남용 문제가 있을 수 있을 뿐만 아니라 다음과 같은 특징을 보인다.

1. 행동화(acting-out)의 과거력이 있다.
2. 충동적이다.
3. 위험을 즐긴다.
4. 판단력이 좋지 않다.
5. 화를 내고 공격적이다.
6. 비판적이고 논쟁적이다.
7. 가족 내 문제가 있다.
8. 쉽게 동요하고 기분 변화가 잦다.

중독 가능성(APS) 척도

척도 개발

Weed와 동료들(1992)은 MMPI-2 문항군집을 이용하여 중독 가능성(APS) 척도를 개발하였다. 이 척도 문항은 39개인데, 약물 의존 치료 프로그램에 참가한 입원 환자(남자 434명, 여자 164명)들이 정신과 입원 환자(남자 120명, 여자 90명)와 MMPI-2 규준 집단(남자 584명, 여자 706명)과 다르게 반응한 문항들이다. 약물 의존 치료 프로그램에 참여한 환자들은 알코올 남용만 있는 사람, 다른 종류의 약물 남용만 있는 사람 또는 알코올과 다른 약물을 모두 남용한 사람들로 구성되었다. 몇몇 임시 문항들은 내용상 물질 남용과의 연관이 명백하여 척도에서 삭제되었다. 문항들은 물질 남용자들이 대부분 선택한 방향으로 채점되게 된다 (MMPI-2 매뉴얼 부록 B에 제시됨; Butcher et al., 2001). APS 원점수는 MMPI-2 규준 자료를 사용하여 선형 T 점수로 변환된다(MMPI-2 매뉴얼 부록 A에 제시됨). 비성별 자료에 기초한 점수 변환은 Ben-Porath와 Forbey(2003)의 비성별 규준 논문의 부록에 제시되어 있다.

APS 문항 내용은 상당히 이질적이며, 많은 문항들이 물질 남용과 명백한 관련이 있는 것 같지 않다. 어떤 문항들은 외향성, 흥분 추구, 위험 감수 등과 연관이 있어 보인다. 다른 문항들은 자신에 대한 회의, 내적 소외, 타인에 대한 냉소적 태도를 측정하는 듯하다. Sawrie와 동료들(1996)은 APS 척도 문항을 요인분석하여 주요한 5개의 문항군집을 확인하였다. (a) 자신에 대한 만족/불만족, (b) 무능감/자기효능감 부족, (c) 반사회적 행동화, (d) 긍정적 정서성(surgency), (e) 위험 감수/무모함. Weed와 동료들(1995)은 APS의 다른 요인 구조를 보고했는데, 여섯 요인일 때 가장 설명력이 있는 것으로 고려되었다. (a) 해로운 습관들, (b) 긍정적인 치료태도, (c) 근접성(forthcoming), (d) 경조증, (e) 위험 감수, (f) 수동성.

신뢰도와 타당도

APS에 포함된 문항들이 부분적으로는 내적 일관성이 있을 것을 바탕으로 하지만, 내적 일관성 계수에 대한 보고는 전혀 없었다. 이후, Weed와 동료들(1995)은 물질 관련 문제를 지닌 개인, 정신과 환자, 정상인으로 구성된 혼합 표본에서 신뢰도 계수가 남녀 각각 .70, .73이었음을 보고하였다. MMPI-2 규준 집단에 포함된 남녀 각각의 알파 계수는 .48, .43이었다. 광범위한 문헌 검토 결과, C. S. Miller와 동료들(2007)은 APS에 관한 내적 일관성 자료를 실은 연구는 단지 2개였음을 발견하였다. 그 중앙치는 .58이다. MMPI-2 규준 집단에서 1주일 간격을 둔 검사-재검사 신뢰도 계수는 남자가 .89, 여자가 .84였다(Butcher et al., 2001).

Weed와 동료들(1992)은 APS 교차 타당화 시 척도 개발 때와 동일한 장면에서 다른 수검자를 선정하였다. 연구 결과, APS 점수는 물질 남용 문제가 있는 개인과 규준 집단에 속한 사람을 잘 변별해 주었으며, 물질 남용 문제가 있는 개인과 다른 정신과적 문제가 있는 환자들 역시 잘 변별했다. 척도 개발자들이 APS의 분할점을 제시하지는 않았지만, 연구 자료를 검토해 볼 때 남녀 모두 적절한 분할점은 T 점수 60점 정도였다. 남자의 경우 T 점수 60점이 넘으면 물질 관련 문제가 있는 것으로, 60점 이하면 이런 종류의 어려움이 없는 것으로 나타났다. 물질 관련 문제가 있는 개인의 71%, 규준 집단에 속한 사람의 86%, 정신과 환자의 82%가 정확하게 분류되었다. 여자의 경우 분할점 60점을 사용하여 물질 관련 문제가 있는 개인의 70%, 규준 집단에 속한 사람의 87%, 정신과 환자의 81%가 정확하게 분류되었다. 분할 점수를 낮추게 되면 물질 관련 문제가 있는 개인의 상당수가 정확하게 분류될 수 있으나, 규준 집단과 정신과 환자들도 많은 수가 물질 관련 문제가 있는 것으로 잘못 분류되었다. 후속 연구에서의 판별률은 Weed와 동료들(1992)의 연구보다는 전반적으로 낮은 것으로 보고되었으며, APS가 물질 관련 장애가 있는 사람을 확인하는 데는 MAC-R이나 AAS보다 빈약한 역할을 했다(Greene et al., 1992; Rouse et al., 1999; Stein et al., 1999). APS가 물질 남용을 시사하는 다양한 지표와 관련이 있었지만, 심각한 개인적 문제를 인정하고 변화에 대한 욕구를 말하려는 일반적인 욕구를 시사하는 것 같다(Weed et al., 1995).

APS 척도 점수 해석

APS에 대한 연구가 제한적이기는 하지만, APS가 물질 남용과 관련된 문제가 있는지 없는지를 변별하는 데 어느 정도 유용함이 시사된다. 그러나 APS가 다양한 장면에서 물질 문제를 확인해 내는 데는 MAC-R이나 AAS만큼 효과적이지는 않은 것 같다. '중독 가능성'이란 명칭에서 시사되듯, 이 척도는 현재 남용 문제가 있나 없나를 떠나서 물질 관련 문제의 가능성 혹은 취약성을 측정할 뿐이다. 그러나 이런 중요한 문제를 다루는 자료는 없다. 자료들을 검토해 보면 이 척도는 현재 물질 남용을 하고 있거나 과거에 그랬던 사람을 가려낼 수 있다고 한다. 이 척도가 이후에 있을 남용 문제가 어느 정도일지를 예측하고, 현재 남용 문제가 있으면서도 이를 부인하고 있는 사람을 얼마나 가려낼 수 있는지 여부는 연구 과제로 남아 있다.

APS에 대한 연구 자료가 극히 적기는 하나 물질 관련 문제의 가능성을 시사하는 하나의 지표로 고려될 수 있다. 물론 MMPI-2 점수만으로 물질 관련 문제가 있다고 결론짓는 것은 적절하지 않다. 임상가들은 APS 점수가 높은 경우(T > 60) 물질 남용 가능성에 관한 추가 정보를 탐색해 보아야 한다. 그러나 MAC-R이나 AAS 점수로 물질 관련 문제가 시사되지만 APS에서는 그렇지 않을 경우, MAC-R과 AAS 점수에 더 높은 비중을 두어야 한다.

남성적 성역할(GM) 및 여성적 성역할(GF) 척도

척도 개발

Peterson과 Dahlstrom(1992)은 MMPI-2에서 남성적 성역할(GM) 척도와 여성적 성역할(GF) 척도를 개발하였는데, 이는 MMPI의 남성성-여성성(Mf) 척도가 지닌 양극을 남성적 요소와 여성적 요소로 나누어 측정하는 것이다. GM 척도 문항들은 MMPI-2 규준 집단 내 대다수의 남자가 체크한 방향으로 채점되도록 되어 있으며, MMPI-2 규준 집단 내에서 여자들이 같은 방향으로 응답한 경우는 10% 이내였다. 이에 따라 GF 척도 문항들은 MMPI-2 규준 집단 내 대다수의 여자가 체크한 방향으로 채점되도록 되어 있으며, MMPI-2 규준 집단 내에서 남자들이 같은 방향으로 체크한 경우는 10% 미만이었다. GM 척도 47문항 중 9문항만이,

GF 척도 46문항 중 16문항만이 임상 척도 5와 중첩된다(Mf; MMPI-2 매뉴얼 부록 B에 문항 및 채점 방향 제시; Butcher et al., 2001).

GM 척도 문항 내용을 살펴보면 주로 두려움, 불안 및 신체증상의 부인을 다루고 있다. 일부 GM 척도 문항은 모험소설 읽기와 같은 전형적인 남성적 활동에 대한 관심을 두며, 육아 및 도서관 업무와 같이 전형적인 여성적 직업 흥미는 부인하는 것과 관련이 있다. 다른 GM 척도 문항군집은 극단적인 감수성을 부인하면서 자신을 독립적이고 단호하며 자신 있는 사람으로 나타내는 면과 연관이 있다.

GF 척도에서 가장 많은 비중을 차지하는 문항들은 학교에서 말썽을 일으키거나 법적인 문제에 연루되는 것과 과도한 알코올이나 다른 약물 사용 등 비사회적이거나 반사회적인 행동의 부인과 연관이 있다. 또한 많은 GF 척도 문항들이 요리, 화초 가꾸기와 같은 전형적인 여성적 행위와 관련이 있으며, 기계에 관한 잡지 읽기, 자동차 경주처럼 전형적인 남성적 행위를 싫어하는 면과 연관 있다. GF 척도 문항 일부는 정서적 민감성을 인정하는 문항들을 포함한다. 또한 어린 시절 여성상에 대한 동일시, 여성으로서의 만족감을 표현하는 문항들도 몇 개 있다.

신뢰도와 타당도

MMPI-2 규준 집단에서 GM 척도의 내적 일관성(α) 계수는 남녀 각각 .67, .75였다(Butcher et al., 2001). MMPI-2 규준 집단 내 남녀 하위 표본에서 1주일 간격으로 실시한 GM 척도의 검사–재검사 신뢰도 계수는 남녀 각각 .82, .89였다(Butcher et al., 2001).

MMPI-2 규준 집단에서 GF 척도의 내적 일관성(α) 계수는 남녀 모두 .57이었다(Butcher et al., 2001). MMPI-2 규준 집단 내 남녀 하위 표본에서 1주일 간격으로 실시한 검사–재검사 신뢰도 계수는 남녀 각각 .85, .78이었다(Butcher et al., 2001).

Peterson과 Dahlstrom(1992)은 GM 척도와 GF 척도를 함께 해석함으로써 성역할 유형을 알 수 있다고 주장했다. 이런 식으로 사용하는 경우 GM 척도 점수는 높고 GF 척도 점수가 낮은 것은 전형적인 남성성을 시사한다고 할 수 있다. 또 GF 척도 점수는 높고 GM 척도 점수가 낮은 것은 전형적인 여성성을 시사할 수 있다. GM과 GF 척도 둘 다 높은 점수는 양성성(androgyny)을, GM과 GF 척도 둘 다 낮은 점수는 역할 지향성이 미분화되었다고 할 수 있다. 그러나 Johnson과 동료들(1996)의 후속 연구에서 이런 식의 GM과 GF 척도 사용은 지지되지 않았다. 이 연구자들은 GM 척도와 GF 척도는 다른 성역할 측정치들(예 : Bem 성역할 질문지, 성역할 행동 척도)과 단지 약간의 상관이 있었음을 발견하였으며, GM과 GF 척도를 사용해서 학생들의 성역할 유형을 분류하는 것은 정확하지 않았다고 밝혔다.

Peterson과 Dahlstrom(1992)은 MMPI-2 규준 집단 남녀들의 GM 척도 및 GF 척도와 행동 관련성에 대한 일부 사전 자료를 보고하였다. 남녀 모두 GM 척도 점수는 자신감, 인내력, 자기 참조적인 느낌 부족(lack of feelings of self-reference) 및 다른 긍정적 특성들과 정적 상관을 보였다. GF 척도 점수는 히스테릭한 행동, 남자들의 경우 화 조절하기의 어려움, 그리고 남녀 모두의 경우 알코올 오용 및 처방전 없는 약물 오남용 등 부정적인 특성과 상관이 있었다. 대학생 참가자를 포함한 Castlebury와 Durham(1997)의 연구에서는 남녀 모두 GM 척도가 높은 경우, 자신감이 높고 일반적으로 잘 지낸다는 생각이 지지되었다. 비슷한 결과가 정신과 환자를 대상으로 한 Woo와 Oei(2006)의 연구에서도 보고되었다.

GM 척도 점수와 GF 척도 점수 해석

GM과 GF 척도에 관해 발표된 몇 안 되는 연구에서 이들 척도가 성역할을 측정한다는 것은 지지되지 않는다. (남녀 모두) GM 척도 점수가 높은 경우 이 척도 점수가 낮은 사람들보다 더 잘 적응하는 경향이 있다. 그러나 심리적 적응에 대해서는 더 좋은 MMPI-2 측정치들이 있기 때문에 GM과 GF 척도를 관례적으로 사용하기를 권하지는 않는다.

CHAPTER 9

문화적 차이와 검사 맥락에 따른 고려사항

MMPI 원판은 성인 정신과 환자 집단에 사용할 목적으로 개발되었다. 규준 역시 미네소타대학 근교의 도시나 소도시에 살고 있는 백인을 대상으로 만들어졌다. MMPI-2 규준 집단의 인구학적 특징은 1980년 미국 인구조사에 따라 표집되었다. 따라서 규준 집단과 인구학적 특징이 다른 사람들에게 이를 사용할 수 있는지에 대한 의문이 제기되었다. 또한 전통적인 정신과 환자 집단이 아닌 경우에 검사를 사용할 때 의문이 생길 수 있다. 이 장은 이러한 고려점에 대해 다루고 있다. 이 책에서 우리는 다양한 문화적 차이를 보이는 집단에 대해 이야기할 때 편향되지 않은 용어를 사용하려고 노력하였다. 우리는 미국심리학회(American Psychological Association, 2020)에서 권고하는 용어를 사용하였다. 그러나 과거 연구에서 다른 용어를 사용했다면 그 집단의 특성이 반영되어 있다고 가정을 하는 것은 적절하지 않다고 생각한다. 이런 이유로 발표된 연구를 직접적으로 언급할 때 본래 저자들이 사용했던 용어를 유지하려고 했다.

청소년

MMPI 원판이 성인용으로 만들어지기는 했지만 곧 청소년 평가에도 널리 활용되었다(예 : Hathaway & Monachesi, 1963). 그러나 MMPI를 청소년에게 적용하는 것에 대한 우려가 많이 제기되었다(예 : Archer, 1987; C. L. Williams, 1986). 그래서 1992년 청소년들에게 사용하기 위한 청소년용 다면적 인성검사(MMPI-A)가 출판되었다(Butcher et al., 1992). 보다 최근에는 청소년용 다면적 인성검사 재구성판(Minnesota Multiphasic Personality Inventory-Adolescent-Restructured Form : MMPI-A-RF; Archer et al., 2016)이 출판되었다. MMPI-A와 MMPI-A-RF는 14~18세 사이의 연령에 사용된다. 18세인 경우, MMPI-2와 MMPI-A 모두 사용 가능하다. 일반적으로 대학을 다니고 있거나 부모로부터 독립된 생활을 하고 있는 좀 더 성숙한 18세의 청소년에게는 MMPI-2를 권장하며, 아직 부모로부터 독립하지 못하고 있는 좀 더 어린 18세의 경우는 MMPI-A나 MMPI-A-RF를 사용할 것을 권장한다. MMPI-A에 대해서는 이 책의 제14장에서 자세히 논하겠다. MMPI-A-RF는 제15장에 기술되어 있다.

노인

MMPI-2의 규준 집단은 18~84세에 해당되는 사람들로 이루어져 있다(평균 연령=41.71세; Butcher et al., 2001). 그러나 노인(70세 이상) 표본 비율이 다소 낮은 편이다(남성의 4.6%, 여성의 5.3%). 비록 MMPI-2 매뉴얼이 연령별 점수를 제시하고 있지는 않지만 MMPI-2 개발위원회는 연령차를 확인하는 분석을 시행하였고, 연령별로 규준을 만들 필요가 없다는 결론을 내렸다(Butcher et al., 1989).

Butcher 등(1991)은 MMPI-2 규준 집단에 포함된 남자들의 점수와 노화 규준 연구(Normative Aging Study : NAS)에 참가한 건강한 노인 집단의 점수를 비교하였다. NAS에 참가한 사람은 연령이 40~90세(평균 연령=61.27세)였다. 두 집단의 점수는 유사하였다. 567개의 MMPI-2 문항 가운데 두 집단 간에 20% 이상의 응답 차이를 보인 것은 14개 문항에 불과했다. 흥미롭게도 가장 차이를 많이 보인 문항은 "나는 마리화나를 즐긴다"라는 문항이어서, 노인과 성인 집단 간 차이는 연령동시집단 효과를 반영하리라는 추측을 지지하였다. 그 밖에 응답 차이를 보인 문항 내용도 노인이 스트레스를 덜 받고 덜 혼란스러워하며, 만족 수준이 보다 높다는 것을 나타내 주는 것들이었다.

이들 두 집단 내에서 Butcher 등(1991)은 연령에 따른 비교를 하였다. 연령 집단별 차이는 작았으며, 임상적으로 주목할 만한 수준도 아니었다. Butcher 등은 연령에 따른 집단차는 연령 증가에 따른 정신병리 자체의 변화라기보다는 연령동시집단 요인과 신체적 건강상태의 변화가 단일하게 혹은 두 요인이 합쳐져 나타난 결과라고 결론을 내렸다. 또한, MMPI-2 에는 노인 집단을 따로 구분하여 연령에 따른 규준을 제시할 필요가 없다고 결론을 내렸다. Spiro 등(2000)은 보스턴 노화 규준 연구에서 5년 간격으로 두 번의 검사를 받은 남자들의 MMPI-2 점수를 비교하였다. 원판 MMPI의 결과와 마찬가지로 연구 결과 척도 1, 2, 3을 포함하는 몇 개의 척도만이 유의미하기는 하지만 작은 점수 변화를 보였다.

Priest와 Meunier(1993)는 노인 주거 프로그램에 다니고 있는 여성 노인(60세 이상) 소집단을 대상으로 연구하여 여성 노인 점수가 MMPI-2의 여성 규준 집단 점수와 매우 유사하다는 것을 발견했다. Strassberg 등(1991)은 임상 집단이 아닌 일반적인 호주 노인의 경우(남녀 모두), MMPI-2의 점수가 미국 노인들과 매우 유사하다고 보고하였다. 이들은 임상 척도 가운데 척도 1과 척도 2, 내용 척도 가운데 낮은 자존감(LSE) 척도가 중간 정도로 상승하였으며, 척도 4, 6, 9에서 평균보다 다소 낮은 점수를 나타냈다. 또한 흥미롭게도 Strassberg 등은 호주 노인의 임상 및 내용 척도 점수가 검사 외 특징들에 개념적으로 그럴듯하게 부합하는 상관을 보인다고 보고하였다. Aaronson 등(1996)은 재향군인관리국 보호주택 거주 남성 노인들은 재향군인관리국 보호주택 거주 일반 성인보다 MMPI-2의 결정적 문항에 채점되는 방향으로 응답한 경우가 더 적다는 연구 결과를 보고하였다. 남성 노인 거주자들이 더 방어적이기 때문에 결과 해석에 어려움이 있기는 하지만, 남성 노인 거주자들이 실제적인 증상이나 문제를 과소보고할 수 있다는 점을 시사한다.

요약하면, 노인 집단의 점수와 일반 성인 집단의 점수 차이가 나타난다고 볼 수 있다. 그러나 이 두 집단의 점수 차이는 작고(T 점수 5점 이하) 임상적으로도 그리 중요하지 않은 것으로 보인다. 점수 차이는 아마도 노화에 따른 관심, 태도, 행동 면의 변화를 반영하는 것으로 보인다. 노인 집단에 별도의 연령별 규준을 적용하는 것은 적절하지 않은 것 같다. 정상적인 노화와 관련된 차이가 작기 때문에 노인 집단의 MMPI-2 척도에서 임상적으로 상승된 점수(T ≥ 65)는 일반 성인 집단에서와 같은 증상 및 문제를 나타내는 것으로 보인다.

대표성이 낮게 반영된 인종 및 민족 집단

MMPI 원판 개발에 포함된 거의 모든 자료는 대부분이 백인의 자료였고 MMPI-2 규준 집단에 몇몇 인종 및 민족 집단(예컨대 아시아계 혹은 히스패닉계 사람; Butcher et al., 1989)은 표집의 대표성이 부족했다. 따라서, MMPI-2를 표집 대표성이 부족한 인종이나 민족 구성원에게 시행할 때는 적합하지 못하다는 우려가 있을 수 있다.

Timbrook과 Graham(1994)에 따르면 MMPI-2의 검사 편향을 연구할 때 일반적으로 두가지 접근법이 있다. 대부분의 연구는 단순히 소수 민족과 주류 집단 사이의 평균 점수 차이를 살펴보는데, 소수 민족의 평균 점수가 높다면 이 검사가 소수 민족에게 편파적이라고 가정한다. 그러나 이 방법은 문화권에 따라 척도 점수의 평균이 차이가 있든 없든 간에 이것이 직접적으로 검사 편향의 문제가 있음을 나타낸다고 할 수 없기 때문에 문제가 된다 (Pritchard & Rosenblatt, 1980). 두 번째 방법은 방법론적으로는 좀 더 건전하며 예측편향 검증이라고 알려져 있기도 하다. 여기서는 연구 대상이 되는 집단의 구성원들에게 MMPI-2 점수가 마찬가지로 타당한지를 살펴본다. 통계적으로 조정 기법에 기반한 회기(regression-based moderation techniques)를 사용하여 잠재적인 검사 편향을 조사하였다. 두 가지 다른 방식으로 산출된 점수가 타당도 면에서 차이가 있는지를 살펴볼 수 있다. 여기에는 (a) 검사 점수가 집단에 따라 검사 외적 결과를 예측하는 능력에서 차이를 보인다는 증거가 있는지의 여부(예컨대 기울기의 편향, 즉 "이 척도는 개념적으로 적절한 내용의 검사 외적 측정치들과 동일한 관련을 보이는가?"와 같은 질문에 대답하는 것), (b) 검사 점수가 한 집단에게만 과대 예측이나 과소 예측을 일으키는지의 여부[예컨대 절편 편향(intercept bias), 즉 "한 집단의 구성원이 다른 집단의 구성원에 비해 특정 척도에서 일관되게 높거나 혹은 낮은 점수를 받는 가?"에 대한 질문에 대답하는 것]가 포함된다. 이러한 유형의 검사 편향이 있음을 나타내는 증거가 있다면 검사 점수를 해석할 때 특정 문화권 집단에 대해서는 다른 집단에 비해 정확성이 떨어질 수 있음을 시사하는 것이다.

셋째로 잠재적인 검사 편향을 볼 수 있는 가장 최신의 방법, 즉 측정 동일성(Marsh et al., 2012)에 대한 내용이 문헌에 소개되었다. 측정 동일성을 조사하는 것은 검사 점수(와 점수를 구성하는 문항)가 집단에 상관없이 얼마나 측정하고자 하는 잠재적인 속성을 보여 주는 지표로 타당한지에 관한 것이다. 측정 동일성은 집단 간 검사의 측정모형을 살펴보기 위해 확인적 요인분석(Confirmatory Factor Analysis : CFA)이나 문항반응이론(Item Response Theory : IRT)을 사용한다. 이것은 보통 적어도 네 가지 유형의 동치를 살펴보는 것을 포함한다. 여기에는 (a) 요인 구조(즉, 같은 문항이 집단에 상관없이 유사한 요인 구조를 갖는 가 혹은 형태적 동일성), (b) 문항부하량(즉, 한 요인을 구성하는 문항이 집단에 관계없이 같은 요인과 관련되는지 혹은 측정 동일성), (c) 문항오차 변량(즉, 집단 간 동일한 속성을 동등하게 측정하는가 혹은 잔여 동일성)이 포함된다. 네 번째 동등성을 살펴보기 위한 방법으로

(d) 측정원점 동일성(scalar invariance), 즉 확인적 요인분석을 했다면 집단 간 절편의 유사성을 보는 것이고 문항분석이론을 적용했다면 집단 간 기준치를 살펴보는 것이다. 실제적으로 각 집단의 동일성을 시사하는 측정 동일성 분석의 결과, 평가 문항이 특정 문화권에 속한 집단에게 검사를 통해 평가하고자 하는 속성을 측정하는 지표로 타당한지를 보여 준다. 이러한 이유로 Han과 동료들(2019)은 예측 편향을 검증하기 전에 그 척도의 측정 동일성을 먼저 살펴보아야만 한다고 주장하였다. 우리가 알기로는 MMPI-2 척도의 측정 동일성에 관한 출판된 연구는 없고, 학계의 검증을 거친 연구가 있다.

대표성이 낮게 반영된 인종 및 민족 집단의 구성원에게 MMPI-2를 실시하는 것이 적절한지에 대해 다음 절에서 살펴볼 것이다. 그러나 이 문제에 관한 연구는 한계가 있다. 게다가 이미 진행된 연구들은 몇 가지 연구 쟁점을 생각하면서 살펴봐야 한다. 특히, 과거 연구들은 히스패닉 집단이나 아메리카 원주민 집단 내에서도 문화적 차이가 있을 수 있다는 다양성을 인지하지 못하였기 때문에 문화적 정체성을 찾아내지도 않았고 다양한 문화적 배경을 가진 사람들을 단일한 인종이나 민족으로 묶어 버렸다. 예를 들어 Allen(1998)은 미국에는 연방정부가 인정한 부족만도 510개가 있다는 점을 지적하였다. 그러나 연구자들은 이들을 구분하지 않고 보통 아메리카 원주민이 단일한 공동의 정체성을 공유하는 것처럼 단일 집단으로 합쳐 버렸다. 둘째, 연구자들은 선택지가 정해져 있는 목록 하나만을 주고 그중 하나의 인종 혹은 민족을 고르도록 하였다. 이는 다인종적인 정체성을 가진 사람이나 인종 혹은 민족의 정체성에 대해 다른 개념을 갖고 있는 세계 각지에서 온 사람들, 그리고 자신의 정체성이 이러한 목록 안에는 없다고 생각하는 사람들에게 인위적으로 선택을 강요하는 것이다. 이러한 사람들은 자신의 정체성을 정확하게 나타내지 못하는 미리 정해진 선택지를 고르거나 '기타'를 선택해야 한다. 셋째, 매개 변인으로서 이민자 사회에서 중요한 시사점을 갖는 탈문화의 중요성이 체계적으로 고려된 적이 거의 없다는 것이다. 넷째로, 예측 편향은 척도 점수를 통해 예측하는 준거가 편향되지 않은 도구이며 보편적인 구인을 찾아낸 거라고 가정한다(Hill et al., 2012). 이러한 가정이 사실이 아니면 예측 편향에 대한 검증은 척도 점수의 문화적 공정성을 잘 나타내지 못하는 것이 된다. 마지막으로 다음의 어떤 자료도 임상가의 편향이 검사도구를 해석할 때 어떤 식으로 영향을 줄 수 있는지를 말해 주지 못한다. 좀 더 관심이 있는 독자들은 이에 대한 비평과 이 문제에 대한 경험적 연구를 다루고 있는 Knaster와 Micucci(2013)를 참고하기 바란다.

미국 흑인

MMPI-2 규준 집단에는 1980년대의 인구조사에 따라 거의 동일한 비중으로 아프리카계 미국인이 포함되었다. 이 점에서는 확실히 규준 집단이 거의 백인 표본으로 되어 있었던 원판 MMPI에 비해 중요한 개선이 있었다. 아프리카계 미국인을 평가하는 경우 MMPI-2를 사용하는 것이 유용할 것이다. 그러나 대표성이 개선되었다고 해서 검사에서 편향이 없다는 의미는 아니다. 그래서 몇몇 후속 연구들은 흑인에게 MMPI-2를 실시할 때도 척도에서 검사 편향이 나타나는 증거가 있는지를 살펴보았다.

MMPI-2 매뉴얼(Butcher et al., 1989)의 부록 H에는 규준 집단에 포함된 인종 및 민족 각각의 자료를 요약해 놓았다. 대부분의 척도에서 아프리카계 미국인은 백인보다 약간 더 높은 점수를 얻었다. 그러나 임상적으로 유의미한 차이에 해당되는 전통적 경계선인 5점 이상 차이를 보이는 경우는 여성 집단에서만 척도 4가 유일하였다(T 점수 6점). 이들 연구 결과에는 두 가지 제한점이 있다. 우선, 아프리카계 미국인과 백인 집단의 연령이나 사회경제적 지위, 기타 인구학적 변인을 균등하게 맞추지 않았다는 점이다. 원판 MMPI에서 백인과 아프리카계 미국인의 점수 차이는 이들 변인을 고려한다면 훨씬 더 작아질 수 있다. 둘째, MMPI-2 매뉴얼에는 규준 집단에 포함된 아프리카계 미국인과 백인 간의 이러한 작은 차이가 검사 외적 특징에서의 차이와 관련되는지를 보여 주는 자료를 제시하지 않았다는 점이다.

Shondrick 등(1992)은 법적 판정에 사용하기 위해 평가를 받고 있는 백인 106명과 아프리카계 미국인 37명의 MMPI-2 자료를 보고하였다. 아프리카계 미국인이 백인보다 척도 9, 냉소적 태도(CYN) 및 반사회적 특성(ASP) 내용 척도에서만 유의미하게 높은 점수를 보였다. Frueh 등(1996)은 외상후 스트레스 장애로 진단받은 흑인 남성 환자가 백인 환자보다 척도 6, 척도 8, F−K 지표에서 높은 점수를 보인다고 하였다. 이들 연구는 각 집단에 대한 이들 척도와 검사 외 자료 간의 관계를 비교할 수 있는 자료를 포함하지 않았다.

Hall 등(1999)의 메타분석 연구는 아프리카계 미국인 남성과 백인 남성 간에 차이를 보이는 25개의 연구와 아프리카계 미국인 여성과 백인 여성 간에 차이를 보이는 12개의 연구 결과를 살펴보았다. MMPI/MMPI-2의 7개 척도에서 아프리카계 미국인 남성이 백인 남성보다 높은 점수를 얻었으며, 아프리카계 미국인 여성은 8개의 척도에서 백인 여성보다 높은 점수를 보이는 것으로 나타났다. 하지만 연구자들은 인종과 관련된 효과크기가 작고 통계적으로나 임상적으로나 의미가 없다고 결론을 내렸다. 어떤 척도도 아프리카계 미국인과 백인 집단의 평균 차이가 T 점수 5점을 넘지 않았다.

집단 간 평균 점수가 유의미한 차이를 보였다고 해서 반드시 검사가 편향되었다는 것을 의미하지는 않는다. Pritchard와 Rosenblatt(1980)도 지적하였듯이 검사가 편향되려면 검사 점수에 기초한 추론이나 예측의 정확성이 집단에 따라 달라야 한다. 몇몇 MMPI-2 연구들은 이 문제에 대해 살펴보았다.

Timbrook과 Graham(1994)은 규준 집단에 포함된 아프리카계 미국인과 백인의 연령, 교육 수준, 가족의 수입 등을 균등하게 맞춘 후 점수를 비교하였다. 그 결과, 아프리카계 미국인 남성은 단지 척도 8에서만 백인에 비해 유의미하게 높은 점수를 보였다. 여성의 경우는 아프리카계 미국인이 백인에 비해 척도 4, 5, 9에서 유의미하게 높은 점수를 얻었다. 모든 척도에서 집단 간 차이는 T 점수 5점 미만이었다. Timbrook과 Graham은 또한, MMPI-2 점수가 아프리카계 미국인과 백인 집단에서 개념적으로 그러하리라 생각되는 특징을 얼마나 정확하게 예측하는지 살펴보았다. 남성의 경우, 아프리카계 미국인이나 백인이나 어떤 척도에서도 마찬가지로 예측의 정확성은 차이를 보이지 않았다. 여성의 경우는 유일하게 척도 7이 백인 여성에 비해 아프리카계 미국인의 불안평정을 예측하는 정도가 다소 약한 것으로 나타났다. 연구자들은 MMPI-2 규준 집단에 포함된 사람들의 경우, 아프리카계 미국인에게 검사 결과가 편향되어 있다고 보기는 어렵다고 결론 내렸다.

McNulty, Graham 등(1997)은 지역사회 정신건강센터를 방문한 아프리카계 미국인과 백인 내담자의 MMPI-2 결과를 비교하였다. 남자의 경우, 아프리카계 미국인 내담자는 백인보다 L 척도와 공포(FRS) 내용 척도에서만 유의미하게 높은 점수를 얻었다. 여성 내담자의 경우는 아프리카계 미국인이 백인보다 척도 9와 낮은 자존감(LSE) 내용 척도에서 유의미하게 높은 점수를 얻었다. 치료자가 평정한 내담자의 특징과 MMPI-2 점수 간의 관계를 살펴보았을 때 아프리카계 미국인과 백인 사이에 유의미한 차이가 나타나지 않았다. 이러한 결과를 바탕으로 이들은 정신건강센터 외래 환자의 경우, MMPI-2에서 아프리카계 미국인에 대한 편향이 나타나지 않는다고 결론을 내렸다. Castro 등(2008)은 또 다른 외래 정신건강센터에서 유사한 연구를 진행하였다. 척도 1, RC1, RC3, RC6 및 RC8 척도에서 흑인 내담자는 백인 내담자보다 유의미하게 높은 점수를 얻었다. 그러나 내담자의 기록 중 소득을 고려하면 두 집단 간 차이가 있다고 예측하기는 어려웠다. Frueh 등(1997)에 따르면 PTSD 진단을 받고 재향군인병원 외래에서 치료받는 재향군인 집단에서 환자가 흑인이든 백인이든 어떤 MMPI-2 척도에서도 차이를 보이지 않았으며, 외적 타당도를 보기 위한 정신병리 평정이나 진단에서도 차이가 없었다. 전반적으로 외래 환자 대상의 연구는 흑인이라도 MMPI-2 척도에서 임상적으로 유의미한 수준의 차이를 보이지 않았다.

Arbisi 등(2002)도 입원 환자를 대상으로 문화적 편향의 가능성을 연구하였는데 비슷한 결론을 내렸다. 이들 연구에서 아프리카계 미국인 입원 환자는 백인에 비해 척도 4, 6, 9; 기태적 정신상태(BIZ) 척도 및 가정 문제(FAM) 내용 척도; 그리고 MacAndrew 알코올 중독 척도-개정판(MAC-R)에서 유의미하게 높은 점수를 보였다. 그러나 환자 기록에서 소득 정보를 사용하여 회귀분석한 결과는 아프리카계 미국인과 백인 환자 사이에 예측 정확도의 차이가 작고 임상적으로 유의미하지 않은 것으로 나타났다.

이제까지 기술한 것과는 일치하지 않는 연구 결과도 있다. Monnot 등(2009)은 물질 관련 문제로 입원치료를 받고 있는 아프리카계 미국인과 백인 환자에 대한 연구에서 몇몇 MMPI-2 척도가 검사 편향을 보인다고 하였다. 표본크기가 크기 때문에 두 환자 그룹 간에 MMPI-2 점수에서 통계적으로 유의한 많은 차이가 발견되었다. 그러나 단지 하나의 임상 척도(척도 9)와 2개의 RC 척도(RC2 및 RC6)만이 아프리카계 미국인 환자가 백인 환자보다 임상적으로 의미 있는 차이라고 볼 수 있을 만큼 높은 점수를 받았다. 회귀분석을 통해 MMPI-2 점수로 구조화된 면접을 통해 내린 진단을 예측할 때 차이가 있는지를 알아보았으며, 상당수 척도가 기울기 편향과 예측 편향을 보이는 것으로 나타났다. 일반적으로 MMPI-2 척도는 아프리카계 미국인 환자에 대해서 개념적으로 그럴 것이라 생각되는 진단을 중등도로 과대 예측했다. 그러나 두 집단에서 상당수의 진단이 유병률이 다르다는 점을 감안하면 해석이 어려운데 이 연구의 결과가 두 집단 사이에 그 밖의 의미 있는 차이 혹은 결과 변인(예컨대, 구조화된 인터뷰를 통한 진단)의 편향을 나타내는 것일 수도 있기 때문이다. 따라서 이 연구의 결과를 통해 보다 강력한 결론을 내리기 위해서는 반복검증 연구가 필요하다. 그럼에도 불구하고, 모집단과 맥락에 따라 결론이 크게 달라질 수 있기 때문에 이를 고려해서 검사 편향을 살펴보는 것이 중요하다는 점을 강조할 필요가 있다.

원판 MMPI에 대한 몇몇 연구들은 흑인에게 MacAndrew 알코올 중독 척도(MAC)를 사용할 때는 주의가 필요하다는 것을 시사한다(Graham & Mayo, 1985; Walters et al., 1983, 1984). 이 연구들은 알코올 관련 문제를 보이는 흑인은 MAC 척도에서 상대적으로 높은 점수를 보이는 경향이 있지만, 알코올 관련 문제가 없는 흑인 정신과 환자도 MAC 척도 점수가 비교적 높기 때문에 분류 적중률은 그리 좋지 않다는 것을 보여 준다. 게다가 이들은 모두 군인이나 퇴역군인들을 대상으로 하였고, 따라서 연구 결과가 어느 정도나 다른 흑인에게로 일반화될 수 있을지는 불확실하다.

MMPI-2 척도 첨수에서 검사 편향을 보는 더 많은 연구가 필요하지만 몇 가지 잠정적인 결론에는 도달했다. 특히 나이, 사회경제적 지위와 같은 기타 인구학적 변인이 균등하게 맞춰진다면 흑인과 백인 사이의 점수 차이는 그리 크지 않은 것으로 보인다. 흑인과 백인 모두에게 MMPI-2의 척도 점수는 그 척도에 해당되는 검사 외적 특징과의 관련성 양상이 다르지는 않음을 보여 준다. 따라서 흑인에게 문제가 되는 MMPI-2 척도 점수의 검사 편향이 일반화될 수 있고 의미 있는 것처럼 보이지는 않는다. 그러나 이러한 일반적인 결론을 내릴 때 흑인 집단에게 물질 관련 척도 점수는 중등도로 진단을 과대 예측하는 것으로 보이므로 물질 관련 치료 상황에서 MMPI-2를 사용할 때 주의를 기울일 것을 권고한다.

히스패닉계와 라틴계

MMPI-2의 규준 표집에서 히스패닉은 대략 3%이다. 규준 표집이 최근 미국 사회의 인구학적 특징을 적절하게 대표하지 못한다 하더라도 1980년대 인구조사에 따르면 히스패닉으로 확인된 수검자는 대략 그 정도이다. MMPI-2 매뉴얼(Butcher et al., 1989)의 부록 H는 규준 표집에 포함된 백인과 히스패닉계 사람들 각각의 수를 보고하고 있다. 히스패닉계 사람들의 인종적 배경에 대해 기술하고 있지는 않지만 규준 자료가 수집된 지리적 지역 분포를 보면 대부분이 멕시코계 미국인이라는 것을 보여 준다. 이 자료들을 자세히 살펴보면 규준 집단에 포함된 라틴계 남성들(n=35)이 거의 대부분 척도에서 백인보다 약간 높은 점수를 보인다. 그러나 라틴계와 백인 간의 T 점수가 5점 이상 차이 나는 경우는 없다. 라틴계 여성의 경우도 L, K 척도와 척도 0을 제외한 모든 척도에서 규준 집단에 포함된 사람들의 점수가 백인 여성보다 높은 것으로 나타났다. L과 K 척도는 히스패닉계가 백인보다 낮았고, 척도 5와 0은 두 집단 간 차이가 없었다. F 척도와 척도 1, 4, 7, 8, 9의 경우는 T 점수가 5점 이상 차이를 보이기도 하였다. 그러나 규준 집단에 포함된 백인 및 히스패닉계 집단 간에 나이나 교육 수준과 같은 변인을 균등하게 통제하지 않았다. 게다가 매뉴얼에서 집단 간 평균이 차이를 보이면 검사 외적 준거를 예측하는 데 차이를 일으키는지에 대한 자료는 제시하지 않았다.

경험적인 후속 연구에서도 백인과 히스패닉계 혹은 라틴계 사이에 점수 차이가 나타났다. Velasquez 등(1998)은 라틴계 수검자가 참여한 170개 이상의 연구 결과를 정리하였다. 불행하게도 이들 연구의 대부분은 미발표 논문이고, 이 때문에 이들이 내린 결론을 평가하기는 어렵다. 대부분의 연구는 라틴계와 기타 인종 집단을 비교하였다. 원판 MMPI나 MMPI-2의 척도 가운데 몇 개는 라틴계 집단에서 점수가 더 높았다. Hall 등(1999)은 백인 미국인 남성과 라틴계 미국인 남성의 원판 MMPI와 MMPI-2 점수를 비교한 13개의 연구 결과를 모아 메타분석을 시행하였는데, 여기서도 라틴계 미국인 남성이 백인 미국인에 비해 L, F, K 척도에서는 높은 점수를, 10개의 임상 척도 모두에서는 낮은 점수를 보인다는 것을 발견했다. 결론은 메타분석에 포함된 모든 연구에서 나온 자료를 통틀어서 집단 간 평균 점수의 차이가 가장 큰 경우라 하더라도 그 차이가 T 점수 5점 미만으로 작고 임상적으로 유의할 가능성이 낮다는 것이다. 인종에 따른 점수 차이가 가장 크게 나타나는 경우는 L 척도에서 라틴계가 백인보다 높은 점수를 얻은 경우와 척도 5에서 라틴계 남성이 백인에 비해 유의하게 낮은 점수를 보이는 경우였다. 그러나 이러한 차이조차도 T 점수 5점 미만에 해당되었다. 많은 연구에도 불구하고 Velasquez 등(1998)과 Hall 등(1999)은 타문화 집단 간 평균 점수 차이가 검사 편향에 기인한 것인지 결론을 내릴 수 없다 하였다. 점수의 차이가 검사 외 변인의 정확한 예측에서 차이를 나타내는 것인지를 알아보기 위해서는 검사 외 자료가 필요하다.

몇몇 저자들(Butcher et al., 2007; Velasquez, 1995; Velasquez et al., 1997, 1998)은 MMPI-2를 히스패닉계와 라틴계에 사용할 경우에 필요한 권고사항을 만들었다. 이들 권고사항은 대부분 검사의 일반적인 사용방법과 관련된 것이다(예 : 전체 검사를 다 시행하라. 수검자에게 MMPI-2를 완성하는 방법을 설명해 주는 것이 도움이 된다). 또한, 검사 사용자들이 항상 MMPI-2를 시행할 때 문화적인 동화의 영향력을 고려할 것을 권유하고 있다. 그러나 라틴계 사람들을 대상으로 한 문화적 동일시와 MMPI-2 점수와의 관계를 살펴본 연구 결과들은 일관되지 않다. 예를 들어, Canul과 Cross(1994)는 멕시코계 미국인을 대상으로 한 연구에서 문화적 동일시를 덜 보이는 사람이 L 척도 점수가 높다는 결과를 얻었던 반면, Lessenger(1997)는 100명의 라틴계 약물 남용자들을 대상으로 한 연구에서 MMPI-2 점수와 문화적 동일시 간의 관련성을 찾아내지 못했다.

라틴계 미국인에게 MMPI-2를 시행할 때 필요한 몇 가지 권고사항을 이야기하겠다. 첫째, 수검자가 가장 익숙하게 쓰는 언어로 된 검사를 시행해야 한다. 둘째, 중등도의 상승(T= 50~60)은 문화적 동일시가 낮은 것 때문일 수 있으므로 문화적 동일시라는 변인을 고려해야 할 필요가 있다. 마지막으로 임상 척도와 내용 척도에서 점수가 매우 높이 상승한 경우(T≥65), 해당 척도에서 백인이 나타내는 증상 및 문제를 동일하게 나타내고 있을 가능성이 높다.

아메리카 원주민

MMPI-2의 표준화 표본에는 38명의 아메리카 원주민 남자와 39명의 아메리카 원주민 여자가 포함되었다. MMPI-2 매뉴얼(Butcher et al., 1989)의 부록 H는 이들 두 집단의 점수를 요약해서 싣고 있다. 아메리카 원주민은 대부분 척도 점수가 백인에 비해 높다. 아메리카 원주민 남성은 백인 남성보다 F 척도, 척도 4에서 T 점수가 5점 이상 높았으며, 아메리카 원주민 여성은 백인 여성에 비해 F 척도와 척도 1, 4, 5, 7, 8에서 T 점수가 5점 이상 높았다. 아메리카 원주민 집단 수가 작고 연령이나 사회경제적 수준, 기타 인구학적 특징이 반드시 백인 집단과 유사한 것은 아니지만, 이 두 집단의 차이는 중요성을 함축하고 있다. 그러나 MMPI-2 점수의 차이가 검사 외적 특징과 관련되는지를 알려 줄 만한 자료는 포함되어 있지 않다.

　　Robin 등(2003)은 535명의 남서부 원주민과 297명의 평원 원주민 종족의 MMPI-2 척도 점수—타당도 척도, 임상 척도, 내용 척도, 보충 척도—를 MMPI-2 규준 집단의 점수와 비교하였다. 아메리카 원주민 종족 간 차이를 예상했지만 MMPI-2의 어떤 척도에서도 차이는 없었다. 그러나 두 종족 집단을 합하여 규준 집단과 비교했을 때 유의한 차이가 나타났다. 아메리카 원주민 집단은 타당도 척도 가운데 L, F 척도, 임상 척도 가운데 척도 4, 8, 9, 내용 척도 가운데는 건강염려(HEA), 기태적 정신상태(BIZ), 냉소적 태도(CYN), 반사회적 특성(ASP), 부정적 치료 지표(TRT), 보충 척도 가운데는 중독 인정(AAS) 척도와 MacAndrew 알코올 중독 척도-개정판(MAC-R)이 유의미하게 높은 점수를 보였다. 연령이나 성별, 교육 수준을 동일하게 맞추어서 비교하면 집단 간 차이가 작아지지만 여전히 임상적으로 의미 있는 정도의 차이를 보였다(즉, T>5).

　　Robin 등(2003)의 연구와 유사하게 Greene 등(2003)은 동일한 두 종족 집단을 대상으로 MMPI-2 점수와 SADS(Schedule for Affective Disorders and Schizophrenia; Endicott & Spitzer, 1978) 수정판을 실시하여 확인한 임상 증상 및 행동 측정치들 사이에 상관을 냈다. MMPI-2 척도 및 각 척도와 개념적으로 일치하는 SADS 측정치 간에 유의한 상관(≥.30)이 관찰되었다. 예를 들어 규칙을 지키지 않는 행동은 척도 4 및 내용 척도 가운데 반사회적 특성(ASP) 척도와 상관이 있었고 자살 시도는 내용 척도 가운데 우울(DEP) 척도와 상관을 보였으며, 알코올 및 약물 사용은 중독 인정(AAS) 척도와 상관을 보였다. MAC-R 척도는 알코올 혹은 약물 문제의 측정치 중 어느 것과도 유의미한 상관을 보이지 않았다. 이러한 연구 결과는 특히 문제가 될 수 있는데, 왜냐하면 Robin 등(2003)이 한 연구는 아메리카 원주민이 MMPI-2의 규준 집단보다 MAC-R 척도에서 유의미하게 높은 점수를 얻었다는 보고가 있었기 때문이다. 주목할 것은 SADS는 MMPI-2 척도 가운데 몇 가지에서만 개념적으로 적절한 내용을 측정한다는 것이다. 기타 척도와의 상관은 앞으로 연구에서 증명되어야 할 것이다.

　　Pace 등(2006)은 2개의 아메리카 원주민 표본—하나는 동부 우드랜드 오클라호마 국이고 또 하나는 남서부 플레인스 오클라호마 국—을 대상으로 MMPI-2 점수를 살펴보고 이를 MMPI-2 규준 표본의 자료와 비교하였다. 아메리카 원주민 집단은 둘 모두 MMPI-2의 타당도 척도 및 임상 척도 대부분에서 규준 집단에 비해 중요하고 유의미하게 높은 점수를 보였다. 문화적 동일시는 MMPI-2 척도의 점수 차이에 중요한 영향을 미치는 요인은 아니었다.

저자들은 MMPI-2를 아메리카 원주민에게 사용할 때는 많은 주의가 필요하며, 점수를 해석할 때 수검자가 독특한 신념과 환경적인 맥락을 갖고 있다는 점을 고려하여야 한다고 결론 내렸다. 이러한 경고는 검사를 완성한 모든 사람에 대해 이들 요인을 고려하면서 MMPI-2 결과를 해석해야 한다는 저자들의 입장과 일치한다. Pace 등의 연구에는 검사 외적 준거 정보가 포함되지 않았지만 이들 아메리카 원주민의 경우, 상승한 점수를 해석할 때, 이러한 외적 준거 정보가 필요하다.

MMPI-2를 아메리카 원주민에게 사용하는 경우에 다음의 결론을 내릴 수 있다. 첫째, 아메리카 원주민은 몇 개의 MMPI-2 척도에서 중등도로 높은 점수를 얻는다. 이들 점수는 정신병리를 반영하기보다는 문화적 요인을 반영할 가능성이 높다. 그러나 임상 척도 및 내용 척도에서 T 점수가 65점을 넘어선다면 이는 백인에서 해석되는 것과 마찬가지로 아메리카 원주민의 경우에도 똑같은 증상과 문제를 보이는 것이다. 단, 아메리카 원주민에게 MAC-R 척도를 사용하여 물질 남용 문제를 추론하는 경우에는 특별한 주의가 필요하다. 그러나 중독 인정 척도에서 높은 점수를 보인다면 물질 사용과 남용의 내용이 명백한 문항들로 구성되어 있는바, 물질 남용의 문제를 반영할 가능성이 높다. 추가적 연구를 통해 아메리카 원주민에 대한 MMPI-2 척도 점수와 이에 개념적으로 부합되는 기타 검사 외적 특징 사이의 명확한 관련성을 파악해 나가야 할 필요가 있다. 앞으로의 연구는 아메리카 원주민 종족이 꽤 이질적인 집단으로 구성되어 있다는 점에 보다 주의를 기울일 필요가 있고, 한 종족에서 발견된 특징이 어느 정도나 다른 종족에게도 적용될 수 있는지에 대해서도 알아보아야 한다.

아시아계 미국인

MMPI-2 매뉴얼(Butcher et al., 1989)의 부록 H에 있는 자료는 규준 집단에 포함된 아시아계 미국인과 백인 사이에 차이가 거의 없으며, 아시아계 미국인이 항상 백인보다 점수가 높은 것도 아니라는 것을 보여 준다. 그러나 아시아계 미국인은 MMPI-2 규준 집단(남자 6명, 여자 13명)에 거의 포함되지 않았기 때문에 MMPI-2에서 아시아계 미국인과 백인 사이의 점수 차이에 대한 결론을 내리는 것은 적절하지 않다.

Stevens 등(1993)은 매우 소규모이지만 외국에서 태어난 중국 대학생과 여러 변인을 균등하게 맞춘 백인 대학생 집단을 비교하였다. 중국 남자들이 백인 남자들에 비해 척도 0에서 유의미하게 높은 점수를 보여서 중국 남자들이 백인보다는 좀 더 내향적이라는 것을 보여 준다. 중국 여성은 백인 여성에 비해 L 척도에서 높은 점수를 보여서 중국 여성이 보다 더 정숙하게 보이려는 경향이 있다는 것을 보여 준다. Robers(1992)는 중국계 미국인 학생들을 대상으로 한 연구에서 유사한 결과를 보고하였다.

Tran(1996) 및 Dong과 Church(2003)는 정상 범위에 속하기는 하지만 베트남계 미국인이 MMPI-2 점수에서 규준 집단보다 약간 더 높은 점수를 보이는데, 특히 F 척도와 척도 8에서 높은 점수를 보인다는 결과를 보고하였다. Dong과 Church의 표본은 베트남 난민들이었으며, 이들의 외상경험과 문화적 동일시 수준을 평가하였다. 연구 결과, 외상 정도와 MMPI-2 임상 척도의 평균 상승 정도 간에 유의미한 정적 상관이 있었다. 또한, 문화적 동일시가 덜 되었다고 보고한 난민이 MMPI-2 점수가 더 높았다. 따라서, 이러한 결과는 이들 특수한 표본에서 점수가 다소 상승하는 것은 문화적 집단 소속감의 결과가 아니며, 오히려 과거 외상경험과 관련된 심리적 증상의 산물이거나 낮은 문화적 동일시 때문임을 시사한다.

Tsai와 Pike(2000)는 문화적 동일시의 정도가 다른 아시아계 미국인 대학생(대부분이 중국계, 베트남계, 한국계였음)과 백인 대학생 집단을 비교하였다. 연구 결과, 문화적 동일시가 낮은 학생일수록 MMPI-2의 대부분 척도에서 높은 점수를 보였으며, 특히 F 척도와 척도 8에서 차이를 보였다. 문화적 동일시가 높은 학생은 백인계 학생과 유의미한 차이를 보이지 않았다. 그러나 Kwon(2002)이 지적하였듯이 연구 설계상 집단 간 사회경제적 수준의 차이가 통제되지 않았으며, 따라서 그 차이가 문화적 동일시 수준의 차이에 따른 것이라고 자신 있게 이야기하기는 어렵다.

이들 집단 사이에 MMPI-2에서 어떤 차이가 있을 것인지를 살펴보기 위한 더 많은 연구가 필요하다. 특히, 다른 인종이나 민족 집단에 비해 아시아계 미국인 집단에서 MMPI-2 점수와 중요한 검사 외적 특징과의 상관이 다른지를 알아보는 것이 중요하다. 기존 연구는 Okazaki와 Sue(1995)의 권고 내용을 지지하는데, 이들은 심리 평가를 시행할 때 아시아계 미국인의 문화적 동일시 수준을 고려하는 것이 중요하다고 하였다. 또한, 평가자가 "미국 문화에 동화가 덜 된 사람의 점수가 미국 규준에 비추어 이탈이 큰 것으로 나타나면 그 결과를 해석하는 데 있어서 보다 조심스럽고 신중하게 접근할 것"(p. 117)을 권하였다.

아시아계 미국인에게 MMPI-2를 사용한 연구들에서 몇 가지 결론을 내릴 수 있다. 첫째, 아시아계 미국인 가운데 비임상 집단의 점수는 중등도로 높은 점수를 보일 것이지만, 그럼에도 불구하고 정상 범주에 들어갈 가능성이 높다(T 점수 50~60점). 검사 실시자는 이러한 중등도의 상승이 스트레스를 경험한 때문인지 문화적 동일시 수준의 산물인지를 고려해 보아야 한다. 그러나 MMPI-2의 T 점수가 매우 높으면(T≥65) 백인 수검자에게 나타난 결과와 동일한 증상 및 문제를 반영할 가능성이 높다.

의료 환자

MMPI-2는 의료 장면에서도 널리 사용된다. 한 조사에서는 거의 90%의 건강심리학자들이 MMPI-2를 사용하는 것으로 나타났다(Piotrowski & Lubin, 1990). 또 다른 조사에서도 신경 심리 평가(Camara et al., 2000; S. R. Smith et al., 2010)와 만성통증 평가(Piotrowski, 1998)에 MMPI-2를 자주 사용하는 것으로 나타난다. 본 장에서 MMPI-2 자료와 의료 환자의 특징 사이의 관계를 보여 주는 연구 문헌은 방대하여 간략하게 검토해 보기는 어렵다. 이 문제에 관한 부가적인 정보는 Arbisi와 Seime(2006)에서 볼 수 있는데, 이들은 의료 장면에서 MMPI-2의 사용에 대해 요약하여 정리하였다.

정신병리의 선별

MMPI를 의료 환자에게 사용하는 한 가지 중요한 목적은 환자가 보고하지 않았거나 최소화 시켰지만 심각한 정신병리를 보이는지 확인하기 위해서다. 의료 환자의 프로파일을 살펴볼 때는 이 책에서 언급했던 심각한 정신병리의 지표들(예 : 전반적인 프로파일의 상승)을 고려해야만 한다. 몇몇 임상가들은 의학적 문제가 환자에게 심한 정서적 고통을 안겨 주며, 이러한 고통이 MMPI-2 점수가 높이 상승하는 식으로 반영된다고 생각하지만 연구 결과가 이를 지지하지는 않는다. 예를 들어, Colligan 등(2008)은 가정의학과 외래 환자의 MMPI-2 점수를 보고하였는데, 이 중 590명은 여자였고 653명은 남자였다. L, K, S 척도 점수는 평균을 약간 상회하였다. 척도 1, 2, 3이 규준 표본의 평균을 5점가량 상회하였으며, 모든 임상 척도는 평균 범위에 있었다.

약물 관련 문제의 선별

약물 관련 문제는 의학적인 문제 때문에 우선적으로 치료를 받아야 하는 사람들 사이에서는 흔히 발생한다. MMPI-2는 의학적 문제가 있는 환자가 물질 남용 가능성이 있음을 알려 주는 데 유용하다. 어떤 환자는 만성적인 물질 남용으로 인해 신체적인 증상을 일으키며, 어떤 환자는 의학적 문제 때문에 물질 남용 문제를 일으키기도 하고, 또 어떤 환자들은 신체적인 증상과 직접적으로 관련이 없는 물질 남용 문제를 보일 수 있다. 물질 남용 문제와 의학적 문제가 어떤 식으로 관련되어 있는지에 상관없이 물질 남용 문제를 조기에 알아차리는 것은 치료 계획을 세우는 데 도움이 된다.

임상 장면에서 약물 관련 문제를 탐지하는 데 유용한 MMPI-2 지표 가운데 상당수가 의료 환자에서 유사한 문제를 탐지하는 데 유용하다. 예를 들어, 24/42 상승 척도 쌍(코드타입)은 치료 중인 남성 알코올 남용 장애 환자에게서 나타나며, 똑같은 상승 척도 쌍과 46/64 상승 척도 쌍은 치료 중인 여성 알코올 남용 장애 환자에게서 나타난다. 알코올을 남용하지 않는 의료 환자들에게서는 이들 상승 척도 쌍 중 어느 것도 좀처럼 찾아보기 힘들다. 따라서 이들 상승 척도 쌍이 의료 환자에게서 나타나면, 알코올 남용의 문제를 주의 깊게 탐색해 보아야 한다.

MacAndrew 알코올 중독 척도-개정판(MAC-R)에 대해서는 제8장에서 기술하였다. 의학적 문제를 보이는 환자에게서 MAC-R 척도가 유의미하게 상승하면 이 사람이 약물을 남용하고 있을 가능성에 대해 주의 깊게 고려해 보아야 한다. MAC-R 척도가 알코올 남용 및 기타 처방받지 않은 약물의 남용을 나타내는지에 관한 연구가 필요하다. MAC-R 척도가 처방받은 약물, 예컨대 만성통증 환자의 약물 남용에도 민감한지에 대해서도 알려져 있지 않다.

중독 인정(AAS; Weed et al., 1992) 척도에서 T 점수가 60점 이상인 환자는 공개적으로 물질 남용을 인정하고 있으며, 이 문제에 대한 부가적인 평가가 필요하다는 것을 나타내 준다. AAS 척도의 대부분의 문항은 명백하게 물질 남용과 관련된 내용이므로, 이 척도에서 점수가 올라가지 않는다고 해서 물질 남용 문제가 없는 것으로 해석할 수는 없다. 이러한 점수는 실제로 물질 남용 문제가 없는 것일 수도 있지만, 의식적으로 물질 남용 문제를 부인하고 있는 것일 수도 있다.

중독 가능성(APS; Weed et al., 1992) 척도에서 T 점수가 60점 이상으로 상승하면 또한 물질 남용의 가능성에 관한 정보를 좀 더 알아보아야 한다. 제8장에서 언급했듯이 APS 척도의 타당도에 관한 연구 결과는 일관되지 않으므로, 이 척도 점수는 MAC-R 척도나 AAS 척도 점수보다는 비중을 낮추어 고려해야 한다.

동질적인 하위 유형의 수립

몇몇 연구자들은 MMPI-2를 이용해 특정한 의학적 장애 내에 동질적으로 묶일 수 있는 하위 유형을 찾아내려고 노력해 왔다. 이들 연구는 대부분 만성통증에 대한 것이다. 하위 유형을 찾으려는 목적은 특정 하위 유형에 해당되는 원인적인 요인을 밝혀내고 하위 유형에 적합한 치료방법을 찾아내기 위한 것이다.

어떤 경우는 MMPI-2 상승 척도 쌍 혹은 기타 형태적 특징에 근거해서 하위 집단으로 분류하기도 했다. 예를 들어, Slesinger 등(2002)은 만성통증 프로그램 입원 환자에서 척도 1, 2, 3

이 포함된 MMPI-2 상승 척도 쌍이 매우 일반적임을 보고했다. MMPI 문헌은 상승 척도 쌍의 유형에 따라 치료성과가 다르다고 하였다. 그러나 Keller와 Butcher(1991)는 치료 결과를 예측하기 위해 이러한 접근방법을 이용하는 것은 그리 효과적이지 못하다는 결론을 내렸다.

또 어떤 경우는 환자의 MMPI-2 프로파일을 군집분석하는 데 집중하였다. Keller와 Butcher(1991)는 MMPI-2를 이용하여 590명의 만성통증 환자를 군집분석하여 3개의 군집을 찾아내었다. 각 군집은 척도 쌍의 형태에서 차이를 보이기보다는 주로 상승 정도에서 차이를 보였다. 임상 기록에 적혀 있는 환자의 특징은 군집 간에 거의 차이가 없었다. 이를 바탕으로 연구자들은 통증 환자들의 전반적인 심리적 고통의 수준과 기능장애를 평가하는 방법으로 MMPI-2를 사용한다면 유용하게 쓸 수 있고, 특히 척도 2가 유용하다고 결론을 내렸다. 위계적 군집분석을 통해 Riley와 Robinson(1998)은 통증 환자에서 4개의 MMPI-2 군집 유형을 찾아내었다. Riley와 Robinson은 심리적 변인(예 : 인지적 대처와 활동 수준) 간의 관계가 각 군집유형마다 차이가 있으며, 만성통증의 치료적 접근도 MMPI-2 프로파일에 따라 달라져야 한다는 것을 시사하였다. Gatchel 등(2006)은 임상 척도가 4개 이상 상승한 만성통증 환자들이 임상 척도의 상승을 보이지 않는 환자보다 축1 진단을 받을 가능성이 높다고 하였다. 또한 임상 척도의 상승을 보이지 않는 환자는 기타 유형의 프로파일을 보인 사람들에 비해 통증치료 후 1년 뒤에 직업에 종사하고 있을 가능성이 높았다. Haggard 등(2008)은 임상 척도가 4개 이상 상승한 만성통증 환자는 임상 척도 상승을 보이지 않는 환자보다 신체적 질병을 더 많이 진단받았고, 신체적, 심리적 건강이 더 나쁘다고 보고한다고 하였다.

이제까지 각종 하위 유형에 속하는 사람들이 중요한 차이(예 : 각종 치료에 대한 효과에서의 차이)를 보인다는 결과를 경험적으로 검증하지 못하였기 때문에 확실히 하위 유형에 따른 접근방법은 한계가 있다고 생각한다. 실제로 기존 자료를 보면, 의학적 문제를 보이는 환자를 MMPI-2 점수에서 나타나는 정신병리의 심각성에 따라 분류할 수 있으며, MMPI-2에서 심각한 정신병리가 시사되는 환자들은 보다 고통을 많이 받고 있고 어떤 식으로든 의학적 치료에 대한 반응이 좋지 않을 것이라는 점을 보여 준다.

의학적 문제의 심리적 영향

의학적 문제가 있는 사람이 심리적으로 어떤 영향을 받을 수 있는지를 이해하는 데 MMPI-2를 사용할 수도 있다. 과거 연구를 보면, 만성통증(Keller & Butcher, 1991 ; Slesinger et al., 2002), 식이장애(Cumella et al., 2000), 섬유조직염(Gerson & Fox, 2003)과 같은 각종 장애가 있는 환자는 심리적 고통과 부적응을 시사하는 MMPI-2 점수를 보인다. 원판 MMPI 역시 두뇌손상(예 : Diamond et al., 1988; Nockleby & Deaton, 1987), 뇌졸중(Gass & Lawhorn, 1991), 암(Chang et al., 1988)에 걸린 사람에서 유사한 결과를 보였다. 때로는 심리적 고통이 신체에 대한 걱정을 과장하는 형태로 나타나기도 해서 척도 1, 3, 신체증상 호소(RC1) 재구성 임상 척도, 건강염려(HEA) 내용 척도의 점수가 높이 올라가기도 한다. 그러나 우울 증상으로 표현되는 경우도 흔해서, 척도 2, 우울(DEP) 내용 척도, 의기소침(RCd) 재구성 임상 척도, 낮은 긍정 정서(RC2) 재구성 임상 척도가 상승하거나, 불안으로 표현되어 척도 7, 불안(ANX) 내용 척도, Welsh의 불안(A) 척도, 역기능적 부정 정서(RC7) 척도가 상승하기도 한다. 따라서 임상가는 특히 이 책의 앞부분에서 논의했던 정서적 혼란의 지표를 고려해야만 한다.

의학적 문제를 보이는 환자의 MMPI-2 점수를 해석하기가 매우 어려울 수 있는데, MMPI-2의 몇몇 문항은 특정한 의학적 장애로 인해 발생하는 증상이나 행동들을 반영하고 있기 때문이다. 예를 들어, 환자는 불안과 관련된 주의집중과 주의력 문제를 나타내는 항목에 반응할 수 있지만, 그 항목들은 또한 외상적인 뇌손상과 직접적으로 관련되는 손상을 반영하기도 한다.

수검자의 심리적 상태 때문이 아니라 의학적 조건 때문에 반응했을 가능성을 설명하기 위해 MMPI-2 점수를 교정하는 방식을 찾아내려는 몇몇 연구들이 진행되었다. Gass(1991) 및 Alfano 등(1993)은 외상적 뇌손상과 관련되는 MMPI-2 항목을 확인하고 몇몇 척도에서 이들 문항의 영향을 제거하기 위한 조정 절차를 개발하였다. Gass(1992)는 뇌졸중 환자에게도 유사한 조정 요인을 개발했다. 조정 요인을 뇌손상 및 뇌졸중 환자 점수에 적용하였을 때, 조정된 점수는 확실히 낮은 경향이 있었다. 조정된 점수가 환자의 정서상태를 보다 정확하게 반영하는 것으로 생각된다. 마찬가지로 L. D. Nelson 등(2004)은 간질 때문에 MMPI-2에서 채점되는 방향으로 반응할 가능성이 있는 문항들을 찾아내었다. 이들 문항을 제외하고 MMPI-2 척도를 조정하면 대부분의 척도에서 점수가 낮아졌다. 그러나 조정된 점수가 그렇지 않은 점수보다 환자의 심리상태를 더 정확하게 반영하는 것인지를 다루는 검사 외적 자료가 없다.

Arbisi와 Ben-Porath(1999)는 뇌손상 환자에게 조정 요인을 활용한 연구를 검토한 후 이를 일상적으로 사용하는 것에 대한 우려를 나타냈다. 이들 조정 요인을 사용하는 데 있어 해당 문항이 의학적 장애(예 : 외상적인 뇌손상)와 관련이 있기는 하지만, 그 자체가 또한 중요한 심리장애(예 : 우울증)를 나타내는 것일 수도 있다는 위험성이 있다. 따라서 조정 점수는 심리장애의 정도를 과소평가할 수 있다. Arbisi와 Ben-Porath(1999)에 따르면, 조정 점수가 더 정확하게 환자의 심리상태를 반영한다는 주장은 근거가 부족하다. 또한 조정 요인을 점수에 적용하는 방식에서 몇 가지 방법론적으로 염려스러운 점을 이야기하였다. 이 문제를 좀 더 자세히 알고 싶다면 이들이 쓴 논문을 참조하라.

의학적 치료에 대한 반응

MMPI-2는 또한 의학적 문제를 보이는 환자들이 의학적 치료에 심리적으로 어떻게 반응할지에 대한 중요한 정보를 줄 수 있다. 몇 가지 예를 통해 이들이 어떻게 활용될 수 있는지 살펴볼 수 있다.

Tsushima 등(2004)은 MMPI-2를 이용하여 위우회술(gastric bypass)을 받은 환자들을 1년간 추적 연구하였다. 결과가 성공적이지 못한 환자일수록 수술 전 시행한 MMPI-2에서 F 척도와 척도 3, 5, 6, 7 및 건강염려(HEA) 내용 척도에서 높은 점수를 보였다. 수술 후 체중 감소가 적을 것으로 예측할 수 있는 가장 중요한 요인은 척도 5와 건강염려 척도 점수가 높은 것이었다.

Vendrig 등(1999)은 네덜란드 통증 환자들을 대상으로 4주의 외래치료 프로그램이 끝난 후, 호전 여부를 예측하기 위해 MMPI-2의 몇몇 척도를 뽑아서 사용하였다. 정서적인 고통을 나타내는 척도는 자기보고식 고통 강도 및 기능장애의 호전과 역상관이 있었지만 어떤 MMPI-2 척도도 치료 후 신체적 능력의 변화를 예언해 주지 못했다. 또한 Vendrig(1999)는 Harris-Lingoes 소척도 가운데 권태-무기력(Hy3) 척도만이 치료 후 직장으로 복귀를 예측해 주었다는 것을 발견하였다.

요약하면, 전반적인 문헌 연구 결과는 심각한 의학적 문제를 보이기 전이나 치료를 받기 전에 정서적으로 적응을 잘하던 사람은 적응 수준이 낮은 사람에 비해 질병과 관련된 스트레스를 잘 다루어 나갈 수 있다는 것을 보여 준다. 게다가 적응을 잘한 사람일수록 그렇지 않은 사람에 비해 치료 후 경과도 좋은 것 같다.

소인

관상동맥 질환이나 암과 같은 심각한 의학적 문제를 보일 가능성을 증대시키는 요인을 찾아내기 위해 여러 개의 연구 프로젝트가 수행되었다. 이들 중 몇몇 프로젝트에 MMPI가 사용되었다.

A 유형 행동(TPA) 내용 척도와 적대감(Ho) 보충 척도는 관상동맥성 심장 질환과 관련되어 있다. 예를 들어, 7년간의 추적 연구에서 관상동맥성 심장 질환이 없는 노인(평균 연령=

61세) 집단 가운데, A 유형 행동 척도에서 높은 점수를 보인 사람이 관상동맥성 심장 질환으로 인해 사망할 가능성이 높으며, 치명적이지는 않더라도 심근경색을 보일 가능성이 높았다(Kawachi et al., 1998). 원판 MMPI를 사용한 연구에 근거해서 MMPI-2의 Ho 척도가 관상동맥성 심장 질환의 심리적 위험 요인을 확인하는 데 도움이 된다는 연구 결과들이 있다(Barefoot et al., 1983; Colligan & Offord, 1988; Hearn et al., 1989; Leon et al., 1988; McCranie et al., 1986; Perskey et al., 1987; Shekelle et al., 1983; R. B. Williams et al., 1980). 그러나 연구 결과는 완벽하게 일관된다고 할 수 없다. 왜냐하면 참가자의 연령, 거주 지역, 추적 연구 기간 및 관상동맥성 심장 질환을 평가하는 데 사용되는 방법이 연구들마다 다르기 때문이다.

그 외의 연구에서 MMPI 임상 척도가 미래의 통증 증상을 예측할 수 있는지를 살펴보았다. Fordyce 등(1992)은 1,600명 이상의 산업체 종사자들에 대한 전향적 연구에서 우선 MMPI를 완성하게 하고, 평균 3년간 추적하였다. 권태-무기력(Harris-Lingoes Hy3 하위 척도) 척도는 작업자가 추수기간 동안 허리를 다쳤다는 보고가 기록되어 있는지 여부와 상관이 있었다. Applegate 등(2005)은 1964~1966년 사이에 대학에 입학할 때 MMPI를 완성했던 2,300명의 사람을 포함하는 연구를 시행했다. 1977년에 각종 만성통증 증상이 있는지를 확인하기 위한 조사가 이루어졌다. 남성에게는 척도 1, 3, 5, 여성에게는 척도 1, 3, 6 점수가 이후 생활에서 보여 준 통증 증상의 개수와 관련되었지만 이 관계는 그다지 크지 않았고 임상적으로 유의할 가능성이 작았다.

인사 선발

MMPI는 정신과 병원 장면에서 개발되었지만 MMPI와 MMPI-2는 신중을 요하는 직업(예 : 소방관, 비행기 조종사)의 지원자나 훈련 프로그램의 학생을 선발할 때 자주 사용된다(Butcher, 1979, 1985).

MMPI-2를 사용하여 지원자 가운데 정신병리를 보이는 사람을 선별해 내는 것은 직무 스트레스, 개인적 위험 요인, 개인적 책임감 등에 민감한 공공 관련 분야에 적합한 사람을 고용할 때 가장 잘 활용될 수 있다(Butcher, 1991). 이와 같은 신중을 요하는 직업은 비행 관제사, 비행기 조종사, 경찰관, 소방관, 핵발전소 기사 등이다. 인사 선발에 일상적으로 MMPI-2를 사용하는 것은 권하지 않는다. 왜냐하면 상당수 직업은 주로 적절한 능력과 훈련을 필요로 하는 것이지, 성격 요인은 상대적으로 중요성이 덜하거나 적절하지 않은 선발 요인이 되기 때문이다. 미국 장애인 법령(Americans with Disabilities Act)에 따라, MMPI-2의 시행을 포함하는 심리적인 선발과정은 조건부 합격하에서만 지원자에게 시행할 수 있다. 심리적 평가 결과로 조건부 합격을 취소할 수 있다.

연구 결과들을 보면, 고용 전에 직무수행이 낮을 가능성이 있는 사람을 확인하는 데 MMPI-2를 활용할 수 있다. Detrick 등(2001)은 고용 전의 MMPI-2 점수와 이후의 직무수행 간의 관계를 살펴본 연구를 정리하였다. 일반적으로 MMPI 척도에서 점수가 높으면 직무수행의 질이 떨어졌다(예 : Hargrave & Hiatt, 1987 ; Hiatt & Hargrave, 1988 ; Pallone, 1992). 척도 4와 9에서 높은 점수를 보이면 특히 직무수행이 나빴다(예 : Bartol, 1991 ; Costello et al., 1996). 흥미롭게도 B. Neal(1986)은 K 척도 점수가 중등도로 상승하면 상급자로부터 더 좋은 점수를 받는다고 하였다.

MMPI-2에도 직업적 곤란(WRK) 내용 척도가 있는데, 이는 특히, 낮은 직무수행과 관련될 수 있는 성격특성을 측정하기 위해 개발되었다. Butcher 등(1990)은 직무수행 수준이 다른 것으로 생각되는 남자들의 WRK 척도 점수에 대한 예비조사 자료를 보고하였다. 매우 성공적인 운행기술을 갖고 있는 비행기 조종사는 MMPI-2 규준 집단에 비해 평균 점수가 훨씬 낮았으며, 자발적으로 군에 참여하고 직업적인 문제를 겪지 않는 등 적극적인 직무수행을 하는 군 인사는 MMPI-2 규준 집단의 평균 정도에 해당되는 점수를 보였다. 알코올 중독자나 심각한 정신과적 문제로 입원한 환자는 보통 직업력이 매우 나쁜데, 이들도 규준 집단의 평균에 비해 꽤 높은 점수를 보였다. 비록 이들 집단의 자료가 고무적일지라도 WRK 척도의 점수와 실제적인 직무수행의 측정치를 비교하는 연구가 필요하다. 정신건강 및 물질 관련 문제를 보이는 사람들에게서 나온 연구 발견들에서도 시사하듯이, WRK 척도가 일반적인 부적응(혹은 의기소침)으로도 많은 점수를 얻는 것 같다는 점은 중요하게 고려해야 한다. 따라서, 의기소침해 있거나 우울한 수검자는 부정적인 직무태도와는 상관이 없지만 WRK 척도 점수가 상승할 수 있다.

고용 전 상황에서 MMPI-2를 사용한 가장 많은 연구들 중 하나가 경찰 지원자의 평가에 MMPI-2를 사용한 연구다. Kornfeld(1995)는 중소도시에서 경찰간부에 지원한 백인과 과소 표집된 소수 민족 및 인종 지원자들의 MMPI-2 자료를 보고하였다. 원판 MMPI에서와 마찬가지로 대부분 지원자는 상당히 방어적이었다. 흥미롭게도 백인과 과소 표집된 소수 민족 및 인종 지원자의 평균 점수가 매우 유사하였다. 그러나 과소 표집된 소수 민족 및 인종 표본에는 단지 히스패닉계 5명, 아프리카계 미국인 4명, 아시아계 미국인 2명만이 포함되었음을 주목해야 한다. 중소도시 경찰관 지망자를 대상으로 한 Detrick 등(2001)의 연구에서도 유사하게 MMPI-2 결과가 방어적이었다. L과 K 척도 T 점수는 60~65점이었고, 성별을 나눈 경우와 합한 경우의 차이가 미미하였다.

Detrick 등(2001)은 경찰관 지망자들을 대상으로 Inwald 성격검사(IPI) 점수(법률 집행 직무수행을 예측하는 잘 만들어진 도구)와 MMPI-2 점수를 비교하였다. MMPI-2와 IPI 간에 크진 않지만 유의한 상관이 있었다. 흥미롭게도 K 교정을 하지 않은 MMPI-2 점수를 사용했을 때 두 검사 간 상관이 더 강했다. K 교정 여부에 대해서는 제2장 및 제3장에서 상세히 논의하였다.

Sellbom 등(2007)은 MMPI-2 점수와 경찰관의 진실성 및 직권 남용과의 관계를 연구했다. 조건부 임용을 하고 경찰관 후보자에게 MMPI-2를 실시하였다. 채용된 사람들에게 고용이 문제 될 수 있는 여러 가지 측정치를 알려주었다(예컨대, 규칙이나 규제의 위반, 민원, 상급자의 평정, 비자발적 해고). 척도 8, 9 점수가 높았고, 척도 3이 낮은 경우 문제행동과 관련이 있었지만, RC3, RC4, RC6 및 RC8 척도 점수가 문제를 더욱 잘 예측하였다. 이 책에서 살펴본 다른 연구들과 마찬가지로 K 교정을 하지 않은 임상 척도의 점수가 K 교정을 한 점수보다 문제행동과 더욱 강한 관련을 보였다.

Caillouet과 동료들(2010)은 미국 남부의 대규모 경찰관 후보자 표본을 대상으로 Sellbom 등(2007)의 연구와 유사한 문제를 살펴보았다. 그러나 임상 척도와 RC 척도 대신에 문제가 되는 행동의 예측 요인으로 성격병리 5요인(PSY-5) 척도를 사용하였다. 연구 결과 PSYC, DISC, NEGE 및 AGGR 점수와 경관에서 해고되는 것 사이에는 작지만 의미 있는 관계가 있었다. PSY-5 척도와 직권 남용 사이에는 유의미한 관계가 관찰되지 않았다.

이 밖의 다른 장면들에서도 고용 전에 MMPI-2를 사용한 연구가 진행되었다. 예를 들어, Butcher(1994)는 주요 항공사에 지원한 437명의 조종사 자료를 보고하였다. 원판 MMPI를 이용한 초기 연구들과 마찬가지로 지원자들은 전반적으로 상당히 방어적이었다. Butcher는 L, K 척도가 임상적인 상황에서 개발된 것이므로 이를 인사 선발에 사용할 때는 의미가 제한적이며, 방어성을 측정하는 새로운 측정치가 필요하다고 생각하였다. 이 책의 제3장에서 기술했던 과장된 자기제시(S) 척도(Lim & Butcher, 1996)가 이 점에서 유용하게 쓰일 수 있다. 비행기 조종사 지원 표본에서 임상 척도가 상승하는 경우는 드물기 때문에 Butcher(1994)는 T 점수가 60점 이상인 경우 인사 선발에서는 극단적인 점수로 고려할 것을 권하고 있다.

대부분 인사 선발 상황에서 수검자들은 방어적인 반응을 나타내기 때문에 이 문제는 주의 깊게 살펴보아야 할 필요가 있다. 어떤 임상가는 처음 검사 결과가 타당하지 않다고 판단할 정도로 방어적인 양상을 나타내면 MMPI-2를 다시 시행하기도 한다. 또 어떤 임상가들은 수검자들에게 MMPI-2 문항에 반응을 할 때는 너무 비현실적일 정도로 바람직한 방식으로 보이려고 노력하지 말라는 지시를 해서, 방어성을 줄이려 하기도 한다. 몇몇 연구들은 이러한 시행방법이 검사 점수에 미치는 영향을 보여 주기도 했다.

Butcher 등(1997)은 비행기 조종사 지원자들의 MMPI-2 점수를 연구하였다. 지원자의 73%는 처음 검사에서 타당한 결과를 보였다. 타당하지 않은 결과를 보인 지원자에게 MMPI-2 척도의 구성을 설명하고 여러분의 방어적인 태세 때문에 심리학자가 수검자의 결과를 이해하기 어렵다는 이야기를 해 준 후 다시 MMPI-2를 시행하였다. 재검사 결과 79%의 지원자는 타당한 결과를 보여 주었다. 타당도 척도 점수가 덜 방어적이 되었으며, MMPI-2의 첫 시행에서 타당한 결과를 보인 지원자들의 점수와 유사한 양상을 보였다. Cigrang과 Staal(2001)도 군사훈련 교관에 지원한 사람들에 대한 연구에서 유사한 결과를 얻었으며, Walfish(2010) 연구에서도 직무 평가 적합성을 받는 사람들 표본에서 유사한 결과를 얻었다.

Butcher 등(2000)은 방어성을 줄이기 위해 지시문을 바꾸는 것은 표준적인 검사 시행 절차에서 벗어난 것이므로 지시사항을 변경하면 보다 전반적으로 점수에 얼마나 영향을 주는지 알아보는 것이 중요하다고 생각했다. 처음부터 지시사항을 변경해 들려주고 MMPI-2를 시행하면 표준적인 지시에 따라 검사를 수행한 사람과 점수에서 차이를 보일 것인가? 218명의 대학생에게는 Butcher 등(1997)의 연구와 매우 유사하게 지시문을 바꾸어서 MMPI-2를 시행하였으며, 표준적인 지시에 따라 검사를 수행한 대학생 150명의 점수와 이들 점수를 비교하였다. 두 집단의 남학생 점수는 어떤 척도에서도 유의미한 차이를 보이지 않았다. 여학생의 경우는 지시문을 변경하여 준 경우에 L, K와 S 척도에서 더 낮은 점수를 보였다. 그러나 그 차이는 아주 미미한 것으로 나타났다.

요약하면, 인사 선발 상황에서 MMPI-2를 받은 사람은 중등도로 방어적인 점수를 보이며, 몇몇 지원자들은 검사 결과의 타당성이 의심될 정도로 방어적으로 반응하기도 한다. 보다 개방적이고 솔직하게 검사 문항에 반응하도록 지시를 주고 MMPI-2를 다시 시행하였을 때, 대부분의 지원자는 타당한 검사 결과를 보였다. 처음 평가에 나타난 방어성을 피하기 위해 의도적으로 지시문을 바꾸기는 했지만, 이것이 검사 점수에는 유의미한 영향을 미치지 않는 것처럼 보이기 때문에 표준적인 지시에 따른 MMPI-2 규준 집단의 점수를 그대로 사용할 수 있다. 이 문제에 관한 연구 결과가 다소 제한적이기 때문에 필자는 입사 지원자에게 처음 검사를 시행할 때는 표준적인 지시에 따라 MMPI-2를 시행할 것을 권고한다. 그러나 타당하지 않은 결과가 나온 지원자에게는 표준적인 지시문을 강조하면서 MMPI-2를 다시 시행해야 대부분의 지원자에 대해 보다 타당한 결과를 얻을 수 있다. Pearson Assessments는 인사 선발 상황에서 사용할 수 있도록 전산화된 MMPI-2 해석 보고서를 판매하고 있다[*The Minnesota Report: Revised Personnel System(Third Edition)*]. 이 보고서는 표준적인 타당도 및 주요 척도 점수의 프로파일을 제공한다. 미국 장애인 법령에 따라 임상 척도와 내용 척도에 대해 성별에 따른 T 점수와 성별을 나누지 않은 T 점수 모두를 보여 준다. 점수에 대한 설명식의 해석과 적응평정 보고서도 볼 수 있다. 일련의 MMPI-2 결정 규칙에 따라서 수검자는 몇 가지 중요한 적응 변인, 즉 평가에 대한 개방성, 사회적 기능, 중독 가능성, 스트레스 감내력, 전반적인 적응 등에서 평정을 받게 된다. 이러한 MMPI-2 해석 보고서의 사용을 평가하는 연구가 출판된 적은 없지만, MMPI 해석 보고서에 기초한 평가의 타당도는 고무적이다(예를 들어, Butcher, 1988; Muller & Bruno, 1988).

CHAPTER 10

MMPI-2 법정 적용

심 리학자는 다양한 법정 분쟁에 관한 전문 소견을 의뢰받는 일이 자주 있다. 소견의 일부는 흔히 심리평가 자료에 근거한 것이며(Archer, 2006), MMPI-2가 이러한 자료의 출처인 경우가 많다. T. A. Wright 등(2017)이 미국심리학회 개업전문가단체 회원들을 대상으로 무선 표본 조사를 실시한 결과, 법정 장면에서 주로 일하는 심리학자들 가운데 97%가 1개 이상의 MMPI 검사를 사용하는 것으로 밝혀졌다. Archer 등(2006)의 조사에 따르면, 법정 심리학자는 다른 측정도구보다 MMPI-2를 더 자주 사용하였다. Lally(2003)가 64명의 법정 심리 전문가를 조사한 결과, 꾀병, 범법 시 정신상태, 신체적 또는 성적 폭력의 위험성, 소송능력(competency to stand trial), 미란다 원칙(Miranda rights) 포기권 등 다양한 법의학적 질문을 해결하는 데 MMPI-2 사용이 권장되거나 적합한 것으로 판단되었다.

77명의 공인 신경심리학자를 대상으로 한 조사에 따르면, MMPI-2와 MMPI-2-RF는 법정 평가에서 '기분 또는 성격'을 측정하는 데 가장 자주 사용되는 검사였다(LaDuke et al., 2018). 자녀 양육권 평가를 수행한 심리학자에 대한 조사에서 응답자의 97%가 MMPI-2를 사용했다(Ackerman & Pritzl, 2011). 미국, 캐나다, 호주, 뉴질랜드, 유럽에서 활동하는 법정 심리학자와 정신의학자에 대한 국제조사에 따르면, MMPI 검사군은 정신이상, 양형 조력, 장애, 자녀 양육권 등 열 가지 다른 법정 평가 각각에 대해 가장 자주 사용되는 심리검사 상위 5위 안에 들었으며 아동 보호 평가에서는 가장 자주 사용되는 검사로 나타났다(T. M. S. Neal & Grisso, 2014). 따라서 MMPI-2가 법정 평가를 실시하는 심리학자 사이에서 매우 인기 있는 검사인 것은 분명해 보인다.

MMPI-2는 몇 가지 요인으로 인해 법정 심리학자들 사이에서 매력적인 도구가 되었다 (K. S. Pope et al., 2006). MMPI-2는 표준문항세트를 사용하며 표준화된 방식으로 실시하고 채점된다. 검사 척도들은 신뢰할 수 있으며 해석은 방대한 경험적 연구를 기반으로 한다. MMPI-2가 법정 심리학자에게 특별히 매력적인 이유는 프로토콜을 무효화할 수 있는 수검 태도(예 : 과소보고 또는 과대보고 같은 반응 스타일)를 탐지하기 위한 타당도 척도들이 포함되어 있다는 점이다. 이 척도들은 법정 장면에서 특히 유용한데, 상황적 요구로 인해 평가 대상자가 비현실적으로 긍정적이거나 부정적인 방식으로 자신을 나타낼 가능성이 증가하기 때문이다. 또한 MMPI-2 결과를 기반으로 전문가 증언을 제공하는 심리학자들은 비심리학자에게 자기 의견의 근거를 쉽게 전달할 수 있다는 것도 이유로 들었다.

MMPI-2의 증거능력

Ogloff(1995)는 전문가 증언이 증거능력[1]의 법적 기준을 충족하는지 여부를 결정하는 것은 판사의 책임이라고 지적한 바 있다. 전문가 증언이 검사 결과에 근거한 경우 판사는 검사 결과의 증거능력에 대해서도 결정해야 한다. 대부분의 관할법원에서 전문가 증언의 증거능력은 현재 미국 연방 증거법(Federal Rules of Evidence : FRE) 및 과학적 증거능력에 관한 미국 대법원 판례를 따르고 있다(Daubert v. Merrell Dow Pharmaceuticals, 1993).

1976년 FRE가 채택되기 전에는 대부분의 관할법원에서 초기 법원 판결(Frye v. U. S., 1923)을 활용했다. 이에 따르면, 증거능력을 갖추기 위해 과학적 증거는 해당 제공 분야에서 보편적으로 승인되어야 하고 그 분야의 관련 영역에서 사용되며 증거 생성에 사용된 기법이 그 분야의 최신 기술과 일치해야 한다(Ogloff, 1995). FRE는 전문가 증언에 대해 보다 자유로운 관점을 채택하여 보편적 승인이 증거능력에 필요한 요건이 아니며 당면한 문제와 관련된 모든 증거가 허용될 수 있다고 보았다.

도버트 판결에서 미국 대법원은 과학적 증거 및 그 증거에 기반한 전문가 증언의 증거능력을 판단하는 기준으로 보편적 승인을 주장한 초기의 프라이 기준을 FRE가 대체했다고 판

---

1   역자 주 : 증거능력이란 증거가 엄격한 증명의 자료로 사용되기 위해 필요한 법률상의 자격을 말함.

결했다(Daubert v. Merrell Dow Pharmaceuticals, 1993). 또한 도버트 판결에서는 증거능력을 결정할 때 고려해야 할 몇 가지 구체적인 쟁점이 명시되었다. 재판관은 쟁점 중인 사실을 이해하고 판단하는 데 도움이 될 과학적 지식이 전문가 증언을 통해 입증될 수 있는지 여부를 결정해야 한다. 기술이 과학적인 것으로 간주되려면 (a) 해당 기법이 경험적으로 검증 가능한(또는 검증된) 가설이나 진술로 이어지는지, (b) 기법 관련 오차율에 대한 정보가 이용 가능한지, (c) 해당 기법이 학계의 검증 및 출판을 거쳤는지 여부가 필요하다. 비록 과학계 내에서 기술의 보편적 승인이 그 기법에 근거한 증거의 증거능력을 위한 요건은 아니지만, 이러한 승인이 해당 기법의 증거능력을 뒷받침하기 위해 제공될 수 있다. 대부분의 관할법원이 도버트에 근거한 기준을 따르고 있지만, 몇몇 주에서는 해당 분야의 보편적 승인이라는 프라이에 근거한 기준을 여전히 적용하고 있다.

MMPI-2는 이 모든 준거를 충분히 만족시킨다(Kane & Dvoskin, 2011). 검사의 개발 및 검증은 경험적 연구에 확고한 기반을 두고 있다. 오차율(예 : 정적 예측 검정력, 부적 예측 검정력)은 검사의 여러 용도에 맞게 설정되었다. MMPI-2 연구는 학계의 검증을 거쳐 과학 저널에 매우 많이 게재되었다. MMPI-2가 심리학자에 의해 널리 사용되며 비평가로부터 매우 긍정적인 평가를 받았다는 것(Archer, 1992; Nichols, 1992 참조)은 심리과학계의 승인을 나타낸다.

법정 심리학자에 대한 Bow, Gould 등(2006)의 조사에서 95%의 응답자는 MMPI-2가 도버트 기준을 충족한다고 밝혔다. Otto(2002)는 법적 데이터베이스를 검토하여 MMPI/MMPI-2 결과에 근거한 증언의 증거능력에 이의가 제기된 19건의 사례를 확인했다. Otto는 "법의학적 맥락에서 적절한 방식으로 MMPI-2를 사용하는 사람들은 프라이 또는 도버트 쟁점과 관련된 증거 문제에 대해 조금도 망설이지 말고 그렇게 해야 한다"(p. 80)라고 조언했다. 하지만 Ogloff와 Douglas(2003)는 심리학자들에게 MMPI-2 결과에 근거한 전문가 증언을 해당 점수가 문제의 행동과 관련된다는 명확한 과학적 증거가 있는 쟁점으로 제한하도록 경고했다.

MMPI-2의 법정 사용에 대한 몇 가지 중요한 사항

규준

법정 장면에서 MMPI-2가 어느 정도 유용할지 결정하는 데 몇 가지 문제가 특히 중요하다. 표준 MMPI-2 규준을 사용해야 하는가 아니면 특정 법정 규준이 필요한가? 이 문제는 평가 대상자가 대체로 표준 규준과 체계적으로 다른 법의학적 문제와 관련하여 특히 중요해진다. 예를 들어 자녀 양육권 문제와 관련해 MMPI-2를 실시한 부모는 대체로 MMPI-2 타당도 척도에서 방어적인 패턴을 보인다(Bathurst et al., 1997). 그러나 검사의 모든 적용에 대해 표준 MMPI-2 규준들을 사용하는 것이 적절하다. 이들은 모든 MMPI-2 척도에서 점수의 의미를 결정하는 데 사용된 규준이며, 다른 규준을 사용하는 것은 이 중요한 연구 기반을 무용지물로 만들 것이다. 아마도 법정 비교 표본은 표준 규준과 기존 연구를 점수 해석의 기초로 활용하면서 특정 장면(예 : 자녀 양육권 평가를 받는 부모)에서 MMPI-2 척도별 평균 점수를 제공함으로써 이러한 긴장을 완화하는 데 도움이 될 수 있다.

척도 및 상승 척도 쌍(코드타입)의 상관관계

MMPI-2 점수 및 상승 척도 쌍의 상관관계를 다룬 대부분의 연구는 다양한 정신건강 장면(예 : 병원, 클리닉)의 참여자들을 대상으로 한 것이다. 중요한 질문은 척도 및 척도의 형태가 법정 장면에서 유사한 상관관계를 갖는 정도이다. 예를 들어 척도 2의 유의한 상승은 임상 장면과 법정 장면 모두에서 우울한 기분의 가능성이 더 높다는 것을 나타내는가? 그렇지 않다면 MMPI-2는 두 장면에서 유사하게 해석할 수 없다.

정신병리 및 성격특성과 관련하여 우리는 MMPI-2 척도가 임상 및 법정 장면 모두에서 유사한 상관관계를 가질 것으로 예상한다. 수십 년의 연구 결과, 정신과 입원 환자, 정신건강 외래 환자, 대학교 클리닉 내담자, 의료 환자, 비임상 학생, 지역사회 집단을 포함한 장면에 걸쳐 척도가 매우 유사한 증상과 성격 상관관계를 보인다는 점이 입증되었다. 여러 연구를 통해 MMPI-2 척도는 법정 장면에서 유사한 상관관계를 보이는 것으로 확증되었다. 형사법원 법정진단센터에서 수행된 연구에서 Ben-Porath와 Stafford(1993)는 이전에 다른 장면에서 보고된 상관관계와 상당히 일치하는 MMPI-2 척도의 상관관계를 확인했다. 예를 들어 척도 2 점수는 슬픈 기분과 정적 상관을 보였고 척도 4 점수는 알코올 사용과 정적 상관을, 척도 8 점수는 과거 정신과 입원 횟수와 정적 상관을 보였다. 또한 분노(ANG) 내용 척도 점수는 폭력행동의 과거력과 정적 상관을 보였고 반사회적 특성(ASP) 내용 척도 점수는 다양한 범죄활동과 정적으로 관련되었으며 가정 문제(FAM) 내용 척도 점수는 결혼 문제와 정적인 상관을, 3개의 물질 사용 척도[MacAndrew 알코올 중독 척도-개정판(MAC-R), 중독 인정(AAS) 척도, 중독 가능성(APS) 척도] 점수는 알코올 및 다른 물질의 남용과 정적 상관을 보였다. 안타깝게도 이 표본에는 심각한 정신 질환을 가진 사람이 많이 포함되지 않았기 때문에 이전에 보고된 많은 상관관계를 연구하지 못했다.

Ricketts(2003)는 MMPI-2 내용 척도 및 내용 소척도가 정신과 환자에 대해 이전에 보고된 것과 매우 유사한 방식으로 법원 지원 클리닉에서 평가받은 법정 사례의 증상 및 문제와 관련이 있다고 보고했다. 예를 들어 우울(DEP) 내용 척도는 우울증 진단과 유의한 관계를 보였고 가정 문제(FAM) 내용 척도는 불행한 가족력과 연관되었다. Sellbom 등(2009)은 법정 표본에서 4개의 MMPI-2 척도[척도 4, RC4, 중독 가능성(APS) 척도, 통제 결여(DISC)]가 정신병질 및 반사회적 행동의 검사 외적 측정치와 유의하게 관련되며 RC4가 검사 외적 변수와 가장 강한 관계를 보인다고 밝혔다. Petroskey 등(2003)은 MMPI-2 성격병리 5요인(PSY-5) 척도의 상관관계가 법정 및 정신건강 표본에서 매우 유사하다는 것을 발견했다. 요약하면 기존 자료는 MMPI-2 척도가 법정 및 임상 장면에서 유사한 방식으로 정신병리 및 성격특성과 관련이 있다는 것을 직접 보여 준다.

MMPI-2 척도를 사용하여 이전에 연구된 것과 다른 행동이나 특성을 추론할 때 척도가 실제로 이러한 행동 및 특성과 관련이 있음을 입증하는 것이 중요하다. 예를 들어 Osberg와 Poland(2001)는 MMPI-2 척도와 과거 범죄 횟수의 관계를 조사했다. 그 결과, 척도 9와 여러 Harris-Lingoes 소척도에서 점수가 높을수록 더 많은 범죄를 보고한 것으로 나타났다. 그러나 MMPI-2 척도가 범죄 이력, 투옥 적응 또는 인명 대 재산 범죄와 같은 변수와 관련이 있을 것이라고 가정해서는 안 된다. 이러한 관계는 경험적 연구를 통해 입증되어야 한다.

소수 인종 및 민족에게 사용하는 경우

심리학자는 심리학 연구에서 역사적으로 과소 대표되어 온 인종과 민족 집단에 속하는 개인에게 MMPI-2 사용이 적합한지에 대해 오랫동안 의문을 제기해 왔다(일반적인 논의는 이 책의 제9장을 참조). 이 문제는 상기 맥락의 높은 이해관계를 감안할 때 법정 장면에서 특히 중요한 고려사항이다.

Ben-Porath와 동료들(1995)은 법원 명령으로 법정 심리평가를 받는 백인과 아프리카계 미국인 남성을 상대로 인종과 MMPI-2 점수의 관계를 조사했다. 그들은 전반적으로 백인과 아프리카계 미국인이 매우 유사한 MMPI-2 점수를 보인다고 결론지었다. 두 집단은 타당도 척도나 임상 척도에서 유의한 차이를 보이지 않았다. 그러나 냉소적 태도(CYN) 및 반사회적 특성(ASP) 내용 척도에서 아프리카계 미국인 남성이 백인 남성보다 더 높은 점수를 받았다. 후속 연구에서 Gironda(1999)는 MMPI-2 척도가 법원 명령으로 평가받는 백인과 아프리카계 미국인 남성의 검사 외적 특성을 똑같이 잘 예측한다고 밝혔다.

법정 장면에서 역사적으로 과소 대표되는 인종 및 민족 집단의 구성원에 대한 검사 외적 특성의 예측 정확도를 다룬 자료가 부족한 실정이지만, 다른 장면의 자료는 MMPI-2 척도가 백인과 흑인 미국인에게 똑같이 정확할 가능성이 있음을 시사한다(제9장 참조). 그럼에도 불구하고 법정 장면에서 다른 인종 및 민족 집단(예 : 라틴계, 히스패닉계, 아메리카 원주민, 아시아계 미국인)에 대한 예측 정확도를 결정하기 위한 추가 연구가 중요할 것이다.

프로파일링

법정 평가에 참여하는 심리학자는 종종 특정인의 MMPI-2 점수가 특정 범죄를 저질렀는지 여부(예 : 살인, 성폭행), 미래에 특정 방식으로 행동할지 여부(예 : 좋은 부모 또는 나쁜 부모 역할, 폭력성), 특정 피해를 경험했는지 여부(예 : 외상사건과 관련된 정서적 고통)를 나타내는지 판단해 줄 것을 요청받는다. 이 과정은 '프로파일링(profiling)'이라고 불리며 특정 집단(예 : 살인자, 성범죄자, 좋은 부모 또는 나쁜 부모)의 전형적인 MMPI-2 점수를 명시한 다음, 개인이 프로토타입과 일치하거나 일치하지 않을 확률을 판단하는 것과 관련된다.

특정 범죄 또는 다른 법정 관련 행동과 연관된 MMPI-2 원형 프로파일이 존재한다거나 이런 원형 프로파일과 법정 장면의 검사 결과를 비교함으로써 중요한 결정을 내릴 수 있다는 생각을 뒷받침하는 경험적 연구는 거의 없었다. 예를 들어 Butcher(1995)는 개인 상해 소송에서 정신적 피해를 주장하는 사람들 중에 단일 패턴의 MMPI-2 점수는 존재하지 않는다고 지적했다. Otto와 Collins(1995)는 자녀 양육권 평가에서 MMPI-2 사용과 관련하여 유사한 결론에 도달했다. 그들의 문헌 검토는 MMPI-2 유형과 좋은 또는 나쁜 양육의 관계에 대한 연구를 확인하는 데 실패했다. 원형 프로파일의 유용성이 입증된 경우 실제 법정 평가에서 이런 프로토타입의 사용에 의문을 제기하는 방법론적 문제가 있었다. 예를 들어 Ridenour 등(1997)은 MMPI-2가 아동 성추행을 한 개인을 정확하게 식별할 수 있다고 보고했지만 결과의 일반화 가능성이 의심된다. 왜냐하면 아동 성추행 이외의 범죄를 저지른 범죄자 집단이 아닌 비범죄 비교 집단을 사용했고 그 결과를 교차검증하지 않았기 때문이다.

요약하면 법정 장면에서 MMPI-2 사용의 프로파일링 접근법을 뒷받침할 경험적 연구가 충분하지 않다는 것이 분명해 보인다. 특정 범죄(예 : 성범죄)를 저질렀거나 특정 특성(예 : 좋은 양육 기술)이 있는 것으로 알려진 사람이 특정 MMPI-2 점수 패턴을 나타낼 가능성은 없다. 따라서 MMPI-2의 유용성은 피고인이 특정 범죄를 저질렀는지 또는 민사 소송 중인 사람에게 특정 특성(예 : 좋은 또는 나쁜 양육 기술, 심리적 손상)이 있는지에 대한 법원 판단을 지원하는 일에 제한적이다. 그렇다고 해서 MMPI-2가 이러한 판단에 도움이 될 수 없다는 뜻은 아니다. MMPI-2 점수로 정확히 추론할 수 있는 것 중 일부는 법원이 다루고 있는 문제와 밀접하게 관련될 수 있다. 예를 들어 자녀 양육권 평가에서 부모에게 심각한 물질 남용 문제가 있을 가능성을 강력히 시사하는 MMPI-2 결과는 어떤 협의가 이 가족의 자녀에게 최선책인지 판단하는 법원에 큰 도움이 될 것이다.

실시 및 채점

이 책의 제2장에서는 MMPI-2를 어떻게 실시해야 하는지에 대해 자세히 설명하고 있다. 법정 장면에서 검사를 실시할 때도 그러한 세부사항을 따라야 한다. 표준화된 실시를 고수하는 것은 법정 평가에서 특히 중요하다. 이는 나중에 수검자가 타인의 도움 없이 결과에 영향을 미칠 수 있는 책이나 다른 출처를 참조하지 않고 표준 조건하에서 검사를 완료했음이 확실하다고 임상가가 증언할 수 있도록 할 것이기 때문이다.

MMPI-2 실시가 완료되면 몇 가지 채점방식을 사용할 수 있다(이 책의 제2장 참조). 어떤 방식을 선택하든 특히 법정 평가에 반영되는 것과 같은 고위험 상황에서는 채점 오류가 발생하지 않도록 주의해야 한다. 중요한 것은 전문가 증언 중에 임상가가 해석에 사용하지 않은 점수와 잘 모르는 지표에 대한 질문을 받을 수 있다는 점이다. 따라서 MMPI-2를 사용하는 임상가는 자신이 사용하는 점수 보고서에 포함된 모든 점수와 지표를 숙지해야 한다.

MMPI-2의 해석

이 장의 앞부분에서 언급했듯이 법정 평가에 MMPI-2를 사용하는 이점 중 하나는 일반적으로 점수의 의미에 관한 광범위한 경험적 연구 문헌에 의존하여 다소 표준화된 방식으로 해석이 이루어진다는 것이다. 임상가는 MMPI-2가 충분히 검증된 주제로 해석을 제한하고 경험적 연구의 참조로 뒷받침할 수 없는 해석을 피하도록 권장된다. 법정 평가에서 내린 MMPI-2 추론의 타당성에 의문이 제기되는 경우 이 책과 같은 2차 출처를 인용하는 것으로 충분할 것이다. 그러나 법정 장면에서 MMPI-2를 사용하는 임상가는 자신의 추론을 뒷받침할 특정 연구를 알고 인용할 준비가 되어 있어야 한다. 법정 보고서 및 전문가 증언에서 특정 경험적 연구 문헌의 참조로 뒷받침되는 진술만 하는 것이 우리의 원칙이다. 이는 종종 임상 장면에서 할 수 있는 것보다 훨씬 적은 진술을 하는 것을 의미하지만, 확실히 그러한 해석을 훨씬 더 쉽게 변호할 수 있다.

MMPI-2의 몇 가지 법정 용도

무효 응답 탐지

문항 내용과 무관한 무효 응답

법정 장면에서 MMPI-2를 검사받는 사람이 수검과정에 협조하는 이점을 알지 못하거나 MMPI-2 문항에 적절히 응답할 수 없는 심각한 문제를 겪을 수 있다. 따라서 문항 내용과 무관한 무효 응답을 선별하는 것이 중요하다. MMPI-2에는 무응답(CNS) 또는 무작위로 검사 문항에 응답하는 것(VRIN), 일률적으로 검사 문항에 "예" 또는 "아니요"로 응답하는 것(TRIN)을 가리키는 점수를 비롯해 이런 반응 스타일을 보이는 사람을 식별하는 데 도움이 되는 여러 척도가 포함되어 있다. 이들 지표의 해석에 관한 자세한 정보는 이 책의 제3장을 참조하면 된다.

과대보고

법정 장면에서 MMPI-2를 검사받는 사람은 종종 실제보다 훨씬 더 많은 심리적 혼란과 부적응을 보이려는 강한 동기가 있다. 또한 인지나 의학적 문제로 인한 손상이 실제보다 훨씬 더 많은 것처럼 보이려는 동기도 있다. 이러한 경향이 나타날 수 있는 상황에는 정신이상으로 인한 무죄(NGRI) 주장이나 소송무능력과 관련된 사람에 대한 평가 또는 자동차 사고나 의료 과실과 같은 외상사건으로 인해 정신적 피해를 주장하는 사람에 대한 평가 등이 있다. Gallagher와 동료들(1997)은 남성 재소자의 16%가 MMPI-2에 대한 응답을 의도적으로 왜곡 했음을 시인했다고 보고했다.

MMPI-2에는 과대보고된 심리적, 인지적, 신체적 문제뿐만 아니라 일반적인 부적응의 과대보고를 측정하기 위한 여러 척도가 있다. 여기에는 비전형(F), 비전형-후반부(F_B), 비전형-정신병리(F_p), 증상 타당도(FBS) 척도가 포함된다. 이 지표 해석에 관한 자세한 정보는 제3장을 참조하면 된다. 대체로 F와 F_B의 높은 점수는 실제보다 더 부적응적인 것처럼 보이려는 수검자의 의도를 반영한다. F_P의 극단적인 점수는 정신과 입원 환자도 거의 응답하지 않는 증상의 과대보고를 나타낸다. 따라서 이 척도는 정신병리 기저율이 높은 장면에서 특히 유용할 수 있다. FBS는 인지 및 신체 증상을 과대보고하는 사람을 식별하는 데 유용하다.

MMPI-2 타당도 척도 점수를 사용한 과대보고 탐지에 관한 대부분의 연구는 법정 장면에서 수행되지 않았다. 그러나 다른 장면에서 효과적이었던 과대보고 지표가 법정 장면에서 유효하지 않을 것이라고 믿을 이유는 없다. 또한 법정 장면에서 수행된 몇몇 연구에서 MMPI-2 타당도 척도가 과대보고 식별에 유용한 것으로 입증되었다. 과거 연구는 MMPI-2에서 꾀병지시를 받은 학생과 일반 정신과 환자 및 법정 입원 환자를 변별하는 데 F 척도가 매우 효과적이라는 것을 보여 주었다(Bagby et al., 1994; Bagby et al., 1995). Iverson 등(1995)은 MMPI-2 검사 시 정신병리 가장지시를 받은 최소 보안 재소자를 식별하는 데 F 척도가 상당히 효과적이라고 밝혔다. 또한 Gallagher(1997)는 교도소 표본을 사용하여 F 척도가 꾀병을 보이는 남성을 효과적으로 식별한다고 밝혔다. 이 연구에서 F_P 척도는 꾀병지시를 받은 재소자와 정직하게 MMPI-2를 실시한 것으로 추정되는 교도소 정신과 환자 간의 변별력을 유의하게 증가시켰다.

외상 관련 증상의 과대보고는 개인 상해 평가와 같은 일부 법정 맥락에서 발생할 수 있다. 여러 연구에서 PTSD 허위 증상을 식별하는 데 MMPI-2 타당도 척도의 유용성을 다루었다. Bury와 Bagby(2002)는 이와 관련하여 F와 F_B 척도가 효과적이지만 F_P 척도가 가장 높은 예측력을 가진다고 밝혔다. Elhai 등(2004)은 아동 성적 학대로 인한 PTSD 증상의 가장을 요청받은 사람이 실제 아동 성적 학대 피해자보다 F 및 F_P 척도에서 훨씬 더 높은 점수를 받았다고 밝혔다. 하지만 이 연구에서 척도의 예측력은 보고되지 않았다.

소송능력이나 개인 상해 평가와 같은 일부 법정 맥락에서 신체 및 인지 증상의 과대보고를 평가하는 것 또한 중요할 수 있다. 이 책의 제3장에서 논의했듯이 Lees-Haley와 동료들(1991)은 개인 상해 청구자의 정서적 고통에 대한 과대보고를 탐지하기 위해 FBS를 개발하였다. 그러나 후속 연구에서 상기 목적에 대한 FBS의 타당성이 입증되지 못했다(Ben-Porath et al., 2009; Bury & Bagby, 2002; Butcher et al., 2003; Rogers et al., 2003). 대신 Ben-Porath 등(2009)의 개관 및 N. W. Nelson과 동료들(2006, 2010)의 메타분석은 이 척도 점수가 과대보고된 신체 및 인지 문제를 탐지하는 데 가장 잘 사용된다고 시사한다. 이와 관련하여 MMPI-2의 다른 타당도 척도도 유용할 수 있다. 예를 들어 Berry 등(1995)은 폐쇄성 두부외상의 증상 가장을 지시받은 사람이 F, F_B, F_P 척도에서 폐쇄성 두부외상 환자보다 높은 점수를 받았다고 밝혔다. 하지만 이 연구는 꾀병 집단과 환자 집단 간 변별과 관련해 척도의 예측력을 보고하지 않았다.

과소보고

법정 장면에서는 수검자가 증상을 과소보고하고 실제보다 심리적으로 더 잘 적응한 것처럼 보이려는 강한 동기가 있는 상황이 있다. 명백한 예로는 자녀 양육권 문제와 관련해 평가받는 부모 또는 정신과나 교정시설에서 석방을 원하는 사람이 포함된다.

이 책의 제3장에서 논의했듯이 MMPI-2에서 과소보고는 과대보고보다 식별하기가 훨씬 더 어렵다. 그러나 비법정 장면의 자료는 MMPI-2 검사 시 실제보다 더 잘 적응한 것처럼 보이려는 사람이 부인(L) 및 교정(K) 척도에서 평균 이상의 점수를 얻을 가능성을 나타낸다. 또한 L 척도 점수는 특히 법정 장면 평가와 관련될 수 있는 선한 행실과 미덕을 갖춘 것처럼 보이려는 개인을 탐지하는 데 사용할 수 있다. 법정 상황의 연구는 일반 해석이 이러한 유형의 평가에도 적용된다는 것을 시사한다. 예를 들어 Bagby 등(1995)은 표준지침에 따라 검사를 완료한 법정 환자와 비교하여 MMPI-2 검사 시 긍정왜곡을 지시받은 사람을 식별하는 데 L 척도가 효과적이라고 결론지었다. MMPI-2의 과소보고 식별에 대한 자세한 내용은 이 책의 제3장을 참조하면 된다.

응답 지도

법정 장면에서 MMPI-2를 사용하는 심리학자는 수검자가 타당도 척도에 의해 탐지되지 않고 과소보고나 과대보고를 준비할 가능성에 대해 당연히 우려하고 있다. Wetter와 Corrigan(1995)의 조사에 따르면 개업변호사 표본의 절반가량과 법대생 표본의 약 3분의 1이 의뢰인에게 실시될 심리검사 타당도 척도에 대한 정보를 제공해야 할 의무를 느낀다고 보고했다. 유사한 결과가 가족/청소년법, 개인 상해법, 형법에서 활동하는 미국 변호사 표본에 대한 최근 조사에서 입증되었다(Spengler et al., 2020). 이 조사에서 표본의 절반가량이 MMPI-2 타당도 척도에 대한 정보를 의뢰인에게 공개해야 한다는 데 동의했다.

응답 지도가 MMPI-2 타당도 척도 및 지표에 미치는 영향에 관한 자료는 이 책의 제3장에 자세히 나와 있다. 요약하면 MMPI-2 검사 시 수검자에게 가장하려는 장애 증상에 대한 특정 정보를 제공하는 것은 과대보고하는 사람을 식별할 수 있는 타당도 척도와 지표의 정확도에 영향을 미치지 않았다. 그러나 수검자에게 타당도 척도의 속성과 작동방식에 대한 구체적인 정보를 제공하면 타당도 척도와 지표에 의해 과대보고가 정확히 식별될 가능성이 감소했다. 따라서 법정 장면에서 MMPI-2를 사용하는 임상가는 MMPI-2 타당도 척도에 대한 특정 정보를 받은 사람이 탐지되지 않고 과소보고나 과대보고를 할 수 있음을 알고 있어야 한다.

임상상태 평가

가장 포괄적으로 검증된 MMPI-2 척도의 주요 목적은 수검자의 임상상태 평가이다. 따라서 법정 장면에서 평가받는 사람의 임상 상태 또는 상황을 평가하기 위해서 표준지침을 사용하는 것이 좋다. 상승 척도 쌍 및 개별 척도 점수를 해석하기 위한 자세한 지침은 이 책의 이전 장에서 제공된다. MMPI-2 척도 해석의 구성과 통합을 위한 일반적인 해석체계는 제11장을 참조하면 된다.

물질 남용 문제의 검사

많은 경우 법정 평가를 받는 사람에게 심각한 물질 남용 문제가 있는지 판단하는 것이 중요하다. 예를 들어 이러한 가능성은 형사책임과 관련해 경감 사유로 제기될 수 있고 자녀 양육권에 대한 결정을 내리는 데 중요할 수 있으며 형사사건 처분과 관련될 수 있다. 검사 자료만으로 물질 관련 문제를 겪고 있는지 여부를 결정하는 것은 불가능하거나 적절하지 않지만, MMPI-2에는 물질 남용 문제를 확인하기 위해 특별히 고안된 세 가지 척도가 있다. 여기에는 MAC-R, AAS, APS가 포함되며 이 책의 제8장에서 자세히 설명했다. 일반적으로 상기 척도의 높은 점수는 중요한 타인의 보고 또는 신체검사 결과와 같은 다른 정보 출처를 사용하여 추가조사해야 하는 물질 남용 문제 가능성의 지표 역할을 한다.

　MAC-R, AAS, APS를 조사한 대부분의 연구에서 물질 관련 문제를 탐지하기 위한 척도 사용이 지지되었다(예 : Craig, 2005; Stein et al., 1999; Weed et al., 1995). 그러나 APS의 타당도 연구에 따르면 이 척도의 점수는 물질 남용 문제의 식별에서 MAC-R 또는 AAS에 비해 증분 타당도가 크지 않은 것으로 나타났다(Greene et al., 1992; Rouse et al., 1999; Stein et al., 1999). 따라서 해석 시 MAC-R 및 AAS 점수를 강조하는 것이 좋겠다. 물질 남용 문제에 대한 MMPI-2 지표의 타당도 연구 대부분이 임상 장면에서 이루어졌지만 이러한 경험적 결과가 법정 장면에서 다를 것이라고 믿을 이유는 없다. Ben-Porath와 Stafford(1993)의 연구에 따르면 MAC-R, AAS, APS 척도의 점수는 법정진단센터에서 평가받은 표본의 알코올 및 약물에 관계된 다양한 문제와 관련이 있었다.

물질 남용 문제의 평가에 대한 우려

MMPI-2 물질 남용 척도는 문제가 있는 물질 남용 가능성에 대한 중요한 정보를 제공할 수 있지만 법정 장면에서 사용할 때 염두에 두어야 할 몇 가지 쟁점이 있다. 첫째, 현행 연구는 이전에 물질을 남용했지만 더 이상 그렇지 않을 때 척도의 점수 양상이 어떠한지 다루지 않는다. 임상 및 일화적 증거에 따르면 물질 남용을 중단한 후에도 MAC-R 척도 점수가 높게 유지될 가능성이 있다. 둘째, 지금까지의 연구는 비처방 약물 남용과 관련된 문제만을 다루었기 때문에 처방 약물의 문제적 사용과 관련된 물질 남용 척도에 대해서는 알려진 바가 거의 없다. 셋째, 원판 MMPI를 사용한 여러 연구에서 물질을 남용하지 않은 흑인이 원판 MAC 척도에서 높은 점수를 받는 경향(예 : Walters et al., 1983, 1984)이 나타났기 때문에, 몇몇 연구자들은 아프리카계 미국인과 다른 소수 인종 및 민족 집단원에게 MAC-R 척도를 사용하지 말라고 경고했다. 그러나 MMPI-2를 사용한 연구에서 아프리카계 미국인과 백인 사이에 MAC-R 척도의 유의한 차이는 나타나지 않았다(Ben-Porath et al., 1995; McClinton et al., 1995). 특히 Ben-Porath 등의 연구는 형사법원 진단 클리닉에서 수행되었다는 점에서 의미가 크다. McClinton 등의 연구는 또한 MAC-R, AAS, APS가 아프리카계 미국인 및 백인 정신건강센터 내담자의 물질 남용 문제를 식별하는 데 동등하게 효과적이었다고 결론지었다. 마지막으로 MMPI-2 척도에만 근거하여 물질 남용 문제에 대한 결론에 도달해서는 안 된다는 점을 명심해야 한다. 이 척도의 높은 점수는 물질 남용 문제가 존재할 수 있고 이를 뒷받침할 정보가 수집되어야 한다는 하나의 지표로 보아야 한다.

위험성 예측

미래의 폭력이나 위험 행동을 예측하는 것은 법정 평가를 실시하는 많은 목적과 관련이 있다(예 : 치료감호, 출소 또는 퇴원, 자녀 양육권). K. Heilbrun과 Heilbrun(1995)은 이러한 예측의 중요성과 MMPI-2가 할 수 있는 역할과 할 수 없는 역할에 대해 논의했다. 우리가 동의하는 그들의 결론은 미래에 위험하거나 폭력적으로 행동할지 여부를 MMPI-2 점수로 예측할 수 있는 직접적이고 정확한 방법이 없다는 것이었다.

그럼에도 불구하고 K. Heilbrun과 Heilbrun(1995)이 지적했듯이 위험성을 예측하려면 많은 종류의 정보를 고려해야 하며, 그중 일부는 MMPI-2 척도 점수로 나타낼 수 있다. 여기에는 개인의 현재 정신상태(예 : 정신증적 증상이 있음) 또는 역동적 위험 요인(예 : 물질 남용, 부부 문제)의 측면이 포함될 수 있으며, 둘 다 위험성과 복합적인 방식으로 관련이 있다.

MMPI-2 척도 점수로 평가할 수 있는 위험성 평가와 관련된 요인에는 정신병질적 성격특질이 있다. K. Heilbrun과 Heilbrun(1995)은 정신병질(MMPI-2 척도 4로 측정)이 특히 평균 이하의 지능과 결합될 때 위험한 행동과 관련이 있다고 제안했다(A. B. Heilbrun, 1979). 그 러나 Sellbom과 Ben-Porath(2006)는 척도 4의 내용이 너무 이질적이어서 이런 방식으로 사 용할 수 없다고 경고하고 RC4가 그러한 예측에 더 적합한 척도일 것이라고 제안했다.

또 다른 관련 요인은 여러 MMPI-2 척도가 신체적으로 공격적이거나 폭력적인 방식으로 행동하는 것과 관련이 있다는 것이다. 교정 장면에서 적대감 과잉통제(O-H) 척도 점수가 높 은 사람은 낮은 사람보다 극단적인 신체적 공격성을 보일 가능성이 더 높다(이 책의 제8장 참조). ANG 내용 척도 점수는 분노 조절에 문제가 있음을 시사한다(이 책의 제6장 참조). Sellbom, Ben-Porath, Lilienfeld 등(2005)은 가해자 개입 프로그램에서 치료 중인 범죄자를 대상으로 폭력 재범 예측을 연구했다. 연구 결과 RC4와 RC9 점수가 재범을 예측하는 것으 로 나타났으며, 과거력 및 인구통계학적 변수를 고려한 경우에도 마찬가지였다.

Megargee와 동료들(1979)은 수감자의 MMPI 점수를 분류하기 위한 형태체계를 개발했으 며 이후 MMPI-2 사용에 맞게 개정하였다(Megargee, 1994). 이들의 증거에 따르면 형태체계 의 특정 범주에 해당하는 것은 수감 중 공격적인 행동과 밀접한 관련이 있다. Hutton, Miner 및 Langfeldt(1993)는 Megargee 분류체계가 법정 정신과 장면에서도 상이한 범주의 환자를 신뢰할 만하고 유용하게 기술할 수 있다는 것을 입증했다. 하지만 적어도 한 연구는 아프리 카계 미국인 법정 환자에 대한 Megargee 분류체계의 유용성에 의문을 제기했다(Hutton & Miner, 1995).

그러나 연구에 따르면 공격적이거나 폭력적인 행동과 관련된 특성을 탐지하기 위해 MMPI-2 척도 점수 또는 유형을 적용할 때 약간의 주의가 필요하다. 예를 들어 4-3 상승 척 도 쌍은 분노 조절 문제와도 관련이 있지만(이 책의 제5장 참조), Fraboni 등(1990)은 4-3이 나 48/84 상승 척도 쌍 모두 폭력 범죄자와 비폭력 범죄자를 성공적으로 구별하지 못한다고 밝혔다. 자녀, 파트너 또는 비가족 성인을 살해한 여성 범죄자 집단 간에 임상 또는 내용 척 도의 점수 차이는 발견되지 않았다(McKee et al., 2001). 이는 부분적으로 MMPI-2 점수와 위험행동 가능성 사이의 관계가 너무 약해서 위험성에 대한 개별 예측에 사용하는 것이 적 절하지 않기 때문일 수 있다(예 : Nussbaum et al., 1996). 그럼에도 불구하고 이러한 측정치 는 위험성과 관련하여 다른 자료와 함께 고려해야 할 정보의 출처 역할을 한다.

요약하면 MMPI-2 척도 또는 프로파일을 사용하여 위험하거나 폭력적인 행동을 직접 예 측하는 것을 지지하는 연구 근거가 충분하지 않다. 그러나 미래의 폭력 가능성에 영향을 미 치는 위험 요인과 보호 요인의 식별을 지원하여 위험성 예측을 위한 관련 정보를 제공하는

MMPI-2 척도 및 척도 형태가 있다. 따라서 우리는 심리학자가 MMPI-2 자료를 다른 유형 및 출처의 자료와 결합하여 미래 위험성에 대한 직접 추론이 아닌 정보를 제공하도록 권장한다.

정신이상 평가

Rogers와 McKee(1995)는 정신이상을 "특정 법적 기준에 근거하여 심각한 정신장애로 인한 형사 피고인의 무죄를 기술하는 데 사용하는 법적 용어"(p. 104)로 정의했다. 특정 기준은 관할법원마다 다르지만 모든 기준은 정신장애나 지적장애의 존재를 요구한다. 기준에는 일반적으로 정신장애 또는 지적장애로 인한 인지적 무능력(즉, 행위의 위법성에 대한 인식 부족), 정서적 무능력(즉, 행위의 위법성에 대한 인정 불가능) 또는 의지적 무능력(즉, 문제의 범죄 행위에 대한 자제 불가능)이 포함된다. 많은 관할법원에서 반복적인 반사회적 행동 또는 자발적 중독으로 인한 정신장애는 배제한다.

법적 정신이상을 결정하려면 통상 평가 시점에서 멀리 떨어진 범죄 시점의 정신상태에 대한 결론을 도출해야 하고 정신이상은 매우 좁은 법적 용어로 정의되기 때문에, MMPI-2를 비롯한 심리검사는 법적 정상을 판단하는 데 그다지 유용하지 않은 편이다. 기존 연구에서 MMPI-2 결과의 특정 양상이 법적 정신이상과 직접적으로 관련이 있다는 가설은 지지되지 않았다. Rogers와 McKee(1995)는 법적 정상 및 정신이상으로 간주된 피고의 MMPI 자료를 통해 비록 정신이상 판정을 받은 피고가 정상 판정을 받은 피고보다 척도 4와 ASP 내용 척도에서 더 낮은 점수를 받을 가능성이 있다고 밝혔지만, 두 집단 간 유의한 차이는 거의 없다고 결론지었다.

정신이상의 법적 정의를 고려할 때 MMPI-2에 정신이상을 가리키는 전형적인 프로파일이나 점수 패턴이 없다는 것은 놀라운 일이 아니다. 그러나 Rogers와 McKee(1995)는 MMPI-2가 정신이상 평가에 관련 정보를 제공할 수 있는 몇 가지 방법을 제안했다. 첫째, 정신이상으로 인한 무죄를 항변하는 피고인은 자신의 정서적 문제를 과장하려는 동기가 강할 수 있기 때문에 이들의 수검태도를 평가하는 것이 중요하다. 이 장의 전반부와 제3장에서 논의한 것처럼 MMPI-2 타당도 척도 및 지표는 검사 시 과대보고하는 사람을 식별하는 데 매우 효과적이다. 둘째, 척도 및 상승 척도 쌍의 상관관계에 대한 방대한 연구 문헌은 정상 대 정신이상의 판단에 근거가 되는 자료를 제공함으로써 증상과 성격특성에 대한 정확한 추론을 가능하게 한다. 셋째, 몇몇 MMPI-2 척도, 특히 척도 4, RC4, ASP는 반사회성에 대한 정보를 제공하는데, 이는 반복적인 반사회적 행동으로 인한 상태를 배제한다는 기준을 일부나마 해결할 수 있다.

요약하면 기존 연구에서 피고가 범죄 당시 법적으로 정상이었는지 정신이상이었는지를 직접적으로 가리키는 특정 MMPI-2 척도, 상승 척도 쌍 또는 점수 패턴이 있다는 가설은 지지되지 않았다. 이러한 결정은 다양한 출처의 정보를 포함한 통합 자료를 고려한 결과여야 한다. 그러나 MMPI-2는 과대보고의 가능성, 심각한 정신장애를 나타내는 현재 증상 및 행동, 그리고 반복적인 반사회적 행동의 가능성에 관한 유용한 정보를 더해 줄 수 있다.

소송능력 평가

심리학자는 종종 피고인의 형사상 소송능력에 대한 의견을 밝히도록 요청받는다. 상기 맥락에서 능력은 피고인이 합리적 수준의 이해를 가지고 변호사와 의미 있게 상의할 수 있는지 여부 및 소송 절차에 대한 사실적 이해뿐 아니라 이성적 이해를 갖고 있는지 여부와 관계된다(Dusky V. U. S., 1960). Ogloff(1995)는 능력 기준이 기능적이고 피고인의 정신상태나 성격에 초점을 두지 않기 때문에 그러한 평가에 대한 MMPI-2의 유용성은 제한적이라고 결론지었다. Lawrence(1985)는 다른 관점을 제시하면서 "능력 평가에서 심리검사 결과는 다른 수집 자료에 보조 자료로서 유용할 뿐만 아니라 종종 필수적"(p. 66)이라고 보았다.

분명히 소송능력에 관한 판단은 MMPI-2와 같은 검사에서 얻을 수 없는 정보를 필요로 한다. 평가자는 면담, 기록 검토 또는 표준화된 능력도구를 사용하여 피고인, 변호사 및 상기 정보를 알 만한 다른 사람들로부터 관련 정보를 수집해야 한다. 그러나 MMPI-2는 몇 가지 중요한 방식으로 사용 가능한 자료를 더해 줄 수 있다.

소송무능력을 주장하는 피고인은 가끔 무능력 주장의 이유로 심각한 정신병리를 과대보고한다. 이 장의 전반부에서 논의한 것처럼 MMPI-2 타당도 척도는 그러한 과대보고를 탐지하는 데 매우 유용할 수 있다(제3장 참조). H. A. Miller(2004)는 정신 질환 때문에 재판을 받을 수 없는 것으로 밝혀진 형사 피고인을 연구했다. MMPI-2 점수는 정신병리의 과대보고를 확인하기 위해 개발된 도구인 보고 증상의 구조화된 면접(SIRS; Rogers, 1992) 점수와 상관을 보였다. MMPI-2의 F, F_B, F_P 척도는 대부분의 SIRS 점수와 높은 상관을 나타내어 증상 과대보고의 좋은 지표임을 시사했다.

이전 연구에 따르면 정신증을 진단받는 것은 소송무능력으로 판단되는 것과 관련이 있다(예 : Daniel et al., 1985; Rogers et al., 1988). 따라서 유효한 MMPI-2 프로토콜에 심각한 정신병리 징후가 있다는 것은 피고인이 변호사와 효과적으로 의사소통하거나 소송 절차를 합리적으로 이해하는 능력을 방해할 수 있는 정신과적 문제가 있음을 시사한다.

요약하면 소송능력의 평가에서 MMPI-2의 사용을 직접검증한 경험적 연구는 거의 없다. 그러나 MMPI-2는 피고인이 솔직하고 정직한 방식으로 평가과정에 참여하는지 여부뿐만 아니라 피고인이 경험 중인 정신과적 증상에 대한 관련 자료를 제공할 수 있다. 분명히 MMPI-2의 정보는 소송능력에 대한 판단을 내릴 때 다른 많은 유형의 정보와 함께 고려되어야 한다.

가정법원에서의 평가

미국에서 모든 신혼의 절반가량은 이혼으로 끝나고(Raley & Bumpass, 2003) 이혼 또는 별거 중인 많은 부부에게 미성년 자녀가 있어서 가정법원은 자녀 양육권 및 방문권 조정에 대한 결정을 내리느라 매우 바쁘다. 40년 전 정신건강 전문가는 비교적 적은 비율의 자녀 양육권 사례에서 전문 소견을 제공했지만, 오늘날 임상가의 참여는 훨씬 더 보편화되었다(Melton et al., 2018).

가정법원은 자녀 양육권 및 방문권 조정에 대한 판결을 내리는 데 있어 큰 권한을 가지고 있다. 관할법원마다 구체적인 기준이 다를 수 있지만(Emery et al., 2005; Melton et al., 2018) 대부분의 기준은 단일 결혼 및 이혼법(UMDA, 1979)을 모델로 한다. UMDA는 법원이 "자녀에게 최선의 이익이 되는" 결정을 내리도록 지시한다. 몇 가지 특정지침은 심리학자가 전문 소견을 제공하도록 훈련받은 문제들을 다룬다. 다른 기준 중에서 UMDA는 법원이 "아버지나 어머니, 부모, 형제자매 및 자녀의 최선의 이익에 중대한 영향을 미칠 수 있는 다른 사람과 자녀와의 상호작용 및 상호관계, 자녀의 집, 학교, 지역사회에의 적응, 관계자 모두의 정신 및 신체 건강"을 고려해야 한다고 명시하고 있다. 분명히 심리학자의 훈련과 경험은 상기 문제에 대한 소견을 제공할 수 있는 자격을 부여한다. Otto 등(2003)은 자녀 양육권 사건에서 심리평가에 대한 포괄적인 논의를 제공했다(Fuhrman & Zibbell, 2012; Gould & Martindale, 2009를 참조).

심리학자가 특정 아동에게 최선의 소견을 제시하는 데 활용하는 정보의 출처를 고려하는 것이 중요하다. Ackerman과 Pritzl(2011)은 정기적으로 자녀 양육권 평가를 수행하는 심리학자를 대상으로 설문조사를 실시하여 다양한 출처에서 정보를 수집하는 데 보통 몇 시간을 소비하는지 물었다. Ackerman과 Pritzl의 보고에 따르면 부모(7.1시간), 자녀(3.6시간), 중요한 타인(2.3시간)의 면담 및 부차적인 연락(3.2시간)에 가장 많은 시간이 할애되었다. 그러나 심리검사 수행(6.1시간), 기록 검토(5.6시간), 부모-자녀 상호작용 관찰(3.7시간)도 많이 활용되는 정보 출처였다. Ackerman과 Pritzl은 또한 MMPI-2가 성인에게 가장 널리 사용되는 심리검사라고 보고했는데, 설문 응답자의 97%가 사용한 것으로 나타났다. MMPI-A는 아동에게 가장 널리 사용되는 심리검사였다(66%).

전문가는 다양한 출처에서 가져온 자료를 근거로 자녀 양육권 및 방문권 조정에 대한 소견을 제시해야 한다(American Psychological Association, 2010). 학교, 법률 및 치료 기록의 검토, 자녀 및 중요한 성인과의 면담, 자녀와 중요한 성인의 상호작용 관찰은 필요한 정보를 많이 제공한다. 그러나 추가 관련 정보는 MMPI-2 결과에서 얻을 수 있다. 가정법원은 대체로 MMPI-2 자료에 근거한 전문 소견에 상당히 수용적이었다(Otto & Collins, 1995).

사실상 모든 관할법원에서 부모 및 다른 중요한 성인(예 : 양부모, 조부모, 다른 양육자)의 정신건강은 자녀에게 최선의 이익이 되는 것을 결정하는 데 중요한 고려사항이다. MMPI-2는 임상적으로 관련된 증상 및 기능의 평가에서 강력한 타당성을 입증했기 때문에 MMPI-2 자료는 이러한 고려사항을 직접적으로 알려 줄 수 있다.

그러나 자녀 양육권 소송 절차의 일환으로 평가를 받는 대다수 부모는 방어적인 태도로 심리검사에 임한다. 그들은 당연히 자신에 대해 매우 호의적인 인상을 주고 싶어 한다. 그렇게 하려고 할 때 이들은 증상과 문제를 최소화하고 자신이 얼마나 정직하고 양심적이고 덕이 있고 잘 적응하고 있는지를 강조할 문항에 응답하는 경향을 보인다. 여러 연구에서 자녀 양육권 평가의 일환으로 검사받은 부모의 MMPI-2 점수가 보고되었다. 평균 점수를 검토한 결과, 방어적인 반응이 중간 수준이며 임상 척도에서 유의한 상승은 없는 것으로 나타났다(Bagby et al., 1999; Bathurst et al., 1997; Siegal, 1996; Strong et al., 1999). 일반적인 타당도 척도 패턴은 L 및 K 척도 점수에서 평균 이상의 점수와 F 척도에서 평균 이하의 점수를 보이는 패턴이었다.

따라서 자녀 양육권 또는 방문권 소송 절차의 일환으로 평가받는 부모의 MMPI-2 결과에서 중간 정도의 방어적인 태도를 예상하게 되었다. 그러한 결과가 개인에 대해 무엇을 말해 주고 무엇을 말해 주지 않는지를 고려하는 것이 중요하다. L 또는 K 척도의 T 점수가 50점과 65점 사이인 경우 그 상황에 매우 일반적인 결과이며 아마도 중대한 심리적 문제를 부인하거나 숨기려는 시도를 나타내지 않을 수 있다. 그러나 L 또는 K 척도의 T 점수가 65점보다 크면 결과는 유효하지 않고 해석하지 않는 것으로 간주해야 한다. 이 경우 극단적인 방어성이 수검자가 심각한 정서적 문제를 부인하거나 숨기려 한다는 것을 나타내는지 여부를 알 수 없다. 분명한 것은 타당도 척도에서 매우 방어적인 패턴이 동반될 경우 다른 척도가 상승하지 않는다고 해서 반드시 좋은 적응을 의미하지 않는다는 점이다. 이런 상황에서 심리적 적응에 대한 결정을 내리려면 검사 외 출처의 정보가 필요하다.

　　때때로 자녀 양육권 또는 방문권 소송 절차의 일환으로 평가받는 사람 중 일부는 문제와 증상의 솔직한 인정, 심지어는 과장을 시사하는 타당도 척도의 패턴을 보일 수 있다. 일반적으로 F 척도 점수는 평균을 훨씬 상회하며 L과 K 척도 점수는 대체로 평균 또는 평균 이하 수준이다. 이러한 점수 패턴에는 몇 가지 가능한 해석을 고려할 수 있다. 첫째, 당사자에게 심각한 심리적 문제가 있어서 요구 특성상 분명히 그렇게 하려는 상황에서도 문제가 드러나는 것을 피할 수 없는 경우이다. 둘째, 해당 패턴은 실제로는 양육권을 원하지 않는 까닭에 문제와 증상을 과대보고하는 사람을 반영할 수 있다. 예를 들어 조부모나 다른 사람이 부모가 실제로 원하지 않는 양육권을 찾도록 압력을 가했을 때 나타날 수 있다. 다시 말하지만 다른 출처의 정보는 이런 결과를 가장 적절하게 해석하는 방식을 결정하는 데 도움이 될 것이다.

　　타당도 척도 점수가 극단적인 방어성이나 과장을 시사하지 않는다고 가정하면, MMPI-2 점수 및 상승 척도 쌍은 다른 장면에서와 마찬가지로 매우 많이 해석될 수 있다. 이러한 척도는 평가받는 개인의 정신건강을 기술하는 데 가장 도움이 될 수 있지만, 식별된 문제는 유능한 양육자가 될 수 있는 개인의 역량과 직접적으로 관련이 있을 수도 있고 없을 수도 있다. 사실 유능하거나 유능하지 않은 양육과 직접적으로 관련된 단일 척도나 패턴은 없다(Otto & Collins, 1995).

　　자녀 양육권 평가와 관련된 MMPI-2 연구의 한 분야는 부모의 아동학대이다. Key 등 (2020)은 학대나 방임에 대한 입증된 주장에 따라 부모 자격 심사를 받는 부모의 평균 점수를 보고했다. 그 표본에서 L의 평균 점수는 71T이었고 표본의 52%는 70T 이상의 L 점수를 보였다. 다른 타당도 척도나 주요 척도의 평균 점수는 많이 상승하지 않았다. Ezzo 등(2007)은 아동학대가 의심돼 친권이 정지된 양육권 소송 관련 부모의 MMPI-2 점수와 아동학대가 의심되지 않은 양육권 소송 관련 부모의 점수를 비교했다. 전자 집단은 후자보다 10개 임상 척도 중 7개에서 유의하게 높은 점수를 보였다. 그러나 학대가 의심되는 집단에서 평균 T 점수가 65점 이상인 임상 척도는 없었다. 연구자들은 MMPI-2 점수가 아동학대 발생 여부를 결정하는 데 사용될 수 없다고 결론지었다. Gambetti 등(2019)은 양육권 소송 또는 부모 적합성 평가의 일환으로 심리평가를 받고 있는 이탈리아 부모 표본을 사용하여 Ezzo 및 동료의 연구를 반복했다. Gambetti 등이 보고한 결과 및 결론은 Ezzo 등의 이전 연구와 거의 일치했다.

　　MMPI-2 점수는 부모로서 얼마나 유능한지에 대한 직접적인 추론을 허용하지 않지만 MMPI-2 종합 해석 중에 이루어진 많은 추론은 잠재적으로 관련 정보를 제공할 수 있다. 예를 들어 MMPI-2 점수에 근거하여 충동적이고 불안정하고 예측 불가능하고 공격적이고 판단력이 매우 나쁜 것으로 기술되었다면, 이는 분명 그 사람이 부모로서 어떻게 기능할 것으로 예상되는지와 관련될 것이다. 그러나 양육에 대한 추론이 일반적으로 MMPI-2 점수와 직접적인 관련이 없다는 점을 분명히 하는 것이 중요하다. 오히려 그 추론은 양육에 영향을 줄 것으로 합리적으로 예상되는 행동 및 특성과 MMPI-2 점수 사이의 입증된 관계에 근거한 고차 추론이다. 또한 한 자녀에게 최선의 이익이 될 수 있는 부모의 특성이 다른 욕구를 가진 다른 자녀에게는 반드시 최선의 이익이 아닐 수 있다는 점을 염두에 두어야 한다.

자녀 양육권 평가를 위한 전문지침(American Psychological Association, 2010)은 결론을 도출하고 제언 및 소견을 제시할 때 심리학자가 다양한 원천의 정보를 활용하고 평가의 맥락을 고려하도록 경고한다. MMPI-2는 그러한 평가에서 중요한 역할을 할 수 있지만 그 기여도에 한계가 있으며 다양한 원천의 평가 정보들 중 하나로 사용해야 한다는 것을 명심해야 한다.

개인 상해 평가

심리학자는 외상사건에 비자발적으로 관여되거나 이를 목격한 결과로 인해 심리적 손상을 입었다고 주장하는 사람의 정신상태를 평가하도록 요청받는 경우가 많다. 사건의 예로는 교통사고, 심한 폭행, 의료 과실, 성희롱, 직장 상해 및 기타 많은 부정적인 경험이 있다. Kane과 Dvoskin(2011)이 확인한 바에 따르면 MMPI-2는 개인 상해 평가에서 가장 자주 널리 사용되는 심리검사이다.

개인 상해 평가에서 심리학자는 대체로 몇 가지 문제를 해결하도록 의뢰받는다(Kane & Dvoskin, 2011; K. S. Pope et al., 2000). 첫째, 심리적 손상을 주장하는 사람이 실제로 심각한 심리적 또는 정서적 문제를 가지고 있는가? 많은 경우 이런 소송에서 원고는 문제와 증상을 과장하려는 강한 동기가 있기 때문에 보고된 증상과 문제의 신뢰성을 평가하는 것이 매우 중요해진다. 둘째, 현재의 심리적 또는 정서적 문제가 적어도 부분적으로 문제의 원인으로 주장되는 외상사건에 직접적으로 기인하는가? 이와 관련하여 특정 외상사건으로 인한 손상을 적어도 부분적으로 설명할 수 있는 기존 상태가 있었는지를 결정하는 것이 매우 중요해진다. 마찬가지로 확인된 사건 이후에 적어도 부분적으로 현재의 심리적 문제를 설명할 수 있는 다른 사건들이 있었는지를 결정하는 것이 중요하다. 마지막으로 심리학자는 종종 가능한 회복과정에 대해 진술해 줄 것을 요청받는다.

MMPI-2는 이러한 문제 중 일부를 해결하는 데 매우 적합하지만 다른 문제를 해결하는 데는 적합하지 않다. MMPI-2 타당도 척도는 원고가 자신의 증상과 문제를 정확히 보고하는 정도와 그러한 문제를 과장하는 정도를 평가하는 데 매우 유용할 수 있다. 임상 척도는 정신상태(즉 임상상태)를 평가하기 위해 개발되었고 이와 관련하여 충분한 타당성을 입증하기 때문에, MMPI-2는 원고가 현재 겪고 있는 문제와 증상을 직접적으로 해결할 수 있다. 기존 상태, 현재 문제와 증상을 설명할 수 있는 다른 외상사건 또는 현재 문제로부터의 가능한 회복과정에 관해서는 MMPI-2가 전혀 쓸모없는 것은 아니지만, 이러한 문제와 관련된 유용성은 제한적이다.

개인 상해 평가에서 종종 자신의 심리적 상태에 대해 비현실적으로 부정적인 모습을 보이려는 동기가 강한 경우 신뢰성 문제를 해결할 수 있는 것이 특히 중요하다. 심리학자는 오랫동안 일반 문헌에서 개인 상해 소송이 증상 표현에 미칠 수 있는 영향에 대해 언급해 왔다 (예 : Binder & Rohling, 1996). Youngjohn 등(1997)에 따르면 두부외상을 진단받고 관련하여 소송 중인 사람은 외상의 심각도가 동일하더라도 비소송인보다 훨씬 극단적인 MMPI-2 점수를 보이는 것으로 나타났다. Dush 등(1994)의 유사한 연구에서 만성통증으로 소송 중인 환자는 소송 중이지 않은 통증 환자보다 훨씬 극단적인 MMPI-2 점수를 보였다. 이러한 결과는 더 심각한 증상을 가진 사람이 덜 심각한 증상을 가진 사람보다 소송할 가능성이 더 높다는 것을 시사할 수 있지만, 문제의 과장이나 꾀병을 암시할 수도 있다. MMPI-2 타당도 척도는 개인 상해 상황에서 과대보고된 인지 및 신체 증상을 탐지하는 데 매우 유용하다는 점이 입증되었다(예 : Berry et al., 1995; Dearth et al., 2005; Larrabee, 2003; N. W. Nelson et al., 2010). 그러나 인지 결함의 과대보고를 탐지해 내는 기존의 인지노력검사(예 : 기억꾀병검사; Tombaugh, 1997)에 더해서 MMPI-2 타당도 척도가 어떤 부가적인 효과가 있는지는 전혀 확실치 않다.

Greiffenstein과 동료들(2010)은 수검자의 응답방식에 미치는 '검사자 효과'에 대해 문헌에서 제기된 문제를 검토했다. MMPI-2에도 해당되는 이 문제는 개인 상해 소송에서 타당도 척도 점수 및 점수의 해석이 평가자가 피고 또는 원고에 의해 고용되었는지 여부에 영향을 받을 수 있다는 것이다. Greiffenstein 등에 따르면 이런 문제가 전문가 증언 중에 제기되는 경우가 종종 있고 원고 측(타당도 척도의 유효 결과에 이의를 제기) 또는 피고 측(신뢰할 수 없는 응답을 시사하는 타당도 척도 결과에 이의를 제기) 전문가가 평가했는지 여부와 상관없이 타당도 척도의 정확성에 의문을 제기하는 데 이용될 수 있다는 지적이다. Greiffenstein 등이 법정 파일을 검토한 결과 동일한 소송 당사자가 MMPI-2를 두 번 실시한 80개의 사례를 확인했는데, 한 번은 원고가 두 번째는 피고가 선택한 전문가에 의한 것이었다. 그런 다음 원고 측 검사와 피고 측 검사의 타당도 척도 평균 점수를 비교했다. 8개 타당도 척도 평균 점수의 차이는 모두 통계적으로 유의하지 않았다. 또한 평균 T 점수 차이는 모든 척도에서 2점 미만이었다.

MMPI-2 척도는 임상상태의 평가를 위해 만들었기 때문에, 일단 과대보고의 가능성이 배제되면 임상 척도, RC, PSY-5, 내용 척도, 보충 척도의 점수는 현재 정신병리의 유무를 직접 다룰 수 있다. 이러한 척도에서 발견되는 정신병리 지표는 이 책 전반부에서 면밀히 논의되었다.

MMPI-2에 기반한 전문 소견 제시

법정 보고서를 작성하는 방법 및 법정에서 전문가 증언을 준비하고 제시하는 방법에 대한 자세한 논의는 이 장의 범위를 벗어난다. 이와 관련해서 다른 연구자들이 매우 유용한 제언을 했다(예: Brodsky, 2013; Brodsky & Gutheil, 2016; K. S. Pope et al., 2000; Weiner, 1987, 1995). 극히 드문 경우에만 MMPI-2가 전문 소견을 뒷받침하는 유일한 출처가 될 것이다. 전문 소견을 뒷받침하기 위해 일반적으로 과거력 정보, 임상면담 및 기타 평가 자료도 사용할 수 있으며 MMPI-2 자료와 통합할 것이다. 여기에서는 MMPI-2 결과를 기반으로 한 전문가 증언의 제시에 관한 몇 가지 지침을 제공할 것이다. 그러나 지침 중 상당수가 다른 평가 자료를 기반으로 한 증언에도 적용될 것이다.

1. MMPI-2에 익숙해야 한다. 심리학자는 자신이 사용하는 모든 기법에 익숙해야 하는 윤리적이고 전문적인 책임이 있지만, 모든 진술이 면밀히 조사되고 질문 또는 이의가 제기될 가능성이 있는 법정 평가의 실시에 사용되는 도구에 대해 숙지하는 것이 특히 중요하다. 임상가는 원판 MMPI 척도가 어떻게 개발되었으며 MMPI-2 척도가 원판과 어떻게 관련되어 있는지 알아야 한다. 특히 타당도 척도를 완전히 이해하고 척도를 사용하여 지침에서 이탈한 수검태도를 식별하는 방법을 이해하는 것이 중요하다. 수검자와 비교되는 규준 표본에 대한 지식은 필수적이다. MMPI-2 해석과 관련된 연구 문헌에 대한 이해가 중요하다. 이 문헌은 증언에서 논의할 필요가 없을 수도 있지만 항상 그렇게 할 준비가 되어 있어야 한다.

2. MMPI-2가 논쟁 중인 특정한 법정 문제에 적합한지 확인해야 한다. 법정 평가에서 MMPI-2를 사용하는 심리학자가 흔히 저지르는 실수 중 하나는 적합하지 않고 적절히 검증되지 않은 목적을 위해 도구를 사용하려는 것이다. 이 장의 앞부분에서 MMPI-2

자료로 적절하게 해결할 수 있는 문제에 관한 정보를 제시한 바 있다. MMPI-2는 응답 방식을 식별하고 현재 임상상태를 평가하는 데 매우 적합하다. Weiner(1995)가 지적했듯이 MMPI-2 결과를 비롯한 검사 자료는 누군가 과거에 무엇을 했는지 또는 미래에 무엇을 할지 결론을 내리는 데 적합하지 않다. 이런 사후 추정과 예측은 신중해야 한다.

3. MMPI-2를 적절히 실시하고 정확히 채점했는지 확인해야 한다. 이 책의 제2장에서 논의된 바와 같이 MMPI-2는 표준화된 방식, 전문적인 장면 및 적절한 지도감독을 통해 실시되어야 한다. 심리학자는 상기 절차를 따랐는지, 그리고 검사 결과가 실제 평가 대상자의 결과인지 입증할 수 있어야 한다. 문항 응답을 수기로 채점한 경우 정확성에 만전을 기해야 한다. 검사 응답의 컴퓨터 채점은 상당히 신뢰할 만하지만 문항 응답을 키보드로 입력할 경우 자료를 정확히 입력하도록 각별한 주의가 필요하다.

4. 모든 전산 채점과 사용되는 해석 서비스를 숙지해야 한다. Butcher(1995)는 법정 평가에서 전산화된 해석을 활용하는 것의 이점에 대해 논의했다. 그것은 보다 전통적인 해석에 비해 더 철저하고 기록이 잘 되어 있다. 이는 임상가에 의해 정보가 선택적으로 강조되거나 누락될 가능성을 감소시킨다. 이것은 신속하고 효율적이고 신뢰할 수 있으며, 거기에는 높은 수준의 외적 타당도를 시사하는 자료들이 있다. 그러나 해석에는 일반적으로 많은 점수와 지표가 포함되어 있으며 그중 일부는 대부분의 임상가에게 매우 익숙하지 않다. 이런 점수와 지표 중 일부가 특정 해석에서 강조되지 않더라도 임상가가 이에 대한 질문에 의미 있게 답변하지 못하는 것은 매우 당혹스러울 수 있다. 또한 전산화된 해석의 사용자는 해석 진술의 산출방식을 이해하고 해석 보고서의 어떤 진술이 평가 대상자에게 적용되는지 결정하는 것이 중요하다. 해석 보고서에 포함된 기술은 특정 MMPI-2 견본을 기반으로 한 것이어서, 모든 기술문이 전산 해석이 생성되는 모든 사람에게 적용되는 것은 아니다.

5. MMPI-2 자료에 근거한 추론은 경험적 연구를 통해 입증된 것으로 제한해야 한다. 법정 보고서나 전문가 증언에서 경험적 연구를 뒷받침할 수 있는 진술만 하는 것이 원칙이다. 이는 다른 평가 상황에 비해 진술이 훨씬 적다는 것을 의미하지만, 진술과 추론에 의문이 제기될 경우 진술 내용을 방어하기가 훨씬 더 쉬워진다. 일반적으로 전문가는 이 책과 같은 2차 출처를 사용하여 문제에 대응할 수 있지만 부득이한 경우 연구 원문을 인용할 수 있도록 준비해야 한다.

6. MMPI-2에 대한 정보를 수신자가 이해할 수 있는 방식으로 제시해야 한다. 이는 심리학자가 모든 평가 상황에서 갖는 의무이지만, 해석의 수신자가 일반인(예 : 변호사, 판

사, 배심원)인 법정 평가에서 특히 중요하다. 이 책의 제11장에는 수검자에게 MMPI-2 결과에 대한 피드백을 제공하기 위한 지침이 포함되어 있다. 이와 동일한 지침이 법정 장면의 일반인에게 MMPI-2 결과 및 해석을 제공하는 데 주로 적용된다.

심리학자는 정보를 전달받는 사람이 MMPI-2에 대한 배경지식이 있다고 가정해서는 안 된다. MMPI-2 결과에 대한 정보를 제시하기 전에 심리학자는 MMPI-2 척도의 개발, 점수 해석에 사용되는 규준, 타당도 척도가 지침에서 이탈한 반응 패턴을 탐지할 수 있는 방법 및 해석의 경험적 특성을 설명함으로써 청중을 교육해야 한다. 이와 관련하여 견본 프로파일 결과지와 같은 시각 자료가 종종 유용하다.

청중이 쉽게 이해할 수 있는 언어를 사용하여 정보를 제공하고 전문 용어를 사용하지 말아야 한다. 평가 대상자에게 어떤 특성과 행동이 있다거나 없다는 식의 확정적인 진술이 아니라, 평가 대상자와 유사한 MMPI-2 결과를 보인 사람들에게서 그런 특성과 행동이 나타날 가능성에 대해 진술하는 것이 바람직하다. 예를 들어 48/84 상승 척도 쌍을 지닌 특정인이 매우 나쁜 판단력을 보인다고 말하는 것보다 48/84 상승 척도 쌍을 지닌 사람이 종종 매우 나쁜 판단력을 보인다고 진술하는 것이 더 나을 것이다.

MMPI-2 자료에 근거한 추론은 실제로 확률성 진술이라는 점을 명심하는 것이 중요하다. 특정 상승 척도 쌍이 있는 사람은 없는 사람보다 특정 특성을 가질 가능성이 높으며, 또는 척도에서 점수가 매우 높은 사람은 낮은 사람보다 특정 특성을 가질 가능성이 높다. MMPI-2를 비롯한 심리검사는 어떤 목적에도 완벽한 근거가 있는 것이 아니기 때문에 특정 점수 또는 점수 형태와 관련된 모든 특성이 해당 점수 또는 형태를 가진 모든 사람에게 적합할 것이라고 절대 확신할 수 없다. 변호사들은 종종 심리학자에게 특정 추론의 확률치, 가령 48/84 상승 척도 쌍을 가진 사람 중 실제로 판단력이 좋지 않은 비율을 정하게 할 것이다. MMPI-2 자료에는 이와 같은 추론을 뒷받침하는 강력한 연구 근거가 있지만 일반적으로 이런 유형의 특정 확률 진술은 허용되지 않는다.

요약하면 MMPI-2는 법정 장면과 관련된 몇몇 문제를 해결하는 데 매우 유용할 수 있다. 특히 표준 수검 방식의 이탈(예 : 과대보고, 과소보고)을 평가하고 현재 임상상태를 판단하는 데 유용하다. 그러나 심리학자는 검사가 개발된 영역 및 적절한 타당성 자료가 사용 가능한 영역으로 MMPI-2 해석을 제한해야 한다.

교정 장면

범죄 행위와 관련된 MMPI 초기 연구는 Capwell(1945), Hathaway와 Monachesi(1953, 1957)에 의해 수행되었다. 그 이후 수많은 연구가 교정 장면에서 MMPI-2의 유용성을 조사했다. 수감자에게 MMPI-2 실시를 요구할 경우 비협조적이고 무효 프로토콜을 나타낼 가능성이 있다고 종종 가정하지만, 그렇지 않은 것 같다. McNulty 등(2003)은 교정시설에 입소할 때 MMPI-2를 실시한 수감자의 약 79%가 유효한 프로토콜을 나타냈다고 보고했다. 이러한 프로파일 유효성 비율은 많은 임상 장면에서 발생하는 것과 매우 유사하다.

수년간 MMPI-2를 사용하여 재소자를 분류하고 수감 중 및 석방 시 행동을 예측하는 다양한 방법이 개발되고 경험적으로 입증되었다. Megargee와 Carbonell(1995)에 따르면 연구에서 일반적으로 표준 MMPI 척도(특히 척도 4)와 범죄 행위 간의 유의한 관계가 확인되었다. 척도 4(때로는 척도 8과 9)는 교도소에서의 징계 위반 및 석방 후 재범과 관련이 있었다. 안타깝게도 이런 관계의 크기는 너무 작아서 개별 사례에서 정확한 예측이 불가능하다. 시설 및 석방 후 행동을 예측하기 위해 원판 MMPI를 사용한 시험 척도가 특별히 개발되었다(예 : Panton, 1958). 그러나 Megargee와 Carbonell은 이 시험 척도가 준거행동과 약간만 관련되는 경향이 있으며 일반적으로 척도 4와 같은 표준 척도를 사용한 예측력을 증가시키지 않는다고 결론지었다.

교정 장면에서 MMPI-2 사용에 대해 자세히 알고 싶은 독자가 사용할 수 있는 몇 가지 자료가 있다. Megargee와 Carbonell(1995)은 연구 문헌에 대한 훌륭한 개관을 발표했다. Megargee의 2006년 저서인 **형사사법 및 교정 장면에서의 MMPI-2 사용**에는 교정 장면에서 MMPI-2 자료를 해석하기 위한 포괄적인 지침이 포함되어 있다. 이 자료는 교정 장면에서 분류 절차가 수행하는 중요한 역할을 설명한다. 범죄자를 분류하기 위한 효율적이고 유효한 체계는 사실상 모든 교정 장면에서 이용 가능한 한정 자원을 효과적으로 활용하는 데 크게 기여한다.

CHAPTER **11**

해석 전략

19 56년 Paul Meehl은 심리검사 해석에 관한 '훌륭한 해설서'를 만들자고 강력하게 주장하였다. Meehl은 해설서에 검사반응을 범주화할 수 있는 자세한 규칙과 각 검사반응 범주와 관련이 있는 것으로 밝혀진 검사 외적 특징들을 제시해야 한다고 주장하였다. 여기에 포함된 규칙은 전문가가 아닌 사람들(혹은 컴퓨터)이 해석 내용을 자동적으로 적용할 수 있으며, 해석 내용은 보다 광범위한 경험적 자료 가운데서 특정한 유형의 프로토콜에 맞게 선택한 내용으로 구성된다. 이러한 해설서를 만들기 위해 많은 노력을 기울여 왔지만(예 : Gilberstadt & Duker, 1965; Marks & Seeman, 1963; Marks et al., 1974), 현재 심리검사 해석은 Meehl이 제시했던 자동화된 과정과는 다소 거리가 있다. MMPI-2를 포함한 모든 검사들은 수검자의 검사행동을 표준화된 방식으로 관찰할 수 있는 기회를 제공한다. 이러한 수검행동에 기초를 두고 기타 검사 외적 행동특성에 대한 추론이 이루어진다. 임상가는 정보처리자 역할뿐 아니라 평가과정의 임상적 판단자 역할을 한다. 이 장의 주요 목적은 MMPI-2의 자료를 가지고 수검자에 대한 중요한 추론을 해 나가는 방법 중 하나(그렇지만 유일한 방법은 아님)를 제시하는 것이다.

MMPI-2 해석 자료는 특정한 MMPI-2 결과를 얻은 각 개인에게 완벽하고 실수 없이 적용될 수 있는 것이 아니기 때문에, MMPI-2 는 수검자에 관한 가설이나 추론을 만들어 내는데 사용해야 한다. MMPI-2를 해석하는 데 있어서 개연성의 문제가 다루어져야 한다. 특정한 검사 외적 특징이 어느 한 척도에서 낮은 점수를 얻은 사람보다는 높은 점수를 얻은 사람에게 해당될 수 있지만 항상 그럴 거라고 확신할 수는 없다. 따라서 한 사람의 MMPI-2 점수로부터 만들어진 추론은 다른 검사 자료나 수검자에게서 얻을 수 있는 다른 정보—즉 면접 자료, 행동 관찰, 평가검사과정에 포함된 다른 검사들과 같은 정보—를 통해 타당화되어야 한다.

MMPI-2는 다른 검사들이나 면담, 관찰 자료, 기타 배경 정보와 함께 사용할 때 그 가치를 가장 잘 발휘할 수 있다. 배경 정보 없이 MMPI-2 결과만을 맹목해석(blind interpretation)할 수도 있지만 이러한 가설은 임시적 가설로만 사용해야 한다. 그 개인에게 특화된 해석이나 추론이 보다 정확하려면 수검자에 관해 얻을 수 있는 모든 정보와 함께 MMPI-2 결과를 살펴보아야 한다. 이러한 입장은 Kostlan(1954)이나 Sines(1959)와 같은 연구자들이 제시한 연구 결과와도 맥락을 같이하는 것이다.

MMPI-2 자료를 바탕으로 두 가지 방식의 해석이 가능하다. 첫째는 특정 장면(예 : 병원 혹은 클리닉)에서 어떤 한 가지 유형의 MMPI-2 결과를 얻은 사람은 다른 수검자들과는 다른 특징을 보일 수 있다. 예컨대, 입원한 환자의 MMPI-2 결과로부터 이들이 알코올 남용이나 기타 물질 남용의 문제를 보이는 것으로 추론해 볼 수 있다. 대부분의 환자는 물질 남용의 문제를 보이지 않기 때문에 이러한 추론은 이들을 다른 환자들과 명확하게 구분해 줄 수 있다. 두 번째 추론은 특정 장면에 있는 많은 사람들에게 일반적으로 나타나는 특징에 대한 것이다. 예컨대, 정신과 입원 환자는 효과적으로 스트레스를 다루는 방법을 모른다는 추론은 그와 같은 상황에 있는 대부분의 환자에게 해당되는 특징이다. 비록 환자를 구분해 주는 특정 추론이 일반적인 추론에 비해서는 유용할 수 있지만 일반적 특징을 아는 것 역시 개별 사례를 이해하는 데 중요하며, 특히 임상가나 기타 치료과정에 참여하고 있는 사람들이 특정 장면에 있는 대부분의 사람들에게서 공통적으로 나타나는 특징을 명확하게 이해하지 못하고 있다면 더욱 중요할 수 있다.

Meehl은 평가과정을 특정 검사수행 양상과 직접적으로든 경험적으로든 연결할 수 있는 검사 외적 행동특성을 모두 다루는 과정(1차 과정)으로 보고자 했지만, 현재 평가 분야는 이러한 관계를 매우 제한적으로 다루고 있다. 성격 개념화에 바탕을 두고 수검자의 특성을 심도 있게 추론하는 것이 가능하기도 하고 필요하기도 한 경우가 있다. 예컨대, 현재 MMPI-2에서 특정 프로파일 형태를 보이면, 향후 자살 시도를 할 가능성이 있다고 예측할 만한 확실한 자료는 없다. 그러나 어떤 사람의 MMPI-2 점수로부터 1차 과정 추론을 통해 이들이 매우 우울하고, 안절부절못하며, 정서적인 불편감이 높고, 사회적으로 고립되어 있으며, 대부분의 경우에 판단력이 약화되어 있다고 추론을 한다면, 전반적으로 합리적인 상태에 있는 환자에 비해 자살의 위험성이 높다는 보다 상위의 추론을 할 수 있다. 비록 MMPI-2를 해석할 때 이와 같은 상위의 추론을 하는 것이 타당하긴 하지만, 이 경우 MMPI-2 점수 및 프로파일의 형태와 보다 직접적으로 관련이 있는 추론을 상당히 확신하고 있어야 한다.

일반적인 해석 전략

필자가 임상 장면에 있을 때는 각 MMPI-2 결과에 관하여 다음의 질문에 대한 해답을 찾으려 하면서 결과 해석을 한다.

1. 수검자의 수검태도는 어떠하며, 이러한 태도는 검사 결과를 해석하는 데 있어서 어떤 식으로 참고하여야 할까?
2. 수검자의 전반적인 적응(혹은 부적응) 수준은 어떠한가?
3. 수검자에 관해 추론 가능한 기타 특징(예 : 증상, 태도, 방어)은 무엇인가?
4. 수검자의 MMPI-2 점수와 일치하는 진단은 무엇인가?
5. 치료를 계획하고 있다면, 치료를 위한 시사점은 무엇인가?

수검태도

가장 이상적인 수검자는 MMPI-2를 매우 신중하고 협조적으로 완수해 내는 사람이다. 이런 사람은 MMPI-2의 문항을 읽고 정직하고 솔직하게 응답한다. 이와 같은 이상적인 상황이 실현되면, 평가자는 검사반응이 수검자의 행동을 잘 대표한다고 확신하면서 검사 결과를 해석할 수 있다. 그러나 여러 가지 이유로 수검자는 이와 같은 이상적인 경우에서 벗어난 채 검사를 받는다. 이와 같은 다양한 검사태도를 MMPI-2 점수 해석에 고려해야 하기 때문에 각 수검자의 수검태도를 잘 살펴보는 것이 중요하다. 게다가 이와 같은 검사태도를 통해 수검자가 실제 생활에서 검사 외의 측면에서도 유사한 행동을 보일 것이라고 예측할 수 있다. Forbey와 Lee(2011)는 MMPI-2 타당도 척도에서 과대보고 및 과소보고가 나타나면 이를 동일한 평가과정에서 실시한 다른 자기보고식 측정치들에도 일반화할 수 있다고 하였다. 반응 양상을 통해 수검자가 이 밖의 생활에서도 어떤 방식으로 행동하는가를 볼 수 있다. 예를 들어, MMPI-2 타당도 척도에서 지나치게 긍정적인 방식으로 자신을 표현하려 하였다면 다른 대인관계에서도 유사하게 방어적인 방식으로 행동할 것이다.

수검자의 검사행동의 질적 측면은 양적인 면에서의 점수나 지표들에 근거한 추론을 보강하는 데 도움이 된다. 그중 하나가 MMPI-2를 완성하는 데 걸리는 시간이다. 과도하게 오랜 시간이 걸리는 것은 우유부단하거나 정신운동 속도가 지체되어 있거나 혼란스럽거나 검사 절차에 수동적으로 저항하는 것을 나타낸다. 지나치게 짧은 시간이 걸리는 것도 수검자가 매우 충동적이거나 문항 내용을 제대로 읽고 생각해 보지 않았다는 것을 나타낸다.

MMPI-2를 시행하는 동안 수검자가 간혹 지나치게 긴장하고 안절부절못하거나 혹은 당황할 수 있다. 이런 행동을 보면 스트레스가 높은 상황에서 수검자가 유사하게 행동할 거라고 예측할 수 있다. 강박적이거나 우유부단한 수검자의 경우, 답안지의 여백에 '예'–'아니요'의 조건을 적거나 검사 시행자에게 이를 이야기하려 하기도 한다.

비록 앞에서 언급한 검사반응의 질적인 특징이 수검자에 대한 중요한 정보를 준다 하더라도, 타당도 척도는 검사태도를 추정할 수 있는 일차적인 객관적 정보원이다. 제3장에서 논의한 바와 같이 문항 내용과 무관한 무효 응답을 하면 과대 및 과소 보고를 평가하는 타당도 척도의 점수가 왜곡될 수 있다(즉, 문항 내용과 무관한 무효 응답을 하지 않았다면 더 높거나 낮은 점수를 보일 수 있음). 따라서, 타당도 척도를 해석할 때 규정된 순서를 따르는 것이 중요하다.

타당도 척도를 해석하는 과정은 문항 내용과 무관한 무선반응 및 고정반응뿐만 아니라 무응답 가능성을 고려하는 것으로 시작한다. 이는 무응답(CNS), 무선반응 비일관성(VRIN) 및 고정반응 비일관성(TRIN) 점수를 살펴보는 것으로부터 시작한다. CNS 척도의 점수는 수검자가 응답하지 않은 문항의 개수를 나타낸다. 응답하지 않은 문항이 많은 경우, 우유부단함, 양가성, 혹은 의도적으로 거짓말을 하지 않으면서 자신의 부정적인 측면을 인정하지 않으려는 태도를 나타낸다. 거의 모든 문항에 대답한 수검자는 이렇게 단순하게 자신을 긍정적으로 보이려 하지는 않는 사람이다.

VRIN 척도 점수가 높은 경우는 수검자가 문항을 읽고 생각해 보지 않은 채 응답했을 가능성이 높음을 나타낸다. TRIN 척도의 점수가 높다면('그렇다' 쪽이든 '아니다' 쪽이든) 무조건 '예'라고 하거나 무조건 '아니요'라고 반응하는 경향성이 있는지 고려해 보아야 한다. CNS가 30보다 크거나 VRIN 또는 TRIN에 극단적인 상승이 있는 경우 결과를 타당하지 않은 것으로 간주하고 해석하지 않아야 한다.

문항 내용과 무관한 무효 응답이 아닌 경우 타당도 척도의 해석은 수검자가 과대 혹은 과소 보고를 했는지를 고려하는 것부터 시작한다. 비전형 척도를 통해 과대보고의 가능성을 살펴본다. 비전형 척도에는 비전형(F), 비전형–후반부(F_B), 비전형–정신병리(F_P) 및 증상 타당도(FBS) 척도가 있다. 경험적 연구를 보면 이 과정이 F 척도의 해석을 시작으로 다른 과대보고 척도를 살펴보면서 과대보고한 증상의 보다 구체적인 유형을 평가하도록 해 준다(예 : Arbisi & Ben-Porath, 1995; Steffan et al., 2010).

F 척도의 점수는 수검자가 규준 집단에 비해 어느 정도나 전형적인 병리 문항에 응답했는지를 나타낸다. 평균보다 꽤 높은 점수를 보이면 수검자가 규준 집단에게는 보통 잘 나타나지 않는 일탈행동과 태도를 상당수 인정한다는 의미이다. 수검자가 문항에 무선적으로 반응을 하거나(이 가능성을 확인하기 위해서는 VRIN을 참조해야 한다) 아니면 정서적으로 매우 혼란된 것으로 보이고자 하는 의도를 가지고 반응한 경우일 수 있다. 또 다르게는 수검자가 심각한 정서적 어려움을 겪고 있어서 MMPI-2를 통해 도움을 요청하고자 하는 경우일 수 있다. F 척도의 점수가 평균 이하라면 수검자가 규준 집단에는 전형적이지 않은 일탈된 태도나 행동을 평균 이하로 보고했음을 의미한다. 이들은 몹시 방어적일 수 있고 비현실적일 정도로 자신을 좋게 보이려고 노력하는 경우(이 가능성을 배제하기 위해서는 과소보고 타당도 척도를 참조하라)일 수도 있다. F 척도 점수가 평균 수준에 있으면 수검자가 자신에 대해 과도하게 비판적이지도 않으며, 검사 문항의 내용을 지나치게 부인하려는 경향을 보이는 것도 아님을 나타내 준다.

F 척도 점수는 검사 가운데 처음 361개 문항의 반응에 나타난 수검자의 태도가 어떠한지를 알려 주며, F_B는 검사지의 후반부에 있는 문항에 대해 유사한 정보를 제공해 준다. F_B는 표준 F 척도와 유사하게 해석해야만 한다. F_P는 심각한 정신병리 발생 비율이 높은 곳에서 과대보고를 탐지해 내기 위해 개발되었다. F 척도와 비교하여 F_P에서 매우 높은 점수(T ≥ 100)를 보이는 경우, 순수한 정신병리를 반영할 가능성은 적으며, 과대보고일 가능성이 높다. FBS에서 매우 높은 점수는 수검자가 심각한 의학적 문제가 있는 사람에게도 잘 나오지 않을 정도로 상당히 많은 수의 반응을 보고했음을 나타낸다.

일단 과대보고된 척도를 해석하고 나면 과소보고의 가능성을 고려해야 한다. 수검자는 자신들이 실제로는 경험하지 않는 문제와 어려움이 있는 것처럼 과장하거나 그렇게 보이려고 하면서 또 한편으로는 동시에 자신의 다른 측면에 대해서는 지나치게 긍정적으로 보이려 할 수 있다. 이와 같이 과대보고의 여부에 관계없이 과소보고의 가능성도 살펴보아야 한다. 이는 부인(L), 교정(K), 과장된 자기제시(S) 척도의 점수를 통해 살펴볼 수 있다. L 척도에서 평균 이상에 해당되는 점수를 보이는 경우, 수검자가 자신을 실제보다 바람직한 사람으로 보이고자 함을 시사한다. L 척도가 중등도로 상승하면 검사 결과를 해석할 때 수검자의 방어성을 고려하여 조정이 필요하다(제3장 참조). L 척도가 극단적으로 높이 상승한 경우, 검사 결과는 타당하지 않으며 그대로 해석해서는 안 된다.

　K 척도도 방어성을 나타내는 지표 가운데 하나이다. K 척도에서 평균 이상의 점수를 얻으면 수검자가 몹시 방어적이라는 것을 나타내며 평균 이하의 점수를 얻으면 방어력이 부족하고 매우 자기비판적인 태도를 보이는 것으로 해석할 수 있다. K 척도가 평균 수준에 해당되면 과도하게 방어적이지도 않고 과도하게 자기비판적이지도 않다고 볼 수 있다. S 척도에서의 높은 점수는 자신을 매우 고결하고 책임감 있으며, 심리적인 문제가 없고 결점도 거의 없으며, 다른 사람과 조화롭게 잘 지내는 사람으로 보이려는 것을 의미한다.

　타당도 척도의 형태는 검사태도를 이해하는 데 중요하다. 일반적으로 자신을 과도하게 바람직한 방식으로 보이고 싶어 하는 사람은 L, K, S 척도의 점수가 F, F_B, F_P와 FBS 척도 점수에 비해 높게 나타난다. 반대로 과도하게 자기비판적이거나 자신의 문제를 과장하고 싶어 하는 사람 혹은 둘 모두에 해당하는 사람은 L, K, S 척도 점수가 F, F_B, F_P와 FBS 척도 점수보다 유의미하게 낮은 것으로 나타난다.

　요약하면, MMPI-2를 해석하는 첫 단계는 우선적으로 수검자의 수검태도를 판단하는 것이다. 검사 결과의 타당도를 해치는 방식으로 검사를 수행하였다고 판단되면(예 : 비일관적인 반응, 과대보고, 과소보고) 더 이상 검사 점수에 대한 해석을 진행해서는 안 된다. 이런 경우 타당도 척도 외에 다른 점수를 수검자에 대한 정확한 평가로 생각해서는 안 된다. 타당하지 않은 결과는 수검자가 (a) MMPI-2 및 (b) 종합 평가의 일부로 실시한 기타 검사에 어떤 방식으로 반응했는지만을 알려 줄 뿐이다(Forbey & Lee, 2011). 타당하지 않은 결과는 또한 수검자가 보다 일반적으로 세상을 대하는 방식이 어떠한지에 관한 상위의 해석을 하는 데 필요한 정보를 제공할 수 있다. 덜 극단적인 반응 경향성이 존재하는 경우라면(예 : 방어성 혹은 과장), 검사 결과를 잠정적으로 해석할 수는 있지만 반응 경향성을 참조하여 해석의 수위를 조정하여야 한다.

적응 수준

심리적 적응 수준은 몇 가지 중요한 요소들로 구성된다. 첫째, 정서적으로 얼마나 편안한가 아니면 불편감을 느끼는가? 둘째, 갈등을 느끼고 불편감을 느끼는지에 관계없이 얼마나 일상생활의 책임을 잘 수행하고 있는가? 대부분의 사람들에게 이 두 가지 요소는 매우 밀접하게 관련이 된다. 심리적으로 편안함을 느끼는 사람은 기능을 잘하며, 기능을 잘하는 사람은 심리적으로 편안해한다. 그러나 어떤 사람들은(예 : 불안장애를 진단받은 사람들) 상당한 불편감과 혼란이 있다 하더라도 적절한 기능을 유지해 갈 수 있고, 또 어떤 사람들은(예 : 조현병이나 반사회적 성격장애를 진단받은 사람들) 정서적인 불편감을 느끼지 못해도 책임을 수행하는 데 심각한 손상을 보이기도 한다. MMPI-2는 이와 같은 적응 수준의 양 측면에 관한 추론을 할 수 있게 해 준다.

MMPI-2 척도 가운데 몇 개는 고통을 느끼는 것을 보여 주는 훌륭한 지표이다. 임상 척도 2, 우울(DEP) 내용 척도, RCd(의기소침) 및 RC2(낮은 긍정 정서) 재구성 임상 척도에서 높은 점수는 수검자가 우울하고 의기소침함을 시사한다. 임상 척도 7, 불안(ANX) 내용 척도 및 RC7(역기능적 부정 정서) 척도의 높은 점수는 수검자가 상당한 불안을 느낄 가능성이 있음을 나타낸다.

임상 척도의 전반적인 상승은 수검자가 일상생활의 요구를 얼마나 잘 대처하는지에 대한 단순하기는 하지만 중요한 지표가 된다. 일반적으로 상승한 임상 척도 수가 많을수록(또 상승 정도가 높을수록) 심각한 정신병리 및 기능손상이 나타날 가능성이 높다. 척도 상승의 지표는 8개 임상 척도(척도 5와 0 제외)의 평균 T 점수를 계산하여 산출할 수 있으며, 평균 점수가 높을수록 대처를 잘하지 못하고 있다는 것을 나타낸다. Graham 등(2002)은 이와 같은 간단한 지표가 정신건강센터에서 접수 면접자와 치료자가 평가한 내담자의 적응과 강력한 상관이 있음을 보여 주었다.

몇몇 다른 MMPI-2 척도의 점수도 대처와 관련이 있다. Welsh의 불안(A) 척도 및 RCd 척도 점수가 높고 자아강도(Es) 척도 점수가 낮으면 그리 잘 대처하고 있지 못할 가능성이 높다. RC2 척도는 세상과 긍정적인 정서적 관계를 맺지 못하는 사람을 나타낸다. 척도 7과 RC7 척도는 불안, 성마름, 기타 형태의 정서적 반응성을 재는 훌륭한 측정치이다.

정서적 고통 및 효과적인 대처능력이 저하되었다는 증거가 있다면 MMPI-2에 급성적인 자살 사고의 징후가 있는지를 검토하는 것이 특히 중요하다. 자살 사고(DEP4) 내용 소척도는 그 지표 중 하나이다. 또한 자살 사고와 자살행동을 명시적으로 다루는 몇몇 문항(즉, 303, 506, 520, 524, 546번 문항)에 대한 반응을 검토하기를 권한다. 보통은 모척도가 상승하지 않았다면 내용 소척도를 해석하지 않아야 한다, 개별 문항에 대한 반응을 해석할 때는 매우 신중하게 주의를 기울여야 한다. 그러나 이들 지표는 명백히 자살 가능성에 대한 우려를 나타내는 것이기 때문에 이러한 경우는 일반적인 관행에서 예외라고 생각한다. 자살 위험을 평가하기 위해 MMPI-2를 사용할 수 없지만 이들 지표가 나타나는 경우는 자살 위험 평가를 시행할 것을 권고한다.

성격특질과 행동특성

해석 절차의 다음 단계는 수검자의 전반적인 특성을 잘 이해할 수 있도록 증상, 성격특질, 태도, 방어기제 등을 자세히 기술하는 것이다. 비록 모든 검사 결과가 다음 목록에 제시되어 있는 모든 것을 추론할 수 있는 것은 아니지만 필자는 일반적으로 다음 각 항에 대한 기술을 해 주거나 추론을 하려고 노력하는 편이다.

1. 증상
2. 주요 욕구(예 : 의존 욕구, 성취 욕구, 자율성 욕구)
3. 환경에 대한 지각, 특히 수검자의 삶에서 중요한 타인에 관한 지각
4. 스트레스에 대한 반응방식(예 : 대처 전략, 방어기제)
5. 자기개념
6. 정서 조절
7. 대인관계
8. 심리적 자원

이와 같이 행동 및 성격의 다양한 측면에 대한 추론을 할 때는 주로 상승 척도 쌍과 개별 임상 척도, 내용 척도, 재구성 임상 척도, PSY-5 척도 및 보충 척도의 점수를 분석하여 추론을 한다. MMPI-2에서 개별 척도에 기초하여 해석을 하는 것보다는 이미 정의가 잘 내려져 있는 척도 쌍을 바탕으로 해석할 때 각 수검자에게 적절하게 적용할 수 있기 때문에, 보통 특정 유형의 상승 척도 쌍을 보이는지를 살펴보는 것부터 시작한다. 만약 상승 척도 쌍이 있으면 상승 척도 쌍에 해당되는 추론을 만들어 낸다. 상승 척도 쌍에 있는 척도들의 점수가 높으면(T≥65), 성격특성과 관련되는 것뿐 아니라 증상과 관련되는 해석도 이끌어 내야 한다. 그러나 상승 척도 쌍의 각 척도 점수가 T 점수 60~65점 사이라면 성격특성에 관한 해석을 강조하고 정신과적 증상과 관련된 해석은 하지 않는다.

다음으로 각 임상 척도를 살펴보고 점수가 높아서 해석해야 할 것이 있는지를 확인한다. 상승 척도 쌍이 확인되면, 척도 쌍을 이루는 개별 임상 척도를 각각 해석해서는 안 된다. 그러나 그 밖의 임상 척도 가운데 점수가 높아서 해석이 필요한 것이 있는지를 살펴보아야 한다.

전형적으로 임상 척도에서 높은 점수를 받으면 다양한 내용의 추론을 할 수 있다. 어떤 한 척도에 관해 추론할 수 있는 내용 모두가 그 척도에서 높은 점수를 받은 사람 모두에게 해당되는 것은 아니다. 예를 들면, 척도 4에서 높은 점수를 보인 사람은 가족 문제, 반사회적 행동, 부정적인 정서(예 : 우울과 걱정)를 보인다고 추론할 수 있다. 기타 다른 MMPI-2 척도를 살

펴보면 그 임상 척도에서 높은 점수를 보인 것이 어떤 의미인지 분명해지기도 한다. Harris-Lingoes 소척도(제6장 참조)를 살펴보면, 다른 여러 가지 가능성도 있지만 몇 가지 추론에 더 집중적으로 초점을 맞출 수 있다. 예를 들어, Pd2(권위 불화) 소척도 점수가 높아서 척도 4의 점수가 상승한 경우라면, 반사회적 측면에 좀 더 초점을 맞추어야 한다. 그러나 척도 4의 상승이 Pd1(가정 불화) 소척도 점수가 상승한 때문이지 Pd2 소척도 점수 때문이 아니라면, 가족 문제와 관련되는 해석에 좀 더 초점을 맞추어야 한다. Harris-Lingoes 소척도가 서로 매우 유사한 점수를 보인다면, 이 척도들은 임상 척도 상승의 의미를 확실히 하는 데 도움이 되지 않는다. Harris-Lingoes 소척도는 모척도인 임상 척도의 해석을 명확히 하기 위해서만 사용되어야 한다. Harris-Lingoes 하위 척도 점수가 높지만 모척도인 임상 척도가 상승하지 않았다면, Harris-Linges 하위 척도는 해석해서는 안 된다.

재구성 임상 척도 또한 어디에 초점을 두어 임상 척도를 해석할지에 도움이 될 수 있다 (Sellbom, Ben-Porath, McNulty et al., 2006). 임상 척도(예 : 척도 4)가 상승하고 그에 상응하는 재구성 임상 척도(예 : RC4 척도) 역시 상승하였다면 임상 척도의 핵심적 구성개념(예 : 반사회적 행동)에 초점을 맞추어서 해석해야 한다. 그러나 임상 척도 점수는 상승하였지만 재구성 임상 척도 점수가 높지 않다면, 임상 척도는 수검자가 의기소침과 관련된 문항에 더 많이 반응을 보였기 때문이지 핵심 구성개념과 관련되어서 상승한 것이 아닐 가능성이 높다. 이런 경우, 의기소침(RCd) 척도 점수도 높을 거라고 예상할 수 있다. 때때로 재구성 임상 척도 점수는 높은데 임상 척도 점수는 상승하지 않는 경우가 있다. 이때는 재구성 임상 척도 점수의 상승이 그 척도가 재고 있는 핵심적인 구성개념에만 초점을 맞추고 있다는 것을 시사한다. RC 척도에 상응하는 임상 척도의 점수가 높지 않다면, 이는 개인적으로 심리적 고통을 많이 느끼고 있지 않기 때문일 수 있고, 의기소침 척도도 높지 않을 거라고 예상할 수 있다.

내용 척도 또한 임상 척도의 높은 점수가 어떤 의미를 갖는지 명료화하는 데 사용될 수 있다. 다시 한번 척도 4가 상승한 예로 돌아가서 생각해 보자. 이는 반사회적 특성, 가족 문제, 혹은 부정적인 정서로도 해석할 수 있다. 반사회적 특성(ASP) 내용 척도가 높은 경우는 척도 4의 상승을 반사회적인 내용에 초점을 맞추어서 해석해야 한다. 그러나 반사회적 특성 내용 척도가 그리 높지 않고 가정 문제(FAM) 내용 척도가 상승하였다면, 이를 가족 문제와 관련되는 것으로 해석해야지 반사회적 특성으로 해석해서는 안 된다.

내용 소척도는 내용 척도의 점수가 높을 때 해석의 초점을 맞추는 데 도움이 될 수 있다. 임상 척도에서 Harris-Lingoes 임상 소척도가 했던 역할처럼 내용 소척도는 특정 내용 척도가 높은 경우 어떤 증상 및 행동특성을 보일 것인지 분명하게 밝혀 줄 수 있다. 예를 들어 분노(ANG) 내용 척도의 점수가 상승하였는데, 성마름(ANG2) 내용 소척도의 점수보다 폭발적 행동(ANG1) 내용 소척도의 점수가 높다면, 분노 척도를 해석할 때는 분노 조절과 관련된 문제를 집중적으로 해석해야 한다. 그러나 만약 분노 내용 척도가 상승하면서 ANG1 내용 소척도보다 ANG2 내용 소척도의 점수가 상승하였다면, 분노 조절의 문제는 덜 중요하게 된다. Ben-Porath와 Sherwood(1993)는 내용 척도가 T 점수 60점 이상으로 상승하고 내용 소척도 점수 사이의 차이가 적어도 T 점수 10점 이상일 때에만 내용 소척도를 해석해야 한다고 강조하였다. 앞서 Harris-Lingoes 소척도에서도 언급했듯이 내용 소척도도 그 한 가지만으로 해석을 하는 데 사용되어서는 안 된다.

　보통 해석과정에서 이 부분은 여러 가지 추론의 가능성을 제공한다. 일부 MMPI-2 척도는 서로 독립적이지 않기 때문에 추론이 상당히 겹칠 수 있다. 중요한 것은, 이러한 중복이 MMPI-2 척도의 상호 상관이 높아서 발생하는 현상이기 때문에 특정 추론이 만들어지는 횟수가 많다고 해서 특정 영역에서 수검자의 어려움이 심각하다고 해석해서는 안 된다는 것이다. 오히려 증상의 심각성에 대한 정보는 그러한 추론이 나온 척도 점수가 어느 정도로 상승하였는가에 반영되어 있다(즉, T=65보다 얼마나 높은 점수인지).

　처음에는 여러 가지 추론들 사이에 불일치를 보일 수 있다. 우선, 불일치의 이유가 수검자의 성격 및 행동의 각기 다른 측면을 정확하게 반영하고 있기 때문일 가능성을 고려해야 한다. 예를 들어 척도 2와 4가 모두 상승한(T≥65) 프로파일을 생각해 보자. 척도 2는 타인의 욕구나 감정에 민감하다는 것을 시사하는 반면, 척도 4는 타인의 욕구나 감정에 둔감하다는 것을 나타낸다. 한 사람이 때에 따라 두 가지 특성을 모두 보일 수 있다. 사실 24/42 상승 척도 쌍에 관한 연구들은 이 유형의 사람들이 타인에게 굉장히 민감한 시기와 타인에게 전반적으로 무감각한 시기를 번갈아 나타내는 경향이 있음을 보여 준다.

　때때로 추론의 불일치가 앞의 예처럼 쉽게 해소되지 않을 수도 있다. 이러한 경우 임상가는 가장 자신 있는 추론으로 결론을 내려야 한다. 일반적으로 상승 척도 쌍에 따른 추론이 단일 척도 상승에 따른 해석보다 더 정확할 것이다. 단일 척도에서 나타나는 특징에 관한 추론보다는 여러 개 척도에서 이끌어 낸 추론이 보다 믿음이 간다. 그러나 2~3개 척도에 바탕을 둔 유사한 추론은 문항이 겹쳐서 나타난 것일 가능성을 고려해야만 한다. 매우 높은 점수에 바탕을 둔 추론은 중등도로 높은 점수에 근거한 추론보다는 더 강조되어야 한다. 마지막으로 어떤 특성을 평가하기에 타당하다는 증거가 보다 확실한 척도에서 나온 추론이라면 좀 더 강조해서 해석할 수 있다. MMPI-2에 익숙하지 않은 초심자라면 척도 점수의 상대적 타당성에 대한 정보가 별로 없겠지만 사용자가 이 검사에 대해 알게 될수록 상대적 타당성에 대한 더 많은 정보도 얻을 수 있을 것이다.

수검자에 관한 추론 가운데 어떤 것은 척도 점수 혹은 상승 척도 쌍으로부터 직접 도출된 것이 아니다. 오히려 수검자에 대한 기본적인 이해에 바탕을 두고 고도의 추론을 해서 얻어진 것이다. 예를 들면 MMPI-2 척도 가운데 어떤 점수도 직접적으로 자살 시도를 예언해 주지는 못한다. 그러나 MMPI-2 점수가 심각한 우울, 안절부절못함, 사회적 고립, 빈약한 문제 해결을 추론할 수 있는 내용이라면 자살 시도에 대하여 당연히 생각해 보아야 할 것이다.

진단적 인상

정신과적 진단의 유용성에 대해 많은 임상가들이 의문을 제기해 왔지만 검사를 의뢰하는 사람들은 흔히 진단적인 정보를 요청한다. 게다가 보험 지급 청구나 장애상태, 혹은 권한상태 등을 확인하는 목적을 위해서는 진단을 내리는 것이 필수적이기도 하다. 앞 장의 해석에 관한 내용 가운데 많은 부분이 개별 임상 척도나 상승 척도 쌍에 대한 진단적인 추론을 제시하고 있다. 진단에 해당하는 추론은 상승 척도 쌍과 개별 척도의 점수를 고려하면서 초기에 기록할 것이다. 단순히 MMPI-2 자료에만 의지해서 진단을 내릴 수는 없다는 점을 명심하여야 한다. 대부분 진단 준거는 검사 자료로부터 얻을 수 없는 정보(예 : 증상이 시작된 연령, 문제 행동이 이전에 있었는지)를 포함하고 있다. MMPI-2의 자료와 가장 일치하는 진단을 결정하고 나서 그 사람에 관해 이미 알고 있는 기타 모든 배경 정보를 가지고 가능한 진단을 생각해 보아야 한다.

진단적 목적으로 MMPI-2를 사용하는 데 있어서 임상가는 진단적 추론에 관한 대부분의 연구가 원판 MMPI에 기초한 것임을 염두에 두어야만 한다. 그러나 원판 MMPI와 MMPI-2 사이에 연속성이 있기 때문에 원판 MMPI에 바탕을 둔 자료가 MMPI-2에도 적용될 수 있다. 또한 MMPI 원판의 자료와 진단과의 관계를 살펴본 연구들은 대부분 DSM-5(American Psychiatric Association, 2013)가 출판되기 이전에 이루어졌다는 점도 중요하다. 특정 점수나 프로파일 형태에 대한 진단적 추론을 제시하는 경우, 기존 진단명을 최신의 것으로 바꿔야 한다.

치료적 함의

대부분 평가의 일차적 목표는 치료에 도움이 되는 권고를 하는 것이다. 때때로 자원이 부족하여 치료 수요를 따르지 못할 때, 특정한 사람을 치료에 받아들일 것인지 여부를 결정해야 하기도 한다. 이와 같은 결정을 할 때는 그 사람이 치료를 얼마나 필요로 하는지, 또한 치료에 얼마나 지속적으로 참여하고 바람직한 방향으로 치료에 반응할 수 있는지를 임상적으로 판단할 필요가 있다. 여러 치료 절차가 가능하다면 평가는 어떤 치료가 가장 효과적인지를 결정하는 데 도움을 줄 수 있어야 한다. 이러한 평가를 하지 않았는데 특정한 치료를 받게 되리라는 결정이 내려지면, 평가를 통해 치료에서 고려해야 할 문제 영역에 관한 정보를 제공하고, 치료자(혹은 기타 치료에 참여하는 사람)에게 치료 진행을 촉진하거나 방해할 수 있는 개인적 자산이나 단점 등에 주의를 기울이도록 하면 도움이 될 수 있다. MMPI-2는 치료의 여러 측면에 필요한 정보를 제공해 줄 수 있다. Butcher(1990b)와 Finn(1996, 2007)은 MMPI-2가 치료에 얼마나 유용할 수 있는지를 흥미롭게 기술하고 있다. Poston과 Hanson(2010)의 메타분석 결과를 보면 치료 절차로서 심리평가는 긍정적인 치료효과를 가져오고 치료과정을 촉진한다.

상승 척도 쌍과 개별 척도 점수로부터 이끌어 낸 추론은 치료 시 고려사항에도 직접적으로 적용된다. 특히 중요한 것은 타당도 척도 점수의 패턴이다. 방어적인 타당도 척도 유형(L, K, S 척도의 점수가 F군 척도의 점수보다 훨씬 높은 것)은 수검자가 자신의 문제나 증상에 대해 이야기하고 싶어 하지 않으며, 치료를 받지 않을 가능성이 높다는 것을 시사한다. 반대로 F군 척도의 점수가 L, K, S 척도 점수보다 훨씬 높은 수검자는 자신의 문제나 증상, 정서적인 고통을 인정할 가능성이 높다. 이러한 사람은 치료를 시작하고 자신의 문제에 대해 이야기하려는 동기도 높을 가능성이 있다.

주관적 고통과 정서적 혼란을 나타내는 MMPI-2 지표들은 치료 계획에도 활용할 수 있다. 일반적으로 심리적 고통이 클수록 치료를 받아들일 가능성이 높으며, 좋아지기 위해서 치료를 받는 데 드는 노력이나 불편을 견디어 내려고 할 것이다. 심리적 고통의 일차적 지표는 임상 척도 2와 7, 우울, 공포, 불안과 같은 내용 척도, RCd, RC2, RC7 재구성 임상 척도, Welsh의 불안(A) 척도이다.

잘 알려진 상승 척도 쌍 및 개별 척도에서 높은 점수를 받으면 치료에 적절한 부가적 정보를 알 수 있으며, 여기서 나온 추론은 그 정보의 출처를 고려하면서 해석 초기 단계에 기록해 놓는다. 예를 들어, 척도 4의 점수가 높으면 보통 자신이 겪고 있는 어려움에 대한 책임을 인정하지 않으며, 보다 불쾌한 환경을 피하기 위해서만 치료에 동의할 수 있고, 성급하게 치료를 중단하는 경향이 있다. 반면, 27/72 상승 척도 유형의 사람은 정서적인 고통 때문에 치료에 동의하고 오래도록 치료를 받는 경향이 있으며, 느리지만 안정적인 진전을 보일 거라고 생각할 수 있다. 이들은 상승 척도 쌍과 개별 척도를 살펴보면서 만들어 낸 치료와 관련된 몇 가지 추론일 뿐이다.

　MMPI-2의 척도 가운데 몇몇은 치료에 관한 정보를 제공하기 위해 개발되었다. 자아강도 (Es) 척도는 심리치료에 대한 반응을 예측하기 위해 만들어졌다. 자신의 문제를 인정하고 자 발적으로 치료를 받으러 온 사람을 치료하는 경우, Es 척도 점수가 높으면 개인 심리치료에 대한 반응이 더 좋으리라는 것을 의미한다. 그 밖의 사람들과 치료 절차에 있어서는 Es 척도 점수와 치료 결과 사이의 관계가 분명하지 않으나 일반적으로 Es 척도 점수가 높으면 치료에 서 사용되는 심리적 자원이 보다 많은 것으로 해석할 수 있다. 그러나 MMPI-2에 방어적인 방식으로 접근해 가는 사람은 비교적 높은 Es 점수를 보이더라도 치료에 대한 예후가 좋다고 해석하기는 어렵다는 점을 주의해야 한다. 또한 문제나 증상을 과장하는 사람은 매우 낮은 Es 점수를 보일 수 있지만 이것이 반드시 나쁜 예후를 시사하는 것은 아니다.

　부정적 치료 지표(TRT) 내용 척도는 심리치료에 대한 부정적 반응의 지표가 되는 태도를 예측하기 위해 만들었다. TRT 척도에서 높은 점수를 받는 사람은 자신이 처한 상황을 변화 시킬 수 없거나 그러고 싶어 하지 않으며, 긍정적인 변화 가능성에 대해 비관적이고 다른 사 람에게 자신의 문제를 이야기하기 불편해하며, 치료에 협조적이지 않고 경직된 사람임을 시 사한다. TRT 척도를 사용하는 데 있어서 문제점은 이 척도의 점수가 전반적인 부적응과 강 한 관련이 있으며, 특히 우울 및 의기소침과 깊은 관계가 있다는 점이다. 그러므로 우울하거 나 의기소침해 있거나 일반적인 부적응을 보이는 사람은 TRT 척도가 상승할 수 있으며, 이 것이 반드시 치료에 대한 부정적 태도를 나타내는 것은 아닐 수도 있다.

　치료에 관해 이루어지는 많은 추론이 특정 MMPI-2 척도의 점수나 상승 척도 쌍으로부터 직접적으로 이루어지는 것은 아니다. 오히려 이미 수검자에 관해 세워 놓았던 다른 추론들 에 바탕을 두고 고도의 추론을 해 낸 결과이다. 예를 들어, MMPI-2 결과에서 수검자가 정서 적인 혼란에 빠져 있다고 추론했다면, 더 나아가서는 이 사람이 심리치료를 받으며 변화하 고자 하는 동기가 높을 가능성이 있다고 추론해 볼 수 있다. 반면, 어떤 사람이 자신의 행동 에 대한 책임을 잘 받아들이지 못하며, 자신의 단점이나 문제에 대해 타인을 비난하려는 특 성이 있다고 추론하면, 전통적인 심리치료에 대한 예후는 매우 나쁠 것이다. MMPI-2 점수 에서 피암시성이 매우 강한 것으로 기술된 사람은 통찰 지향적인 치료보다는 지시적인 충고 에 보다 바람직한 방향으로 민감하게 반응하기 쉽다. 반사회적 특징을 보이며(척도 4, 9 상 승에 기초해), 감옥 대신에 치료를 받으러 온 사람은 치료를 조기에 종결할 가능성이 높다. 치료와 관련된 고도의 추론을 내린 예는 이 밖에도 많다.

의뢰 사유

이제까지 다루었던 해석 전략은 MMPI-2를 시행한 임상가가 수검자에 대해 가능한 한 많은 의미 있는 추론을 이끌어 내는 데 도움을 주기 위한 것이다. 그러나 특정한 의문사항이나 문제를 다루기 위한 평가과정의 일부로 MMPI-2를 시행하는 경우도 흔하다. 예를 들어 법정에서 명령한 평가는 재판을 받을 자격이 되는지를 묻기도 하고, 경찰청에서는 어떤 지원자를 선발할 것인지 추천을 원하기도 한다. 혹은 환자가 자살 가능성이 있는지 의견을 알고 싶어 할 수도 있다. 이와 같은 구체적인 의문사항이나 예측을 직접 다룰 수 있어야 MMPI-2의 해석이 유용하다고 할 수 있다. 때때로 MMPI-2 자료는 이러한 쟁점에 직접적으로 관련되기도 한다. 예를 들어, 물질 남용 척도(MAC-R, AAS)의 점수를 통해 음주 혹은 기타 약물 문제에 관해 살펴볼 수 있다. 때때로 여러 가지 다양한 MMPI-2 자료들을 임상적으로 통합하여 2차적인 추론을 함으로써 이러한 문제에 대한 결론을 도출해 내기도 한다.

MMPI-2 결과를 평가에 통합하기

MMPI-2의 해석이 완료되면 MMPI-2에 기반한 수검자에 관한 추론은 평가가 진행되는 동안 얻은 다른 정보와 통합해야 한다. 이 과정은 MMPI-2에 기반한 수검자에 관한 추론을 면접 자료가 포함된 그 밖의 다른 정보 출처에서 얻은 정보와 비교하는 것으로 시작한다. 이상적으로 생각하면 임상가는 MMPI-2 결과가 다른 출처에서 얻은 정보에 수렴하는 것을 볼 수 있다. 그러나 항상 그런 것은 아니다. MMPI-2로만 이끌어 낸 추론은 여러 정보원에서 일관되게 도출된 결과에 비해 더 높은 가중치를 부여해서는 안 된다. 게다가 여러 정보 출처에서 얻은 결과와 MMPI-2의 추론이 불일치하면 이를 기록해야 한다. 임상가는 일관되지 않거나 서로 다른 결과에 대한 설명을 숙고해야 하며, 보고서에 이러한 문제에 대한 추론을 요약해 놓아야 한다. 평가 정보를 통합하는 과정은 경험적으로 이끌어 낸 절차를 사용하고 있으며, 이에 대한 추가적인 세부사항은 Suhr(2015)에서 찾아볼 수 있다.

전산화된 해석

전산으로 검사를 실시하고 채점하는 서비스에 더하여 검사 보급사인 Pearson Assessments는 다양한 분야(예 : 정신건강, 의료, 법정, 인사관리 분야)에서 사용할 수 있는 전산화된 해석 보고서를 제공한다. 각 보고서에는 다수의 MMPI-2 척도 프로파일과 점수가 포함되어 있을 뿐 아니라 그 점수를 받은 사람의 특징을 서술해 높은 기술문이 포함되어 있다. 보고서에 나와 있는 내용은 숙련되고 지식이 풍부한 임상가의 추론을 제시하고 있으며 그 내용마다 경험적 연구의 기반이 다양하다는 것을 이해해야 한다. 보고서는 보다 포괄적인 평가의 일부로 유용하게 쓸 수 있다.

MMPI-2의 자동 해석은 전산화된 실시 및 채점만큼 쉽고 간단하지 않다. 해석은 해석 프로그램을 개발한 전문가가 다양한 MMPI-2 점수 및 점수 양상에 대해 작성해 놓은 것이다. 일단 채점 결과가 해석 프로그램에 입력되면 소프트웨어는 이전에 그 점수 및 양상에 적절하다고 확인된 모든 해석을 찾아낸다. 그런 다음 이러한 해석을 사용자에게 제시한다.

컴퓨터에 기반한 검사나 해석을 사용하는 데 대한 지침이 있다. 그 지침은 미국심리학회가 만든 윤리강령(American Psychological Association, 2017) 및 심리 측정과 평가의 지침(American Psychological Association & APA Task Force on Psychological Assessment and Evaluation Guidelines, 2020)을 반영하고 있으며, 미국교육연구협회, 미국심리학회 및 국립교육측정심의위원회가 공동으로 개발한(American Educational Research Association, American Psychological Association, & National Council on Measurement in Education, 2014) 교육 및 심리검사의 기준(Standards for Educational and Psychological Testing)을 반영하고 있다. 전반적으로, 이들 지침에는 전산화된 보고서의 개발자가 전산화된 버전과 기존 버전의 등가성을 입증하여야 할 책임이 있다는 것을 명시하고 있다. 검사 점수에 대한 해석을 개발한 사람은 검사 점수로부터 어떤 방식으로 해석이 도출되는지, 해석이 어느 정도나 양적인 연구 혹은 임상 소견에 기반하고 있는지를 명시해야 한다. 해석 보고서의 표현이 임상 전문가의 소견에 근거한 경우, 사용자는 소견의 신뢰성을 가늠할 수 있는 정보를 알 수 있어야 한다. 개발자는 자격을 갖춘 전문가에게 해석 서비스를 학술적으로 검토하는 데 필요한 모든 정보를 제공해야 한다.

이 지침은 또한 전산화된 실시나 해석을 이용하는 경우, 모든 책임이 전문가에게 있음을 명시하고 있다(American Educational Research Association, American Psychological Association, & National Council on Measurement in Education, 2014; American Psychological Association, 2017; American Psychological Association & APA Task Force on Psychological Assessment and Evaluation Guidelines, 2020). 사용자는 검사 점수와 해석을 도출하는 데 사용한 방법을 알고 있어야 하며, 검사에 충분히 익숙해짐으로써 검사가 그것을 사용하는 목적에 부합하는지를 평가할 수 있어야 한다. 사용자는 검사과정 전반의 상황과 수검자의 수행 및 특성에 대한 전문지식을 기반으로 전산화된 검사 보고서의 타당성을 판단해야 한다. 분명히, 전산화된 검사 서비스의 개발자들과 이를 사용하는 임상가는 검사 결과가 타당하고 적절하게 사용되었다는 것을 확인할 책임을 공유한다.

사례

앞에서 언급한 해석 전략을 예시하기 위하여 실제 사례(Jeff)를 살펴보고 MMPI-2의 결과를 단계적으로 분석하는 과정을 제시하겠다. 연습을 위하여 독자들은 Jeff의 점수를 해석하고 이를 다음에 제시된 해석과 비교해 볼 수도 있다. Jeff의 점수는 이 장의 부록에 있는 총괄 점수 보고서에 제시되어 있다.

배경 정보

Jeff는 24세 백인 남자이다. 미혼이며, 결혼한 누나 가족과 같이 살고 있다. 평균 이하에 해당되는 학점을 받고 고등학교를 졸업하였다. 학교에서 문제를 일으킨 적은 없다. 스포츠나 학교에서 하는 기타 활동에 참여하지 않았으며, 친한 친구도 없었다. 이성과도 진지하게 사귄 적은 없다. 고등학교를 마친 후 패스트푸드점이나 주유소에서 여러 가지 일을 하였고 현재는 실업상태이다.

　Jeff가 지역사회 정신건강센터에서 도움을 받고자 하였을 때 MMPI-2를 실시하였다. 그는 협조적이었으며, 약 90분에 걸쳐 MMPI-2를 완성하였다. Jeff는 이전에 정신건강 서비스를 받은 적이 없고, 지역 병원의 응급의가 그를 정신건강센터에 의뢰하였다. 과음을 하면서 많은 양의 아스피린을 먹었고 응급실에서 응급처치를 받은 후 퇴원하였다. Jeff는 자신이 점점 심란해지다가 나중에는 우울해한다고 인정하였으며, 그의 누나는 전문적인 도움을 받으라고 권유하면서 그의 접수 면접에 동행하였다.

수검태도

Jeff가 MMPI-2를 완성하는 데 걸린 시간은 정신과 외래 환자들의 평균 정도였다. 이는 그가 과도하게 우유부단하거나 충동적이지는 않다는 것을 나타내 준다. 응답을 안 한 문항은 없었다. 이는 그가 협조적이며, 자신의 바람직하지 않은 모습을 피하기 위해 응답을 하지 않는 단순한 방식을 사용하는 사람은 아님을 나타낸다(CNS＝0). 무선반응 비일관성(VRIN) 척도의 T 점수는 46점으로 무선적으로 반응하지는 않았으며, 고정반응 비일관성(TRIN) 척도의 T 점수는 50점으로 모두 '그렇다' 혹은 모두 '아니다'로 반응한 것도 아님을 보여 준다. 문항 내용과 무관한 무효 응답은 문제가 되지 않으므로 다음 단계로 과대반응 혹은 과소반응이 있는지 판단한다.

과대보고는 F 척도로부터 시작한다. Jeff의 T 점수는 55점으로 평균보다 약간 높지만 외래 정신건강 서비스를 받으려는 사람에게는 주목이 필요한 정도의 반응은 아니다. F 척도 점수가 과대보고 반응 경향성이나 그 밖에 결과의 타당성을 위협하는 다른 수검태도를 의심할 정도로 높지는 않다. 비전형-후반부(F$_B$) 척도 T 점수는 71점으로 규준 표본에 있는 사람보다 검사지의 전반부에 비해 후반부에 있는 문항들에서 보다 많은 문항에 채점이 되는 방식으로 반응하였음을 시사한다. 그러나 검사 결과가 타당하지 않다고 할 정도로 높은 수준은 아니다. 비전형-정신병리(F$_P$) 척도의 T 점수는 41점으로 평균 이하 수준이며, 과대보고는 시사되지 않는다. FBS T 점수는 59점으로 신체증상 호소의 평균 수준보다 다소 높음을 시사하지만 무효 응답이라고 보기는 어렵다.

다음으로 과소보고의 가능성을 고려해 보자. L 척도의 T 점수는 48점으로 평균을 약간 밑돌고 있어서 실제 가지고 있지 않은 긍정적 특성이나 미덕을 주장하지는 않는다. S 척도의 T 점수는 41점으로 평균 이하여서, 자신을 매우 도덕적이고 책임감 있으며, 심리적인 문제가 없는 사람으로 보이고자 노력하고 있지는 않다. K 척도의 T 점수는 41점으로 방어적이지 않다. 사실 그는 문항에 대한 반응을 할 때 다소 자기비판적인 편이었는데, 이는 자발적으로 정신건강에 대한 도움을 받고자 하는 사람들에게는 일반적이다.

요약하면, Jeff는 정직하고 개방적인 태도로 MMPI-2에 반응하였으며, 몇 가지 증상과 문제행동을 인정하고 있다. 문항 내용과 무관한 무효 응답이나 과대보고, 혹은 과소보고를 하고 있지는 않다. 따라서, 주요 내용을 평가하는 다른 MMPI-2 척도에 대한 해석을 진행할 수 있다.

적응 수준

MMPI-2의 몇몇 척도는 심리적 고통을 나타내는 훌륭한 지표이다. 임상 척도 2(T=81), DEP 내용 척도(T=77), RCd 척도(T=79)의 상승은 Jeff가 우울하고 의기소침해 있음을 시사한다. 임상 척도 7(T=77), ANX 내용 척도(T=80), RC7(T=77)에서 점수가 상승한 것도 Jeff가 상당한 불안을 느끼고 있으며, 주의집중에 어려움을 느끼고 있음을 나타낸다. 임상 척도에서 전반적인 평균의 상승은 (척도 5와 0 제외) Jeff가 일상생활의 요구에 잘 대처하지 못하고 있는 정도를 보여 주는 단순하지만 의미 있는 지표이다. 63.8이라는 Jeff의 평균 점수(총괄 점수 보고서에 나타난 프로파일 상승 정도로 표시됨)는 그가 평균적인 사람보다 대처에 어려움을 느끼며 중요한 기능 측면들이 손상을 보일 가능성이 있음을 시사한다. 몇몇 다른 MMPI-2 척도의 점수도 대처와 관련이 있다. Welsh의 A(T=81) 및 RCd(T=79)에서 높은 점수는 잘 대처하지 못하고 있음을 나타낸다. Es 척도에서 매우 낮은 점수(T=30)는 자신의 일상생활에 대처하기 위한 심리적 자원이 제한되어 있다는 것을 나타낸다. 자살 사고와 자살행동에 대한 간략한 검토를 통해 Jeff가 DEP4 내용 소척도에서 단일 문항(자살 사고)에 반응했음을 알 수 있다(T=62). 그 외에는 명백한 자살 내용을 포함하는 개별 문항을 인정하지 않았다. 요약하면 Jeff는 상당한 정서적 고통을 느끼며 그리 효과적으로 대처하지 못하고 있는 것으로 보인다.

성격특질과 행동특성

이쯤에서 MMPI-2 점수를 가지고 Jeff에 관한 여러 가지 추론을 해 보고자 한다. 추론을 할 때는 첫 단계로 Jeff의 결과 프로파일에서 해석 가능성이 있는 상승 척도 쌍이 있는지 살펴보고, 상승 척도 쌍이 있다면 상승 척도 쌍에 관한 추론을 한다. 보통 해석이 잘 나와 있는 가장 복잡한 상승 척도 쌍에서부터 해석을 시작하는 것이 가장 좋다. 척도 5와 0을 제외하면 Jeff의 결과에서 가장 높이 상승한 임상 척도 세 가지는 척도 2, 7, 6(순서대로)이다. 척도 6(세 번째로 상승한 척도)과 척도 3(네 번째로 상승한 척도)은 T 점수가 5점 이상 차이를 보이지 않기 때문에 전형적인 3개의 상승 척도 쌍은 없으며, 따라서 가장 높이 상승한 이 세 가지 척도 쌍에 바탕을 둔 추론은 하지 않는다. 그러나 척도 7(두 번째로 상승한 임상 척도)과 척도 6(세 번째로 상승한 임상 척도)의 점수차가 T 점수 9점이므로 Jeff는 두 쌍 상승 척도 쌍을 보인다.

27/72 상승 척도 쌍

이 상승 척도 쌍은 정신건강 서비스를 받는 외래 환자에서 가장 일반적이며, 관련되는 정보가 풍부하다. 상승 척도 쌍에서 2개의 척도가 꽤 높이 상승하고 있고 상승 척도 쌍이 잘 정의되어 있다. 그러므로 상승 척도 쌍을 바탕으로 한 해석이 잘 들어맞을 가능성이 높다고 확신할 수 있다. 상승 척도 쌍에 포함된 척도가 매우 높이 상승해 있으므로, 일반적으로 이 상승 척도 쌍에서 나타나는 것으로 알려진 증상이나 성격특성에 대한 모든 추론을 할 수 있다.

Jeff에 대해서는 27/72 상승 척도 쌍에 대한 해석을 바탕으로 여러 가지 추론을 해 볼 수 있다. Jeff는 체중이 감소하고, 행동이 느려지며, 사고과정도 느려지는 등의 임상적인 우울 증상을 보고하고 있다. Jeff는 세상에 대한 견해가 극히 비관적이며, 자신의 문제를 극복할 가능성에 대해서 특히 비관적으로 보고 있고 많은 시간을 들여 자신의 문제를 곰곰이 생각하는 경향이 있다.

Jeff는 또한 불안 증상을 보고하고 있다. 불안하고, 신경과민이며, 긴장하고, 극도로 예민하며, 흥분하기 쉬운 상태일 가능성이 있다. 과도하게 걱정하며, 실제적이건 상상이건 위협에 취약하다. 문제가 발생하기 전에 문제를 예상하며, 사소한 스트레스에도 과도한 반응을 보인다. 모호한 신체증상과 피로, 피곤함, 탈진 등을 호소할 가능성이 높다.

Jeff는 성취 욕구가 강하고 성취를 인정해 주기를 바라는 마음이 강하다. 자기 자신에 대한 기대 수준이 높고, 목표를 성취하지 못했을 때 죄책감을 느끼기 쉽다. 우유부단하며, 부적절감, 불안정감, 열등감을 품고 있다. 그는 자기처벌적이며, 생활에서 겪는 문제들에 대해 자신을 비난한다. 사고와 문제 해결 방식이 경직되어 있으며, 일상생활 하나하나에 지나치게 꼼꼼하고 완벽주의적이다. 매우 종교적이며 도덕적이기도 하다.

Jeff는 타인과의 관계에서 유순하고 수동-의존적인 편이다. 사실상 적절하게 자기주장을 하기 어려워하는 때가 많다. 깊은 정서적 유대를 맺을 수 있는 능력이 있으며, 때때로 스트레스를 받으면 과도하게 의존적이 되거나 매달리는 모습을 보이기도 한다. 공격적이거나 반항적이지는 않으며, 다른 사람으로 하여금 돌보아 주고 싶고 도와주고 싶은 행동을 불러일으키는 경향이 있다.

임상 척도

다음으로 임상 척도 점수를 통해 각각에 해당되는 추론은 어떤 것인지를 잘 살펴보아야 한다.

척도 1(T=57)

척도 1은 평균 수준에 해당되므로 별다른 해석을 하지 않는다. RC1(신체증상 호소) 척도와 건강염려(HEA) 내용 척도는 척도 1과 마찬가지로 평균 수준이다.

척도 2(T=81)

이 척도는 상승 척도 쌍과 일치하므로 높은 점수는 우울 증상을 시사한다. 그러나 RCd 척도가 높고 RC2 점수는 평균 수준이어서 임상적 의미의 우울 증상이라기보다는 전반적인 불쾌감, 불만족, 정서적 혼란을 시사한다.

척도 3(T=64)

척도 3의 점수도 평균적인 수준이어서 별다른 추론을 하지 않는다.

척도 4(T=62)

척도 4도 역시 평균 수준에 있으며, 별다른 추론을 하지 않는다.

척도 5(T=48)

척도 5도 평균적인 수준이어서 별다른 추론을 하지 않는다.

척도 6(T=68)

척도 6의 점수가 상당히 상승하였지만 정신병적 증상이나 행동을 의심할 만큼 높지는 않다. 오히려 Jeff가 다른 사람의 의견에 지나치게 민감하며, 과도한 반응을 보이고 있다고 해석할 수 있다. 그는 인생이 가혹하다고 느낀다. 대인관계에서 의심이 많고 경계한다. 어려움이 닥치면 합리화를 하거나 타인을 비난하며, 적대적이고 분개하고 논쟁적으로 될 수 있다. 합리성을 과도하게 강조하며 도덕주의적이고, 의견이나 태도가 경직되어 있을 수 있다. Harris-Lingoes 소척도도 모든 T 점수가 50~60점 범위에 속하므로 해석에 도움이 되지는 않는다. 기태적 정신상태(BIZ) 내용 척도의 T 점수도 39점, RC8(기태적 경험) 척도가 52점, RC6(피해의식) 척도가 41점으로 Jeff가 정신병적 증상을 보이지는 않을 거라는 해석에 힘을 실어 준다. RCd 척도 점수(T=79)가 매우 높지만 위 척도에서 평균 혹은 평균 이하 수준에 해당되는 점수를 보이기 때문에, 척도 6의 상승은 이 척도 안에 포함되어 있는 개인적 고통과 관련되는 문항에 상당히 많은 반응을 보여서 나타난 결과일 수 있다.

척도 7(T=77)

척도 7의 높은 점수는 불안 및 공포에 압도된다고 느끼고 있음을 나타낸다. 미래에 대해 비관적인 태도를 보일 수 있다.

척도 8(T=56)

이 척도의 T 점수는 평균 수준에 속하며, 별다른 추론은 하지 않는다.

척도 9(T=45)

이 척도의 점수도 평균 수준으로, 별다른 추론은 하지 않는다.

척도 0(T=74)

높은 점수는 Jeff가 대인관계에서 내향적이며, 수줍음을 타고, 소심하며, 겸손하고, 사교성이 부족한 사람임을 나타내 준다. 다양한 사회적 활동에 참가할 가능성이 적으며, 참여를 하는 경우 매우 불안정하고 불편해할 수 있다. 특히, 이성과의 관계에서 불편감이 높다. 혼자 있거나 소수의 가까운 친구들과 있을 때 더 편안해한다. 자신감이 부족하고, 다른 사람에게 냉정하고, 무관심하며, 사귀기 어려운 사람으로 보일 가능성 있다. 다른 사람과 관계를 맺지 않으려는 것 때문에 어려움이 많을 수 있다. 과도하게 통제를 하고 있으며, 좀처럼 감정을 공개적으로 드러내지 않는다. 대인관계에서 순종적이고 복종적이며, 권위적인 대상에 지나치게 순종적이다. 느린 템포의 사람으로 지각될 수 있다. 또한 주의 깊고, 관습적이며, 문제 해결 방식이 독창적이지 못하고, 일이 잘 되지 않을 때 쉽게 포기하는 편이다. 다소 경직되어 있고, 태도나 의견에 있어 융통성이 부족하고 사소한 결정조차도 내리기 힘겨워한다. 일을 즐기고 생산적인 성취를 통해 만족을 얻는다. 걱정 많고, 안절부절못하며, 불안을 잘 느끼는 경향이 있다. 다른 사람에게 우울하게 비치기 쉬우며, 에너지가 부족하고 일상적인 활동에 대한 관심도 결여되는 등의 우울증 삽화를 경험할 수도 있다.

척도 0(내향성)의 소척도는 때때로 척도 0이 상승한 일차적 이유를 좀 더 명확히 하는 데 도움이 된다. 척도 0에서 2개의 소척도 점수가 높다. Si1(수줍음/자의식) 소척도 T 점수는 74점으로 Jeff가 수줍음이 많고 쉽게 당황하며, 다른 사람과 어울리는 것을 불편해한다는 것을 나타낸다. Si3(내적/외적 소외) 소척도의 T 점수가 68점으로 자존감이 낮고 생활에서 변화를 일으킬 수 없다고 느끼고 있다. Si2(사회적 회피) 척도의 점수가 높지 않은 것은(T=58) 사회적 불편감을 느끼고 있음에도 불구하고 Jeff가 완전히 사회활동을 회피하지는 않는다는 것을 의미한다.

재구성 임상(RC) 척도

MMPI-2의 RC 척도는 임상 척도보다 초점의 범위를 더 좁힌 것이다. 이들 척도는 Jeff의 증상에 대한 중요한 정보를 제공할 수 있다. 또한 앞서서 한 것처럼 임상 척도 점수를 기반으로 추론할 때 임상 척도 및 RC 척도의 상승 패턴이 다르면 Jeff의 증상, 문제 및 행동에 대한 설명을 좁히는 데 도움이 될 수 있다. Jeff는 3개의 RC 척도 점수가 65점 이상이다. 다음으로 이들 상승한 RC 척도 점수 각각에 기초한 추론을 해 나가겠다.

의기소침 – RCd(T=79)

이 척도의 높은 점수는 Jeff가 전반적인 정서적 불편감이 매우 높음을 시사한다. 그는 낙담하고, 전반적으로 의기소침하며, 불안정하고 비관적이다. 자기개념이 빈약하며, 인생의 여러 분야에서 실패할 거라고 생각한다. 무기력하고, 압도되어 있으며, 현재 상황에 대처해 나갈 수 없다고 느낀다.

신체증상 호소 – RC1(T=48)

이 척도의 점수는 평균 수준이어서 별다른 해석을 하지 않는다.

낮은 긍정 정서 – RC2(T=60)

이 척도 점수도 평균 수준이어서 해석을 하지 않는다.

냉소적 태도 – RC3(T=41)

이 척도 점수도 평균 수준이어서 해석을 하지 않는다.

반사회적 행동 – RC4(T=68)

중간 정도로 높은 점수는 Jeff가 사회적 규범과 기대에 순응하기 어려우며, 몇몇 반사회적 행동을 할 가능성이 있음을 나타낸다. 다른 사람들은 그를 적대적이고, 화가 나 있으며, 논쟁하기를 좋아한다고 생각할 수 있다. 가족관계의 갈등이나 성취가 좋지 못한 개인력이 있을 수 있으며, 약물의 오용도 고려해야 한다.

피해의식 – RC6(T=41)

이 척도의 점수는 평균 수준이므로 별다른 해석을 하지 않는다.

역기능적 부정 정서 – RC7(T=77)

이 척도에서 높은 점수는 Jeff가 불안, 성마름, 기타 혐오적인 반응을 포함하는 부정적인 정서 경험을 할 가능성이 높다는 것을 시사한다. 그는 과도하게 반추하고 걱정이 많은 경향이 있으며, 비판에 민감하고, 죄책감이나 불안정감을 느낀다. 그는 자신이 실패라고 지각한 것에 집착하는 경향이 있다. 또한 본인은 원치 않는 침투적인 사고를 경험할 수 있다.

기태적 경험 – RC8(T=52)

이 척도의 점수는 평균 수준이므로 별다른 해석을 하지 않는다.

경조증적 상태 – RC9(T=47)

이 척도의 점수도 평균 수준이므로 별다른 해석을 하지 않는다.

내용 척도

MMPI-2의 내용 척도는 임상 척도보다 훨씬 더 동질적이며, Jeff의 증상, 문제, 행동특성을 이해하는 데 도움이 될 수 있다. Jeff는 8개의 내용 척도가 65점 이상으로 상승하였으며, 다음으로 각각의 해석에 대해 살펴보겠다.

불안 – ANX(T=80)

불안 척도의 점수는 매우 높으며, Jeff가 불안하고, 신경질적이고, 걱정 근심이 많다는 것을 나타낸다. 주의집중이 어려우며, 수면장애를 보일 수 있고, 결정을 내리기 어려워한다. 또한 인생은 고해이며, 일이 잘 되어 갈 거라는 데 대해서도 비관적이다. 자신감이 부족하며, 일상적으로 벌어지는 일들에 대한 책임감에 압도되어 있는 편이다.

공포 – FRS(T=57)

이 척도의 점수는 평균 수준이므로 별다른 해석을 하지 않는다.

강박성 – OBS(T=77)

강박성 척도에서 높은 점수는 Jeff가 초조해하며, 걱정 많고, 사소한 일들에 대해서 반복적으로 반추하고 있다는 것을 나타내 준다. 숫자 세기나 필요 없는 물건 수집하기와 같은 강박적 행동을 하고 있을 수도 있다. 결정을 내리기 어려워한다. 경직되어 있고, 변화를 싫어한다. 자신감이 결여되어 있으며, 사물에 대한 관심이 없고 우울하며 의기소침하다.

우울 – DEP(T=77)

우울 척도의 높은 점수는 Jeff가 우울 증상을 느끼고 있다는 것을 나타낸다. 슬프고, 울적하며, 의기소침하고, 잘 운다. 피곤해하며, 관심도 없다. 비관주의적이며, 희망이 없다고 느끼고, 최근에는 죽음이나 자살에 대한 생각에 몰두하고 있을 수도 있다. 자신감이 없으며, 죄책감도 자주 느낀다. 대부분의 시간을 외롭고 공허하다고 느끼며, 건강에 대한 걱정을 표현하기도 한다. 5개의 내용 소척도 가운데 4개가 T 점수 65점 이상이었다. 그러나 이들 4개 척도 간의 점수 차이가 T 점수 10점 이상을 보이지는 않기 때문에 우울 척도 점수에 대한 해석을 보다 정교화하는 데는 도움이 되지 않는다. Jeff가 자살 사고(DEP4) 내용 소척도의 한 문항에만 채점되는 방향으로 응답하고 있으며, 그 항목은 직접적으로 자살과 관련되지는 않는다는 점에 주목해야 한다.

건강염려 – HEA(T=51)

이 척도의 점수는 평균 수준이므로 별다른 추론을 하지 않는다.

기태적 정신상태 – BIZ(T=39)

이 척도의 점수는 평균보다 낮은 수준이므로 정신병적 증상을 보이지 않는다고 예상할 수 있다.

분노 – ANG(T=70)

이 척도에서 높은 점수는 Jeff가 상당한 시간 동안 분노나 적대감을 느끼고 있다는 것을 나타내 준다. 욕하거나 물건을 부수고 싶다고 느낄 수 있으며, 때때로 상당히 공격적인 언어 표현을 하면서 성질을 부릴 수 있다. 흥분하기 쉽고, 뿌루퉁하며, 참을성 없고, 고집스럽게 비쳐질 수 있다. 2개의 분노 내용 소척도 간의 점수차는 T 점수 10점 이상을 넘지 않지만 폭발적 행동(ANG1) 척도가 성마름(ANG2) 척도보다 8점이 낮다는 것을 주목해야 하며, 이는 Jeff가 분노에 따라 즉시 행동화할 가능성이 적다는 것을 나타낸다.

냉소적 태도 – CYN(T=41)

이 척도의 점수는 평균 수준이므로 별다른 추론을 하지 않는다.

반사회적 특성 – ASP(T=47)

이 척도의 점수는 평균 수준이므로 별다른 추론을 하지 않는다.

A 유형 행동 – TPA(T=53)

이 척도의 점수는 평균 수준이므로 별다른 추론을 하지 않는다.

낮은 자존감 – LSE(T=72)

이 척도에서 높은 점수를 보여서 Jeff의 자기개념이 매우 빈약하다는 것을 짐작할 수 있다. 실패를 예견하며, 쉽게 포기한다. 비판이나 거절에 과도하게 민감하다. 관계를 맺는 데 수동적일 가능성이 있고, 다른 사람으로부터 칭찬을 받아들이기 어려워한다. 상당히 많이 걱정하고 안달을 하며, 의사결정을 하는 데 어려움을 느낀다. 순종성(LSE2) 내용 소척도가 자기 회의(LSE1) 척도에 비해 유의미하게 높이 상승해 있기 때문에 수동성과 순종성을 보다 강조해야 한다.

사회적 불편감 – SOD(T=68)

이 척도의 높은 점수는 Jeff가 수줍음이 많고 사회적으로 내향적이라는 것을 시사한다. 사람들과 어울리기보다는 혼자 있는 것을 좋아하며, 대화를 시작하기가 어렵고 파티나 기타 단체활동을 싫어한다. 2개의 사회적 불편감 내용 소척도 점수 차이가 T 점수 10점을 넘지 않기 때문에 이들 점수는 SOD 척도의 의미를 보다 분명히 하는 데 도움이 되지 않는다.

가정 문제 – FAM(T=44)

이 척도의 점수는 평균 수준이므로 별다른 추론을 하지 않는다.

직업적 곤란 - WRK(T=81)

Jeff는 작업수행을 저하시키는 부정적 태도와 특성을 보고하고 있다. 직장 동료를 부정적으로 지각할 가능성이 있으며, 자신의 진로나 직업 선택에 대해 자신감이 매우 부족하고 가족들도 그가 선택한 직업을 인정하지 않는다고 느낀다. 그러나 Jeff가 의기소침한 것으로 보이므로 이러한 추론도 임시적이다.

부정적 치료 지표 - TRT(T=66)

이 척도는 66점으로 높은 상승 범위를 가까스로 통과하고 있는데, Jeff가 심리치료를 방해할 가능성이 있는 몇몇 성격특성을 가지고 있음을 시사한다. 낮은 동기(TRT1) 내용 소척도가 낮은 자기개방(TRT2) 내용 소척도에 비해 11점이나 높으므로, 치료에서 개인적인 정보를 개방하지 않으려 한다기보다 치료적 변화에 대한 동기가 부족한 것으로 해석할 수 있다. 그러나 다른 척도 점수들이 의기소침하다는 것을 나타내고 있기 때문에 TRT 척도에 따라 치료에 대한 태도를 해석하는 것은 다소 임시적인 것일 수 있다.

보충 척도

몇몇 보충 척도에서 Jeff의 점수는 부가적인 추론을 하는 데 사용할 수 있다.

불안 - A(T=81)

이 척도에서 매우 높은 점수는 불안, 우울을 포함한 상당한 정서적 혼란을 경험할 가능성을 시사한다. 또한 일상의 요구에 매우 잘 대처하지 못할 가능성이 있다.

억압 - R(T=65)

Jeff의 점수는 약간 상승하였기 때문에 그리 강조하여 해석하지는 않는다. 그러나 이 수준에 해당되는 점수는 Jeff가 대인관계에서 수동적인 경향이 있다는 것을 나타내 준다. 다른 사람들에게 느리고, 근면하며, 흥분하지 않고, 생각이 명확한 사람으로 비쳐진다. 태도 면에서 관습적이고 형식적인 경향이 있다.

자아강도 - Es(T=30)

이 척도에서 낮은 점수를 보이는 경우 적응에 어려움을 보이고, 심리적 자원이 제한적인 경향이 있다. 게다가 Jeff는 일상생활의 요구에 압도되어 있고 반응할 만한 능력이 없는 상태임을 시사한다.

지배성 – Do(T=30)

이 척도에서 매우 낮은 점수는 Jeff가 대면 상황에서 그다지 강하지 않으며 자신감이 부족하다는 것을 나타낸다.

사회적 책임감 – Re(T=39)

상대적으로 낮은 점수는 Jeff의 자신감 부족과 사회적 불편감을 반영한다.

대학생활 부적응 – Mt(T=81)

Jeff는 대학생이 아니므로 이 척도는 해석하지 않는다.

외상 후 스트레스 장애 – PK(T=75)

PK 척도는 외상적 스트레스 요인(예 : 전투경험 또는 성폭행)에 노출된 사람일 때 유용하게 쓸 수 있다. Jeff가 그러한 스트레스에 노출되었다는 정보가 없기 때문에 이 척도를 기반으로 어떠한 추론도 하지 않는다. 높은 점수는 아마도 다른 척도에서 추론하였듯이 정서적 고통을 반영하는 것 같다.

결혼생활 부적응 – MDS(T=51)

Jeff는 결혼하지 않았기 때문에 이 척도는 해석하지 않는다.

적대감 – Ho(T=48)

이 척도의 점수는 평균 수준이므로 이 척도를 기반으로 한 추론은 하지 않는다.

적대감 과잉통제 – O-H(T=35)

이 척도의 낮은 점수는 해석되지 않기 때문에 추론은 하지 않는다.

MacAndrew의 알코올 중독 척도-개정판 – MAC-R(원점수=23)

이 점수는 알코올 및 약물 문제를 가진 사람을 걸러 내기 위한 MAC-R 척도에서 경계선에 해당되는 점수이다. 자신 있게 Jeff가 물질 사용이나 남용의 문제를 갖고 있다고 추론할 정도의 점수는 아니다.

중독 인정 – AAS(T=70)

이 척도의 높은 점수는 MMPI-2 문항에 반응할 때 Jeff가 물질 관련 문제 및 행동을 인정하였다는 것을 나타낸다. 물질 사용이나 남용 양상에 관한 평가를 위해서는 다른 정보 출처를 통해 부가적인 정보를 알아보아야 한다.

중독 가능성 – APS(T=76)

이 척도와 물질 관련 문제의 관계에 대해서는 연구 결과가 일관되지 않기 때문에 이 척도에 근거한 추론은 하지 않는다.

남성적 성역할 – GM(T=32) 및 여성적 성역할 – GF(T=50)

이들 척도에 기반한 추론을 뒷받침할 충분한 연구가 없다.

성격병리 5요인(PSY-5) 척도

PSY-5 척도는 Jeff의 증상에 관해서뿐 아니라 부적응적인 성격 양상과 관련된 주요 성격특질에 관해서도 중요한 정보를 제공할 수 있다. Jeff는 2개 척도에서 65점 이상의 점수를 받았으며, 하나는 40점 이하의 점수를 받았다. 다음으로 이들 PSY-5 척도 점수 각각에 따른 추론을 해 보겠다.

공격성 – AGGR(T=33)

이 척도에서 낮은 점수는 Jeff가 다른 사람과의 관계에서 순종적이며 수동적이고 공격적이지 않다는 것을 시사한다.

정신증 – PSYC(T=49)

이 척도의 점수는 평균 수준으로 별다른 해석을 하지 않는다.

통제 결여 – DISC(T=54)

이 척도에서도 평균 점수를 보이므로 별다른 해석을 하지 않는다.

부정적 정서성/신경증 – NEGE(T=78)

이 척도에서는 매우 높은 점수를 보이고 있어서 Jeff가 부정적인 정서를 잘 느끼는 경향이 있으며, 이 때문에 다른 사람보다 부정적인 감정을 더 많이 느낄 가능성이 있음을 시사한다. 정보를 입력할 때도 문제가 되는 특징에 초점을 맞추고, 걱정하고, 자기비판적이며, 죄책감을 느끼고 최악의 시나리오를 쓰는 경향이 있음을 시사한다. 불안, 우울, 슬픈 기분을 느낄 가능성이 높다.

내향성/낮은 긍정적 정서성 – INTR(T=68)

이 척도의 점수가 중간 정도로 상승하고 있어서, Jeff가 기쁨이나 긍정적 경험을 할 수 있는 능력이 제한되어 있다는 것을 시사한다. 사회적으로 내향적인 경향이 있고, 성취 욕구가 낮다. 우울, 불안, 신체증상 호소 등의 증상을 보인다.

불일치하는 추론을 해결하기

Jeff의 성격특질과 행동특성에 관해 도출해 놓은 추론을 살펴보면, 이들 간에 꽤 일관성이 있다는 것이 드러난다. 그러나 몇 가지 추론은 다소 불일치하는 것처럼 보인다. 이러한 불일치를 어떻게 조정할 수 있는지 살펴보면 도움이 될 수 있다.

27/72 상승 척도 쌍에 기초한 해석 중 하나는 Jeff가 모호한 신체증상에 대한 걱정을 보이고 있다는 것이다. 그러나 기타 신체증상에 대한 호소를 측정하는 지표(척도 1, RC1, HEA)들은 신체증상이 현재 Jeff가 호소하는 어려움에서 그리 중요한 부분을 차지하지 않고 있다는 것을 시사한다.

분노 내용 척도에서 Jeff의 T 점수는 70점으로 그가 대부분 화가 나 있거나 적대적이며, 때로는 언어적인 공격성을 보이면서 성질을 부릴 수 있고, 남들에게 참을성이 없고 뿌루퉁한 것으로 비쳐질 거라는 추론을 할 수 있다. 분노 내용 소척도 2개가 T 점수 10점 이상 차이를 보이지 않기 때문에 내용 소척도를 살펴보는 것은 그리 도움이 되지 않는다. 그러나 폭발적 행동(ANG1) 척도는 성마름(ANG2) 척도보다 8점이 낮다는 점에 주목해 보자. 이러한 차이를 보면, Jeff가 분노를 공개적이거나 직접적으로 표현하지 않을 가능성이 높다는 추론을 할 수 있다. Jeff가 결정적 문항에 표시한 내용을 살펴보면 그가 '물건을 부수고 싶거나 뭔가 해롭거나 충격을 주는 일을 하고 싶은 강한 충동을 느낀다'는 문항에 '그렇다'라고 대답했음을 알 수 있다. 그는 성미도 급하고 쉽게 화를 낸다는 이야기를 자주 들었다. 이러한 정보를 바탕으로 해서 Jeff는 잘 드러내어 표현하지 않지만 상당한 분노와 적대감을 품고 있다고 결론 내릴 수 있다. 그러나 그는 가끔 말로는 분노의 감정을 폭발적으로 터뜨리기도 한다.

27/72 상승 척도 쌍 및 척도 0의 상승을 보면, Jeff는 성취 욕구가 강하고 일을 즐기며, 왕성한 개인적 성취를 통해 기쁨을 느낄 가능성이 높다. 이에 반해 직업적 곤란(WRK) 내용 척도에서 높은 점수를 보면, Jeff가 야망이나 에너지가 결핍되어 있으며, 직무수행에 방해가 되는 태도나 행동을 보인다고 추론할 수 있다. 상승 척도 쌍에 바탕을 둔 추론이 개별 척도보다는 정확하고, WRK 내용 척도보다는 27/72 상승 척도 유형이나 척도 0의 상승에 관한 경험적 연구가 훨씬 많기 때문에, 보다 자신 있게 Jeff가 성취 욕구가 강하고 일하는 것을 좋아할 가능성이 높다는 추론을 할 수 있다. 또한 Jeff와 같이 개인적 고통을 심하게 느끼고 있는 사람은 직무수행에 관계없이 WRK 척도가 상승할 수 있다는 점도 고려해야 한다. Jeff에 관한 배경 정보를 살펴보면 Jeff는 여러 가지 낮은 수준의 직업을 전전했으며, 적어도 이 중 몇몇

경우는 상사와의 갈등 때문에 직업을 잃었던 것으로 나타났다. 따라서 해석의 불일치를 해결할 수는 없을지라도 이들 문제가 이후 평가시간이나 치료 동안에 좀 더 탐색해 보아야 할 중요한 영역임은 드러나게 된다.

27/72 상승 척도 쌍에 대한 해석에 따르면, Jeff는 자신을 비난하는 경향성이 높다고 할 수 있으나, 척도 6에서 높은 점수를 얻은 것을 보면 그가 타인을 비난하는 경향이 높은 사람이라는 것을 나타낸다. 다시 한번 이야기하자면 개별 척도에 따른 해석보다는 상승 척도 쌍에 기초한 해석을 보다 자신 있게 할 수 있기 때문에 아마도 Jeff를 자기 비난의 경향이 높은 것으로 기술할 가능성이 높다. 척도 6의 점수는 중등도로 상승하고 있을 뿐이어서(T=68) 더욱더 자신 있게 Jeff가 자기 비난을 하는 사람이라고 추론할 수 있다. 게다가 Jeff의 의기소침 (RCd) 척도 점수를 고려해 볼 때, 척도 6의 점수는 상당 부분 개인적인 고통이 크기 때문에 상승하였다는 것을 알 수 있다.

반사회적 행동(RC4) 척도의 T 점수가 68점이어서 사회적인 규범을 따르는 데 어려움을 보이고, 법적인 문제를 가지며, 다른 사람에게 공격적으로 행동하는 등의 반사회적 특징을 보인다고 추론할 수 있다. 그러나 척도 4의 T 점수가 62점이고, 반사회적 특성(ASP) 내용 척도의 점수가 47점이어서 이러한 반사회적 특징에는 맞지 않는 것 같다. 이러한 불일치를 간단하게 해결할 수 있는 방법은 없다. 그러나 이들 척도와 ANG 내용 척도의 상승(윗부분)에 따르면 Jeff가 사회적인 순응 및 권위의 수용에서 문제를 보이지만 법률을 위반하는 행동화를 보일 가능성은 없다고 생각할 수 있다.

마지막으로 척도 2가 상승하고 있고, 의기소침(RCd) 척도와 우울(DEP) 내용 척도가 상승하고 있어서 Jeff가 자살 사고를 보이며, 자살하고 싶다고 생각하고 있는지 고려해 보아야 한다. 확실히 이는 매우 심각한 문제이기 때문에 해석에서 언급을 해 주어야만 한다. 그러나 또한 Jeff가 결정적 문항에 응답한 내용을 살펴보면 자살 사고나 시도와 직접적으로 관련 있는 문항은 어느 것도 시인하지 않았음을 주목하기 바란다. 마지막으로 우리가 얻은 배경 정보, 즉 Jeff가 과음을 하면서 많은 양의 아스피린을 먹고 응급실에서 치료를 받는 자살행동을 보인 후에도 치료를 받으러 가지 않았다는 이 정보는 잠재적으로 일치하지 않는 내용이므로 표시해 두어야 한다. 여러 정보 출처에서 나타나는 이러한 불일치는 전체 평가과정에서 얻은 정보를 통합하는 동안 고려해 보아야 하며, 향후 평가 또는 치료 회기에서 Jeff의 자살 가능성에 대한 좀 더 확실한 탐색이 필요하다는 것을 기록해 놓아야 한다.

추론의 통합

검사 결과로부터 도출해 낸 추론들이 불일치하여 이를 처리할 때, 다음 단계는 Jeff의 성격특질이나 행동특성에 관한 모든 추론을 살펴보고 이것들을 의미 있는 범주로 조직화해 내는 것이다. 이 장의 앞부분에서 범주 목록을 제시하였다.

증상

MMPI-2의 결과에 나타나는 여러 측면들은 Jeff가 상당한 정서적 혼란을 겪고 있다고 할 수 있다. 에너지가 부족하며, 자신의 주변에서 벌어지는 일에 관심을 잃고 있다. 인생은 고해라고 생각하며, 앞으로 더 나아질 거라는 데 대해서도 비관적이다. 때때로 인생은 살 가치가 없다고 느끼기는 하지만 MMPI-2의 문항에 응답한 방식을 보면, 직접적으로 자살 사고나 시도에 대해 묻는 질문은 시인하지 않았다. 그럼에도 불구하고 Jeff의 자살 위험을 간과하여 치명적인 결과가 일어날 수 있는 점을 고려하면, MMPI-2 이외의 출처에서 자살 사고 및 행동에 대한 추가적인 정보를 얻어야 한다. 이 정보는 추가 평가시간이나 치료의 초기 단계에서 수집할 수 있으며, MMPI-2에서 나온 자살 충동과 행동에 대한 보고와 치료를 받으러 가게 된 이유(즉, 상당한 양의 술과 아스피린을 먹어서 의학적 치료가 필요함) 사이의 잠재적인 불일치를 해결하는 것을 목표로 해야 한다.

Jeff는 또한 불안하고 긴장되어 있으며, 신경과민인 것처럼 보인다. 과도하게 긴장되어 있고, 흥분하기 쉬우며, 안절부절못하고 두려워할 수 있다. 과도하게 걱정하며, 실제적이고 가상적인 위협에 취약하다. 뭔가 나쁜 일이 일어날 거라는 두려움을 갖고 있으며, 주의집중이나 주의를 기울이는 데 어려움을 느낄 수 있다. 사고와 행동이 강박적이고, 아주 하찮은 문제에 대해서조차 상당히 우유부단하다. 사고나 감정에 대한 통제력이 부족하다고 느껴 미치지 않을까 하는 두려움을 느낀다. Jeff는 여러 가지 모호한 신체적 걱정을 보이고 있으나 이것이 현재 그의 주호소에서 중심적인 것 같지는 않다.

중독 인정(AAS) 척도에서 높은 점수는 그가 술이나 기타 약물을 오용하고 있다는 것을 공개적으로 인정한다는 의미이며, 약물 오용과 관련된 문제를 겪고 있다는 것을 나타낸다. 확실히, 이후 평가시간이나 치료 동안에 물질 사용과 관련한 추가적인 정보를 살펴보는 것이 필요하다.

주요 욕구

MMPI-2 점수를 통한 상당수의 추론은 매우 강한 의존 욕구가 채워지지 못하였음을 시사한다. 대인관계에서 수동-의존적일 가능성이 있으며, 인기가 없는 것을 걱정하고 다른 사람들이 자신을 받아 주지 않을까 봐 걱정한다. Jeff는 보통 상 정도의 수준에 해당되는 분노와 적대감을 품고 있는 것 같다. 대부분의 경우, 이러한 부정적인 감정을 직접적으로 표현하지 않는다. 그러나 가끔 말로 분노를 발산하기도 한다. 또한 Jeff에게는 다소 강한 자기 비하의 욕구가 있는 것으로 보인다. 자신을 부정적으로 평가하며, 자신에게 불리한 방식으로 다른 사람과 비호의적으로 비교한다. 성취에 대한 욕구가 강하며, 자신의 성취를 인정받고 싶은 욕구도 강하지만 불안정감과 실패에 대한 두려움 때문에 경쟁적 상황에 들어가지 않으려 한다.

환경에 대한 지각

Jeff는 세상이 요구적이라고 느끼며 일상생활의 요구조차 감당하기 힘들다고 느낀다. 뭔가 나쁜 일이 일어날 거라는 두려움이 있으며, 다른 사람들이 자신의 욕구를 충족시켜 주지 못할 거라 생각하고 부당한 취급을 받을 거라고 생각한다. 거절에 대한 두려움 때문에 다른 사람을 조심스럽고 의심스럽게 생각한다.

스트레스에 대한 반응

Jeff는 스트레스를 해결할 준비가 안 되어 있다고 느낀다. 실제적이든 가상적이든 위협에 취약하며, 문제가 발생하기 전에 문제를 예상하고 사소한 스트레스에도 과도한 반응을 보인다. 스트레스가 가중되는 상황이면 신체증상에 대한 호소가 점차 증대되며, 매달리고 의존적인 양상을 보인다. 부인이나 억압의 방어기제를 잘 사용하지만 이러한 방어기제가 현재는 잘 작동하고 있지 못한 것으로 보인다. 그 결과, 정서적인 혼란상태에 압도되어 있다. 간혹 스트레스에 대한 반응으로 현실을 회피한 채 공상이나 백일몽에 빠지기도 하고, 어떤 경우에는 술이나 약물을 써서 스트레스로부터 도피하려고 할 수 있다.

　　Jeff는 책임감 있고 양심적인 사람으로 보인다. 단정하고 조직적이며, 끈기 있게 문제 해결에 접근한다. 그러나 또한 상당히 조심스럽고 관습적이며 경직되어 있다. 생활하며 겪는 대부분의 일에 대해 다소 우유부단하며, 문제 해결을 잘 못하고 판단력이 빈약한 모습을 보인다. 스트레스가 가중되는 상황에서는 쉽게 포기하려는 경향이 있다.

자기개념

Jeff는 상당히 부정적인 자기개념을 갖고 있다. 부적절감, 불안정감, 열등감으로 괴로워하며, 상당히 자기비판적이고 다른 사람과 비교하여 자신을 못났다고 지각한다. 자신에 대한 기대수준이 높으며, 이러한 목표에 도달하지 못했을 때는 죄책감을 느낀다. 인생의 어려움에 직면해서는 자신을 비난하며, 희망이 없고 변화를 가져올 수 없다고 느낀다.

정서 조절

Jeff는 대체로 정서를 과잉통제하는 경향이 있다. 자신의 충동을 부인하며, 공개적으로 감정을 드러내지 않을 가능성이 있다. 상황의 정서적 측면보다는 합리적인 면을 강조하려는 경향이 있다. 대부분의 경우 분노나 원한을 공개적으로 표현할 가능성은 적지만 간혹 폭발적으로 이들 감정을 말로 표현할 가능성은 있다. 현재 정서적 불편감이 매우 높아서 쉽게 울 수 있다.

대인관계

Jeff는 수줍음이 많고 대인관계에서 내향적인 사람이다. 깊은 정서적 유대를 형성할 수 있는 능력이 있고 다른 사람과 친밀한 관계를 맺고 싶어 하지만 자기개념이 낮아서 대인관계 상황에서 상당히 불편해한다. 대규모 모임을 회피하며, 몇몇 가까운 친구와 있을 때 가장 편안해한다. 다른 사람과 관계가 제한되어 있어 괴로워하고 대부분 외로움을 느낀다. 대인관계에서 Jeff는 수동적이고 순종적이며, 복종적일 가능성이 높다. 자기주장을 잘하지 못하며, 대립을 피하기 위해 양보할 가능성이 높다.

다른 사람들은 다양한 방식으로 Jeff를 볼 수 있다. 어떤 경우는 감상적이고 평온하며, 온순하게 보이고 돌보아 주거나 도와주려는 행동을 유발하기가 쉽다. 또 어떤 때에는 변덕스럽고, 안절부절못하며, 둔감하고, 도덕적으로 완고해 보이기도 한다. 수줍어하는 모습이 다른 사람들이 보기에는 동떨어지거나 냉담하거나 소원한 것으로 잘못 해석될 수 있다.

Jeff는 다른 사람에 대해 양가적인 감정을 느낀다. 강한 의존 욕구를 만족시키는 원천이기 때문에 다른 사람에게 끌리지만 또한 다른 사람에 대한 부정적인 지각을 갖고 있어서 사람들이 그렇게 이해심이 많고 지지적이지 않다고 보는 것 같다. 비판에 상당히 민감하며, 쉽게 감정적인 상처를 받는다. 때때로 대인관계에서 다소 둔감하고 모질어질 수도 있다. 직장 동료에게 부정적인 태도를 갖고 있어서 직무 생산성이 방해를 받을 가능성도 있다.

심리적 자원

MMPI-2 척도는 정신병리와 부정적 성격특성을 강조하는 경향이 있고, Jeff가 이들 척도에서 상당수 높은 점수를 얻고 있기 때문에 MMPI-2를 통해 추론한 내용은 부정적인 경향이 있다. 그러나 추론의 내용을 검토해 보면 심리적인 자원이라고 생각될 만한 것들이 몇 가지 있다. 그가 자주 실패라고 느끼기는 할지라도 성취에 대한 강한 욕구를 가지며 성취에 대한 인정을 받고 싶어 한다. 단정하고, 세심하며, 끈기가 있고, 신뢰감을 준다. 깊은 정서적 유대를 형성할 수 있는 능력이 있고, 다른 사람들이 가끔은 그를 긍정적으로(예 : 민감하고, 친절하며, 온화하고 평온하게) 보기도 하며, 돌보아 주고 도움을 주기도 한다.

진단적 인상

이 장의 앞부분에서 언급하였듯이 단지 심리검사 결과만을 보고 정신과적 진단을 내릴 수는 없다. 대부분 진단 기준은 심리검사 자료로부터 얻을 수 없는 정보를 포함하고 있다. 그러나 Jeff의 MMPI-2 결과에 가장 일치하는 진단을 기술할 수는 있다.

MMPI-2 자료를 보면 범불안 장애의 진단을 고려해 보아야 한다. 27/72 상승 척도 쌍과 척도 7, RCd, RC7 척도가 높이 상승하며, 불안(ANX) 내용 척도도 높이 상승하고 있어 이러한 진단을 뒷받침한다. 27/72 상승 척도 쌍과 강박성(OBS) 내용 척도의 점수가 높아서 강박장애의 진단도 고려해야 한다. 중독 인정(AAS) 척도가 높이 상승하고 있어서 물질사용장애의 특징에 부합되며, 물질 사용과 관련된 정보를 좀 더 살펴보아야 한다. Jeff에게 나타난 증상 및 성격특성에 대한 기술은 의존성 성격장애 및 강박성 성격장애와 일치한다. Jeff의 프로파일에는 우울증이나 기분 부전 장애의 징후도 여러 개 있었다. 임상 척도 2 및 DEP 내용 척도의 점수가 높은 것을 보면 그렇다. 그러나 RCd와 Welsh의 A 점수는 높이 상승하였지만 RC2는 상승하지 않은 점을 감안할 때, 이들 점수는 임상적 수준의 우울 증상이라기보다 불쾌한 기분을 반영할 가능성이 더 높다고 가정할 수 있다. 따라서 해석에 포함되는 진단의 가능성에 우울장애를 포함하지는 않을 것이다.

치료에 대한 시사점

MMPI-2의 많은 지표들은 Jeff가 정서적으로 혼란되어 있으며, 일상적인 책임조차 효과적으로 처리하기 어렵다는 것을 시사한다. 그가 몹시 불편감을 느끼고 있으므로, 심리치료에 대한 동기가 높을 가능성이 있다. 27/72 상승 척도 유형인 Jeff는 대부분 환자들에 비해 오랫동안 치료를 유지할 가능성이 높으며, 치료에서 느리지만 긍정적인 변화를 보일 거라고 예상할 수 있다. 그러나 효과적인 치료를 방해하는 특징들도 나타나고 있다. 자아강도(Es) 척도에서 매우 낮은 점수를 보이고 있어서 전통적인 심리치료에 활용할 수 있는 심리적 자원이 제한되어 있다는 것을 시사한다. 척도 7의 높은 점수를 고려하면 치료에서 많은 부분을 합리화하고 주지화할 것이라고 생각할 수 있다. 그는 아마도 심리적인 해석에 저항할 수 있을 것이고 치료자에 대한 심각한 적대감을 표현할 수도 있다. 그는 자신의 인생에서 중요한 부분들을 변화시킬 수 없다고 생각하는 것 같으며, 경직되어 있고 스트레스 상황에서 쉽게 포기하려는 경향이 있어서 치료에서도 불리할 수 있다.

앞서도 언급하였듯이 MMPI-2의 물질 사용 척도들의 점수를 보면, Jeff가 술과 기타 약물 문제를 보일 수 있다. 부가적인 정보를 살펴보았을 때 물질 사용 문제에 관한 추론을 뒷받침한다면, 치료 계획에 물질 사용과 관련된 부분을 포함시켜야 한다. 또한, Jeff의 자살 사고 및 행동에 대한 MMPI-2의 정보와 배경 정보에서 수집된 정보 사이의 불일치를 더 탐색해 보아야 한다. 추가 정보를 통해 Jeff가 이러한 유형의 어려움을 느끼고 있음을 시사하는 경우 치료 계획에는 자살 위험에 대한 정기적인 점검과 이러한 위험을 낮추기 위한 치료가 포함되어야 한다.

요약

지금까지 이 사례에 대한 분석을 꽤 길게 기술하였다. 왜냐하면 이러한 방법이 MMPI-2를 처음 사용하는 사람에게는 교수 학습 도구가 될 수 있기 때문이다. 경험이 많은 사용자라면 검사 결과에 대한 해석을 보다 간단하게 기술할 것이다. 구체적으로, 다음에 제시되는 것은 클리닉 차트나 의뢰원(referring source)에게 보낼 때, 아니면 자신의 심리치료 기록에 포함시키기 위한 결과를 적어 놓은 내용이다.

Jeff의 MMPI-2 결과는 타당한 것으로 보인다. 그는 주의를 기울여 MMPI-2 문항에 응답하였으며 과도하게 방어적이지는 않았다. 몇 가지 문제가 되는 태도와 행동을 인정하고 있지만 이는 자신의 문제를 정확하게 보고하고 있기 때문인 것으로 볼 수 있다. Jeff에게는 몇 가지 심각한 심리적 문제가 있는 것 같다. 그는 상당한 심리적 고통을 겪고 있다. 압도감을 느끼고, 일상적 요구에 반응할 수 없다고 느낀다. 임상적인 측면에서 보면 우울하고 불안한 상태에 있다고 할 수 있다. 그는 미래에 대해서도 비관적이며, 때때로 인생이 살 가치가 없다고 느끼기도 한다. 막연한 신체증상과 집중력 및 주의력 곤란을 보고할 수 있다. 사고나 행동은 강박적이다.

Jeff는 세상이 상당히 요구적인 곳이라고 지각하며, 다른 사람들이 자신의 욕구를 충족시켜 줄 수 없으리라고 느낀다. 보통은 부인이나 억압의 방어기제를 사용하지만 현재는 그리 잘 작동하지 못하는 것 같다.

Jeff는 극도로 부정적인 자기개념을 갖고 있으며, 부적절감, 불안정감, 열등감에 시달리고 있다. 때때로 자신의 문제에 대해 스스로를 비난하려는 경향을 보이지만 또 어떤 경우에는 합리화하고 타인을 비난하려는 경향을 보이기도 한다.

Jeff는 분노나 울분을 품고 있을지라도 보통은 자신의 감정을 공개적으로 표현하지 않는다. 그러나 타인에 대한 부정적인 감정을 꽤 강하게 표현할 때는 짜증을 부리면서 잠시 언어적인 분노 폭발을 보일 가능성도 있다.

Jeff는 수줍음 많고, 소심하며, 내향적인 사람이다. 다른 사람과 사귀고 싶어 하며, 깊은 정서적 유대관계를 맺을 수도 있지만, 다른 사람으로부터 비판이나 거절을 받을 거라 예상하기 때문에 자신을 보호하기 위해 대인관계를 회피하려는 경향이 있다. 대인관계에서 수동적이며, 순종적이고 자기주장을 하지 못한다. 또한 불쾌한 충돌을 회피하기 위하여 양보를 하는 편이다. 자신을 이해하거나 지지해 주지 않을 거라 생각하기 때문에 다른 사람을 부정적으로 바라본다.

Jeff의 MMPI-2 결과는 범불안장애와 강박장애의 진단에 해당한다. 또한 그의 증상과 성격특성은 의존성 성격장애와 강박성 성격장애의 진단에 부합한다. 물질사용장애의 가능성을 배제하기 위해 알코올 및 다른 약물의 사용에 대한 부가적인 정보를 모아야 한다. 또한, 자살 시도로 인해 치료를 받았을 가능성이 있지만 이번에는 자살 사고나 행동을 보고하지 않았다. 이러한 불일치를 해결하기 위해 추가적으로 정보를 수집해야 한다.

Jeff는 일상생활의 요구에 잘 대처해 나갈 수 없으며, 심리치료가 필요한 상태다. 심리적 불편감이 심하기 때문에 심리치료를 받아들일 가능성이 높다. 심리적 고통이 매우 심하여 심리치료에 의미 있게 참여하기 어렵다면 향정신성 약물치료의 적합성을 평가하기 위해 의학적 치료에 의뢰하는 것도 고려해야 한다. 단기적인 심리치료에는 반응을 잘 보이지 않을 가능성이 높을지라도 다른 환자들보다 치료를 오래 지속시켜 나갈 가능성이 있으며, 느리지만 안정된 호전을 보일 것이다. 만약 보다 많은 정보를 통해 알코올이나 기타 다른 약물의 문제성 사용 양상이 시사된다면, 물질 사용 치료를 위한 요소도 치료 계획에 포함시켜야 한다. 부가적인 정보를 통해 지금의 치료를 촉진하게 된 사건, 즉 응급실에 치료를 받으러 왔던 사건이 자살행동이었다는 것을 시사한다면, 자살 사고나 자살행동의 위험 관리 또한 포함되어야 한다.

부가적인 실습 사례

이 교재를 위한 온라인 보충 자료 가운데 부가적인 사례에 쓰기 위한 MMPI-2 자료는 Oxford University Press의 웹사이트에서 볼 수 있다. 이들 사례는 이 장에서 제시한 MMPI-2 해석 및 피드백의 다양한 측면을 연습하기 위해 사용된다.

내담자에게 결과 설명해 주기

MMPI-2 검사를 받은 사람은 대부분 그들의 검사수행에 관심을 갖고 검사 결과에 대해 설명을 듣기를 바라지만, 흔히 검사 결과 해석을 제공하지 않거나 보다 종합적이고 체계적인 해석을 받지 못한다. 단지 내담자가 기대를 하기 때문만이 아니라 MMPI-2 결과를 해석해 주어야 할 중요한 이유가 있다(Butcher, 1990b; S. E. Finn, 1996; Pope, 1992). 많은 경우, 내담자는 법적으로 자신의 검사 결과를 알 권리가 있다. 또한, 심리학자 윤리강령(American Psychological Association, 2017)에 따르면, 심리학자는 내담자에게 검사 결과에 대한 정보를 쉽게 이해할 수 있게 알려 줘야 할 전문가로서의 책임을 가진다.

게다가 내담자에게 MMPI-2 결과에 대한 정보를 제공해 주면 임상적으로도 도움이 될 수 있다. 임상가가 정보 제공을 잘해 주게 되면, 이를 통해 내담자와 적절한 라포를 형성할 수 있게 된다. 결과 해석을 해 주면 치료를 받으라고 권유한 이유를 이해하는 데 도움이 되며, 치료에서 어떤 문제들을 탐색해야 할지, 치료에 활용할 수 있는 심리적 자산은 무엇인지를 확인할 수 있게 해 준다. 실제로, 몇 가지 예비 연구 자료는 MMPI-2 결과 해석을 받으면 증상으로 인한 고통이 감소하고 자존감이 고양된다는 것을 시사한다(S. E. Finn & Tonsager, 1992; Newman & Greenway, 1997; Poston & Hanson, 2010). S. E. Finn(1996)은 치료적 개입으로서 MMPI-2 결과를 활용할 수 있는 상세한 절차를 개발하였다. MMPI-2를 치료 동안에 반복하여 실시한다면 결과의 변화에 대해 이야기를 나눔으로써 내담자와 치료자는 치료 경과를 평가하고 부가적인 치료목표를 세우는 데 도움을 받을 수 있다.

검사 실시 전에 먼저 평가자가 MMPI-2를 시행하는 이유, 누가 검사 결과를 볼 수 있는지, 검사수행에 협조하는 것이 이득이 되는 이유를 설명해 주면 타당한 검사 결과를 얻을 가능성이 더 높다. 또한 이때 평가자는 수검자에게 검사 결과에 관한 설명을 해 줄 것이며, 검사에 대한 전반적인 질문과 검사 결과에 대한 구체적인 질문을 할 기회가 있을 거라는 설명도 해 주어야 한다. 수검자는 보통 서면으로 작성된 검사 결과 및 해석 보고서를 요청한다. 대부분의 경우, 임상가는 수검자가 보고서에 있는 모든 내용을 이해할 거라고 확신할 수 없기 때문에 이런 보고서를 주는 것은 그리 좋은 생각이 아니다. 대신에 검사를 받은 후에 수검자와 만나서 결과에 대해 이야기를 나누고 질문이나 코멘트를 할 수 있는 기회를 갖는 것이 더 바람직할 것이다.

일반적인 지침

1. 수검자가 쉽게 이해할 수 있게 설명해 준다. 어떤 수검자는 다소 복잡하고 기교가 섞인 설명을 잘 이해할 수 있는 반면, 어떤 수검자는 매우 단순하게 설명해 줄 필요가 있다.

2. 수검자가 이해할 수 있는 용어를 사용한다. 심리학 전문 용어는 피한다. 심리학 용어를 쓰려면 그것이 의미하는 바를 충분히 정확하게 설명해 준다.

3. 수검자 성격 및 기능의 긍정적 측면과 부정적 측면을 모두 기술해 준다. 어떤 내담자의 경우에는 긍정적 측면을 찾아 이야기해 주는 게 매우 어려운 일일 수도 있지만 보통은 그렇게 할 수 있다. 수검자는 긍정적인 특성과 부정적인 특성을 골고루 포함했을 때 해석을 훨씬 더 잘 받아들일 가능성이 있다.

4. '비정상적', '일탈된', '병리적인' 등의 말은 피한다. 대부분의 증상과 부정적 성격특성은 대부분의 사람들도 가지고 있는 것이지만 그 정도가 다르다고 설명하는 것이 도움이 될 것이다.

5. 형용사를 길게 나열하여 수검자를 주눅 들게 하지 않는다. 대신에 수검자가 듣고 이해하기를 바라는 가장 중요한 몇 가지 점에 대한 해석을 해 주고, 수검자가 전달하려고 하는 내용을 이해했다는 확신이 들 때까지 가능한 한 충분히 설명해 준다.

6. 수검자가 들은 내용에 대해 코멘트를 하고 질문을 하도록 격려한다. 이러한 과정에서 때로는 수검자에 대한 부가적인 정보가 나오기도 하고, 내담자 자신이 해석과정에 참여하였다고 느끼게 해 줄 것이다.

7. 수검자와 논쟁하거나 자신의 해석이 옳다고 확신시키려고 하지 않는다. 이렇게 되면 방어를 강화하고 이후에 이어질 치료자나 상담자로서의 역할이 위험에 빠질 수 있다.

8. 검사 결과에 대한 이야기를 나누고 나면, 수검자에게 요점을 정리해 보도록 한다. 이렇게 함으로써 수검자가 논의한 내용을 더 잘 기억할 수 있고, 만약 내담자가 오해하고 있는 부분이 있다면 이를 명확히 하는 기회가 된다.

MMPI-2에 대한 전반적인 설명

수검자가 결과 해석을 믿고 결과를 심각하게 생각해 보도록 하려면, MMPI가 75년 이상 심리학자들에게 사용되어 왔으며, MMPI 점수가 무엇을 나타내는지에 관한 수천 개의 연구가 있고 1989년에 검사가 개정되고 갱신되었다는 것을 알려야 한다. 또한 이 검사는 심리검사 가운데 전 세계적으로 가장 널리 사용되는 검사라는 점도 알려 줄 수 있다.

　수검자의 MMPI-2 결과에 관한 구체적인 해석을 하기 전에 이 검사가 어떻게 개발되었고 해석되는지에 관해 전반적으로 설명하는 시간이 필요하다. 이때 MMPI-2 프로파일을 보여 주면서 설명을 하고 싶을 수 있다. 그러나 이 경우 수검자의 결과 프로파일을 직접 사용하는 것은 그리 좋은 방법이 아니다. 수검자는 자신의 점수에 지나치게 신경을 쓰고 있어서 설명해 주는 내용에 주의를 기울이기 어려울 수 있기 때문이다.

척도 개발

보통, 수검자에게 MMPI-2 척도 개발과정을 설명해 주는 것은 그리 어려운 일이 아니다. 대부분의 사람들은 기본 척도가 경험적으로 구성된 것임을 그리 어렵지 않게 이해하고 납득한다. 이러한 절차를 이해하게 되면 수검자는 검사 결과나 해석에 대해 보다 신뢰할 수 있다.

　MMPI-2는 매우 많은 문항으로 구성되어 있으며, 각각의 내용에 대해 '예' 혹은 '아니요'로 반응하도록 되어 있다고 설명해 주도록 한다. MMPI-2 기본 척도는 특정한 문제(예 : 불안과 우울)를 보이는 환자 집단의 문항반응을 어떤 심각한 심리 문제도 보이지 않는 집단의 반응과 비교하여 개발되었다. 이들 환자 집단이 정신과적 진단에 따라 나뉜 것이라는 언급은 하지 않도록 한다. 수검자가 척도의 약자(예 : Sc)가 무엇을 나타내는지에 대해 계속 질문을 하는 경우, 솔직하게 대답을 해 주어야 하지만 이러한 명칭은 오늘날 MMPI-2 결과를 사용하는 데 있어서 그리 중요한 부분은 아니라는 것을 강조해야 한다. 그리고 나서 수검자의 반응을 각 척도에 대해서 채점한다고 알려 준다. 수검자에게 프로파일 용지(수검자 자신의 것이 아닌)를 보여 주고 용지의 상단과 하단에 이들 본래 척도 각각에 해당되는 척도 번호가 있음을 알려 주어야 한다.

　MMPI-2 내용 척도는 임상가가 수검자와 직접적으로 이야기를 나눌 수 있는 척도들이다. 이들 척도 중에 어느 척도이든 높은 점수를 받는다는 것은 수검자가 임상가에게 특정 증상, 문제, 성격특성을 알리고 싶다는 것을 나타낸다. 수검자에 대한 추론을 지지하는 결과로 내용 척도 가운데 몇 가지 점수를 제시할 수도 있기 때문에 이들 척도가 어떻게 만들어진 것인지를 언급해 주어야 한다. 아마도 이들 척도 각각은 비슷한 내용을 반영하는 문항들로 구성되어 있음을 알려 주는 것으로 충분할 것이다. 예를 들면, 불안(ANX) 내용 척도는 모든 문항이 불안의 여러 가지 면과 관련되는 것들이다.

규준

그리고 나서 이들 각각의 척도에서 수검자가 받은 점수는 나라 전역의 지역사회에 살고 있는 대규모 집단의 점수와 비교하여 산출되는 것임을 알려 주어야 한다. 이들 규준 집단과 다른 점수를 보이는 수검자는 자신을 '비정상'이라고 낙인찍어 버릴 수 있기 때문에 '정상' 혹은 '규준'이라는 언급은 피한다. 여기서 다시 프로파일 용지를 사용할 수 있고, 대부분의 사람들은 프로파일 용지의 굵은 선 안쪽에 해당하는 점수를 보인다는 것을 알려 주도록 한다. 수검자가 프로파일의 왼쪽 혹은 오른쪽에 써 있는 수치(T 점수)가 무엇을 의미하는지 질문한다면 아주 간단하게 그 의미를 설명해 주도록 한다. 만약 질문을 하지 않는다면 T 점수를 직접적으로 다루지 않는 것이 더 좋다. 또한 위쪽에 있는 굵은 선(T>65) 이상의 점수는 드물기 때문에 결과 해석에서 강조하는 경향이 있다는 점도 알려 줄 수 있다. 이들 높은 점수는 본래 척도 개발과정에 포함된 집단의 사람들이 보이는 것과 유사한 문제(예컨대, 불안, 우울)를 보일 가능성이 있다는 것을 나타낸다. 낮은 점수는 아직까지 그 의미가 분명하지 않기 때문에 아래쪽 굵은 선(T=50) 아래에 해당되는 점수는 수검자가 각 척도를 개발할 당시에 포함되었던 사람들 집단과 유사한 문제를 보일 가능성이 낮다는 의미임을 간단하게 알려 줄 수 있다.

타당도 척도

수검자가 검사지시를 잘 따른 경우에만(예 : 각 문항을 읽고 그것이 자신에게 해당되는지를 정직하게 반응한 경우) MMPI-2 결과를 통해 유용한 정보를 얻을 수 있다는 것을 강조해야 한다. 수검자가 지시를 잘 따랐는지 알아보는 데 도움이 되는 특수한 척도가 있음을 알려 준다. 이들 척도는 어떤 사람이 얼마나 많은 문항에 응답을 하지 않았는지(CNS 척도), 실제로 문항을 읽지 않고 반응을 했는지(VRIN, TRIN 척도), 방어적이고 부인하는 경향이 있는지(L, K, S 척도), 혹은 문제나 증상을 과장하는지(F, F_B, F_P, FBS 척도)를 알려 준다고 이야기해 준다. 수검자의 타당도 척도 점수가 검사 결과가 타당하지 않다거나 타당도가 의심된다는 것을 나타내면 타당도 척도를 설명하는 데 보다 많은 시간을 할애해야 한다.

해석의 근거

수검자가 각 척도들이 어떤 식으로 개발되었고, 높은 점수가 의미하는 바가 무엇인지를 이해한다는 확신을 얻고 나면 이들 점수를 기초로 어떻게 해석적 추론을 하는지를 설명해 주어야 한다. 검사 결과에 대한 해석은 각종 척도에서 높은 점수를 얻은 사람들에 대한 광범위한 연구에 바탕을 두고 이루어진다는 점을 강조한다. 예를 들어, 척도 2에서 높은 점수를 보이는 사람을 연구하여 그 척도에서 낮은 점수를 얻은 사람에 비해 우울감을 더 많이 보고한다는 결과를 얻었다. 또한, 그러한 연구에는 여러 가지 척도에서 동시에 높은 점수를 얻은 사람에 관한 연구(예를 들어, 척도 2와 7)가 포함되어 있다는 점도 언급해 줄 수 있다. 특정 수검자의 점수를 해석할 때는 비슷한 점수를 보이는 사람을 대상으로 한 연구 결과를 보면 수검자도 유사한 문제 및 특성을 보일 거라고 추론한다. 수검자는 특정 MMPI-2 문항의 의미에 관해 질문을 하기도 한다. 개별 문항반응은 수검자가 우리에게 알리고 싶어 하는 어떤 것을 나타내기 때문에 그러한 문항에 수검자가 어떻게 반응했는지를 아는 것이 중요하다. 그러나 해석을 할 때는 개별 문항보다는 척도 점수를 강조하는 경향이 있다는 것을 알고 있어야 한다.

결과 해석의 조직화

일단 수검자가 MMPI-2 개발과정과 해석과정에 대한 기본적인 이해를 했다는 확신이 서면, 수검자에게 결과를 제시할 준비가 된 것이다. 검사 결과 전달에 있어서 어떤 것이 옳고 어떤 것이 그른지에 대한 기준은 없다. 그러나 이 장의 앞부분에서 나왔던 범주를 활용하여 전달을 하는 것이 도움이 된다. 해석 내용은 (a) 수검태도, (b) 전반적인 적응 수준, (c) 성격특질과 행동특성(예 : 증상, 욕구, 자기개념, 대인관계, 심리적 자원), (d) 치료에 대한 함의이다. 진단은 평가에서 수집된 모든 정보를 총합하여 내려지기 때문에 결과 해석 시에 잠정적인 진단에 관한 추론을 언급하는 것은 권하지 않는다.

예시

MMPI-2에 대한 전반적인 설명을 했다는 것을 전제로, 앞에서 MMPI-2 결과에 대한 해석이 이루어졌던 Jeff에게 구체적으로 해석을 해 주는 과정을 예시할 수 있다. Jeff는 24세의 젊은이로 상당한 양의 아스피린을 먹고 난 후 응급실에서 응급처치를 받고, 그 후에 정신건강센터로 의뢰되어 MMPI-2 검사를 받은 사람이다.

MMPI-2의 개발과정과 해석과정을 전반적으로 설명한 후에, Jeff는 매우 협조적으로 MMPI-2 검사를 받았다는 점을 이야기하면서 결과 해석을 시작할 수 있다. 그는 하나의 문항도 빠뜨리지 않았으며, L, F, K 척도에서 보통 수준의 점수를 보였고 몇 가지 부가적인 타당도 척도에서도 평균 점수를 보이고 있어서, 주의 깊게 검사 문항을 읽고 자신에 해당되는지를 곰곰 생각한 후 정직하게 응답하였다는 것을 나타내 준다. 그러므로 다른 척도 점수들은 그의 특징을 정확하게 반영한다고 믿을 수 있다.

다음으로 그는 상당한 정서적 혼란에 빠져 있는 것처럼 보인다는 이야기를 해 준다. 몇 개의 척도(척도 2, RCd, DEP 척도) 점수가 높아서 현재 자신의 처지에 대해 불만스러워할 가능성이 있고, 척도 7, RC7, ANX 척도의 점수가 높아서 대부분 불안하고, 긴장되어 있으며, 신경과민일 수 있다는 것을 알려 준다. 또한 자신감이 부족한[척도 2와 7의 상승 및 낮은 자존감(LSE) 내용 척도의 상승] 것으로 보인다는 점을 덧붙일 수 있다. 척도 0과 SOD 내용 척도의 점수가 높은 것은 그가 수줍음이 많고, 내향적이며, 잘 알지 못하는 사람과 같이 있을 때는 불편감을 느낀다는 것을 나타내 준다.

몇 가지 점수들을 통해 그가 일상생활의 요구에 압도되어 있다고 느끼고 있음을 지적해 줄 수 있다. 자아강도(Es) 척도에서 매우 낮은 점수를 보이고 있어서 이 점이 잘 뒷받침된다. 이는 그가 지금 생활에서 일어나는 모든 일들에 대처하는 방법을 모르는 것처럼 느낀다는 의미라고 설명해 줄 수 있다. 이때가 자살행동에 대한 정보의 불일치에 대해 논의하기에 적절한 때일 수 있다. Jeff에게 다량의 아스피린을 먹어서 응급실에서 진료를 받은 후, 치료를 받으러 와서 시행한 MMPI-2에서 자살 충동이나 행동과 관련된 문항들에 그렇다고 응답하지 않은 이유를 알려 달라고 요청할 수 있다. 만약 그 행동이 자살 의도와 관련이 있다고 한다면, 치료 계획에 자살 위험관리를 포함하도록 제안할 수 있다. 자살 의도가 없었다고 한다면, 자살에 대한 동기나 앞으로 자살행동을 방지하기 위한 방법에 대해 이야기를 나누어야 한다.

그리고 나서 중독 인정(AAS) 척도에 속한 문항들에 대한 반응에서 스스로가 이들 문제를 인정하고 있다는 것을 지적할 수 있다. 심리적 불편감을 다루기 위한 노력의 일환으로 음주 혹은 다른 약물 남용 문제가 있는지를 좀 더 살펴볼 수 있다. 이러한 우려는 추가적인 물질 사용에 대한 평가가 필요함을 시사한다. 따라서 지금이 Jeff로부터 물질 사용에 대한 추가 정보를 수집하기에 적기일 수 있다. 그가 선뜻 물질 사용에 문제가 있다고 한다면, 치료목표에 이러한 유형의 어려움을 다루도록 포함할 것인지 아니면 물질 사용 문제를 다룰 수 있도록 도와주는 다른 프로그램에 들어가는 것이 좋겠는지를 생각해 보도록 할 수 있다.

척도 6에서 높은 점수를 보여서 세상을 요구적인 곳으로 지각할 가능성이 높으며, 푸대접을 받는다고 느낄 수 있음을 알려 줄 수 있다. 그는 다른 사람의 동기에 대해 의심이 많고 다소 회의적일 수 있다. ANG 내용 척도 점수의 상승은 이와 같이 그가 부당한 대접을 받는다는 지각으로 인해 분개할 수 있다는 것을 나타낸다.

심리적인 혼란과 일상생활의 요구에 압도되었다고 느끼고 있다는 추론에 기초해 그가 전문적인 심리적 도움을 받고자 하는 욕구가 있다는 것을 보여 준다. 사람들이 상당한 혼란을 느끼고 있을 때는 보통 치료에 참여하려고 하며, 치료를 받으면서 긍정적인 결과를 나타내기도 한다고 강조할 수 있다. 그러나 TRT 내용 척도 점수가 중등도로 상승하고 있어서, 자신의 인생에서 변화를 일으킬 수 없을 거라고 느끼고 있다고 덧붙일 수 있다.

이제까지 Jeff의 문제 영역과 부정적인 성격특성을 지적해 왔지만, 이쯤에서는 결과 해석을 할 때 MMPI-2 결과 가운데 긍정적 측면에 관한 언급을 해서 균형을 맞추는 것이 좋다. 척도 2와 7에서 높은 점수는 그가 끈기 있고, 양심적이며 신뢰할 만한 사람이라는 점을 나타낸다고 지적해 줄 수 있다. 또한 두 척도의 상승과 함께 척도 0도 상승하고 있어서 성취 욕구가 높으며, 일을 즐기고 개인적인 성취를 통해 기쁨을 느끼고 싶어 한다는 것을 나타낸다. 또한 다른 사람들은 그를 민감함이나 친절함과 같은 많은 긍정적 자질을 갖고 있는 사람으로 생각한다는 점에 대해 이야기를 나누고, 깊은 정서적 유대를 만들 수 있는 능력이 있기 때문에 다른 사람과 의미 있는 관계를 만들고 유지해 나갈 수 있다고 안심시킬 수 있다.

독자들은 이 장의 앞부분에서 보았던 Jeff에 대한 상당히 많은 추론 모두를 결과 해석 시간에 언급하지는 않는다는 점에 주목하라. 이 절의 초반부에도 권고하였던 내용을 명심하면서 결과 해석은 Jeff에게 전달하고 싶은 몇 가지 가장 중요한 것들만을 포함하도록 한다. 해석시간 내내 Jeff가 질문을 하고 자유로운 반응을 할 수 있도록 최대한 격려해야 하지만, 결과 해석 시간의 마지막 부분에서는 매우 직접적으로 MMPI-2 결과의 어떤 부분에 대해서든 질문이나 코멘트가 있는지를 물어야 한다. 결과 해석의 끝부분에서는 이제까지 언급했던 것을 Jeff 자신이 요약하게 해서 결과 해석 가운데 오해를 하거나 잘못 해석한 부분은 없는지를 살펴보아야 한다. 만약 오해를 하고 있는 부분이 있다면 다시 세심하게 설명해 주어야 하며 다시 한번 Jeff가 이해한 내용을 이야기해 보도록 요청할 수 있다.

Jeff에 대한 치료나 상담을 담당할 거라면 치료 동안에 여러 번 MMPI-2의 결과에 대해 이야기를 나눌 것이라는 언급을 할 수도 있다. 치료 중간에 MMPI-2를 다시 시행할 계획을 세우고 있다면 이러한 가능성을 알려 주고 치료자에게나 Jeff에게나 치료가 진행되는 동안에 나타난 변화를 살펴보기 위한 기회가 될 것이라고 알려 준다.

제11장 부록

MMPI®-2
미네소타 다면적 인성검사®-2
총괄 점수 보고서

이름 :	Jeff
ID 번호 :	
연령 :	24
성별 :	남
평가 일시 :	09/02/1998

ALWAYS LEARNING   PEARSON

MMPI-2 타당도 및 임상 척도 프로파일

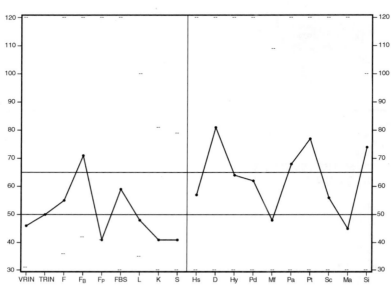

	VRIN	TRIN	F	F_B	F_P	FBS	L	K	S	Hs	D	Hy	Pd	Mf	Pa	Pt	Sc	Ma	Si
원점수 :	4	9	6	7	0	15	3	11	17	9	34	27	24	25	15	28	19	16	46
K 교정 :										6			4		11	11	2		
T 점수(실선) :	46	50	55	71	41	59	48	41	41	57	81	64	62	48	68	77	56	45	74
남녀합산 T 점수 :	46	50	56	71	42	56	48	41	40	55	80	62	62		67	74	57	46	72
응답률 :	100	100	100	100	100	100	100	100	100	100	100	100	100	100	100	100	100	100	100

무응답(원점수) :   0   긍정응답비율 :   44
F−K(원점수) :   -5   부정응답비율 :   56
Welsh 코드 : 2"70'6+34-18/59: F/LK: 프로파일 상승도 : 63.8

각 척도별 T 점수의 최댓값과 최솟값은 "--"로 표시되어 있다.

FBS 척도에 대한 자세한 내용은 Ben-Porath, Y. S., & Tellegen, A.(2006). The FBS: Current Status, a report on the Pearson web site(www.pearsonassessments.com/tests/mmpi_2.htm)를 보시오.

MMPI-2 K 교정 안 한 타당도/임상 척도 프로파일

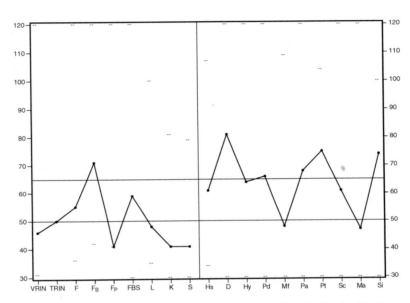

	VRIN	TRIN	F	F_B	F_P	FBS	L	K	S	Hs	D	Hy	Pd	Mf	Pa	Pt	Sc	Ma	Si
원점수 :	4	9	6	7	0	15	3	11	17	9	34	27	24	25	15	28	19	16	46
T 점수(실선) :	46	50	55	71	41	59	48	41	41	61	81	64	66	48	68	75	61	47	74
남녀합산 T 점수 :	46	50	56	71	42	56	48	41	40	59	80	62	67		67	72	60	48	72
응답률 :	100	100	100	100	100	100	100	100	100	100	100	100	100	100	100	100	100	100	100

무응답(원점수) :	0	긍정응답비율 :	44
프로파일 상승도 :	65.4	부정응답비율 :	56

각 척도별 T 점수의 최댓값과 최솟값은 "--"로 표시되어 있다.

K 교정을 하지 않은 점수를 보면 K 교정 임상 척도에서 임상 척도 원점수와 K 교정 점수의 상대적 영향력을 살펴볼 수 있다. 임상 척도 해석에 도움이 되는 기타 MMPI-2 점수(Harris-Lingoes 소척도, 재구성 임상 척도, 내용 및 내용 구성 소척도, PSY-5 척도, 보충 척도)는 K 교정이 안 되었으므로 대부분 K 교정 안 한 점수와 바로 비교할 수 있다.

FBS 척도에 대한 자세한 내용은 Ben-Porath, Y. S., & Tellegen, A.(2006). The FBS: Current Status, a report on the Pearson web site(www.pearsonassessments.com/tests/mmpi_2.htm)를 보시오.

MMPI-2 재구성 임상(RC) 척도 프로파일

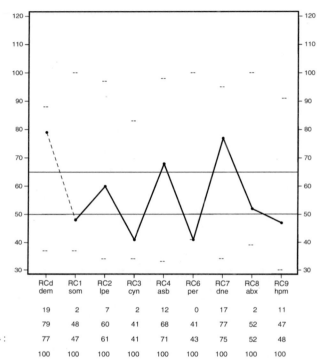

	RCd dem	RC1 som	RC2 lpe	RC3 cyn	RC4 asb	RC6 per	RC7 dne	RC8 abx	RC9 hpm
원점수 :	19	2	7	2	12	0	17	2	11
T 점수(실선) :	79	48	60	41	68	41	77	52	47
남녀합산 T 점수 :	77	47	61	41	71	43	75	52	48
응답률 :	100	100	100	100	100	100	100	100	100

각 척도별 T 점수의 최댓값과 최솟값은 "--"로 표시되어 있다.

명칭		
dem=의기소침	cyn=냉소적 태도	dne=역기능적 부정 정서
som=신체증상 호소	asb=반사회적 행동	abx=기태적 경험
lpe=낮은 긍정 정서	per=피해의식	hpm=경조증적 상태

재구성 임상 척도에 대한 자세한 내용은 Tellegen, A., Ben-Porath, Y. S., McNulty, J. L., Arbisi, P. A., Graham, J. R., & Kaemmer, B. 2003. *The MMPI-2 Restructured Clinical (RC) Scales : Development, Validation, and Interpretation*. Minneapolis : University of Minnesota Press를 보시오.

MMPI-2 내용 척도 프로파일

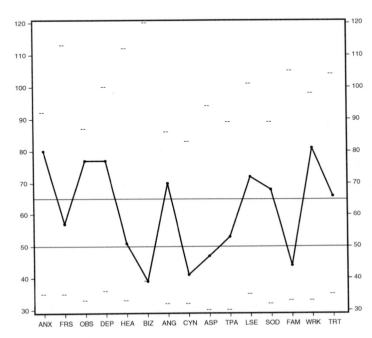

	ANX	FRS	OBS	DEP	HEA	BIZ	ANG	CYN	ASP	TPA	LSE	SOD	FAM	WRK	TRT
원점수 :	18	6	13	19	5	0	12	4	7	10	13	16	3	24	11
T 점수(실선) :	80	57	77	77	51	39	70	41	47	53	72	68	44	81	66
남녀합산 T 점수 :	78	52	76	75	50	39	71	42	49	54	70	68	43	80	65
응답률 :	100	100	100	100	100	100	100	100	100	100	100	100	100	100	100

각 척도별 T 점수의 최댓값과 최솟값은 "--"로 표시되어 있다.

MMPI-2 보충 척도 프로파일

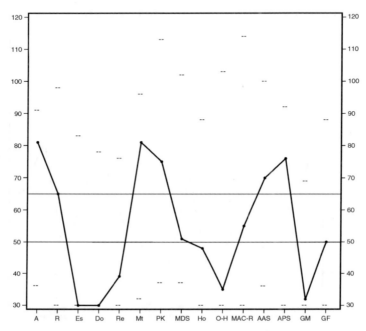

	A	R	Es	Do	Re	Mt	PK	MDS	Ho	O-H	MAC-R	AAS	APS	GM	GF
원점수 :	32	22	25	8	16	31	23	3	17	8	23	7	33	29	28
T 점수(실선) :	81	65	30	30	39	81	75	51	48	35	55	70	76	32	50
남녀합산 T 점수 :	78	65	30	30	37	78	74	51	49	33	58	73	76		
응답률 :	100	100	100	100	100	100	100	100	100	100	100	100	100	100	100

각 척도별 T 점수의 최댓값과 최솟값은 "--"로 표시되어 있다.

MMPI-2 성격병리 5요인(PSY-5) 척도 프로파일

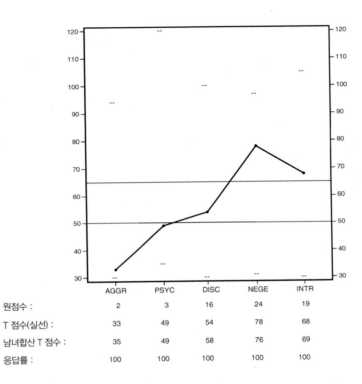

	AGGR	PSYC	DISC	NEGE	INTR
원점수 :	2	3	16	24	19
T 점수(실선) :	33	49	54	78	68
남녀합산 T 점수 :	35	49	58	76	69
응답률 :	100	100	100	100	100

각 척도별 T 점수의 최댓값과 최솟값은 "--"로 표시되어 있다.

추가 척도
(모척도의 해석을 돕기 위해 사용함)

	원점수	T 점수	남녀합산 T 점수	응답률
Harris-Lingoes 소척도				
우울증 소척도				
주관적 우울감(D_1)	20	85	82	100
정신운동 지체(D_2)	8	65	64	100
신체적 기능 장애(D_3)	6	75	73	100
둔감성(D_4)	8	77	76	100
깊은 근심(D_5)	5	68	65	100
히스테리 소척도				
사회적 불안의 부인(Hy_1)	0	30	30	100
애정 욕구(Hy_2)	8	55	55	100
권태-무기력(Hy_3)	13	97	94	100
신체증상 호소(Hy_4)	2	48	46	100
공격성의 억제(Hy_5)	2	40	39	100
반사회성 소척도				
가정 불화(Pd_1)	2	51	51	100
권위 불화(Pd_2)	5	60	64	100
사회적 침착성(Pd_3)	0	30	30	100
사회적 소외(Pd_4)	5	56	55	100
내적 소외(Pd_5)	10	82	82	100
편집증 소척도				
피해의식(Pa_1)	3	58	58	100
예민성(Pa_2)	3	55	54	100
순진성(Pa_3)	6	56	55	100
조현병 소척도				
사회적 소외(Sc_1)	4	55	54	100
정서적 소외(Sc_2)	4	78	78	100
자아통합 결여-인지적(Sc_3)	3	60	61	100
자아통합 결여-동기적(Sc_4)	10	92	92	100
자아통합 결여-억제부전(Sc_5)	3	61	60	100
기태적 감각 경험(Sc_6)	2	51	50	100
경조증 소척도				
비도덕성(Ma_1)	1	42	44	100
심신운동 항진(Ma_2)	8	63	64	100
냉정함(Ma_3)	0	30	30	100
자아팽창(Ma_4)	3	50	50	100
내향성 소척도				
수줍음/자의식(Si_1)	13	74	72	100
사회적 회피(Si_2)	5	58	59	100
내적/외적 소외(Si_3)	11	68	67	100

내용 소척도	원점수	T 점수	남녀합산 T 점수	응답률
공포 소척도				
일반화된 공포(FRS$_1$)	2	62	58	100
특정 공포(FRS$_2$)	4	54	50	100
우울 소척도				
동기 결여(DEP$_1$)	7	79	77	100
기분 부전(DEP$_2$)	4	74	69	100
자기 비하(DEP$_3$)	6	83	84	100
자살 사고(DEP$_4$)	1	62	62	100
건강염려 소척도				
소화기 증상(HEA$_1$)	0	44	44	100
신경학적 증상(HEA$_2$)	0	40	40	100
일반적인 건강염려(HEA$_3$)	4	72	72	100
기태적 정신상태 소척도				
정신증적 증상(BIZ$_1$)	0	44	44	100
조현형 성격특성(BIZ$_2$)	0	41	41	100
분노 소척도				
폭발적 행동(ANG$_1$)	4	64	67	100
성마름(ANG$_2$)	7	72	71	100
냉소적 태도 소척도				
염세적 신념(CYN$_1$)	1	36	37	100
대인 의심(CYN$_2$)	3	48	49	100
반사회적 특성 소척도				
반사회적 태도(ASP$_1$)	4	43	45	100
반사회적 행동(ASP$_2$)	3	59	64	100
A 유형 행동 소척도				
조급함(TPA$_1$)	6	68	70	100
경쟁 욕구(TPA$_2$)	3	50	51	100
낮은 자존감 소척도				
자기 회의(LSE$_1$)	5	64	64	100
순종성(LSE$_2$)	6	83	79	100
사회적 불편감 소척도				
내향성(SOD$_1$)	10	65	67	100
수줍음(SOD$_2$)	6	68	67	100
가정 문제 소척도				
가정 불화(FAM$_1$)	2	45	44	100
가족내 소외(FAM$_2$)	1	49	50	100

	원점수	T 점수	남녀합산 T 점수	응답률
부정적 치료 지표 소척도				
낮은 동기(TRT$_1$)	5	71	69	100
낮은 자기개방(TRT$_2$)	3	60	61	100

Hs, D, Hy, Pd, Pa, Pt, Sc, Ma 임상 척도, 내용 척도, 내용 소척도, PSY-5 척도는 동형 T 점수를 사용하였고 나머지 척도와 하위 척도는 선형 T 점수를 사용하였다.

***주의 : 이 보고서의 마지막 페이지에는 누락 문항이나 채점할 수 없는 문항과 함께 결정적 반응 또는 결정적 문항 목록 중 응답 문항이 표시된다. 이 부분에는 문항 번호와 내용이 모두 포함된다. 보고서의 마지막 페이지에는 모든 검사 문항에 대한 수검자의 문항 수준 응답이 포함된다. 이 페이지는 검사 보안을 유지하기 위해 이 책에 표시되지 않지만, 수정된 예시 보고서는 Pearson Assessments의 웹사이트에서 확인할 수 있다.

MMPI-2-RF

M MPI-2-RF는 2008년에 출간되었다. MMPI-2의 재구성판(restructured form)인 MMPI-2-RF는 과거의 MMPI와 상당히 다르다. MMPI-2-RF에서는 임상 척도가 아니라 재구성 임상(RC) 척도가 핵심 척도로 부각되었다. 제7장에서 언급했듯이, Tellegen 등(2003)이 RC 척도를 개발한 이유는 두 가지였다. 첫째는 의기소침이라는 공통 요인을 임상 척도에서 제거하기 위해서였고, 둘째는 각 임상 척도가 측정하는 핵심적 구성개념을 더 선명하게 측정하기 위해서였다. RC 척도는 상응하는 임상 척도만큼 혹은 임상 척도보다 공존 타당도가 우수하였고, 상응하는 임상 척도보다 변별 타당도가 우수하였다. 그럼에도 불구하고, Ben-Porath와 Tellegen(2008/2011)은 RC 척도만으로는 MMPI-2 문항군집을 사용해서 측정할 수 있는 모든 중요한 특성들을 충분히 측정하지는 못한다고 생각하였다. RC 척도의 개발을 완료한 뒤, 그들은 MMPI-2 문항군집을 사용해서 측정할 수 있는 중요한 특성들을 심리측정적으로 건전하게 측정할 수 있는 새로운 척도를 추가로 개발하였다. 그러한 노력의 결실이 MMPI-2-RF이다.

MMPI-2-RF의 저자인 Ben-Porath와 Tellegen(2008/2011)은 "기존의 문항군집을 사용해서 임상적으로 관련된 변인들을 광범위하고 효과적으로 측정하기 위해 338개 문항으로 구성된 MMPI-2의 재구성판을 제작하였다"(p. 1)라고 밝혔다. MMPI-2-RF에는 51개의 척도가 있다. MMPI-2의 RC 척도 9개를 포함하여, 7개의 개정된 타당도 척도, 2개의 새로운 타당도 척도, 3개의 상위차원 척도, 23개의 새로운 특정 문제 척도, 2개의 새로운 흥미 척도,

표 12.1   MMPI - 2 - RF 척도

타당도 척도	
VRIN-r	무선반응 비일관성
TRIN-r	고정반응 비일관성
F-r	비전형 반응
Fp-r	비전형 정신병리 반응
Fs	비전형 신체적 반응
FBS-r	증상 타당도
RBS	반응 편향
L-r	흔치 않은 도덕적 반응
K-r	적응 타당도
상위차원 척도	
EID	정서적/내재화 문제
THD	사고 문제
BXD	행동적/외현화 문제
재구성 임상 척도	
RCd	의기소침
RC1	신체증상 호소
RC2	낮은 긍정 정서
RC3	냉소적 태도
RC4	반사회적 행동
RC6	피해의식
RC7	역기능적 부정 정서
RC8	기태적 경험
RC9	경조증적 상태
특정 문제 척도	
신체/인지 증상 SP 척도	
MLS	신체적 불편감
GIC	소화기 증상 호소
HPC	두통 호소
NUC	신경학적 증상 호소
COG	인지적 증상 호소
내재화 SP 척도	
SUI	자살/죽음 사고
HLP	무력감/무망감
SFD	자기 회의
NFC	효능감 결여
STW	스트레스/걱정
AXY	불안
ANP	분노 경향성
BRF	행동 제약 공포
MSF	다중 특정 공포
외현화 SP 척도	
JCP	청소년기 품행 문제
SUB	약물 남용

AGG	공격 성향
ACT	흥분 성향
대인관계 SP 척도	
FML	가족 문제
IPP	대인관계 수동성
SAV	사회적 회피
SHY	수줍음
DSF	관계 단절
흥미 척도	
AES	심미적–문학적 흥미
MEC	기계적–신체적 흥미
성격병리 5요인 척도	
AGGR-r	공격성
PSYC-r	정신증
DISC-r	통제 결여
NEGE-r	부정적 정서성/신경증
INTR-r	내향성/낮은 긍정적 정서성

그리고 5개의 개정된 성격병리 5요인 척도로 구성된다. 표 12.1에 MMPI-2-RF의 모든 척도를 제시하였다.

MMPI-2-RF의 개발

타당도 척도

MMPI-2-RF에는 9개의 타당도 척도가 있다. 이 중에서 7개는 MMPI-2의 타당도 척도를 개정하였고 2개는 새롭게 개발했는데, Fs(비전형 신체적 반응) 척도와 RBS(반응 편향) 척도가 추가되었다. MMPI-2와 마찬가지로, 무응답을 반영하는 CNS(무응답) 지표도 사용된다. RBS 척도를 제외한 나머지 타당도 척도는 2008년에 발표되었고, RBS 척도는 2011년부터 MMPI-2-RF의 표준 채점에 도입되었다. 타당도 척도의 원점수는 MMPI-2-RF 규준 집단 자료에 근거하여 선형 T 점수로 변환된다(평균=50, 표준편차=10). 예외로, CNS 지표는 무응답 문항의 개수와 중복응답 문항의 개수를 합산한 원점수이다.

무선반응 비일관성(VRIN-r) 및 고정반응 비일관성(TRIN-r) 척도

이 척도들은 제3장에서 소개한 MMPI-2의 VRIN 척도와 TRIN 척도를 개발한 방식과 매우 유사한 방식으로 제작되었다. 다만, 비일관성을 측정하는 두 척도의 독립성을 향상시키기 위해서 몇 가지 추가적인 기준을 부과하였다.

VRIN-r 척도는 정적 상관관계를 보이는 53개의 문항 쌍으로 구성되었다. 수검자가 정적 상관관계를 보이는 2개의 문항으로 이루어진 문항 쌍에 비일관적으로 응답하면, 이 척도의 원점수가 1점 상승한다. 예컨대, '아침에 일어나면 기분이 상쾌하다' 문항에 '그렇다'로 응답하고, '잠을 잘 자는 편이다' 문항에 '아니다'로 응답하면, 원점수가 1점 상승한다. VRIN-r 척도의 원점수는 비일관적으로 응답한 문항 쌍의 개수이다. 원점수는 선형 T 점수로 환산되며, T 점수가 높을수록 비일관적인 응답이 더 많다는 뜻이다. VRIN-r 척도의 해석지침은 이 장의 후반부에 제시하였다.

TRIN-r 척도는 부적 상관관계를 보이는 26개의 문항 쌍으로 구성되었다. 수검자가 부적 상관관계를 보이는 2개의 문항으로 이루어진 문항 쌍에 모두 '그렇다' 혹은 모두 '아니다'로 응답하면, 비일관적인 응답으로 간주한다. 이 척도의 원점수는 '그렇다'-'그렇다'로 응답한 문항 쌍의 개수에서 '아니다'-'아니다'로 응답한 문항 쌍의 개수를 뺀 값이다. 그 값이 클수록 문항 내용과 무관하게 묵종반응('그렇다'로 편향)하는 경향이 있음이 시사되고, 그 값이 작을수록 문항 내용과 무관하게 부인반응('아니다'로 편향)하는 경향이 있음이 시사된다. 이 척도의 원점수는 선형 T 점수로 변환되며, 50점보다 낮은 T 점수는 반전된다. 예컨대, T 점수 40점은 T 점수 60점으로 반전된다. 따라서 TRIN-r 척도의 T 점수는 항상 50점 이상이다. T 점수가 높을수록 문항 내용과 무관하게 묵종했거나 부인하였을 가능성이 시사된다. 묵종반응에는 첨자 'T'를 붙이고, 부인반응에는 첨자 'F'를 붙인다. TRIN-r 척도의 해석지침은 이 장의 후반부에 제시하였다.

비전형 반응(F-r) 척도

이 척도는 MMPI-2의 F(비전형) 척도를 개정한 것이다. MMPI-2 규준 집단의 남성과 여성 모두에서 10% 미만의 사람만 채점되는 쪽으로 응답하는 문항 32개를 선별하여 F-r 척도를 구성하였다. 일부 문항은 이런 기준을 충족시켰음에도 불구하고 F-r 척도에서 제외했는데, 문항 내용과 무관한 무효 응답을 측정하는 다른 타당도 척도에도 중복되었기 때문이다. 이 척도의 원점수는 선형 T 점수로 변환되며, T 점수가 높을수록 수검자가 규준 집단이 거의 응답하지 않는 방향으로 응답했음을 의미한다. F-r 척도의 해석지침은 이 장의 후반부에 제시하였다.

비전형 정신병리 반응(Fp-r) 척도

심각한 정신병리를 겪고 있는 사람은 MMPI-2의 F 척도가 상승하는 경향이 있다. Arbisi와 Ben-Porath(1995)는 심각한 정신병리의 기저율이 높은 장면에서 관찰되는 무효 응답을 탐지하려고 F_p(비전형-정신병리) 척도를 개발하였다. F_p 척도는 MMPI-2 규준 집단뿐만 아니라 정신과 입원 환자마저 채점되는 방향으로 거의 응답하지 않는 문항들로 구성되었다(자세한 내용은 제3장을 참고). 후속 연구에서, F_p 척도는 수검자의 과대보고를 효과적으로 탐지하였다(Rogers et al., 2003). 따라서 Ben-Porath와 Tellegen(2008/2011)은 MMPI-2-RF에도 F_p 척도를 포함시키기로 결정하였고, Fp-r 척도로 개정하였다.

MMPI-2의 F_p 척도에 포함된 27개 문항 중에서 18개 문항이 Fp-r 척도에 존치되었다. L 척도와 중복되는 4개 문항을 삭제하였고, Fs 척도와 중복되는 3개 문항을 삭제하였다. 또한 이 척도의 효율성을 저하시키는 2개 문항을 삭제하였고, 기존의 F_p 척도에 포함되지 않았지만 이 척도의 효율성을 향상시키는 3개 문항을 추가하여, 총 21개로 구성되었다. 이 척도의 원점수는 선형 T 점수로 환산된다. T 점수가 높을수록 정신병리를 과장해서 보고했을 가능성을 시사한다. 이 척도의 해석지침은 이 장의 후반부에 제시하였다.

비전형 신체적 반응(Fs) 척도

일반적이지 않은 신체증상 호소를 탐지하기 위해서 Wygant 등(2004)이 이 척도를 개발하였다. Fs 척도는 의학적 문제를 겪고 있는 여러 대규모 환자 집단에서 25% 미만의 사람만 채점되는 쪽으로 응답하는 16개의 문항을 선택한 것이다. 어떤 수검자는 심리학적 이유로 평가를 받는 중에(예 : 개인적 상해 평가) 신체증상을 과장하는데, 이런 문제를 탐지하려고 Ben-Porath와 Tellegen(2008/2011)이 MMPI-2-RF에 포함시켰다. 이 척도의 원점수는 선형 T 점수로 환산된다. T 점수가 높을수록 신뢰하기 어려운 수준의 신체적 증상과 불평을 호소하고 있을 가능성이 높다. 이 척도의 해석지침은 이 장의 후반부에 제시하였다.

증상 타당도(FBS-r) 척도

이 척도는 MMPI-2의 FBS 척도를 축약한 것이다. Ben-Porath와 Tellegen(2008/2011)은 MMPI-2-RF에도 FBS 척도의 개정판을 포함시킬 필요가 있다고 생각하였다. (심리적 증상보다) 신뢰하기 어려운 수준의 신체적 및 인지적 증상을 보고하는 수검자가 있었기 때문이다. 기존의 FBS 척도에서 채점되는 43개 문항 중에서, MMPI-2-RF의 338개 문항군집에도 포함되는 30개 문항이 존치되었다. 이 척도의 원점수는 선형 T 점수로 환산된다. T 점수가 높을수록 신뢰하기 어려운 수준의 신체적 혹은 인지적 증상을 보고했을 가능성이 높아진다. 이 척도의 해석지침은 이 장의 후반부에 제시하였다.

반응 편향(RBS) 척도

Gervais 등(2007)은 법정 장면에서 신경심리 평가 혹은 장애 수준 평가를 실시할 때 인지적 증상과 문제를 과대보고하는 사람을 탐지하려고 RBS 척도를 제작하였다. 이 척도에는 28개의 문항이 있는데, 수행타당도검사를 통과한 사람의 응답과 통과하지 못한 사람의 응답을 대조하는 방식으로 선택하였다. 연구 결과, RBS 척도는 신뢰하기 어려운 수준으로 기억 곤란을 호소하는 사람을 효과적으로 탐지하였다(Gervais et al., 2008; Whitney et al., 2008). MMPI-2-RF의 다른 타당도 척도와 비교할 때, RBS 척도는 신뢰하기 어려운 수준의 과대보고 중에서도 독특한 유형의 과대보고를 탐지하므로(Gervais et al., 2008), 2011년부터 MMPI-2-RF의 표준 채점에 도입되었다(Ben-Porath & Tellegen, 2008/2011). 이 척도의 원점수는 선형 T 점수로 환산된다. T 점수가 높을수록 기억 문제를 과장해서 보고했을 가능성이 높아진다. 이 척도의 해석지침은 이 장의 후반부에 제시하였다.

흔치 않은 도덕적 반응(L-r) 척도 및 적응 타당도(K-r) 척도

이 척도들은 MMPI-2-RF에서 과소보고를 탐지한다. 과소보고를 탐지하는 척도를 제작하기 위해서, MMPI-2의 L 척도, K 척도, S 척도, 그리고 사회적으로 바람직한 방향으로 응답하는 경향을 측정하는 Wsd(Wiggins Social Desirability) 척도에서 채점되는 문항들을 요인분석하였다. 요인분석 결과, 2개의 독립 요인이 도출되었다. 이 중에서, 한 요인과는 요인부하량이 크고 다른 요인과는 요인부하량이 작은 문항을 선택하는 방식으로 2개의 척도를 구성하였다. 첫 번째 요인은 L-r 척도에 반영되었다. L-r 척도에는 14개의 문항이 있는데, 11개 문항은 L 척도에서 비롯되었고, 3개 문항은 Wsd 척도에서 비롯되었다. 두 번째 요인은 K-r 척도에 반영되었다. K-r 척도의 14개 문항은 모두 K 척도에서 비롯되었다. L-r 척도와 K-r 척도의 원점수는 선형 T 점수로 환산된다. K-r 척도가 높은 사람은 증상과 문제를 축소해서 보고하는 경향이 있고, L-r 척도가 높은 사람은 자신의 도덕적 행동을 강조해서 보고하는 경향이 있다. 이 척도들의 해석지침은 이 장의 후반부에 제시하였다.

상위차원 척도

Tellegen과 Ben-Porath(2008/2011)는 MMPI-2-RF의 문항군집으로 측정할 수 있는 정신병리의 대표 차원을 제시하기 위해서, 그리고 조직적 구조를 통해 주요 척도를 해석하기 위해서 상위차원(higher-order : H-O) 척도를 개발하였다. 세 가지 임상 자료를 활용하여 RC 척도의 문항들을 요인분석한 결과, 각각 내재화장애, 외현화장애, 사고장애를 반영하는 3개의 요인이 일관적으로 도출되었고, 이것을 3개의 H-O 척도로 발전시켰다. 요인분석에서 산출된 요인 점수와 MMPI-2 문항군집의 567개 문항 사이의 상관계수를 조사하여 각 H-O 척도의 문항을 선택하였다. EID(Emotional/Internalizing Dysfunction : 정서적/내재화 문제) 척도의 문항은 대부분 RCd, RC2, RC7 척도에서 비롯되었다. THD(Thought Dysfunction : 사고문제) 척도의 문항은 대부분 RC6와 RC8 척도에서 비롯되었다. BXD(Behavioral/Externalizing Dysfunction : 행동적/외현화 문제) 척도의 문항은 대부분 RC4와 RC9 척도에서 비롯되었다. 결과적으로, 3개의 H-O 척도는 MMPI-2에서 빈번하게 관찰되는 3개의 상승 척도 쌍(즉, 27/72, 68/86, 49/94) 차원을 반영한다. 또한 3개의 H-O 척도는 정신병리 위계적 분류체계(HiTOP; Kotov et al., 2021)와 같은 현대적인 정신병리 모델에서 제안하는 몇몇 차원과 밀접한 관련이 있다. HiTOP 모델에 대입하면, EID 척도는 내재화 스펙트럼, THD 척도는 사고장애 스펙트럼, BXD 척도는 탈억제 외현화 및 반동적 외현화 스펙트럼과 개념적으로 중첩된다(Sellbom, 2019). H-O 척도의 해석지침은 이 장의 후반부에 제시하였다.

재구성 임상 척도

MMPI-2-RF의 재구성 임상 척도와 MMPI-2의 재구성 임상 척도는 동일하다. 모두 9개의 재구성 임상(RC) 척도가 있다. RC 척도의 구성방식 및 심리측정적 속성은 제7장에서 논의하였다. 독자의 편의를 위해, 제7장에서 소개한 RC 척도의 해석지침을 이 장의 후반부에 다시 제시하였다.

특정 문제 척도

RC 척도만으로는 MMPI-2 문항군집이 포괄하는 임상적으로 중요한 구성개념을 모두 측정할 수 없었기에, Ben-Porath와 Tellegen(2008/2011)은 23개의 특정 문제(SP) 척도를 제작하였다. SP 척도는 RC 척도에서는 측정하지 않는 임상 척도의 독특한 구성성분, 세밀하게 측정할 필요가 있는 RC 척도의 세부성분, 그 밖에 RC 척도에서는 측정하지 않는 MMPI-2 문항군집의 중요성분을 평가한다.

Tellegen과 Ben-Porath(2008/2011)는 각각의 SP 척도를 어떻게 제작했는지 정확하게 밝히지는 않았고 대략적으로 기술하였다. 첫째, 어떤 구성개념을 추가할 필요가 있는지 개인적 의견을 피력하였다. 둘째, 요인분석을 수차례 실시하여 그 구성개념 및 그것을 측정하는 문항을 파악하였다. 셋째, 각각의 SP 척도에서 의기소침의 영향을 가급적 배제하였다(제7장 참고). 넷째, SP 척도 후보군을 예비로 선정한 뒤, 여기에 어떤 구성개념을 더 추가할 필요가 있는지 전문가 의견을 청취하였다. 즉 RC 척도, PSY-5 척도, 특정 문제 척도 후보군 이외에 MMPI-2 문항군집으로 더 측정할 수 있는 구성개념이 무엇인지 조사하였다. 다섯째, 이렇게 수합된 전문가 의견과 자료분석 결과를 기반으로 23개의 SP 척도를 완성하였다. 앞서 표 12.1에 SP 척도의 목록을 제시하였다. 각 SP 척도의 해석지침은 이 장의 후반부에 제시하였다.

흥미 척도

전형적인 남성적 흥미와 여성적 흥미를 측정하는 MMPI-2의 척도 5를 요인분석한 결과, 상대적으로 독립적인 2개의 차원이 도출되었다. MMPI-2-RF에서는 그것을 2개의 흥미 척도(interest scales)로 발전시켰다. 첫 번째 요인을 반영하는 AES(Aesthetic-Literary Interest : 심미적–문학적 흥미) 척도는 작문, 음악, 영화에 대한 흥미와 관련된 7개 문항으로 구성되었다. 두 번째 요인을 반영하는 MEC(Mechanical-Physical Interest : 기계적–신체적 흥미) 척도는 물건의 수선/제작, 실외활동, 스포츠에 대한 흥미와 관련된 9개 문항으로 구성되었다. 각 흥미 척도의 해석지침은 이 장의 후반부에 제시하였다.

성격병리 5요인 척도

성격병리 5요인(PSY-5) 척도는 성격병리에 영향을 미치는 여러 성격 차원을 평가한다. MMPI-2의 PSY-5 척도를 MMPI-2-RF의 PSY-5 척도로 개정했는데, Ben-Porath와 Tellegen의 요청으로 Harkness와 McNulty가 이 작업을 주도하였다(Ben-Porath, 2012). 제7장에서 언급했듯이, PSY-5 척도는 MMPI를 현대적인 정신병리 모형과 연계해서 활용할 수 있는 개념적 연결고리를 제공한다. 예컨대, DSM-5의 성격장애 대안모형(AMPD), Kotov 등(2021)의 정신병리 위계적 분류체계(HiTOP)와 연계해서 활용할 수 있다.

Harkness와 McNulty 등(2014)에 따르면, MMPI-2-RF의 PSY-5 척도는 다음과 같은 절차

로 개정되었다. 첫째, MMPI-2-RF 문항군집에 존치된 96개 문항을 확보하였다. 둘째, PSY-5 척도의 내적 일관성 및 외적 준거 측정치를 조사하여 신뢰도와 타당도를 저하시키는 22개 문항을 탈락시켰고, 신뢰도와 타당도를 향상시키는 30개 문항을 추가하였다. 이 문항들은 모두 MMPI-2-RF 문항군집에서 비롯되었다. 셋째, 선행 연구에서 일반인을 대상으로 PSY-5 척도와 밀접한 관련이 있다고 여겨지는 MMPI-2 문항들을 선택하게 했었는데, 이 선행 연구를 근거로 일부 문항들을 채택하였다. 넷째, MMPI-2-RF 문항군집에서 PSY-5 척도에 포함된 문항들과 포함되지 않은 문항들의 상관계수를 조사하여 일부 문항들을 추가로 채택하였다. 결과적으로, PSY-5를 평가하는 104개 문항을 확정하였다. 이 척도의 개발에 관한 상세한 정보는 Harkness와 McNulty 등(2014)을 참고하기 바란다. 앞서 표 12.1에 PSY-5 척도의 목록을 제시하였다. 각 PSY-5 척도의 해석지침은 이 장의 후반부에 제시하였다.

실시 및 채점

검사 실시자의 자격

MMPI-2와 마찬가지로, MMPI-2-RF는 임상적 평가도구의 사용에 대해서 적절한 교육과 훈련을 받은 사람이 실시해야 한다. 검사 보급회사가 요구하는 최소한의 자격 기준이 있다. 자세한 자격 기준은 검사 보급회사 홈페이지(pearsonassessments.com)를 참고하기 바란다. 기본적으로, 임상적 평가도구의 실시와 해석에 대해서 충분한 훈련을 받은 전문가만 MMPI-2-RF를 사용할 수 있도록 제한한다. 훈련은 학위과정 혹은 평생교육 워크숍을 통해서 진행된다.

누가 MMPI-2-RF 검사를 받을 수 있는가?

MMPI-2-RF에서 의미 있는 자료를 얻으려면, 수검자가 모든 문항을 반드시 읽고 충분히 이해한 뒤에 적절하게 응답해야 한다. MMPI-2-RF의 모든 문항을 이해하려면 Flesch-Kincaid 독해 수준 4.5가 요구된다. 이것은 초등학교 5학년보다 약간 낮은 수준이다. 하지만 MMPI-2-RF 문항군집에는 더 높은 독해 수준을 요구하는 문항들도 있다. 따라서 수검자가 독해능력을 갖추고 있더라도, 검사자는 혹시라도 수검자가 문항을 이해하지 못하고 응답했을 가능성이 있는지 주의 깊게 검토해야 한다. 이런 경우, CNS, VRIN-r, TRIN-r 척도의 점수가 상승할 수 있다. 만약 수검자의 독해능력이 저조한 것으로 의심된다면, 독해능력에 대한 표준화된 평가를 먼저 실시해야 한다. 수검자가 초등학교 5학년 수준에 미치지 못하는 독해능력을 지닌 경우라고 하더라도, 오디오테이프에 녹음된 문항을 듣고 응답하는 방식의 표준화된 절차를 따른다면 MMPI-2-RF를 실시할 수 있는 경우도 간혹 있다.

MMPI-2-RF는 18세 이상의 성인을 평가하는 검사이다. 18세 이하의 청소년에게는 MMPI-A(Butcher et al., 1992) 혹은 MMPI-A-RF(Archer et al., 2016)를 실시해야 한다. 18세의 규준은 청소년 버전과 성인 버전의 MMPI가 모두 갖추고 있으므로, 임상가는 18세인 수검자에게 어떤 버전의 검사를 실시할 것인지를 개별 사례에 맞게 판단해야 한다. 일반적으로, 18세의 고등학생에게는 MMPI-A 혹은 MMPI-A-RF를 실시하는 것이 낫고, 같은 18세라고 하더라도 대학생이나 직장인이나 독립적인 생활을 영위하고 있는 사람에게는 MMPI-2, MMPI-2-RF, MMPI-3를 실시하는 것이 낫다. MMPI-2에 대해서는 앞에서 설명하였고, MMPI-3에 대해서는 제13장에서 설명하겠다. 청소년 버전의 MMPI에 대해서는 제14장과 제15장에서 설명하겠다. 성인용 MMPI-2-RF의 경우, 연령의 상한선은 없다.

MMPI-2-RF의 실시 여부를 결정할 때, 잠재적인 수검자의 임상적 상태를 고려하는 것이 중요하다. 이 검사를 끝내는 것은 많은 사람들에게 힘들고 지루한 과제이다. 심한 우울감, 불안감, 초조감을 경험하고 있는 사람은 검사를 마칠 때까지 견디기 어려우며, 인지적 손상 혹은 쇠퇴를 겪고 있는 사람도 마찬가지다. 이런 경우라면 검사시간을 짧게 여러 번으로 나누어서 실시할 수 있다. 극도의 심리적 혼란상태에 있는 사람들은 검사의 표준적인 지시사항을 이해하거나 따르지 못할 수도 있는데, 이런 경우에 표준화된 절차로 녹음된 테이프를 통해 문항을 불러 주면 검사를 모두 마칠 수 있는 사람도 있다.

MMPI-2-RF의 실시

MMPI-2와 마찬가지로, MMPI-2-RF는 전문적인 방식으로 실시해야 한다. 일반적으로 검사지와 답안지를 사용하여 실시하며, 컴퓨터를 이용해서 응답하는 것도 가능하다. 검사도구와 소프트웨어에 관한 사항은 검사 보급회사 홈페이지를 참고하기 바란다. Ben-Porath와 Tellegen(2008/2011)에 따르면, 지필식 검사에는 35~50분이 소요되고, 컴퓨터식 검사에는 25~35분이 소요된다. 수검자가 시각장애 혹은 경계선 수준의 독해능력을 지니고 있다면, 표준화된 절차로 녹음된 테이프를 사용할 수 있다. 하지만 검사자가 직접 수검자에게 문항을 읽어 주는 것은 표준적인 절차에서 벗어나므로 허용되지 않는다. 목소리와 몸동작의 미묘한 변화가 검사 결과에 영향을 미칠 수 있기 때문이다. 이 검사는 자격을 갖춘 전문가 또는 그로부터 훈련받은 검사자가 실시해야 한다. 감독을 받지 않는 사람에게 검사지를 공개해서는 안 된다.

MMPI-2-RF의 지필식 및 컴퓨터식 검사지는 미국에서는 영어와 스페인어로, 캐나다에서는 프랑스어로까지 제작되어 있다. 다른 언어로 제작된 검사지에 대해서는 미네소타대학 출판부 홈페이지(https://www.upress.umn.edu/test-division)를 참고하기 바란다.

MMPI-2-RF의 채점

검사지와 답안지를 사용해서 MMPI-2-RF를 실시한 경우, 여러 가지 방식으로 채점할 수 있다. 검사 보급회사에 답안지를 보내면, 24~48시간 내에 점수 보고서 혹은 해석 보고서를 받을 수 있다. 검사 보급회사에서 제공하는 지필식 채점판을 사용하면, 검사자가 직접 손으로 채점할 수 있다. 또한 수검자의 반응을 컴퓨터 소프트웨어에 직접 입력하는 방식으로 채점할 수도 있다. 여러 사람에게 한꺼번에 많은 검사를 실시하는 사용자는 스캐너를 사용하는 것도 가능하다. 컴퓨터로 검사를 실시한 경우, 수검자의 반응이 컴퓨터에 저장되며 곧바로 채점된다.

검사 보급회사가 제공하는 보고서에는 두 종류가 있다. 첫째, 점수 보고서(Score Report)는 MMPI-2-RF에서 채점되는 51개 척도의 모든 점수와 프로파일을 제공한다. 또한 다양한 비교 집단(예 : 정신건강센터 외래 환자, 정신과 입원 환자, 재소자, 일반 병원 환자, 약물 남용 집단)의 평균 점수를 옵션으로 제공한다. 이 장의 마지막에 점수 보고서를 예시하였다. 예시는 제11장에서도 논의했던 Jeff의 사례이다. 둘째, 해석 보고서(Interpretive Report)는 51개 척도의 모든 점수와 프로파일뿐만 아니라 이야기 형태로 기술된 해석 자료 및 그 근거를 제공한다. 해석 보고서의 경우에도 다양한 비교 집단의 평균 점수를 옵션으로 제공한다.

심리측정적 특성

규준 집단

MMPI-2-RF의 규준 집단은 MMPI-2의 규준 집단과 본질적으로 동일하다. 제1장에서 MMPI-2 규준 집단의 특성을 자세히 설명하였다. 하지만 MMPI-2-RF에서는 비성별 규준만 확인할 수 있다. 비성별 규준은 MMPI-2 규준 집단에 포함된 남성 1,138명의 자료 및

MMPI-2 규준 집단에 포함된 여성 1,462명 중에서 1,138명의 자료를 조합한 것이다(Ben-Porath & Forbey, 2003). 1991년에 발효된 시민권 법령에서 성별을 고려한 인사 선발을 명백히 금지하였으므로 비성별 규준만 산출하였다.

MMPI-2-RF가 개발된 시점에서, MMPI-2의 규준은 거의 20년이나 사용되었다. 따라서 Tellegen과 Ben-Porath(2008/2011)는 1990년에 수집한 대학생 자료에서 산출한 MMPI-2-RF 점수와 약 20년 후에 수집한 대학생 자료에서 산출한 MMPI-2-RF 점수를 서로 비교하였다. 비교 결과, 두 집단의 MMPI-2-RF 점수가 본질적으로 동등하였으므로, 1989년에 작성한 규준을 MMPI-2-RF에 적용할 수 있다고 판단하였다. MMPI-2-RF 규준 집단에 관한 상세한 정보는 Ben-Porath와 Tellegen(2008/2011)을 참고하기 바란다.

표준 점수

제2장에서 언급했듯이, MMPI-2의 거의 모든 척도는 원점수를 동형 T 점수로 환산한다. 동형 T 점수를 사용하면 T 점수의 의미가 백분위상에서 동등해지며, 여러 척도의 점수를 서로 비교할 수 있다는 장점이 있다. 이와 유사하게, MMPI-2-RF의 거의 모든 척도는 원점수를 동형 T 점수로 환산한다. 단, 원점수의 분포 자체가 상당히 다른 타당도 척도와 흥미 척도는 선형 T 점수로 환산한다.

신뢰도

Tellegen과 Ben-Porath(2008/2011)는 MMPI-2-RF에서 채점되는 모든 척도의 검사-재검사 신뢰도 계수, 내적 일관성 계수, 측정표준오차 추정치를 보고하였다. 그들의 자료(표 3.2~3.6)는 규준 집단, 정신건강센터 입원 환자, 정신건강센터 외래 환자를 포괄하였다. 타당도 척도의 경우, 내적 일관성과 검사-재검사 신뢰도가 척도별로 그리고 집단별로 상이하였다. 전반적으로, 타당도 척도의 신뢰도가 주요 척도의 신뢰도보다 더 낮았는데, 이것은 예상되는 결과였다. 협조적인 수검자들의 자료 및 신뢰할 수 있게 응답한 수검자들의 자료는 상대적으로 변산이 작기 때문이다. 하지만 각 타당도 척도의 측정표준오차 추정치가 충분히 작았으므로, 이번 장의 후반부에 제시한 각 타당도 척도의 해석지침을 활용해도 무방하겠다.

MMPI-2 규준 집단에서 성별을 조합하여 부분 집단(남성 82명, 여성 111명)을 추출하고 검사-재검사 신뢰도 계수를 산출하였다. 검사-재검사 간격의 중앙치는 7일이었다. 상위차원(H-O) 척도의 검사-재검사 신뢰도 계수는 .80~.90의 범위에 속하였다. 규준 집단의 경우, THD(사고 문제) 척도의 검사-재검사 신뢰도 계수가 가장 낮았는데, 아마도 심각한 정신병리의 기저율 자체가 매우 낮기 때문일 것이다.

제7장에서 보고한 자료와 일관되게, 재구성 임상(RC) 척도의 시간적 안정성은 대체로 양호하였다. RC4 척도가 .89로 가장 높았고, RC6 척도가 .64로 가장 낮았다. 여기서도, RC6 척도의 시간적 안정성이 가장 낮은 까닭은 규준 집단에서 심각한 정신병리의 기저율 자체가 매우 낮기 때문일 것이다. 규준 집단에서, 특정 문제(SP) 척도와 흥미 척도의 검사-재검사 신뢰도 계수는 .54~.93의 범위에 속하였고, 거의 모두 .70~.80의 수치였다. 문항 수가 많은 척도들의 신뢰도가 문항 수가 적은 척도들의 신뢰도보다 더 양호하였다. 따라서 몇몇 SP 척도의 문항 수는 4~5개에 불과하다는 점을 유념해야 한다. 개정된 PSY-5 척도의 검사-재검사 신뢰도 계수는 .80(PSYC-r; 정신증)부터 .93(DISC-r; 통제 결여)까지로 양호하였다.

임상 집단에서, H-O 척도의 내적 일관성 계수는 .80 중반에서 .90 중반까지로 매우 높았다. 예상할 수 있듯이, 정신병리 기저율 자체가 낮은 규준 집단의 내적 일관성 계수는 상대적으로 낮았다. 앞서 보고했듯이, RC 척도의 내적 일관성 계수는 양호하였다. 임상 집단에서는 .80 중반에서 .90 중반까지 수준이었고, 규준 집단에서는 .70 중반에서 .80 중반까지 수준이었다. 또한 예상할 수 있듯이, H-O 척도나 RC 척도에 비해 문항 수가 적은 SP 척도의 내적 일관성 계수는 상대적으로 낮았다. 규준 집단에서, SP 척도의 내적 일관성 계수는 .34~.86의 범위에 속하였고, 거의 모두 .60 중반에서 .70 중반까지 수치였다. SP 척도의 측정표준오차 추정치는 H-O 척도 및 RC 척도의 측정표준오차보다 약간 높았다. 규준 집단에서, PSY-5 척도의 내적 일관성은 .69(PSYC-r)부터 .77(NEGE-r; 부정적 정서성/신경증)까지 범위에 속하였다. 임상 집단에서는 그 수치가 약간 높았다.

요약하면, H-O 척도, RC 척도, PSY-5 척도의 내적 일관성 및 시간 안정성은 다른 자기보고 척도들의 수치만큼 양호하다. SP 척도와 흥미 척도의 신뢰도가 다소 낮은 편인데, 이 척도들을 해석할 때는 T 점수가 약간 상승한 경우보다 충분히 높이 상승한 경우에 더 자신감을 가지고 해석할 수 있겠다.

타당도

Tellegen과 Ben-Porath(2008/2011; 표 A.1~A.136)는 MMPI-2-RF의 척도 점수와 다양한 외적 준거 측정치 사이에서 산출된 5만 개 이상의 상관계수를 보고하였다. 여기에는 대학생, 지역사회 정신건강센터 내담자, 정신과 환자, 약물 남용 내담자, 범죄 피의자, 장애 판정 신청자의 자료가 망라되었다. 외적 준거 측정치에는 치료자 평정 자료, 접수 면접 정보, 범죄 기록, 기타 자기보고 측정치 등이 포함되었다. MMPI-2-RF의 저자들이 제안하는 해석적 가설과 권고사항은 이렇게 방대한 상관 자료를 바탕으로 도출된 것이다. 또한 수많은 후속 연구에서 MMPI-2-RF 척도들의 타당도를 조사하였고, 제7장에서 소개한 RC 척도와 PSY-5 척도의 타당도에 관한 기존의 연구 자료도 존재한다. 지금부터 그것을 타당도 척도, 주요 척도, 장면특정적 적용의 순서로 간단하게 요약하겠다.

타당도 척도

무응답(CNS) 지표

Ben-Porath와 Tellegen(2008/2011)에 따르면, 무응답이 지나치게 많아지면 몇몇 척도의 점수가 낮아진다. 15개 이상의 문항에 무응답한 경우, 몇몇 주요 척도는 수검자의 특징을 정확하게 반영하지 못하게 된다. 매뉴얼에 따르면, 적어도 90% 이상의 문항에 응답한 척도의 점수만 해석할 수 있다. 이러한 권고사항은 최대 10%의 문항에 응답하지 않더라도 해석의 타당성은 거의 훼손되지 않는다는 선행 연구(Dragon et al., 2012) 결과와 일치한다.

문항 내용과 무관한 무효 응답을 평가하는 척도(VRIN-r 척도, TRIN-r 척도)

Ben-Porath와 Tellegen(2008/2011)에 따르면, VRIN-r 척도의 T 점수가 70~79점으로 상승하면 주요 척도를 조심스럽게 해석해야 한다. 만약 VRIN-r 척도의 T 점수가 80점 이상 상승하면, 수검자가 비일관적으로 응답했을 가능성이 높으므로 검사 자료를 해석하지 말아야 한다. MMPI-2의 경우, 무선반응으로 간주하는 VRIN 척도의 T 점수 분할점은 80점이다(Gallen & Berry, 1996; Paolo & Ryan, 1992). VRIN 척도와 VRIN-r 척도가 유사하므로, VRIN-r 척도의 최적 분할점도 T 점수 80점이 적절하다.

무선반응의 비율을 다양하게 조정하면서 MMPI-2-RF 프로파일의 변화를 추적한 시뮬레이션 연구에서, Handel 등(2010)은 무선반응이 MMPI-2의 VRIN 척도와 MMPI-2-RF의 VRIN-r 척도에 유사한 영향을 미친다고 보고하였다. VRIN 척도와 VRIN-r 척도의 T 점수가 70~79점인 경우에는 RC 척도의 외적 타당도가 부분적으로 훼손되었고, 두 척도의 T 점수가 80점 이상인 경우에는 RC 척도를 해석할 수 없는 수준으로 외적 타당도가 훼손되었다. 이와 유사한 시뮬레이션을 실시한 Burchett 등(2016)에 따르면, VRIN-r 척도의 T 점수가 80점 이상으로 상승하면 F-r 척도, Fp-r 척도, Fs 척도, RBS 척도, L-r 척도 역시 상승하였다. VRIN-r 척도의 T 점수가 70~79점인 경우에는 Fp-r 척도와 Fs 척도가 상승하는 사례가 비록 적지만 유의미한 정도로 관찰되었다. 이것은 Ben-Porath와 Tellegen(2008/2011)이 제안한 VRIN-r 척도의 해석지침 및 타당도 척도의 해석 순서를 지지하는 결과이다.

Ben-Porath와 Tellegen(2008/2011)에 따르면, TRIN-r 척도의 T 점수가 80점 이상 상승하면 고정반응('그렇다' 편향 혹은 '아니다' 편향)의 가능성이 시사된다. MMPI-2 연구에서, 무선적으로 '그렇다' 혹은 '아니다' 반응을 삽입하면 TRIN 척도가 민감하게 반응하였다(Wetter & Tharpe, 1995). TRIN 척도와 TRIN-r 척도가 유사하므로, TRIN-r 척도 역시 고정반응에 민감할 것으로 예상된다.

'그렇다' 반응과 '아니다' 반응의 비율을 다양하게 조정하면서 MMPI-2-RF 프로파일의 변화를 추적한 시뮬레이션 연구(Handel et al., 2010) 결과, '그렇다' 혹은 '아니다'로 편향된 고정반응의 비율이 높아질수록 TRIN-r 척도의 점수도 더 상승하였다. 또한 최대 10%의 고정반응은 RC 척도의 외적 타당도를 훼손하지 않았다. 그러나 고정반응의 비율을 더 높일수록 RC 척도와 외적 준거 측정치 사이의 상관계수가 더 감소되었다. Burchett 등(2016)이 유사한 시뮬레이션을 실시했을 때, TRIN-r 척도의 T 점수가 80점 이상으로 상승하면 F-r 척도, Fp-r 척도, Fs 척도, RBS 척도, L-r 척도 역시 상승하였다. TRIN-r 척도의 T 점수가 '그렇다' 방향으로 70~79점 정도 상승하면, Fp-r 척도와 Fs 척도가 상승하는 사례가 비록 적지만 유의미한 정도로 관찰되었다. 이것은 Ben-Porath와 Tellegen(2008/2011)이 제안한 TRIN-r 척도의 해석지침 및 타당도 척도의 해석 순서를 지지하는 결과이다.

과대보고를 평가하는 척도(F-r 척도, Fp-r 척도, Fs 척도, FBS-r 척도, RBS 척도)

MMPI-2-RF에서 과대보고를 평가하는 타당도 척도는 모두 5개이다. 그중에서 3개는 MMPI-2의 타당도 척도를 개정하였고(F-r 척도, Fp-r 척도, FBS-r 척도), 2개는 MMPI-2-RF에서 새롭게 추가되었다(Fs 척도, RBS 척도). 지금부터 MMPI-2-RF 기술적 매뉴얼과 연구 결과에 근거하여, 과대보고를 평가하는 타당도 척도들이 측정하는 구성개념 및 다양한 유형의 과대보고를 탐지하는 각 타당도 척도들의 분할점의 효용성을 논의하겠다.

F-r 척도, Fp-r 척도, FBS-r 척도는 각각 MMPI-2에서 상응하는 척도와 매우 유사하다. Tellegen과 Ben-Porath(2008/2011)에 따르면, 이 타당도 척도들의 MMPI-2 버전과 MMPI-2-RF 버전 사이의 상관계수는 장면에 따라서 상당한 차이를 보였다. 그러나 동일한 장면 내에서는 두 버전 사이의 상관계수가 매우 높았다. 따라서 MMPI-2 버전의 해석을 MMPI-2-RF 버전의 해석에도 비슷하게 적용할 수 있겠다. 제3장에서 언급했듯이, MMPI-2의 F 척도, Fp 척도, FBS 척도가 상승하면, 수검자가 증상과 문제를 신뢰하기 어려운 수준으로 과장해서 보고했을 가능성이 높다(Rogers et al., 2003). 심각한 정신병리의 기저율 자체가 높은 상황에서는 F 척도보다 Fp 척도가 과대보고를 더 민감하게 탐지한다. FBS 척도는 인지적 및

신체적 증상의 과대보고를 제일 민감하게 탐지한다(Ben-Porath et al., 2009).

MMPI-2-RF에는 Wygant 등(2004)이 신체증상의 과대보고를 탐지하기 위해서 개발한 Fs(비전형 신체적 반응) 척도가 먼저 추가되었다. Fs 척도에 대한 지식은 과대보고 경향을 광범하게 조사한 경험적 연구에서 비롯되었고, 이번 장의 후반부에서 개관하였다. RBS(반응 편향) 척도는 나중에 MMPI-2-RF에 추가되었다. Gervais 등(2007)이 RBS 척도를 최초로 타당화하였다. 수행타당도검사를 통과한 사람과 통과하지 못한 사람의 자료를 비교했는데, RBS 척도의 점수가 높은 사람은 수행타당도검사를 통과하지 못할 가능성이 더 높았다. 긍정 오류 비율(즉, 솔직한 응답을 과대보고로 잘못 분류하는 비율)은 낮았고, 부정 오류 비율(즉, 과대보고를 솔직한 응답으로 잘못 분류하는 비율)이 더 흔했다.

후속 연구에서, RBS 척도는 인지적 문제의 과대보고를 효과적으로 탐지한다는 사실이 확인되었다. Nelson 등(2007)은 인지적 문제 때문에 신경심리 평가에 의뢰된 사람들의 RBS 척도 점수를 조사했는데, RBS 척도가 이차적 이득을 추구하는 사람의 자료와 이차적 이득을 추구하지 않는 사람의 자료를 효과적으로 가려내었다. Whitney 등(2008)의 연구에서, 기억 꾀병검사(Tombaugh, 1997)에서 탈락할 가능성을 RBS 척도가 어떤 MMPI-2 타당도 척도보다 더 잘 예측하였다. Grossi 등(2017)은 RBS 척도가 기억꾀병검사에서 탈락한 사람과 공판 참석능력의 사전 평가에 의뢰된 범죄 피의자를 효과적으로 변별하는지 조사하였다. 연구 결과, RBS 척도는 중간 수준의 정확도로 두 집단을 변별하였다. Grossi 등은 민감도(sensitivity, 29%)를 희생하더라도 특이도(specificity, 99%)를 최대화하는 분할점을 제안하였다. Wygant 등(2010)은, 장애 판정 자료와 범죄 평가 자료에서, 수행타당도검사에서 최소 1회 이상 탈락한 사람들의 RBS 척도 평균 점수와 수행타당도검사를 모두 통과한 사람들의 RBS 척도 평균 점수를 비교하였다. 수행타당도검사의 통과/탈락 여부를 기준으로 삼았을 때, RBS 척도는 강력한 임상적 유용성을 입증하였다. Gervais 등(2010)은 RBS 척도가 MMPI-2-RF의 어떤 타당도 척도보다 수검자가 기억 문제를 호소할 가능성을 더 잘 예측한다고 보고하였다. 중요하게도, RBS 척도는 언어기억력의 객관적 측정치와는 아무런 상관이 없었다. 이상의 결과를 종합하면, RBS 척도는 기억 곤란을 과장해서 보고하는 사람을 효과적으로 탐지하는 것 같다.

MMPI-2-RF가 출간되고 나서, 메타분석을 수행할 수 있을 만큼 충분한 연구가 진행되었다. 24편의 발표된 자료와 미발표된 자료를 종합해서 최초로 메타분석을 수행한 Ingram과 Ternes(2016)에 따르면, 과대보고를 평가하는 5개 타당도 척도(즉, F-r 척도, Fp-r 척도, Fs 척도, FBS-r 척도, RBS 척도)의 전반적인 효과크기가 상당하였다. FBS-r 척도의 효과크기 (Hedge's g=1.08)가 가장 작았고, Fp-r 척도의 효과크기(g=1.43)가 가장 컸다. 이것은 과대보고 자료와 비교 집단 자료 사이의 평균 차이가 매우 크다는 뜻이다. Ingram과 Ternes는 각 타당도 척도의 효과크기에 영향을 미치는 몇몇 조절 변인을 확인하였다. 예컨대, 과대보고를 측정하는 거의 모든 타당도 척도의 경우, 시뮬레이션 연구에서는 효과크기가 약 1.5에 육박했는데, 통상적인 집단 비교 연구에서는 효과크기가 약 1.0에 도달하였다. 유일한 예외는 FBS-r 척도였는데, 두 연구 설계에서 효과크기의 차이가 거의 없었다(시뮬레이션 $g = 1.12$; 집단 비교 $g = 1.00$). 구체적인 조절 변인은 척도마다 조금씩 달랐지만, Ingram과 Ternes는 수검자 각 개인의 타당도 척도 점수와 적절한 임상 집단의 평균 점수를 비교하면 조절 변인을 가장 잘 설명할 수 있을 것이라고 제안하였다. 구체적으로, 어떤 타당도 척도의 점수가 적절하게 비교한 임상 집단의 평균 점수보다 최소 1표준편차 이상 높은 경우, 임상가는 수검자가 과장해서 보고했을 가능성을 각별히 고려해야 한다는 것이다. 연구자들은 T 점수가 중간 정도로 상승한 경우에도 같은 조건을 적용할 수 있다고 제안하였다.

두 번째 메타분석에서, Sharf 등(2017)은 과대보고를 측정하는 5개 타당도 척도 모두와 L-r 척도, K-r 척도의 효과크기까지 제시한 29편의 연구 자료를 분석하였다. 먼저, 과대보고 집단과 비임상 통제 집단을 비교했을 때, 과대보고를 측정하는 타당도 척도들의 효과크기(d)는 .77(FBS-r 척도)부터 1.40(Fp-r 척도)까지 범위였다. 이어서, 과대보고 집단과 임상 통제 집단을 비교했을 때, 효과크기(d)는 .75(FBS-r 척도)부터 1.35(Fp-r 척도)까지 범위였다. 또한 Sharf 등은 각각 정신장애, 인지 문제, 의학 문제를 과장해서 보고한 사람들의 자료를 적절한 임상 통제 집단 자료와 비교하였다. 정신장애 과대보고의 탐지에서는 Fp-r 척도($d = 1.32$)와 F-r 척도($d = 1.12$)가 제일 효과적이었고, Fs 척도($d = 1.05$)와 RBS 척도($d = .95$)의 효과크기는 그보다 조금 작았다. 인지 문제 과대보고의 탐지에서는 Fs 척도($d = .89$), FBS-r 척도($d = .88$), RBS 척도($d = .88$), F-r 척도($d = .75$)의 효과크기가 동등하였다. 마지막으로, 의학 문제 과대보고의 탐지에서는 Fs 척도($d = 1.23$)와 Fp-r 척도($d = 1.00$)가 제일 효과적이었다.

이에 더해, Sharf 등(2017)은 과대보고를 탐지하는 각 타당도 척도의 임상적 유용성 추정치를 세 영역으로 구분하여 산출하였다. 예컨대, RBS 척도가 정신장애의 과대보고, 인지 문제의 과대보고, 의학 문제의 과대보고를 각각 얼마나 잘 예측하는지 조사하였다. 연구 결과, 각 타당도 척도는 각자 개발된 목적에 부합하는 문제 영역을 잘 평가하는 것으로 판단되었다. 이어서, Sharf 등은 메타분석 자료에서 가장 빈번하게 제시되는 각 타당도 척도의 분할점을 조사했는데, 해석지침에 제시된 분할점을 대체로 지지하는 결과를 확인하였다. 예컨대, 정신장애의 과대보고를 탐지하기 위해서 F-r 척도의 분할점을 T 점수 100점 이상으로 설정한 경우, 민감도는 .71이었고 특이도는 .80이었다. 그런데 F-r 척도의 분할점을 T 점수 120점

이상으로 설정한 경우, 민감도는 .51이었고 특이도는 .93이었다. Sharf 등의 분할점 연구에서 다시 확인할 수 있듯이, 분할점을 높일수록 타당도 척도의 특이도가 높아지고 민감도는 낮아진다. 이와 반대로, 분할점을 낮출수록 민감도가 높아지고 특이도는 낮아진다. 따라서 분할점이 낮은 경우에는 수검자가 과장해서 보고했을 가능성을 시사하는 '선별 지표(screener)' 정도로 간주하는 것이 적절하겠다.

두 편의 메타분석이 발표되고 나서, 과대보고를 탐지하는 타당도 척도에 대한 연구들이 상당히 진행되었다. 그중에서 Jones(2016)의 보고와 Sánchez 등(2017)의 자료는 기존의 메타분석 결과와 일치하였다. 하지만 Ingram 등(2020)에 따르면, 수행타당도검사에서 최소 1회 탈락하여 꾀병의 가능성이 의심되는 현역군인의 자료에서 특이하게 작은 효과크기(F-r 척도의 $g = .32$; RBS 척도의 $g = .73$)가 관찰되었다.

요약하면, MMPI-2-RF에서 과대보고를 평가하는 타당도 척도들은 다양한 방식으로 자신의 증상과 문제를 과장하는 사람 혹은 가장하는 사람을 민감하게 탐지한다. 최적 분할점은 척도마다, 장면마다, 그리고 무효 응답의 기저율에 따라서 모두 조금씩 다르다. 임상가는 각 타당도 척도의 점수를 적절한 임상 집단의 평균 점수와 일일이 비교해서 해석하는 것이 바람직하다. 만약 어떤 타당도 척도의 점수가 임상 집단의 평균 점수보다 1표준편차 이상 높다면, 수검자가 과장해서 보고했을 가능성을 의심해야 한다. 여러 개별 연구에서 자료특정적인 최적 분할점을 제시하고 있으므로, 관심 있는 독자는 Ingram과 Ternes(2016)의 메타분석과 Sharf 등(2017)의 메타분석의 참고문헌을 확인하여 자신에게 가장 유익한 구체적인 수치와 정보를 확인하기 바란다. 그러나 대부분의 개별 연구에서 제시한 분할점은 MMPI-2-RF 매뉴얼(Ben-Porath & Tellegen, 2008/2011)에 제시되어 있는 해석지침과 전반적으로 일치한다. 따라서 우리는 그 해석지침을 따르기를 권장한다. 이 장의 후반부에 대부분의 사례에 적용할 수 있는 해석지침을 제시하였다.

응답 지도의 효과.   제3장에서 언급했듯이, MMPI-2에서 마치 심리장애를 겪고 있는 것처럼 꾸미려는 동기가 있는 사람에게 응답 지도를 실시하면, 그것을 탐지하기가 어려워진다. 응답 지도는 심리장애의 증상에 대한 정보를 제공하는 방식으로 이뤄지기도 하고, 과대보고를 탐지하는 타당도 척도에 대한 정보를 제공하는 방식으로 이뤄지기도 하는데, 모두 우려되기는 마찬가지다. MMPI-2-RF 역시 응답 지도의 효과에 영향을 받을 것이므로, 여러 연구에서 심리장애의 증상에 대한 정보를 제공하는 응답 지도가 MMPI-2-RF의 과대보고를 평가하는 타당도 척도의 효용성에 어떤 영향을 미치는지 조사하였다. Marion 등(2011)은 외상후 스트레스 장애에 대한 개인적 경험, 조현병 및 주요우울장애에 대한 전문적 지식을 수 검자에게 제공하고 그것을 꾸며 내도록 지시하더라도, 과대보고의 탐지를 회피하지는 못한다는 것을 발견하였다. Goodwin 등(2013)은 정신건강 전문가들에게 마치 외상후 스트레스 장애를 겪고 있는 것처럼 MMPI-2-RF에 응답하라고 요청하였다. 이번에도 비슷한 결과가 관찰되었는데, 심리장애에 대한 전문적 지식이 있더라도, 과대보고 자료와 실제 환자 자료를 변별하는 MMPI-2-RF 타당도 척도의 탐지능력을 극적으로 훼손하지는 못하였다. 마지막으로, Lau 등(2017)은 연구 참여자에게 외상성 뇌손상의 증상을 자세하게 설명하고, 마치 외상성 뇌손상을 겪고 있는 것처럼 응답하라고 지시하였다. 연구 결과, 응답 지도의 효과로 FBS-r 척도와 RBS 척도의 점수만 약간 낮아졌다. 요약하면, MMPI-2-RF의 과대보고를 평가하는 타당도 척도는 증상의 과장 혹은 가장을 효과적으로 탐지하며, 심리장애의 증상에 대한 정보를 제공하는 응답 지도의 효과는 크지 않은 것 같다.

몇몇 연구에서, MMPI-2-RF에서 과대보고를 탐지하는 타당도 척도에 대한 정보 및 그것에 탐지되지 않으면서 과장하는 방법을 제공하는 응답 지도의 효과를 조사하였다. Sellbom과 Bagby(2010)에 따르면, MMPI-2-RF의 타당도 척도에 탐지되지 않으면서 과장하는 방법을 알려 주면서 심리장애의 증상을 과장해서 보고하도록 지시했을 때, 타당도 척도의 점수가 낮아졌다. 하지만 타당도 척도는 과대보고 자료와 실제 환자 자료를 여전히 가려낼 수 있었다. Sellbom과 Bagby(2010)의 결과에서, Fp-r 척도의 효과크기($d=1.36$)가 제일 우수하였다. 이와 달리, Lau 등(2017)은 연구 참여자에게 외상성 뇌손상의 증상을 자세하게 설명하고, 이에 더해 수행타당도검사에서 탐지되지 않으면서 과장하는 방법까지 제공하면서, 마치 외상성 뇌손상을 겪고 있는 것처럼 응답하라고 지시하였다. 연구 결과, 증상에 대한 정보만 응답 지도한 경우와 비교할 때, 증상에 대한 정보 및 척도에 대한 정보를 모두 응답 지도한 경우에 FBS-r 척도와 RBS 척도의 점수가 더 낮아졌다. 이렇게 불일치하는 결과는 응답 지도가 MMPI-2-RF의 타당도 척도에 미치는 영향에 대한 연구가 더 많이 필요하다는 사실을 보여 준다. 그런데 Olsen과 Veltri(2019)가 응답 지도의 미묘한 효과를 더 깊이 이해하는 데 도움이 되는 초기의 단서를 제공하였다. 그들은 각각 조현병, 외상후 스트레스 장애, 범불안장애의 증상에 대한 정보 및 타당도 척도에 대한 정보를 모두 제공한 집단과 아무런 정보도 제공하지 않은 집단의 응답을 비교하였다. 연구 결과, 조현병을 성공적으로 꾸며 내는 것은 외상후 스트레스 장애와 범불안장애를 꾸며 내는 것보다 훨씬 더 어려웠다. 또한 조현병을 꾸며 내도록 지시한 집단에서는 응답 지도의 효과가 나타나지 않았다. 즉, 조현병을 꾸며 내면서도 과대보고로는 탐지되지 않는 이른바 타당한 프로파일을 제출하는 비율이 통계적으로 유의미하게 증가되지 않았다. 그러나 외상후 스트레스 장애와 범불안장애를 꾸며 내도록 지시한 집단에서는 응답 지도의 효과가 나타났다. 마지막으로, 타당도 척도에 대한 정보를 제공하는 응답 지도의 효과가 F-r 척도, Fs 척도, RBS 척도에 미치는 영향은, 연구 참여자에게 꾸며 내도록 지시한 심리장애의 유형에 따라서 평균 점수 부근에서 조절되는 것으로 밝혀졌다. 세 편의 연구 결과를 종합하면, 응답 지도의 효과는 어떤 심리장애의 증상을 과장해서 보고하느냐에 따라 달라지는 것으로 판단된다.

과소보고를 평가하는 척도(L-r 척도, K-r 척도)

제3장에서 개관했듯이, MMPI-2의 L 척도는 수검자의 과소보고를 민감하게 탐지한다. 14편의 연구 자료를 메타분석한 Baer와 Miller(2002)도 L 척도가 과소보고를 매우 민감하게 탐지한다고 결론지었다. 하지만 프로파일을 무효로 간주해야 하는 수준을 뜻하는 L 척도의 최적 분할점은 장면마다 다르다. 대부분의 경우, 비임상 장면의 과소보고 기저율이 임상 장면의 과소보고 기저율보다 더 높으므로, 비임상 장면의 최적 분할점을 더 높게 설정할 필요가 있다.

Ben-Porath와 Tellegen(2008/2011)에 따르면, MMPI-2-RF에서 L-r 척도의 T 점수가 70~79점으로 상승하는 경우, 자신을 도덕적인 사람으로 보이려는 동기가 지나치므로 주요 척도를 해석할 때 주의를 기울여야 한다. 이 경우, 주요 척도는 수검자의 문제를 과소평가하고 있을 가능성이 크다. L-r 척도의 T 점수가 80점 이상으로 매우 높아지면, 주요 척도는 상승하지 않을 가능성이 크며 해석하지 않는다. 하지만 만약 주요 척도가 상승했다면 그것을 해석할 수 있다. 단, 어떤 주요 척도가 상승했더라도, 그 주요 척도는 수검자가 겪고 있는 문제의 심각성을 과소평가하고 있을 가능성이 크다. MMPI-2-RF 매뉴얼에서는 임상 장면과 비임상 장면의 분할점을 별도로 제시하지 않았다.

Sellbom과 Bagby(2008)는 두 가지의 MMPI-2-RF 과소보고 연구를 수행하였다. 첫 번째 연구에서, 조현병 진단을 받은 대학생들과 환자들에게 증상과 문제를 축소해서 보고하도록 지시하였고, 그 자료를 표준적인 절차로 검사한 대학생들의 자료와 비교하였다. 예측할 수 있듯이, 모든 과소보고 조건의 L-r 척도 점수가 표준지시 조건보다 더 높았다. 두 번째 연구에서, Sellbom과 Bagby(2008)는 표준지시 조건의 대학생 자료, 과소보고 조건의 대학생 자료, 자녀 양육권 심사 중인 부모의 자료를 비교하였다. 첫 번째 연구와 마찬가지로, 모든 과소보고 조건의 L-r 척도 점수가 표준지시 조건보다 더 높았다.

Crighton 등(2017)은 시뮬레이션 방법을 사용해서 과소보고를 탐지하는 L-r 척도의 효용성을 검토하였다. 일부 대학생에게는 표준적인 지시에 따라서 검사를 실시하였고, 다른 대학생에게는 매우 잘 적응하고 있는 것처럼 보이도록 응답하라고 지시하였다. 예측할 수 있듯이, 과소보고 조건의 L-r 척도 점수가 표준지시 조건보다 더 높았다. 더 나아가서, Crighton 등은 L-r 척도의 분할점을 다양한 수준으로 변경하면서 과소보고의 정확성이 어떻게 변화되는지 조사하였다. 연구 결과, L-r 척도의 분할점을 T 점수 70점으로 설정했을 때 가장 정확하였다. T. A. Brown과 Sellbom(2020)도 시뮬레이션 방법으로 대학생 집단의 자료를 확보하였다. 여기서도, 과소보고 조건의 L-r 척도 점수가 표준지시 조건보다 더 높았다. 하지만 L-r 척도의 분할점을 T 점수 70점으로 설정한 경우의 정확성과 T 점수 80점으로 설정한 경우의 정확성이 동등하였다. 분할점을 높이는 경우, 특이도가 높아졌고 민감도는 낮아졌다. 두 연구 모두에서, L-r 척도의 분할점을 낮추면 과소보고로 잘못 간주하게 되는 사례가 많아지므로, L-r 척도의 분할점을 높여야 과소보고를 더 명확하게 탐지할 수 있음이 시사되었다. 긍정 오류 비율이 감소하기 때문이다.

몇몇 연구에서 전통적인 종교적 신념이 L-r 척도에 어떤 영향을 미치는지 조사하였다. Bridges와 Baum(2013)은 대학교 정신건강센터에 방문한 내담자 중에서 자신을 기독교인이라고 생각하는 대학생들의 자료를 수집했는데, 그런 종교적 신념이 없는 대학생들보다 L-r 척도의 평균 점수가 더 높았다. Bagby 등(2020)은 무슬림 수검자들의 자료에서 유사한 결과를 확인하였다. 특히, 전통적인 무슬림 신앙을 가지고 있으면서 긍정적인 인상관리를 시도했던 수검자들은 L-r 척도의 평균 점수가 훨씬 더 높았다. 비록 긍정적인 인상관리가 L-r 척도의 상승을 예측하는 더 강력한 변인이기는 했지만 말이다. 이것은 L-r 척도의 점수가 중간 수준으로 상승하는 경우, 수검자가 전통적인 가치를 중요하게 여기는 사람일 가능성을 고려하라는 Ben-Porath와 Tellegen(2008/2011)의 제안을 지지하는 결과였다.

요약하면, MMPI-2-RF의 L-r 척도는 MMPI-2의 L 척도와 매우 유사하다. L-r 척도에서 채점되는 14개 문항 중에서 11개 문항이 L 척도에서 비롯되었다. L-r 척도는 과소보고를 민감하게 탐지한다. 또한 L-r 척도의 상승 수준을 고려해서 별도의 해석지침을 적용해야 한다는 제안 및 Ben-Porath와 Tellegen(2008/2011)이 제시한 분할점은 경험적으로 지지된다. 이 장의 후반부에 그것을 제시하였다.

증상과 문제를 축소해서 보고하는 경향을 탐지하는 MMPI-2의 K 척도에 대해서 제3장에서 논의한 바 있다. Baer와 Miller(2002)는 14편의 연구 자료를 메타분석하고, MMPI-2의 K 척도가 자신의 증상과 문제를 축소해서 보고하는 사람을 효과적으로 가려낸다고 결론지었다. 그러나 K 척도의 최적 분할점은 장면마다 다르다고 지적하였다. 일반적으로 비임상 장면(예 : 인사 선발)에서 MMPI-2를 실시하면 K 척도가 상승하므로, MMPI-2 매뉴얼(Butcher et al., 2001)에서는 임상 장면과 비임상 장면의 분할점을 서로 다르게 설정해야 한다고 권고하였다.

Ben-Porath와 Tellegen(2008/2011)에 따르면, MMPI-2-RF에서 K-r 척도의 T 점수가 60~69점으로 상승하는 경우, 자신이 심리적으로 매우 잘 적응하고 있다고 응답한 것일 수도 있고 혹은 자신의 증상과 문제를 축소해서 보고한 것일 수도 있다. 만약 수검자가 정말로 특별하게 잘 적응하고 있는 사람이 아니라면, 이렇게 상승한 K-r 척도는 과소보고를 시사한다. 따라서 주요 척도를 해석할 때 주의를 기울여야 한다. 매뉴얼에 따르면, K-r 척도의 T 점수가 70점 이상으로 매우 상승한 경우, 주요 척도를 해석할 때 매우 심각한 주의를 기울여야할 정도의 과소보고가 의심된다. 따라서 주요 척도의 점수는 수검자의 실제적 증상과 문제를 충분히 반영하지 못하고 있을 가능성이 크다. 즉, 수검자의 증상과 문제를 과소평가하고 있는 것이다. L-r 척도에서와 마찬가지로, MMPI-2-RF 매뉴얼에서는 임상 장면과 비임상 장면에서 K-r 척도의 분할점을 별도로 제시할 필요가 있다는 점을 언급하지 않았다.

L-r 척도에서 이미 소개했듯이, Sellbom과 Bagby(2008)는 표준적인 지시에 따라서 MMPI-2에 응답한 대학생의 자료, 자신을 심리적인 문제가 없는 사람처럼 보이도록 응답하라는 지시에 따라서 응답한 대학생의 자료, 자신의 증상을 드러내지 말라는 지시에 따라서 응답한 조현병 환자의 자료, 그리고 자녀 양육권 심사 중인 부모의 자료를 수집하고 각 집단의 K-r 척도 점수를 비교하였다. L-r 척도의 결과와 마찬가지로, 모든 과소보고 조건의 K-r 척도 점수가 표준지시 조건보다 더 높았다. K-r 척도의 분할점과 관련된 연구는 진행하지 않았다. 더 나아가서, Sellbom과 Bagby(2008)는 비록 L-r 척도와 K-r 척도가 서로 상관관계를 지니지만, 두 척도가 측정하는 과소보고의 유형은 각각 독특하다는 사실을 입증하였다.

L-r 척도의 시뮬레이션 연구를 수행했던 Crighton 등(2017), T. A. Brown과 Sellbom(2020)은 K-r 척도의 시뮬레이션 연구도 함께 진행하였다. 연구 결과도 L-r 척도의 경우와 K-r 척도의 경우가 유사하였다. 과소보고 조건의 K-r 척도 점수가 표준지시 조건보다 더 높았다. 두 연구 모두에서, K-r 척도의 분할점을 T 점수 60점으로 설정했을 때 수검자의 과소보고를 가장 정확하게 탐지하였고, K-r 척도의 점수가 높을수록 더 확실하게 해석할 수 있었다. 흥미롭게도, Crighton 등(2017)의 연구와 T. A. Brown과 Sellbom(2020)의 연구 모두에서, L-r 척도와 K-r 척도는 서로 증분하는 관계라는 사실이 확인되었다. 따라서 수검자의 과소보고 가능성을 탐지하기 위해서는 두 척도를 함께 사용하는 것이 바람직하다.

요약하면, MMPI-2-RF의 K-r 척도와 MMPI-2의 K 척도는 매우 유사하다. 사실, K-r 척도에서 채점되는 14개 문항은 모두 K 척도에서 비롯되었다. K-r 척도의 해석지침과 Ben-

Porath와 Tellegen(2008/2011)이 제시한 K-r 척도의 분할점은 경험적으로 지지된다. 이 장의 후반부에 그것을 제시하였다. 마지막으로, L-r 척도와 K-r 척도가 모두 과소보고를 탐지하고 서로 상관관계를 지니지만, 두 척도는 과소보고 반응 스타일의 서로 다른 독특한 측면을 측정하므로 함께 활용하는 것이 바람직하다.

주요 척도

MMPI-2-RF가 출간된 이후 주요 척도에 관한 연구 문헌이 빠르게 축적되었다. MMPI-2-RF의 주요 척도가 본질적으로 무엇을 측정하는지 이해하기 위해서 구성 타당도를 조사하였고, 주요 척도가 측정하는 여러 구성개념이 현대적인 정신병리 모델(예 : HiTOP; Kotov et al., 2021, AMPD; American Psychiatric Association, 2013)과 어떻게 연계되는지 분석하였다.

제7장에서 RC 척도 및 PSY-5 척도와 현대적인 정신병리 모델 사이의 관련성을 개관했는데, MMPI-2-RF의 주요 척도 역시 이러한 모델과 밀접한 관련이 있다. 예컨대, 몇몇 요인분석 연구에서 MMPI-2-RF 주요 척도의 내부적 구조를 탐색하였고(McNulty & Overstreet, 2014; Sellbom, 2017), 몇몇 상관분석 연구에서 MMPI-2-RF 주요 척도와 다른 측정도구들 사이의 외부적 관계를 조사하였다(Anderson, Sellbom, Ayearst et al., 2015). 그 결과, HiTOP 모델에서 확인된 스펙트럼 차원들과 유사한 요인 구조가 발견되었다. 다른 예로, Sellbom 등(2013)은 MMPI-2-RF의 주요 척도와 DSM-5에서 제안된 성격장애 대안모형(AMPD)의 여섯 가지 성격장애 사이에서 강한 수렴적 관계를 확인하였다. 요컨대, MMPI-2-RF는 현대적인 정신병리 모델과 이론적 및 경험적으로 밀접한 관련이 있다. 우리는 이것이 중요한 성취라고 믿는다. MMPI-2-RF가 측정하는 여러 구성개념을 임상가와 연구자가 자신감을 가지고 활용할 수 있다는 뜻이기 때문이다. 이 주제에 관심이 있는 독자는 Sellbom(2019)의 상세한 개관을 참고하기 바란다.

경험적 상관의 측면에서, 지금까지 발표된 대부분의 연구 결과는 MMPI-2-RF 기술적 매뉴얼(Tellegen & Ben-Porath, 2008/2011)에 보고된 자료와 대체로 일치한다. 다양한 장면에서 MMPI-2-RF 주요 척도에 관한 연구를 수행하였다. 외래 환자 자료(예 : Haber & Baum, 2014; van der Heijden et al., 2013; Zahn et al., 2017), 입원 환자 자료(예 : Anderson, Sellbom, Ayearst et al., 2015; Anderson, Sellbom, Pymont et al., 2015; Moultrie & Engel, 2017), 대학생 자료(예 : Forbey et al., 2010; Franz et al., 2017), 지역사회 자료(예 : Anderson & Sellbom, 2021), 교정기관 자료(예 : Tylicki, Phillips et al., 2020), 법정 자료(예 : Anderson, Sellbom, Pymont et al., 2015; Anderson et al., 2018; Romero et al., 2017; Sellbom, 2016),

재향군인 자료(예 : Ingram et al., 2021), 일반 병원 자료(예 : Marek, Anderson et al., 2020 ; Marek, Ben-Porath et al., 2020)를 분석하였다. 따라서 MMPI-2-RF가 빈번하게 사용되는 다양한 장면으로 연구 결과를 일반화할 수 있을 것이다. 우리는 Tellegen과 Ben-Porath(2008/ 2011)가 보고한 자료 및 여러 연구 결과를 요약하겠다.[1] 또한 MMPI-2-RF의 주요 척도에 대한 우리의 이해를 확장시켜 주는 몇몇 구체적인 연구 결과를 강조할 것이다. MMPI-2-RF의 주요 척도를 활용해서 수검자를 이해하는 데 도움이 될 것이다.

상위차원(H-O) 척도

Tellegen과 Ben-Porath(2008/2011)가 보고한 상관 자료 및 학계의 검증을 거친 저널에 발표된 연구 자료에서, H-O 척도의 수렴 타당도와 변별 타당도가 대체로 지지되었다. EID(정서적/내재화 문제) 척도의 높은 점수는 정서적 고통의 여러 측면(압도감, 취약감, 무력감)과 밀접한 관련이 있다. EID 척도가 상승한 사람의 주요한 특징은 우울, 그리고 어느 정도의 불안이다. Patel과 Suhr(2020)에 따르면, EID 척도 점수는 대학교 클리닉에 방문한 내담자가 평정한 치료동맹 측정치와 부적 상관을 보였다. MMPI-2-RF 기술적 매뉴얼(Tellegen & Ben-Porath, 2008/2011)에 보고된 상관 자료 및 발표된 연구 자료에서, EID 척도의 높은 점수는 법적 문제에 연루되거나 혹은 물질을 사용하는 문제와 같은 외현화행동과 아무런 상관이 없거나 혹은 일부 장면에서는 부적인 상관을 보였다. 정신과 입원 환자의 경우, EID 척도의 높은 점수는 정신증적 장애 증상(예 : 망상, 환각)의 증가와 유의미한 상관을 보였다.

MMPI-2-RF 기술적 매뉴얼(Tellegen & Ben-Porath, 2008/2011)에 보고된 상관 자료 및 발표된 연구 자료에서, THD(사고 문제) 척도의 높은 점수는 정신증적 장애의 지표와 밀접한 관련이 있었다. THD 척도가 상승한 사람은 종종 정신증 진단을 받았고, 환각(환청 또는 환시)이나 망상(피해망상 또는 과대망상)을 보고하였다. Sellbom, Bagby 등(2012)에 따르면, EID 척도와 THD 척도는 지역사회 클리닉에서 우울증 진단을 받은 사람과 조현병 진단을 받은 사람을 감별하는 데 유용하였다. Lee 등(2018)도 정신과 입원 환자 집단에서 동일한 결과를 반복검증하였다. 변별 타당도의 측면에서, THD 척도의 점수는 심각한 정서적 고통 및 외현화행동(법적 문제, 물질 사용)과는 특별한 관련이 없었다(Tellegen & Ben-Porath,

---

1   MMPI-2-RF 척도들에 대한 설명은 Tellegen과 Ben-Porath(2008/2011)가 제안한 자료 및 다음에 인용한 연구를 참고한 것이다. Anderson et al., 2018 ; Anderson & Sellbom, 2021 ; Anderson, Sellbom, Ayearst et al., 2015 ; Anderson, Sellbom, Pymont et al., 2015 ; Forbey et al., 2010 ; Franz et al., 2017 ; Haber & Baum, 2014 ; Ingram et al., 2021 ; Marek, Anderson et al., 2020 ; Marek, Ben-Porath et al., 2020 ; Moultrie & Engel, 2017 ; Romero et al., 2017 ; Sellbom, 2016 ; Tylicki, Phillips et al., 2020 ; van der Heijden et al., 2013 ; Zahn et al., 2017.

2008/2011).

BXD(행동적/외현화 문제) 척도의 높은 점수는 다양한 외현화행동과 밀접한 관련이 있었다. MMPI-2-RF 기술적 매뉴얼(Tellegen & Ben-Porath, 2008/2011)에 보고된 상관 자료 및 발표된 연구 자료에서, BXD 척도의 상승은 가족 문제, 직장 문제, 법률 문제, 물질 사용과 밀접한 관련이 있었다. 또한 BXD 척도의 상승은 낮은 좌절 감내력 및 대인관계 갈등과 상관을 보였다. 여러 연구에서, BXD 척도의 상승은 심리치료의 실패를 예측하는 지표였는데, 조기종결 때문에(Mattson et al., 2012; Patel & Suhr, 2020; Whitman et al., 2020) 혹은 치료 불참 때문에(Anestis et al., 2015; Patel & Suhr, 2020) 심리치료에 실패할 위험성이 증가되었다. 변별 타당도의 측면에서, BXD 점수는 심각한 정서적 고통과는 특별한 관련이 없었다. 하지만 BXD 척도가 상승한 사람 중에서 일부는 불안과 우울을 보고하였다(Tellegen & Ben-Porath, 2008/2011). 정신증적 장애의 증상과는 특별한 상관을 보이지 않았다.

독특하게도, McCord 등(2017)은 MMPI-2-RF의 주요 척도와 생리적 반응성 사이의 관계를 탐색하였다. 구체적으로, 대학생에게 정서적 반응을 유발하는 비디오를 보여 주면서 동공 확장 수준을 측정하였다. 예상할 수 있듯이, 부정적인 정서반응을 유발하는 비디오를 시청했을 때, EID 척도가 높은 사람의 생리적 각성이 더 증가되었다. 분노 혹은 위협 자극을 포함하는 비디오를 시청했을 때, BXD 척도의 점수는 생리적 각성의 수준과 부적인 상관을 보였다. McCord 등에 따르면, 이러한 결과는 내재화증후군 및 외현화증후군에서 생리적 각성이 담당하는 역할을 조사한 선행 연구와 일치하였다. 따라서 이것은 MMPI-2-RF 주요 척도의 구성 타당도를 지지하는 결과라고 해석하였다.

종합하면, 3개의 H-O 척도는 수검자가 겪고 있는 문제의 본질에 대해서 광범한 그러나 중요한 정보를 제공한다. H-O 척도는 현대적인 모형 및 기초적인 연구에서 밝혀진 여러 정신병리 차원과 밀접한 관련이 있다. 일단 H-O 척도를 사용해서 광범한 정보를 확보하고, 더 협소한 측면을 평가하는 나머지 주요 척도(재구성 임상 척도, 특정 문제 척도, 흥미 척도, 성격병리 5요인 척도)를 사용해서 수검자의 사회적, 정서적, 행동적 기능에 대한 더 정교한 가설을 추론할 수 있다.

재구성 임상(RC) 척도

MMPI-2의 RC 척도와 MMPI-2-RF의 RC 척도가 동일하므로, 제7장에서 제시한 정보를 그대로 활용할 수 있다. 제7장에서 논의했듯이, RC 척도가 발표된 이후로(Tellegen et al., 2003) 다양한 장면에서 다양한 목적으로 RC 척도의 유용성을 탐색한 연구 결과가 상당히 축적되었다. 이를 종합하면, RC 척도의 개발은 대체로 성공적이었다. RC 척도는 기존의 임상 척도가 측정했던 핵심적 구성개념을 측정하며, 기존의 임상 척도에 반영되는 의기소침의 효과를 완전히 제거하지는 못했지만 상당히 감소시켰다. RC 척도의 수렴 타당도는 기존의 임상 척도와 동등하거나 우수하였고, RC 척도의 변별 타당도는 기존의 임상 척도보다 우수하였다.

특정 문제(SP) 척도 : 신체/인지 증상 척도

SP 척도에는 전반적인 신체적 건강에 대한 집착 및 구체적인 신체적 증상과 인지적 결손을 측정하는 5개의 신체/인지(Somatic/Cognitive) 증상 척도가 있다. 전반적인 측정치인 MLS(Malaise : 신체적 불편감) 척도는 수검자가 자신이 건강하지 않고 여러 신체적 문제에 취약하다고 보고할 때 상승한다. 나머지 4개의 척도는 구체적인 증상과 문제를 측정한다. GIC(Gastrointestinal Complaints : 소화기 증상 호소) 척도, HPC(Head Pain Complaints : 두통 호소) 척도, NUC(Neurological Complaints : 신경학적 증상 호소) 척도, COG(Cognitive Complaints : 인지적 증상 호소) 척도가 있다. 척도 명칭에서 시사되듯이, 그리고 문항 내용이 동질적이므로, SP 척도가 상승한 수검자는 그 척도 명칭과 일치되는 내용의 문항에 채점되는 쪽으로 응답했을 가능성이 크다. 그러나 각 SP 척도와 외적 준거 측정치 사이의 상관 패턴을 살펴보면(Tellegen & Ben-Porath, 2008/2011), 임상 장면에서 신체/인지 증상 척도 중에서 하나라도 상승한 사람은 MLS 척도에서 묘사되는 특성(즉, 문제에 압도되는 느낌, 문제에 대처할 수 없다는 느낌)도 함께 지니고 있을 가능성이 크다. 만성통증 프로그램에 참여하고 있는 2개의 환자 집단에서 MMPI-2-RF의 신체/인지 증상 척도를 검토한 Gironda와 Clark(2009)도 유사한 결과를 보고하였다. 또한 통증을 특정적으로 측정하는 도구에 추가했을 때, 신체/인지 증상 척도가 증분효과를 발휘하였다.

MMPI-2-RF가 발표된 이후에 수행된 연구를 살펴보면, 신체/인지 증상 척도가 측정하는 구성개념이 무엇인지 이해하는 데 도움이 된다. Kremyar 등(2020)은 대학생의 자료를 분석했는데, MLS 척도의 상승은 수면의 질적 저하 및 신체활동의 감소와 관련이 있었다. 이와 반대로, MLS 척도의 하강(T<39)은 양질의 수면과 같은 긍정적인 건강 지표와 관련이 있었다. Patel과 Suhr(2020)에 따르면, MLS 척도와 HPC 척도의 점수는 대학교 클리닉에 방문한 내담자가 평정한 치료동맹 측정치와 부적 상관을 보였다. 또한 COG 척도의 점수는 치료시간에 참석하지 않는 치료불참 비율과 정적 상관을 보였다.

몇몇 연구에서는 특히 COG 척도의 타당도에 주목하였다. 개업 장면에 의뢰된 장애 판정 신청자 1,741명의 자료에서, Gervais 등(2009)은 COG 척도, 인지적 결손의 객관적 측정치,

인지적 결손의 주관적 측정치(즉, 자기보고) 사이의 관계를 조사하였다. 연구 결과, COG 척도의 점수는 연령과 상관이 없었고, 인지/기억 문제의 객관적 측정치와도 유의미한 상관이 없었으며, 오직 교육 수준과만 약한 상관($r = .17$)을 보였다. 하지만 COG 척도의 점수는 인지/기억 문제의 주관적 측정치와는 유의미한 상관을 보였다. 이러한 상관관계는 심지어 불충분한 인지적 노력과 증상의 과장을 통제하더라도 잔존하였다. Mattson 등(2019)은 전투경험이 있는 재향군인의 자료에서 COG 척도 점수와 인지적 결손의 객관적 측정치 사이의 관계를 탐색하였다. 영순위 수준에서, COG 척도의 점수는 객관적 측정치와 정적 상관을 보였다. 하지만 이러한 관계는 외상후 스트레스 장애 증상에 의해서 완전히 매개되었다. 즉 외상후 스트레스 장애 증상을 통제하는 경우, COG 척도의 점수와 객관적 측정치 사이의 상관은 더 이상 통계적으로 유의미하지 않았다. 이것은 COG 척도가 수검자에 의해 지각된(perceived) 인지/기억 문제를 효과적으로 탐지한다는 사실을 보여 준다. 하지만 COG 척도의 점수가 높다고 해서 수검자의 인지 기능이 정말로 감퇴되었다고 해석하기는 어렵다는 사실도 동시에 보여 준다.

특정 문제(SP) 척도 : 내재화 척도

SP 척도에는 9개의 내재화(internalizing) 척도가 있다. EID 척도, RCd 척도, RC2 척도, RC7 척도는 내재화장애 영역을 더 광범위하게 평가하고, SP 척도의 내재화 척도는 구체적인 문제를 더 협소하게 평가한다. 자살 사고와 자살행동은 SUI(Suicidal/Death Ideation : 자살/죽음 사고) 척도가 평가한다. 자신의 미래에 대한 부정적 신념을 HLP(Helplessness/Hopelessness : 무력감/무망감) 척도가 측정하고, SFD(Self-Doubt : 자기 회의) 척도는 자신감이 부족한 상태를 반영하며, NFC(Inefficacy : 효능감 결여) 척도는 효능감이 부족하고 우유부단하여 자신의 삶에서 벌어지는 변화에 영향을 미칠 만한 능력이 없다는 인식을 평가한다. 각각 스트레스, 불안, 분노의 과도한 경험을 평가하는 STW(Stress/Worry : 스트레스/걱정) 척도, AXY(Anxiety : 불안) 척도, ANP(Anger Proneness : 분노 경향성) 척도는 모두 지나친 부정적 정서성을 평가한다. BRF(Behavior-Restricting Fears : 행동 제약 공포) 척도와 MSF(Multiple Specific Fears : 다중 특정 공포) 척도는 모두 공포성향을 측정한다. BRF 척도는 공포증적 회피를 반영하고, MSF 척도는 급성의 위협반응을 유발하는 다양한 공포 자극을 측정한다.

내재화 척도는 문항 수가 상대적으로 적고(4~9개 문항), 각 내재화 척도의 문항 내용은 매우 동질적이다. 따라서 어떤 내재화 척도가 상승한 수검자는 그 척도 명칭과 일치되는 내용의 문항에 채점되는 쪽으로 응답했을 가능성이 크다. Tellegen과 Ben-Porath(2008/2011)

에 따르면, 9개의 내재화 척도 사이의 상관계수는 상대적으로 크다. 외적 준거 자료에서, 내재화 척도의 수렴 타당도는 상대적으로 양호하였다(즉, 척도의 목적과 일치하는 준거 자료와 높은 상관이 있었다). 하지만 내재화 척도는 다양한 내재화 증상과 광범위한 상관관계를 보이기 때문에, 내재화 척도의 변별 타당도에는 다소 한계가 있다. 예컨대, 대부분의 내재화 척도가 우울, 불안, 전반적인 정서적 고통과 정적 상관을 보인다.

Gottfried 등(2014)은 외래 환자 자료에서 SUI(자살/죽음 사고) 척도의 타당도를 검토했는데, SUI 척도는 다양한 외적 준거 자료와 상관이 있었다. SUI 척도는 과거의 자살 시도 경력뿐만 아니라 자살 사고 및 자살행동의 자기보고 측정치와 상관을 보였다. SUI 척도는 자살 위험성에 대한 임상가 평정치와도 밀접한 상관을 보였다. Glassmire 등(2016)은 법정에서 수집한 입원 환자 자료에서 SUI 척도의 사후 타당도, 공존 타당도, 예언 타당도를 조사하였다. SUI 척도는 과거의 자살 사고 및 자살 시도뿐만 아니라 임상 면접에서 보고된 현재의 자살 사고와 정적 상관이 있었다. 가장 중요하게도, SUI 척도의 상승은 1년 후 미래의 자살행동(자살 시도, 자살 위협)을 예측하였다. 사실, 인구통계학적 특성, 과거의 자살 경력, 현재의 자살 사고를 모두 고려했을 때, 미래의 자살행동을 고유하게 예측하는 유일한 예측 변인은 SUI 척도였다. Glassmire 등에 따르면, SUI 척도의 문항에 단 하나라도 채점되는 쪽으로 응답하는 사람은 미래의 자살행동에 연루될 가능성이 5배 이상 높았다. 정신건강센터 외래 환자 자료를 수집한 Anestis 등(2018)은 MMPI-2-RF를 자살의 대인관계 심리학 모형(Joiner, 2005)의 맥락에서 검토하였다. SUI 척도의 상승은 자살의 대인관계 심리학 모형이 제안한 위험 요인들, 특히 지각된 부담감과 강한 상관을 보였다. 또한 자살 사고의 자기보고 및 임상가가 평정한 자살 위험성과 가장 높은 상관을 보인 척도 역시 MMPI-2-RF의 SUI 척도였다. S. N. Miller 등(2019)은 정신과에 입원한 재향군인의 자료를 분석했는데, SUI 척도를 활용해서 자살 시도 경력이 없지만 우울한 사람, 자살 시도 경력이 없지만 접수 면접에서 자살 사고를 보고한 사람, 자살 시도 경력이 있는 사람을 변별하였다. 정신과에 협진으로 입원한 재향군인의 자료를 분석한 Khazem 등(2021)에 따르면, SUI 척도는 지난주의 자살 사고 경험과 강한 상관을 보였다. SUI 척도에 MMPI-2-RF의 다른 어떤 척도를 추가하더라도, 지난주의 자살 사고 경험에 대한 설명량을 증분시키지 못했다. 더 나아가서, 과소보고 가능성(즉, L-r≥65 혹은 K-r≥60)이 SUI 척도에 미치는 영향은 최소한이었다. 또한 Whitman, Kremyar와 Ben-Porath(2021)는 SUI 척도와 비자살적 자해행동 사이에서 강한 상관을 확인하였다. 여러 연구에서 SUI 척도의 타당도가 강력하게 지지되므로, SUI 척도는 미래의 자살 사고 혹은 자살행동 위험성을 탐색하는 데 유익하겠다.

여러 연구에서, AXY(불안) 척도는 외상후 스트레스 경험 및 외상후 스트레스 장애 증상과 강한 상관을 보였다. Arbisi 등(2011)에 따르면, MMPI-2-RF의 AXY 척도가 자대 배치된 국가경비대원 중에서 외상후 스트레스 장애로 분류 심사된 사람과 그렇지 않은 사람을 고유하고 유일하게 변별하였다. Sellbom, Lee 등(2012)은 전투와 무관한 외상사건에 노출되어 심리학적/법적 평가를 진행하고 있는 장애 판정 신청자의 자료를 분석했는데, SP 척도 중에서 AXY 척도가 외상후 스트레스 장애 증상과 가장 강력한 그리고 고유한 상관을 보였다. 이 결과를 부분적으로 반복검증한 Gottfried 등(2016)에 따르면, AXY 척도는 여성 수감자의 외상후 스트레스 증상과 상관이 있었다. 그러나 여성 수감자의 경우, 외상후 스트레스 장애 증상을 가장 고유하게 예측하는 SP 척도는 SFD(자기 회의) 척도였다.

Ben-Porath와 Tellegen(2008/2011)은 MMPI-2-RF의 실시, 채점 및 해석 매뉴얼에서 잠정적 해석지침을 제시하였다. Patel과 Suhr(2020)는 BRF(행동 제약 공포) 척도가 심리학 클리닉에 방문한 내담자가 평정한 치료동맹 평정치와 부적인 상관을 보인다는 결과를 추가하였다.

특정 문제(SP) 척도 : 외현화 척도

SP 척도에는 행동표출 문제를 평가하는 4개의 외현화(externalizing) 척도가 있다. 각 척도는 구체적인 행동표출 양상을 측정한다. JCP(Juvenile Conduct Problems : 청소년기 품행 문제) 척도는 학교에서 발생하는 품행 문제와 법적 문제를 평가하고, SUB(Substance Abuse : 약물 남용) 척도는 알코올 또는 기타 약물의 사용 및 오용을 평가한다. AGG(Aggression : 공격 성향) 척도는 분노 및 공격적인 행동표출 문제를 측정하고, ACT(Activation : 흥분 성향) 척도는 지나치게 흥분하고 에너지가 넘쳤던 기간이 있었는지 측정한다. Tellegen과 Ben-Porath(2008/2011)는 몇몇 외적 준거 자료가 특정한 척도의 특정한 내용과 일치한다고 보고했지만, 4개의 외현화 척도는 모두 상당히 광범위한 행동표출 문제와 개념적으로 관련이 있다. 즉, 각 척도의 수렴 타당도는 우수하지만, 외현화장애 영역 내부에서 각 척도의 변별 타당도는 그렇지 못하다. 예컨대, AGG 척도는 치료자가 평정한 분노표출 점수와 상관을 보였는데, JCP 척도와 SUB 척도 역시 치료자가 평정한 분노표출 점수와 상관을 보였다.

Tellegen과 Ben-Porath(2008/2011)의 연구 및 후속 연구에서, SUB 척도의 상승은 문제적 알코올 사용 및 불법적 약물 사용과 관련이 있었다. 이 연구를 확장한 Thornton 등(2020)은 대학생 쌍에게서 전반적인 약물 사용 및 처방받은 흥분제 오용을 평가하는 자기보고 자료와 동료보고 자료를 수집하여 MMPI-2-RF와 비교하였다. 연구 결과, 자기보고 및 동료보고 모두에서 SUB 척도는 전반적인 약물 사용 및 처방받은 흥분제 오용 모두와 강한 상관을 보였다. 흥미롭게도, 다른 외현화 척도는 동일한 물질 사용 측정치와 중간 정도의 상관을 보여서, SUB 척도의 변별 타당도가 부분적으로 확인되었다.

ACT 척도는 지나치게 빠른 속도로 말하거나 수면 욕구가 감소되는 것과 같은 경조증적 행동 증상과 관련이 있다(Tellegen & Ben-Porath, 2008/2011). 이 연구를 확장한 Sellbom, Bagby 등(2012)에 따르면, ACT 척도는 지역사회 클리닉에 방문한 양극성장애 환자와 주요 우울장애 환자를 잘 변별하였다.

RCd 척도 혹은 SUI 척도와 조합해서 사용하면, 자살행동 위험성을 평가하는 데도 외현화 척도가 도움이 된다. Stanley 등(2018)은 자살 사고를 경험한 적이 있다고 스스로 보고한 정신과 외래 환자 자료를 분석하였다. RCd 척도와 ACT 척도의 상호작용을 고려하면, 과거에 자살 시도 경력이 있는 환자와 자살 시도 경력이 없는 환자를 변별할 수 있었다. RCd 척도의 상승은 과거의 자살 시도 경력과 상관이 있었는데, 오직 RCd 척도와 ACT 척도가 동반상승한 경우에만 그러하였다. Anestis 등(2018)과 S. N. Miller 등(2019)은 SUB 척도와 SUI 척도가 동반상승하면 자살 위험성이 심해진다고 보고하였다. 또한 SUI 척도가 광범위한 외현화 장애 척도(BXD 척도, RC4 척도, DISC-r 척도)와 동반상승하면 자살 위험성이 증가되었다.

몇몇 외현화 척도는 저조한 치료성과를 예측한다. 예컨대, Mattson 등(2012)에 따르면 JCP 척도와 AGG 척도의 상승은 각각 독립적으로 치료실패(법원의 명령에 따른 약물 문제 치료 절차를 마치지 못함)와 상관을 보였다. 대학교 외래 클리닉의 자료를 분석한 Anestis 등(2015)에 따르면, JCP 척도의 상승은 치료불참과 조기종결을 유의미하게 예측하였다. 이와 유사하게 대학교 외래 클리닉의 자료를 분석한 Patel과 Suhr(2020)에 따르면, JCP 척도와 AGG 척도의 상승은 치료결석 비율의 증가와 정적 상관을 보였다.

특정 문제(SP) 척도 : 대인관계 척도

SP 척도에는 수검자의 대인관계를 평가하는 5개의 대인관계(interpersonal) 척도가 있다. FML(Family Problems : 가족 문제) 척도는 가족친밀도와 가족갈등을 측정하며, 가족 구성원에 대한 강렬한 부정적 감정 및 심각한 수준의 가정 불화와 관련이 있다(Tellegen & Ben-Porath, 2008/2011). Lee 등(2019)은 낭만적 파트너 쌍에게 MMPI-2-RF를 실시하여 그들이 맺고 있는 관계의 질을 시사하는 지표를 분석하였다. 자기 평가 및 파트너 평가 모두에서, FML 척도는 관계만족도 및 중요 사안에 대한 의견 일치도와 부적 상관을 보였다.

Tellegen과 Ben-Porath(2008/2011)의 연구 및 학계의 검증을 거친 후속 연구에서, IPP (Interpersonal Passivity : 대인관계 수동성) 척도, SHY(Shyness : 수줍음) 척도, SAV(Social

Avoidance : 사회적 회피) 척도, DSF(Disaffiliativeness : 관계 단절) 척도는 모두 내향성과 상관을 보였다. 하지만 각 척도는 서로 다른 내향성의 세부요소를 측정하였다. IPP 척도는 낮은 주장성, SHY 척도는 과묵함 및 사회불안, SAV 척도는 낮은 사교성, DSF 척도는 대인관계 냉담성 및 낮은 사회적 친밀도와 관련이 있었다. 또한 모든 대인관계 척도는 정서적 고통(예 : 불안, 우울)의 지표와 정적 상관을 보였다. 대학교 외래 클리닉의 자료를 분석한 Patel과 Suhr(2020)에 따르면, IPP 척도와 SHY 척도의 상승은 내담자가 평정한 치료동맹 측정치와 부적 상관을 보였다.

Ayearst 등(2013)은 대인관계에 영향을 미치는 성격특질(예 : 지배성, 온화함) 및 사회적 기능을 측정하는 도구와 비교하는 방식으로, IPP 척도, SHY 척도, SAV 척도, DSF 척도가 평가하는 내향성의 여러 다른 측면을 탐색하였다. 연구 결과, IPP 척도가 높은 사람은 대인관계 수동성을 온화하게 표출하였다. 하지만 SHY 척도, SAV 척도, DSF 척도가 높은 사람은 대인관계 수동성을 더 냉담하게 표출하였다. 또한 다른 대인관계 척도에 비해 SHY 척도는 신경증 성향과 더 높은 상관을 보였다.

흥미 척도

MMPI-2-RF에는 2개의 흥미(interest) 척도가 있다. 흥미 척도의 모든 문항은 MMPI-2의 척도 5에서 비롯되었다. AES(Aesthetic-Literary Interests : 심미적-문학적 흥미) 척도의 점수가 상승한 사람은 심미적 혹은 문학적 속성이 내재된 직업과 활동에 관심이 있다고 응답한 것이다. 반면, MEC(Mechanical-Physical Interests : 기계적-신체적 흥미) 척도의 점수가 상승한 사람은 기계적 혹은 신체적 속성이 내재된 직업과 활동에 관심이 있다고 응답한 것이다. 2개의 흥미 척도는 개념적으로 서로 무관하다.

외적 준거 자료를 조사한 Tellegen과 Ben-Porath(2008/2011)에 따르면, 흥미 척도는 심각한 정신병리와는 개념적으로 관련이 없다. 주변 사람들은 AES 척도의 점수가 높은 남자를 남성적 흥미에 대한 고정관념이 없는 사람, 전통적인 남성적 성역할을 거부하는 사람이라고 묘사하였다. 주변 사람들은 AES 척도의 점수가 높은 남자와 여자를 성실하고, 낙관적이고, 경험에 개방적인 사람이라고 묘사하였다. 주변 사람들은 MEC 척도의 점수가 높은 남자와 여자를 남성적 흥미에 대한 고정관념이 있는 사람이라고 묘사하였다. 주변 사람들은 MEC 척도의 점수가 높은 남자를 전통적인 남성적 성역할을 거부하지 않는 사람이라고 묘사하였고, MEC 척도의 점수가 높은 여자를 전통적인 여성적 성역할을 거부하는 사람이라고 묘사하였다.

성격병리 5요인(PSY-5) 척도

MMPI-2의 PSY-5 척도와 MMPI-2-RF의 PSY-5 척도의 상관관계 및 외적 준거 자료를 조사한 Tellegen과 Ben-Porath(2008/2011)에 따르면, 기존의 척도와 개정된 척도는 본질적으로 동일한 특성을 평가한다. Harkness, McNulty 등(2014)은 기존의 척도와 개정된 척도의 일치도를 검토하였고, MMPI-2-RF에서 개정된 PSY-5 척도의 구성 타당도를 조사하였다. 제7장에서 자세한 내용을 소개했는데, 그것을 MMPI-2-RF의 PSY-5 척도에도 적용할 수 있다. PSY-5 척도의 해석지침은 이 장의 후반부에 제시하였다.

장면특정적 적용

지금까지 논의한 타당도 자료는 MMPI-2-RF를 정신병리와 성격특성을 측정하는 도구로 간주하는 연구들을 요약한 것이다. 이런 목적으로 MMPI-2-RF를 사용하는 경우, 수검자의 정신병리를 고려하여 심리 평가를 실시하는 모든 장면에서 연구 결과를 활용할 수 있다. 심지어 심리 평가의 주요한 초점이 정신건강 문제가 아닌 경우에도 그러하다. 하지만 MMPI-2-RF가 발표된 이후로, 다양한 장면에서 특수한 목적으로 MMPI-2-RF를 사용할 수 있는지를 조사한 타당도 연구도 활발하게 수행되었다. 예컨대, 체중감량수술 후보자의 수술 전 평가와 같은 특수한 목적으로 MMPI-2-RF를 사용할 수 있는지 조사하였다. 비록 이런 연구에서도 정신병리와 성격특성을 측정하는 MMPI-2-RF의 타당도 자료를 인용하거나 제시하지만, 지금까지 논의한 타당도 자료를 특정한 장면에 그대로 적용하는 것은 바람직하지 않다. 특수한 장면에서 사용되는 MMPI-2-RF의 타당성과 효용성에 대한 연구 결과를 여기서 소개하지는 않겠다. MMPI-2-RF의 장면특정적 적용에 관심이 있는 독자는 다음 자료를 참고하여 강점과 약점을 파악하기 바란다. 전반적인 건강행동에 적용하는 경우, Marek과 Ben-Porath(2017)를 추천한다. 경찰관 및 공무원 선발에 적용하는 경우, Corey와 Ben-Porath(2018)를 추천한다. 법정 장면에 적용하는 경우, Sellbom과 Wygant(2018)를 추천한다.

MMPI-2-RF의 해석

해석지침

지금부터 MMPI-2-RF의 타당도 척도와 주요 척도의 해석지침을 제시하겠다. 타당도 척도의 해석지침은 이 장의 전반부에서 소개한 광범위한 경험적 연구를 통해서 지지되는 Ben-

Porath와 Tellegen(2008/2011)의 자료를 기초로 제시하였다. 주요 척도의 해석지침은 해석 매뉴얼에 제시된 해석지침, 기술 매뉴얼에 제시된 경험적 상관 자료, 2008년에 MMPI-2-RF 가 발표된 이후로 지금까지 출판된 여러 연구 자료를 기초로 제시하였다. 기술 매뉴얼에 제 시된 상관 자료를 기초로 해석지침을 작성할 때, 적어도 작은 수준 이상의 효과크기($r \geq .20$; Cohen et al., 2002)를 보이는 경우를 강조하였다.

　MMPI-2와 마찬가지로, 임상가는 주요 척도에 대한 해석지침을 잠정적 가설로 간주해야 하고, 수검자에 대해서 수집할 수 있는 여러 정보(예 : 임상 면접, 행동 관찰, 다른 심리검사) 와 반드시 비교해야 한다. 임상적으로, 주요 척도의 T 점수가 65점 이상으로 상승할 때 해석 하는 것이 바람직하다. 주요 척도의 T 점수가 65점 이상으로 더 높이 상승하면, 해석지침에 제시된 잠정적 가설이 수검자에게 해당될 가능성이 더 높아질 것이고, 주요 척도의 T 점수가 낮은 경우보다 관련된 증상이 더 심각할 것이다. 주요 척도의 T 점수가 낮은 경우(T < 39), 몇몇 MMPI-2-RF 척도를 해석할 수 있다. 낮은 점수의 해석지침은 연구 자료(예 : Kremyar et al., 2020; J. T. Hall, Lee et al., 2021)를 참고하기 바란다. 이 장에서 제시하는 낮은 점수 의 해석지침은 Ben-Porath와 Tellegen(2008/2011)의 저술, 주요 척도와 부적 상관관계를 보 이는 외적 준거 자료에 대한 Tellegen과 Ben-Porath(2008/2011)의 연구, 그 밖의 경험적 연구 를 기초로 작성되었다.

타당도 척도 해석지침

무응답(CNS) 지표

무응답이 15개 미만인 경우, 프로파일을 해석할 수 있다. 하지만 무응답이 15개 이상인 경 우, 주요 척도의 점수가 상승하지 않을 가능성이 높으므로 주요 척도의 해석에 주의를 기울 여야 한다. 임상가는 각 척도의 무응답 비율을 반드시 검토해야 한다. 만약 어떤 척도의 무응 답 비율이 10% 이상이면, 그 척도는 해석하지 않는다. 무응답 비율은 MMPI-2-RF의 점수 보고서 및 해석 보고서에 제공된다.

무선반응 비일관성(VRIN-r) 척도

높은 점수(T ≥ 70)

이 정도로 상승한 경우, 수검자는 비일관적으로 응답했을 것이다. T 점수가 70~79점으로 상승하면, 프로파일을 조심스럽게 해석해야 한다. T 점수가 80점 이상으로 상승하면, 지나 치게 비일관적인 응답이므로 프로파일을 해석하지 말아야 한다.

평균 점수(T = 39~69)

수검자가 일관적으로 응답한 것이다. 프로파일을 해석할 수 있다.

낮은 점수(T = 30~38)

수검자가 매우 일관적으로 응답한 것이다. 아마도 지나치게 조심스럽게 응답했을 것이다. 프로파일을 해석할 수 있다.

고정반응 비일관성(TRIN-r) 척도

높은 점수(T ≥ 70)

이 정도로 상승한 경우, 수검자는 편향된 방향으로 비일관적으로 응답했을 것이다. 첨자 'T'가 붙었다면 '그렇다' 쪽으로 편향된 응답이고, 첨자 'F'가 붙었다면 '아니다' 쪽으로 편향된 응답이다. T 점수가 70~79점으로 상승하면, 고정반응 경향성이 시사되므로 프로파일을 조심스럽게 해석해야 한다. T 점수가 80점 이상으로 상승하면, 지나치게 편향된 고정반응이므로 프로파일을 해석하지 말아야 한다.

평균 점수(T = 50~69)

고정반응 경향성이 시사되지 않는다. 프로파일을 해석할 수 있다.

비전형 반응(F-r) 척도

T = 120

수검자는 대부분의 사람들이 거의 응답하지 않는 방향으로 응답하였고, 다수의 증상을 보고하였다. 문항 내용과 무관한 무효 응답 때문에 F-r 척도가 상승한 것은 아닌지 확인하려면, VRIN-r 척도와 TRIN-r 척도를 고려해야 한다. 만약 문항 내용과 무관한 무효 응답이 아니라면, 수검자는 심각한 정신병리 혹은 심각한 고통을 겪고 있는 것처럼 보이려고 실제보다 과장해서 보고했을 것이다. F-r 척도가 이 정도로 상승하면 무효로 간주하고, 프로파일을 해석하지 않는다.

T = 100~119

문항 내용과 무관한 무효 응답, 심각한 정서적 고통, 과대보고의 가능성이 모두 존재한다. VRIN-r 척도와 TRIN-r 척도를 확인해야 한다. 만약 이 척도들의 점수가 허용할 수 없는 수준이라면, 프로파일을 무효로 간주하고 해석하지 않는다. 만약 이 척도들의 점수가 허용할 수 있는 수준이라면, F-r 척도가 심각한 정신병리 때문에 상승했는지 아니면 과대보고 때문에 상승했는지 변별하는 것이 중요하다. 만약 수검자가 과거에 또는 현재에 심각한 장해 소견을 보이지 않는다면, 과대보고가 시사되므로 프로파일을 해석하지 않는다. 만약 수검자가 과거에 또는 현재에 심각한 장해 소견을 보인다면, 이 수준으로 상승한 F-r 척도는 수검자가 실제로 심각한 정신병리를 겪고 있음을 시사한다. 따라서 프로파일을 해석할 수 있다. 만약 뒤에서 소개할 Fp-r 척도의 점수가 허용할 수 있는 수준이라면, 이 수준으로 상승한 F-r 척도는 수검자가 실제로 심각한 정신병리를 겪고 있음을 시사할 가능성이 더 높아진다.

T = 90~99

이 수준으로 상승한 경우, T 점수가 100~119점인 경우와 비슷하게 해석한다. 단, 과대보고의 가능성은 더 낮다.

T = 79~89

비일관적인 응답 또는 증상의 과대보고일 가능성이 있다. 하지만 실제로 심각한 정신병리를 겪고 있을 가능성이 더 높다. 특히 뒤에서 소개할 Fp-r 척도의 점수가 허용할 수 있는 수준이라면 더욱 그렇다. 프로파일을 해석할 수 있지만, 몇몇 주요 척도에서 증상과 문제의 심각성이 과대평가되었을 것이므로 주의를 기울여서 해석해야 한다.

T < 79

과대보고의 가능성은 현저하지 않으므로, 프로파일을 해석할 수 있다.

비전형 정신병리 반응(Fp-r) 척도

T ≥ 100

수검자가 대부분의 사람들이 거의 응답하지 않는 희귀한 증상에 응답하였으므로, 프로파일을 무효로 간주하고 해석하지 않는다. 이 수준으로 상승한 경우, 문항 내용과 무관한 무효 응답일 수도 있으므로 VRIN-r 척도와 TRIN-r 척도를 확인해야 한다. 또는 수검자가 실제보다 더 부적응하고 있는 것처럼 보이려고 심각한 증상과 문제를 과장해서 보고했을 가능성도 있다.

T = 80~99

문항 내용과 무관한 무효 응답일 것이므로, VRIN-r 척도와 TRIN-r 척도를 확인해야 한다. 만약 수검자가 과거에 또는 현재에 심각한 장해 소견을 보인다는 합당한 증거가 있다면, 이 수준으로 상승한 Fp-r 척도는 수검자가 실제로 심각한 정신병리를 겪고 있음을 시사한다. 만약 수검자가 과거에 또는 현재에 심각한 장해 소견을 보이지 않는다면, 이 수준으로 상승한 Fp-r 척도는 과대보고를 시사한다.

T = 70~79

문항 내용과 무관한 무효 응답, 실제로 심각한 정서적 고통, 과대보고의 가능성이 모두 존재한다. VRIN-r 척도와 TRIN-r 척도를 확인해야 한다. 이 수준으로 상승한 경우, T 점수가 80~99점인 경우와 비슷하게 해석한다. 단, 실제로 정신병리를 겪고 있을 가능성이 더 높다.

T < 70

과대보고의 가능성은 현저하지 않으므로, 프로파일을 해석할 수 있다.

비전형 신체적 반응(Fs) 척도

T ≥ 100

수검자는 실제로 의학적인 문제를 겪고 있는 사람들도 거의 호소하지 않는 희귀한 신체증상을 보고한 것이다. 문항 내용과 무관한 무효 응답일 수도 있으므로, VRIN-r 척도와 TRIN-r 척도를 확인해야 한다. 만약 이 척도들의 점수가 허용할 수 있는 수준이라면, 이 수준으로 상승한 Fs 척도는 신체적 증상의 과대보고를 시사할 가능성이 크다. 따라서 신체증상을 측정하는 주요 척도(즉, RC1 척도, 특정 문제 척도에서 신체/인지 증상 척도)를 해석할 때 각별한 주의를 기울여야 한다.

T = 80~99

수검자가 신체증상을 과장해서 보고했을 가능성이 있다. 그것은 문항 내용과 무관한 무효 응답을 했기 때문일 수도 있고(VRIN-r 척도와 TRIN-r 척도를 확인해야 한다), 고의적으로 실제보다 과장해서 신체증상을 보고했기 때문일 수도 있다. 만약 수검자가 과거에 또는 현재에 신체적 건강 문제를 보인다는 합당한 증거가 없다면, 이 수준으로 상승한 Fs 척도는 신체증상의 과대보고를 시사한다. 따라서 RC1 척도와 특정 문제 척도에서 신체/인지 증상 척도를 해석할 때 주의해야 한다.

T < 80

신체증상 과대보고의 가능성은 현저하지 않으므로, 신체증상을 측정하는 주요 척도를 해석할 수 있다.

증상 타당도(FBS) 척도

T ≥ 100

수검자는 신뢰하기 어려운 수준으로 매우 특이한 증상들의 조합(신체적 증상 혹은 인지적 증상)을 보고하였다. 문항 내용과 무관한 무효 응답일 수도 있으므로, VRIN-r 척도와 TRIN-r 척도를 확인해야 한다. 만약 문항 내용과 무관한 무효 응답이 아니라면, RC1 척도와 특정 문제 척도에서 신체/인지 증상 척도를 매우 조심스럽게 해석해야 한다.

T = 80~99

수검자는 특이한 증상들의 조합(신체적 증상 혹은 인지적 증상)을 보고하였다. 문항 내용과 무관한 무효 응답일 수도 있으므로, VRIN-r 척도와 TRIN-r 척도를 확인해야 한다. 만약 문항 내용과 무관한 무효 응답이 아니라면, 이 수준으로 상승한 FBS-r 척도는 수검자가 신뢰할 수 있는 신체적 증상 혹은 인지적 증상을 호소한 것으로 간주될 수 있다. 다른 가설로, 실제로 존재하지 않는 의학적/신경학적 문제를 꾸며 내기 위해서 과대보고했을 가능성이 있고, 혹은 실제로 존재하는 증상을 과장해서 보고했을 가능성도 있다. RC1 척도와 특정 문제 척도에서 신체/인지 증상 척도를 조심스럽게 해석해야 한다.

T < 80

신체적 증상 혹은 인지적 증상을 과대보고했을 가능성은 현저하지 않으므로, 이러한 증상을 측정하는 주요 척도를 해석할 수 있다.

반응 편향(RBS) 척도

T ≥ 100

수검자는 신뢰하기 어려운 수준으로 매우 특이한 증상들의 조합(기억 문제)을 보고하였다. 문항 내용과 무관한 무효 응답일 수도 있으므로, VRIN-r 척도와 TRIN-r 척도를 확인해야 한다. 다른 가설로, 이 수준으로 상승한 RBS 척도는 과대보고의 가능성을 시사한다. 따라서 COG 척도를 매우 조심스럽게 해석해야 한다.

T = 80~99

수검자는 신뢰하기 어려운 수준으로 특이한 증상들의 조합(기억 문제)을 보고하였다. 문항 내용과 무관한 무효 응답일 수도 있으므로, VRIN-r 척도와 TRIN-r 척도를 확인해야 한다. 만약 문항 내용과 무관한 무효 응답이 아니라면, 이 수준으로 상승한 RBS 척도는 심각한 정서적 고통을 겪고 있는 수검자가 신뢰할 수 있는 증상을 호소한 것으로 간주될 수 있다. 다른 가설로, 수검자가 증상을 과장해서 보고했을 가능성이 있다. 따라서 COG 척도가 수검자가 겪고 있는 기억 문제의 심각성과 범위를 과대평가했을 가능성이 있으므로 주의를 기울여서 해석해야 한다.

T < 80

과대보고의 가능성은 현저하지 않으므로, COG 척도를 해석할 수 있다.

흔치 않은 도덕적 반응(L-r) 척도

T ≥ 80

수검자는 지나치게 긍정적이고 도덕적으로 자기를 묘사하였다. 문항 내용과 무관한 무효 응답일 수도 있으므로, VRIN-r 척도와 TRIN-r 척도를 확인해야 한다. 만약 문항 내용과 무관한 무효 응답이 아니라면, 과소보고 경향이 시사되므로 주요 척도를 해석할 수 있지만 조심스럽게 해석해야 한다. 주요 척도의 점수는 수검자의 문제를 과소평가했을 가능성이 크다. 따라서 상승하지 않은 주요 척도는, 비록 점수가 매우 낮아서 해석할 수 있는 범위에 있더라도, 해석하지 않는다. 주요 척도가 상승하지 않은 이유는 수검자가 정말로 문제를 겪고 있지 않기 때문일 수도 있고, 과소보고 때문일 수도 있다.

T = 70~79

수검자는 매우 긍정적으로 자기를 묘사하였다. 문항 내용과 무관한 무효 응답일 수도 있으므로, VRIN-r 척도와 TRIN-r 척도를 확인해야 한다. 만약 문항 내용과 무관한 무효 응답이 아니라면, 수검자가 과소보고했을 가능성이 있으므로 주요 척도를 조심스럽게 해석해야 한다. 상승하지 않은 주요 척도는 해석하지 않는다. 주요 척도가 상승하더라도, 그것은 수검자의 문제를 과소평가했을 가능성이 크다. L-r 척도가 이 정도로 상승한 사람 중에는 전통적인 가치를 지나치게 강조하는 환경에서 성장한 사람도 존재한다.

T = 65~69

이 수준으로 상승한 경우, 문항 내용과 무관한 무효 응답일 수도 있으므로 VRIN-r 척도와 TRIN-r 척도를 확인해야 한다. 다른 가설로, 수검자가 자신을 비현실적인 수준에서 호의적으로 묘사했기 때문일 수도 있다. 만약 문항 내용과 무관한 무효 응답이 아니라면, 주요 척도가 수검자의 문제를 과소평가했을 가능성이 크므로 조심스럽게 해석해야 한다. L-r 척도가 이 정도로 상승한 사람 중에는 전통적인 방식으로 양육받은 사람도 존재한다.

T < 65

과소보고의 가능성은 현저하지 않으므로, 주요 척도를 해석할 수 있다.

적응 타당도(K-r) 척도

T ≥ 70

수검자는 자신이 매우 잘 적응하고 있다고 묘사하였다. 문항 내용과 무관한 무효 응답일 수도 있으므로, VRIN-r 척도와 TRIN-r 척도를 확인해야 한다. 만약 문항 내용과 무관한 무효 응답이 아니라면, 수검자가 실제보다 매우 잘 적응하고 있는 사람처럼 보이려고 시도했을 수 있으므로 신중하게 해석해야 한다. 상승한 주요 척도는 해석할 수 있지만, 수검자의 문제를 과소평가했을 가능성이 크다. 상승하지 않은 주요 척도는, 비록 점수가 매우 낮아서 해석할 수 있는 범위에 있더라도, 해석하지 않는다. 주요 척도가 상승하지 않은 이유는 수검자가 정말로 문제를 겪고 있지 않기 때문일 수도 있고, 과소보고 때문일 수도 있다.

T = 66~69

문항 내용과 무관한 무효 응답일 수도 있으므로, VRIN-r 척도와 TRIN-r 척도를 확인해야 한다. 만약 문항 내용과 무관한 무효 응답이 아니라면, 이 수준으로 상승한 K-r 척도는 수검자가 증상과 문제를 과소보고했을 가능성을 시사하기도 하고, 혹은 수검자가 실제로 심리적으로 매우 잘 적응하고 있는 사람일 가능성을 시사하기도 한다. 만약 수검자가 실제로 심리적으로 잘 적응하고 있다는 증거가 없다면, 상승하지 않은 주요 척도는 해석하지 않는다. 상승한 주요 척도는 해석할 수 있지만, 수검자의 문제를 과소평가했을 가능성이 크다.

T = 60~65

이 수준으로 상승한 경우, 수검자가 증상과 문제를 과소보고했을 가능성이 있다. 문항 내용과 무관한 무효 응답일 수도 있으므로, VRIN-r 척도와 TRIN-r 척도를 확인해야 한다. 만약 문항 내용과 무관한 무효 응답이 아니고, 수검자의 빈약한 적응을 시사하는 합당한 증거가 있다면, 주요 척도를 해석할 때 주의해야 한다. 상승한 주요 척도는 수검자의 문제를 과소평가했을 가능성이 크다. 비임상 장면(예 : 자녀 양육권 평가, 인사 선발)에서 MMPI-2-RF를 실시하는 경우, K-r 척도가 이 정도로 상승하는 사람은 흔하다.

T < 60

과소보고의 가능성은 현저하지 않으므로, 주요 척도를 해석할 수 있다.

상위차원(H-O) 척도 해석지침

H-O 척도는 정서, 사고, 행동 문제를 평가하며, 수검자가 겪고 있는 문제의 유형을 광범하게 개관한다. H-O 척도가 매우 높이 상승한 경우, 그것은 증상의 심각성(severity)뿐만 아니라 증상의 범위(breadth)까지 반영한다. 상승하지 않은 H-O 척도는 수검자가 그 영역에서 아무런 문제도 보고하지 않았다는 뜻이기도 하고, 혹은 수검자가 매우 제한된 범위의 문제만 보고했다는 뜻이기도 하다. 후자의 경우, MMPI-2-RF의 위계에서 하단에 있는 척도(예 : 재구성 임상 척도, 특정 문제 척도)에서는 수검자가 보고한 제한된 범위의 문제가 무엇인지 탐지될 것이다.

정서적/내재화 문제(EID) 척도

EID 척도는 다양한 정서적 불편감을 측정하는 41개 문항으로 구성되며, 내재화장애 경향성을 시사한다. EID 척도의 점수는 정신병리 구조모형의 내재화 차원과 밀접한 관련이 있다.

점수가 높은(T ≥ 65) 사람은 다음의 특징을 보인다.

1. 극심한 정서적 고통을 경험한다(T ≥ 80인 경우, 위기로 지각될 수 있다).
2. 일상생활의 요구에 압도당했다고 느낀다.
3. 취약감과 무력감을 느끼고, 대처능력이 부족하다고 느낀다.
4. 주로 우울감을 호소한다.
5. 슬퍼하고 가라앉아 있다.
6. 문제를 해결할 활력과 동기가 부족하다.
7. 자살 사고와 자살 경력을 지니고 있을 것이다.
8. 불안하다고 보고한다.
9. 신체적 불편감을 호소한다.
10. 강박적인 생각을 지니고 있을 수 있다.
11. 주의를 집중하는 것이 어렵다.
12. 대접받지 못한다고 느낄 수 있다.
13. 낭만적 관계에 불만족하는 경향이 있다.

14. 분노감을 느낀다.

15. 우울장애, 불안장애, 신체증상장애를 평가해야 한다.

16. 정서적으로 고통스럽기 때문에, 치료에 대한 동기가 있을 것이다.

17. 치료자와의 작업동맹이 약하다고 여긴다.

점수가 낮은(T<39) 사람은 평균 수준 이상의 정서적 적응을 시사한다.

사고 문제(THD) 척도

THD 척도는 사고장애를 측정하는 26개 문항으로 구성되며, 특이한 지각적 경험 및 망상의 가능성을 시사하는 기이한 믿음을 평가한다. THD 척도의 점수는 정신병리 정량모형의 사고장애 차원과 밀접한 관련이 있다.

점수가 높은(T≥65) 사람은 다음의 특징을 보인다.

1. 사고장애 증상을 보고한다.

2. 환청 혹은 환시를 경험할 수 있다.

3. 과대망상 혹은 피해망상을 가지고 있을 수 있다.

4. 마술적 사고에 빠져들 수 있다.

5. 삶이 힘겹다고 느낀다.

6. 신체적 불편감을 호소한다.

7. 우울감을 느낀다.

8. 타인을 의심하고 불신한다.

9. 좌절을 감내하지 못한다.

10. 때때로 타인에게 공격적으로 행동한다.

11. 효과적으로 소통하지 못한다.

12. 타인에게 좋은 인상을 주지 못한다.

13. 직업 혹은 성취에 대한 동기가 없어 보인다.

14. 청소년기에 법적 문제에 연루되었을 수 있다.

15. 조현병 스펙트럼 장애(예 : 조현병, 망상장애)를 평가해야 한다.

16. 항정신병 약물치료를 고려해야 한다.

17. 구조화된 환경에서 치료받을 필요가 있다.

THD 척도의 낮은 점수(T<39)는 해석하지 않는다.

행동적/외현화 문제(BXD) 척도

BXD 척도는 외현화장애 경향성을 평가하는 23개 문항으로 구성되며, 물질 남용 및 반사회적 행동 등을 측정한다. BXD 척도의 점수는 정신병리 정량모형의 탈억제 외현화 차원 및 반동성 외현화 차원과 밀접한 관련이 있다.

점수가 높은(T ≥65) 사람은 다음의 특징을 보인다.

1. 다양한 외현화행동에 연루되어 곤경을 겪는다.
2. 청소년기에 구속당하거나 유죄 판결을 받았을 수 있다.
3. 알코올 및 기타 물질을 남용할 수 있다.
4. 대인관계에서 공격적이다.
5. 좌절을 감내하지 못한다.
6. 종종 판단력이 부실하다.
7. 타인을 냉소하고 불신한다.
8. 종종 자신이 부당한 대접을 받았다고 느낀다.
9. 학교, 가정, 직장에서 문제를 일으킨 전력이 있다.
10. 자기애적이고, 이기적이고, 자신에게 탐닉한다.
11. 전형적으로는 심각한 정서적 고통을 보고하지 않지만, 불안과 우울의 증상을 부분적으로 보고할 수 있다.
12. 종종 군집B 성격장애 혹은 물질사용장애로 진단된다.
13. 전형적으로는 변화에 관심을 보이지 않지만, 부정적인 결과를 회피하려는 목적으로 치료에 동의할 수 있다.
14. 치료에서 자기통제력을 향상시킬 필요가 있다.
15. 치료를 조기에 종결할 우려가 있다.

점수가 낮은(T <39) 사람은 평균 수준 이상의 행동적 자제력을 시사한다. 외현화 문제나 행동표출 문제를 겪고 있을 가능성이 낮다.

재구성 임상(RC) 척도 해석지침

이 장의 전반부에서 논의했듯이, MMPI-2-RF의 RC 척도는 MMPI-2의 RC 척도와 동일하다. 따라서 제7장에서 제시한 해석지침을 동일하게 적용한다. 독자의 편의를 위해 다시 제시한다.

의기소침(RCd)

RCd 척도는 Tellegen 등(1999a, 1999b)이 제안한 정서모형에서 유쾌–불쾌(혹은 행복–불행) 차원을 반영하며, 최근에 정신병리 정량모형에서 제안된 내재화장애의 '고통' 차원과 밀접한 관련이 있다. RCd 척도는 수검자가 경험하고 있는 전반적인 정서적 불편감 및 정서적 동요를 측정한다. RCd 척도의 점수가 높으면(T ≥65) 다른 RC 척도, 임상 척도, 내용 척도의 점수도 높을 가능성이 크며, 특히 강렬한 정서적 요소를 반영하는 척도들의 점수가 높을 가능성이 크다.

점수가 매우 높은(T ≥80) 사람은 다음의 특징을 보인다.

1. 심각한 정서적 동요를 경험한다.
2. 우울감을 보고한다.
3. 불안감과 주의집중 곤란을 보고한다.
4. 스트레스 상황에서 심해지는 신체적 불편감을 보고한다.
5. 일상생활의 요구에 압도당했다고 느낀다.
6. 현재의 문제 상황에 대처할 수 없다고 느낀다.
7. 자살에 대해서 생각하거나, 자살과 관련된 행동을 한다.
8. 자살 위험성을 평가해야 한다(특히, RC9 ≥65인 경우).
9. 저조감이 특징적인 장애를 평가해야 한다(우울장애, 범불안장애, 외상 관련 장애).
10. 정서적 고통 때문에 치료에 대한 동기가 높을 것이다.
11. 정서적 고통을 경감시키는 개입이 요구된다.
12. 치료성과가 부진할 우려가 있다.

점수가 높은(T =65~79) 사람은 다음의 특징을 보인다.

1. 슬픔과 불행감을 느낀다.
2. 대부분의 시간 동안 불안하다.
3. 삶의 여건이 불만족스럽다.
4. 자기개념이 취약하고, 실패자라고 느낀다.
5. 자기효능감이 낮고, 자신을 무가치하고 무능하다고 여긴다.
6. 스트레스 대처능력이 취약하다.
7. 행동과 사건의 결과를 최악으로 상상하는 경향이 있다.
8. 부정적인 생활사건을 내부적, 전반적, 안정적 방향으로 귀인한다.

　　9. 삶이 나아질 것이라는 기대에 비관적이다.

　10. 안심추구행동이 지나치다.

　　점수가 낮은(T<39) 사람은 평균 수준 이상의 삶에 대한 의욕과 만족감을 시사한다.

신체증상 호소(RC1)

RC1 척도는 전반적인 신체적 안녕감과 구체적인 신체적 불편감을 측정하며, 정신병리 차원 모형의 광범위한 신체증상장애와 유사한 구성개념을 평가한다. RC1 척도의 점수가 높은(T≥65) 사람의 핵심 특징은 신체적 문제에 대한 집착이다.

　　점수가 높은 사람은 다음의 특징을 보인다.

　　1. 소화 기능 문제, 두통, 신경과적 증상을 비롯한 다양한 신체증상을 보고한다.

　　2. 스트레스 상황에서 신체증상이 심해진다.

　　3. 신체증상에 영향을 미칠 수 있는 심리적 요인에 대한 고려를 거부한다.

　　4. 목표를 달성하기 전에 치료를 조기종결할 우려가 있다.

　　5. 만약 신체증상이 의학적인 원인과 무관하다면, 신체증상장애의 가능성을 평가해야 한다.

　　점수가 낮은(T<39) 사람은 신체적 안녕감을 보고하며, 의학적 및 신체적 문제를 호소할 가능성이 일반인보다 더 낮다.

낮은 긍정 정서(RC2)

RC2 척도의 문항들은 긍정적 정서 경험, 사회적 관여 수준, 다양한 활동에 대한 관심과 능력을 측정한다. RC2 척도는 Tellegen 등(1999a, 1999b)의 정서모형에서 긍정적 정서 차원을 반영한다. 또한 RC2 척도는 정신병리 차원 모델에서 제안된 내재화장애의 '탈애착' 차원과 개념적으로 관련이 깊다. 긍정적 정서 경험이 부족한 사람들이 RC2 척도에서 높은 점수를 얻는데, 이것은 우울증후군(즉, 무쾌감증)의 핵심 요인이다.

　　점수가 높은(T≥65) 사람은 다음의 특징을 보인다.

　　1. 일상생활에서 긍정적 정서를 경험하지 못한다.

　　2. 기쁨과 행복감을 경험하는 능력에 결함이 있다(무쾌감증).

　　3. 불행하고 의기소침하다.

　　4. 일상생활의 문제에 대처할 만한 에너지가 부족하다.

5. 책임완수, 의사결정, 업무추진이 어렵다.

6. 사회적 상황에서 내향적이고, 수동적이고, 위축되는 경향이 있다.

7. 흔히 지루함과 고립감을 느낀다.

8. 미래에 대해서 비관적이다.

9. 성공을 기대하지 않고, 남들과 경쟁하지 않으려고 한다.

10. 주요우울장애 또는 기타우울장애 진단 기준을 충족할 수 있다.

11. 사회불안장애처럼 사회적 위축과 회피가 특징적인 심리장애의 가능성을 평가해야 한다.

12. 항우울제 처방의 필요성을 평가해야 한다.

13. 긍정적 정서성이 낮으므로, 치료에 참여하는 것이 어려울 수 있다.

14. 목표를 달성하기 전에 치료를 조기종결할 우려가 있다.

15. 점수가 매우 높은 경우(T ≥75), 우울증에 대한 입원치료가 필요할 수 있다.

점수가 낮은(T <39) 사람은 다음의 특징을 보인다.

1. 높은 수준의 심리적 안녕감을 보고한다.

2. 자신의 삶에 만족하고 있다.

3. 다양한 긍정적 정서 경험을 보고한다.

4. 자신감이 있고 활력을 느낀다.

5. 높은 수준의 긍정적 정서를 경험한다.

6. 긍정적인 자존감을 지니고 있다.

7. 사회적으로 외향적이고 참여적이다.

8. 미래에 대해서 낙관적이다.

냉소적 태도(RC3)

임상 척도 3은 크게 두 가지 요소(신체증상 호소, 타인에 대한 신뢰를 지나치게 공언하는 특성)로 구성된다. 제7장에서 언급했듯이, 신체증상 호소라는 첫 번째 요소는 RC1 척도에서 평가된다. RC3 척도는 두 번째 요소인 타인에 대한 신뢰를 지나치게 공언하는 특성을 평가하며, 임상 척도 3과 반대 방향으로 채점된다. 결과적으로, RC3 척도는 (순진성과 반대되는) 타인에 대한 냉소적 태도를 측정한다.

　　점수가 높은(T ≥65) 사람은 다음의 특징을 보인다.

1. 냉소적 신념을 지니고 있다.

2. 타인을 신뢰할 수 없고, 배려가 부족하고, 오직 자신만 생각하는 존재라고 생각한다.

3. 타인을 적대적으로 또는 조작적으로 대한다.

4. 인간관계에서 소외감을 느낀다.

5. 인간관계에서 신뢰감을 느끼려면 도움이 필요하다.

6. 치료에 참여하거나 치료관계를 형성하는 것이 어렵다.

7. 치료성과가 부정적일 우려가 있다.

점수가 낮은(T<39) 사람은 다음의 특징을 보인다.

1. 냉소적 신념을 드러내지 않는다.

2. 타인을 신뢰할 수 있고, 선한 의도를 지닌 존재라고 생각한다.

3. 순진하고, 남에게 잘 속고, 타인을 지나치게 신뢰한다.

반사회적 행동(RC4)

RC4 척도는 반사회적 특성을 평가하고 정신병리 차원 모델에서 제안된 외현화장애의 '반동성' 및 '탈억제' 차원과 모두 관련이 있다.

점수가 높은(T≥65) 사람은 다음의 특징을 보인다.

1. 과거에 반사회적인 행동을 한 적이 있다.

2. 사회적 규범과 기대에 순응하지 않는다.

3. 법률에 저촉되는 행동을 하고 있을 가능성이 있다.

4. 물질을 남용하고 있을 가능성이 크다.

5. 타인에게 공격적이다.

6. 비판적이고, 논쟁적이고, 반동적이다.

7. 갈등적인 인간관계를 형성한다.

8. 심각한 가족 문제를 겪고 있을 수 있다.

9. 군집B 성격장애의 가능성을 평가해야 한다.

10. 치료를 받으려고 하지 않는다.

11. 치료에 순응하지 않을 가능성이 매우 크다.

12. 치료를 끝까지 진행하지 못할 우려가 있다.

13. 치료에서 자기통제력을 향상시킬 필요가 있다.

점수가 낮은(T < 39) 사람은 평균 수준 이상의 행동적 자제력을 시사한다. RC4 척도의 점수가 낮은 사람은 지나치게 통제하는 사람일 수 있다.

피해의식(RC6)

RC6 척도에서는 타인이 자신을 해치려고 하는 것에 대한 개인의 믿음과 박해받는 것에 대한 인식을 질문한다. RC6 척도는 정신병리 차원 모델에서 제안된 '사고장애' 측면의 취약성과 밀접한 관련이 있다. 그러나 RC6 척도의 점수가 높다고 해서 수검자가 반드시 망상적 사고를 지니고 있다고 단정하기는 어렵다. 여러 다른 이유(예: 외상경험 피해자) 때문에 타인을 의심하고 조심하는 경우에도 RC6 척도가 상승할 수 있다.

점수가 높은(T ≥ 65) 사람은 다음의 특징을 보인다.

1. 자신이 타인의 표적이 되고, 타인에게 통제당하거나 희생당한다고 느낀다.
2. 타인의 동기를 의심한다.
3. 인간관계를 형성하기가 어렵다.
4. 치료관계를 형성하기도 어려울 수 있다.
5. 점수가 매우 높은 경우(T ≥ 80), 편집증적 망상 또는 환각을 경험할 수 있다.
6. 점수가 매우 높은 경우(T ≥ 80), 조현병, 조현병 스펙트럼 장애, 군집A 성격장애 등의 가능성을 추가로 평가해야 한다.

RC6 척도의 낮은 점수는 해석하지 않는다.

역기능적 부정 정서(RC7)

RC7 척도는 Tellegen 등(1999a, 1999b)의 정서모형에서 부정적 정서 차원을 반영한다. 또한 RC7 척도는 정신병리 차원 모델에서 제안된 내재화장애의 '공포' 차원과 밀접한 관련이 있다. RC7 척도는 수검자가 불안, 분노, 공포 같은 부정적 정서를 얼마나 경험하고 있는지 평가한다. 따라서 RC7 척도의 점수가 높은 사람은 흔히 의기소침 척도에서도 높은 점수를 얻을 것이다. 그러나 비록 부정적 정서와 의기소침이 상관관계를 보이더라도 두 요인은 서로 다른 개념이다. 부정적 정서는 여러 정신병리에 광범위하게 영향을 미친다.

점수가 높은(T ≥ 65) 사람은 다음의 특징을 보인다.

1. 불안, 공포, 짜증을 비롯한 부정적 정서를 경험한다.
2. 걱정이 지나치게 많다.

3. 침투적 사고를 경험한다.

4. 슬픔과 불행감을 느낀다.

5. 불안정하고, 타인의 비판에 지나치게 예민하다.

6. 자기를 비난하고 죄책감을 느낀다.

7. 실패에 집착하고 과도하게 되새기며 반추한다.

8. 공포 관련 장애(예 : 공포증, 사회적 불안, 강박장애), 외상 관련 장애, 군집C 성격장애의 가능성을 평가해야 한다.

9. 정서적으로 고통스럽기 때문에 치료를 받으려고 한다.

10. 목표를 달성하기 전에 치료를 조기종결할 우려가 있다.

11. 항불안제 처방의 필요성을 평가해야 한다.

점수가 낮은(T < 39) 사람은 평균 수준 이하의 부정적 정서 경험을 시사한다.

기태적 경험(RC8)

RC8 척도는 수검자의 사고와 지각이 얼마나 특이한지를 평가한다. RC8 척도는 정신병적 장애에서 관찰되는 감각, 지각, 인지 및 운동의 장애를 평가한다. RC8 척도는 정신병리 차원모형에서 제안된 '사고장애' 차원과 밀접한 관련이 있다.

점수가 높은(T ≥ 65) 사람은 다음의 특징을 보인다.

1. 특이한 감각, 지각, 인지, 운동 경험을 보고한다.

2. 환각 또는 망상을 경험할 수 있다.

3. 기태적 감각을 경험할 수 있다.

4. 현실검증력이 손상되어 있다.

5. 불안감 또는 우울감을 보고한다.

6. 직업적 및 대인관계적 기능이 손상되어 있다.

7. 정신병적 장애에 대한 취약성을 시사하는 준임상적 수준의 사고장애를 경험할 수 있다.

8. 정신건강 장면에서 조현병을 비롯한 조현병 스펙트럼 장애의 가능성을 추가로 평가해야 한다.

9. 구조화된 환경에서 치료를 받을 필요가 있다.

10. 항정신병 약물 처방의 필요성을 평가해야 한다.

11. 사고장애 때문에 치료에 적절히 참여하지 못할 수 있다.

RC8 척도의 낮은 점수는 해석하지 않는다.

경조증적 상태(RC9)

RC9 척도는 경조증적 활성화(예 : 과도한 에너지, 과도한 활동, 과도한 사고)와 자주 연합되는 경험을 반영하는 내용으로 구성되어 있다. RC9 척도는 정신병리 차원 모델의 조증 하위 요인을 측정하는데, 이것은 내재화장애 영역 및 사고장애 영역과도 관련이 있다. 또한 RC9 척도의 문항들은 경조증 삽화에서 관찰되는 충동적인 위험 감수 및 흥분추구 행동을 측정한다. 즉, RC9 척도는 정신병리 차원 모델의 외현화장애 영역의 탈억제 측면을 반영한다.

점수가 높은(T ≥65) 사람은 다음의 특징을 보인다.

1. 지나치게 빠른 사고를 경험한다.
2. 고양된 활력 수준을 경험한다.
3. 고양된 기분상태를 보고한다.
4. 짜증을 부리고 공격적이다.
5. 충동 조절에 곤란을 겪는다.
6. 반사회적 행동에 연루될 수 있다.
7. 물질을 남용할 수 있다.
8. 자극을 추구하며 위험을 무릅쓴다.
9. 양극성장애의 가능성을 평가해야 한다.
10. 과도한 행동 활성화 때문에 치료에 적절히 참여하지 못할 수 있다.
11. 기분안정제 처방의 필요성을 평가해야 한다.
12. 점수가 매우 높은 경우(T ≥75), 조증 삽화를 경험할 수 있다.

점수가 낮은(T <39) 사람은 평균 수준 이하의 활성화 및 활동성을 시사한다. RC9 척도의 점수가 낮은 사람은 활력 수준이 저하되어 있고 환경으로부터 위축되어 있을 가능성이 크다. 특히 RC2 척도가 상승한 경우, 우울장애의 가능성을 평가해야 한다.

특정 문제(SP) 척도 해석지침

신체/인지 증상 SP 척도

SP 척도 중에서 신체/인지 증상 척도는 5개 척도로 구성되며, 수검자의 신체적 및 인지적 우려를 평가한다. 신체/인지 증상 척도를 고려하면 수검자가 특히 어떤 유형의 신체적 문제를 특징적으로 보고하는지 평가할 수 있다. RC1 척도가 동반상승하는 경우도 있고, 신체/인지 증상 척도만 단독상승하는 경우도 있다.

신체적 불편감(MLS)

MLS 척도는 수검자가 자신의 신체적 건강 및 기능에 대해서 어떻게 생각하는지 측정하는 8개 문항으로 구성된다.

점수가 높은(T ≥ 65) 사람은 다음의 특징을 보인다.

1. 건강상태가 나쁘고 피곤해서 직업과 활동이 어렵다고 보고한다.
2. 모호한 신체적 불편감을 호소한다.
3. 수면의 질이 나쁜 편이다.
4. 신체적 활동 수준이 낮은 편이다.
5. 슬픔과 우울감을 느낀다.
6. 일상생활의 스트레스에 대처할 능력이 없다고 느낀다.
7. 삶이 나아질 것이라는 가능성에 대해서 비관적이다.
8. 상당한 시간 동안 분노감을 느낀다.
9. 타인에게 부당한 대접을 받았다고 느낀다.
10. 우울장애, 신체증상장애를 평가해야 한다.
11. 신체적 불편감 때문에 치료에 참여하지 않으려고 하거나 치료에 참여하지 못한다.
12. 치료자와의 작업동맹이 약하다고 여긴다.

점수가 낮은(T < 39) 사람은 전반적인 신체적 안녕감을 시사한다. 수면의 질이 양호하고, 건강 증진 행동에 참여하는 경향이 있다.

소화기 증상 호소(GIC)

GIC 척도는 소화기 증상을 측정하는 5개 문항으로 구성된다.

점수가 높은(T ≥ 65) 사람은 다음의 특징을 보인다.

1. 소화기계통의 불편감을 보고한다(예 : 메스꺼움, 구토).
2. 우울 증상을 보고할 수 있다(예 : 슬픔, 활력 감퇴, 자살 사고).
3. 종종 우울장애로 진단된다.
4. 소화기 증상을 의학적으로 설명할 수 없는 경우, 신체증상장애를 평가해야 한다.
5. 스트레스 감소 기법을 학습하면 유익할 수 있다.

GIC 척도의 낮은 점수(T < 39)는 해석하지 않는다.

두통 호소(HPC)

HPC 척도는 두통의 경험 및 머리와 관련된 통증을 측정하는 6개 문항으로 구성된다.

점수가 높은(T ≥ 65) 사람은 다음의 특징을 보인다.

1. 머리 혹은 목의 통증을 보고한다.
2. 스트레스를 받으면 통증이 심해진다.
3. 활력이 부족하다.
4. 일상생활의 문제에 압도당한다고 느낀다.
5. 슬픔과 우울감을 느낀다.
6. 정신건강 장면에서 종종 우울장애를 진단받고 항우울제를 처방받는다.
7. 통증을 의학적으로 설명할 수 없는 경우, 신체증상장애를 평가해야 한다.
8. 통증관리 기법을 학습하면 유익할 수 있다.

HPC 척도의 낮은 점수(T < 39)는 해석하지 않는다.

신경학적 증상 호소(NUC)

NUC 척도는 10개 문항으로 구성되고, 신경학적 혹은 심리적 문제의 결과일 수 있는 신체적 증상을 측정한다. 예컨대, 의학적으로 설명되지 않는 감각 마비, 어지러움, 불수의적 운동 등을 평가한다.

점수가 높은(T ≥ 65) 사람은 다음의 특징을 보인다.

1. 운동 조절 문제를 보고한다(예 : 균형 곤란, 어지러움, 운동 마비).
2. 정신건강 장면에서 우울감과 불안감을 보고한다.
3. 스트레스에 잘 대처하지 못한다.
4. 활력이 부족해서 일상생활의 요구에 부응하지 못한다.
5. 신체증상을 의학적으로 설명할 수 없는 경우, 신체증상장애를 평가해야 한다.
6. 신경학적 문제의 원인이 밝혀지는 경우, 의학적 또는 행동적 증상관리 프로그램이 유익할 수 있다.

NUC 척도의 낮은 점수(T < 39)는 해석하지 않는다.

인지적 증상 호소(COG)

COG 척도는 10개 문항으로 구성되고, 기억 곤란과 같은 인지적 증상을 겪고 있다는 수검자의 지각을 평가한다.

점수가 높은(T ≥ 65) 사람은 다음의 특징을 보인다.

1. 기억 곤란 및 주의집중 곤란을 보고한다.
2. 스트레스에 잘 대처하지 못한다.
3. 종종 부적절감과 열등감을 느낀다.
4. 때때로 지각적 이상경험 혹은 특이한 사고를 보고한다.
5. 정신건강 장면에서 불안감과 우울감을 보고한다.
6. 신경학적 평가를 의뢰해야 한다.
7. 인지적 문제를 의학적으로 설명할 수 없는 경우, 신체증상장애를 평가해야 한다.
8. 정신건강 장면에서 치료결석 위험성이 증가된다.

COG 척도의 낮은 점수(T < 39)는 해석하지 않는다.

내재화 SP 척도

SP 척도 중에서 내재화 척도는 9개 척도로 구성되며, 내재화장애 증상을 더 제한된 범위에서 세밀하게 측정한다. 즉, 더 광범한 범위를 측정하는 EID 상위차원 척도가 모든 내재화 척도로 분해되는 격이다. RCd 척도는 SUI 척도, HLP 척도, SFD 척도, NFC 척도로 분해되는 격이다. RC7 척도는 STW 척도, AXY 척도, ANP 척도, BRF 척도, MSF 척도로 분해되는 격이다. 내재화 척도는 더 광범한 범위를 측정하는 척도를 고려해서 위계적으로 해석할 수도 있고, 단독으로 해석할 수도 있다.

자살/죽음 사고(SUI)

SUI 척도는 과거의 자살 경력뿐만 아니라 현재의 죽음과 자살에 대한 생각을 반영하는 5개 문항으로 구성된다. SUI 척도가 상승하면, 수검자의 자살 위험성을 더 철저하게 평가해야 한다.

점수가 높은(T ≥ 65) 사람은 다음의 특징을 보인다.

1. 자살 사고 혹은 과거의 자살 시도를 보고한다.
2. 자살 위험성을 철저하게 평가해야 한다.

3. 자살 시도의 위험성이 증가되어 있다. 만약 BXD 척도, RC4 척도, RC9 척도, JCP 척도, AGGR-r 척도, DISC-r 척도가 동반상승하면(T ≥65) 자살 위험성은 더 증가된다. 만약 MSF 척도 혹은 IPP 척도가 하강하면(T <39) 자살 위험성은 더 증가된다.

4. 극심한 우울감을 느낀다.

5. 압도감과 무력감을 느낀다.

6. 삶이 나아질 것이라는 가능성에 대해서 비관적이다.

7. 불안감, 반추사고, 특정 공포를 보고할 수 있다.

8. 종종 우울장애로 진단되고, 항우울제를 처방받는다.

SUI 척도의 낮은 점수(T <39)는 해석하지 않는다.

무력감/무망감(HLP)

HLP 척도는 무망감 및 삶이 나아질 가능성이 없다는 믿음을 측정하는 5개 문항으로 구성된다.

점수가 높은(T ≥65) 사람은 다음의 특징을 보인다.

1. 자신의 삶이 불행하다고 표현한다.

2. 자신의 삶을 의미 있게 변화시킬 수 없다고 느낀다.

3. 삶이 나아질 가능성에 대해서 비관적이다.

4. 극심한 정서적 고통을 경험한다.

5. 우울하다.

6. 부적절감과 열등감을 느낀다.

7. 타인이 자신을 부당하게 대접한다고 지각하며 분노한다.

8. 타인의 동기를 의심한다.

9. 자살을 유일한 해결책으로 여길 수 있다.

10. 종종 과거에 자살을 시도한 적이 있다.

11. 종종 우울장애로 진단되고, 항우울제를 처방받는다.

12. 희망을 증진시키는 치료가 유익할 수 있다.

HLP 척도의 낮은 점수(T <39)는 해석하지 않는다.

자기 회의(SFD)

SFD 척도는 낮은 자신감과 낮은 자존감을 측정하는 4개 문항으로 구성된다.

점수가 높은(T ≥65) 사람은 다음의 특징을 보인다.

1. 자신감이 부족하다고 보고한다.
2. 스스로 쓸모없는 존재라고 느낀다.
3. 다른 사람보다 열등하다고 느낀다.
4. 슬픔과 우울감을 느낀다.
5. 자살 사고 혹은 과거의 자살 시도를 보고할 수 있다.
6. 불안감, 강박성향, 반추사고를 보고한다.
7. 삶이 자신에게만 가혹하다고 느낀다.
8. 타인이 자신을 부당하게 대접한다고 지각하며 분노하고 분개한다.
9. 정신건강 장면에서 종종 우울장애로 진단되고 항우울제를 처방받는다.
10. 자존감을 향상시키는 치료가 유익할 수 있다.

SFD 척도의 낮은 점수(T <39)는 해석하지 않는다.

효능감 결여(NFC)

NFC 척도는 9개 문항으로 구성되고, 수검자가 자신을 얼마나 결단력 있다고 생각하는지, 자신이 어려운 상황에 얼마나 효율적으로 대처할 수 있다고 생각하는지 평가한다.

점수가 높은(T ≥65) 사람은 다음의 특징을 보인다.

1. 매우 우유부단하다고 보고한다.
2. 어려운 결정을 회피하려고 한다.
3. 자신을 전혀 신뢰하지 않는다.
4. 우울감과 불안감을 경험할 수 있다.
5. 불안정감과 부적절감을 느낀다.
6. 쉽게 포기한다.
7. 우유부단성을 감소시키는 치료가 유익할 수 있다.

점수가 낮은(T <39) 사람은 스트레스 상황에서도 효율적이고 결단력 있게 대처한다.

스트레스/걱정(STW)

STW 척도는 지나친 걱정 및 걱정으로 인해 발생하는 곤란을 평가하는 7개 문항으로 구성된다.

점수가 높은(T≥65) 사람은 다음의 특징을 보인다.

1. 불안감을 느끼고, 많은 일을 걱정한다.
2. 할 일은 많은데 시간이 부족하다고 느낀다.
3. 압도감을 느낀다.
4. 스트레스에 잘 대처하지 못한다.
5. 스트레스가 심해지면 신체증상이 나타나기도 한다.
6. 정신건강 장면에서 우울하고 불안하다.
7. 자살 사고를 경험할 수 있다.
8. 종종 실패했다고 느낀다.
9. 미래에 대해서 비관적이다.
10. 스트레스 관리 기법을 학습하면 유익할 수 있다.

점수가 낮은(T<39) 사람은 평균 수준 이하의 스트레스와 걱정을 보고한다.

불안(AXY)

AXY 척도는 수검자의 불안 경험 및 불안과 관련된 문제를 측정하는 5개 문항으로 구성된다.

점수가 높은(T≥65) 사람은 다음의 특징을 보인다.

1. 빈번하고 광범위한 불안, 공포, 두려움을 보고한다.
2. 침투사고를 경험한다.
3. 주의집중이 곤란하다.
4. 악몽 및 수면 곤란을 경험한다.
5. 우울하다.
6. 자살 사고를 지니고 있을 수 있다.
7. 신체적 불편감을 보고한다.
8. 스트레스에 잘 대처하지 못한다.
9. 삶의 요구에 압도된다고 느낀다.
10. 삶이 나아질 가능성에 대해서 비관적이다.

11. 외상후 스트레스를 경험하고 있을 수 있다.

12. 불안장애, 특히 트라우마 관련 장애 및 스트레스 관련 장애를 평가해야 한다.

13. 항불안제 처방을 고려해야 한다.

AXY 척도의 낮은 점수(T<39)는 해석하지 않는다.

분노 경향성(ANP)

ANP 척도는 분노의 경험과 표현을 측정하는 7개 문항으로 구성된다.

점수가 높은(T≥65) 사람은 다음의 특징을 보인다.

1. 좌절을 감내하지 못한다고 보고한다.

2. 참을성이 없고 쉽게 화낸다.

3. 스트레스에 잘 대처하지 못하고, 삶이 힘겹다고 느낀다.

4. 불안감, 우울감, 신체증상을 보고할 수 있다.

5. 학교생활 문제 및 청소년기 비행의 전력이 있을 수 있다.

6. 분노관리 기법을 학습하면 유익할 수 있다.

ANP 척도의 낮은 점수(T<39)는 해석하지 않는다.

행동 제약 공포(BRF)

BRF 척도는 공포 때문에 집 안에서 그리고 집 밖에서 수검자의 행동이 얼마나 제한되는지 측정하는 9개 문항으로 구성된다.

점수가 높은(T≥65) 사람은 다음의 특징을 보인다.

1. 집 안에서 그리고 집 밖에서 정상적인 생활을 제한하는 여러 가지 특정 공포 증상을 보고한다.

2. 집을 나서면 불편하다.

3. 어둠, 오염, 돈, 뾰족한 물건에 대한 공포를 보고할 수 있다.

4. 전반적으로 불안하고 우울하다고 보고한다.

5. 신체적 불편감을 보고할 수 있다.

6. 타인이 보기에, 사회적 재주가 없고 자신을 전혀 신뢰하지 않는다.

7. 스트레스에 잘 대처하지 못한다.

8. 성취 지향적이지 않다.

9. 불안장애, 특히 광장공포증을 평가해야 한다.

10. 치료자와의 작업동맹이 약하다고 여긴다.

BRF 척도의 낮은 점수(T<39)는 해석하지 않는다.

다중 특정 공포(MSF)

MSF 척도는 특정한 물건 혹은 환경에 대한 공포를 측정하는 9개 문항으로 구성된다.

점수가 높은(T≥65) 사람은 다음의 특징을 보인다.

1. 다양한 대상에 대한 공포를 보고한다.
2. 자연현상에 대한 공포를 보고한다(예 : 폭풍, 지진).
3. 동물에 대한 공포를 보고한다(예 : 뱀, 거미).
4. 불안하고 우울하다.
5. 신체적 불편감을 보고할 수 있다.
6. 스트레스에 잘 대처하지 못한다.
7. 위험한 행동에 참여하지 않는다.
8. 성취 지향적이지 않다.
9. 활력이 부족하다.
10. 미래에 대해서 비관적이다.
11. 정신건강 장면 입원 환자의 경우, 마술적 사고, 환각, 기타 정신증적 증상을 보고할 수 있다.
12. 물질사용장애 치료 장면에서, 물질 관련 문제가 더 심각한 편이다.
13. 공포 감소를 위한 행동적 접근이 유익할 수 있다.

점수가 낮은(T<39) 사람은 공포를 경험하는 대상의 숫자가 평균 수준 이하이다.

외현화 SP 척도

SP 척도 중에서 외현화 척도는 4개 척도로 구성되며, 외현화장애 증상을 더 제한된 범위에서 세밀하게 측정한다. 즉, 더 광범한 범위를 측정하는 BXD 상위차원 척도가 모든 내재화 척도로 분해되는 격이다. RC4 척도는 JCP 척도와 SUB 척도로 분해되는 격이다. RC9 척도는 AGG 척도와 ACT 척도로 분해되는 격이다. 더 광범한 범위를 측정하는 척도가 상승하지 않더라도, 단독으로 해석할 수 있다.

청소년기 품행 문제(JCP)

JCP 척도는 아동기 혹은 청소년기의 행동표출 전력과 반사회적 행동 전력을 측정하는 6개 문항으로 구성된다.

점수가 높은(T≥65) 사람은 다음의 특징을 보인다.

1. 문제행동 및 무단결석 같은 학교생활 문제를 보고한다.
2. 어렸을 때 물건을 훔친 적이 있을 수 있다.
3. 청소년기 및 성인기에 행동표출의 전력이 있다.
4. 법적인 문제에 연루된 전력이 있을 것이다.
5. 문제성 알코올 사용 및 기타 물질 사용 문제의 전력이 있을 것이다.
6. 판단력이 부실하다.
7. 정서적으로 불안정하다.
8. 공격적인 행동을 표출할 수 있다.
9. 권위적인 인물과 문제를 일으키는 편이다.
10. 갈등적인 인간관계를 형성하며, 특히 가족과 갈등이 많다.
11. 자신의 잘못에 대해서 가족을 비난하는 경향이 있다.
12. 내재화장애 증상을 보고하지는 않는다. 그러나 정신건강 장면에서는 불안감과 우울감을 보고하기도 한다.
13. 종종 반사회적 성격장애 혹은 물질사용장애로 진단된다.
14. 치료에 대한 동기가 없다.
15. 치료시간에 결석할 위험성이 크다.
16. 치료과정을 모두 마치지 못할 위험성이 크다.

JCP 척도의 낮은 점수(T<39)는 해석하지 않는다.

약물 남용(SUB)

SUB 척도는 알코올 사용과 약물 사용 및 그로 인해서 발생하는 문제를 측정하는 7개 문항으로 구성된다.

점수가 높은(T≥65) 사람은 다음의 특징을 보인다.

1. 알코올, 마리화나, 기타 물질을 사용한다고 기꺼이 인정한다.
2. 이완되기 위해서 물질을 사용한다고 보고한다.

3. 알코올 혹은 기타 약물(처방 약물 포함)을 위험하게 혹은 문제적으로 사용한다.

4. 권위적인 인물과 문제를 일으키는 편이다.

5. 신체적으로 공격적일 수 있다.

6. 논쟁하고 도발하는 경향이 있다.

7. 갈등적인 인간관계를 형성한다.

8. 타인을 신뢰하지 못한다.

9. 정신건강 장면에서 우울감을 느낄 수 있다.

10. 종종 물질사용장애로 진단된다.

11. 물질과 관련된 문제를 더 철저하게 평가해야 한다.

12. 물질사용장애 치료 프로그램에 참여하는 것이 유익할 수 있다.

SUB 척도의 낮은 점수(T < 39)는 해석하지 않는다. 수검자에게는 물질 사용 문제가 없을 수도 있고, 혹은 수검자가 그 문제를 부인하는 것일 수도 있다.

공격 성향(AGG)

AGG 척도는 공격적인 행동과 공격적인 태도를 측정하는 9개 문항으로 구성된다.

점수가 높은(T ≥ 65) 사람은 다음의 특징을 보인다.

1. 분노감을 느낀다고 보고한다.

2. 타인에게 공격적으로 행동한다고 보고한다.

3. 물건을 부수고, 사람을 폭행한다고 인정한다.

4. 타인에게 두려움을 불러일으키는 것이 즐겁다.

5. 타인의 동기를 냉소하고 의심한다.

6. 폭력적으로 행동한 전력이 있다.

7. 권위적인 인물과 문제를 일으키는 편이다.

8. 타인이 보기에, 반사회적이다.

9. 학교에서 비행을 저지른 전력이 있다.

10. 법적인 문제로 곤란을 겪은 전력이 있다.

11. 알코올 혹은 기타 약물을 위험하게 혹은 문제적으로 사용한다.

12. 신체적 문제를 보고할 수 있다.

13. 슬픔과 불안감을 보고할 수 있다.

14. 이면에는 부적절감을 느낄 수 있다.

15. 분노관리 기법을 학습하는 것이 유익할 수 있다.

16. 치료시간에 결석하거나 치료과정을 모두 마치지 못할 위험성이 크다.

점수가 낮은(T<39) 사람은 평균 수준 이하의 공격행동을 시사한다.

흥분 성향(ACT)

ACT 척도는 수검자의 흥분 수준과 활력 수준을 측정하는 8개 문항으로 구성된다.

점수가 높은(T≥65) 사람은 다음의 특징을 보인다.

1. 지나치게 흥분되고 활력이 넘쳤던 시기를 보고한다.

2. 때때로 사고, 언어, 행동을 통제하기 어렵다고 보고한다.

3. 기분의 변동 및 경조증적 행동의 전력이 있을 수 있다.

4. 말이 빨라지고 수면 욕구가 감소되는 기간이 있다.

5. 물질 남용 및 청소년기 비행의 전력이 있을 수 있다.

6. 입원 환자의 경우, 마술적 사고, 지각적 이상경험, 환각경험이 관찰될 수 있다.

7. T 점수가 80점 이상으로 상승하면, 양극성장애를 평가해야 한다.

8. 기분안정제 처방이 유익할 수 있다.

점수가 낮은(T<39) 사람은 평균 이하의 활력 수준과 흥분 수준을 시사한다.

대인관계 SP 척도

SP 척도 중에서 대인관계 척도는 5개 척도로 구성되며, 수검자의 대인관계 기능을 평가한다. 대인관계 척도는 독립적인 영역을 평가하며, RC3 척도에서도 비슷한 영역을 평가한다.

가족 문제(FML)

FML 척도는 부정적인 가족관계(가족갈등, 지지 부족 등)를 측정하는 10개 문항으로 구성된다. FML 척도가 상승하는 경우, 심리 평가에서 확보할 수 있는 다른 정보를 반드시 고려해서 맥락을 파악해야 한다. FML 척도는 부정적인 가족관계가 원가족의 문제인지, 현 가족의 문제인지, 아니면 모든 경우의 문제인지 설명하지는 못하기 때문이다.

점수가 높은(T≥65) 사람은 다음의 특징을 보인다.

1. 가족에 대해서 부정적인 태도를 보고한다.

2. 가족과 갈등이 있다.

3. 가족에게 지지받지 못한다고 느낀다.

4. 가족에게 부당한 대접을 받았다고, 심지어 학대당했다고 보고한다.

5. 서로 불만족하는 낭만적 관계를 형성하고 있을 수 있고, 중요 사안에 대해서 자주 의견이 불일치한다.

6. 청소년기 비행 및 물질 남용의 전력이 있는 편이다.

7. 정신건강 장면에서 우울감, 불안감, 무력감, 무망감을 느낄 수 있다.

8. 정신건강 장면에서 자살 사고를 경험할 수 있다.

9. 가족이 치료에 참여하는 것이 유익할 수 있다.

점수가 낮은(T<39) 사람은 상대적으로 갈등이 적은 가정 환경에 있음을 시사한다. 과거와 현재에 그렇다.

대인관계 수동성(IPP)

IPP 척도는 대인관계 상황에서 수검자가 얼마나 주장적인지 및 주장할 능력이 얼마나 있는지 측정하는 10개 문항으로 구성된다.

점수가 높은(T≥65) 사람은 다음의 특징을 보인다.

1. 자신을 대인관계 상황에서 수동적이고 비주장적이라고 묘사한다.

2. 자신의 의견 혹은 감정을 강하게 표현하지 않는다고 보고한다.

3. 의사결정이 곤란하다.

4. 리더의 역할을 원하지 않는다.

5. 타인이 보기에, 수동적이고 복종적이다.

6. 성취 지향적 혹은 권력 지향적이지 않다.

7. 내향적이다.

8. 불안정감을 느낀다.

9. 성적인 욕구가 적고 성적인 부적절감을 느낄 수 있다.

10. 정신건강 장면에서 우울감과 자살 사고를 보고하는 편이다.

11. 수동적 및 복종적 행동이 특징적인 장애(예 : 의존성 성격장애)를 평가해야 한다.

12. 수동적 행동과 복종적 행동을 감소시키는 치료가 유익할 수 있다.

13. 치료자와의 작업동맹이 약하다고 여긴다.

점수가 낮은(T<39) 사람은 다음의 특징을 보인다.

1. 강한 의견을 지니고 있다.
2. 생각과 감정을 잘 드러낸다.
3. 주장적이고 직접적이다.
4. 타인을 이끌 수 있다.

사회적 회피(SAV)

SAV 척도는 파티나 댄스와 같은 사회적 상황에 참여하지 않고 즐기지도 않는 성향을 측정하는 10개 문항으로 구성된다.

점수가 높은(T≥65) 사람은 다음의 특징을 보인다.

1. 자신에게는 사회적 재주가 없다고 묘사한다.
2. 많은 사람이 참여하는 사회적 상황을 좋아하지 않는다.
3. 타인이 보기에, 내향적이고, 대인관계에 무심하고, 수줍어한다.
4. 자신감이 부족하고, 실패자라고 느낀다.
5. 무력감과 무망감을 경험한다.
6. 첫인상이 좋지 않다.
7. 대인관계가 수동적이다.
8. 정신건강 장면에서 불안감, 우울감, 신체적 불편감을 보고할 수 있다.
9. 사회적 회피를 감소시키는 치료가 유익할 수 있다.

점수가 낮은(T<39) 사람은 사회적 상황과 사건을 즐기는 경향을 시사한다.

수줍음(SHY)

SHY 척도는 대인관계 불편감과 불안감을 포함하여 수줍음을 측정하는 7개 문항으로 구성된다.

점수가 높은(T≥65) 사람은 다음의 특징을 보인다.

1. 수줍어하고, 쉽게 당황하고, 사람들과 어울리는 것이 불편하다고 보고한다.
2. 사회적 상황에서 불안하다.
3. 타인과의 상호작용이 어렵고, 특히 잘 모르는 사람과 어울리지 못한다.
4. 타인이 보기에, 사회적 재주가 부족하고 대인관계에서 수동적이다.

5. 자신을 의심하고 폄하한다.

6. 정서적으로 상당히 고통스러울 수 있다.

7. 스트레스에 잘 대처하지 못한다.

8. 정신건강 장면에서 불안감, 우울감, 건강 문제를 보고할 수 있다.

9. 사회불안장애(사회공포증)를 평가해야 한다.

10. 치료자와의 작업동맹이 약하다고 여긴다.

점수가 낮은(T<39) 사람은 사회불안이 전혀 혹은 거의 없음을 시사한다.

관계 단절(DSF)

DSF 척도는 비사회적 경향성 및 대인관계를 싫어하는 성향을 측정하는 6개 문항으로 구성된다.

점수가 높은(T≥65) 사람은 다음의 특징을 보인다.

1. 사람들과 어울리는 것보다 혼자 지내는 것을 선호한다고 보고한다.

2. 타인의 의견을 듣고 싶지 않다고 보고한다.

3. 자신의 문제에 대해서 타인과 이야기하고 싶지 않다고 보고한다.

4. 대인관계에서 냉담하고 무신경한 편이다.

5. 타인이 보기에, 내향적이고, 사회적 상황을 불편해한다.

6. 타인이 보기에, 친밀한 인간관계가 없다.

7. 정신건강 장면에서 불안감, 우울감, 신체증상을 포함하여 극심한 정서적 고통을 경험하기 쉽다.

8. 삶이 힘겹다고 느낀다.

9. 삶이 나아질 가능성에 대해서 비관적이다.

10. 치료동맹을 형성하는 것이 어려울 수 있다.

DSF 척도의 낮은 점수(T<39)는 해석하지 않는다.

흥미 척도 해석지침

흥미 척도는 수검자가 즐긴다고 보고하는 활동의 유형에 대한 정보를 제공한다. 흥미 척도는 독립적인 영역을 평가하며, 흥미 척도의 점수가 높더라도 정신병리를 시사하는 것은 아니다. 2개의 흥미 척도가 모두 낮은 사람은 전반적인 흥미가 부족한 사람으로, 무쾌감증이 시사된다. 특히 RC2 척도가 상승한 경우에 그렇다.

심미적-문학적 흥미(AES)

AES 척도는 수검자의 심미적 및 문학적 활동(예 : 작문, 음악, 영화)에 대한 흥미를 측정하는 7개 문항으로 구성된다.

점수가 높은(T≥65) 사람은 다음의 특징을 보인다.

1. 심미적 혹은 문학적 활동과 직업에 대해서 평균 수준 이상의 흥미를 보고한다.
2. 타인이 보기에, 남성적 흥미에 대한 고정관념이 없다.
3. 정신건강 장면에서 내재화장애 증상을 드러낼 가능성이 크고, 외현화장애 증상을 드러낼 가능성은 작다.

점수가 낮은(T<39) 사람은 심미적 혹은 문학적 활동과 직업에 대한 흥미가 적다고 보고했다.

기계적-신체적 흥미(MEC)

MEC 척도는 수검자의 기계적 및 신체적 활동(예 : 스포츠, 자동차 정비, 실외활동)에 대한 흥미를 측정하는 9개 문항으로 구성된다.

점수가 높은(T≥65) 사람은 다음의 특징을 보인다.

1. 기계적 혹은 신체적 활동과 직업에 대해서 평균 수준 이상의 흥미를 보고한다.
2. 정신건강 장면에서 외현화장애 증상을 드러낼 가능성이 크고, 내재화장애 증상을 드러낼 가능성은 작다.

점수가 낮은(T<39) 사람은 기계적 혹은 신체적 활동과 직업에 대한 흥미가 적다고 보고했다.

성격병리 5요인(PSY-5) 척도 해석지침

제7장에서 논의했듯이, PSY-5 척도는 적응적인 성격특성과 부적응적인 성격특성을 모두 평가한다(Harkness, McNulty, & Ben-Porath, 1995). MMPI-2의 PSY-5 척도와 MMPI-2-RF에서 개정된 PSY-5 척도는 동등하다(Harkness, McNulty et al., 2014). 따라서 제7장에서 제시한 PSY-5 척도의 해석지침을 MMPI-2-RF 버전에서도 그대로 적용할 수 있다. 제7장에서

제시한 해석지침을 여기서 다시 제시하는데, 다만 Tellegen과 Ben-Porath(2008/2011)가 보고한 경험적 상관 자료를 바탕으로 몇몇 내용을 추가하였다.

공격성(AGGR-r)

AGGR-r 척도는 18개 문항으로 구성되고, 공세적 및 도구적 공격성의 개인차를 반영한다. AGGR-r 척도가 측정하는 구성개념은 AMPD의 반동성향 영역 및 HiTOP 모형의 반동성 외현화 스펙트럼과 상응한다. AGGR-r 척도는 높은 점수와 낮은 점수를 모두 해석한다.

점수가 높은(T ≥65) 사람은 다음의 특징을 보인다.

1. 대인관계에서 주도적이고, 주장적이고, 공격적이다.
2. 신체적 싸움의 전력이 있다.
3. 언어적 및 신체적으로 공격적이다.
4. 타인을 지배하고 통제하기 위해서 공격성을 사용한다.
5. 타인을 위협하는 것을 즐긴다.
6. 도발당해서 혹은 위협에 반응해서 공격적으로 대응한다.
7. 학교 다닐 때 문제행동의 전력이 있다.
8. 체포된 전력이 있다.
9. 타인을 모욕하거나 신체적으로 학대한 전력이 있을 수 있다.
10. 남자라면, 종종 가정폭력의 전력이 있다.
11. 외향적이다.
12. 인간관계에서 오만하고 과시한다.
13. 자기 평가가 비현실적이다.
14. 자신감 있고, 타인을 잘 이끄는 편이다.
15. 자기애적이다.
16. 임상 장면 혹은 법정 장면에서, 반사회적 성격장애로 진단되는 편이다.
17. 법정 장면에서, 반사회성에 부합하는 특질을 드러낼 수 있다.
18. 치료 장면에서, 치료자를 통제하거나 지배하려고 시도할 수 있다.
19. 치료 장면에서, 공격성의 대가와 이득을 논의하는 것이 유익할 수 있다.
20. 분노 조절 기법을 학습하는 것이 유익할 수 있다.

점수가 낮은(T <39) 사람은 다음의 특징을 보인다.

1. 대인관계에서 수동적이고 복종적이다.

2. 보통 사람보다 덜 공격적이다.

3. 내향적이다.

4. 동조적이다.

정신증(PSYC-r)

PSYC-r 척도는 26개 문항으로 구성되고, 상호적 현실로부터의 단절, 소외감, 위험에 대한 비현실적 예상을 측정한다. PSYC-r 척도가 측정하는 구성개념은 AMPD의 정신증 영역 및 HiTOP 모형의 사고장애 스펙트럼과 상응한다. PSYC-r 척도의 낮은 점수는 해석하지 않는다.

점수가 높은(T ≥65) 사람은 다음의 특징을 보인다.

1. 사고과정 혹은 지각경험이 특이하다.

2. 현실과 단절된 경험을 한다.

3. 타인과 공유되지 않는 믿음 혹은 특이한 지각경험을 지니고 있을 수 있다.

4. 기태적 사고, 혼란된 사고, 우원적 사고를 지니고 있을 수 있다.

5. 관계망상을 보고할 수 있다.

6. 위험에 대한 비현실적인 예상이 망상 수준에 이를 수 있다.

7. 입원 환자의 경우, 정신증적 장애로 진단되고 항정신병 약물치료를 받을 수 있다.

8. 의기소침 증상(예 : 우울감, 무망감)을 드러낸다.

9. 삶이 힘겹다고 느낀다.

10. 일상생활의 요구에 잘 대처하지 못한다.

11. 스트레스가 심해지면 신체증상을 드러낼 수 있다.

12. 소외감을 느낀다.

13. 친구가 거의 혹은 전혀 없다.

14. 직업 경력이 빈약하다.

15. 전혀 성취 지향적이지 않다.

16. 조현병 스펙트럼 장애 및 군집A 성격장애(즉, 편집성, 조현성, 조현형 성격장애)를 평가해야 한다.

17. 치료에서 현실검증 기회를 자주 제공하는 것이 유익할 수 있다.

통제 결여(DISC-r)

DISC-r 척도는 20개 문항으로 구성되고, 자기 조절 및 위험추구와 같은 탈억제 성향의 개인 차를 측정한다. DISC-r 척도는 HiTOP 모형의 탈억제형 외현화 스펙트럼 및 AMPD의 탈억제 영역과 가장 밀접한 관련이 있다. DISC-r 척도는 높은 점수와 낮은 점수를 모두 해석한다.

점수가 높은(T ≥65) 사람은 다음의 특징을 보인다.

1. 제한되지 않고 통제되지 않는 다양한 행동 문제를 보고한다.
2. 충동적이고, 자기 조절을 못한다.
3. 판단력이 부실하다.
4. 신체적 위험을 감수한다.
5. 일상생활을 쉽게 지루해하고, 흥분되는 경험을 찾아다닌다.
6. 동조하지 않고, 거부적이다.
7. 전통적인 도덕적 제약에 연연하지 않는다.
8. 자기애적이고, 자신의 가치를 과대평가한다.
9. 가족 문제를 보고한다.
10. 학교에서 문제를 일으키거나 체포되었던 경우가 많다.
11. 문제성 물질 사용의 전력이 많다.
12. 법정 장면에서, 폭력의 전과가 있거나 반사회적 성격장애를 진단받는 경우가 많다.
13. 치료에서 자극추구, 흥분추구, 위험 감수 욕구를 더 건설적인 방식으로 충족시킬 수 있는 방법을 탐색하는 것이 유익할 수 있다.
14. 치료에 대한 동기가 거의 없고, 치료과정에 순응하지 않을 위험성이 있다.
15. 충동 조절을 학습하는 것이 유익할 수 있다.

점수가 낮은(T <39) 사람은 다음의 특징을 보인다.

1. 지나치게 행동을 자제한다.
2. 자기통제를 잘하고, 충동적이지 않다.
3. 신체적 위험을 감수하지 않는다.
4. 지루함을 잘 견딘다.
5. 타인이 보기에, 의존적이고, 성실하고, 우호적이다.
6. 규칙과 법률을 준수하는 편이다.

7. 대인관계에서 수동적이고 복종적이다.

8. 구조화된 치료에 더 잘 반응한다.

부정적 정서성/신경증(NEGE-r)

NEGE-r 척도는 20개 문항으로 구성되고, 부정적 정서(예 : 공포, 불안)를 경험하는 경향성 및 입력되는 정보의 문제적 측면에만 초점을 맞추는 성향을 측정한다. NEGE-r 척도는 HiTOP 모형의 내재화 스펙트럼 및 AMPD의 부정적 정서성 영역과 상응한다. NEGE-r 척도의 낮은 점수는 해석하지 않는다.

점수가 높은(T≥65) 사람은 다음의 특징을 보인다.

1. 부정적 정서에 압도된다.

2. 부정적 정서를 경험하는 소인을 가지고 있다.

3. 입력되는 정보의 문제적 측면에 초점을 맞춘다.

4. 최악의 시나리오를 상상한다.

5. 대부분의 시간 동안 불안하다.

6. 많은 일을 지나치게 걱정한다.

7. 자신의 불안과 걱정이 현실적이지 않다고 인식한다.

8. 죄책감을 느낀다.

9. 자기를 비판한다.

10. 불안정감, 부적절감, 열등감을 느낀다.

11. 자기 자신 및 인간관계에 대해서 역기능적인 신념을 고수한다.

12. 친구가 거의 혹은 전혀 없다.

13. 비관적이다.

14. 슬픔이나 저조감을 느낀다고 보고한다.

15. 성마르고, 쉽게 화낸다.

16. 전혀 성취 지향적이지 않다.

17. 임상 장면에서, 자살 시도의 전력이 있을 수 있다.

18. 임상 장면에서, 우울장애 또는 지속성 우울장애로 자주 진단된다.

19. 신체증상을 보고하며, 특히 스트레스 시기에 그렇다.

20. 불안장애 및 우울장애를 평가해야 한다.

21. 항불안제 처방의 필요성을 평가해야 한다.

22. 정서적으로 고통스럽기 때문에, 치료에 대한 동기가 있을 수 있다.
23. 부정적 정서반응을 유발하는 정보처리 경향성을 확인하고 수정하는 치료가 유익할 수 있다.

내향성/낮은 긍정적 정서성(INTR-r)

INTR-r 척도는 20개 문항으로 구성되고, 긍정적 정서(예: 기쁨)를 경험하는 능력 및 사회적 환경과 같은 주변 환경에 참여하는 능력의 개인차를 측정한다. 개념적으로, INTR-r 척도는 HiTOP과 AMPD의 탈애착 차원과 상응한다. INTR-r 척도는 높은 점수와 낮은 점수를 모두 해석한다.

점수가 높은(T ≥ 65) 사람은 다음의 특징을 보인다.

1. 긍정적 정서 경험이 부족하다.
2. 사회적 상황을 회피한다.
3. 기쁨과 즐거움을 거의 느끼지 못하는 것처럼 보인다.
4. 슬프고 우울하다.
5. 어떤 일을 진행할 활력이 부족하다.
6. 성취 욕구가 적다.
7. 자기개념이 취약하고, 실패했다고 느낀다.
8. 압도감을 느끼며, 삶이 힘겹다고 느낀다.
9. 삶이 나아질 것이라는 희망이 없고 비관적이다.
10. 스트레스에 잘 대처하지 못한다.
11. 스트레스 시기에 증가되는 신체증상을 보고한다.
12. 사회적으로 내향적이다.
13. 사회적 재주가 없다.
14. 비판에 매우 예민하다.
15. 자주 불안하다.
16. 임상 장면에서, 종종 우울증으로 진단된다.
17. 임상 장면에서, 자살 시도의 전력이 있을 수 있다.
18. 군집C 성격장애(즉, 회피성, 의존성, 강박성 성격장애)를 평가해야 한다.
19. 항우울제 처방의 필요성을 평가해야 한다.
20. 긍정적 정서가 부족하기 때문에 치료에 참여하지 못할 수 있다.

21. 치료 장면에서, 정서반응을 거의 드러내지 않는다.

점수가 낮은(T<39) 사람은 다음의 특징을 보인다.

1. 정력적이고, 다양한 긍정적 정서를 경험한다.
2. 기쁨과 즐거움을 경험하는 능력이 있다.
3. 외향적이고 사교적이다.
4. 활력이 넘친다.
5. 스트레스에 잘 대처한다.
6. 성취 지향적이다.
7. 매우 낮은 경우, 경조증 증상을 드러낼 수 있다.
8. 치료 장면에서 정서반응을 잘 드러낸다.

해석 전략

MMPI-2-RF의 저자들이 제안한 MMPI-2-RF 프로파일 해석 전략은 다음과 같다(Ben-Porath, 2012; Ben-Porath & Tellegen, 2008/2011). 먼저, 타당도 척도를 검토하고 주요 척도를 해석할 수 있는지 판단한다. 만약 타당도 척도의 점수가 프로파일의 무효 가능성을 시사한다면(예 : 무응답, 문항 내용과 무관한 무효 응답, 과대보고, 과소보고), MMPI-2-RF의 주요 척도는 해석하지 않는다. 하지만 때로는 타당도 척도의 점수가 수검자의 이상반응태도를 시사하더라도 프로파일을 무효로 간주할 정도의 문제는 아닌 경우도 있다. 이런 경우, 주요 척도가 수검자의 증상과 문제를 과대평가 혹은 과소평가했을 가능성이 있으므로, 주요 척도를 조심스럽게 해석해야 한다. 타당도 척도의 해석지침은 Ben-Porath와 Tellegen(2008/2011)이 제시하였고, 이 장의 전반부에서 요약하였다.

프로파일이 타당한 경우, 주요 척도를 해석한다. 우선 전반적으로 문제가 되는 영역(즉, 신체/인지 영역, 정서 영역, 사고 영역, 행동 영역)이 무엇인지 살펴보고, 이어서 구체적으로 어떤 문제가 있는지 추론한다. MMPI-2-RF는 여섯 가지 영역을 평가한다. (a) 신체/인지 영역, (b) 정서 영역, (c) 사고 영역, (d) 행동 영역, (e) 대인관계 영역, (f) 흥미 영역. 특정한 MMPI-2-RF 척도는 이러한 영역을 고려해서 해석하며, 척도의 해석은 본질적으로 위계적이다. 즉, 더 광범한 정보를 제공하는 척도에서 시작해서 더 협소한 정보를 제공하는 척도까지 순서대로 해석한다. 만약 맥락이 적절하다면, 두 가지 영역(진단, 치료)을 추가로 고려해서 해석할 수 있다. 임상가는 MMPI-2-RF의 모든 척도를 고려해서 추론한다.

상위차원(H-O) 척도, 재구성 임상(RC) 척도, 특정 문제(SP) 척도, 성격병리 5요인(PSY-5) 척도가 측정하는 구체적인 영역을 표 12.2에 요약하였다. 상위차원 척도는 전반적으로 문제가 되는 영역(즉, 신체/인지 영역, 정서 영역, 사고 영역, 행동 영역)이 무엇인지 추론한다. 어떤 상위차원 척도가 상승한 경우, 그 상위차원 척도와 밀접한 관련이 있는 재구성 임상 척도를 통해서 구체적으로 어떤 문제가 있는지 추론한다. 이어서, 그 재구성 임상 척도와 밀접한 관련이 있는 특정 문제 척도를 통해서 더 구체적으로 어떤 문제가 있는지 추론한다.

MMPI-2-RF 프로파일을 해석할 때, 위의 네 가지 영역(즉, 신체/인지 영역, 정서 영역, 사

표 12.2 MMPI-2-RF 해석을 위한 권장 구조 및 정보 출처

주제	MMPI-2-RF 출처
1. 프로파일 타당도	
a. 문항 내용과 무관한 무효 응답	CNS, VRIN-r, TRIN-r
b. 과대보고	F-r, Fp-r, Fs, FBS-r, RBS
c. 과소보고	L-r, K-r
2. 주요 척도 해석	
a. 신체/인지 영역	1. RC1, MLS, GIC, HPC, NUC, COG
b. 정서 영역	1. EID
	2. RCd, SUI, HLP, SFD, NFC
	3. RC2
	4. RC7, STW, AXY, ANP, BRF, MSF
	5. NEGE-r, INTR-r
c. 사고 영역	1. THD
	2. RC6
	3. RC8
	4. PSYC-r
d. 행동 영역	1. BXD
	2. RC4, JCP, SUB
	3. RC9, AGG, ACT
	4. AGGR-r, DISC-r
e. 대인관계 영역	1. FML, RC3, IPP, SAV, SHY, DSF
f. 흥미 영역	1. AES, MEC
g. 진단적 고려사항	거의 모든 주요 척도
h. 치료적 고려사항	모든 주요 척도

고 영역, 행동 역역) 중에서 가장 현저한 영역부터 순서대로 해석한다. 이렇게 우선순위를 정하면, 수검자가 겪고 있는 가장 현저한 문제가 무엇인지 파악할 수 있다. 만약 RC1 척도가 상승했다면 신체/인지 영역이 가장 현저한 문제일 것이다. 또한 상위차원 척도의 EID 척도가 상승했다면 정서 영역이, THD 척도가 상승했다면 사고 영역이, BXD 척도가 상승했다면 행동 영역이 가장 현저한 문제일 것이다. 네 가지 영역 중에서 T 점수가 가장 높게 상승한 영역부터 해석하면서 전반적인 추론을 제시하고, MMPI-2-RF의 위계 구조에 따라서 밀접한 관련이 있는 척도들을 순차적으로 해석한다. 이어서, T 점수가 그다음으로 높게 상승한 영역을 해석하면서 동일한 절차를 반복한다.

각각의 영역을 해석할 때, 더 광범한 척도부터 더 협소한 척도까지 순서대로 해석해야 한다. 전형적으로, 상위차원 척도에서 비롯된 추론보다 재구성 임상 척도에서 비롯된 추론이 더 구체적이다. 특정 문제 척도에서 비롯된 추론은 상위차원 척도나 재구성 임상 척도에서 비롯된 추론보다 훨씬 더 구체적이다. 임상가는 가장 높게 상승한 상위차원 척도부터 해석한다. 이어서, 그 상위차원 척도와 밀접한 관련이 있는 재구성 임상 척도(즉, EID 척도가 가장 높게 상승한 경우, RCd 척도, RC2 척도, RC7 척도; THD 척도가 가장 높게 상승한 경우, RC6 척도, RC8 척도; BXD 척도가 가장 높게 상승한 경우, RC4 척도, RC9 척도)를 순차적으로 해석한다. 재구성 임상 척도를 맥락에 따라서 해석할 때, 임상가는 RC 척도 상승의 의미를 자체적으로 해석하고, 더 나아가서 RC 척도의 세부요소에 해당하는 특정 문제 척도 중에서 T 점수가 65점 이상으로 상승한 척도를 추가적으로 분석한다. 만약 어떤 상위차원 척도와 밀접한 관련이 있는 재구성 임상 척도가 상승하지 않았다면, 곧바로 그 영역과 밀접한 관련이 있는 특정 문제 척도 중에서 T 점수가 65점 이상으로 상승한 척도를 해석한다. 이때, 밀접한 관련이 있는 성격병리 5요인 척도까지 해석해야 한다(즉, EID 척도가 가장 높게 상승한 경우, INTR-r 척도, NEGE-r 척도; THD 척도가 가장 높게 상승한 경우, PSYC-r 척도; BXD 척도가 가장 높게 상승한 경우, AGGR-r 척도, DISC-r 척도).

신체/인지 영역은 상위차원 척도와 관련이 없다. 그 대신에, 신체/인지 영역은 RC1 척도가 대표한다. 따라서 신체/인지 영역은 RC1 척도를 제일 먼저 해석하고, 이어서 RC1 척도와 밀접한 관련이 있는 특정 문제 척도를 순차적으로 해석한다. 어떤 경우, 정서 영역을 먼저 해석하고 이어서 곧바로 신체/인지 영역을 해석하는 것이 바람직하다. Tellegen과 Ben-Porath(2008/2011)에 따르면, 비의학적 장면에서는 정서 영역을 측정하는 척도들과 신체/인지 영역을 측정하는 척도들이 서로 강한 상관관계를 보이기 때문이다. 따라서 다음과 같은 경우에는 표준적인 해석 절차를 따르지 않고 순서를 변경해서 프로파일을 해석한다.

(a) 비의학적 장면에서 검사를 실시한 경우, (b) 정서 영역의 문제가 가장 현저한 경우, (c) 신체/인지 영역의 척도 중에서 소수만 상승한 경우.

알다시피, MMPI-2-RF의 위계 구조에서 모든 위계 수준의 척도들이 항상 함께 상승하는 것은 아니다. 이런 경우, T 점수가 65점 이상으로 상승한 위계 수준부터 해석을 시작한다. 예컨대, 상위차원 척도 중에서 T 점수가 65점 이상으로 상승한 척도가 없다면, 그다음 위계 수준인 재구성 임상 척도 중에서 T 점수가 65점 이상으로 상승한 척도부터 해석한다. 이어서 그 재구성 임상 척도와 밀접한 관련이 있는 특정 문제 척도 중에서 T 점수가 65점 이상으로 상승한 척도를 해석한다. 만약 재구성 임상 척도 중에도 T 점수가 65점 이상으로 상승한 척도가 없다면, 곧바로 그다음 위계 수준인 특정 문제 척도 중에서 T 점수가 가장 높게 상승한 척도부터 해석한다.

이런 절차에 따라서 네 가지 영역을 해석한 뒤, 추가로 대인관계 영역 및 흥미 영역을 해석한다. 대인관계 영역은 RC3 척도 및 특정 문제 척도 중에서 대인관계 척도가 평가한다. Ben-Porath와 Tellegen(2008/2011)에 따르면, 대인관계 영역의 해석 순서는 다음과 같다. FML 척도, RC3 척도, IPP 척도, SAV 척도, SHY 척도, DSF 척도. 흥미 영역은 AES 척도와 MEC 척도가 평가하며, 해석 순서는 고려하지 않는다.

심리 평가의 목적에 진단과 치료가 포함된 경우, 상승한 주요 척도를 모두 해석하고 나서 진단과 치료에 대한 가설을 수립해야 한다. 거의 모든 주요 척도는 진단적 인상 및 치료적 권고를 제공한다. Ben-Porath와 Tellegen(2008/2011)에 따르면, MMPI-2-RF 매뉴얼에 제시된 진단에 대한 가설 중에서 일부는 경험적 자료에서 비롯되었고 일부는 임상적 추론에서 비롯되었다. 대부분의 가설은 이 장의 전반부에서 논의한 경험적 연구를 통해 지지되었다. 또한 Ben-Porath와 Tellegen(2008/2011)에 따르면, MMPI-2-RF 매뉴얼에 제시된 치료에 대한 가설은 경험적 자료에서 비롯된 것이 아니라 임상적 추론에서 비롯된 것이다. 이 장의 전반부에서 언급했듯이, 상당수의 연구에서 이러한 임상적 추론이 지지되었다. 아울러, 우리가 알고 있는 치료적 함의도 여기에 추가되었다.

Ben-Porath와 Tellegen(2008/2011)은 MMPI-2-RF의 점수 보고서 및 해석 보고서에서 제공되는 '결정적 문항'을 검토하라고 제안하였다. 결정적 문항은 MMPI-2-RF의 주요 척도 중 7개의 척도(SUI 척도, HLP 척도, AXY 척도, RC6 척도, RC8 척도, SUB 척도, AGG 척도)에서 채점되며, 수검자가 결정적 문항에 채점되는 쪽으로 응답한 경우에는 즉각적인 주의와 지속적인 관찰이 요구된다. 7개 척도 중에서 T 점수가 65점 이상으로 상승한 척도가 있다면, 수검자가 어떤 결정적 문항에 채점되는 쪽으로 응답했는지 검토해야 한다. Ben-Porath와

Tellegen은 프로파일을 해석하는 단계보다 임상 면접을 수행하는 단계에서 결정적 문항을 활용하라고 권고하였다. 단일한 문항에서 제공되는 정보는 신뢰도와 타당도의 문제를 유발하기 때문이다. 우리도 그들의 권고에 동의한다.

앞의 표 12.2에서, Ben-Porath와 Tellegen(2008/2011)이 매뉴얼에서 제시한 위계적인 해석 절차를 소개한 바 있다. 임상가는 그 밖의 여러 절차를 사용해서 해석 절차를 조직화할 수 있다. 첫째, MMPI-2-RF 점수 보고서 및 해석 보고서는 'MMPI-2-RF 영역별 T 점수'를 제공한다. 모든 척도의 T 점수가 표 12.2의 위계 구조에 따라서 영역별로 제공된다. 둘째, 검사 보급회사 홈페이지에 방문하면 임상가가 직접 작성할 수 있는 'MMPI-2-RF 해석 기록지'가 PDF 파일로 제공된다. 이 해석 기록지를 활용하면 매뉴얼에서 제시한 위계적인 해석 절차에 따라서 프로파일을 해석할 수 있다. 우리는 임상가가 직접 각 척도에서 해석적 가설을 도출하고 영역별로 정리하는 구조화된 해석 절차를 따르도록 권장한다. 해석 기록지를 활용해서 작업가설을 도출하고, 그 해석가설을 편집하고 검증하고 수정하고 조직하는 과정에서 공식적이고 최종적으로 프로파일 해석 보고서를 작성할 수 있을 것이다.

해석 사례

앞에서 소개한 위계적인 해석 절차에 따라서 프로파일을 해석한 사례를 제시하겠다. 주인공인 Jeff의 프로파일은 이 장의 말미에 첨부하였다. MMPI-2의 해석 전략을 논의한 제11장에서도 Jeff의 사례를 동일하게 예시하였다. 검사 보급회사 홈페이지에 방문하면 위계적인 해석 절차를 훈련하는 데 도움이 되는 추가 정보를 확인할 수 있다.

타당도 척도를 검토한 결과, Jeff의 수검태도에는 특별한 문제가 없으므로 주요 척도를 해석할 수 있다. 그는 1개의 문항에만 응답하지 않았고, 문항 내용을 충분히 파악하고 응답하였다(VRIN-r=43T; TRIN-r=57T, '그렇다' 방향). 방어적으로 응답하지 않았고(L-r=42T; K-r=38T), 증상과 문제를 축소해서 보고했다는 증거도 없다(F-r=70T; Fp-r=51T; Fs=50T; FBS-r=58T; RBS=76T).

이어서, 해석 전략에서 제시한 네 가지 영역(즉, 신체/인지 영역, 정서 영역, 사고 영역, 행동 영역) 중에서 가장 현저한 문제 영역이 무엇인지 판단하기 위해 상위차원 척도와 RC1 척도를 검토하였다. Jeff의 경우, EID 척도가 T 점수 65점 이상으로 가장 높이 상승했기 때문에, 그가 상당한 수준의 정서적 고통을 보고했다고 추론할 수 있다. 계속해서, EID 척도와 밀접한 관련이 있는 RC 척도(즉, RCd 척도, RC2 척도, RC7 척도)를 상승한 순서에 따라서 해석하였다. 또한 EID 척도와 밀접한 관련이 있는 특정 문제(SP) 척도와 성격병리 5요인

(PSY-5) 척도를 해석하였다. 이 척도들을 해석하면 Jeff가 겪고 있는 증상과 문제를 더 구체적으로 파악할 수 있다.

Jeff의 사례에서, 우리는 RCd 척도(T=77)부터 해석을 시작하였다. RCd 척도가 EID 척도와 밀접한 관련이 있고, 가장 높이 상승했기 때문이다. RCd 척도의 상승은 그가 슬픔과 불행감을 느끼며, 현재의 삶이 불만족스럽다고 응답했다는 뜻이다. 이어서, RCd 척도와 밀접한 관련이 있는 특정 문제 척도를 해석하였다. NFC 척도와 SFD 척도의 상승(T≥65)은 그가 자신감이 부족하고, 자신이 쓸모없는 존재인 것 같다고 응답했다는 뜻이다. 또한 그는 우유부단하고, 효능감이 부족하고, 당면한 곤란에 대처할 능력이 없다고 응답하였다. 경험적 상관 자료에 따르면, NFC 척도와 SFD 척도의 상승은 그가 불안정감과 열등감을 느끼고, 자기폄하적 및 자기처벌적으로 행동하고 있음을 시사한다. 더 나아가서, 그는 대수롭지 않은 문제도 잘 처리하지 못하며, 자신을 전혀 신뢰하지 않고, 인간관계에서 수동적인 경향이 있다.

RCd 척도 및 그것과 밀접한 관련이 있는 특정 문제 척도를 해석한 다음, 정서 영역을 평가하는 재구성 임상 척도(즉, RC2 척도, RC7 척도)를 검토하였다. 이때, 더 높이 상승한 RC7 척도를 먼저 해석하였다. RC7 척도의 상승(T=75)은 그가 불안, 분노, 공포를 비롯한 부정적 정서를 경험한다고 응답했다는 뜻이다. 이것은 NEGE-r 척도의 상승(T=77)과 일치한다. 그는 부정적 정서를 자주 경험하는 성향을 지니고 있다. STW 척도, ANP 척도, NEGE-r 척도의 상승(T≥65)은 그가 스트레스 및 걱정과 관련된 다양한 문제(예: 실망, 곤란, 시간압박)를 겪는다고 응답했다는 뜻이다. 또한 그는 미래의 불운과 재정 문제를 걱정하고 있을 것이다. ANP 척도의 상승(T=80)은 그가 쉽게 짜증을 내고, 타인의 행동을 참아 주지 못하고, 쉽게 화를 내고, 때로는 분노를 조절하지 못한다고 응답했다는 뜻이다. 이런 특정 문제 척도와 성격병리 5요인 척도에 관한 경험적 상관 자료는 Jeff의 자기보고와 일치한다. 그는 스트레스에 취약하고, 걱정이 많으며, 강박적인 반추사고에 빠지기도 한다. 그는 분노와 짜증을 느끼고, 참을성이 없고, 논쟁하는 경향이 있다. 또한 그는 불안감과 불안정감을 느끼고, 지나치게 걱정하며, 침투사고를 경험할 수 있다. 그는 자기비판적인 사람이고 죄책감을 자주 느낀다. RC7 척도 및 그것과 밀접한 관련이 있는 척도를 해석한 다음, RC2 척도를 검토하였다. 하지만 RC2 척도와 INTR-r 척도는 상승하지 않았으므로 해석하지는 않았다.

Jeff는 비의학적 장면에서 평가를 받았고, MMPI-2-RF 프로파일에서 정서 영역의 문제가 가장 현저했으므로, 정서 영역을 먼저 검토하고 신체/인지 영역을 그다음으로 검토하였다. 신체/인지 영역에서는 MLS 척도(T=87)만 상승하였다. 매우 높게 상승한 MLS 척도는 그가 직업과 활동에 지장을 초래할 정도로 건강이 나쁘다고 응답했다는 뜻이다. 그는 자신이 연약한 존재라고 생각하며, 쉽게 피로해지고, 일상생활을 꾸려 갈 에너지가 부족하다. MLS 척도가 상승한 사람 중에는 구체적인 신체적 혹은 인지적 증상을 보고하는 사람도 있고 그렇지 않은 사람도 있다. Jeff의 경우, GIC 척도, HPC 척도, NUC 척도가 상승하지 않았으므로, 구체적인 신체적 증상을 보고하지는 않았다. 하지만 COG 척도(T=64)의 T 점수가 65점에 육박하므로, 몇몇 인지적 증상(예 : 주의집중 곤란, 기억 곤란)을 보고했을 가능성을 고려하였다. 이것은 스트레스와 걱정에 대한 Jeff의 보고와 일치한다. 따라서 우리는 이후의 임상면접에서 이 부분을 추가로 탐색할 필요가 있다고 기록해 두었다.

두 번째로 높게 상승한 상위차원 척도는 BXD 척도(T=65)였다. BXD 척도가 T 점수 65점 이상으로 상승했으므로, 그것을 해석할 수 있다. 하지만 T 점수가 더 높이 상승한 경우보다는 확신하기가 어렵다. BXD 척도의 점수는 Jeff가 자신을 곤경에 빠뜨릴 수도 있는 외현화 증상과 행동표출 문제를 보고했음을 시사한다.

BXD 척도와 밀접한 관련이 있는 재구성 임상 척도는 RC4 척도와 RC9 척도이다. Jeff의 경우, RC4 척도(T=71)가 RC9 척도(T=48)보다 더 높게 상승했으므로, RC4 척도를 먼저 해석하였다. 그는 과거에 반사회적으로 행동한 적이 있다고 응답하였다. 이어서, RC4 척도와 밀접한 관련이 있는 특정 문제 척도를 검토하였다. JCP 척도(T=63)는 충분히 상승하지 않았으므로 해석하지 않았다. SUB 척도의 상승(T=69)은 그가 과거와 현재에 물질을 사용하고 있다고 응답했다는 뜻이다. 그는 알코올이나 기타 물질을 문제적으로 혹은 위험하게 사용하는 사람일 수 있다. RC4 척도 및 그것과 밀접한 관련이 있는 특정 문제 척도를 해석하고 나서 RC9 척도를 검토했는데, 상승하지 않았으므로 해석하지 않았다. 하지만 RC9 척도와 밀접한 관련이 있는 특정 문제 척도와 성격병리 5요인 척도를 차례로 검토하였고(AGG 척도, ACT 척도, AGGR-r 척도, DISC-r 척도), 모두 상승하지 않았으므로 해석하지 않았다.

마지막 상위차원 척도인 THD 척도(T=39)는 상승하지 않았으므로 해석하지 않았다. 마찬가지로, THD 척도와 밀접한 관련이 있는 재구성 임상 척도(즉, RC6 척도, RC8 척도)와 성격병리 5요인 척도(즉, PSYC-r 척도)도 상승하지 않았으므로 해석하지 않았다.

이어서, 대인관계 영역을 검토하였다. RC3 척도, FML 척도, SAV 척도, DSF 척도는 상승하지 않았으므로 해석하지 않았다. IPP 척도의 상승(T=74)은 그가 대인관계에서 비주장적이고, 수동적이고, 복종적이라고 응답했다는 뜻이다. 타인이 보기에도 그렇다. SHY 척도의 상승(T=75)은 그가 사람들과 어울릴 때 수줍고, 불편하고, 쉽게 당황한다고 응답했다는 뜻이다. SHY 척도에 관한 경험적 상관 자료에 따르면, 타인이 보기에 Jeff는 사회적 상황에서 내향적이고, 억제되고, 불안하고, 과민한 사람이다.

이어서, 흥미 영역을 검토하였다. AES 척도(T=39)의 낮은 점수는 그가 심미적 혹은 문학적 속성과 관련된 활동이나 직업에 평균 수준 이하의 흥미를 지니고 있다고 응답했다는 뜻이다. MEC 척도(T=52)의 점수는 그가 기계적 혹은 신체적 속성과 관련된 활동이나 직업에 평균 수준의 흥미를 지니고 있다고 응답했다는 뜻이다.

Jeff의 의뢰 사유와 부합하였으므로, 프로파일의 모든 척도를 종합하여 구체적인 심리장애로 진단할 수 있는지 검토하였다. 정서적/내재화 영역과 신체/인지 영역을 측정하는 척도를 감안할 때, 몇 가지 내재화장애 진단을 반드시 고려해야 한다. 비록 RC2 척도(T=61)가 상승하지 않아서 무쾌감증 및 동반된 신체증상의 가능성은 현저하지 않지만, RCd 척도(T=77)와 SFD 척도(T=76)가 상승했으므로 우울장애를 반드시 평가해야 한다. MLS 척도의 상승(T=87)은 그가 직업과 활동에 지장을 초래할 정도로 건강이 나쁘다고 응답했다는 뜻이다. 만약 의학적으로 특별한 문제가 없다면, 신체증상장애를 추가로 평가해야 한다. 또한 RC7 척도(T=75), STW 척도(T=81), SHY 척도(T=75)가 상승했으므로 불안장애(예 : 강박장애, 사회불안장애, 범불안장애)를 평가해야 한다. 아울러, 불안과 같은 부정적 정서와 연관된 일부 성격장애의 가능성도 평가해야 한다. 구체적으로, NEGE-r 척도(T=77)와 IPP 척도(T=74)가 상승했으므로 군집C 성격장애(즉, 회피성, 의존성, 강박성 성격장애)의 가능성을 평가해야 한다.

BXD 척도(T=65)는 해석할 수 있는 경계까지 상승하였다. 그러나 반사회적 행동이나 물질 남용과 같은 외현화장애의 가능성을 고려해야 한다. RC4 척도(T=71)가 상승했기 때문에 더욱 그렇다. 이런 경우, RC9 척도, DISC-r 척도, AGGR-r 척도가 상승하지 않았다는 점, 그리고 BXD 척도와 밀접한 관련이 있는 특정 문제 척도가 1개의 척도를 제외하고 모두 상승하지 않았다는 점을 고려하면, 해석가설을 정교하게 다듬을 수 있다. 즉, BXD 척도와 RC4 척도가 상승한 주된 까닭은 SUB 척도(T=69)가 상승했기 때문이므로, Jeff는 반사회적 행동이 아니라 물질 남용 문제를 지니고 있는 것으로 판단하였다. 따라서 물질사용장애의 가능성을 추가로 평가하도록 권고하였다.

마지막으로, 프로파일의 모든 척도를 다시 종합하여 치료적 고려사항을 검토하였다. EID 척도, RCd 척도, RC7 척도, NEGE-r 척도가 T 점수 65점 이상으로 상승했으므로, Jeff는 치료에 대한 동기를 지니고 있을 것이다. 정서적으로 몹시 고통스러운 상태이기 때문이다. 하지만 BXD 척도의 상승(T=65)은 그가 치료에 대한 내적인 동기를 지니고 있지 않을 가능성도 시사한다. 그러나 BXD 척도의 점수가 EID 척도, RC7 척도, NEGE-r 척도의 점수보다 상당히 낮으므로, 정서적 고통에서 벗어나고 싶어서 치료에 대한 동기를 지니고 있을 것이라는 측면을 더 강조하였다.

몇몇 척도에서 치료를 방해할 수 있는 특징이 시사되었다. MLS 척도의 상승(T=87)은 전반적인 피로감 및 어떤 일이 나아질 것이라는 가능성을 높게 여기지 않는 비관주의를 뜻하므로, Jeff는 치료과정에 적극적으로 참여하지 않을 수 있다. RC4 척도(T=71)와 BXD 척도(T=65)의 상승은 치료과정에 협조하지 않을 가능성을 시사한다. 또한 NFC 척도의 상승(T=80)에서 시사되는 우유부단성도 치료목표를 달성하는 데 방해가 될 수 있다.

몇몇 척도를 바탕으로 잠정적인 치료 방향을 가늠할 수 있다. RCd 척도(T=77)와 RC7 척도(T=75)가 상승했으므로, 심리적 고통을 감소시키는 것을 치료목표로 설정할 필요가 있다. NEGE-r 척도(T=77)가 상승했으므로, 항불안제 처방이 필요한지 검토해야 한다. SFD 척도(T=76)가 상승했으므로, 그의 낮은 자존감 및 자기 회의적인 태도를 치료과정에서 다룰 필요가 있다. SHY 척도의 상승(T=69)이 시사하는 사회적 상황에서의 수줍음, STW 척도의 상승(T=81)이 시사하는 스트레스, IPP 척도의 상승(T=74)이 시사하는 수동적 및 복종적 행동도 치료과정에서 다룰 필요가 있다. RC4 척도(T=71)와 BXD 척도(T=65)의 상승을 고려할 때 자기 조절 능력을 향상할 필요가 있고, ANP 척도의 상승(T=80)을 감안할 때 분노관리 기술을 훈련할 필요가 있다. SUB 척도의 상승(T=69)이 시사하는 물질사용장애에 대한 상세한 평가가 요구된다.

최종 단계에서, 결정적 문항을 검토하였다. 결정적 문항을 검토하면 이후의 임상 면접과 행동 관찰에서 어떤 정보를 추가로 수집해야 하는지 파악할 수 있다. 결정적 문항이 채점되는 7개의 척도 중에서 T 점수가 65점 이상으로 상승한 척도가 있는지 검토했는데, Jeff의 경우에는 약물 남용을 측정하는 1개의 척도(SUB=69T)만 상승하였다. SUB 척도의 상승은 그가 마리화나 혹은 알코올을 과도하게 사용한다고 인정했다는 뜻이다. 그는 처방받지 않은 약물 혹은 수면제를 자주 복용한다고 응답하였고, 자신에게 알코올 문제 혹은 약물 문제가 있다고 직접적으로 보고하였다. 따라서 임상가는 임상 면접에서 이와 관련된 문제를 집중적으로 탐색해야 하고, 물질사용장애의 가능성을 평가해야 한다.

요약하면, Jeff의 MMPI-2-RF 프로파일은 타당하며 해석할 수 있다. 그는 문항 내용을 고려해서 응답하였고, 방어적이지 않았고, 증상과 문제를 과대보고하지도 않았다. Jeff는 주로 내재화 영역에 해당하는 문제를 지니고 있다. 그는 심각한 수준의 정서적 고통을 경험하고 있다. 그는 상황의 요구에 압도되는 편이고, 스스로 아무것도 해결할 수 없다고 생각한다. 그는 건강이 나쁘다고 생각하고, 불안하고, 다소 우울하다. 그는 사소한 것에 대해서 지나치게 걱정하고, 자신의 실패를 반추하는 경향이 있다. Jeff는 짜증과 분노를 자주 경험하고, 때때로 분노를 통제하지 못한다. 그는 알코올과 마리화나를 지나치게 사용한다고 인정하였다. 그는 불쾌하고 부정적인 감정에서 벗어나려고 약물을 사용하는 것 같다. Jeff의 자기개념은 부정적이고, 자신감이 부족하고, 인생에서 실패할 것이라고 예상한다. 그는 대인관계에서 수동적이고 의존적이며, 사회적 상황에서 수줍어하고 불안해지고, 사회적 재주가 부족하다.

Jeff에게는 치료받으려는 동기가 있어 보인다. 심리적으로 몹시 고통스럽기 때문이다. 하지만 치료를 방해할 수 있는 특징도 관찰된다. 그는 치료과정에 적극적으로 참여할 만한 에너지가 부족하고, 치료자의 권고에 순응하지 않을 가능성이 있다. 또한 우유부단하기 때문에 치료목표를 달성하는 것이 어려울 수 있다. 그는 변화할 수 있다고 생각하지 않으며, 삶이 나아질 것이라는 기대에 대해서 비관적이다.

심리적 고통을 감소시키는 것을 치료의 일차적 목표로 설정해야 한다. 항불안제와 항우울제 처방이 필요한지에 대해 전문적인 평가를 실시할 필요가 있다. 스트레스 관리 기술을 향상시키는 것도 유익할 것이다. 수동-의존적인 행동을 감소시키고, 자존감을 향상시키는 것도 중요한 치료목표이다. 자기 조절 능력을 향상시키는 것, 특히 분노를 조절하는 것도 적절한 치료목표이다. Jeff가 물질 사용 문제를 인정하고 있으므로, 알코올과 기타 약물의 사용 및 그로 인해 파생되는 문제에 대해서 철저하게 평가해야 한다. 물질 사용을 중단 혹은 감소하는 데 초점을 맞추는 치료과정도 유익할 것이다.

맺음말

이 장의 도입부에서 언급했듯이, MMPI-2-RF는 MMPI-2에 대해서 지속적으로 제기되었던 비판을 극복하기 위해서 개발된, 기존의 MMPI와는 상당히 다른 심리검사이다. 2008년에 MMPI-2-RF가 발표된 이후로 상당한 연구가 진행되었고, 여러 척도 및 그것이 측정하는 구성개념을 이해하는 데 도움이 되었다. 연구 결과, MMPI-2-RF의 심리측정적 속성은 다양한 장면에 적용할 수 있을 정도로 건전하였고, 우리는 이 심리검사가 사용되는 대부분의 평가 맥락에서 MMPI-2-RF가 탐지하는 핵심 특징을 확신을 가지고 활용할 수 있었다. 또한 MMPI-2-RF 주요 척도의 구성 타당도는 우수하였고, 현대적인 정신병리 및 성격 모형과 직접적으로 연계할 수 있었다. 그럼에도 불구하고, MMPI-2-RF에서는 해소하지 못한 두 가지 문제가 MMPI-2에 여전히 존재한다. 하나는 규준 자료가 오래되어 다양한 사람을 대표하지 못한다는 것이다. 다른 하나는 현재 정신건강 장면에서 요구되는 몇몇 중요한 구성개념을 전혀 혹은 거의 평가하지 못한다는 것이다. 이러한 한계를 극복하기 위해서 가장 최근에 개발된 성인용 MMPI가 제13장에서 소개할 MMPI-3이다. 제13장에서 MMPI-3의 개발, 사용, 해석에 대해 논의하겠다. 또한 성인용 MMPI의 여러 버전이 각각 어떤 장점과 단점을 가지고 있는지 살펴보겠다.

제12장 부록

Minnesota Multiphasic
Personality Inventory-2
Restructured Form®

점수 보고서

MMPI-A-RF®
미네소타 다면적 인성검사-2-재구성판®
Yossef S. Ben-Porath, PhD, & Auke Tellegen, PhD

이름 :	Jeff
ID 번호 :	
연령 :	24
성별 :	남
결혼 유무 :	보고되지 않음
학력 :	보고되지 않음
평가 일시 :	09/02/1998

ALWAYS LEARNING   PEARSON

MMPI-2-RF 타당도 척도

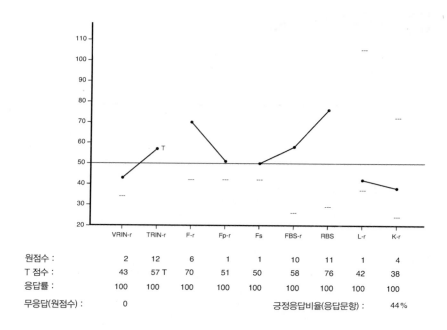

원점수 :	2	12	6	1	1	10	11	1	4
T 점수 :	43	57 T	70	51	50	58	76	42	38
응답률 :	100	100	100	100	100	100	100	100	100

무응답(원점수) :   0   긍정응답비율(응답문항) :   44%

각 척도별 T 점수의 최댓값과 최솟값은 "---"로 표시되어 있다: MMPI-2-RF T 점수는 비성별이다.

VRIN-r	무선반응 비일관성	Fs	비전형 신체적 반응	L-r	흔치 않은 도덕적 반응
TRIN-r	고정반응 비일관성	FBS-r	증상 타당도	K-r	적응 타당도
F-r	비전형 반응	RBS	반응 편향		
Fp-r	비전형 정신병리 반응				

MMPI-2-RF 상위차원(H-O) 및 재구성 임상(RC) 척도

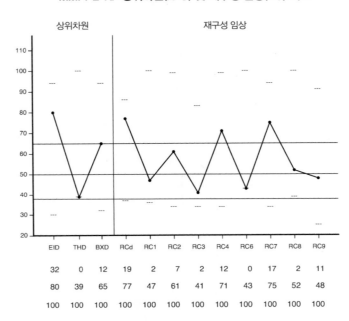

	EID	THD	BXD	RCd	RC1	RC2	RC3	RC4	RC6	RC7	RC8	RC9
원점수 :	32	0	12	19	2	7	2	12	0	17	2	11
T 점수 :	80	39	65	77	47	61	41	71	43	75	52	48
응답률 :	100	100	100	100	100	100	100	100	100	100	100	100

각 척도별 T 점수의 최댓값과 최솟값은 "---"로 표시되어 있다; MMPI-2-RF T 점수는 비성별이다.

EID 정서적/내재화 문제	RCd 의기소침	RC6 피해의식
THD 사고 문제	RC1 신체증상 호소	RC7 역기능적 부정 정서
BXD 행동적/외현화 문제	RC2 낮은 긍정 정서	RC8 기태적 경험
	RC3 냉소적 태도	RC9 경조증적 상태
	RC4 반사회적 행동	

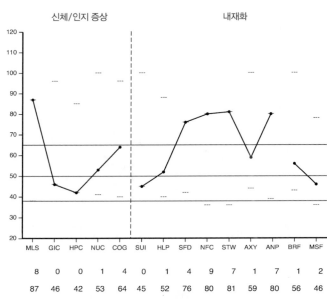

MMPI-2-RF 신체/인지 증상 및 내재화 척도

	MLS	GIC	HPC	NUC	COG	SUI	HLP	SFD	NFC	STW	AXY	ANP	BRF	MSF
원점수 :	8	0	0	1	4	0	1	4	9	7	1	7	1	2
T 점수 :	87	46	42	53	64	45	52	76	80	81	59	80	56	46
응답률 :	100	100	100	100	100	100	100	100	100	100	100	100	100	100

각 척도별 T 점수의 최댓값과 최솟값은 "---"로 표시되어 있다; MMPI-2-RF T 점수는 비성별이다.

MLS 신체적 불편감	SUI 자살/죽음 사고	AXY 불안
GIC 소화기 증상 호소	HLP 무력감/무망감	ANP 분노 경향성
HPC 두통 호소	SFD 자기 회의	BRF 행동 제약 공포
NUC 신경학적 증상 호소	NFC 효능감 결여	MSF 다중 특정 공포
COG 인지적 증상 호소	STW 스트레스/걱정	

MMPI-2-RF 외현화, 대인관계 및 흥미 척도

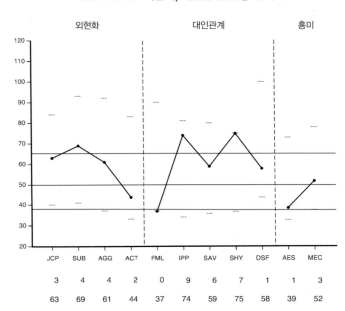

	JCP	SUB	AGG	ACT	FML	IPP	SAV	SHY	DSF	AES	MEC
원점수 :	3	4	4	2	0	9	6	7	1	1	3
T 점수 :	63	69	61	44	37	74	59	75	58	39	52
응답률 :	100	100	100	100	100	100	100	100	100	100	100

각 척도별 T 점수의 최댓값과 최솟값은 "---"로 표시되어 있다; MMPI-2-RF T 점수는 비성별이다.

JCP	청소년기 품행 문제	FML	가족 문제	AES	심미적-문학적 흥미
SUB	약물 남용	IPP	대인관계 수동성	MEC	기계적-신체적 흥미
AGG	공격 성향	SAV	사회적 회피		
ACT	흥분 성향	SHY	수줍음		
		DSF	관계 단절		

MMPI-2-RF 성격병리 5요인(PSY-5) 척도

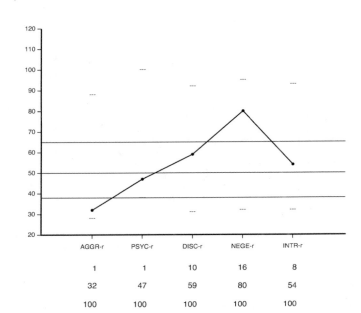

	AGGR-r	PSYC-r	DISC-r	NEGE-r	INTR-r
원점수 :	1	1	10	16	8
T 점수 :	32	47	59	80	54
응답률 :	100	100	100	100	100

각 척도별 T 점수의 최댓값과 최솟값은 "---"로 표시되어 있다; MMPI-2-RF T 점수는 비성별이다.

AGGR-r   공격성
PSYC-r   정신증
DISC-r   통제 결여
NEGE-r   부정적 정서성/신경증
INTR-r   내향성/낮은 긍정적 정서성

MMPI-2-RF T 점수(영역별)

프로파일 타당도

문항 내용과 무관한 무효 응답

0	43	57 T
CNS	VRIN-r	TRIN-r

과대보고

70	51		50	58	76
F-r	Fp-r		Fs	FBS-r	RBS

과소보고

42	38
L-r	K-r

주요 척도

신체/인지 영역

47	87	46	42	53	64
RC1	MLS	GIC	HPC	NUC	COG

정서 영역

80
EID

77	45	52	76	80
RCd	SUI	HLP	SFD	NFC

61	54
RC2	INTR-r

75	81	59	80	56	46	80
RC7	STW	AXY	ANP	BRF	MSF	NEGE-r

사고 영역

39
THD

43
RC6

52
RC8

47
PSYC-r

행동 영역

65
BXD

71	63	69
RC4	JCP	SUB

48	61	44	32	59
RC9	AGG	ACT	AGGR-r	DISC-r

대인관계 영역

37	41	74	59	75	58
FML	RC3	IPP	SAV	SHY	DSF

흥미 영역

39	52
AES	MEC

주의. 이 정보는 *MMPI-2-RF Manual for Administration, Scoring, and Interpretation*에서 권장하는 MMPI-A-RF 해석 구조에 따라 해석이 용이하도록 제공되는데, 매뉴얼 5장에 본문의 자세한 내용과 표 5-1의 개요가 제시되어 있다.

MMPI-2-RF® 점수 보고서   Jeff
09/02/1998, Page 8

***주의 : 이 보고서의 마지막 페이지에는 누락 문항이나 채점할 수 없는 문항과 함께 결정적 반응 또는 결정적 문항 목록 중 응답 문항이 표시된다. 이 부분에는 문항 번호와 내용이 모두 포함된다. 보고서의 마지막 페이지에는 모든 검사 문항에 대한 수검자의 문항 수준 응답이 포함된다. 이 페이지는 검사 보안을 유지하기 위해 이 책에 표시되지 않지만, 수정된 예시 보고서는 Pearson Assessments의 웹사이트에서 확인할 수 있다.

MMPI-3

MPI-3(Ben-Porath & Tellegen, 2020a, 2020b)는 심리 평가도구들 가운데 MMPI 계열로는 가장 최신판이다. MMPI-3는 335개 문항으로 구성된 예–아니요로 평가하는 도구로 성격과 정신병리를 평가하기에 적합한 심리적 구인을 측정한다. Ben-Porath와 Tellegen은 오늘날의 미국인 모집단을 더욱 잘 대표할 수 있는 최근의 규준 자료에 근거하여 임상적으로 중요한 몇 가지 새로운 구인을 반영하는 척도들을 개발하였으며, 기존 MMPI 버전(즉, MMPI-2와 MMPI-2-RF)에서 평가하지 못했던 부분을 개선하려 했다고 밝혔다. 목표를 달성하기 위해 Ben-Porath와 Tellegen은 MMPI-2-RF 문항군을 개선하고 확장하였다. 그 후로 MMPI-2-RF 척도를 모델로 하여 기존 MMPI-2-RF 척도를 개정하고 MMPI-3의 새로운 척도들을 개발하였다. MMPI-3의 타당도를 확인하기 위해 기존에 MMPI가 자주 사용되었던 다양한 표집을 대상으로 우선적인 타당화를 시도하였다. 마지막으로 2020년 인구조사에 기초하여 인구학적으로 미국인 모집단을 대표하는 새로운 규준 자료를 모았다.

이러한 노력의 산물이 MMPI-3이다(Ben-Porath & Tellegen, 2020a, 2020b, 2020c). MMPI-3는 52개의 척도로 구성되어 있으며, 타당도 척도가 10개, 주요 척도가 42개이다. MMPI-2-RF와 마찬가지로 대부분의 MMPI-3 척도들 역시 위계적으로 배열되어 있다. 상위차원(H-O) 척도는 보다 넓은 범위를 측정하고 있고, 재구성 임상(RC) 척도는 중간 정도의 범위에 해당되며, 특정 문제(SP) 척도는 가장 협소한 범위를 측정한다. 개정된 성격 및 정신병리 5요인(PSY-5) 척도는 이러한 층위에 가장 가깝게 위치하며 부적응적 특질을 측정한다. 많은 척도들이 MMPI-2-RF 척도들의 반복적 과정(iteration)을 거쳐 나온 것이며, 몇몇은 MMPI-3에서 온전히 새롭게 만들어진 것이다. 표 13.1은 MMPI-3 척도를 모두 나열해 놓은 것이다. MMPI-3에는 2개의 새로운 규준 표집이 있는데 하나는 영어를 사용하는 미국인 표집이고 다른 하나는 스페인어를 사용하는 미국인 표집이다. 마지막으로 주의를 요하는 일련의 결정적 문항들이 있다.

표 13.1	MMPI-3 척도
타당도 척도	
CRIN	반응 비일관성
VRIN	무선반응 비일관성
TRIN	고정반응 비일관성
F	비전형 반응
Fp	비전형 정신병리 반응
Fs	비전형 신체적 반응
FBS	증상 타당도
RBS	반응 편향
L	흔치 않은 도덕적 반응
K	적응 타당도
상위차원 척도	
EID	정서적/내재화 문제
THD	사고 문제
BXD	행동적/외현화 문제
재구성 임상 척도	
RCd	의기소침
RC1	신체증상 호소
RC2	낮은 긍정 정서
RC4	반사회적 행동
RC6	피해의식
RC7	역기능적 부정 정서
RC8	기태적 경험
RC9	경조증적 상태
특정 문제 척도	
신체/인지 증상 SP 척도	
MLS	신체적 불편감
NUC	신경학적 증상 호소
EAT	섭식 문제
COG	인지적 증상 호소
내재화 SP 척도	
SUI	자살/죽음 사고
HLP	무력감/무망감
SFD	자기 회의
NFC	효능감 결여

STR	스트레스
WRY	걱정
CMP	강박
ARX	불안 경험
ANP	분노 경향성
BRF	행동 제약 공포
외현화 SP 척도	
FML	가족 문제
JCP	청소년기 품행 문제
SUB	약물 남용
IMP	충동성
ACT	흥분 성향
AGG	공격 성향
CYN	냉소적 태도
대인관계 SP 척도	
SFI	우월감
DOM	지배성
DSF	관계 단절
SAV	사회적 회피
SHY	수줍음
성격병리 5요인 척도	
AGGR	공격성
PSYC	정신증
DISC	통제 결여
NEGE	부정적 정서성/신경증
INTR	내향성/낮은 긍정적 정서성

MMPI-3의 개발

MMPI-3 문항

MMPI-3[1]의 335문항은 MMPI-2-RF 문항 338개와 95개의 판정 문항을 포함하는 문항군에서 선정되었다. MMPI-2-RF 문항 가운데 39개는 표현이 어색한 것을 수정하거나 내용을 단순화시켜서 다시 작성하였고, 판정 문항은 최종적으로 검사에 포함시킬 후보였던 95개의 문

---

1 MMPI-3의 개발에 대한 내용은 MMPI-3 매뉴얼에 제시되어 있는 자료를 바탕으로 한다(Ben-Porath & Tellegen, 2020a, 2020b).

항으로 구성하였다. 본래의 39개 문항과 수정을 거쳐 다시 만들어진 문항을 비교해 보기 위해 자료를 수집하였다. 95개 판정 문항은 MMPI-2-RF 척도를 충분히 대표하지 못한다고 판단되는 내용을 포함하고 있다. 검사의 저자는 이들 문항을 평가에 포함시키면 기존 MMPI-2-RF 척도의 심리측정적 속성을 개선할 뿐 아니라 새로운 척도의 개발도 촉진할 수 있다고 생각하였다. MMPI-2-RF-확장형(MMPI-2-RF-EX)에 이들 433개의 후보 문항을 포함시켰는데, 이들 문항은 수검자의 인적사항을 수집하기 위한 조사와 같이 실시되었다. MMPI-2-RF-EX는 MMPI-3의 규준을 만들고, 개발하며 타당화하기 위해 선정한 표집의 자료를 사용하였다(이 장의 후반부에서 이에 대해 기술할 것이다). 검사 저자들은 또한 사지선다의 반응방식을 사용하여 탐색을 시도하였고, 이렇게 수정하더라도 다른 MMPI 검사에서 사용했던 예–아니요 반응방식에 비해 이점이 없다는 것을 확인하였다. MMPI-3 문항 내용은 MMPI-3 매뉴얼(Ben-Porath & Tellegen, 2020a)의 부록 A에 제시되어 있다.

MMPI-3 척도 개발과 타당화를 위한 표집

MMPI-3 척도의 개발과 심리측정적 요소들을 살펴보기 위해 MMPI-3 저자와 동료들은 다음의 집단을 대상으로 검사 자료와 이에 필요한 자료를 모았다. 검사 자료 수집에 포함된 집단은 ⓐ 지역사회 정신건강센터의 외래 환자, ⓑ 개인 병원의 외래 환자, ⓒ 척추손상 환자, ⓓ 장애 판정 신청자, ⓔ 경찰 지원자, ⓕ 재소자 및 ⓖ 대학생이었다. 이들 자료 중 일부는 MMPI-3의 척도 개발과정에 사용되었다. 여기에는 심리측정적인 속성을 개선하기 위해 기존의 MMPI-2-RF 척도를 수정한 것과 MMPI-2-RF로는 잘 측정하지 못한 구인들을 반영하는 새로운 척도가 포함된다. 중요한 척도들을 개발하기 위해 1,000명의 성인으로 구성된 척도 개발을 위한 혼합 표집(composite development sample)을 분석하였는데, 이를 정신건강 장면($n=434$), 의료 장면($n=366$), 대학 장면($n=200$)에서 타당한 것으로 밝혀진 MMPI-2-RF 프로파일과 비교하였다. 척도 개발을 위한 혼합 표집은 500명의 남성과 500명의 여성들로 구성되어 있으며, 평균 연령은 36.95세(표준편차=17.4)였고 대부분 백인이었다. 저자들은 척도 개발분석에 필요한 문항반응변수(item response variability)를 얻기 위하여 다양한 장면에 있는 사람들을 척도 개발을 위한 혼합 표집에 포함시키려고 하였다.

MMPI-3 타당도 척도를 개발하기 위해 여러 개의 자료세트가 사용되었다. 문항 내용과 무관한 무효 응답을 평가하기 위한 타당도 척도의 개발을 위해 MMPI-3의 항목에서 분산을 반영하는 대규모 표집이 필요하였고, 이들 척도는 문항 간 상호 상관을 살펴보면서 추출하였다. 따라서 비일관성 척도 개발을 위한 혼합 표집은 2,644명으로 구성되었는데, 인사 선발 전 평가에서 검사를 받은 사람($n=1,402$)과 정신건강센터의 접수 면접에서 검사를 받은 사람($n=538$), 혹은 의학적 치료의 일환으로 검사를 받은 사람($n=704$)을 포함하고 있다. MMPI-2-RF 비전형 반응(F-r) 척도는 MMPI-3에 업데이트되어 포함되었다. 여기에는 규준 자료 수집을 위해(뒤에서 기술할 것) 검사를 받은 1,143명의 남성 표집과 1,242명의 여성 표집을 사용하였다. 그 밖에 MMPI-2-RF의 과대보고 척도와 과소보고 척도는 정신건강 장면($N=756$), 의료 장면($N=891$), 공공안전 평가 장면($N=3,069$)에서 검사 문항을 완성한 사람들의 자료를 이용하여 수정하였다. 이들 표집 모두 주로 중년의 백인으로 구성되었다. 보다 자세한 내용은 Ben-Porath와 Tellegen(2020b)의 표 2-1에서 볼 수 있다.

    MMPI-3 척도 점수의 심리측정적 속성에 대한 초기 정보를 제공하기 위해 여러 표집으로부터 얻은 자료를 사용하였다. 우선적으로 분석에서 배제해야 하는(예컨대, 과대보고 지표들에 대한 조사) 자료를 빼고, 결과의 왜곡 가능성을 줄이기 위해 MMPI-2-RF와 MMPI-3 타당도 척도 점수를 사용하여 이들 표집에서 무효 응답은 걸러 내었다. 신뢰도 분석은 MMPI-3 규준 표집($N=1,620$) 가운데 약 8일 간격으로 두 번 검사를 받은 사람들($N=275$)의 자료와 지역사회 정신건강 기관에서 접수 면접 시에 평가를 받았던 사람들 표집($N=791$)의 자료를 사용하여 시행했다. 문항 내용과 무관한 무효 응답을 평가하는 척도는 MMPI-3 규준 표집 가운데 1,492명의 반응에 기초한 자료를 모의로 돌려 보면 살펴볼 수 있다. 2개의 대학생 표집(각각 $N=558$, $N=204$)에게 MMPI-2-RF-EX 검사에서 자신들이 실제로는 겪어 본 적 없던 문제와 어려움이 있는 것처럼 반응하도록 지시를 주고 과대보고 타당도 척도를 살펴보았다. 마찬가지로 과소보고를 평가하기 위해 만든 MMPI-3 척도는 대규모로 표집한 대학생들($N=561$)에게 자신이 매우 잘 지내는 것처럼 응답하라는 지시를 주고 검사를 실시하면 확인할 수 있다. 마지막으로 8개의 추가적 표집에게 MMPI-2-RF-EX 검사를 실시하고 부차적인 정보를 모아서 MMPI-3 척도와 경험적 상관을 살펴보는 데 활용할 수 있다. 이들은 지역사회 정신건강센터에 접수 면접을 할 때 검사를 받았거나($N=315$) 치료의 일부로 검사를 받은 개인 병원 외래 환자($N=359$)와 척추수술/척추 자극장치 대기자인 사람($N=546$), 장애 판정을 신청한 사람($N=404$), 혹은 경찰 지원자($N=1,513$과 $N=164$)이다. 남성 재소자($N=448$) 및 대학생($N=1,546$) 표집에서도 경험적 상관을 살펴볼 수 있다. 이들 표집에 관한 좀 더 자세한 내용은 Ben-Porath와 Tellegen(2020b)의 표 3-1에 나와 있다. 신뢰도와 외적 상관관계에 관한 결과는 이 장의 후반부에 기술되어 있다.

MMPI-3 척도 개발

타당도 척도

MMPI-3에는 10개의 타당도 척도가 있다. 다른 MMPI 검사들과 마찬가지로 이들 척도는 수검자가 문항 내용이 자신에 해당되는지의 여부를 표시하도록 한 표준검사 지시를 얼마나 잘 따랐는지를 결정하기 위해 만들었다. MMPI-3 타당도 척도는 제12장에서 기술했던 척도들을 발전시켜 나온 것, 즉 MMPI-2-RF 척도의 개정판이다. 반응 비일관성(Combined Response Inconsistency : CRIN) 척도는 예외이며, 새로 개발된 척도이다. 모든 타당도 척도의 원점수는 MMPI-3 규준 집단의 반응에 기초하여 선형적 T 점수로 변환되었다(평균＝50, 표준편차＝10). 또한, MMPI의 이전 판과 마찬가지로 무응답(CNS)은 검사에 대한 무반응성의 지표로 활용된다. CNS 점수는 간단하게 MMPI-3에 응답하지 않은 문항 수 혹은 예/아니요 모두에 반응한 문항 수이다. MMPI-3 타당도 척도 목록은 표 13.1에 기술되어 있으며, 타당도 척도에 대한 해석지침은 이 장의 뒷부분에 제시되어 있다.

무선반응 비일관성(VRIN) 척도, 고정반응 비일관성(TRIN) 척도 및 결합반응 비일관성(CRIN) 척도 MMPI-3의 VRIN, TRIN과 CRIN 척도는 문항 내용과 무관한 무효 응답을 평가한다. 이 척도 중 두 가지(VRIN과 TRIN)는 MMPI-2와 MMPI-2-RF에 있던 척도를 수정한 것이며, MMPI-2-RF 척도들과 유사한 방식으로 만들어졌다. CRIN 척도는 MMPI-3에서 새로 만들었으며, VRIN과 TRIN을 구성하는 문항 쌍을 합하여 만들었다.

VRIN 척도는 유사한 내용을 갖고 있는 53개의 문항 쌍으로 이루어졌다. VRIN 척도의 원점수는 동일한 내용의 2개 문항에 서로 상반되는 반응을 하여서 수검자가 문항 내용을 생각하지 않고 응답하였다는 것을 보여 주는 문항 쌍의 개수이다(예를 들어 무선반응). 원점수는 선형 T 점수로 변환되었고 높은 점수는 수검자가 문항에 일관되지 않게 반응하였을 가능성이 높다는 것을 나타낸다.

TRIN 척도는 수검자가 검사 문항에 모두 '예' 혹은 모두 '아니요'라고 반응하려는 태세를 보이는 정도를 평가한다. TRIN 척도는 짝을 이룬 각 문항의 한쪽 내용과 다른 쪽 내용이 반대 방향으로 대답하여야 일치되는 33개의 문항 쌍으로 이루어졌다. 원점수는 '예-예'라고 반응한 문항 수에서 '아니요-아니요'라고 반응한 문항 수를 뺀 문항 쌍의 개수다. 높은 점수 차이는 순응적('그렇다'라고 말하는) 방식으로 반응하려는 경향이 있음을 나타낸다. 낮은 점수는 비순응적('아니다'라고 말하는) 방식으로 반응하는 경향이 있음을 나타낸다. 원점수의 차이는 선형 T 점수로 변환되고 50점 이하의 점수는 대칭된다. 높은 T 점수는 내용과 상관

없는 고정된 반응방식, 즉 순응적(점수 뒤에 T가 표시되고)이거나 비순응적(점수 뒤에 F가 표시되는)인 반응 양상으로 굳어져 있음을 나타낸다.

새로운 CRIN 척도는 전반적인 반응 비일관성을 평가하려는 것이다. 이 척도는 VRIN과 TRIN 척도 쌍에서 가져온 86문항 모두로 구성되어 있다. CRIN 점수가 상승한 것은 수검자가 VRIN이나 TRIN 척도가 상승할 정도에 이르지는 않지만 무선반응을 하거나 고정반응을 하는 정도를 나타낸다. CRIN의 원점수는 VRIN 문항 쌍의 비일관된 반응 수와 TRIN 문항 쌍의 '예–예' 반응 쌍의 수, '아니요–아니요' 반응 쌍의 수를 합하여 계산한다. 원점수는 선형 T 점수로 변환되고 점수가 높을수록 문항 내용과 무관한 무효 응답의 정도가 심하다는 것을 나타낸다.

비전형 반응(F), 비전형 정신병리 반응(Fp), 비전형 신체적 반응(Fs), 증상 타당도(FBS), 반응 편향(RBS) 척도

5개의 MMPI-3 척도는 수검자가 심리적 문제와 증상을 과대보고하는 정도를 평가한다. 이들 척도 가운데 F, Fp와 Fs 척도는 MMPI-2-RF의 해당 척도를 수정하여 만들었다. 대체로 이들 척도는 특정 상황에 있는 수검자가 비전형적으로 반응하는 문항들로 구성되었다. 따라서, 보통은 '비전형 척도'라고 불린다. F 척도는 MMPI-2와 MMPI-2-RF에서 비전형(F) 척도와 비전형 반응(F-r) 척도에 해당되는 척도의 개정판이다. MMPI-3의 F 척도는 MMPI-3 규준 표본 자료를 모으는 과정에서 MMPI-3를 시행한 사람들 가운데 15% 이하만이 채점되는 쪽으로 응답한 35개의 문항으로 구성되었다. 이 기준에 부합하는 문항 가운데 몇몇은 다른 비전형 척도, Fp나 Fs에 포함되었기 때문에 F 척도에서 제외하였다. MMPI-3의 Fp 척도는 MMPI-2-RF의 비전형 정신병리 반응(Fp-r) 척도의 최신 버전이다. Fp 척도는 301명의 남자와 455명의 여자로 구성된 정신건강 표본을 대상으로 채점되는 쪽으로 반응한 사람이 20% 이하인 21개의 문항으로 구성되었다. Fp 척도는 MMPI-2-RF의 경우처럼 일반 모집단보다 정신병리의 기저율이 높은 환경에서 과대보고를 탐지하기 위해 만들었다. MMPI-3 Fs 척도는 MMPI-2-RF Fs 척도의 개정판이다. 이 척도는 일반 모집단보다 신체증상에 대한 보고가 많은 환경에서 과대보고를 찾아내기 위해 만들어졌다. 개정된 MMPI-3 Fs 척도는 373명의 남자와 572명의 여자로 구성된 의료 표본에서 25% 이하만이 채점되는 쪽으로 응답한 16개의 문항으로 구성되었다. 각각의 비전형 척도는 원점수를 선형 T 점수로 변환하였다. 높은 점수는 그 집단에서 예상보다 더 많이 신체적 문제와 증상에 대해 채점되는 쪽으로 응답하였다는 것을 나타낸다.

　　나머지 2개의 척도(FBS와 RBS)는 MMPI-2-RF의 척도와 동일하다. FBS는 본래 신체증상과 인지증상을 보이는 사람들이 채점되는 방향으로 반응하는 문항 30개로 구성되었다. RBS는 수행타당도검사를 통과한 사람과 통과하지 못한 사람이 다르게 반응했던 28개의 문항으로 구성되었다. FBS와 RBS에서 T 점수가 올라가면 인지적 문제와 신체적 문제를 과대보고하는 것을 나타낸다.

흔치 않은 도덕적 반응(L)과 적응 타당도(K) 척도

MMPI-3 타당도 가운데 2개는 문제나 증상을 과소보고하는 사람을 찾아내려고 만들었다. MMPI-3의 L 척도는 14개 문항으로 MMPI-2-RF의 흔치 않은 도덕적 반응(L-r) 척도를 수정한 것이다. 채점되는 쪽으로 응답하여 점수를 얻은 문항은 자신을 바람직한 모습으로 보이고자 하는 것으로, 사람들이 대부분 인정할 수 있는 가벼운 결함이나 단점까지도 부인하려는 태도를 나타낸다. MMPI-3의 K 척도는 14개 문항으로 MMPI-2-RF의 적응 타당도(K-r) 척도를 수정한 것이다. 이 척도의 점수가 상승하면 평균적인 사람보다 더 잘 적응하고 있다고 주장하는 것을 나타낸다. 자신의 모습을 정확하게 보여 주고 있지 않거나 혹은 실제로 평균 수준보다 적응을 잘하고 있는 것일 수도 있다. 어떤 경우이든 이 척도의 점수가 상승하면 주요 척도의 점수를 해석할 때 주의가 필요하다.

　　MMPI-3의 L과 K 척도는 모두 MMPI-2-RF 척도의 해당 부분을 근거로 만들었다. L 척도의 경우, Ben-Porath와 Tellegen(2020b)은 치안 담당자를 고용하기 전 평가($N=3,069$)에서 검사를 받은 사람이 MMPI-2-RF의 L-r 척도에서 채점이 되는 쪽으로 반응한 문항의 빈도를 조사하였다. 그리고 나서 L-r 문항 가운데 그렇게 자주 채점되는 쪽으로 반응하지는 않는다고 (<40%) 생각되는 문항들을 사용하여 임시적인 L 척도를 만들었다. K 척도의 경우는 K-r 척도 가운데 내용 면에서 L 척도 구인에 더 잘 부합한다고 생각되는 1개의 문항을 제외한 나머지 문항을 사용하여 임시적인 K 척도를 만들었다. 그리고 동일한 인사 선발 전 평가 표본을 대상으로 임시적인 L과 K 척도 및 MMPI-3 문항군에 있는 기타 문항과의 상관을 조사하였다. 검사 저자들이 판단하기에 임시적인 척도와 충분히 상관이 있고 그 척도가 측정하고 있는 구인에 적절한 내용을 포함하는 문항을 첨가하였다.

주요 척도

타당도 척도에 더하여 MMPI-3는 수검자의 주요한 기능을 측정하려고 만든 42개의 주요 척도를 포함하고 있다. 이들 척도는 표 13.1에 나와 있다.

MMPI-3 주요 척도는 대부분 MMPI-2-RF의 동일 척도를 기초로 개발하였다. MMPI-3 척도 개발에 관한 자세한 내용은 MMPI-3 매뉴얼 제2장에 나와 있다(Ben-Porath & Tellegen, 2020b). 동일한 절차를 통해 기존의 MMPI-2-RF 주요 척도 각각을 MMPI-3에 맞게 수정하였다. 이들 절차는 해당 척도가 차별성을 개선할 수 있도록 수정이 가능한지를 살펴보는 것부터 시작한다. 이는 척도의 심리측정적 속성을 살펴보기 위한 반복적 과정을 통해 진행된다. 즉, MMPI-2-RF의 해당 척도에서 채점된 문항을 제거한 후 95개 판정 문항으로부터 가져온 문항들이 얼마나 가중치를 갖는지 살펴보는 과정을 반복하는 것이다. 여기서 고려의 대상이 되는 심리측정적 속성에는 내적 일관성, 수정된 문항 총 상관(item total correlations), 다른 척도와의 상호 상관(intercorrelations)이 포함된다. Ben-Porath와 Tellegen(2020b)은 잠재적인 문항 추가와 문항 삭제를 통해 그 문항의 내용이 그 척도가 측정하고자 하는 구인에 적절한 것인지 여부를 판단하고자 하였다. 이들은 또한 보다 큰 규모의 척도 개발 표본에 들어 있는 200명의 대학생 자료를 이용하여 예비적인 MMPI-3 척도와 여러 가지 검사 외적 준거 상관을 살펴보고 이것을 MMPI-2-RF의 동일 척도 및 검사 외적 준거 상관과 비교하였다.

이에 더하여 검사 개발과정에서 몇 가지 새로운 SP 척도를 만들었다. 이들 척도는 MMPI-2-RF(예컨대, 섭식 문제)가 충분하게 평가하지 못한 임상적으로 중요한 구인을 평가하려고 하였다. Ben-Porath와 Tellegen은 유사한 내용을 평가하는 총 95개의 판정 문항 하위세트를 찾아내는 것부터 시작하였다. 이 문항세트는 씨앗 척도가 되었는데, 척도 개발을 위한 표집에서 척도들 간의 상관에 기초하여 MMPI-3 문항군에 있는 이들 부가적 문항을 첨가하거나 제거할 수 있다. 그리고 나서 척도 개발을 위한 대학생 하위 표집을 대상으로 예비적으로 구성한 새로운 특정 문제(SP) 척도와 외적 준거들 간의 상관을 살펴보았다. 수렴 타당도와 변별 타당도를 지지하는 증거가 부족한 예비 척도들은 MMPI-3에 포함하지 않았다. MMPI-2-RF 가운데 몇 개의 척도를 MMPI-3로 승계할 것인지의 여부를 결정하는 것도 이때이다. MMPI-2-RF의 흥미 척도와 MMPI-2-RF의 몇 가지 SP 척도[즉, 소화기 증상 호소(GIC), 두통 호소(HPC) 및 다중 특정 공포(MSF)]는 MMPI-3에 포함되지 않는다. MMPI-3용으로 개발된 척도 유형의 세부사항에 대해서는 다음에서 이야기하겠다.

상위차원(H-O) 척도

제12장에서 언급했듯이 세 가지 H-O 척도 — 정서적/내재화 문제(EID), 사고 문제(THD), 행동적/외현화 문제(BXD) — 는 MMPI-2-RF를 위해 개발되었으며, 검사의 척도 및 문항에 대한 요인분석을 통해 찾아낸 감정, 사고 및 행동 문제를 반영하는 주요 차원을 평가한다.

이 세 가지 척도는 개정된 형태로 MMPI-3에 포함되었다. 42개 문항으로 구성된 EID 척도는 수검자가 겪는 정서적 고통의 전반적인 수준을 측정한다. 문항들은 불안, 우울 및 기타 부정적인 정서를 평가한다. 이 척도는 RCd(의기소침), RC2(낮은 긍정 정서) 및 RC7(역기능적 부정 정서) 척도와 가장 강력한 상관을 보인다. THD 척도는 27개 문항으로 되어 있으며, 망상, 환각 및 기타 사고의 혼란을 반영하는 내용이다. RC6(피해의식), RC8(기태적 경험)와 가장 높은 상관을 보인다. 마지막으로 BXD 척도는 24개 문항으로 구성되며 행동적으로 표출되는 행동화에 대한 전반적인 측정치이다. 이 척도는 RC4(반사회적 행동)와 RC9(경조증적 상태)과 강한 상관을 보인다.

재구성 임상(RC) 척도

제7장에서 설명한 대로 RC 척도는 MMPI-2용으로 처음 개발되었으며 수정 없이 그대로 MMPI-2-RF에 승계되었다(Ben-Porath & Tellegen, 2008/2011). RC 척도를 개발한 본래 주요 이유는 각 임상 척도에 Tellegen 등(2003)이 '의기소침'이라고 칭한 일반 요인이 포함되어 있어서 각 임상 척도 간의 높은 상관을 보이는 문제를 처리하기 위해서였다. RC 척도를 개발하는 데 사용된 복잡한 심리측정적 절차 및 통계 절차에 대해서는 다른 곳에서 이야기하였다(제7장 또는 Tellegen et al., 2003 참조).

이 장의 앞부분에서 설명한 문항분석 절차를 사용하여 MMPI-3 저자들은 MMPI-3용 RC 척도의 최신 버전을 만들었다. RC 척도와 축약어가 표 13.1에 제시되어 있다. 주목할 것은 MMPI-3에는 RC3 척도가 없다는 점이다. RC3 점수와 외적 준거 타당도(Sellbom, 2020)와의 관계에 기초하여 저자들은 RC3 척도를 냉소적 태도(CYN)라는 이름의 SP 척도로 보아야 한다고 결론 내렸다. 이 척도에 대해서는 이 장의 뒷부분에서 논의할 것이다.

MMPI-3에서 RCd는 정서적 고통과 전반적인 불행감 및 불만족을 측정하는 17개 문항으로 구성된다. RC1(신체증상 호소)의 21개 문항은 모호한 신체건강 문제를 보고하는지 알아보는 것이다. 긍정적인 정서경험의 결여는 RC2(14개 항목) 척도로 확인한다. RC4는 반사회적 행동과 태도를 측정하며 14개의 항목으로 구성되어 있다. RC6의 14개 문항은 다른 사람이 위협이 되거나 수검자에게 해를 끼칠 수 있다는 우려를 나타내는 지표이다. RC7의 19개 문항은 두려움, 불안 및 분노와 같은 부정적인 감정을 경험하는 지표가 된다. 반면, RC8는 비정상적인 사고와 지각을 측정한다(18개 항목). 마지막으로 RC9은 에너지와 기분의 고양 및 자극추구행동과 충동적인 행동 경향성과 관련된 15개 문항으로 구성되어 있다.

특정 문제(SP) 척도

MMPI-3에는 26개의 SP 척도가 있으며, 문제의 유형에 따라 몇 개의 묶음(즉, 신체/인지 증상, 내재화, 외현화, 대인관계)으로 나뉜다. 이들 척도 중 일부는 MMPI-2-RF에서 수정 없이 가져왔고, 몇몇은 앞에서 설명한 절차를 통해 개발한 MMPI-2-RF 척도의 개정본이다. 척도 개발 절차에 대한 개요에서도 언급했듯이 특히 MMPI-3에만 포함되는 몇 가지 추가적인 SP 척도를 만들었다.

신체/인지 증상 SP 척도 묶음에는 4개의 척도가 있으며, 이들은 모두 RC1이 포착한 신체화 구인을 반영한다. MMPI-3의 신경학적 증상 호소(NUC) 척도는 MMPI-2-RF의 해당 척도와 동일하다. 이 척도는 현기증, 마비 및 신경학적 장애를 나타낼 수 있는 기타 증상을 포함하는 10개 문항으로 된 척도이다. 신체적 불편감(MLS)과 인지적 증상 호소(COG) 척도는 MMPI-2-RF에서 가져왔지만 약간 수정되었다. MLS는 높은 점수가 나쁜 건강상태와 피로감을 나타내는 7개 문항으로 된 척도다. COG는 집중력과 기억력 문제를 평가하는 11개 문항으로 된 척도이다. EAT(섭식 문제) 척도는 MMPI에 새롭게 도입되었고 섭식 문제에 특정한 행동을 평가할 만한 적절한 척도가 없어 만들어졌다. EAT는 폭식, 구토하기 및 신체상과 관련된 5개 문항으로 된 척도이다.

내재화 SP 척도는 10개이다. 이들은 RCd 및 RC7 척도에 포함된 것보다 좁은 범위의 구인을 반영한다. 이들 중 6개는 MMPI-2-RF 척도, 즉 자살/죽음 사고(SUI), 무력감/무망감(HLP), 자기 회의(SFD), 효능감 결여(NFC), 분노 경향성(ANP) 및 행동 제약 공포(BRF) 척도를 약간 수정한 버전이다. SUI 척도는 죽음에 대한 생각, 자살 및 과거의 자살 시도와 관련된 7개 문항이다. MMPI-3의 이 척도는 수검자에게 자살 사고와 자살행동에 대한 경험을 직접적으로 묻는 문항의 비율이 MMPI-2-RF의 동일한 척도에 비해 더 높다. HLP 척도는 문제를 해결하거나 목표를 달성할 수 없다는 믿음을 표현하는 7개 문항으로 되어 있다. SFD 척도는 자신감 결여와 쓸모없다는 느낌에 대한 7개의 문항으로 구성된다. NFC는 우유부단함과 일을 착수하기 어려움과 관련된 9개 문항으로 구성되어 있다. ANP는 12개 문항으로 된 척도로 그 내용에 분노 및 다른 사람에 대한 인내심 부족이라는 다양한 특징을 포함하고 있다. BRF 척도에는 7개의 문항이 있으며, 일상적인 행동도 할 수 없게 만드는 두려움을 반영한다.

내재화 SP 척도 중 3개는 주로 MMPI-2-RF 척도를 수정한 것이다. ARX(불안 경험) 척도의 15개 문항은 여러 형태의 불안(예를 들어, 공황, 공포)을 포함한다. 이 척도는 MMPI-2-RF 불안(AXY) 척도를 대체하기 위한 것이며 이전 버전에 비해 보다 다양한 범위의 불안 관련 어

려움을 평가하는 문항이 포함되어 있다. MMPI-2-RF 스트레스/걱정(STW) 척도는 MMPI-3
에서 스트레스(STR) 척도와 걱정(WRY) 척도로 나뉜다. STR 척도의 6개 문항은 초조함을
느끼고 쉽게 스트레스를 받음을 말한다. WRY 척도는 과도한 걱정과 자신의 생각에 대한 집
착과 관련된 7개의 문항으로 되어 있다.

강박(CMP) 척도는 MMPI-3에서 새롭게 개발된 내재화 SP 척도이다. 이 척도의 8개 문항
은 질서 정연함을 추구하는 것, 질서가 잡히지 않았을 때 신경질적이 되는 것, 특정 행동을
계속해서 반복하는 것을 말한다. CMP가 측정하는 특성은 이전 버전의 MMPI에서는 잘 평
가하지 못했으며, Ben-Porath와 Tellegen(2020a, 2020b)은 MMPI-2-RF-EX에서 이러한 구
인을 측정하는 문항을 의도적으로 포함시켰다.

외현화 SP 척도는 7개이다. 이 척도들은 RC4 및 RC9의 많은 부분을 포함한다. 이들 척도
중 하나인 흥분 성향(ACT) 척도는 MMPI-2-RF의 해당 척도와 동일하다. 8개 문항으로 된
ACT 척도는 경조증/조증 삽화 및 높은 에너지 수준과 일치하는 증상을 포함하고 있다. 이
들 척도 가운데 3개는 MMPI-2-RF에서 외현화 SP 척도로 채점되던 것을 약간 수정한 것이
다. JCP(청소년기 품행 문제) 척도의 7개 문항은 청소년기 비행행동뿐 아니라 현재의 행동화
를 포함하고 있다. 행동장애 척도 가운데 JCP가 유일하게 상승한 경우, 이는 청소년기에 행
동화 문제를 보였지만 현재는 행동화 문제를 보이지 않는다는 것을 인정하는 것일 수 있다.
약물 남용(SUB) 척도는 과거와 현재의 물질 사용, 특히 알코올의 사용과 관련되는 9개의 문
항으로 되어 있다. 공격 성향(AGG) 척도는 6개 문항으로 신체적으로 공격적인 행동 및 그러
한 행동에 대한 무감각한 태도를 포함하고 있다.

외현화 SP 척도에는 가족 문제(FML) 및 냉소적 태도(CYN) 척도도 포함된다. FML은 가
족과의 부정적인 경험 및 가족 구성원에 대한 부정적인 지각을 다루는 10개 문항으로 구성
된다. CYN은 MMPI-2-RF의 RC3 척도 개정판이다. 사람들은 나쁜 의도를 가지고 있으며
다른 사람을 믿어서는 안 된다는 신념을 반영하는 13개의 문항으로 구성되어 있다. MMPI-
2-RF에서는 이들 두 척도가 약간 다른 버전으로 포함되어 있었으며 각각이 다른 영역에 들
어 있었다. MMPI-3는 이들을 외현화 영역으로 분류하였는데, 왜냐하면 이들 두 척도가 적
대적 특성과 강한 정적 상관을 보였기 때문이다(Sellbom, 2020).

외현화 SP 척도에는 충동성(IMP)이라는 새로운 척도도 포함된다. IMP의 6개 문항은 충
동성 문제 및 과잉행동에 대한 것이다. IMP가 측정하는 이러한 특징은 임상적 유용성에도
불구하고 이전의 MMPI 버전에서 잘 평가하지 못했다. 그래서 Ben-Porath와 Tellegen(2020a,
2020b)은 MMPI-2-RF-EX에서 이러한 구인을 측정하기 위한 문항을 의도적으로 포함했다.

마지막으로 MMPI-3에는 5개의 대인관계 SP 척도가 있다. 이들 중 몇 개는 MMPI-2-RF 대인관계 SP 척도와 동일하거나 약간 수정된 것들이다. 지배성(DOM) 척도는 대인관계 수동성(IPP) 척도의 채점 방향을 역으로 바꾸고 새로운 이름을 붙여 개정한 것이다. 이 척도의 9개 문항은 주장적인 것, 강한 의견을 갖는 것, 지도자 역할을 하는 데 자신 있어 하는 것을 나타낸다. DOM의 점수는 적대적인 외현화 정신병리에 대한 측정치와 정적 상관을 보이지만 대인관계의 어려움을 더욱 강력하게 반영하기 때문에 대인관계 SP 척도로 포함되었다(Sellbom, 2020). 관계 단절(DSF) 척도는 7개 문항이며 사람을 싫어하고, 다른 사람과 관계를 맺기보다 혼자 있는 것을 선호하며, 가까운 관계를 맺어 본 적이 없는 등의 특징을 반영한다. 사회적 회피(SAV)는 사회적 상황을 싫어하고 사회적인 일이나 활동을 회피하는 것을 탐지하는 9개 문항의 개정본이다. 7개 문항으로 구성된 수줍음(SHY) 척도는 같은 이름의 MMPI-2-RF 척도와 동일하다. 문항 내용은 다른 사람이 주변에 있으면 불편해하고 쉽게 당황하는 것을 포함한 사회불안 증상에 초점을 두고 있다.

우월감(SFI) 대인관계 SP 척도는 MMPI-3에서 새롭게 포함된 척도이다. 이 척도로 평가된 구인은 Ben-Porath 및 Tellegen(2020a, 2020b)이 특히 목표로 한 구인이며, MMPI-3를 개발하기 위한 95개의 새로운 시험문항에 포함되었다. 이 척도의 10개 항목은 자신이 다른 사람들은 가지지 못한 특별한 재능과 능력을 가진 탁월한 사람이라는 믿음을 나타낸다.

성격병리 5요인(PSY-5) 척도

PSY-5 척도는 원래 MMPI-2(Harkness, McNulty, & Ben-Porath, 1995)에 포함하기 위해 Harkness와 McNulty에 의해 개발되었으며 나중에 MMPI-2-RF(Harkness, McNulty et al., 2014)를 위해 개정되었다. PSY-5 척도는 Harkness와 McNulty(1994)가 정상 성격 및 비정상 성격 모두에 중요한 특징을 설명하기 위해 제시한 구인을 측정한다. PSY-5 구인과 이를 측정하기 위해 개발된 원래의 척도는 이 책의 제7장과 미네소타대학출판부에서 출판된 논문에 자세히 설명되어 있다(Harkness et al., 2002).

Harkness와 McNulty는 MMPI-3(Ben-Porath & Tellegen, 2020a, 2020b)에 포함하기 위해 저자들에게 다시 한번 PSY-5 척도를 수정해 줄 것을 요청하였다. 그들은 MMPI-3의 다른 중요한 척도를 개정하기 위해 이 장의 앞부분에서 설명한 것과 동일한 일반 절차를 사용했지만, Ben-Porath와 Tellegen이 MMPI-3의 다른 척도를 만들고 난 후에 MMPI-2-RF-EX에서 유지된 문항만을 가지고 시작하였다. 15개 문항으로 된 공격성(AGGR) 척도는 다른 사람들의 공격적인 행동에 대한 반응으로 공격적 행동을 하는 것보다는 자신이 원하는 것을 얻기 위한 주장적이고 공격적인 행동에 중점을 둔다. 정신증(PSYC) 척도는 20개 문항으로 사고장애와 관련된 경험을 포함한다. 통제 결여(DISC) 척도는 18개 문항으로 충동 조절이 잘 안 되고 행동화하며, 자극을 추구하는 행동에 초점을 맞춘다. 부정적 정서성/신경증(NEGE) 척도는 15개 문항으로 불안, 불안정감 및 걱정과 같은 부정적인 정서를 느끼는 경향을 평가한다. 내향성/낮은 긍정적 정서성(INTR) 척도는 14개 문항으로 사회적 상황의 회피와 기쁨 및 기타 긍정적 정서 경험의 결핍을 나타낸다.

실시 및 채점

검사 실시자의 자격

모든 MMPI 도구와 마찬가지로 MMPI-3는 임상 평가도구 사용에 대한 적절한 교육 및 훈련을 받은 사람이 사용해야 한다. 검사 보급사는 이러한 종류의 검사를 실시하는 사람에 필요한 최소의 자격을 정해 놓았다. 검사 보급사의 웹사이트(pearsonassessments.com)는 이러한 자격에 관한 세부 정보를 제공한다. 기본적으로 사용자는 임상 평가의 실시 및 해석에 있어 적절한 훈련을 받아야 한다. 훈련은 학위 프로그램을 마치거나 지속적인 교육 워크숍을 통해 이루어질 수 있다.

누가 MMPI-3 검사를 받을 수 있는가?

MMPI-3에서 의미 있는 결과를 얻으려면 수검자는 문항을 이해하고 적절하게 응답할 수 있을 정도의 독해력을 가져야 한다. 모든 MMPI-3 문항의 Flesch-Kincaid 독해력 평균은 4.5이며(Ben-Porath & Tellegen, 2020a), 검사를 마치기 위해서는 5학년보다 약간 낮은 정도의 읽기 수준이 필요하다. 하지만 개별 MMPI-3 문항 가운데는 더 높은 독해력을 필요로 하는 경우도 많다. 따라서 평균적인 읽기 능력을 갖춘 응시자에 대해서도 검사 실시자는 그들이 문항을 이해하는 데 어려움을 나타내는 특징을 보이는지 주의 깊게 살펴보아야 한다. 이런 경우, CNS, VRIN, TRIN 및 CRIN과 같은 척도 점수가 상승할 수 있다. 수검자의 독해력이 염려되는 경우, 표준화된 독해력검사를 실시해야 한다. 때때로 독해력 수준이 낮은 사람도 표준화된 청각용 검사를 사용하면 해석 가능한 MMPI-3를 완성할 수 있다. 표준화된 청각용 검사는 Pearson Assessments에서 구할 수 있다.

MMPI-3는 18세 이상인 사람을 대상으로 한다. 이보다 어린 사람에게는 청소년용 MMPI (MMPI-A; Butcher et al., 1992) 또는 재구성판 MMPI-A(MMPI-A-RF; Archer et al., 2016)를 사용해야 한다. MMPI(청소년 및 성인)의 모든 버전에 18세 규준이 있기 때문에 18세의 경우 임상가는 개별 사례에 따라 성인용 또는 청소년용 검사 가운데 어느 것을 사용하는 것이 더 적절한지 결정해야 한다. 보통은 MMPI-A 또는 MMPI-A-RF는 아직 고등학교를 다니는 경우에 사용하고 MMPI-2, MMPI-2-RF 또는 MMPI-3는 대학에 재학 중이거나 직장에 다니거나 그 외의 보다 독립적인 생활방식을 갖고 있는 경우에 사용한다. 청소년용 MMPI는 이 책의 제14장과 제15장에서 논의할 것이다. MMPI-2 및 MMPI-2-RF는 제1~12장에서 논의했다. MMPI-2, MMPI-2-RF 또는 MMPI-3 가운데 어떤 것을 사용할지에 대한 지침은 이 장의 뒷부분에서 설명할 것이다. MMPI-3를 받을 수 있는 상한 연령에 제한은 없다.

MMPI-3를 실시할 수 있는 사람을 정할 때 중요하게 고려해야 할 것은 수검 대상자의 임상상태이다. 검사를 완성하는 것은 어렵고 지루하다. 인지손상이 있거나 인지 기능 저하가 있는 사람에게 검사를 끝내는 게 어려운 것처럼 매우 우울하거나 불안하거나 안절부절못하는 사람에게도 검사를 끝내는 것은 어려운 일이다. 이러한 사람들에게는 검사를 몇 차례 짧게 나누어서 시행하는 것도 가능하다. 때때로 큰 고통을 느끼는 사람들에게는 표준화된 청각용 검사를 사용하면 보다 쉽게 검사를 마칠 수 있다. 청각용 검사는 Pearson Assessments에서 구할 수 있다.

MMPI-3의 실시

MMPI-3는 표준화가 잘된 검사로, 검사 결과의 차이는 수검자 자체의 차이로 인한 것이지 검사가 시행되는 방식의 차이 때문이 아니다. MMPI-3의 공인된 시행방법은 필답용으로 인쇄된 검사지를 보고 문항을 읽고 답안지에 반응을 표시하도록 하는 것과 Pearson Assessments에서 구할 수 있는 Q-Local 또는 Q-Global 소프트웨어를 사용하는 것이다. 독해력의 부족이나 심각한 정서적 고통과 같은 복잡한 문제 요인이 없으며 평균 또는 평균 이상의 지능을 가진 사람이라면, 컴퓨터로 시행되는 검사시간은 일반적으로 25~35분이다. 필답용은 일반적으로 35~50분이 소요된다. 읽기에 어려움이 있거나 기타 복잡한 문제 요인이 있는 경우 검사시간이 상당히 길어질 수 있다. 표준화된 청각용 검사는 검사지나 컴퓨터 화면을 통해 문항을 읽는 데 어려움이 있는 수검자에게 사용할 수 있다. 우리는 문항을 소리 내어 읽는 것을 권장하지 않는다. 왜냐하면 이러한 실시방법은 표준화된 실시 절차를 벗어나는 것이고 수검자의 반응에 영향을 줄 수 있기 때문이다. MMPI-3는 항상 검사 실시에 대해 훈련을 받은 사람이 감독하고 있는 곳에서 실시되어야 한다. 적절한 검사 실시에 대한 내용은 제2장에서 확인할 수 있다.

MMPI-3의 필답용 및 컴퓨터용 검사는 영어, 스페인어, 캐나다의 경우 프랑스어로 된 것을 사용할 수 있다. 그 밖의 언어로 된 MMPI-3 사용에 관심이 있는 사람은 미네소타대학출판부 Test Division에 문의할 수 있다(https://www.upress.umn.edu/test-division).

MMPI-3의 채점

MMPI-3 채점방법은 몇 가지가 있다. 컴퓨터 채점이 가능하며 이 방법은 정확하고 효율적이며 신뢰할 수 있다는 장점이 있다. 만약 검사가 Q-Local 또는 Q-Global 시스템을 사용하여 완료되었다면 반응은 즉시 처리되어 모든 MMPI-3 척도에 대한 점수와 프로파일이 만들어진다. 필답용이라면 채점판 및 프로파일 용지를 사용하여 수기로 채점할 수 있다. 이러한 방법은 컴퓨터 채점에 비해 매우 효율적이지 못하고 오류가 발생하기 쉽기 때문에 권장하지 않는다. TRIN, VRIN 및 CRIN 척도는 채점이 특히 복잡하므로 수기로 채점할 때 특별한 주의를 기울여야 한다. 스캐너나 키보드를 사용하여 답안지에 기록된 응답을 Q-Local 또는 Q-Global 채점 및 보고 시스템(Pearson Assessments에서 구할 수 있음)에 입력할 수도 있다. 또한 검사 실시자는 컴퓨터 채점을 위해 답안지를 우편으로 Pearson Assessments에 보낼 수도 있다.

MMPI-3가 Q-Local 또는 Q-Global 시스템을 사용하여 실시된 경우 또는 필답용으로 실시되었고 응답은 나중에 컴퓨터 시스템에 입력된 경우, 몇 가지 보고서 옵션을 사용할 수 있다. 점수 및 해석 보고서에 대한 검사 실시자의 지침서(Ben-Porath & Tellegen, 2020c)는 이들 보고서의 사용에 관한 유용한 정보를 제공한다. MMPI-3 점수 보고서(The MMPI-3 Score Report)라는 제목의 표준화된 보고서가 있고 여기서는 척도 점수의 프로파일과 모든 척도에 대한 원점수와 T 점수를 제공한다. 또한, 관심이 있는 특정 비교 집단(예컨대, 경찰 지원자, 지역사회 정신건강 외래 환자, 남성 교도소 수감자)의 평균 점수를 제공해 달라는 옵션을 선택할 수 있다. 이들 비교 집단의 자료는 대부분 검사 개발과정의 일부로 수집된 타당화 표집에서 가져온 것이다. 그들은 응시자가 단지 규준 집단에 속한 개인으로서 비교하는 것뿐만 아니라 유사한 상황에 있는 개인과도 비교할 수 있게 하였다. MMPI-3 점수 보고서의 샘플을 이 장의 부록에서 찾을 수 있다.

MMPI-3 점수 보고서에 더하여 Pearson Assessments로부터 2개의 해석 보고서를 얻을 수 있다(Ben-Porath & Tellegen, 2020c). 가장 일반적인 것은 MMPI-3 임상적 해석 보고서이다.

이 보고서에는 점수 보고서의 모든 정보와 그 정보에 대한 저자의 해석 및 해석이 도출된 출처를 포함한다. 다른 해석 보고서는 경찰 지원자 해석 보고서이다. 이 보고서는 수검자의 MMPI-3 점수 요약 및 이 점수가 경찰관으로서의 성과에 어떻게 반영될 수 있는지에 대한 경험적으로 검증된 해석 출처를 제공한다. 이러한 보고서 중 어떤 것에라도 관심이 있는 검사 실시자라면 Pearson Assessments에 문의하여 자세한 내용을 알아보도록 한다.

심리측정적 특성

MMPI-3 규준

영어 사용자 규준

MMPI-3를 개발한 주요 이유는 인구통계학적으로 미국을 대표하는 현대적 규준을 만들기 위해서이다. 이 장의 앞부분에서 기술하였던 바와 같이 규준 자료를 모으기 위해 MMPI-2-RF-EX를 사용하였다. 자료 수집은 2017년과 2018년에 이러한 유형의 프로젝트에 경험이 있는 사회과학 연구기관인 EurekaFacts에서 진행했다. 연구 참여자는 소셜미디어, 일반 광고, 지역사회 조직 및 기존 데이터베이스에 포함된 개인에게 직접적으로 요청하여 모집하였다. 기관에는 연구 참여자들이 2020년 미국 인구조사 자료의 예측치를 대표하도록 하라는 지침을 내렸다. 연구 참여에 관심을 보이는 사람들에게 전화 면접을 통해 이들이 참여하는 것이 연구목표에 부합하는지를 선별하였다. 총 2,383명이 검사를 받았고, 98%가 컴퓨터 태블릿에서 MMPI-2-RF-EX를 완료했다. 테스트를 완료한 개인에게는 각각 50달러가 지급되었다. 일부 응시자의 자료는 MMPI-2-RF의 문항 내용과 무관한 무효 응답 지표(즉, CNS > 17, VRIN-r 또는 TRIN-r >79T)에 해당하는 점수를 받았거나 과대보고(즉, F-r=120 및 Fp-r >99)했기 때문에 제외되었다. 이러한 배제 기준을 적용한 후 2,008명이 남았다. 이들로부터 인구통계학적 특징에 기초하여 총 1,620명(여성 810명, 남성 810명)을 선별하여 MMPI-3 규준 표집을 구성했다. 이들은 미국 모집단에서 관찰된 내용을 바탕으로 2020년 인구조사 예상치에 기초하여 다양한 연령, 교육 수준, 인종 및 민족의 비율에 근사하게 최종 규준 표집을 구성하였다.

MMPI-3 기술 매뉴얼(Ben-Porath & Tellegen, 2020b) 제2장에는 규준 자료 수집에 관한 세부사항을 포함했으며, MMPI-3 규준 표집을 구성하는 사람에 대한 인구통계학적 정보를 요약해 놓았다. 대체로, 자료는 미국의 9개 지역에 거주하는 지역사회 주민들로부터 수집하였다. 남성과 여성을 합한 표본은 백인 60.3%, 히스패닉/라틴계 14.0%, 흑인/아프리카계 미국인 12.4%, 아시아인 5.1%, 혼혈인 4.5%, 기타 3.7%였다.[2] Ben-Porath와 Tellegen(2020a, 2020b)은 2020년 예상 인구조사 자료에서 히스패닉/라틴계가 모집단에서 차지하는 비율을 과소 대표하고 있다는 점에 주목하였다(MMPI-3 규준 표집 14.0% 대 2020년 예상 인구조사 자료 16.8%). 그들은 히스패닉/라틴계 사람들이 MMPI-2-RF-EX를 완성할 수 있을 만큼 유창하게 영어를 구사하지 못하기 때문에 규준 표집에 포함될 수 없었다고 하였으며, 따라서 미국 스페인어 규준의 개발뿐 아니라(이 장의 뒷부분에 기술되어 있다) MMPI-3를 스페인어로 동시에 개발하는 것이 중요하다는 점을 강조하였다.

연령과 관련하여 MMPI-3 규준 표집의 21.6%가 18~29세, 55.7%는 30세에서 59세 사이이었고, 20.6%는 60세에서 79세 사이였으며 2.1%는 80세 이상이었다. Ben-Porath와 Tellegen(2020a, 2020b)은 규준 표집이 60~79세 및 80세 이상을 과소 대표한다는 점에 주목하였다. 그들은 80세 이상인 사람은 더 심각하게 과소 대표되었지만 이 연령의 사람은 MMPI 검사를 잘 사용하지 않기 때문에 그렇게 걱정할 문제는 아니라고 생각하였다. 그럼에도 불구하고 이 문제와 고령의 수검자에 대한 검사 해석에 있어서 이러한 과소 대표성의 영향에 대한 후속 연구가 필요하다.

규준 표집에 포함된 사람의 교육 수준은 "고졸 이하 또는 검정고시"(8.6%), "고졸 또는 검정고시"(29.0%), "전문대"(27.7%) 및 "학사 이상"(34.8%)이었다. MMPI-3 규준 표집과 2020년 예상 인구조사를 비교했을 때, 검사 저자들은 가장 낮은 교육 수준은 약간 과소 표집되었고 가장 높은 교육 수준은 약간 과대 표집되었다고 하였다(Ben-Porath & Tellegen, 2020a, 2020b). 낮은 교육 수준의 사람이 과소 표집된 이유는 부분적으로 이 집단에 속하는 사람들이 타당하지 않은 검사 결과를 보이기 때문이라고 할 수 있다. 이와 같은 과대 및 과소 표집 양상은 MMPI-2 규준과도 유사하며 검사 해석에 거의 영향을 미치지 않는 것으로 나타났다(Schinka & LaLone, 1997). 따라서 우리는 예상 인구조사와의 이러한 편차가 MMPI-3 검사 해석에 영향을 미치지 않을 것을 의심하지 않는다. 그럼에도 불구하고 앞으로 연구해

---

2 Ben-Porath와 Tellegen(2020a, 2020b)은 표와 본문에서 규준 표집을 기술할 때 약간 다른 명칭을 사용하였다(예를 들면, 실시 매뉴얼의 표 3-1). Y. S. Ben-Porath(개인적 교신, 2021년 11월)는 이들 명칭이 MMPI-2-RF-EX의 생물학 자료 시트(Ben-Porath와 Tellegen, 2020b의 부록 A)에 사용하였던 민족 및 인종의 기원에 대한 축약 버전이라고 하였다. 규준 표집의 정체성을 온전히 대표하기 위해서 우리는 생물학 자료 시트에서 보다 널리 사용되는 명칭을 사용하기로 했다. 따라서 "아메리카 원주민 혹은 알래스카 원주민" 또는 "하와이 원주민 혹은 태평양 섬사람"으로 확인된 사람의 비율을 기술하지 않았고 이들은 "기타"로 분류하여 보고하였다.

야 할 분야이기도 하다.

검사 규준 표집이 인구조사 자료와 정확히 일치할 수는 없다. 그러나 검사 저자들이 결론 내리고 우리도 동의하는 바대로 MMPI-3 규준이 미국 모집단에 거의 근사하게 나타나는 것으로 보이며, 이런 점에서 MMPI-2 및 MMPI-2-RF 규준에 비해 극적인 개선이 있었다. MMPI-2-RF의 경우와 마찬가지로, MMPI-3에는 비성별 규준만 사용할 수 있다. 비성별 규준을 사용하는 것은 고용 관행에서 성별에 대한 고려를 금지하는 1991년 시민권 법령을 준수하는 것이다.

미국 스페인어 사용자 규준

미국 스페인어 사용자를 위한 규준 표집은 영어 사용자 규준(Ben-Porath et al., 2020)과 같이 개발되었다. MMPI-2-RF-EX가 개발되자마자 스페인어로 번역하기 위한 노력이 시작되었다. 스페인어 사용자가 검사를 쉽게 사용할 수 있도록 '범스페인어' 번역을 보장하는 것을 특히 강조하면서 MMPI-2-RF-EX 문항은 번역–역번역 과정을 거쳤다(자세한 내용은 Ben-Porath et al., 2020 참조).

스페인어판 MMPI-2-RF-EX를 사용한 자료 수집도 EurekaFacts가 완성하였는데, 이전에 설명한 것과 동일한 모집 전략 및 자료 수집 절차를 사용하였다. MMPI-3의 스페인어판 규준을 개발하기 위해 스페인어만을 단일언어로 구사하는 사람을 모집하였다. 또한 스페인어판이든 영어판이든 각 문항이 동일한 의미를 지니는지를 살펴보기 위해 스페인어/영어를 이중언어로 쓰는 사람을 모집하였다. 처음에 MMPI-3에 포함하기 위해 고른 문항 가운데 하나는 영어와 스페인어 번역 사이에 동일한 의미로 전달되지 않아서 대체되었다.

스페인어 규준 자료 수집 프로젝트의 일환으로 텍사스주 댈러스, 워싱턴 DC, 플로리다주 마이애미 및 캘리포니아주 샌디에이고에서 총 655명이 스페인어 MMPI-2-RF-EX를 완성했다. 585명의 검사 결과가 타당하였다. 이 집단의 남성 모두(n=275)와 무선 선발된 275명의 여성(n=310 중에서 선발), 총 550명으로 스페인어판 규준 표집을 구성하였다. MMPI-3 매뉴얼 미국 스페인어 번역 증보판(Ben-Porath et al., 2020) 제2장에 규준 자료 수집에 대한 부가적인 상세 내용이 있으며, MMPI-3 스페인어판 규준의 인구학적 정보가 요약되어 있다.

연령에 관해서는 스페인어 규준의 24.4%가 18세에서 29세 사이였고, 63.3%는 30세에서 59세 사이였으며, 12.4%가 60세에서 79세 사이였고, 80세 이상은 없었다. 스페인어판 규준의 교육 수준은 "고졸 미만 혹은 검정고시"(22.7%), "고졸 혹은 검정고시"(27.5%), "전문대"(27.8%) 및 "학사 이상"(22.0%)이었다.

MMPI-3 매뉴얼 미국 스페인어 번역 증보판(Ben-Porath et al., 2020)의 제2장에는 스페인어판 규준 표집의 남녀 각각에 대한 척도 점수의 평균과 표준편차를 제시하였으며, 영어판 규준이라면 어떠한지를 보여 주는 표를 제시하고 있다. 척도 대부분은 두 가지 규준 사이에 집단 간 차이가 임상적으로 유의미하지 않다는 결과를 보여 주었다. 그러나 남성, 여성 및 두 집단 모두에서 몇 개의 의미 있는 차이를 보이는 척도들이 있었다(즉, CRIN, TRIN, Fp, RBS, L, BXD, RC4, RC9, MLS, BRF, JCP, SUB, IMP 및 DISC). 따라서, 우리도 동의하는 바이지만, 검사 저자들이 권고하기를 MMPI-3의 스페인어판 번역본은 스페인어판 규준만을 사용하여야 한다.

표준 점수

주요 척도의 원점수는 원점수를 규준 표집의 점수와 비교하여 동형 T(UT) 점수로 변환한다. UT 점수를 사용하면 서로 다른 주요 척도에서 동일한 T 점수는 동일한 백분위를 나타내게 된다. UT 점수의 활용에 대한 자세한 내용은 이 책의 제2장 또는 MMPI-3의 실시, 채점 및 해석 매뉴얼(Ben-Porath & Tellegen, 2020a)의 제3장에 있다. MMPI-2 및 MMPI-2-RF와 마찬가지로 타당도 척도의 원점수는 UT 점수로 변환하지 않는다. 오히려 타당도 척도 원점수의 분포는 주요 척도 분포와 다르기 때문에 타당도 척도 원점수는 선형 T 점수로 변환된다.

신뢰도

MMPI-3 기술 매뉴얼의 표 3.2~3.6(Ben-Porath & Tellegen, 2020b)은 규준 표본 및 외래 환자 정신건강 표본에 대한 모든 MMPI-3 척도의 재검사 신뢰도, 내적 일관성 및 측정표준오차(SEM)가 제시되어 있다.

재검사 신뢰도는 남성 123명과 여성 152명의 점수를 사용하였으며, 영어 사용 규준 표본에서 뽑았고, 중앙치가 8일인 간격으로 두 번 검사를 받았다. 재검사 신뢰도 값은 타당도 척도에 따라 다양하였으며, 일관성 척도(VRIN, TRIN 및 CRIN)는 과대보고(F, Fp, Fs, FBS 및 RBS) 및 과소보고(L, K) 척도에 비해 신뢰도가 낮았는데, 일관성 척도의 재검사 상관은 .47에서 .65 사이였던 반면 과대보고 및 과소보고 척도에 대한 계수의 범위는 .73에서 .87이었다. 타당도 척도에 대한 내적 일관성 값의 범위는 규준 표본의 경우 .31에서 .78이고, 외래 정신건강 표본의 경우 .23에서 .83까지였다. 일반적으로, 타당도 척도에 대한 내적 일관성 및 재검사 신뢰도 추정치는 척도와 표본마다 달랐으며, 주요 척도에 비해 훨씬 낮다(뒤에 설명되어 있다). 이러한 결과는 예상이 가능한데, 수검자가 협조적이고 믿을 만한 반응을 하는 표본이라면 이들 척도의 변동성이 제한되기 때문이다. 그러나 타당도 척도에 대한 SEM은 꽤 작아서 MMPI-3의 실시, 채점 및 해석 매뉴얼(Ben-Porath & Tellegen, 2020a)에 나와 있는 권고사항을 받아들일 만하다.

주요 척도의 경우 EID 및 BXD의 추정치가 .90 이상에 이를 정도로 H-O 척도에 대한 재검사 신뢰도 계수는 매우 강한 상관을 보였다. THD의 재검사 신뢰도 값은 다소 낮았지만, 규준 표본의 남성과 여성(각각 $r_{tt}=.76$ 및 .81) 모두에서 여전히 양호했다. THD의 재검사 신뢰도가 가장 낮은 것은 별로 놀라운 결과는 아닌데, 왜냐하면 이러한 유의 심각한 정신병리는 일반 모집단에서 기저율이 매우 낮기 때문이다. RC 척도의 시간적 안정성은 RC4의 경우 .94에서 RC6의 경우 .81(중앙치 $r_{tt}=.85$)로 매우 우수했다. SP 척도에 대한 재검사 계수의 범위는 .68(EAT)에서 .94(SUB, 중앙치 $r_{tt}=.84$)였다. 더 많은 문항이 포함되어 있는 척도는 문항이 적은 경우보다 안정적이었다. MMPI-3의 PSY-5 척도에 대한 재검사 신뢰도 계수는 받아들일 만한 정도이며, 범위는 PSYC(규준 표본 남성) .72에서 DISC(표준 표본 남성) .93이고 중앙치는 .87이다.

H-O 척도에 대한 내적 일관성(α) 계수는 임상 표본의 경우, .79(THD)에서 .92(EID, 중앙치 $\alpha=.85$)로 꽤 높았다. 예상대로 규준 표본에서 계수의 범위가 좀 더 줄어들면서 약간 더 낮아졌다(범위 $\alpha=.76$[THD]~.92[EID], 중앙치 $\alpha=.83$). RC 척도의 내적 일관성 계수는 임상 표본의 경우 .76(RC4)~.93(RCd, 중앙치 $\alpha=.82$) 및 규준 표본의 경우 .69(RC8)~.89(RCd, 중앙치 $\alpha=.78$)로 양호했다. 예상한 대로 H-O 또는 RC 척도보다 문항 수가 적은 SP 척도의 알파 계수는 규준 표본 및 임상 표본을 합하여서 살펴보았을 때 최저 .40(BRF)에서 .89(ANP)의 최고치를 보였으며, 90%가 .62에서 .85 사이에 있었다. 규준 표본에서 PSY-5 척도의 내적 일관성(α) 계수는 PSYC의 경우 .67에서 DISC의 경우 .88의 범위였다. 임상 표본에서는 .72(PSYC)에서 .90(INTR)이었다.

H-O, RC 및 PSY-5 척도에 대한 SEM은 규준 집단 및 외래 정신건강 표본 모두에서 H-O 척도에 대해서는 3~5점, RC 척도의 경우 3~6점, PSY-5 척도의 경우 3~6점으로 작은 편이었다. SP 척도의 재검사 신뢰도 및 내적 일관성이 더 낮았음에도 불구하고 SP 척도의 SEM은 H-O, RC 및 PSY-5 척도에서 보고된 것과 유사하였으며, SEM 추정치는 2점에서 8점이다. 유일한 예외는 BRF 척도로 외래 환자 여성 표본에서 비정상적으로 큰 측정표준오차를 보였다(SEM=10), 다른 표본의 BRF에 대한 SEM 추정치는 4점에서 8점 사이였다. 전반적으로, 이 자료는 T 점수가 수검자에 대한 상대적으로 정확한 측정치임을 시사한다.

요약하면, H-O, RC, PSY-5 척도의 내적 일관성과 시간적 안정성은 양호하며, 다른 자기 보고식 척도와 유사하다. SP 척도의 다소 낮은 신뢰성은 검사 실시자가 SP 척도의 점수를 해석할 때 경계선을 갓 넘은 경우보다는 높이 상승한 경우에 더욱 확신을 갖고 해석해야 한다는 것을 시사한다.

타당도

다음 절에서는 세 가지 일반적인 출처에서 가져온 MMPI-3 타당도 자료를 간략하게 검토하고 요약한다. 먼저 Ben-Porath와 Tellegen(2020b)은 MMPI-3의 기술 매뉴얼(부록 B, D, E)에 3만 6,000개 이상의 독특한 상관을 실어 놓았다. 이들 상관은 지역사회 정신건강센터 외래 환자, 사설기관 치료를 받는 외래 환자, 척추수술/척수 자극기 환자, 법의학적 장애 청구자, 교도소 재소자, 경찰관 후보자 및 대학생을 포함한 다양한 표본에서 MMPI-3 척도 점수와 외적 준거 사이의 상관을 보는 것이다. 외적 준거의 측정치는 치료자의 평정, 접수 면접 시 정보, 기록 검토 및 기타 자기보고식 도구들이다. 이들 표본은 대학생을 제외하면 MMPI 검사군을 자주 사용하는 곳이다. 대학생은 다른 곳에서는 불가능한 다양한 준거측정이 가능하기 때문에 포함되었다(Ben-Porath & Tellegen, 2020b). 둘째, MMPI-3의 대부분 척도가 MMPI-2-RF의 척도를 개정한 것이기 때문에 MMPI-3가 기존의 것들과 얼마나 유사한지 검토한다. 척도는 이전 것들과 매우 유사하기 때문에 MMPI-2-RF 연구로부터 타당도를 평가하는 데 도움을 받을 수 있다. 마지막으로, 우리는 학계의 검증을 거친 저널에 이미 발표된 검사 척도의 타당도를 조사한 연구들을 살펴볼 것이다.

타당도 척도

무응답(CNS) 점수

Ben-Porath와 Tellegen(2020a)에 따르면 누락한 문항이 과도하게 많으면 일부 척도는 점수가 낮아져서 수검자의 특성을 정확하게 반영하지 못할 수 있다. 매뉴얼은 해당 척도의 문항 90% 이상을 응답할 때 해석이 가능하다고 한다. 이러한 권고는 MMPI-2 및 MMPI-2-RF에 대한 연구에서 해석의 타당성이 유지될 수 있으려면 빠진 문항의 개수가 해당 척도의 10% 이하여야 한다는 결과에서 나온 것이다(Dragon et al., 2012).

문항 내용과 무관한 무효 응답 척도(CRIN, VRIN, TRIN)

앞서 설명한 바와 같이 CRIN 척도는 MMPI-3에서 새롭게 개발된 척도이며, 간간이 발생하는 문항 내용과 무관한 무효 응답의 지표 역할을 한다. Ben-Porath와 Tellegen(2020a)은 CRIN T 점수가 80점 이상으로 나올 때는 결과 전체를 해석할 수 없다고 권고한다. 그들은 CRIN T 점수가 중등도로 상승한 경우(즉, 70~79점), 모든 내용 기반 타당도 척도 및 모든 주요 척도에 대한 해석을 신중히 할 것을 권한다. 이러한 점수 기준에 대한 권장사항에는 경험적 연구가 필요하지만 Ben-Porath와 Tellegen(2020b)은 CRIN의 분할점에 대한 모의실험 연구(simulation study)를 통해 몇 가지 예비적인 경험적 지지를 받았다. 규준 표본을 이용하여 각 참여자에 대해 개별 문항 응답의 70%를 무작위로 골라서 대체했다. 절반의 경우는 '예'로 대체했고 나머지 절반은 '아니요' 반응으로 바꾸었다. CRIN과 MMPI-2-RF의 VRIN-r 척도와의 상관관계는 $r = .89$였다. '예' 응답이 매번 삽입되도록 한 번, '아니요' 응답이 매번 삽입되도록 또 한 번, 이렇게 동일한 절차가 두 번 반복되었다. 이러한 조건에서 전자의 경우, CRIN은 MMPI-2-RF의 TRIN-r 척도($r = .91$)와 강력한 정적 상관관계를 보였으며, 후자에서는 부적 상관관계를 보였다($r = -.72$). 이러한 모의실험 연구는 문항 내용과 무관한 무선반응 및 문항 내용과 무관한 고정반응이 VRIN-r 및 TRIN-r에 미치는 민감도를 평가하기 위해 Handel과 동료(2010)의 방법론을 사용하였다. 고정 '아니요' 응답방식은 그 정도가 다소 약하기는 하였지만 Handel 등의 자료로부터 확장시켜 보면, Ben-Porath와 Tellegen(2020b)이 제시한 상관관계는 예비적으로나마 CRIN에 대한 해석의 권고사항을 지지한다.

Ben-Porath와 Tellegen(2020b)은 VRIN T 점수가 70~79점이라면 다른 척도의 점수를 신중하게 해석해야 한다고 하였다. VRIN T 점수가 80점 이상인 경우 수검자는 문항에 너무 일관되지 않게 응답하여 다른 척도의 점수를 해석할 수 없다. 이 권장사항은 MMPI-2-RF VRIN-r 척도의 경우에도 동일하며, 이는 과거 연구(즉, Burchett et al., 2016; Handel et al., 2010)에서도 잘 지지되었다. 그럼에도 불구하고 MMPI-2-RF VRIN-r 문항의 절반 미만(53개 중 24개)에 해당되는 문항 쌍만이 MMPI-3에 포함되었기 때문에 이러한 분할점에 대한 실증적 연구가 필요하다. 그러나 기술 매뉴얼(Ben-Porath & Tellegen, 2020b)의 무선반응 모의실험 자료는 VRIN이 이전 판들과 마찬가지로 일관되지 않은 응답을 측정한다는 것을 지지한다. 즉, 무선반응 모의실험 절차를 사용한 후 Ben-Porath와 Tellegen(2020b)은 VRIN과 MMPI-2-RF의 VRIN-r 척도 사이의 상관, $r = .88$을 산출했다.

Ben-Porath와 Tellegen(2020b)은 TRIN 척도 T 점수가 80점 이상이면, 결과를 무효로 만드는 고정된(참 또는 거짓으로) 반응태도를 나타내는 것으로 해석하며, 70~79점 사이의 T 점수인 경우 다른 척도들을 신중하게 해석해야 한다고 하였다. 다시 말하지만, 이러한 권고사항은 MMPI-2-RF의 연구 문헌 결과(Burchett et al., 2016 ; Handel et al., 2010)와 유사하다. 다만, 33개의 MMPI-3 TRIN 척도 문항 쌍 중 16개만이 이전 버전 척도에서 이월되었으므로 이러한 분할점을 경험적으로 연구할 필요가 있다. '예'와 '아니요' 고정반응 모의실험 자료는 두 가지 버전의 TRIN 척도 간 상관이 매우 높고(각각 $r = .96$ 및 .95, Ben-Porath & Tellegen, 2020b), TRIN 및 TRIN-r이 매우 유사한 구인을 측정하고 있음을 나타낸다.

과대보고 척도(F, Fp, Fs, FBS, RBS)

F, Fp 및 Fs 척도는 MMPI-2-RF의 동일한 척도를 개정한 것으로 이전 척도의 문항과 각각 74%, 81%, 81%를 공유한다(Ben-Porath & Tellegen, 2020b). 이들 척도 각각에 대한 문항 변경을 이끄는 기준(이 장에서 이전에 요약됨)은 MMPI-2-RF 버전의 척도들을 구성할 때 사용된 준거와 거의 동일했다. 척도 구성이 유사할 뿐 아니라 이와 같이 높은 비율로 문항이 연속성을 가진다면 이들 척도가 이전 버전의 척도와 매우 유사하다는 것은 그리 놀랄 만한 일은 아니다. 다양성이 충분하다고 볼 수 있는 4개의 표본(2개의 유사실험 표본 및 2개의 법의학적 장애 표본)에서 Ben-Porath와 Tellegen(2020b)은 과대보고 타당도 척도의 경우, MMPI-3 및 MMPI-2-RF 버전 간의 상관이 매우 높다고 보고했는데, 상관의 정도는 $r = .84$에서 .99 사이(중앙치 $r = .95$)였다. FBS 및 RBS는 변경 없이 MMPI-3로 계승되었다.

MMPI-3와 MMPI-2-RF의 과대보고 타당도 척도들 간의 유사성을 감안할 때, 특정 MMPI-2-RF 척도에 대한 해석은 MMPI-3의 동일한 척도에도 해당될 것이다. 제12장에서 MMPI-2-RF 버전에 속하는 이들 타당도의 사용을 지지하는 연구를 살펴보았다. MMPI-3에도 이 연구를 적용해 보면 MMPI-3의 과대보고 척도는 각종의 과대보고에 민감하다는 것을 시사한다. 어떤 장면에서 사용되느냐에 따라 최적 분할점이 달라질 수 있다. 그러나 MMPI-2-RF 문헌에 나오는 다양한 분할점은 전반적으로 MMPI-3 매뉴얼에 있는 해석지침과 일치한다(Ben-Porath & Tellegen, 2020a).

Whitman, Tylicki와 Ben-Porath(2021)는 MMPI-3 과대보고 타당도 척도의 유효성을 살펴보기 위해 모의실험 설계를 이용했다. 대학생들에게 범죄를 저질러서 감옥에 가는 걸 피하기 위해 '심각한 정신건강 문제'를 가장해 보라고 지시하였다. 가장하라는 지시를 받은 집단은 표준적인 지시하에 검사를 마친 집단에 비해 척도 점수의 평균이 더 높았다. Cohen의 d 효과크기 추정치는 2.35(FBS)에서 5.56(Fp)의 범위였다. 이러한 극단적인 차이를 감안할 때 권장하는 분할점을 사용하면 분류 정확도가 거의 완벽했다는 것은 그리 놀랄 만한 일은 아니다. 예를 들어 Fp에서 100T를 분할점으로 하면 .97의 민감도, .99의 특정성(specificity) 및

.98의 적중률을 보였다. Whitman, Tylicki 및 Ben-Porath가 보고한 효과크기는 보통 MMPI 모의실험 문헌에서 보고된 것보다 훨씬 크다. 아마도 모의실험 절차가 구체화된 데 따른 결과인 것 같다. 따라서 모의실험 집단 설계 및 과대보고한다고 알려진 집단 설계를 모두 사용하는 추가 연구가 필요하다. 그래야 더욱 확실하게 MMPI-3 과대보고 척도의 분류 정확도를 믿을 수 있을 것이다.

Tylicki, Gervais 및 Ben-Porath(2020)는 두부외상을 받지 않은 법의학 장애 표본에서 MMPI-3 과대보고 척도의 유용성을 연구했다. 준거 측정치로 수행타당도검사(PVT)와 MMPI 외의 증상타당도검사, 둘 모두를 사용하였다. 그 결과, 일관되게 PVT 통과자와 실패자 간에 RBS 평균 점수가 가장 큰 차이를 보였다(4개의 다른 PVT에 걸친 Cohen의 $d=$ .71~1.01, 중앙치 = .82). 또한, Slick 등(1999)이 사용했던 신경인지꾀병장애(Malingered Neurocognitive Dysfunction : MND) 준거를 사용하여 MND 개연성이 높거나 확실히 MND인 집단과 MND 가능성이 높은 집단 및 MND 유인가만 높은 집단을 확인하였다. MND 개연성이 높거나 확실히 MND인 집단과 유인가만 있는 집단을 구분할 때는 Fp를 제외한 모든 과대보고 타당도 척도에서 Cohen의 d 효과크기가 1.00 이상이었으며, RBS($d=1.34$)와 Fs($d=$ 1.30)는 가장 큰 효과크기를 산출했다. 예상대로 MND 가능성이 있는 참가자를 MND 유인가만 있는 참가자와 구분할 때 효과크기는 더 작았다. F와 Fs는 여전히 큰 효과크기를 나타냈다(각각 $d=.85$ 및 .79). 마지막으로 Tylicki, Gervais 및 Ben-Porath는 매뉴얼(Ben-Porath & Tellegen, 2020a)에서 권고한 분할점에서 과대보고 척도들의 분류 정확도를 조사했고, 예상대로 분할점이 높으면 민감도는 저하되는 대신 특정성은 우수했고, 분할점이 낮으면 민감도는 개선되었지만 특정성은 감소되는 것으로 나타났다.

요약하면 MMPI-3 과대보고 타당도 척도를 사용한 예비 연구들은 예상대로 과대보고 타당도 척도가 증상의 과대보고를 탐지하는 기능을 하는 것으로 나타났다. 이 척도는 MMPI-2-RF의 과대보고 타당도 척도들과 유사하여 해당 연구의 결과를 확장할 수 있다고 하였다. 추가 연구에서 이를 동일하게 해석할 수 없다는 결과가 나올 때까지 MMPI-3 매뉴얼(Ben-Porath & Tellegen, 2020a)과 이 장의 뒷부분에 포함된 해석지침을 사용할 것을 권한다.

과소보고 척도(L, K)

MMPI-3의 L 척도는 MMPI-2-RF의 L-r 척도와 매우 유사하다. L 척도는 14개 문항이고 L-r 척도는 12개 문항이다. Ben-Porath와 Tellegen(2020b)은 L 척도와 L-r 척도 사이의 상관관계가 공공안전 업무의 남녀 지원자(각각 $r=.95$ 및 .93)에서뿐 아니라 증상을 과소보고하도록 지시받은 대학생($r=.98$) 표본에서도 매우 강력하였다고 보고하였다. 이러한 자료를 보면 두 척도는 거의 동일하며, L-r 척도에 대한 타당도 연구가 MMPI-3의 L 척도에도 적용될 수 있음을 알 수 있다. 이러한 연구는 제12장에 요약되어 있으며, L-r 척도가 과소보고에 민감함을 보여 준다. 또한 Ben-Porath와 Tellegen(2020a)이 MMPI-3에도 그대로 적용할 수 있다고 했던 L-r에 대한 해석지침을 전반적으로 지지하는 것이었다.

MMPI-3의 K 척도는 MMPI-2-RF의 K-r 척도 14개 문항 중 8개를 가져왔다. Ben-Porath와 Tellegen(2020b)은 과소보고를 가장하도록 지시한 대학생($r=.93$)에서뿐만 아니라 공공안전 업무에 지원해 인사 선발 전 평가를 받고 있는 남성($r=.88$) 및 여성($r=.87$)에서도 매우 높은 상관을 보고했다. 이 자료는 K가 K-r과 매우 유사함을 나타내며 제12장에서 K-r에 대해 요약해 놓은 연구 결과를 K에 적용할 수 있음을 보여 준다. 또한 이런 연구 결과들은 Ben-Porath와 Tellegen(2020a)이 제안한 K 척도의 해석 전략과 지침을 지지한다(이 장의 뒷부분에서 검토함).

Whitman, Tylicki 및 Ben-Porath(2021)는 유사실험방법론을 사용하여 MMPI-3 과소보고 척도에 대해 우선적으로 살펴보았다. 대학생 집단에게 MMPI-3를 작성하면서 괜찮은 직업을 갖기 위해 자신을 적응을 잘하고 도덕적인 사람으로 보이도록 하라고 지시했다. 과소보고 모의실험 집단과 표준적인 지시에 따라 평가를 마친 대학생 비교 집단은 평균 민감도 사이에 매우 큰 차이를 보였다. L 척도는 $d=2.19$이었고 K 척도는 $d=2.03$이었다. 분류 정확도 분석 결과 Ben-Porath와 Tellegen(2020a)이 권고한 분할점을 지지하였으며, 예상한 바대로 높은 분할점은 특정성을 최대화하고 낮은 분할점은 민감도를 강화하는 식의 유용성이 있음을 보여 주었다.

요약하면, L과 K에 대한 연구와 MMPI-2-RF의 L-r 및 K-r 척도를 비교하는 초기 연구는 MMPI-3 과소보고 척도가 실제로 수검자의 과소보고 경향성을 탐지한다는 결과를 지지하였다. 우리는 새로운 연구를 통해 MMPI-3 L 및 K 척도의 해석에 대한 추가적인 정보를 얻게 될 것이라 생각하지만 그 이전에는 Ben-Porath와 Tellegen(2020a)의 지침을 따르기를 권고한다. 이 장의 뒷부분에서 이 지침을 살펴보려 한다.

주요 척도

최근 출간된 내용을 보면, Ben-Porath와 Tellegen(2020b)이 기술 매뉴얼에서 제시한 광범위한 상관관계와는 별도로 MMPI-3를 연구한 타당화 문헌은 매우 제한적이다. 몇몇 연구에서 대학생들을 대상으로 기타 자기보고식 검사와의 상관을 제시하고 있기는 하다(J. T. Hall,

Menton, & Ben-Porath, 2021 ; Kremyar & Lee, 2021). 그 결과들은 전반적으로 주요 척도들의 수렴 타당도 및 변별 타당도가 강한 것으로 나타난다. Whitman, Tylicki와 Mascioli 등(2021)은 외래 신경심리 클리닉의 기록 검토 양식을 사용하여 MMPI-3 상관관계를 살펴보았다. 그 결과 역시 일관되게 MMPI-3 여러 주요 척도의 구인 타당도를 지지하는 결과를 보여 준다.

이제부터 MMPI-3 주요 척도의 타당도 연구를 간략히 요약하겠다. 이는 MMPI-3의 주요 척도가 그 전신인 MMPI-2-RF와 얼마나 유사한지에 대한 검토 및 Ben-Porath와 Tellegen(2020b)의 타당도 자료와 연구 문헌에 나온 타당도 자료에 대한 검토를 기반으로 하고 있다. MMPI-2-RF에서 가져온 척도들보다는 MMPI-3에서 새로 추가된 척도들의 타당도 자료에 대해 검토한 내용을 보다 자세하게 제시할 것이다.

상위차원(H-O) 척도

MMPI-3의 H-O 척도는 전신인 MMPI-2-RF와 매우 유사하다. Ben-Porath와 Tellegen (2020b)에 따르면 두 검사는 EID 문항의 90%, THD 및 BXD 문항의 85% 및 75%가 동일하다. 검사 저자들 또한 규준 표본과 외래 정신건강 종합 표본 모두에서 MMPI-3/MMPI-2-RF 척도의 상호 상관을 남성과 여성 각각에 대해 따로 보고하고 있다. MMPI-3 H-O 척도는 MMPI-2-RF의 해당 척도와 각각 강한 상관($r = .93 \sim .99$)을 보이고 있어서 이들 척도를 서로 대안적으로 사용하기에 충분하다고 생각할 수 있다. MMPI-2-RF를 이용한 연구는 H-O 척도의 수렴 및 변별 타당도를 광범위하게 지지한다(보다 자세한 내용은 제12장 참조).

MMPI-3의 EID 척도를 살펴본 초기 연구도 수렴 및 변별 타당도를 지지한다. Ben-Porath와 Tellegen(2020b)에 따르면, EID 척도 점수가 정서적 고통의 다양한 지표와 정적 상관관계가 있을 뿐 아니라 정신병리학 가운데 내재화 문제를 나타내는 사람들에게 공통적인 사고, 행동, 생리적인 증상의 유형과도 정적 상관을 보이는 경향이 있다. EID 척도 점수는 공격적 혹은 반사회적 행동 및 물질 남용과 상관이 없거나 때로는 부적으로 상관을 보였다.

Ben-Porath와 Tellegen(2020b)은 경험적 상관관계를 조사할 때 입원 환자의 자료를 포함하지 않았다. THD를 통해 평가하고자 하는 어려움의 유형을 살펴보기에는 입원 환자가 가장 좋은 표본이다. 그러나 MMPI-2-RF 연구에 따르면 높은 THD 척도 점수는 정신병 증상과 관련이 있다. 그뿐만 아니라, Ben-Porath와 Tellegen(2020b)이 제시한 다른 임상 및 비임상 표본의 경험적 상관관계에서 THD는 망상적 사고, 항정신병 약물치료, 마술적 사고, 피해 사고와 상관이 있었다. 또한 이 자료는 THD도 강력한 변별 타당도가 있음을 시사한다. 또한,

THD는 적대감 및 반응성 분노와 같은 일부 외현화 문제의 지표와 정적 상관관계를 보일 뿐 아니라 외상성 스트레스와 관련된 일부 내재화장애의 지표(예 : 해리성 증상)와도 정적 상관을 보인다. 이들 상관은 정신병리 연구 및 일상적인 임상적 발표에 나오는 내용과 부합하는 현상에만 국한된다. 예를 들어 적대감과 반응성 분노 — 보통은 적대적 외현화의 지표로 간주되지만 — 는 피해 사고가 있는 사람이 다른 사람에 대한 불신을 품고 후려치는 행동을 하는 경우라면 THD와 상관이 있을 수 있다.

Ben-Porath와 Tellegen(2020b)은 BXD와 여러 가지 외현화 문제와의 상관을 보고했다. 점수가 높을수록 물질 남용, 위험 감수와 자극추구, 공격성 및 반사회적 행동과 관련이 높았다. BXD도 분노, 충동성, 적대감과 정적 상관관계가 있다. BXD 점수는 정서적 고통, 사고장애, 신체적/인지적 증상 호소의 지표와 크게 상관을 보이지 않는다.

요약하면, 3개의 H-O 척도는 수검자가 겪고 있는 다양한 종류의 문제에 대한 정보를 제공한다. 검사 실시자가 좀 더 구체화된 추론을 하고 싶다면, 보다 좁은 범위의 문제를 재기 위해 만든 주요 척도들을 살펴볼 필요가 있다(즉, RC와 SP 척도).

재구성 임상(RC) 척도

제7장에서 언급했듯이 MMPI-3 RC 척도는 전반적으로 MMPI-2/MMPI-2-RF의 RC 척도와 동일하다고 생각한다. 따라서 어떤 한 가지 버전의 성인 MMPI를 사용하여 이들 척도의 타당도를 살펴보는 연구를 하면 다른 버전의 성인용 MMPI에 포함되어 있는 이들 척도에도 적용이 가능하다. 그러나 MMPI-3의 RC 척도는 MMPI-2 및 MMPI-2-RF에 있는 이전 판의 RC 척도들과 동일하지 않다. RC8를 제외하고 MMPI-3 RC 척도는 훨씬 더 짧아졌고 문항이 18~46% 적어졌다(중앙치＝22%). 또한, MMPI-3 RC 척도 각각에는 MMPI-2-RF RC 척도 부분이 아닌 문항들도 포함된다. 추가된 문항 수의 범위는 최소 1개(RC1)에서 최대 5개(RC6, RC7 및 RC9)까지이다. 그럼에도 불구하고, Ben-Porath와 Tellegen(2020b)은 4개의 다른 표본(즉, 규준 표집의 남성 및 여성과 외래 환자 합성 집단의 남성 및 여성)들에서 RC6(규준 표집 남성, $r=.88$)와 RC9(규준 표집 남성, $r=.82$, 여성, $r=.80$; 외래 환자 합성 집단 남성, $r=.80$, 여성, $r=.77$)을 제외하고 모든 상호 상관이 .90 이상이었다. 하지만 RC6 척도의 상호 상관이 규준 표본 여성 집단($r=.90$)과 외래 환자 합성 집단의 남성과 여성(각각 $r=.92$ 및 .91) 사이에 예외적으로 강하다는 점을 감안할 때 기타 RC 척도뿐 아니라 RC6 척도도 MMPI-2-RF 및 MMPI-3에 걸쳐 가장 좋은 대체형으로 생각될 수 있다고 결론을 내릴 수 있다. 이들 척도의 해석을 뒷받침하는 타당도 증거에 대해 좀 더 알고 싶은 독자

라면 제7장을 검토해 보기를 추천한다.

RC9은 두 가지 버전의 MMPI 검사 사이에 척도 간 상관관계가 상대적으로 약하기 때문에 좀 더 주의 깊게 살펴보아야 한다. RC9 척도에 관한 Ben-Porath와 Tellegen(2020b)이 제시한 타당도 상관관계 자료를 살펴보면 경조증 활성화라는 구인이 가장 일관되고 강력한 상관관계가 있었다. 즉, RC9 점수는 충동성, 물질 남용, 분노 및 안절부절못함, 자극 및 감각추구행동, 활동 수준의 증가, 자해행동, 조증 증상, 공격성, 정서적 불안정성, 자기중심성 및 양극성장애 진단과 정적인 상관이 있었다. Ben-Porath와 Tellegen(2020b)도 MMPI-3 및 MMPI-2-RF 버전의 동일 척도에 대한 동일한 외적 상관관계를 나란히 비교하여 제시하고 있다. 이들 결과를 살펴보면, 효과크기가 작아서 상관의 차이가 좀처럼 관찰되지 못하므로($r \geq$ .10; Cohen et al., 2002) 이제 MMPI-3 RC9 척도도 이전 버전의 RC9과 동일하다고 결론 내릴 수 있다고 하였다.

특정 문제(SP) 척도 : 신체/인지 증상 척도

4개의 신체/인지 증상 SP 척도 중 3개는 MMPI-2-RF에서 가져왔다. 네 번째 척도인 EAT는 이전 MMPI 검사도구에는 포함되지 않았던 중요한 정신병리를 다루기 위해 만들었다. NUC 척도는 MMPI-2-RF와 달라지지 않았고, MLS와 COG는 모두 개정되었는데, MLS는 1개의 새로운 문항이 추가되었고 COG는 (11개 중) 6개의 문항이 새로 포함되었다. 이들 척도의 MMPI-2-RF와 MMPI-3 간의 상호 상관관계는 MLS의 경우, $r = .92$에서 .94, COG의 경우, $r = .87$에서 .89였다. 외적 상관관계를 보면 이들 세 가지 척도는 MMPI-2-RF와 동일하게 나타난다(Ben-Porath & Tellegen, 2020b). MLS 점수는 수검자가 자신의 건강이 좋지 않고 신체적 문제를 갖고 있어 자신의 기능과 삶의 질을 심각하게 제한한다고 보고 있음을 나타내는 준거와 상관이 있었다. NUC는 어지러움, 무감각 등 다양한 신경학적 문제와 상관이 있었다. COG는 기억력 및 집중력 문제에 대한 주관적인 보고를 나타낸다. 외적 상관관계는 또한 이러한 세 가지 척도가 모두 빈약한 스트레스 내성과 기타 확산적인 내재화 문제(예 : 우울한 기분)와 관련됨을 보여 준다.

Ben-Porath와 Tellegen(2020b)이 제시한 EAT에 대한 외적 상관은 그것이 섭식장애와 관련된 행동의 유망한 지표임을 보여 준다. 이들 외적 상관에는 과식기간, 다이어트 이력, 정서적 고통을 달래기 위해 먹기, 배고픔이나 배부름의 신체적 징후를 무시하는 경향을 포함한다. 또한, EAT 점수는 체중에 대한 우려뿐만 아니라 신체상이나 체형에 대한 우려와도 상관관계가 있었다. 마지막으로 Ben-Porath와 Tellegen은 EAT가 자신 및 타인이 보고한 자해행동과 정적 상관관계가 있다고 하였다.

Vaňousová 등(2021)은 대학생을 대상으로 식이장애와 관련된 행동에 대한 몇 가지 자기보고식 측정치를 실시했고 Ben-Porath와 Tellegen(2020b)과 비슷한 결과를 얻었다. EAT 점수는 폭식, 먹고 토하기와 식이 제한 및 몸에 대한 불만족, 체중에 대한 우려를 포함한 다양한 해당 현상을 예측했으며, 과도한 운동 및 근육 만들기와는 관련되지 않았다. Whitman, Tylicki, Mascioli 등(2021)은 EAT 점수가 신경심리 클리닉의 외래 환자에서 식이장애 진단 및 이전의 정신과 입원력과 관련된다고 하였다. 마지막으로 Marek 등(2021)은 비만치료수술 표본에서 EAT 척도 점수를 조사했다. EAT는 섭식, 체형, 체중에 대한 우려를 재는 자기보고식 측정치와 정적 상관관계를 보였다. 또한 비만치료수술 후 약 5년 뒤에 수술로 줄었던 체중이 오히려 불어나게 되는 것과 정적 상관관계가 있었다.

특정 문제(SP) 척도 : 내재화 척도

10개의 내재화 SP 척도가 있으며 그중 하나인 CMP는 MMPI-3에서 새롭게 포함된 것이다. 나머지는 MMPI-2-RF에 있는 동일 척도의 개정판이다. MMPI-3의 거의 모든 내재화 SP 척도는 STR과 BRF를 제외하면 MMPI-2-RF보다 길어졌다. 그러나 여전히 척도들이 상대적으로 짧고(6~15개 문항), 각 척도의 문항 내용도 상당히 동질적이다. Ben-Porath와 Tellegen(2020b)은 MMPI-2-RF/MMPI-3의 상호 상관이 4개 표본에서 모두 각 척도에 대해 $r \geq .80$이라 하였다. 유일한 예외는 STR(규준 남성, $r=.74$; 여성, $r=.79$; 합성 외래 환자, $r=.77$) 및 ARX(규준 남성, $r=.75$)였다. STR과 ARX는 Ben-Porath와 Tellegen(2020b)이 의도적으로 내용 개정을 목표로 삼은 척도였다. 따라서, 이 척도들의 상호 상관이 약하다는 것이 그리 놀라운 일은 아니다. 앞으로 연구가 진행되면 두 척도의 구성 타당도를 살펴보고, 해석에 관한 정보를 확장하는 데 도움이 될 것이다. 그 외에는 이들 척도에 대한 해석이 일반적으로 MMPI-2-RF 버전의 타당도 연구 결과에 따라야 한다고 생각한다(제12장 참조).

전반적으로 내재화 SP 척도에서 높은 점수를 보이는 수검자는 그 척도명에 일치하는 문항들에 채점되는 쪽으로 반응한 것이다. 외적 상관 자료를 보면 척도들의 수렴 타당도는 높지만 내재화 증상 내에서 변별 타당도는 그리 높지 않다. 즉, 각 척도는 그 척도에 특정한 구인을 반영하는 내재화 측정치들과 상관이 있다. 그러나 이들 척도 대부분은 전반적인 정서적 고통의 지표 및 내재화 증상의 기타 광범위한 지표와도 상관관계가 있다.

CMP 척도는 강박행동을 평가하기 위한 것으로, 높은 점수를 받으면 수검자가 질서 있고 조직화된 생활을 하며, 반복행동을 하고, 일반적인 생활방식이나 습관에서 이탈할 때 정서적 불편감을 느끼는 것과 관련된 문항에 수긍하였다는 것을 의미한다. Ben-Porath와 Tellegen(2020b)이 제시한 외적 상관도 CMP 점수가 강박적이거나 의례적인 행동(예 : 씻기, 숫자 세기, 점검하고 확인하기)과 관련됨을 보여 준다. CMP 점수가 높으면 완벽주의적이고, 경직되고, 융통성이 없을 뿐만 아니라 지속적으로 개인의 건강과 안전에 대해 비현실적인 걱정을 보인다. 흥미롭게도 여러 연구에서 CMP는 불안 및 정서적 고통의 측정치와는 약한 연관성만을 보였으며(Ben-Porath & Tellegen, 2020b; J. T. Hall, Menton, & Ben-Porath, 2021; Kremyar & Lee, 2021; Whitman, Tylicki, Mascioli et al., 2021), 이는 이 척도가 다른 내재화 SP 척도보다 변별 타당도가 높음을 시사한다.

특정 문제(SP) 척도 : 외현화 척도

MMPI-3의 일곱 가지 외현화 SP 척도 가운데 여섯 가지가 MMPI-2-RF에도 있다. 일곱 번째인 IMP는 완전히 새로운 척도다. MMPI-2-RF에서 가져온 척도들 가운데 AGG를 가장 많이 수정하였다. AGG 척도의 6개 문항 모두가 MMPI-2-RF 버전에도 있다. 그러나 MMPI-3 AGG 척도는 이전 판에 있던 나머지 3개 문항을 버렸다. 그 밖의 외현화 SP 척도는 MMPI-2-RF와 동일하거나 거의 유사하다. 특히 ACT는 MMPI-2-RF의 척도와 동일하다. FML, JCP 및 CYN(이전의 RC3) 척도 각각은 이전 판에는 없던 1개의 문항만이 더 추가되었다. MMPI-3 SUB 척도는 MMPI-2-RF 버전에 비해 3개의 새로운 문항을 포함한다. 이 정도의 유사성을 감안하면, MMPI-2-RF 척도와 MMPI-3 버전의 상호 상관이 매우 높은 것은 놀랄 만한 일이 아니며 매뉴얼(Ben-Porath & Tellegen, 2020b)에 보고된 4개의 표본 모두에서 상관관계가 .93 이상이었다.

따라서 우리가 생각하기에는 MMPI-3의 외현화 SP 척도가 이전 버전 척도들의 동형으로 사용될 수 있다. 그러므로, MMPI-2-RF 버전의 타당도 연구를 이들 척도에도 적용할 수 있다(자세한 내용은 제12장 참조). 이 작업을 통해 그 척도가 측정하고자 하는 것과 일치하는 몇 개의 외적 상관(예 : SUB 척도 점수는 알코올 및 기타 약물 남용 및 오용을 다루는 다양한 지표와 상관을 보임)을 찾아냈다. 그러나 이들 각 척도는 다른 다양한 행동화와도 상관관계가 있다. 다시 말해서, 각 척도는 강력한 수렴 타당도를 보여 주지만, 외현화 문제를 보이는 다양한 징후 사이의 변별 타당도에 대한 증거는 좀 약하다.

새로운 IMP 척도는 충동적 행동을 측정하는 6개의 문항으로 구성된다. IMP 척도가 높은 수검자는 충동적으로 행동하는 경향이 있다고 보고한다. 그들은 또한 충동적인 행동으로 인한 후회와 부정적인 결과를 겪었다는 문항에 동의한다. Ben-Porath와 Tellegen(2020b)은 IMP

점수의 여러 외적 상관을 보고하는데, 이는 이 척도의 수렴 타당도를 보여 준다. 즉, IMP는 행동통제를 하지 못하여 사회적 규범과 기대를 위반하는 경향, 감정이 격렬할 때 충동적인 행동이 증가하고 분노에 찬 충동을 통제하기 어려우며 행동의 결과에 대해 생각하지 않고 행동하는 경향을 포함한다. 그 밖에 상관관계를 보이는 것은 자극과 감각 추구행동의 경향 및 시작한 일을 끝마치기 어려워하는 것이다. 정신건강 전문가들은 IMP 점수가 높은 내담자를 충동적이라고 평정할 가능성이 높을 뿐 아니라 물질 남용의 비율도 더 높을 거라고 본다. 게다가 이 내담자들은 ADHD, 양극성장애 및 물질 관련 장애로 진단받을 가능성이 더 높다.

이제까지 출판된 연구 결과들은 IMP가 충동적인 행동의 측정치임을 보여 준다. J. T. Hall, Menton과 Ben-Porath(2021)의 대학생 표집에서 IMP 점수는 충동성, 탈억제, 낮은 자제력, 계획력 부족 및 낮은 의존성을 측정하는 그 밖의 자기보고 척도들과 상관관계를 보였다. 또한 IMP 척도는 Whitman, Tylicki, Mascioli 등(2021)의 연구에 따르면 조증 병력과는 정적 상관을 보이며, 신경심리 외래 환자 표집에서는 의학적 문제를 나타내는 빈도가 감소하는 상관을 보였다.

특정 문제(SP) 척도 : 대인관계 척도

MMPI-3의 대인관계 SP 척도 다섯 가지 중 세 가지(DSF, SHY 및 SAV)는 MMPI-2-RF와 동일하다. 또 다른 대인관계 척도인 DOM은 MMPI-2-RF IPP 척도의 후신이며 역으로 채점된다. SFI 척도는 새롭게 만든 척도로 자신이 비범한 사람이라는 믿음을 측정한다. MMPI-3의 SHY 척도는 MMPI-2-RF 척도와 동일하고 SAV 척도는 MMPI-2-RF에서 1개의 문항을 제외한 나머지를 그대로 유지하였으며 나머지 척도는 바꾸지 않았다. DOM은 1개를 제외한 모든 문항이 MMPI-2-RF의 IPP 척도에 들어 있다. DSF는 가장 큰 수정을 거친 척도이다. 원래의 DSF 척도 중 3개의 문항은 빼고, 3개는 유지되었다. MMPI-3의 DSF에는 4개 문항이 첨가되어서 총 7개 문항이 되었다. 예상대로 DSF 척도를 제외한 이들 척도의 MMPI-3와 MMPI-2-RF 버전 사이의 상호 상관은 4개의 표집(모든 상관관계는 $r \geq |.96|$임)에서 매우 높았다(Ben-Porath & Tellegen, 2020b). 극적인 문항 변경에도 불구하고 DSF 척도조차도 규준 집단(남성, $r=.74$; 여성, $r=.77$) 및 외래 환자 합성 표집(남성, $r=.81$; 여성, $r=.82$)에서 높은 상관관계를 보였다. 그러나 DSF 상호 상관이 더 작다는 결과를 보면, 추가적인 실증 연구를 통해 MMPI-3 척도의 수렴 및 변별 타당도를 보다 잘 조명할 필요가 있음을 시사한다.

이러한 유사성을 감안할 때 우리는 일반적으로 MMPI-2-RF 버전의 대인관계 SP 척도에 대한 타당도 연구를 MMPI-3의 이들 척도에 적용해도 괜찮다고 생각할 수 있다(제12장 참조). 요컨대, DOM 척도는 주장성과 관련이 있고, SHY 척도는 사회불안을 측정하며, SAV 는 낮은 사교성과 관련이 있고 DSF는 낮은 온기와 혼자 있는 것에 대한 강한 선호와 관련된 다. 이 모든 척도의 점수는 또한 정서적인 내재화 증상(예 : 우울한 기분, 불안)과 어느 정도 정적인 관련이 있다. 예외는 DOM 척도인데, 이러한 방식의 어려움을 평가하는 기준과 부 적인 관계를 갖는다고 예상할 수 있다.

새롭게 포함된 SFI 척도는 자신이 비범하다는 신념을 측정하는 10개 항목으로 구성되어 있다. SFI의 점수가 상승하면 이는 수검자가 스스로를 특별하고 우월하게 하는 기술과 재능, 아이디어나 능력을 갖고 있다고 생각하는 것을 나타낸다. 그는 또한 스스로를 자신감이 넘 치고 리더십을 발휘하는 데 적합한 사람으로 생각할 수 있다. Ben-Porath와 Tellegen(2020b) 이 확인한 몇몇 외적 상관에는 높은 자존감, 자족적인 경향이 있고, 과대하다고도 할 수 있 는 전반적인 우월감이 포함되어 있다. 그 밖의 상관관계는 권위 있고, 자신감 있으며, 단호 하고, 야심 찬 경향을 포함한다. SFI 점수가 높은 사람은 오만하고, 허영심 있고, 자기애적 으로 보일 수 있지만 대인관계가 따뜻하고 지배적인 경향이 있다. SFI는 또한 외향성, 낙관 주의 및 끈기와 정적 상관관계가 있다. 마지막으로 SFI 점수는 내재화 증상에 대한 자기보고 및 치료자 평정 모두와 부적인 상관을 보인다. 또한, 정신건강 장면에서 높은 점수를 받은 사 람은 좀처럼 우울장애의 진단을 받지 않는다.

여러 출판된 연구에서도 SFI 점수의 타당도를 살펴보았다. 신경심리 외래 환자 표본에서 Whitman, Tylicki, Mascioli 등(2021)은 SFI가 정서 문제, 자살 사고의 이력, 우울장애 진단과 부적인 상관관계를 보인다고 하였다. 대학생 집단에서도 J. T. Hall, Menton과 Ben-Porath (2021)에 따르면 SFI 척도 점수는 긍정적 정서성 및 긍정적 자기 평가, 과대한 자기애적 성 향, 유능감, 호감, 사회적 역량 및 정서 조절을 측정하는 자기보고식 검사와 정적인 상관을 보였다. 또한 SFI가 스스로 보고한 사회적 우려와 부적 상관관계가 있었다. Sellbom(2021)은 대학생 표본을 사용하여 자기애성 성격장애 및 과대한 자기애를 자기보고식 측정치를 통해 조사하였다. SFI는 과대한 자기애와는 강력한 상관을 보였지만 자기보고를 통한 자기애성 성격장애의 증상과는 중등도의 상관을 보였다. 이들 증상이 취약하고 과대한 자기애 모두를 반영한다는 점에서 이러한 결과는 그리 놀라운 것은 아니다.

Whitman과 Ben-Porath(2021)는 SFI 및 SFD 척도 사이에 구인의 중복을 좀 더 잘 이해하 기 위해서 3개의 대학생 표집에 자기보고식 검사를 실시하였다. 자기보고식 검사는 자존감 (self-esteem), 자기 유능감(self-competence), 자기를 좋아함(self-liking), 긍정적인 자기 평가 (positive self-evaluation), 우월감(sense of superiority), 자기 충족감(self-sufficiency), 자기애

(narcissism)를 측정한다. 두 가지 MMPI-3 척도는 모든 외적 준거와 상관이 있었지만, 또한 SFI와 SFD 척도는 대부분의 준거 변인을 예측할 때 서로에게 설명량을 증진시키는 것으로 나타났다. SFI 점수가 높으면 특히, 긍정적인 자기 평가, 과대한 자기애, 우월감이 높았다. SFD 점수가 높으면 취약한 자기애가 높았으며, 자기 자신을 좋아하는 것과 전반적인 자존 감과는 강한 부적 상관을 보였다. 두 척도 모두는 여전히 서로에게 설명량을 증대하기는 하지만 자기 유능감과 자기 충족감에서 개략적으로 비슷한 정도의 유용성을 보였다.

요약하면, 초기 연구는 SFI가 자신감, 과대성, 사회적 역량, 유능감, 자존감, 전반적인 우월감의 강력한 지표임을 시사한다. 또한 좀처럼 사기 저하를 보이지 않음을 반영한다. 초기 자료는 또한 SFI와 SFD는 모두 자존감의 면면을 반영하지만 실질적으로는 서로 다른 구인을 측정한다는 것을 보여 준다.

성격병리 5요인(PSY-5) 척도

제7장에서 우리는 MMPI-3 PSY-5 척도가 일반적으로 MMPI-2 및 MMPI-2-RF의 PSY-5 척도와 유사하다는 데 의견을 같이했다. 하지만 MMPI-3의 PSY-5 척도는 이전 버전과 동일 하지는 않다. RC 척도와 마찬가지로 MMPI-3 PSY-5 척도는 훨씬 짧으며, 10%에서 30% 정 도(중앙치=23%) 문항 수가 적다. AGGR, PSYC 및 INTR 척도들 각각은 MMPI-2-RF 이 전에는 없던 2개의 새로운 문항을 포함한다. DISC 및 NEGE는 각각 8개 문항을 추가했다. 이러한 변화에도 불구하고 Ben-Porath와 Tellegen(2020b)이 제시한 MMPI-2-RF/MMPI-3 PSY-5 척도의 상호 상관은 매우 높았다. 이러한 상관관계는 연구 표집 각각에서 모든 척도 에 대해 $r \geq .83$이었다. MMPI-3 및 MMPI-2-RF의 PSY-5 척도 모두에 대한 외적 상관을 나란히 놓고 살펴보면 이들 척도가 크게는 동일한 구인을 측정하고 있음을 볼 수 있다. 두 검사의 PSY-5 척도와 외적 상관관계는 양적인 면에서 그 차이가 작은 효과크기에도 미치지 못하였다($r \geq .10$; Cohen et al., 2002). 상관 양상에서 일관되게 나타나는 차이점은 (a) MMPI-3 DISC 척도가 MMPI-2-RF의 동일 척도보다 물질 남용의 지표와 더욱 강한 관련이 있으며, (b) MMPI-3 NEGE 척도는 MMPI-2-RF 동일 척도와 비교할 때 분노, 공격성 및 적대감과는 그리 강한 관련을 보이지 않았고, 불안 및 공황과 관련된 증상과는 더욱 강한 관련을 보였다. 전반적으로 이러한 결과는 제7장에서 제시한 타당도 자료가 전반적으로 MMPI-3의 PSY-5 척도에도 적용될 수 있음을 보여 준다. 이들 척도 해석의 타당도 증거에 대해 자세히 알고 싶은 독자에게는 해당 장을 읽어 보기를 권한다. PSY-5 척도의 해석지침은 이 장의 후반부에 제시되어 있다.

해석

해석지침

다음 절에서는 MMPI-3의 타당도 및 주요 척도에 대한 해석지침을 제공한다. 타당도 척도에 대한 해석은 전적으로 Ben-Porath와 Tellegen(2020a)의 지침에 따른다. 주요 척도에 대한 해석은 검사 매뉴얼(Ben-Porath & Tellegen, 2020a)의 지침을 기반으로 하며, 저자들이 기술 매뉴얼(Ben-Porath & Tellegen, 2020b)에 제시한 경험적 상관 자료들에 대한 조사와 MMPI-3가 2020년에 출판된 이래 나온 연구들에 대한 조사 및 심리측정적으로 지지를 받았던 MMPI-2-RF 척도에 대한 연구를 기반으로 하고 있다. 이들 MMPI-2-RF의 척도들은 이후 MMPI-3로 계승되었다. 기술 매뉴얼에서 나온 추론은 척도들과 준거 측정치 간의 상관관계에 기초하고 있다. 준거 측정치의 효과크기는 최소한 작은 것부터 중간 크기 정도였다($r \geq .20$; Cohen et al., 2002). H-O, RC 및 PSY-5 척도의 경우, 기분, 정신병리 또는 성격의 이론 모델과 척도와의 연관성에 대한 정보를 제공한다. 이들 관련성 및 이를 지지하는 연구에 대한 자세한 내용은 제7장과 제12장에 있다. 마지막으로, 보다 넓은 범위를 포괄하는 MMPI-3 주요 척도에 비해 SP 척도의 경우에는 내용에 기반한 해석에서 더 많은 정보를 가져왔기 때문에 SP 척도에 대해서는 문항 내용을 더 자세히 요약했다.

다른 버전의 MMPI 척도들과 마찬가지로 주요 척도를 바탕으로 한 추론은 수검자에 대한 기타 정보와 비교하고 종합해야 하는 가설로 다루어야 한다(예 : 면접, 다른 검사들, 행동 관찰). 65점 이상의 T 점수는 임상적으로 해석 가능하다. 65점을 훨씬 상회하는 T 점수는 수검자가 해석에 제시된 설명에 해당할 가능성이 더 높으며, 그보다 더 낮은 점수를 받은 사람에 비해 더욱 심각하게 그 척도에 해당되는 증상을 보일 것이다. 낮은 점수는 T<39에 해당된다. 해석 매뉴얼에는 MMPI-3의 몇 개 척도에서 낮은 점수의 해석에 대한 권고를 하고 있지만 낮은 점수에 해당되는 해석과 관련된 연구는 거의 없다. 이 장에서 낮은 점수에 대해 제시하는 해석지침은 Ben-Porath 및 Tellegen(2020a)의 정보를 기반으로 하며, Ben-Porath와 Tellegen(2020b)이 제시한 척도와 외적 준거 측정치 사이의 부적 상관 및 MMPI-2-RF를 이용한 낮은 점수에 대한 연구를 바탕으로 하고 있다.

타당도 척도에 대한 해석지침

무응답(CNS)

문항에 대한 응답을 하지 않았을 때 이는 인위적으로 점수를 낮추는 경향이 있기 때문에 척도 해석 시 주의가 필요하다. 따라서 무응답 문항의 영향을 평가하기 위해서는 척도별로 살펴보는 것이 가장 좋다. 항상 각 개별 척도에서 무응답 반응의 비율을 살펴보아야 한다. 단일 척도에서 문항이 10% 이상 무응답인 경우 그 척도에서 상승이 나타나지 않았다고(낮은 점수를 반영하는 해석을 포함하여) 해석해서는 안 된다. 무응답이 10% 이상임에도 불구하고 그 척도가 상승하였다면, 상승 정도는 그 척도가 측정하고 있는 것을 과소평가할 수 있다. 각 척도에서 누락된 항목의 비율은 MMPI-3 점수 보고서 및 해석 보고서에서 볼 수 있다.

반응 비일관성(CRIN)

매우 높은 점수(T≥80)

이 척도의 상승은 수검자가 타당도 척도에서 문항 내용과 무관한 무효 응답을 과도하게 많이 했다는 의미이다. T 점수가 80점 이상일 때 문항 내용과 무관한 무효 응답이 너무 많으므로 결과를 해석해서는 안 된다.

높은 점수(T = 70~79)

T 점수가 70~79점이면 수검자가 문항 내용을 무시하고 반응한 것이므로 다소 타당하지 않은 방식으로 반응했음을 나타낸다. 이 수준의 점수는 결과를 주의해서 해석해야 한다.

평균 점수(T = 39~69)

평균 점수는 수검자가 일관된 방식으로 반응하였음을 나타내므로 결과를 해석할 수 있다.

낮은 점수(T = 30~38)

낮은 점수는 수검자의 반응에 확실히 일관성이 있음을 의미하고 수검자가 지나치게 신중하게 반응했을 수 있지만 결과는 해석할 수 있다.

무선반응 비일관성(VRIN)

매우 높은 점수(T≥80)

이 척도의 상승은 수검자가 일관성이 없이 반응하여 타당도 척도에서 문항 내용과 무관한 방식으로 응답했음을 나타낸다. T 점수가 80점 이상인 경우 일관되지 않은 응답이 너무 많으므로 결과를 해석해서는 안 된다.

높은 점수(T = 70~79)

이 수준의 점수는 수검자가 다소 일관성 없는 방식으로 응답했음을 나타낸다. 70~79점의 T 점수는 주의해서 결과를 해석해야 한다.

평균 점수(T = 39~69)

평균 점수는 수검자가 일관된 방식으로 응답하였음을 나타내며 결과를 해석할 수 있다.

낮은 점수(T = 30~38)

낮은 점수는 수검자가 극히 일관되게 반응하였음을 나타내며 지나치게 신중하게 반응했을 수 있지만 결과 해석은 가능하다.

고정반응 비일관성(TRIN)

매우 높은 점수(T ≥ 80)

이 척도의 상승은 수검자가 타당도 척도에서 문항 내용과 무관한 방식으로 응답했음을 나타낸다. T라고 표시되면 고정반응이 '예'(인정하는 반응)라고 반응하는 경향이 높으며, F가 붙으면 고정반응이 '아니요'(인정하지 않는 반응)로 반응하는 경향을 나타낸다. T 점수가 80점 이상일 때 고정반응이 너무 많으므로 결과를 해석해서는 안 된다.

높은 점수(T = 70~79)

T 점수가 70~79점이라면 고정반응을 하는 경향이 있으며, 주의해서 결과를 해석해야 한다.

평균 점수(T = 50~69)

평균 범위의 점수는 고정반응의 증거가 없음을 나타내며, 결과를 해석할 수 있다.

비전형 반응(F)

T ≥ 100

이 수준의 점수는 수검자가 일반적으로 사람들이 인정하지 않으며, 심각한 정신병리를 보이는 사람만이 인정하는 상당수의 증상을 보고하고 있음을 나타낸다. CRIN, VRIN 및 TRIN 척도를 참조하여 F 척도 점수가 문항 내용과 무관한 무효 응답에서 나온 것인지를 결정해야 한다. 만약 이들 척도가 상승하지 않았다면, F 척도 점수는 수검자 편에서 실제보다 더 심각한 정신병리를 나타내고자 하거나 아니면 고통스러움을 보이는 것일 가능성이 높다. F 척도가 이 정도로 상승하면 타당하지 않은 것으로 간주하여야 하며 해석해서는 안 된다.

T = 90~99

이 수준의 점수는 문항 내용과 무관한 무효 응답이나 심각한 정신병리, 혹은 과대보고를 나타내는 것일 수 있다. CRIN, VRIN 및 TRIN 척도를 확인하라. 만약 이들 척도가 받아들일 만한 수준이 아니라면 결과는 타당하지 않은 것으로 간주해야 하며, 해석해서는 안 된다. 만약 이들 척도가 받아들일 만한 수준이라면 F 척도 점수가 심각한 정신병리를 반영하는지 아니면 과대보고를 나타내는지 결정하는 것이 중요하다. 만약 심각한 문제를 나타내는 개인력이나 현재의 지표들이 없다면, 이 수준의 점수는 과대보고를 나타낼 가능성이 높으며, 결과를 해석해서는 안 된다. 만약 이러한 개인력이나 현재 문제를 나타내는 지표가 나타난다면, 이 수준의 점수는 순수한 정신병리를 반영하며, 결과는 해석 가능하다. 만약 Fp 척도가 받아들일 만한 수준이면 이 정도의 F 척도 점수는 진정한 정신병리를 반영할 가능성이 더욱 높다 (이 장의 뒷부분 참고).

T = 80~89

이 수준의 점수는 이 이상의 점수보다는 과대보고의 가능성이 적다는 것을 제외하고는 90~99점의 T 점수와 유사하게 해석된다.

T = 75~79

이 수준의 점수는 문항 내용과 무관한 무효 응답이나 증상을 과대보고할 가능성이 있기는 하지만 특히 Fp 척도 점수가 받아들일 만한 수준인 경우, 심각한 정신병리를 반영할 가능성이 더 높다(이 장의 뒷부분 참고). 결과를 해석할 수 있지만 어느 정도 증상과 문제의 심각성을 과대평가할 가능성을 주의 깊게 고려하며 해석해야 한다.

T < 75

이 수준의 점수이면 심각한 과대보고의 증거가 없음을 나타내며, 결과를 해석할 수 있다.

비전형 정신병리 반응(Fp)

T ≥ 100

이 수준의 점수는 수검자가 매우 드문 증상 — 즉, 심각한 정신병리를 앓고 있는 사람들이 잘 인정하지 않는 증상 — 을 상당히 많이 인정했기 때문에 해석해서는 안 되는 타당하지 않은 결과임을 나타낸다. 이 수준의 점수는 문항 내용과 무관한 무효 응답(CRIN, VRIN 및 TRIN 확인)에 기인하거나 심각한 심리적 증상을 과대보고한 데 기인하기 때문이다.

T = 80~99

이 수준의 점수는 문항 내용과 무관한 무효 응답(CRIN, VRIN 및 TRIN 확인)을 나타낸다. Fp 점수가 문항 내용과 무관한 무효 응답에 기인한 경우, 결과를 해석해서는 안 된다. 심각한 장애의 전력이나 현재 이를 확증할 만한 증거가 있는 사람이라면, 이 수준의 Fp 점수는 진정한 정신병리를 반영할 가능성이 높지만 검사를 해석하는 동안 어느 정도 주의가 필요하다. 만약 심각한 장애의 전력이나 현재 확증할 만한 증거가 없는 사람이라면, 이 점수는 과대보고일 가능성이 높다. 후자의 경우라면 결과를 타당하지 않는 것으로 생각해야 한다.

T = 70~79

이 수준의 점수는 문항 내용과 무관한 무효 응답(CRIN, VRIN 및 TRIN을 사용하여 가능성을 배제)이거나, 과대보고 혹은 진정한 정신병리를 나타낸다. 이 수준의 점수는 80~99점 수준과 유사하게 해석한다. 예외적으로 이 수준의 점수는 이보다 더 높은 Fp 점수에 비해 실제 정신병리를 나타낼 가능성이 더 높다.

T < 70

이 점수에서는 검사 결과의 타당도를 손상시킬 수 있는 과대보고의 증거가 없다.

비전형 신체적 반응(Fs)

T ≥ 100

이 점수는 실제 의학적 문제가 있는 사람은 거의 보고하지 않는 신체증상을 과대보고하는 것을 나타낸다. 이 점수는 문항 내용과 무관한 무효 응답(CRIN, VRIN 및 TRIN 확인)을 나타낸다. 만약 이들 척도가 받아들일 수 있는 수준이면, Fs 점수는 신체증상 호소를 과대보고하고 있음을 보여 준다. 그리고 신체적 호소의 주요 척도(즉, RC1 및 신체/인지 증상 SP 척도)들의 점수는 상당한 주의를 기울여 해석해야 한다.

T = 80~99

이 점수는 문항 내용과 무관한 무효 응답이 배제된다면 신체증상을 과대보고할 가능성을 나타낸다(CRIN, VRIN 및 TRIN 검토). 신체적 건강 문제의 병력이나 현재 이를 입증할 만한 증거가 없다면, 이 점수는 신체증상을 과도하게 보고함을 나타낸다. 또한, RC1 및 신체/인지 증상 SP 척도 점수는 매우 주의 깊게 해석해야 한다. 심각한 의학적 문제가 있는 수검자라면 이 점수는 믿을 만한 증상 호소를 나타내지만 또한 어느 정도 과대보고가 있을 수 있다. 따라서 신체적 염려와 관련된 주요 척도 해석은 신체적 문제의 정도와 심각성을 과대평가할 수 있다.

T < 80

이 점수에서는 신체증상을 과대보고한다는 증거가 없으며, 주요 척도의 점수를 해석할 수 있다.

증상 타당도(FBS) 척도

T ≥ 90

이 점수는 수검자들이 매우 흔치 않은 신체 및 인지 증상의 조합을 보고했음을 시사하며 이들 증상은 신뢰하기 어려운 신체 및 인지 증상과 관련된다. 이 점수는 문항 내용과 무관한 무효 응답에서 기인할 수 있으므로 우선 CRIN, VRIN 및 TRIN 척도를 점검한다. 문항 내용과 무관한 무효 응답을 배제할 수 있다면, RC1과 신체/인지 증상 SP 척도 점수는 주의 깊게 해석해야 한다.

T = 78~89

이 점수는 흔치 않은 신체 및 인지 증상의 조합에 채점되는 쪽으로 응답한 것을 나타낸다. 이들 조합은 이러한 문제에 대한 보고를 신뢰할 수 없음을 나타낸다. 만약 문항 내용과 무관한 무효 응답을 배제할 수 있다면(CRIN, VRIN 및 TRIN 참조), FBS 점수는 실제로 의학적 문제를 보이는 수검자들 사이에서 심각한 신체적 문제를 보고하는 믿을 만한 결과이다. 그러나 이러한 문제들은 또한 다소 과장될 수 있으며 신체 및 인지 주요 척도에서 문제의 심각성과 범위를 과대평가하는 결과를 초래할 수 있다. 어쨌든 RC1 척도와 신체/인지 증상 SP 척도 점수를 주의 깊게 해석해야 한다.

T < 78

이 점수는 신체 및 인지 증상을 심각하게 과대보고하고 있다는 증거는 없음을 나타낸다. 또한, 이러한 증상을 평가하는 척도를 해석할 수 있다.

반응 편향(RBS) 척도

T ≥ 90

이 점수는 수검자들이 신뢰할 수 없는 기억 문제의 보고와 밀접하게 관련된 매우 흔치 않은 증상의 조합을 보고했음을 나타낸다. 문항 내용과 무관한 무효 응답을 배제하기 위해 CRIN, VRIN 및 TRIN 척도를 검토해야 한다. 이 외에 이 정도로 RBS 점수가 상승한 유일한 이유는 과대보고이다. 따라서 COG 척도의 점수는 주의 깊게 해석해야 한다.

T = 75~89

이 점수는 종종 믿기지 않을 만한 기억 문제와 관련된 흔치 않은 증상의 조합을 보고했음을 나타낸다. 문항 내용과 무관한 무효 응답을 배제할 수 있다면(CRIN, VRIN 및 TRIN 참조), 이러한 RBS 점수는 심각한 정서적 고통을 경험하는 수검자들이 믿을 만한 증상을 보고해서 나온 결과라고 할 수 있다. 그러나 이 정도의 RBS 점수는 증상과장 때문일 수도 있고, COG 척도에서 기억 문제의 심각성과 범위를 과대보고해서 나타난 것일 수도 있다. 어떤 이유에 의해서건 COG 척도 점수는 주의해서 해석해야 한다.

T < 75

점수가 이 수준이면 심각한 과대보고의 증거가 없으며, COG 척도를 해석할 수 있다.

흔치 않은 도덕적 반응(L)

T ≥ 80

이 수준의 점수는 수검자가 자신을 지나치게 긍정적이고 도덕적인 방식으로 보이려고 했음을 나타내며, 주요 척도의 점수가 상당히 낮아질 수 있다. 이 수준의 L 척도 점수는 문항 내용과 무관한 무효 응답의 산물일 수 있기 때문에 CRIN, VRIN 및 TRIN 척도를 살펴보아야 한다. 이들 지표가 상승하지 않았다면 상승한 주요 척도가 없거나 상승하지 않은 것을 해석해서는 안 된다. 모든 주요 척도에서 상승한 점수는 그 척도가 측정하고 있는 문제의 심각성과 정도를 과소평가할 수 있다.

T = 70~79

이 수준의 점수는 수검자가 자신을 매우 긍정적인 방식으로 나타낼 가능성이 높음을 나타낸다. 이 수준의 점수는 문항 내용과 무관한 무효 응답의 산물일 수 있기 때문에 우선 CRIN, VRIN 및 TRIN 척도를 확인해야 한다. 문항 내용과 무관한 무효 응답의 증거가 없다면, 모든 주요 척도의 점수는 매우 주의를 기울여 해석해야 한다. 모든 주요 척도에서 상승한 것이 없거나 점수가 낮다 하더라도 그 척도가 측정하고 있는 현상이 없음을 반영하는 것은 아닐 수 있다. 마찬가지로 주요 척도의 점수가 높더라도 그 척도가 측정하는 문제를 과소평가할 수 있다. 이 수준의 점수는 또한, 부분적으로 전통적인 가치를 매우 중요시하는 양육방식에서 기인할 수도 있다.

T = 65~69

이 수준의 점수는 문항 내용과 무관한 무효 응답 혹은 수검자가 비현실적으로 바람직한 관점에서 자신을 나타내려 노력한 산물일 수 있다(CRIN, VRIN 및 TRIN 확인). 또한 이 수준의 점수는 수검자가 매우 전통적인 방식으로 길러졌다는 것을 나타낼 수도 있다. 모든 주요 척도에 대한 해석은 이전 점수 범위(T=70~79)와 마찬가지로 주의를 기울여야 한다.

T < 65

점수가 이 수준이면 유의미한 과소보고의 증거가 없으며, 주요 척도를 그대로 해석할 수 있다.

적응 타당도(K)

T ≥ 70

이 수준의 점수는 수검자가 자신을 과도하게 심리적으로 잘 적응하고 있는 것, 즉 일반적인 사람들에게는 좀처럼 찾아보기 어려울 정도로까지 보이고자 함을 나타낸다. 이 수준의 점수는 문항 내용과 무관한 무효 응답의 산물일 수 있기 때문에 CRIN, VRIN 및 TRIN 척도를 확인해야 한다. 문항 내용과 무관한 무효 응답을 배제할 수 있으면 상당한 주의를 기울이며 해석을 진행할 수 있다. 모든 주요 척도의 점수는 수검자 입장에서 실제보다 더 잘 적응하고 있는 것으로 보이기 위한 시도일 수 있다. 모든 주요 척도에서 상승한 것이 없거나 낮은 점수를 보이는 것은 그대로 해석할 수 없다. 주요 척도가 상승한 경우도 문제를 과소평가할 가능성이 높다.

T = 66~69

이 수준의 점수는 문항 내용과 무관한 무효 응답의 산물일 수 있으므로 먼저 CRIN, VRIN 및 TRIN 척도를 확인해야 한다. 문항 내용과 무관한 무효 응답을 배제할 수 있다면, 척도 점수는 증상과 문제를 과소보고하는 경우이거나 혹은 심리적으로 잘 적응하는 것을 반영한다. 심리적으로 잘 적응하고 있다는 것을 뒷받침하는 증거가 없는 사람이라면, 주요 척도가 상승하지 않은 것은 해석해서는 안 된다. 주요 척도의 상승은 문제를 과소평가할 수 있다.

T = 60~65

이 수준의 점수는 증상 및 문제를 과소보고할 수 있음을 나타낸다. 문항 내용과 무관한 무효 응답을 배제하기 위해 CRIN, VRIN 및 TRIN 척도를 확인한다. 적응에 어려움이 있다는 증거가 없는 사람이라면 주요 척도에서 점수가 상승하지 않은 것을 주의 깊게 해석해야 한다. 주요 척도에서 상승한 경우도 문제를 과소평가할 수 있다. 이 수준의 점수는 비임상 상황(예 : 양육권 평가, 인사 선발 전 심사)에서 MMPI-3를 완료한 사람들에게는 일반적이다.

T < 60

이 수준의 점수라면 심각한 과소보고의 증거는 없으며, 주요 척도의 점수를 일반적으로 해석할 수 있다.

상위차원(H-O) 척도에 대한 해석지침

H-O 척도는 감정, 사고, 행동의 장애와 문제를 광범위하게 살펴보는 것이다. 점수의 상승은 증상의 심각성 때문이기도 하지만 광범위한 증상 발현을 반영하기도 한다. 제12장에서 자세히 언급했듯이, H-O 척도는 정신병리학의 계층적 분류(HiTOP; Kotov et al., 2021)에서 설명한 몇 가지 스펙트럼 차원과 매우 유사하다. H-O 척도의 높이가 상승하지 않았다고 해서 수검자가 그 영역에서 문제가 없다고 보고한다는 의미는 아니다. RC 척도와 SP 척도는 보다 국한된 범위의 문제를 확인하기 위해 검토해야 한다.

정서적/내재화 문제(EID)

EID 척도는 정신병리의 내재화 문제에 공통된 정서적 기능 및 증상에 대한 광범위한 개요를 제공한다. 이 척도는 최근 정신병리학의 양적 모델에 있는 내재화 차원과 관련될 수 있다.

점수가 높은(T ≥ 65) 사람은 다음의 특징을 보인다.

1. 많은 정서적 혼란을 겪고 있다(T 점수가 80점 이상일 때, 고통은 위기로 인식될 가능성이 있음).
2. 자신이 처한 상황에 압도된다고 느낀다.
3. 취약하고 무기력하며 대처할 수 없다고 느낀다.
4. 뚜렷한 문제로서 우울하거나 불안한 기분을 느낀다.

   5. 슬프고 우울하다.

   6. 화가 난다.

   7. 기쁨이나 행복과 같은 긍정적인 감정에 대한 경험이 줄어들었다(즉, 무쾌감).

   8. 감정에 자주 압도되고 적절하게 대처할 수 없는 경우가 많다.

   9. 지나치게 걱정하고 쉽게 반추적 사고에 빠진다.

  10. 주의집중에 어려움을 느낀다.

  11. 자살 사고를 하고 자살 시도의 전력이 있다.

  12. 일을 완수할 에너지와 동기가 부족하다.

  13. 신체적인 증상을 호소한다.

  14. 공황발작을 경험한다.

  15. 외로움을 느끼고, 대인관계가 부적절하며, 다른 사람들에게 학대를 받기 쉽다.

  16. 자신의 감정적 혼란 때문에 다른 사람들이 자신을 거절하거나 가혹하게 판단할까 봐
      두려워한다.

  17. 정신건강 영역에서 정신과에 입원한 적이 있다.

  18. 정신건강 영역에서 종종 우울장애로 진단받는다.

  19. 내재화장애(예 : 우울장애, 불안장애, 외상 및 스트레스 요인 관련 장애, 섭식장애)에
      대한 평가를 받아야 한다.

  20. 정서적 혼란 때문에 치료를 받고자 하는 동기가 있다.

   점수가 낮은(T<39) 사람은 정서적 적응이 평균보다 더 낮다고 보고한다.

사고 문제(THD)

THD는 망상과 환각을 포함한 사고장애의 스펙트럼에 속하는 인지 및 감각 문제에 대한 개요를 보여 준다. 이 척도의 구인은 정신병리의 구조적 모델 가운데 사고장애 스펙트럼과 개념적으로 연결된다.

   점수가 높은(T≥65) 사람은 다음의 특징을 보인다.

  1. 사고장애 증상을 보고한다.

  2. 환청 혹은 환시를 경험한다.

  3. 과대망상이나 피해망상이 있다.

  4. 마술적 사고에 빠질 수 있다.

  5. 의심이 많고 믿지 못한다.

  6. 침입적 사고를 경험할 수 있다.

  7. 관계 사고를 경험할 수 있다.

  8. 인생은 고통이라고 느낀다.

  9. 좌절에 대한 인내력이 낮다.

10. 때때로 다른 사람들에게 공격적으로 행동한다.

11. 정신병적 스펙트럼 장애(예 : 조현병, 망상장애)에 대한 평가가 필요하다.

12. 항정신병 약물로 치료해야 할지에 대해 평가해야 한다.

13. 구조화된 환경에서 치료가 필요할 수 있다.

이 척도에서 낮은 점수(T<39)는 해석하지 않는다.

행동적/외현화 문제(BXD)

이 H-O 척도는 광범위한 외현화 정신병리의 징후, 특히 통제되지 않는 행동의 전반적인 양상을 확인한다. 이 척도는 정신병리학의 양적 모델에서 찾아낸 적대와 탈억제의 경향 모두를 반영하는 광범위한 외현화 차원과 유사하다.

점수가 높은(T≥65) 사람은 다음의 특징을 보인다.

  1. 자신을 곤경에 빠뜨리게 하는 광범위하게 다양한 외현화행동을 보고한다.

  2. 청소년기에 체포 및 유죄 판결 전력이 있을 수 있다.

  3. 알코올 및 기타 물질 사용에서 문제성 양상이 있을 수 있다.

  4. 종종 행동의 결과를 신중하게 고려하지 않고 충동적으로 행동한다.

  5. 학교, 가정 및 직장에서 문제를 일으킨 적이 있다.

  6. 매우 자주 위험을 감수하고 자극을 추구하는 행동을 한다.

  7. 무책임하고 신뢰할 수 없다.

  8. 반항적이며 규범과 기대를 자주 위반한다.

  9. 좌절에 대한 인내력이 낮다.

10. 종종 판단력이 좋지 않다.

11. 대인관계에서 공격적이다.

12. 종종 자신이 학대를 받았다고 느끼며 자신의 문제에 대해 다른 사람을 비난한다.

13. 다른 사람을 조종하고 착취하려 할 수 있다.

14. 일반적으로 분노 이외의 정서적 고통을 보고하지는 않지만 일부 제한적인 불안 및 우울 증상을 보고할 수 있다.

15. 정신건강 영역에서 종종 물질 관련 장애 및 중독장애를 진단받는다.

16. 외현화장애를 진단할 것인지 평가해야 한다(예 : 군집B 성격장애, 물질사용장애).

17. 일반적으로, 바뀌는 데는 관심이 없지만 부정적인 결과를 피하기 위해 치료에 동의할 수 있다.

18. 더 높은 자제력을 키울 필요가 있다.

19. 치료를 조기에 종결할 수 있다.

점수가 낮은(T<39) 사람은 다음의 특징을 보인다.

1. 행동 억제가 평균 수준보다 높다고 보고한다.
2. 외현화 문제 및 행동화를 보일 가능성이 낮다.

재구성 임상(RC) 척도에 대한 해석지침

RC 척도는 H-O 척도보다 좁은 범위로 정의를 내린 정신병리의 징후에 해당된다. RC 척도는 증후군(즉, 진단)을 측정하지 않는다. 대신, 수검자의 현재 기능을 더 잘 이해하기 위하여 사례 개념화, 진단 평가, 치료 계획, 지속적인 평가에 있어 임상가가 사용하는 관련 증상군집들을 탐지해 낸다. 이 장의 앞부분에서 논의한 바와 같이 MMPI-3의 RC 척도는 MMPI-2/MMPI-2-RF용으로 개발된 RC 척도와 매우 유사하다. 기분, 정신병리, 성격 모델과의 관련성을 포함하여 이들 척도에 대한 부가적인 이론적, 경험적 세부 내용은 제7장에 나와 있다.

의기소침(RCd)

RCd 척도는 유쾌-불쾌(행복-불행 차원이라고도 함) 차원을 반영한다. 이 차원은 Tellegen과 동료(1999a, 1999b)의 기분과 정동에 대한 모델로부터 가져왔으며, 정신병리의 최신 양적 모델에 있는 내재화 정신병리의 '고통(distress)' 차원과 관련된다. RCd 점수는 전반적인 정서적 불편감과 혼란의 지표를 제공한다.

RCd 척도에서 점수가 매우 높은(T≥74) 사람은 다음의 특징을 보인다.

1. 심각한 정서적 혼란을 겪고 있다.
2. 우울하다고 보고한다.
3. 불안하고 주의를 집중할 수 없다고 보고한다.

4. 스트레스를 받을 때 신체증상에 대한 호소가 증가한다.

5. 자신이 처한 상황의 요구에 압도당하는 느낌을 받는다.

6. 현재 처한 상황에 대처할 수 없다고 느낀다.

7. 자신의 감정에 자주 압도되는 느낌을 받고 적절하게 대처할 수 없다고 느낀다.

8. 자살 사고 혹은 자살 관련 행동을 할 수 있다.

9. 정신건강 영역에서 종종 우울장애로 진단된다.

10. 자살 위험에 대한 평가가 필요하다(특히 SUI >65인 경우).

11. 우울장애, 불안장애, 외상 및 스트레스 요인과 관련된 장애와 같이 높은 수준의 불쾌한 정동을 보이는 장애인지 평가해야 한다.

12. 정서적 고통 때문에 치료에 대한 동기가 있을 수 있다.

13. 정서적 고통을 완화하기 위해 치료가 필요하다.

14. 치료 결과가 좋지 않을 수 있다.

점수가 높은(T =65~73) 사람은 다음의 특징을 보인다.

1. 슬프고 불행하다.

2. 상당 시간 불안을 느낀다.

3. 자신의 삶이 불만족스럽다.

4. 자기개념이 약하고 실패인 것처럼 느낀다.

5. 자기효능감이 낮고 스스로를 무가치하고 무능하다고 여긴다.

6. 스트레스에 잘 반응하지 못한다.

7. 행동이나 사건에 대해 최악의 결과를 상상하는 경향이 있다.

8. 부정적 사건에 대해 내적, 전반적 및 안정적인 귀인을 한다.

9. 자신의 삶이 나아질 거라는 데 대해 비관적이다.

10. 과도한 안심추구행동을 한다.

점수가 낮은(T <39) 사람은 평균 이상의 사기와 삶의 만족도를 보고한다.

신체증상 호소(RC1)

RC1 문항은 개인의 전반적인 신체적 건강에 대한 감각과 특정 신체적 불편감을 조사하며, 정신병리 차원 모델과 유사한 광범위한 신체형 구인을 반영한다. RC1 척도에서 높은 점수(T ≥ 65)를 받은 사람의 주요 특징은 신체증상에 대한 집착이다.

RC1 척도의 점수가 높은 사람은 다음의 특징을 보인다.

1. 소화기 문제, 통증, 신경학적 증상을 포함한 여러 신체증상에 대해 호소한다.
2. 스트레스를 받을 때 신체증상이 증가한다.
3. 통증에 대한 호소가 있을 수 있다.
4. 종종 신경학적 장애 증상이 나타난다.
5. 인지기능장애를 나타낸다.
6. 우울, 불안, 외상 및 스트레스 요인 관련 장애와 일치하는 증상, 특히 생리적 증상을 보일 수 있다.
7. 불안의 생리적 증상에 대한 두려움을 느낄 수 있다.
8. 신체증상과 관련되는 심리적 요인을 고려하는 데 상당한 저항을 보인다.
9. 정신건강 영역에서 만성통증이나 기타 만성적인 의학적 문제로 인한 병력이 있을 수 있다.
10. 정신건강 영역에서 종종 신체증상 및 관련 장애로 진단을 받는다.
11. 목표에 도달하기 전에 치료를 중단할 위험이 있다.
12. 신체증상에 대해 신체적 원인으로 설명하기 어려운 경우 신체증상장애에 대해 추가 평가가 필요하다.

점수가 낮은(T<39) 사람은 신체적으로 건강하다고 느낀다. 특히, RC1의 점수가 낮으면 일반적인 경우보다 의학적, 신체적 어려움이 적다고 보고할 가능성이 높다.

낮은 긍정 정서(RC2)

RC2의 문항은 수검자의 긍정적 정서경험, 사회적 참여, 여러 활동에 참여하려는 관심 및 능력에 관해 질문한다. 이 척도는 Tellegen과 동료들(1999a, 1999b)의 기분 및 정동 모델 가운데 긍정적인 정동 차원을 반영한다. 또한, 정신병리 차원 모델에서 기술한 내재화 문제에 대한 책임 및 대인관계 애착 상실(detachment)이라는 측면을 반영한다. RC2 점수는 긍정적 감정을 경험하는 능력의 결여, 즉 우울증후군의 핵심적 구성 요소(무쾌감증)를 반영하려 하였다.

RC2 척도에서 점수가 높은(T ≥65) 사람은 다음의 특징을 보인다.

1. 긍정적인 정서경험이 부족하다.
2. 기쁨과 행복을 느끼는 능력에 결함이 있다(무쾌감증).
3. 불행하고 의기소침하다.

4. 자신이 처한 상황의 요구를 처리할 에너지가 부족하다.

5. 책임을 지고, 결정을 내리고, 일을 끝내는 것이 어렵다.

6. 사회적 상황에서 내향적이고 수동적이며 위축된 경향이 있다.

7. 종종 지루함과 고립감을 느낀다.

8. 비관적이다.

9. 성공에 대한 기대치가 낮고 경쟁 상황에 참여하지 않는다.

10. 정신건강 영역이라면 종종 우울장애로 진단된다.

11. 주요우울장애 또는 기타우울장애의 기준을 충족할 수 있다.

12. 사회불안장애와 같이 사회적 위축 또는 회피를 보이는지에 대해 평가해야 한다.

13. 항우울제 치료가 필요한지 평가해야 한다.

14. 낮은 긍정 정서로 인해 치료 참여에 어려움을 겪을 수 있다.

15. 목표가 달성되기 전에 치료를 중단할 위험이 있다.

16. T≥75인 경우 우울증에 대한 입원치료가 필요할 수 있다.

RC2 척도에서 점수가 낮은(T<39) 사람은 다음의 특징을 보인다.

1. 높은 수준의 심리적 안녕을 보고한다.

2. 자신의 삶에 만족할 가능성이 높다.

3. 광범위한 긍정적 정서경험을 보고한다.

4. 자신감 있고 활력이 넘친다고 보고한다.

5. 높은 수준의 긍정적인 정서를 보인다.

6. 긍정적인 자존감을 보인다.

7. 외향적이고 사회적인 참여도 높다.

8. 미래에 대해 낙관적이다.

반사회적 행동(RC4)

RC4는 정신병리 차원 모델 중 반항적 특성과 외현화 경향을 억제하지 못하는 특성 두 가지를 측정한다.

RC4 척도 점수가 높은(T≥65) 사람은 다음의 특징을 보인다.

1. 반사회적 행동의 과거력을 보고한다.

2. 반항적인 경향이 있고 사회적 규범 및 기대에 따르는 것이 어려워 보인다.

3. 법적 문제가 있었을 가능성이 있다.

4. 문제가 되는 물질을 사용할 위험이 커진다.

5. 무모하고 위험을 감수하며 자극을 추구하는 행동을 매우 자주 보인다.

6. 다른 사람들에게 공격적으로 행동한다.

7. 비판적이고 논쟁적이며 적대적이다.

8. 다른 사람들과 갈등을 겪는다.

9. 심각한 가족 문제가 있을 수 있다.

10. 정신건강 장면에서, 종종 물질 관련 장애 및 중독장애로 진단된다.

11. 외현화장애 진단 가능성을 평가해야 한다(예 : 군집B 성격장애, 물질사용장애).

12. 치료에 대한 동기가 없는 것 같다.

13. 치료에 순응적이지 않을 수 있다.

14. 권유받은 치료를 조기에 종결할 위험이 있다.

15. 좀 더 자제력을 키우는 데 도움을 필요로 한다.

RC4 척도에서 점수가 낮은(T<39) 사람은 평균 수준 이상으로 행동을 자제할 수 있고 반사회적 행동의 과거력을 부인한다.

피해의식(RC6)

RC6는 사람들이 자신을 해하려 한다는 믿음에 대해 묻는다. RC6 점수는 정신병리 차원 모델 중 사고장애 경향성을 반영한다. 그러나 주의할 점은 이 척도가 상승했다고 해서 반드시 원래 망상 수준의 생각이 있음을 시사하지는 않는다. 다른 이유로(예 : 외상경험의 결과로) 주변 사람들을 의심하거나 조심스러워하는 사람들도 높은 점수를 얻을 수 있다.

척도 점수가 높은(T≥65) 사람은 다음의 특징을 보인다.

1. 사람들에게 표적이 되고 통제당한다고 느끼거나 희생당했다고 느낀다.

2. 사람들의 동기를 의심한다.

3. 사람들을 신뢰하기 어렵다.

4. 사람들이 자신을 해하려 한다는 믿음 때문에 적대적이고 공격적인 폭발행동을 보일 수도 있다.

5. 친밀한 관계를 형성하는 데 어려움을 겪는 경우가 흔하다.

6. 치료관계를 맺는 데 어려움을 겪을 수 있다.

7. T≥80이라면, 편집증적 망상이나 환각이 있을 수 있다.

8. T≥80이라면, 조현병 스펙트럼 및 군집A 성격장애를 포함해 정신병적 장애가 있는지 추가적으로 평가해야 한다.

이 척도에서 낮은 점수는 해석하지 않는다.

역기능적 부정 정서(RC7)

RC7은 Tellegen과 동료들(1999a, 1999b)의 기분과 정동 모델 중 부정적인 정동을 반영하며, 정신병리 차원 모델 중 내재화 정신병리의 '공포' 차원과도 관련이 있다. RC7 문항들은 불안, 화, 공포 등 수검자의 부정적 감정경험을 측정한다. RC7에 반영된 부정적 감정들을 고려한다면 이 척도에서 높은 점수를 얻는 수검자들은 흔히 의기소침경험을 보고할 것이다. 그러나 이런 경험들이 상관이 있기는 하지만, 부정적인 정서와 의기소침은 구분하는데, 의기소침은 다양한 정신병리에서 나타나는 경향이 있다.

RC7 척도 점수가 높은(T≥65) 사람은 다음의 특징을 보인다.

1. 불안, 두려움, 짜증을 포함한 부정적인 감정경험을 보고한다.
2. 지나치게 걱정한다.
3. 침투적 사고를 경험한다.
4. 슬프고 불행하다고 보고한다.
5. 불안정하고 비판받는 것에 매우 민감하다.
6. 자기비판적이며 죄책감을 느끼기 쉽다.
7. 실패했다고 느끼는 것이 있으면 반복적으로 생각하고 곱씹는다.
8. 자신의 감정을 추스릴 수 없다고 느끼는 경우가 흔하다.
9. 스트레스에 적절히 대처할 수 없다고 느끼는 경우가 잦고 종종 스트레스에 압도된다.
10. 자신이 부정적 감정을 내보이면 사람들로부터 거절당하거나 가혹한 평가를 받을 거라고 두려워할 수도 있다.
11. 정신건강 장면에서 불안장애, 외상 및 스트레스 관련 장애, 우울장애로 진단받는 경우가 흔하다.
12. 두려움과 관련된 장애(예 : 공포증, 사회불안, 강박장애 및 관련 장애), 외상 및 스트레스 관련 장애와 군집C 성격장애의 가능성을 평가해야 한다.
13. 정서적 고통으로 인해 치료에 대한 동기가 있을 수 있다.

14. 상담목표에 다다르기 전에 조기종결할 위험이 있다.

15. 항불안제 약물치료의 필요성을 평가해야 한다.

RC7 척도 점수가 낮은(T<39) 사람은 부정적인 정서경험이 평균보다 낮다고 보고한다.

기태적 경험(RC8)

RC8는 수검자의 특이한 사고 및 지각경험에 대해 묻는다. RC8 점수는 정신병리 차원 모델 중 사고장애 경향성을 반영한다.

RC8 척도 점수가 높은(T≥65) 사람은 다음의 특징을 보인다.

1. 기이한 감각, 지각, 인지 또는 운동 경험을 보고한다.

2. 환각이나 망상을 경험할 수 있다.

3. 기괴한 감각을 경험할 수 있다.

4. 현실검증력에 손상이 있다.

5. 침입적인 사고를 자주 경험할 수 있다.

6. 해리경험을 보고할 수 있다.

7. 백일몽처럼 내적 경험세계로 빠져드는 경향이 있다.

8. 종종 직업 및 대인관계 기능에 손상이 있다.

9. 조현병 스펙트럼 장애 및 기타 정신병적 장애에서 나타나는 사고장애를 준임상적 수준에서 경험하고 있을 수도 있다.

10. 정신건강 장면에서는, 조현병 스펙트럼 및 기타 정신병적 장애에 대해 추가 평가를 해야 한다.

11. 구조화된 환경에서 치료할 필요가 있다.

12. 약물치료의 필요성을 평가해 보아야 한다.

13. 혼란스러운 사고로 인해 치료에 제대로 참여하는 게 어려울 수 있다.

RC8 척도의 낮은 점수는 해석하지 않는다.

경조증적 상태(RC9)

RC9은 충동적인 행동, 감각추구 및 자극추구 경향, 고양된 기분, 활력 증진을 반영한다. 이런 식으로 RC9은 정신병리 차원 모델에서 조증 하위 요인을 나타내며, 내재화 및 사고 장애 스펙트럼과 관련이 있다. 그러나 이 척도는 심각한 정신장애가 적은 표본에서 충동성, 감각 및 자극을 추구하는 경향을 측정했기 때문에, RC9 점수는 정신병리 차원 모델의 외현화 스펙트럼 중 탈억제로 정의하는 것이 더 알맞다.

RC9 척도 점수가 높은(T ≥65) 사람은 다음의 특징을 보인다.

1. 질주하듯 빠른 속도로 꼬리를 무는 듯한 사고를 경험한다.
2. 높은 활력 수준을 경험한다.
3. 기분이 고조된다.
4. 충동 조절의 어려움을 보인다.
5. 반사회적 행동을 할 수 있다.
6. 문제가 되는 물질 사용 패턴이 있을 수 있다.
7. 감각추구자이며 위험 감수자이다.
8. 과민하고 공격적일 수 있다.
9. 정신건강 장면에서, 양극성장애 및 관련 장애로 진단받는 경우가 흔하다.
10. 양극성장애 및 관련 장애의 가능성을 추가적으로 평가해야 한다.
11. 과한 행동 활성화 때문에 치료에 제대로 참여하기 어려울 수 있다.
12. 기분 조절을 위한 약물치료의 필요성을 평가해야 한다.
13. T ≥75인 경우 조증 삽화를 경험할 수 있다.

RC9 척도 점수가 낮은(T <39) 사람은 행동 활성화 및 주변 관여도가 평균보다 낮은 수준임을 시사한다. 이들은 활력 수준이 낮고 주변으로부터 철수되어 있는 경향이 있다. 우울장애 가능성을 평가해야 하는데, 특히 RC2 점수가 상승할 때 그렇다.

특정 문제(SP) 척도에 대한 해석지침

신체/인지 증상 SP 척도

이 척도는 수검자가 보고하는 신체 및 인지 증상 하위 범주를 확인하기 위해 사용할 수 있다. 신체 및 인지적 호소만을 확인할 수도 있지만, RC1 상승을 설명하는 데도 도움이 될 수 있다.

신체적 불편감(MLS)

MLS 척도는 전반적인 신체건강 문제에 대한 수검자 지각을 측정하는 문항으로 구성되어 있다.

척도 점수가 높은(T ≥65) 사람은 다음의 특징을 보인다.

1. 전반적으로 신체건강상태가 좋지 않다고 보고한다.

2. 피로를 경험하며 수면도 불만족스럽다고 보고한다.

3. 종종 모호한 신체증상을 호소한다.

4. 건강이 좋지 않아 업무나 다른 활동 영역에 지장이 있다고 느낄 수도 있다.

5. 슬프고 우울할 때가 대부분이다.

6. 스트레스가 되는 요인을 처리할 수 없다고 느낀다.

7. 삶이 나아질 가능성에 대해 비관적이다.

8. 신경학적 기능에 문제가 있을 수 있다.

9. 정신건강 장면에서 우울장애로 진단되는 경우가 대부분이다.

10. 우울장애의 가능성을 평가해야 한다.

11. 신체증상을 의학적으로 설명할 수 없다면, 신체증상 및 관련 장애의 가능성을 추가적으로 평가해야 한다.

12. 신체적 불편감 때문에 치료를 받으려 하지 않거나 받지 못할 수 있다.

점수가 낮은(T<39) 사람은 일반적으로 신체적 편안함을 보고한다.

신경학적 증상 호소(NUC)

NUC 문항은 모호한 일련의 신체증상을 나타내며(예 : 무감각, 현기증, 떨림) 때때로 신경학적 역기능과 관련이 있다.

척도 점수가 높은(T≥65) 사람은 다음의 특징을 보인다.

1. 운동통제(예 : 균형, 현기증, 마비)와 관련된 모호한 신경학적 문제를 보고한다.

2. 신경학적 증상 외 다른 신체증상들을 경험할 수 있다.

3. 스트레스에 잘 대처하지 못한다.

4. 신체증상에 대한 의학적 설명이 어렵다면, 신체증상장애 및 관련 장애의 가능성을 추가적으로 평가해야 한다.

5. 물리적 원인이 있는 신경학적 증상이라면, 의학적 혹은 행동적 증상관리가 도움이 될 수 있다.

6. 일반적으로 증상이나 회복과정에 대한 심리적 설명을 거부하기 때문에, 심리치료를 받으려 하지 않을 수 있다.

낮은 점수는 해석하지 않는다.

섭식 문제(EAT)

EAT 척도 문항은 섭식장애와 관련이 있을 수 있는 세 종류의 섭식행동 문제에 대해 묻는다. 폭식행동, 제거행동(purging behavior), 제한적인 식사 등을 묻는 문항들을 포함한다.

척도 점수가 높은(T ≥ 65) 사람은 다음의 특징을 보인다.

1. 폭식, 제거 또는 제한적인 식사를 포함해서 식사행동에 문제가 있음을 보고한다.
2. 과식 및 먹는 것에 대한 통제력 상실 삽화를 경험했을 가능성이 있다.
3. 종종 자신의 신체 이미지, 체형 또는 체중에 대해 걱정한다.
4. 다이어트 이력이 있는 경우가 대부분이다.
5. 정서적 고통에 대처하는 수단으로 먹는 것을 사용할 수 있다.
6. 배고프거나 배부른 몸의 신호에 주의를 기울이지 않거나 그것을 무시할 수 있다.
7. 이전에 자해행동을 했을 수 있다.
8. 정신건강 장면에서 급식 및 섭식 장애로 진단받는 경우가 흔하다.
9. 급식 및 섭식 장애의 가능성을 평가해야 한다.

낮은 점수는 해석하지 않는다.

인지적 증상 호소(COG)

COG 척도는 초점 맞추기, 유지 및 기억 회상의 어려움을 포함한 다양한 인지적 증상을 묻는 문항들로 구성된다.

척도 점수가 높은(T ≥ 65) 사람은 다음의 특징을 보인다.

1. 주의력, 집중력, 기억력 문제를 보고한다.
2. 스트레스에 잘 대처하지 못한다.
3. 종종 자신이 부족하고 열등하다고 느낀다.
4. 도전이나 실패에 부딪혔을 때 쉽게 포기하는 경향이 있다.
5. 자신이 겪고 있는 인지적 증상들은 '미쳐 가거나' '통제력을 잃는' 신호라며 두려워할 수 있다.
6. 정신건강 장면에서 불안하고 우울한 느낌을 보고할 수 있다.
7. 신경심리학적 또는 신경학적 평가가 필요할 수 있다.
8. 신경심리학적/신경학적 문제가 없고 이런 인지증상들이 내재화장애(예 : 우울장애, 외상 및 스트레스 요인 관련 장애)로 잘 설명되지 않는다면, 신체증상장애 및 관련 장

애의 가능성을 추가적으로 평가해야 한다.

낮은 점수는 해석하지 않는다.

내재화 SP 척도

이 척도들은 수검자가 보고하는 내재화 증상이 구체적으로 어떻게 나타나는지 확인하기 위해 사용할 수 있다. 내재화 문제를 확인할 뿐만 아니라 RCd(즉, SUI, HLP, SFD, NFC) 및 RC7(즉, STR, WRY, CMP, ARX, ANP, BRF) 상승 이유를 설명하는 데도 도움이 된다.

자살/죽음 사고(SUI)

SUI 척도는 죽음에 대한 생각이나 소망에 대한 문항뿐만 아니라 자살 사고, 의도, 계획 및 과거 자살 시도 등 자살 경향성을 반영하는 문항들로 이루어진다. 우리는 MMPI-3 매뉴얼에 있는 권장사항인 SUI 해석 시 T≥58 분할점을 사용하는 것에 동의한다. 따라서 SUI 척도에서 단 한 문항만 체크해도 해석 가능한 점수가 된다. 우리가 이 접근에 동의하는 이유는, 자살 경향성에 대한 척도 민감성을 극대화할 뿐만 아니라 간단한 선별도구로서 SUI를 사용하도록 권장하는 우리의 생각과 가장 잘 맞기 때문이다. 우리는 SUI 척도에서 높은 점수를 보이는 수검자들에 대해서 철저하게 자살 평가를 할 것을 권한다.

척도 점수가 높은(T≥58) 사람은 다음의 특징을 보인다.

1. 자살 사고 혹은 자살 시도 과거력을 보고한다.
2. 자세한 자살 평가가 필요하다.
3. 상당히 우울하다.
4. 압도되고 무력감을 느낀다.
5. 자신의 삶이 나아질 가능성에 대해 절망적이고 비관적이다.
6. 정신건강 장면에서 정신과 입원 과거력이 있을 수 있다.
7. 내재화장애(예 : 우울장애, 불안장애, 외상 및 스트레스 관련 장애, 섭식장애) 여부를 평가해야 한다.
8. 자살 위험을 줄이는 개입이 필요할 수 있다.

낮은 점수는 해석하지 않는다.

무력감/무망감(HLP)

HLP 척도 문항들은 자신을 바꾸거나 상황을 개선하기 위해 아무것도 할 수 있는 게 없다는 절망적이고 비관적인 관점과 인식을 반영한다.

척도 점수가 높은(T ≥65) 사람은 다음의 특징을 보인다.

1. 자신의 삶이 불행하다고 표현한다.
2. 자신의 삶을 의미 있게 변화시킬 수 없다고 느낀다.
3. 삶이 더 나아질 가능성에 대해 비관적이다.
4. 우울한 기분과 절망감을 경험한다.
5. 종종 자신을 부적절하고 열등하다고 생각한다.
6. 도전이나 실패에 맞닥뜨릴 때 쉽게 포기하는 경향이 있다.
7. 종종 사람들로부터 충분히 지지받지 못한다고 느끼며, 이는 때때로 불신, 분노 및 적개심으로 이어진다.
8. 자살만이 유일하게 자신의 문제에 대한 해결책이라고 볼 수도 있다.
9. 우울장애(또는 기타 내재화장애)의 가능성을 평가해야 한다.
10. 희망감을 올리는 치료가 도움이 될 수 있다.

낮은 점수는 해석하지 않는다.

자기 회의(SFD)

SFD 문항들은 자신이 다른 사람들에게 짐이 되거나 사람들에게 지겨운 사람이 될 뿐만 아니라 자신감이 낮고 자신의 가치, 능력 및 쓰임에 대해 부정적인 평가를 나타낸다.

척도 점수가 높은(T ≥65) 사람은 다음의 특징을 보인다.

1. 자신감 부족을 보고한다.
2. 쓸모없는 느낌을 보고한다.
3. 다른 사람들에게 열등감을 느낀다고 보고한다.
4. 슬프고 우울하고 무망감을 느낀다.
5. 자살 사고가 있을 수 있다.
6. 불안을 경험할 수 있다.
7. 반추하는 경우가 대부분이다.
8. 자신의 감정을 조절할 수 없다고 느낄 때가 자주 있다.
9. 자존감이 낮다.
10. 대인관계에서 종종 불확실함과 어색함을 경험하고, 때때로 이로 인해 관계에서 고통

480 MMPI 검사 : 성격 및 정신병리 평가

스러워하거나 철수하게 된다.

11. 사람들로부터 충분한 지지를 받지 못한다고 느낄 수 있으며, 이는 때때로 불신, 분노 또는 적개심으로 이어지게 된다.

12. 정신건강 장면에서 정신과 입원 과거력이 있을 수 있다.

13. 정신건강 장면에서 우울장애로 진단받는 경우가 대부분이다.

14. 내재화장애, 특히 우울장애와 사회불안장애의 가능성을 평가해야 한다.

15. 자존감을 올리는 치료가 도움이 될 수 있다.

낮은 점수는 해석하지 않는다.

효능감 결여(NFC)

NFC 척도 문항들은 특히 역경에 부딪혔을 때 우유부단하고 비효율적이라는 느낌에 초점을 둔다.

척도 점수가 높은(T ≥65) 사람은 다음의 특징을 보인다.

1. 매우 우유부단하다고 보고한다.

2. 인생에서 결정하기 어려운 것들을 피해 가려고 한다.

3. 자립심이 강하지 않다.

4. 쉽게 포기한다.

5. 불안정하고 부적절하다고 느낀다.

6. 우울과 불안을 경험할 수 있다.

7. 걱정하고 반추하는 경향이 있다.

8. 종종 자신의 감정을 조절할 수 없다고 느낀다.

9. 비관적인 전망을 하는 경우가 대부분이다.

10. 스트레스에 효과적으로 대처하기 위해 애쓰는 경우가 대부분이다.

11. 대인관계에서 수동적인 경향이 있다.

12. 정신건강 장면에서 우울장애로 진단받는 경우가 대부분이다.

13. 사람들로부터 충분한 지지를 받지 못한다고 느낄 수 있으며, 이는 때때로 불신, 분노 또는 적개심으로 이어지게 된다.

14. 우유부단함을 줄이는 치료가 도움이 될 수 있다.

이 척도의 점수가 낮은(T <39) 사람은 스트레스 상황에서 유능하고 결단력이 있다. 그들

은 독립적이고 대인관계에서 자기주장을 잘하는 경향이 있다.

스트레스(STR)

STR 척도 문항들은 주로 스트레스를 다루는 능력에 대한 지각과 스트레스 및 일반적으로 신경 쓰이는 것들에 대한 주관적 경험에 초점을 둔다.

척도 점수가 높은(T ≥ 65) 사람은 다음의 특징을 보인다.

1. 상당한 스트레스를 경험하고 있다고 보고한다.
2. 스트레스에 압도되어 적절히 대처할 수 없다고 보고한다.
3. 초조함을 느낄 때가 많다고 보고한다.
4. 불안하고 우울한 기분을 경험한다.
5. 종종 자신의 감정을 조절할 수 없다고 느낀다.
6. 걱정하고 반추하는 경향이 있다.
7. 불안의 신체증상을 경험하는 경향이 있는데, 이는 공황과 유사한 증상들을 포함할 수도 있다.
8. 종종 비관적인 전망을 갖는다.
9. 약간 내향적인 경향이 있다.
10. 대인관계에서 고립되어 있다고 느끼고 충분한 사회적 지지를 받지 못한다고 생각할 수도 있다.
11. 자신이 감정 및 스트레스를 잘 다루지 못한다는 이유로, 사람들이 자신을 거부하거나 자신을 가혹하게 비판할까 봐 두려워할 수 있다.
12. 정신건강 장면에서 불안장애 및 우울장애로 진단받는 경우가 대부분이다.
13. 외상 및 스트레스 관련 장애, 불안장애, 우울장애의 가능성을 평가해야 한다.
14. 스트레스 관리에 중점을 둔 치료가 도움이 될 수 있다.

이 척도의 점수가 낮은(T < 39) 사람은 평균보다 낮은 수준의 스트레스를 경험하며 자신이 경험하는 스트레스를 효율적으로 관리하고 있다.

걱정(WRY)

WRY 척도 문항들은 상당히 많은 것들(예 : 걱정의 일반화된 패턴)에 대해 걱정하는 경향을 보고한다. 몇몇 문항들은 실망감을 없애기 위해 애쓰는 것에 초점이 있다.

척도 점수가 높은(T ≥ 65) 사람은 다음의 특징을 보인다.

1. 여러 가지 일에 대해 자주 걱정한다고 보고한다.

2. 불안하고 마음이 뒤숭숭하다.

3. 슬픔을 느끼는 경우가 대부분이고 짜증과 분노도 종종 경험한다.

4. 자신의 감정을 조절할 수 없다고 느낀다.

5. 걱정거리에 압도되어 미래에 대한 희망을 품기 어려운 경향이 있다.

6. 종종 스트레스에 대처할 수 없다고 느낀다.

7. 불안의 신체증상을 경험하는 경향이 있는데, 이는 공황과 유사한 증상들을 포함할 수도 있다.

8. 사람들과의 관계에서 확신을 갖지 못하며, 이는 때때로 불신, 분노 또는 적개심으로 이어지게 된다.

9. 자신이 불안 및 걱정을 잘 다루지 못한다는 이유로, 사람들이 자신을 거부하거나 자신을 가혹하게 비판할까 봐 두려워하는 것 같다.

10. 정신건강 장면에서 불안장애, 외상 및 스트레스 관련 장애, 우울장애로 진단받는 경우가 대부분이다.

11. 불안장애, 외상 및 스트레스 관련 장애, 우울장애의 가능성을 평가해야 한다.

12. 걱정하는 경향에 초점을 맞춘 치료가 도움이 될 수 있다.

점수가 낮은(T<39) 사람은 평균 이하 수준의 걱정을 보고한다.

강박(CMP)

CMP 척도 문항들은 이론적으로 두 가지 주요 내용군집으로 분류된다. 첫 번째 군집은 고집스럽게 정리하고, 조직화하고, 관심 영역에 초점을 두는 경향을 나타낸다. 두 번째 군집은 반복적인 행동(예 : 확인, 세어 보기)과 관련된 문항들이다.

척도 점수가 높은(T≥65) 사람은 다음의 특징을 보인다.

1. 매우 질서 정연하고 조직적인 생활을 할 뿐만 아니라 이런 생활방식에서 벗어날 때는 마음이 불편해지는 경험을 보고한다.

2. 반복적인 행동을 하는 경향을 보고한다.

3. 청소, 세어 보기, 확인이나 다른 의례적인 행동 등 강박행동이 있는 경우가 대부분이다.

4. 대체로 경직되고 융통성이 없다.

5. 완벽주의일 수 있다.

6. 자신의 건강이나 안전에 대해 비현실적으로 염려할 수 있다.

7. 강박 및 관련 장애뿐만 아니라 강박행동이나 완벽주의적 행동이 특징인 기타 장애의 가능성을 평가해야 한다.

이 척도에서 낮은 점수는 해석하지 않는다.

불안 경험(ARX)

ARX 척도 문항들은 다르게 나타나는 불안의 여러 양상에 대해 묻는다. 여기에는 불안하거나 두려운 느낌뿐만 아니라 침투적 기억, 악몽, 생리적 반응 및 극도의 놀람반응과 같은 극단적인 인지적 및 생리적 경험들이 포함된다.

척도 점수가 높은(T ≥ 65) 사람은 다음의 특징을 보인다.

1. 불안, 공포 및 두려움을 지속적으로 자주 보고한다.
2. 침투적 기억을 경험한다.
3. 불안의 생리적인 증상을 경험하고 쉽게 놀란다.
4. 악몽을 자주 꾸고 수면장애를 겪는다.
5. 우울하거나, 슬프거나, 희망이 없다고 느낄 때가 대부분이다.
6. 자신의 감정을 조절할 수 없다고 느낀다.
7. 일어나지 않은 미래의 불안과 공포 삽화에 대해 두려워하는 경우가 대부분이다.
8. 공황발작을 경험하는 것 같다.
9. 해리 증상을 경험할 수 있다.
10. 외상경험에 대한 생각과 이를 불러일으키는 외적 단서들을 피하려고 할 수 있다.
11. 스트레스에 잘 대처하지 못한다.
12. 삶의 무게에 압도된다.
13. 모호한 상황이나 타인과의 관계에서 현재 해가 되지 않지만 앞으로 위협이 될 수 있는 것에 주목한다.
14. 집중에 어려움이 있을 수 있다.
15. 사람들과의 관계에서 확신을 갖지 못하거나 지지받지 못한다고 느끼며, 이는 때때로 불신, 분노 또는 적개심으로 이어지는 것 같다.
16. 자신이 불안 및 두려움을 잘 다루지 못한다는 이유로, 사람들이 자신을 거부하거나 자신을 가혹하게 비판할까 봐 두려워하는 것 같다.

17. 정신건강 장면에서 불안장애, 외상 및 스트레스 관련 장애로 진단받는 경우가 대부분이다.

18. 불안장애, 외상 및 스트레스 관련 장애의 가능성을 평가해야 한다.

19. 항불안제 약물치료의 필요성을 평가해야 한다.

점수가 낮은(T<39) 사람은 불안 관련 경험이 평균 이하 수준임을 보고한다.

분노 경향성(ANP)

ANP 문항은 빈번하고 강렬한 분노 삽화와 짜증이 일상적이며 좌절에 대한 인내력이 낮음을 반영한다.

척도 점수가 높은(T≥65) 사람은 다음의 특징을 보인다.

1. 화가 날 때가 잦다고 보고한다.
2. 좌절에 대한 인내력이 낮다고 보고한다.
3. 참을성이 없고 쉽게 짜증을 낸다.
4. 언쟁을 하는 경향이 있고 화가 나면 공격적인 말을 할 뿐만 아니라 신체적인 공격성을 보일 가능성도 있다.
5. 화가 나면 효과적으로 대처하는 데 어려움이 있고 충동적으로 화를 행동화할 수도 있다.
6. 폭력적인 생각들이 있을 수 있다.
7. 불안과 우울 증상을 보고할 수 있다.
8. 정신건강 장면에서 감정 영역의 장애(예 : 불안장애, 우울장애)를 동반하거나 이런 장애로 진단받을 수 있다.
9. 분노관리 기술을 배우는 것이 도움이 될 수 있다.

이 척도에서 낮은 점수는 해석하지 않는다.

행동 제약 공포(BRF)

BRF 척도의 문항들은 대부분 일상적인 경험들(예 : 어둠을 무서워함)이라 할 만한 구체적인 상황이나 행동과 관련된 두려움에 대해 묻는다. 몇몇 문항들은 두려움 때문에 하게 되는 회피행동을 나타낸다.

척도 점수가 높은(T≥65) 사람은 다음의 특징을 보인다.

1. 다양한 특정 공포를 호소하며 이로 인해 집 안팎에서의 일상행동에 제한을 받는다.

2. 집을 떠나게 될 때 불안하거나 두려움을 보고할 수 있다.

3. 어둠, 더러움, 협소한 공간이나 뾰족한 물건에 대한 공포를 나타낼 수 있다.

4. 광장공포증 증상이 있을 수 있다.

5. 정신건강 장면에서 일반적으로 불안하고 우울한 느낌을 보고할 수 있으며, 공황발작 경험을 보고할 수도 있다.

6. 불안장애, 특히 광장공포증의 가능성을 평가해야 한다.

이 척도의 낮은 점수는 해석하지 않는다.

외현화 SP 척도

이 척도들은 수검자가 보고하는 외현화 증상들이 구체적으로 어떻게 나타나는지 확인하기 위해 사용할 수 있다. 또한 RC4(예 : FML, JCP, SUB)와 RC9(예 : IMP, ACT, AGG, CYN) 척도 상승 이유를 이해하는 데 도움이 될 뿐만 아니라 제한적으로 나타나는 외현화 문제를 더 확인하는 데도 도움이 된다.

가족 문제(FML)

FML 척도 문항은 가족 간 불화와 가족으로부터 지지받거나 인정받지 못하는 느낌을 반영한다. 이 척도의 일부 문항들은 가족을 향한 매우 강렬한 부정적인 감정을 반영한다(예 : 두려움, 증오). 문항 표현 때문에 수검자의 현재 가족에 대해서인지 원가족에 대해서인지를 파악하는 것은 불가능하다. 이 척도에서 높은 점수를 얻는 것은 추가적인 평가가 필요하다는 신호일 수 있다.

척도 점수가 높은(T ≥ 65) 사람은 다음의 특징을 보인다.

1. 가족들과 부정적인 경험을 했고 그들을 향한 부정적인 태도를 보고한다.

2. 가족과 갈등이 있다고 이야기한다.

3. 가족의 지지를 받지 못한다고 느낀다.

4. 떠들썩한 관계가 특징인, 혼란스럽고 역기능적인 가정에서 생활하는 경우가 대부분이다.

5. 자기 문제를 가족 탓으로 돌리는 경우가 대부분이다.

6. 가족에게 제대로 대우받지 못하고 심지어 학대당했다는 보고가 있을 수 있다.

7. 가족관계에서 지지받지 못하거나 확신을 갖지 못한다고 느낄 수 있으며, 이는 때때로

불신, 화 또는 적개심으로 이어지기도 한다.

8. 정신건강 장면에서 우울, 불안, 무력감, 절망감을 느낄 수 있다.

9. 정신건강 장면에서 자살 사고가 있다고 보고할 수 있다.

10. 학대 과거력이 있다면, 외상 및 스트레스 관련 장애뿐만 아니라 기타 내재화장애의 가능성을 평가해야 한다.

11. 가족갈등 및 열악한 가족 문제를 해결하는 치료가 도움이 될 수 있으며, 가능하다면 치료에 다른 가족이 참여하는 것도 도움이 된다.

점수가 낮은(T<39) 사람은 가족갈등이 예전에도 없었고 지금도 없다.

청소년기 품행 문제(JCP)

JCP 척도 문항은 청소년기에 학교에서 행동 및 징계 문제가 있었는지, 법에 저촉되는 활동에 가담했는지에 대한 과거력을 반영한다. 한 문항을 제외하고 모든 문항이 수검자에게 아동기, 청소년기 또는 학창 시절 등 환경 맥락을 명시적으로 언급하고 있다. JCP 점수는 자살 경향성과 관련이 있다. JCP가 현재 자살 경향성과 분명한 관련은 없지만, 이 척도 점수가 높은 경우 자살과 관련한 다른 정보들을 사용하여 주의 깊게 검토해 볼 것을 권한다.

척도 점수가 높은(T≥65) 사람은 다음의 특징을 보인다.

1. 행동 문제와 무단결석 등 학교에서 문제가 있었던 과거력을 보고한다.

2. 어린 시절 물건을 훔친 적이 있다고 보고할 수 있다.

3. 청소년기와 성인기에 분노가 폭발했던 과거력이 종종 있다.

4. 법적인 문제가 있었던 과거력이 종종 있다.

5. 알코올 및 기타 물질을 사용하고 종종 오용한 과거력이 있는 경우가 많다.

6. 충동적인 경향이 있다.

7. 권위적인 인물과 갈등을 겪는 경향이 있다.

8. 사회적 규범과 기대를 깨뜨리는 경우가 흔하다.

9. 공격적인 방식으로 분노가 폭발할 수도 있다.

10. 정신건강 장면에서 자살 시도 과거력이 있을 수 있다.

11. 정신건강 장면에서 반사회적 성격장애나 물질 관련 장애를 진단받는 경우가 흔하다.

12. 치료에 대한 동기가 없는 것 같다.

13. 치료시간을 잊어버릴 가능성이 높다.

14. 치료에서 제시하는 과정을 끝마치지 못할 가능성이 높다.

이 척도에서 낮은 점수는 해석하지 않는다.

약물 남용(SUB)

SUB 척도 문항 내용은 알코올, 마리화나 및 기타 물질 사용뿐만 아니라 이와 관련된 문제들에 대한 질문이다. 어떤 문항들은 현재행동을 시사하는 식으로 기술되며, 다른 문항들은 과거행동을 나타낸다. 이 척도 점수가 높다는 것은 수검자의 물질 사용에 대한 추가적 평가가 필요함을 시사한다.

척도 점수가 높은(T ≥65) 사람은 다음의 특징을 보인다.

1. 알코올, 마리화나 또는 기타 물질 등 문제가 되는 약물을 이미 사용하고 있는 것으로 알려져 있거나 사용할 가능성이 있다.
2. 처방 약물의 오용을 보고할 수 있다.
3. 이완을 위해 물질을 사용한다고 보고할 수 있다.
4. 물질 사용 문제 과거력이 있을 수 있다.
5. 종종 반항적이고 권위적인 인물과 갈등이 있다.
6. 종종 사회적 규범과 기대를 깨뜨리는 경향이 있다.
7. 위험하고 자극을 추구하는 행동을 할 수 있다.
8. 때때로 신체적 공격성을 보일 수 있다.
9. 정신건강 장면에서 종종 물질 관련 장애로 진단받는다.
10. 물질 사용에 대해 세부적인 평가가 필요하다.
11. 물질 관련 문제 치료가 도움이 될 수 있다.

이 척도에서 낮은 점수는 해석하지 않는다.

충동성(IMP)

이름에서 시사하는 것처럼, IMP 척도 문항들은 충동을 억제하기 위해 애쓰는 것, 생각하지 않고 행동해 버리는 것, 충동적으로 행동한 후 생기는 결과나 후회하는 경향을 반영한다.

척도 점수가 높은(T ≥65) 사람은 다음의 특징을 보인다.

1. 충동적으로 행동하는 경우가 많다고 보고한다.
2. 자신의 충동적인 행동으로 일어난 부정적인 결과가 있거나 이를 후회한다고 보고한다.

3. 충동 조절을 하는 것이 상당히 어렵다고 보고할 수 있다.

4. 종종 자신의 행동을 통제하기 어려우며, 그 결과 사회적 규범과 기대를 어기는 경향이 있다.

5. 긍정적 또는 부정적인 감정이 강해지면 특히 충동적으로 행동하는 경향이 있다.

6. 화난 충동을 조절하는 데 어려움이 있을 수 있으며, 그 결과 화, 짜증, 분노를 종종 보인다.

7. 상황을 주의 깊게 생각해 보기 전에 행동하는 경우가 대부분이다.

8. 자극을 추구하는 행동을 할 수 있다.

9. 사물을 면밀히 살피지 못하는 경향이 있다.

10. 정신건강 장면에서 알코올 및 기타 물질을 사용할 가능성이 높다.

11. 정신건강 장면에서 ADHD, 물질 관련 장애 또는 양극성장애 및 관련 장애 진단을 현재 받았거나 과거에 받았을 가능성이 높다.

12. 파괴적, 충동 조절 및 품행 장애 등 충동통제의 어려움을 주증상으로 보이는 경우 장애의 가능성을 평가해야 한다.

13. 충동 조절 개선에 중점을 둔 치료가 도움이 될 수 있다.

점수가 낮은(T<39) 사람은 충동행동이 평균 수준 이하라고 보고한다.

흥분 성향(ACT)

ACT 척도 문항들은 고양된, 의기양양한 또는 불안정한 기분을 주로 반영한다. 다른 문항들은 질주하듯 빠른 속도로 꼬리를 무는 듯한 생각, 계속 말하게 되며 수면 욕구가 줄어드는 등 경조증/조증 삽화에서 공통적으로 나타나는 증상들을 반영한다.

척도 점수가 높은(T≥65) 사람은 다음의 특징을 보인다.

1. 흥분되고 들뜬 기분이 있는 삽화를 보인다.

2. 에너지가 과도하고 때때로 수면 욕구가 줄어들었다고 보고할 수 있다.

3. 자신의 생각, 말 또는 행동을 조절하는 데 어려움이 있다고 보고할 수 있다.

4. 비정상적으로 빠른 기분 변화를 겪은 과거력이 있을 수 있다.

5. 경조증 또는 조증 삽화의 과거력이 있을 수 있다.

6. 충동적으로 보이거나 활동 수준이 극대화되어 있을 수 있다.

7. 정신건강 장면에서 종종 양극성장애 및 관련 장애로 진단받는다.

8. 양극성장애 및 관련 장애의 가능성을 평가해야 한다.

9. 기분안정제가 도움이 될 수 있다.

점수가 낮은(T<39) 사람은 에너지 및 활동 수준이 평균 이하라고 말한다.

공격 성향(AGG)

AGG 척도 문항들은 화를 충동적으로 행동으로 옮기는 것, 다른 사람들을 겁주는 것, 억울할 때 되갚아 주려 하는 등의 신체적 공격성을 나타내는 경향을 반영한다.

척도 점수가 높은(T≥65) 사람은 다음의 특징을 보인다.

1. 사람들에게 공격적으로 행동한다고 보고한다.

2. 화난 충동에 따라 행동하는 경향을 보고한다.

3. 싸울 때 물건을 부수고 사람을 다치게 한다는 점을 인정한다.

4. 사람들이 그들을 두려워하도록 하면서 즐거움을 경험한다.

5. 자주 화를 내고 짜증을 낸다.

6. 사람들과 분쟁이 생겼을 때 최고의 해결책은 공격성이라는 경우가 대부분이다.

7. 폭력적인 생각이 있을 수 있으며, 폭력행동을 보인 과거력이 있을 수 있다.

8. 사람들에게 반사회적으로 보인다.

9. 다소 자기중심적이고 조종하려는 경향이 있다.

10. 권위적인 인물과 갈등을 겪는 경향이 있다.

11. 다소 충동적인 경향이 있다.

12. 알코올 및 기타 물질을 문제가 될 수 있는 방식으로 사용한다.

13. 폭력 위험성을 평가할 필요가 있다.

14. 분노관리 기술을 배우면 도움이 될 수 있다.

15. 치료시간을 잊어버리거나 제시받은 치료과정을 끝마치지 못할 가능성이 높다.

이 척도에서 낮은 점수는 해석하지 않는다.

냉소적 태도(CYN)

CYN 척도 문항들은 일반적으로 정직, 동기 및 타인의 의도를 믿지 않는 것을 나타낸다. 일부 문항들은 사람들이 본질적으로 이기적이며 주로 자신의 이익을 얻으려고 한다는 점을 시사한다. 사람들은 부정직하고, 어리석고, 무능하며, 조종한다는 명백 문항들도 있다.

척도 점수가 높은(T ≥65) 사람은 다음의 특징을 보인다.

1. 냉소적 신념을 보고한다.
2. 사람들은 신뢰할 만하지 않고, 무관심하며, 자기 자신만을 걱정한다고 본다.
3. 대인관계에서 자주 적대적이거나 화를 낼 수 있다.
4. 신뢰관계를 형성하는 데 큰 어려움을 겪는다.
5. 쉽게 화를 내는 경향이 있다.
6. 치료자에게 만족을 못 느끼는 경우가 대부분이다.
7. 치료에 참여하거나 치료관계를 형성하는 데 어려움이 있을 수 있다.
8. 치료 예후가 부정적일 가능성이 높다.

CYN 척도 점수가 낮은(T <39) 사람은 다음의 특징을 보인다.

1. 냉소적 신념을 거부한다.
2. 사람들을 의도가 선하고 신뢰할 만하다고 본다.
3. 순진하고, 속기 쉬우며, 다른 사람을 지나치게 믿을 수 있다.

대인관계 SP 척도

SP 척도 중 대인관계 척도의 주목적은 사람들과 교류하는 다양한 방식을 살펴보려는 것이다. 다른 SP 척도와 달리 대인관계 척도는 특정 증상에 대한 MMPI-3 위계에는 속하지 않는다. 대신 이 척도들을 통해 수검자가 대인관계를 어떻게 보고 교류하는지를 온전히 이해하기 위해 정보를 얻을 수 있으며, 다른 MMPI-3 척도에서 나타나는 정보와 함께 사용할 수 있다.

우월감(SFI)

SFI 척도 문항들은 대부분 자신이 비범한 사람이라는 믿음을 반영한다.

척도 점수가 높은(T ≥65) 사람은 다음의 특징을 보인다.

1. 비범한 사람이라고 보고한다.
2. 자신들에게는 특별하고 중요한 기술, 재능, 생각이나 능력이 있다고 보고한다.
3. 자신감 있고 특히 리더 역할에 적합하다고 보고한다.
4. 자립적이다.
5. 자존감이 높다.
6. 우월감을 느끼는 경향이 있다.

7. 과대하고 자기애적일 수 있다.

8. 대개는 권위 있고, 자신감 있고, 단호하며, 야심 차다.

9. 대인관계에서 따뜻하고 지배적인 경향을 보인다.

10. 때때로 사람들에게 거만하거나 허영심이 많거나 자기애가 있어 보인다.

11. 다소 외향적인 경향이 있다.

12. 대체로 낙관적이고 끈질기다.

13. 내재화 증상이 거의 없다.

14. 정신건강 장면에서 우울장애로 진단받는 경우는 드물다.

점수가 낮은(T<39) 사람은 자신에게는 어떤 특별한 기술이나 능력이 없다고 본다. 그들은 자신을 잘해야 평범하거나 눈에 띄지 않는 사람이라고 평가한다.

지배성(DOM)

DOM 척도 문항 내용은 대인관계에서 자기주장을 하는 경향을 반영한다. 대부분의 문항들은 직접적인 의사소통 스타일로, 자신의 의견 및 관점을 주장하는 경향을 포함한다. 강력한 리더가 되는 것과 그런 역할을 즐기는지를 반영하는 문항들도 있다.

척도 점수가 높은(T≥65) 사람은 다음의 특징을 보인다.

1. 강력하게 의견을 고수하고 주장한다.

2. 자신의 입장을 고수한다고 보고한다.

3. 자신의 의사소통 스타일이 직접적이며 주장적이라고 한다.

4. 리더 역할을 즐기고 자신을 유능한 리더라고 본다.

5. 대인관계에서 종종 지배적인 역할을 한다.

6. 사람들에게 권위 있고 단호하며 야심 찬 사람으로 보이지만, 언어적으로 공격적이거나 무례하거나 불친절하거나 심지어 적대적으로 보일 수도 있다.

7. 외향적일 가능성이 높다.

8. 내재화 증상이 거의 없다.

척도 점수가 낮은(T<39) 사람은 다음의 특징을 보인다.

1. 대인관계 장면에서 수동적이며 자기주장을 잘 하지 않는다고 한다.

2. 자신의 의견이나 감정을 강하게 드러내지 않는다고 보고한다.

3. 리더 자리에 있는 것을 원하지 않는다.

4. 사람들에게 수동적이고 순종적으로 보인다.

5. 성취나 권력 지향적이지 않다.

6. 내향적이다.

7. 수동, 복종 행동(예 : 의존성 성격장애)을 포함한 장애의 가능성을 평가해야 한다.

8. 수동, 복종 행동을 줄이기 위한 치료가 도움 될 수 있다.

관계 단절(DSF)

DSF 척도 문항들은 주로 혼자 있을 때 더 행복해지는지와 이에 대한 강한 선호를 시사한다. 문항 내용 중 두 번째로 강조하는 것은 사람들과 가까워지는 것을 피하려는 경향이 있는지 이다.

척도 점수가 높은(T ≥65) 사람은 다음의 특징을 보인다.

1. 다른 사람들과 어울리는 것보다 혼자 있는 것을 선호한다고 보고한다.

2. 혼자 있을 때 더 행복하다고 보고한다.

3. 사람들과 친해지고 싶지 않다고 보고한다.

4. 대인관계가 단절되고 사회적으로 철수되어 있다.

5. 사람을 믿기 어려운 경향이 있다.

6. 사람들이 보기에 내향적이며 따뜻함이 부족하다.

7. 사람들이 보기에 친밀한 관계를 맺지 않는 것 같다.

8. 어린 시절에 고립되거나 관계에서 갈등이 있었다고 보고할 수 있다.

9. 사회공포증, 우울장애, 무쾌감증과 같은 정서적/내재화 증상을 보고할 가능성이 높다.

10. 거리를 두는 대인관계가 특징인 장애의 가능성을 평가해야 한다.

11. 치료동맹을 맺는 데 어려움이 있을 수 있다.

이 척도에서 낮은 점수는 해석하지 않는다.

사회적 회피(SAV)

SAV 척도의 문항들은 대부분 사회적 모임을 하거나 즐기는 것을 거부하는 경향을 나타낸다. 문항 내용은 더 많은 사회적 모임을 싫어하는 것에 특히 초점이 있다. 그러나 일부 문항들은 새로운 사람을 만나고 새 친구를 사귀는 것에 대한 관심을 부정하는 것에 초점을 둔다.

척도 점수가 높은(T ≥65) 사람은 다음의 특징을 보인다.

1. 사회적 상황, 특히 많은 사람들이 있는 상황을 즐기지 않는다고 보고한다.

2. 낯선 사람을 만나거나 새로운 친구를 사귀는 것을 좋아하지 않는다고 보고한다.

3. 사회적으로 철수되고 고립되어 있다.

4. 내향적이며 수줍어할 수 있다.

5. 대인관계 장면에서 어색해하고 따뜻함이 부족할 수 있다.

6. 어린 시절 고립되거나 관계에서 갈등이 있었다고 보고할 수 있다.

7. 관계에서 다소 수동적인 경향이 있다.

8. 종종 관심사나 취미를 찾아보려 애쓴다.

9. 사회공포증 증상이 있을 수 있으며 무쾌감증, 우울 및 불안이 있을 가능성도 높다.

10. 사회적 회피를 줄이는 치료가 도움이 될 수도 있다.

점수가 낮은(T<39) 사람은 사회적 상황과 다수의 이벤트를 즐길 뿐만 아니라 새로운 사람들을 만나고 새로운 친구를 사귀는 것을 즐긴다.

수줍음(SHY)

SHY 척도 문항은 이론적으로 2개의 다른 군집으로 나뉜다. 첫 번째 군집은 다른 사람들과 있을 때 불편함을 겪는 경향이 있음을 나타낸다. 두 번째 군집은 다른 사람들과 이야기하는 것을 일반적으로 꺼림을 반영한다.

척도 점수가 높은(T≥65) 사람은 다음의 특징을 보인다.

1. 사람들과 있으면 수줍고 쉽게 당황하며 감정적으로 불편함을 호소한다.

2. 다른 사람들, 특히 잘 모르는 사람들과 함께 있는 것이 어렵다고 호소한다.

3. 사회적인 장면에서 불안하다.

4. 사람들이 보기에 사회적인 장면에서 어색해하고 따뜻함이 부족하다.

5. 사람들이 보기에 관계에서 수동적이다.

6. 내향적이며 사회적으로 철수되어 있다.

7. 부끄럽고 불안해하는 경향이 있다.

8. 종종 자신의 불안을 효과적으로 다룰 수 없다고 느낀다.

9. 불안, 우울, 무쾌감증을 경험할 가능성이 높다.

10. 정신건강 장면에서 불안장애나 우울장애로 진단받을 가능성이 높다.

11. 사회불안장애(사회공포증)의 가능성을 평가해야 한다.

12. 사회적 장면에서 불안을 줄이고 관리하는 데 중점을 둔 치료가 도움이 될 수 있다.

점수가 낮은(T<39) 사람은 사회적 불안이 없거나 거의 없음을 보고한다.

성격병리 5요인 척도(PSY-5)에 대한 해석지침

제7장에 자세히 설명한 것처럼, PSY-5 척도는 적응 및 부적응 징후를 모두 아우르는 광범위한 성격 차원을 측정하며, 임상 장면에서 유용하다(Harkness, McNulty, & Ben-Porath, 1995). PSY-5에 포함된 특성들은 DSM-5에서 제안된 성격장애 대안모형(AMPD), DSM-5 섹션 III에서 제시하고 있는 역기능적 성격의 차원 모델과 거의 일치한다(American Psychiatric Association, 2013). PSY-5 특성은 또한 HiTOP 모델(Kotov et al., 2021)에 속하는 여러 수준의 차원과도 거의 일치한다.

MMPI-3의 PSY-5 척도는 MMPI-2와 MMPI-2-RF에서 개발된 척도들과 매우 비슷하기에, 이 장에서의 해석지침은 제7장과 유사하다. MMPI-3의 이 척도들을 사용한 연구들을 검토하여, 제언에서는 다소 차이가 있다. 또한 낮은 PSY-5 점수를 해석하기 위해 MMPI-3 매뉴얼에 따를 것을 권장하고 있으며, 낮은 점수(T<39)는 PSYC를 제외한 모든 척도에 대해 해석 가능하다(Ben-Porath & Tellegen, 2020a).

공격성(AGGR)

AGGR 척도는 대인관계에서 보이는 주장성과 지배성이 개인마다 차이가 있음을 나타낸다. 높은 점수는 공격적이며 도구적 공격성을 보이는 성향을 시사하고, 다른 사람에게 겁주는 것을 즐긴다는 점도 포함한다. 이런 특성은 AMPD의 주요 특성인 적대감과 일치하며, HiTOP 모델에서는 적대적인 외현화 스펙트럼과도 일치한다. 이 척도에서는 높은 점수와 낮은 점수 모두 해석한다.

AGGR 척도 점수가 높은(T≥65) 사람은 다음의 특징을 보인다.

1. 자신의 목표 달성을 위해 서슴없이 공격적으로 행동하며, 대면 상황에서도 어느 정도 지배적이고 자기주장적이라고 보고한다.
2. 언어적 공격성과 신체적 공격성 모두 나타낸다.
3. 사람들을 지배하고 통제하려는 목적으로 공격성을 사용할 가능성이 높다.
4. 사람들을 겁주는 것을 즐길 수 있다.
5. 자극을 받으면 공격적으로 반응할 수 있다.

6. 체포된 경험, 학창 시절 행동 문제 및 기타 행동 문제와 반사회적 행동 과거력이 있을 수 있다.
7. 자극을 추구하는 행동을 할 가능성이 높다.
8. 사람들에게 화내고 적대적이며 짜증 내는 모습을 보일 가능성이 높다.
9. 남성의 경우, 가정폭력을 저지른 과거력이 있을 가능성이 높다.
10. 임상 또는 법의학 장면에서, 반사회적 성격장애를 진단받는 경향이 있다.
11. 법의학 장면에서, 사이코패스와 일치하는 특성을 보일 수 있다.
12. 치료 중 치료자를 통제하고 지배하려고 할 수 있다.
13. 치료과정에서 그들의 공격성으로 치러야 할 대가와 이득에 대해 이야기해 보는 것이 도움이 될 수 있다.

점수가 낮은(T<39) 사람은 다른 사람들에게 수동적이고 복종적이며, 공격적이지 않다.

정신증(PSYC)

PSYC 척도는 현실감의 단절, 소외감, 위험에 대한 비현실적인 기대를 보여 준다. PSYC는 AMPD에 속한 같은 이름의 특성과 일치할 뿐만 아니라 HiTOP 모델에 있는 사고장애 스펙트럼과도 일치한다. 이 척도의 낮은 점수는 해석하지 않는다.

PSYC 척도 점수가 높은(T≥65) 사람은 다음의 특징을 보인다.

1. 현실과 단절된 경험을 보고한다.
2. 사람들이 자신을 해하려 한다는 사실이 아닌 기대를 보고하며, 그것은 본질적으로 망상일 수도 있다.
3. 다른 사람들에게는 없는 믿음이 있거나 괴이한 감각이나 지각 경험이 있을 수 있다.
4. 관계망상이 있을 수 있다.
5. 기괴하거나 지남력을 상실했거나 우회적인 생각들이 있을 수 있다.
6. 정신건강 외래 장면에서 망상적 사고, 빈번한 악몽 및 침투적 사고가 있다고 보고할 가능성이 높다.
7. 정신건강 외래 장면에서 항정신병 약물을 복용한 과거력을 보고할 가능성이 높다.
8. 정신건강 외래 장면에서 기이한 사고, 위험에 대한 비현실적인 기대나 괴이한 감각/지각 경험이 주증상이 아닌 다양한 상태(예 : 외상 및 스트레스 관련 장애, 양극성장애 및 관련 장애)로 진단받을 수 있다.

9. 조현병 스펙트럼 및 기타 정신병뿐만 아니라 군집A 성격장애의 가능성을 추가로 평가해야 한다.

10. 치료과정에서 현실검증 기회를 자주 가지는 것이 도움이 될 수 있다.

통제 결여(DISC)

DISC 척도는 자제력, 위험을 감수하는 행동, 규칙과 기대를 따르는 경향에서 차이가 있는지 측정한다. 이는 HiTOP 모델에서 탈억제 외현화 스펙트럼 및 AMPD에서 탈억제 영역 특성과 거의 대부분 일치한다. 이 척도는 높은 점수와 낮은 점수 모두 해석한다.

DISC 척도 점수가 높은(T ≥65) 사람은 다음의 특징을 보인다.

1. 물질 사용, 학창 시절 문제 및 법률 위반과 같은 외현화 문제가 종종 있었다고 보고한다.
2. 충동적으로 행동하는 경우가 많다고 보고한다.
3. 충동적이고 자제력이 부족하다.
4. 문제가 되는 물질을 사용한 과거력이 있는 경우가 대부분이다.
5. 신체적 위험을 감수하는 경향이 있다.
6. 틀에 박힌 일상이 쉽게 지루해져 흥분거리를 찾는 경우가 대부분이다.
7. 반항적인 경향이 있다.
8. 전통적인 도덕적 제약에 얽매이지 않는 편이다.
9. 종종 학교에서 문제를 일으키거나 체포된 과거력이 있다.
10. 자해행동을 한 과거력이 있을 수 있다.
11. 법의학 장면에서 폭력 및 반사회적 성격장애를 진단받은 과거력이 있는 경향이 있다.
12. 정신건강 장면에서 물질 관련 및 기타 중독 장애를 진단받는 경향이 있다.
13. 치료과정에서 모험, 흥분 및 위험 감수를 하려는 욕구를 만족시킬 수 있는 더 건설적인 방법을 찾아보는 것이 도움이 될 수 있다.

DISC 척도 점수가 낮은(T <39) 사람은 다음의 특징을 보인다.

1. 상당히 자제력이 있고 충동적이지 않다.
2. 많은 신체적 위험을 감수하지 않는다.
3. 지루함을 잘 견딘다.
4. 규칙과 법을 따르는 경향이 있다.
5. 약물을 사용한 과거력이 거의 없거나 전혀 없다.

6. 구조화된 치료 접근에 더 잘 반응할 수 있다.

부정적 정서성/신경증(NEGE)

NEGE 척도는 접하는 정보의 문제가 되는 측면에 집착하고 부정적인 감정(예 : 두려움, 불안)을 경험하는 경향을 잡아낸다. HiTOP 모델의 내재화 스펙트럼 및 AMPD의 부정적 정동영역 특성이 NEGE와 개념적으로 상당히 겹쳐 있다. 이 척도는 높은 점수와 낮은 점수 모두 해석한다.

NEGE 척도 점수가 높은(T ≥ 65) 사람은 다음의 특징을 보인다.

1. 불안과 걱정이 잦다고 보고한다.
2. 부정적인 감정을 경험하는 경향이 있다.
3. 매우 불안하다.
4. 지나치게 걱정한다.
5. 접하는 정보의 문제가 되는 측면에 초점을 두는 경향이 있다.
6. 종종 최악의 시나리오를 만들어 낸다.
7. 대개 자기비판적이다.
8. 자주 죄책감이나 수치심을 느낀다.
9. 종종 슬프거나 울적하다고 보고한다.
10. 비관적인 경향이 있다.
11. 종종 자신의 감정에 압도되어 이를 효과적으로 다룰 수 없다고 느낀다.
12. 부정적 감정에 압도되는 일이 일어날까 봐 두려워한다.
13. 스트레스에 적절히 대처할 수 없다고 느끼는 경우가 대부분이며, 바로 스트레스에 압도된다.
14. 자신 및 자신을 둘러싼 사람들과의 관계에서 역기능적인 믿음을 고수하는 경향이 있다.
15. 자신이 부정적인 감정을 잘 관리하지 못해서 사람들이 자신을 거부하거나 가혹하게 비판할까 두려워하는 경향이 있다.
16. 친구가 거의 없거나 전혀 없을 수 있다.
17. 신체증상을 보고할 수 있다.
18. 성취 지향적이지 않다.
19. 임상 장면에서 자살 시도 과거력이 있을 수 있다.
20. 임상 장면에서 공황발작 과거력이 있었거나 현재 있을 수 있다.

21. 임상 장면에서 종종 우울장애, 불안장애, 외상 및 스트레스 장애 등 내재화장애를 진단받을 수 있다.

22. 부정적인 감정을 일으키는 그들의 정보처리방식을 확인하고 다루는 치료가 도움이 될 수 있다.

NEGE 척도에서 점수가 낮은(T<39) 사람은 불안이나 염려나 두려움이 거의 없다고 보고한다.

내향성/낮은 긍정적 정서성(INTR)

INTR 척도는 사회적 참여를 포함한 긍정적 감정(예 : 기쁨) 및 이런 활동을 하는 능력에서 개인차를 탐지한다. 개념적으로는 AMPD 및 HiTOP 모델 모두에서 애착 상실 구성개념과 일치한다. 이 척도는 높은 점수와 낮은 점수 모두 해석한다.

INTR 척도 점수가 높은(T≥65) 사람은 다음의 특징을 보인다.

1. 내향적이고, 사회적인 관계에 참여하지 않는다고 보고한다.
2. 긍정적인 감정경험이 거의 없다고 보고한다.
3. 기쁨과 즐거움을 경험하는 능력이 거의 없다.
4. 내향적이고 사회적으로 철수되어 있다.
5. 관심을 기울일 취미나 활동을 찾는 것이 어렵다.
6. 성취 지향적이지 않다.
7. 사람들을 대할 때 단절되고 냉담하며 차가운 경향이 있다.
8. 종종 미래에 대해 비관적이다.
9. 슬픔이나 울적함, 우울 또는 불안을 보고할 수 있다.
10. 신체증상을 보고할 수 있다.
11. 임상 장면에서 우울장애를 진단받는 경향이 있다.
12. 임상 장면에서 자살 시도 과거력이 있을 수 있다.
13. 치료과정에서 정서반응이 거의 나타나지 않는 경향이 있다.

INTR 척도 점수가 낮은(T<39) 사람은 다음의 특징을 보인다.

1. 외향적이고 상당히 사교적이다.
2. 기쁨과 즐거움을 경험할 수 있는 능력이 있다.

   3. 에너지가 많다.

   4. 치료과정에서 상당한 정서적 반응성을 보이는 경향이 있다.

해석 전략

MMPI-3의 저자는 MMPI-3 프로토콜 해석을 위한 전략을 제안했다(Ben-Porath & Tellegen, 2020a). 첫 번째 단계는 타당도 척도를 살펴보고 주요 척도 해석이 타당한지 여부를 결정한다. 타당도 척도에서 수검자가 유효하지 않은 방식으로 접근했다고 시사되면(예 : 문항 생략, 문항 내용을 보지 않고 응답, 과대보고, 과소보고), 다른 MMPI-3 점수를 더 고려하지 않는다. 그러나 때때로 타당도 척도 점수는 어느 정도 반응왜곡을 시사하지만 프로토콜이 유효하지 않다고 볼 정도는 아닌 경우가 있다. 이런 경우 주요 척도들을 해석하지만 주의를 요한다. 타당도 척도 해석지침은 Ben-Porath와 Tellegen(2020a)이 제시하고 있으며, 이 장의 초반에 요약되어 있다.

   프로토콜이 타당하고 해석 가능하면 주요 척도들을 해석한다. 이런 척도들을 해석하는 과정은 본래 단계적이다. 처음에는 일반적인 역기능 영역(예 : 정서 영역)을 추론하고 그다음에는 해당 영역의 구체적인 증상 및 문제들을 추론한다. 광범위한 다섯 영역을 다룬다. (a) 신체적/인지적 영역, (b) 정서 영역, (c) 사고 영역, (d) 행동 영역, (e) 대인관계 영역. 이 다섯 영역은 많은 정신병리 모델(예 : HiTOP의 스펙트럼 수준)에서 확인한 광범위한 군집들과 거의 일치한다. MMPI-3가 실시된 평가 맥락이 적절하다면, 두 종류의 추가적인 해석이 이루어지며 진단 및 치료적 고려점을 다루면서 추론한다.

   각 영역에 대한 H-O, RC, SP 및 PSY-5 척도를 표 13.2에 제시한다. H-O 척도로는 일반적으로 세 영역(즉, 정서, 사고 및 행동)에 대해 광범위한 추론이 가능하다. 이런 광범위한 각각의 영역 안에서 더 구체적인 영역에 대한 추론이 가능한 각 H-O 척도는 RC 척도와 관련이 있다. 마찬가지로 SP 척도 역시 RC 척도 일부와 연관이 있는데, RC 척도로 더 구체적인 영역 추론이 가능하다.

   주요 척도 해석은 가장 광범위한 영역과 이 영역과 관련이 있는 세 가지 H-O 척도(감정 영역은 EID, 사고 영역은 THD, 행동 영역은 BXD)에서 시작한다. 이 영역들에 대한 해석은 MMPI-3 프로토콜에서 분명하게 나타난 순서에 따른다. 가장 높은 H-O 척도의 T 점수에서 해석을 시작한다. 만약 그 T 점수가 65점 이상이라면, 척도 점수에 해당하는 해석지침에 기초해서 추론한다. 이로써 가장 뚜렷하게 나타난 수검자의 문제에 대한 생각을 알 수 있다. 다음으로 조금 전 해석한 H-O 척도와 관련 있는 RC 척도를 각각 살펴본다(예 : EID의 경우

표 13.2 MMPI-3 해석을 위한 권장 구조 및 정보 출처

주제	MMPI-3 출처
1. 프로토콜 타당도	
a. 문항 내용과 무관한 무효 응답	CNS, CRIN, VRIN, TRIN
b. 과대보고	F, Fp, Fs, FBS, RBS
c. 과소보고	L, K
2. 주요 척도 해석	
a. 신체/인지 영역	1. RC1, MLS, NUC, EAT, COG
b. 정서 영역	1. EID
	2. RCd, SUI, HLP, SFD, NFC
	3. RC2
	4. RC7, STR, WRY, CMP, ARX, ANP, BRF
	5. NEGE, INTR
c. 사고 영역	1. THD
	2. RC6
	3. RC8
	4. PSYC
d. 행동 영역	1. BXD
	2. RC4, FML, JCP, SUB
	3. RC9, IMP, ACT, AGG, CYN
	4. DISC
e. 대인관계 영역	1. SFI, DOM, DSF, SAV, SHY
	2. AGGR
f. 진단적 고려사항	거의 모든 주요 척도
g. 치료적 고려사항	모든 주요 척도

RCd, RC2 및 RC7, THD의 경우 RC6 및 RC8, BXD의 경우 RC4 및 RC9). 해당 RC 척도 T 점수가 65점 이상인 경우, 해석지침에 따라 RC 척도에 대해 추론한다. 다음으로, 방금 검토한 RC 척도 영역에 해당하는 SP 척도를 모두 살펴보고 해석한다. 다시 각 척도의 해석지침에 따라 T 점수 65점 이상인 모든 척도에 대해 추론한다. RC 척도를 바탕으로 추론하는 것이 H-O 척도에 기반한 추론보다 더 구체적일 것이다. 마찬가지로 SP 척도를 바탕으로 추론하는 것이 RC 척도에 기반한 추론보다 더 구체적일 것이다. 해당 H-O 척도와 관련된 RC 척도 점수가 상승하지 않았다면, 바로 그 영역과 관련된 SP 척도를 살펴보고 T 점수 65점 이상에 해당하는 척도를 모두 해석한다. 마지막으로 관련된 PSY-5 척도 중 T 점수 65점 이상에

해당하는 척도를 해석한다(예 : EID의 경우 INTR 및 NEGE, THD의 경우 PSYC, BXD의 경우 DISC). 영역 내에서 높은 점수에 해당하는 모든 척도를 해석한 후, 해당 영역의 해석 가능한 낮은 점수(T<39)가 있는 척도도 모두 검토하고 해석한다.

가장 광범위한 증상부터 가장 협소한 것까지 살펴보면서, 검사 자료에서 지지되는 구체적인 증상, 문제 및 행동 패턴들을 강조하며 프로토콜 해석을 다듬어야 한다. 물론 모든 MMPI-3 해석은 수검자에 대한 다른 검사 외적 자료들에 의해 지지되거나 반박될 때까지는 가설적으로 다루어야 한다.

가장 두드러진 영역과 관련된 모든 척도를 해석하고 난 뒤 두 번째로 높은 T 점수가 있는 H-O 척도로 돌아가, 앞에서 언급한 과정을 반복한다. 일단 이를 마치고 나면, 세 번째로 높은 H-O 척도 영역으로 가서 다시 이 과정을 반복한다. 마지막으로, 신체/인지 영역을 해석한다. RC1에서 시작한 후 신체/인지 SP 척도로 이동한다. 이 과정에는 한 가지 예외가 있다. EID 척도 T 점수가 65점 이상인 경우, 정서 영역에서 해당 척도의 해석은 신체/인지 영역에 있는 모든 척도(예 : RC1, MLS, NUC, EAT, COG) 해석으로 바로 이어진다. 이는 신체/인지 영역이 정서적/내재화 영역과 이론적, 경험적으로 모두 연결되어 있기 때문이다. 따라서 정서적/내재화 증상이 강력하게 시사될 때는 이 영역과 관련된 신체/인지 증상들을 함께 고려하여 검사 해석 및 광범위한 사례 개념화를 하는 것이 중요하다.

해석과정에서 T 점수가 65점 이상인 H-O 척도가 없을 때까지 해석과정을 진행한 후, 가장 높은 RC 척도 점수 및 관련 SP 척도를 고려하여 영역을 해석한다. 모든 척도가 해석될 때까지 이 과정을 계속 반복한다. 더 이상 T 점수 65점 이상인 RC 척도가 없다면 바로 SP 척도로 이동한다. 이런 상황에서, 가장 높은 T 점수가 있는 해당 SP 척도에서 시작하여 같은 군집 안에 있는 다른 해석 가능한 모든 SP 척도를 해석한다. 다시 모든 척도가 해석될 때까지 이 과정을 계속 되풀이한다.

다음으로, 대인관계 척도를 살펴본다. 종종 네 기능 영역들을 해석하면서 수검자가 대인관계에서 어떻게 기능하는지를 알게 된다. 그러나 SP 대인관계 척도는 다양한 대인관계 기능에 초점을 두고 있다. 따라서 이 척도를 바탕으로 추론함으로써 수검자가 사람들과 어떻게 교류하는지에 대한 이해를 더 구체화한다. 가장 높은 점수를 시작으로 T 점수 65점 이상인 각 SP 척도들을 해석한다. 일단 높은 대인관계 척도를 모두 해석하고 나면, 해석 가능한 낮은 점수(즉, T<39)에 해당하는 척도를 살펴보고 이를 바탕으로 추가적인 추론을 한다.

모든 주요 척도들(H-O, RC, SP 및 PSY-5)은 진단적 인상 및 치료 결과에 대한 잠정적 정보를 준다. Ben-Porath와 Tellegen(2020a)은 진단 고려사항에 대한 추론은 부분적으로는 경험적 자료를 바탕으로 하고 부분적으로는 추론을 기초로 한다는 점을 지적하였다. 또한 치료에 대한 추론은 경험적 자료에 기반하지 않는다고 하였다.

Ben-Porath와 Tellegen(2020a)은 문항 수준에서 해석하는 것은 전혀 권장하지 않는다. MMPI-3 점수 보고서와 MMPI-3 해석 보고서에는 수검자의 '무응답'과 '결정적 문항'의 문항반응이 제시된다. 7개의 MMPI-3 주요 척도(SUI, HLP, ARX, RC6, RC8, SUB 및 AGG)에는 즉각적으로 관심을 기울이고 후속 조치가 필요한 결정적 문항 내용들을 포함하는 것으로 확인되었다. 채점 방향으로 응답한 문항들은 이 7개 척도 중 T 점수가 65점 이상(SUI 제외, 척도 상승에 상관없이 채점 방향으로 응답한 모든 문항을 제시함)에 해당하면 제공된다.

우리는 결정적 문항반응들(그리고 그만큼은 아니지만 무응답)은 이후 평가나 즉각적인 개입이 필요한 영역을 확인하는 데 가장 도움이 된다고 생각한다. 신뢰할 만하지 않으므로, 개별 문항반응을 지나치게 해석하지는 않도록 주의해야 한다. 수검자가 단일 문항에 잘못 표기하거나 비정상적인 방식으로 단일 문항을 해석하기는 아주 쉽다.

표 13.2와 같은 MMPI-3 매뉴얼 표 이외에도 Ben-Porath와 Tellegen(2020a)의 구조화된 접근에 따라 검사 해석의 순서를 밟아 해석을 완성하도록 돕는 몇몇 다른 사용 가능한 도구들이 있다. 첫째, MMPI-3 점수 보고서 및 MMPI-3 해석 보고서에는 "MMPI-3 T 점수(영역별)" 제목하에 모든 척도 점수가 제시되고 표 13.2에 제시한 군집에 따라 정리되어 있다. 둘째, Pearson Assessments 웹사이트에 "MMPI-3 Interpretation Worksheet"라는 제목의 작성 가능한 PDF 양식이 있다(www.pearsonassessments.com/content/dam/school/global/clinical/us/assets/mmpi-3/mmpi-3-interpretation-worksheet.pdf). 이 워크시트는 MMPI-3 매뉴얼에 있는 동일한 형식을 사용하여 영역별로 구성된다. 각 척도에 해당하는 모든 해석적 진술은 영역별로 기록하는 워크시트를 사용하도록 추천한다. 따라서 워크시트는 해석 초안 작업에 유용할 수 있는데, 이를 바탕으로 공식적인 검사 해석을 편집하고, 통합하고, 수정하고, 재구성하여 최종 결론을 이끌어 내게 된다.

사례

방금 논의한 해석 전략을 설명하기 위해 Janelle의 사례를 살펴볼 것이며, MMPI-3 프로토콜의 단계별 분석을 제시할 것이다. 연습과정에서, 독자들은 먼저 Janelle의 점수를 해석한 다

음 이 섹션에 제시된 해석과 자신의 해석을 비교해 볼 수 있다. Janelle의 모든 점수는 이 장에 첨부된 MMPI-3 점수 보고서에서 확인할 수 있다. 연습 해석을 위한 추가적인 MMPI-3 사례들은 Oxford Press가 주관하는 온라인 보충 자료에서 사용할 수 있다.

배경 정보

Janelle은 24세 백인 여성이다. 그녀는 결혼한 적이 없으며 혼자 살고 있다. 그녀는 평균 이상의 성적을 받고 경영학 학사로 대학을 졸업했다. Janelle은 사회활동에 참여하지 않으려 하고 친구도 거의 없다. 그녀의 가장 친한 친구는 고등학교 때 만났고 대학 시절 룸메이트이기도 했다. Janelle은 고등학교 때 진지하게 사귄 남자 친구가 있었지만 그 이후로는 몇 달 이상 지속되는 연애가 없었다. 그녀는 2년 가까이 연애를 하지 않고 있다. 대학을 졸업한 후 Janelle은 고향 인근의 작은 도시에서 트럭 배차원으로 일했다. 그녀는 처음에는 그것이 임시로 하는 일일 뿐 곧 사무실 관리자로 승진할 것이라는 말을 들었다. 그러나 그녀는 지금 2년 넘게 그 직책에 있고, 사무실 관리자 자리에는 그녀가 고용된 직후 다른 사람이 채용되었다.

　Janelle이 내원한 지역 정신건강센터에 있는 1차 진료 의사의 의뢰를 받아 접수 절차의 한 부분으로 MMPI-3를 하게 되었다. 그녀는 마지막 진료에서 항우울제 처방과 치료를 받으려면 어디에 가야 할지 정보를 요청했다. Janelle은 우울과 불안에 대해 양성 판정을 받았으며, 당시에는 자살 사고나 이와 관련된 과거력을 부인했다.

　Janelle은 접수 면접과 검사에 협조적이었다. 그녀는 MMPI-3를 45분 만에 완성하였다. Janelle은 이전에 우울증 치료를 받은 적이 있었는데, 18세 그리고 다시 22세에 심리치료와 항우울제 처방을 받았다. Janelle은 현재 자신의 생활에 갇힌 느낌이라고 했다. 그녀는 지난 3개월 동안 점점 더 불안하고 우울해졌다. 그녀는 자신을 내향적인 사람으로 묘사했지만, 혼자 있는 시간이 많아지고 의미 있는 친구관계가 없었다. 그녀는 또한 가족으로부터 비판받는 느낌이라고 했다. 최근 그녀는 배차원으로서 배차 전화를 걸면서 매우 불안해지기 시작했고 그 전화를 여기저기 돌리면서 통화 직전에 공황발작을 겪었다. 그녀는 자신이 불안하게 된 데는 그녀가 맡은 일의 분량과 일 처리가 만족스럽지 않다고 한 상사의 지적도 한몫을 했다고 생각했다.

프로토콜 타당도

Janelle의 타당도 척도 점수를 검토한 결과 그녀가 적절하게 검사에 임했고 주요 척도들도 해석 가능함이 시사되었다. 그녀는 한 문항도 빠뜨리지 않았고 문항 내용에 적절하게 반응했다(CRIN=51T; VRIN=51T; TRIN=60T). F 척도 T 점수는 상당히 높았다(T=81). 그러나 이 F 점수는 Fp(T=58) 등 다른 과대보고 척도에서 높은 점수가 없는 점을 함께 고려할 때, Janelle의 증상들이 더 심해지면서 나타나는 실제 고통감 및 정신병리가 있음을 나타내며 최근 일상활동이 무너지고 있음을 시사한다. Janelle이 MMPI-3에서 과소보고를 한다는 증거는 없었다(L=56T; K=38T).

정서 영역

우리는 그녀의 H-O 척도 점수를 검토하면서 주요 척도 해석을 시작한다. 그녀의 가장 높은 점수는 EID 척도(T=81)이고 그 척도가 상승했기 때문에 우리는 Janelle이 정서적 어려움이 있음을 보고하고 있다고 추론하여, 이 장 앞부분에서 제시한 EID 해석지침을 검토하면서 해석을 시작한다.

Janelle의 EID 점수(T=81)는 매우 높고, 이는 그녀가 단지 강한 정서적 동요를 경험할 뿐만 아니라 자신이 위기상태에 있음을 충분히 지각한다는 점을 시사한다. 그녀는 우울과 불안감은 물론 현재 상황에도 압도되어 있다. 그녀는 또한 자살 사고 및 활력 부족과 같은 정서적 고통과 관련 있는 기분 증상 외 다른 증상을 경험할 수 있다. Janelle은 적절하게 대처할 수 없다고 느끼며 자신에게 안 좋을 쪽으로만 흘러가는 것들을 염려할 가능성이 있다. 마지막으로, 그녀는 아마도 외롭고 사람들로부터 지지받지 못한다고 느낄 것이다. 그녀는 강한 정서적 고통감에 빠져 있다는 이유로 사람들이 자신을 거부하거나 가혹하게 비판할까 봐 두려워할 수도 있다.

다음으로 살펴볼 것은 EID와 관련 있는 RC 척도인 RCd(T=77), RC2(T=65) 및 RC7(T=78)이다. 이 척도가 모두 상승하였다는 것은 Janelle에게 정서적인 어려움이 광범위하게 퍼져 있음을 시사하는데, 이는 그녀의 높은 EID 점수와도 일치한다. RC 척도를 해석함으로써 그녀의 증상과 문제들에 대해 더 자세한 정보를 얻을 것이다.

RC7이 가장 높은 점수(T=78)이기에, Janelle이 강한 부정적 감정을 자주 경험한다고 추론하고 이 지점에서 해석을 시작한다. 정서적으로 살펴보면 Janelle은 불안, 두려움 및 기타 고통스러운 감정을 자주 경험하는 것으로 추론된다. 그녀는 과하게 걱정하고 심지어 다른 쪽으로 주의집중을 해 보려 할 때조차도 그녀가 원하지 않는 부정적인 생각들이 일어난다. 그녀는 자기비판적이고 죄책감을 느끼기 쉬우며, 자신의 실수와 실패에 대해 반추하는 경향이 있다. 그녀는 자신의 감정을 조절할 수 없다고 느끼며 종종 스트레스에 압도된다. Janelle

은 불안정하고 사람들의 판단과 비판에 매우 민감하다. 역기능적인 부정적 감정과 관련된 내재화 SP 척도를 살펴보면 Janelle의 특정 증상과 문제를 더 잘 이해하게 된다. 이 척도들은 STR(T=68), WRY(T=72), CMP(T=69), ARX(T=73), ANP(T=51) 및 BRF(T=91)이다. 우리는 ANP를 제외한 각 척도에서 가장 높은 것부터 가장 낮은 것까지 검토해 본다. ANP는 임상적으로 의미 있게 상승하지 않았기 때문에 해석에 넣지 않는다.

Janelle의 BRF 점수(T=91)는 극단적으로 높고, 이는 그녀가 집 안팎에서 하는 일상활동에 방해되는 여러 가지 특정 두려움을 겪고 있음을 의미한다. 그녀는 집을 떠나면 두렵고 불안하며, 공황발작과 광장공포증 증상을 겪고 있을 수도 있다. ARX 점수 73점은 Janelle이 자주 불안, 두려움, 공포를 경험한다는 이런 추론을 지지해 준다. 또한 이는 그녀가 원하지 않는 기억을 포함한 침투적 사고를 경험하고 있음을 시사한다. Janelle은 사소한 일에도 놀라고, 악몽 및 수면 문제를 겪을 수도 있다. Janelle은 아마도 강한 불안과 공포 삽화를 경험할 일이 닥칠지도 모른다고 두려워하는 것 같다. WRY 점수(T=72) 상승은 이런 추론을 재확인해 주며, 그녀는 다양한 것들을 걱정하면서 압도되고 불안해하며 긴장을 풀지 못한다. 이는 또한 그녀가 관계에서 불확실감을 느끼면서 자신이 불안과 걱정을 하는 주기를 통제하지 못하는 것과 관련해서 사람들에게 거부당할지도 모른다는 두려움을 더해 감을 시사한다. CMP 점수(T=69)를 통해 그녀가 질서 있고 규칙적임이 시사된다. 그녀는 부분적이지만 반복행동을 할 가능성이 있다. 그녀는 완벽주의자이고 완고하며 융통성이 없을 가능성이 있다. 마지막으로 STR 68점은 다른 척도에서 우리가 추론한 것을 더욱 뒷받침해 준다. Janelle은 높은 수준의 스트레스를 경험하고 있으며 스트레스에 압도된다. 스트레스는 그녀가 감당할 수 있는 능력을 벗어났고 그녀는 변화 가능성에 대해서도 비관적이다.

다음으로 우리는 정서 영역 중 두 번째로 높은 RC 척도인 RCd 해석으로 옮겨 간다. 이 척도에서 Janelle의 T 점수 77점은 그녀가 깊은 슬픔과 불행을 느끼고 있음을 보고하는 것으로 시사된다. 그녀는 현재 상황에 압도되어 대처할 수 없다. RCd 점수가 Janelle만큼 높은 경우 개인은 여러 다양한 증상들을 경험하는데, 그중 많은 부분은 이미 척도 해석을 바탕으로 확인한 바 있다. 그러나 가장 중요한 것은 이 정도의 RCd 점수와 관련된 자살 경향성이 점차 높아지므로 주의를 기울여야 한다는 것이다. 이 잠재적인 자살 위험은 RCd와 관련된 SP 척도를 검토함으로써 보다 분명해지며, 이에 대해 주목해 볼 것이다.

RCd와 관련된 SP 척도는 모두 높다(SUI=65T; HLP=69T; SFD=78T; NFC=72T). Janelle의 높은 SFD 점수를 통해 그녀가 자신감이 없고 자신을 쓸모없는 존재로 여기며 다른 사람들에 비해 열등하다고 생각한다는 점이 시사된다. 이 점수가 높은 사람들은 일반적으로 자존감이 매우 낮고 대인관계에서 불확실성과 어색함을 자주 경험하며, 이에 사람들과의 관계에서 점점 철수된다. NFC 척도 문항에서 Janelle의 응답을 살펴보면 그녀가 우유부단하고 어려운 결정을 내리는 것을 피하는 경향이 있음이 드러난다. 불안정감과 부적절감 때문에, 자립심이 아주 강하지 않고 삶의 어려운 순간이 닥치면 쉽게 포기한다. HLP 69T 점수는 Janelle이 의미 있는 변화를 일구어 낼 능력이 없다고 느끼고 삶이 개선될 것이라는 데 비관적임을 시사한다. 마지막으로, SUI에서 Janelle의 높은 점수는 그녀가 자살 사고나 자살 시도 과거력을 인정함을 나타낸다. SUI가 상승할 때(T≥58)는 자세한 자살 평가를 하는 것이 중요하다. Janelle의 경우도 예외는 아니다. 특히 자살 경향성을 높이는 경험적 연관성이 있는 다른 MMPI-3 척도(예 : EID, RCd, HLP, SFD, NEGE, INTR, FML)들도 상승했기 때문이다.

다음으로, RC2를 해석한다(T=65). Janelle의 이 척도 점수는 그녀가 자신의 삶에서 긍정적인 정서경험이 거의 없음을 보고함을 시사한다. 또한 기쁨과 행복을 경험하는 능력이 손상되어 있을 수도 있다. 그녀는 종종 지루함과 고립감을 느낄 수 있다. 그녀는 자신이 성공하리라는 기대치가 낮고 경쟁 상황을 피하려는 경향이 있을 수 있다. Janelle은 아마도 다소 내향적이고 소극적이며 사회적으로 철수되어 있을 수 있다. RC2 척도 점수가 높은 것과 관련된 여러 부가적인 추론들이 있지만, 그것에 대해서는 다른 여러 척도 점수를 바탕으로 이미 확인하였다. 따라서 이 척도에서 그녀의 점수는 초반에 추론(예 : 불행감, 결정을 내리기 어려움, 비관적임)한 여러 가지에 대한 확신을 강화해 준다.

마지막으로, 내재화 영역과 관련된 PSY-5 척도 NEGE(T=76)와 INTR(T=69)을 해석한다. Janelle의 NEGE 점수는 특히 Janelle이 강한 불안과 과도한 걱정을 경험할 가능성이 있다는 부정적 감정과 관련된 많은 이전 추론들을 추가적으로 지지해 준다. 비슷하게, 그녀의 INTR 점수는 Janelle이 내향적이고 사회적으로 철수되어 있으며 긍정적인 정서경험이 부족할 수 있다는 추론에 대해 추가적인 지지를 제공한다.

정서적/내재화 영역에서는 해석 가능한 낮은 점수가 없으므로 다음 영역으로 넘어간다.

신체/인지 영역

EID 척도 T 점수가 65점 이상이었기 때문에 이제 신체/인지 영역에 속한 척도들의 점수를 해석한다. Janelle의 RC1 척도(T=55)는 높지 않기 때문에, 바로 신체/인지 SP 척도로 넘어간다. 그녀의 MLS T 점수 68점은 Janelle이 전반적으로 건강이 좋지 않고 자주 피로감을 느끼며 수면 문제가 있음을 시사한다. 이런 증상들로 그녀는 업무나 다른 일상활동을 방해받는다. 그녀는 여러 종류의 모호한 신체증상들을 경험할 수도 있는데, 특히 정서적으로 동요되거나 스트레스가 많아질 때 그렇다. Janelle은 건강이 좋지 않은 것에 다소 집착하고 있을 수 있으며 개선 가능성에 대해서도 비관적이다. 다른 신체/인지 척도들은 높거나 해석 가능한 낮은 점수가 없으므로(NUC=47T; EAT=56T; COG=57T), 다음 영역으로 이동한다.

사고 및 행동 영역

나머지 H-O 점수는 모두 높지 않으므로(THD=53T; BXD=46T), 나머지 RC 척도를 검토한다. 이 척도들에서도 높은 점수가 없거나 해석 가능한 낮은 점수가 없다(RC4=50T; RC6=63T; RC8=52T; RC9=39T). 따라서 우리는 행동 영역에 속한 SP 척도를 모두 검토한다. 가장 높은 점수 해석에서 시작해서 낮은 점수 해석으로 넘어갈 것이다.

해석 가능한 유일한 SP 척도는 FML(T=70)이다. Janelle의 FML 점수는 그녀가 가족을 향해 부정적인 태도와 경험을 보고하고 있음을 의미한다. 그녀는 가족으로부터 지지받지 못한다고 느끼며 가족을 신뢰하지 않을 수도, 그 결과 그들에게 화가 나 있을 수도 있다. Janelle 가족들은 갈등이 많고 이를 그녀 때문이라고 비난할 가능성이 있다. 가족 구성원들과 맺고 있는 혼란스러운 관계는 그녀의 어린 시절 및 가정생활이 혼란스럽고 역기능적이었을 가능성을 가리킬 수 있다.

마지막으로 PSY-5 척도 중 두 영역 PSYC(T=47)와 DISC(T=48)를 검토해 보지만, 임상적으로 높은 점수는 아니기 때문에 이를 바탕으로 추론을 하지는 않는다.

대인관계 영역

우리는 대인관계 영역 척도를 살펴보면서 Janelle의 주요 척도에 대한 해석을 마친다. 빠르게 검토해 보면 DSF(T=58)를 제외하고 이 척도들 모두 해석이 가능하다. 우리는 상승 척도부터 시작한다(SHY=77T; SAV=71T). Janelle의 SHY 척도 점수를 보면 그녀가 수줍음이 많고, 쉽게 당황하며 사람들과 함께 있으면 정서적으로 긴장함을 알 수 있다. 그녀는 사람들과 교류하는 것이 어려우며 특히 잘 알지 못하는 사람들이면 더 그렇고 사회적으로 철수되어 있을 수 있다. Janelle은 사회불안이 있고 다른 사람이 보기에는 사회적인 맥락에서 어색하고 수동적이며 차갑다는 인상을 줄 수도 있다. 그녀는 종종 부끄러움을 타고 사람들과의 상호작용이 불안하다고 느낀다. 그녀의 SAV 척도를 살펴보면, 그녀가 사회적인 장면에 나서는 것을 즐기지 않고 특히 낯선 사람을 만나거나 새로운 친구를 사귀어야 한다거나 사람 많은 곳에서 더 힘들어함을 시사하면서 추가적인 이해를 넓혀 준다. Janelle은 사회적으로 철수되어 있을 뿐만 아니라 고립되어 있을 수 있다. 그녀가 취미나 다른 관심사를 찾아보려 애쓸 수도 있다. 그녀는 어린 시절 사회적으로 고립되거나 대인관계에서 갈등을 겪었을 수도 있다.

다음으로 대인관계 영역 척도에서 낮은 점수들을 검토한다. DOM 척도 점수(T＝27)가 시사하는 바는 Janelle이 대인관계에 매우 수동적이며 자기주장이 어렵다는 것이다. 그녀는 자신의 의견을 피력하거나 감정을 거의 표현하지 않으며 책임 있는 자리를 피한다. 그녀는 성취 지향적이지 않으며 권력이나 권위가 있는 직책을 원하지도 않는다. Janelle의 SFI 척도 점수(T＝37)는 그녀가 자신을 특별한 기술이나 능력이 없다고 본다는 점을 시사한다. 대신 자신은 잘해야 평범한 정도라는 것이다.

마지막으로 우리는 PSY-5 척도 중 대인관계 영역에 해당하는 AGGR을 살펴본다. Janelle의 이 척도 점수는 그녀가 대인관계에서 수동적이며 복종적(AGGR＝28T)임을 다시 상기시킨다. 그녀는 사람들과의 관계에서 공격적이지 않을뿐더러 자기주장조차 하지 않을 가능성이 있다.

진단적 고려사항

다음으로 Janelle의 주요 척도 점수를 살피고, 특정 진단에 해당하는지 확인한다. MMPI-3는 진단검사가 아님을 상기하라. 그렇지만 Janelle의 증상과 기능에 대한 정보를 제공해 주며, 따라서 MMPI-3는 진단 평가에 사용되는 정보원 중 하나일 수는 있다.

EID 및 RC, SP 및 PSY-5 등 대부분의 정서 척도에서 Janelle의 점수는 몇 가지 내재화 진단(우울장애, 불안장애, 외상 및 스트레스 관련 장애)을 고려해 보아야 함을 시사한다. MMPI-3 결과를 바탕으로 특별히 주목할 만한 범주에 속하는 장애로는 주요우울장애(RC2, INTR, HLP, SFD, NFC), 사회불안장애(RC2, INTR, SFD, SAV, SHY), 광장공포증(ARX, BRF), 그리고 PTSD(ARX)가 포함된다. 또한 RC7, NEGE 및 CMP 점수로 강박장애 및 관련 장애의 가능성도 평가해야 한다.

몇몇 척도는 또한 Janelle이 군집C 성격장애(RC7, NEGE)일 가능성도 시사하며, 여기에는 회피성(RC2, INTR, SAV, SHY), 의존성(NFC, DOM) 및 강박성(RC7, CMP) 성격장애가 포함된다. DSM-5의 AMPD를 사용하여, NEGE와 INTR의 점수가 부정적 정동 또는 거리 두기(detachment)가 특징인 성격장애 특성을 고려해 볼 것을 시사한다.

마지막으로, 건강이 좋지 않다는 Janelle의 걱정이 의료적 설명이나 정서적 역기능 증상으로 설명되지 않는다면, 그녀의 MLS 척도 점수를 바탕으로 신체증상장애 및 관련 장애의 가능성도 평가해야 한다.

치료적 고려사항

마지막으로 Janelle의 주요 척도 점수를 검토하며 치료에 관한 추론이 합당한지를 결정한다. 대부분의 이런 추론은 높은 위계순이다. 이는 MMPI-3 척도 점수에 대해 그것들이 구체적인 특정 경험 자료에서 나온 것이 아님을 의미한다. 대신 이런 추론은 Janelle 사례에 대한 구체적인 이해와 더불어 정신병리 및 심리치료에 대한 우리의 일반적인 이해에 기초한다. 따라서 우리는 이런 추론이 MMPI-3에 대한 특정 연구에서 나온 것이 아니라 그녀의 치료를 위해 검사 자료를 적용한 우리의 최선의 임상적 판단을 나타내는 것이라는 점을 숙지해야 한다. 그럼에도 불구하고 이런 순차적 추론에 대해서는 확신이 부족할 수밖에 없으며 치료 계획을 하는 동안 Janelle과 더불어 함께 탐색해 봐야 할 가설임을 나타내는 것이다.

Janelle은 강한 정서적 혼란과 스트레스를 경험하면서(EID, RCd, RC7) 압도되어 있다. 그 결과 치료를 받고 안정을 찾고자 할 수 있다. 그녀의 일부 검사 결과에 따르면 그녀가 치료목표에 가기 전에 치료가 조기종결될 가능성이 높기 때문에(RC2, RC7) 치료 예후가 좋지 않을(RCd) 가능성이 커진다. 그녀가 심리치료를 받는 데 어려움이 있을 수 있는데, 이는 긍정적 정서성이 낮기 때문이다(RC2). 그리고 치료관계 초기에는 불안정감, 사회불안 및 가혹한 비판을 받을지도 모른다는 두려움이 있을 것이다(EID, RC7, STR, WRY, ARX, NEGE, SAV, SHY). Janelle은 치료받는 동안 지나치게 수동적일 수 있고(RC2, NFC, DOM, SAV, SHY, AGGR) 치료목표를 세울 때 우유부단함으로 어려움을 겪을 수도 있다(NFC). 게다가 그녀는 자신의 삶에서 의미 있는 변화를 이끌어 낼 수 없다고 느끼며 자신의 상황이 희망이 없다고 생각한다(EID, RCd, SUI, HLP, SFD, NFC, WRY, ARX, FML). 마지막으로 Janelle은 일반적인 불안 때문에 때때로 상담 회기에 참석하기를 꺼리거나 오지 않을 수도 있다(MLS).

Janelle의 치료자는 이런 부정적인 치료 지표에 주의를 기울이는 것이 중요하다. 그녀의 치료자는 Janelle이 대인관계에 대해 걱정하는 것을 줄이고 강한 치료동맹을 맺기 위해 초기관계에서 주의 깊게 작업할 필요가 있을 것이다. 또한 소극적인 Janelle의 성향에 주의를 기울이면서 그녀가 치료에 온전히 적극적으로 참여할 수 있도록 함께 협력적인 치료 계획 및 관계를 만들어야 한다. 마지막으로 Janelle의 치료자는 그녀가 조기에 치료를 종결할 가능성뿐만 아니라 건강 문제로 회기에 오지 않는 성향을 예상하고 미리 해결해야 할 필요가 있다.

Janelle의 MMPI-3 결과로 몇 가지 치료목표를 확인해 본다. 그러나 치료 계획을 세우기 전에 추가적인 평가가 필요한 몇몇 우려사항이 있다. 첫째, Janelle에 대한 면밀한 자살 평가(RCd, SUI)가 필요하다. 자살 위험 요인, 보호 요인 및 전반적인 자살 위험성을 확인하여 전체 치료 계획에 통합될 완화, 개입 및 지속적 평가를 위한 전략을 세워야 한다. 다음으로는

Janelle의 결과로 그녀가 PTSD(ARX), 강박장애(RC7, CMP) 및 광장공포증(ARX, BRF)을 겪고 있을 수도 있음이 시사된다. 이런 장애에 대한 추가적인 평가가 치료 계획을 세우기 전에 필요하다. MMPI-3로 확인된 다른 잠재적 개입목표로는 정서적 고통 완화(RCd)가 포함된다. 불안을 일으키는 방식의 정보처리를 하는 경향을 확인하고 줄이는 것(NEGE), 희망을 높이는 것(HLP), 자존감을 향상시키는 것(SFD), 우유부단함을 줄이는 것(NFC), 스트레스 관리(STR), 걱정을 줄이는 것(WRY), 자기주장을 높이는 것(DOM, AGGR), 사회적 철수 및 사회불안을 줄이는 것(SAV, SHY), 가족갈등 및 긴장된 가족관계를 해결하는 것(FML) 등이다.

전반적으로 Janelle은 현재의 정서적 고통 치료에 좋은 후보군이다. 일단 평가를 마치면 치료자는 강력하고 협력적인 치료관계를 구축하기 위해 함께 노력해야 한다. 치료의 첫 번째 작업은 치료적 개입 계획 실행, 완화 및 자살 경향성에 대한 지속적 평가를 포함할 것이다. 즉 의미 있는 변화에 대한 희망을 높이고 정서적 고통 수준을 줄이는 것이다. Janelle과의 긴밀한 협력을 통해 추가적인 개입목표를 확인해야 한다. 치료 계획과 목표는 그녀의 변화하는 욕구 및 치료 개입에 대한 반응에 따라 정기적으로 재검토할 필요가 있을 수 있다. Janelle이 이전에 의사로부터 약물치료를 받지 않았다면, 이를 의뢰하는 것도 도움이 될 수 있다.

결정적 문항

이제 MMPI-3에 대한 해석을 막 마쳤다. 그러나 사례를 요약하기 전에, 먼저 Janelle의 결정적 문항을 검토한다. 이것들은 단일 문항에 대한 그녀의 응답이기 때문에, 문항반응만으로 추론하는 것은 제한한다. 대신 이 문항 정보를 사용하여 추가적인 질문이나 우리가 즉시 조치를 취해야 할 영역을 확인한다.

T 점수 65점 이상일 때만 검토해야 하는 결정적 문항이 속한 7개 척도들 중, Janelle은 3개 척도(SUI, HLP 및 ARX)에서 높은 점수를 받았다. 이 문항들(검사 보안을 목적으로 정확한 내용은 싣지 않음)을 검토한 결과, Janelle은 과거에 자살 시도를 한 적이 있음이 드러났다. 그녀는 지금도 명백하게 자살은 아니지만 죽음에 대해 생각하고 있다. 게다가 Janelle은 자신의 삶이 나아질 것에 대한 절망적 표현을 보이는 문항들에 체크했다. 이런 결정적 문항들은 초기에 Janelle과 함께 했던 자살 평가에서 확인했던 것을 더욱 뒷받침한다.

ARX 척도의 두 번째 문항세트는 Janelle이 겪고 있는 몇 가지 특정 불안 관련 증상들을 확인해 준다. 이런 증상들에는 극단적인 놀람반응, 공황 증상 및 원치 않는 과거사건의 재경험이 포함된다. 이와 함께 이런 문항들은 외상 및 스트레스 요인 관련 장애와 불안장애(PTSD 및 공황장애로 시작하는)에 대한 자세한 평가가 필요함을 시사한다.

요약

Janelle은 타당한 방식으로 MMPI-3에 임한 것으로 보인다. 그녀는 문항 내용에 적절한 주의를 기울였고, 방어적이지 않았으며 증상 및 문제들을 과대보고하지도 않았다. 그녀의 문제는 주로 내재화 스펙트럼 정신병리 선상에 있다. Janelle은 강력한 정서적 고통을 경험하고 있으며 위기상태에 이르렀다. 그녀는 자신의 현재 생활 여건에 압도되어 있고 더 이상 대처할 수 없다고 느낀다. 그녀는 자살 위험이 점점 높아지고 있기에 면밀한 자살 평가를 받아야만 한다. Janelle은 스스로에 대해 거의 확신이 없고 자신의 생활을 개선할 수 없을 것이라고 생각한다. 그녀는 불안과 공포에 압도되어 있다. 그녀는 강한 부정적 감정을 일으킬 것 같은 상황에 초점을 맞추면서 예기불안과 걱정을 하고 있다. 그녀는 자신의 관계, 업무 및 일상적인 활동에 부정적인 영향을 주는 회피행동을 하고 있다. Janelle은 또한 반추적 사고, 공황발작과 유사한 증상, 침투적 사고, 일상적인 상황에 대한 두려움과 집을 벗어나는 것이 꺼려진다고 보고하고 있다. Janelle은 정서적 고통과 밀접한 연관이 있을 수 있고 그녀의 기능 수준을 손상시킬 수 있는 건강 문제를 호소한다.

Janelle은 또한 대인관계에서 고통스럽고 기능이 어려우며, 거리를 두고 있다고 보고하고 있다. 그녀는 상당한 사회불안을 겪고 새로운 사람을 만나는 것이 점점 괴로우며 가능한 한 사교모임을 피한다. 그녀는 대인관계에서 극단적으로 수동적이며 자기주장이나 의견을 내보이지조차 않는다. 그녀는 자신을 눈에 띄지 않는 사람으로 보고, 다른 사람들을 자신보다 우월하다고 본다. Janelle은 또한 가족들과 역기능적이고 지지적이지 않은 관계에 있다고 호소한다. 다시 말하지만, 그녀의 대인관계 기능은 아마도 정서적 고통과 밀접하게 관련되어 있으며 확실히 그녀가 기능하는 데 어려움을 주고 있다.

Janelle이 치료를 받으려는 동기는 강한 심리적 고통 때문일 수 있다. 그러나 효과적인 치료를 방해할 수 있는 몇 가지 요인이 있다. Janelle은 긍정적 정서성이 낮고 대인관계에서 불안감, 사회불안 및 치료자로부터 가혹한 비판을 받을 수도 있다는 두려움 때문에 치료에 참여하는 데 어려움이 있을 수 있다. 그녀의 극단적인 수동성과 우유부단한 성향으로 인해 치료관계 맥락에서 협력의 질이 약해질 수도 있다. 삶에서 의미 있는 변화를 일으킬 가능성에 대한 희망이 없고 일반적으로 높은 불쾌감 등으로 치료 참여가 방해받을 수도 있다. 마지막으로 그녀는 치료를 조기에 종결할 가능성도 높다.

Janelle의 치료자는 강력한 치료동맹과 협력적 파트너십을 맺기 위해 노력할 필요가 있다. 치료적 개입의 초기 목표에는 정서적 고통을 줄이고 의미 있는 변화에 대한 희망을 높이는 것이 포함된다. 다른 초기 치료목표는 추가 평가 결과(즉, 자살 경향성, PTSD, 강박장애 및

광장공포증에 대한 후속 평가)로 결정할 수 있다. 추후 치료목표는 Janelle과 협력하여 개발
해야 하며 그녀의 일상 기능에 손상을 주는 두려움과 걱정 증상(스트레스 관리, 가족 역기능,
대인관계에서 수줍음, 회피행동, 극단적 수동성)들을 포함할 수 있다. Janelle이 이전에 약물
치료를 받지 않았다면 이를 의뢰하는 것도 도움이 될 수 있다.

MMPI-3 대 MMPI-2/MMPI-2-RF

성인과 작업하는 임상가들은 이제 세 가지 MMPI 중 하나를 선택해야 하는 문제에 직면해
있다. 특정 평가 맥락에서 적당한 도구를 선택하려 할 때, 일반적으로 고려할 사항들이 많
다. 이런 고려사항을 다루는 것은 이 장의 범위 밖이므로, 우리는 독자들에게 **심리 측정 및 평**
가를 위한 APA 지침(American Psychological Association & APA Task Force on Psychological
Assessment and Evaluation Guidelines, 2020)과 심리검사 선택 및 사용과 관련된 일반적 지
침에 대한 교육과 심리검사 기준들(American Educational Research Association, American
Psychological Association, & National Council on Measurement in Education, 2014)을 제시한
다. 그러나 우리가 다루는 세 가지 MMPI 도구 중 선택을 위한 몇 가지 구체적인 고려사항도
있다. 어떤 MMPI 도구를 사용할지 결정할 때 검사자가 고려해야 할 관련 질문은 두 가지다.
(a) 이 평가와 관련된 질문에 대한 답을 위해 어떤 도구가 적절하고 유용한가? (b) 의뢰된 질
문을 가장 잘 처리할 수 있는 검사를 사용하기 위해 필요한 능력을 내가 갖추고 있는가?

첫 번째 질문과 관련하여 어떤 MMPI 도구가 적절하고 유용한지 결정하는 데 검사자가
고려해야 하는 몇 가지 이슈가 있다. 일반적으로 자신이 적용하려는 목적이 무엇인지에 대
해 검사의 심리측정적 속성을 평가해야 한다. 우리는 이 책에서 모든 MMPI 도구들의 심리
측정 속성을 면밀하게 검토해 보았지만, 여기에서는 짧게 몇 가지만 비교할 것이다.

첫째, 가장 중요한 것은 검사자가 고려할 검사들 간의 심리측정적 차이점은 검사의 규준
집단이라는 점이다. 측정하고 있는 특성에 대한 자신의 순위를 정확하게 기술하는 수검자의
점수는 수검자가 얼마나 검사 규준 집단의 대표성을 띠는지에 따라 부분적으로 결정된다.
이 개인이 대표성을 띠지 못하는 한, 그들의 점수는 개인의 기능을 정확하게 기술할 가능성
이 낮아진다. 이를 감안할 때 MMPI-3 규준 집단은 MMPI-2와 MMPI-2-RF에서 사용된 규
준 집단보다 세 가지 면에서 개선되었다. 첫째, 검사의 영어 및 스페인어 버전에 대한 미국
규준이 나뉘어 있다. 우리는 스페인어를 사용하는 미국인들에게 다른 성인 MMPI 도구의

스페인어 번역본보다는 MMPI-3 스페인어 번역본을 사용할 것을 추천하는데, MMPI-3가 스페인어를 사용하는 규준 집단을 사용했기 때문이다. 즉 스페인어 규준이 이런 개인에게는 실시언어에 상관없이 동일한 규준 집단을 사용하는 MMPI-2 및 MMPI-2-RF를 사용하는 것보다 더 대표성을 띠는 규준 집단을 제공하기 때문이다. 둘째, 지난 40년 동안 미국의 변화하는 인구통계학적 요인들을 감안할 때 MMPI-2 및 MMPI-2-RF에 사용된 규준이 MMPI 도구로 평가받는 다양한 개인의 대표성을 띤다고 확신할 수 없다. 그러나 MMPI-3 규준 집단의 인구학적 변인들은 2020년 인구조사와 거의 일치한다. 따라서 우리는 적절한 비교가 이루어지기 위해서 MMPI-3 규준 집단을 사용하는 것을 권한다. 셋째, 지난 40년 동안 사람들이 특정 검사 문항에 반응하는 경향이 변화했다. 이런 변화에 대한 이유가 알려져 있지는 않지만, 자료에서 입증된 결과로는 MMPI-3 규준 집단 평균 점수가 MMPI-2-RF 규준 집단을 사용하여 계산할 때와 비교해서, MMPI-3 척도 넷 중 하나가 5점 이상 T 점수 차이가 있음이 시사되었다(Ben-Porath & Tellegen, 2020b). 이것은 MMPI-3 규준 집단에 속한 개인의 응답이 현재 검사를 받고 있는 사람들이 검사 문항에 어떻게 반응할지 더 잘 짚어 낸다고 결론짓게 되는바, 우리는 MMPI-3를 실시할 것을 권장한다.

다른 심리측정 속성의 관점에서, MMPI-2, MMPI-2-RF 및 MMPI-3는 잘 표준화되었으며 신뢰도도 적절함이 입증되었다. 임상적으로 관련성이 있는 성격 및 정신병리 특징을 측정하려는 일반적인 목적으로 MMPI-2 및 MMPI-2-RF를 사용하는 것을 지지하는 타당도 자료는 상당하며, MMPI 도구의 가장 중요한 강점 중 하나다. MMPI-3 척도가 MMPI-2-RF 척도와 얼마나 유사한지를 감안할 때, 우리는 이 장에서 이미 MMPI-2-RF 타당도 연구가 MMPI-3에 유지된 척도에도 일반적으로 적용된다고 결론지었다. 결과적으로 MMPI-3는 성격과 정신병리를 측정하기 위한 목적으로도 상당한 타당성을 보여 준다. 이 일반화의 한 가지 중요한 예외는 MMPI-3에 새로 추가된 척도에만 해당된다. 이 척도들에 대한 초기 입증 연구에서 타당도가 보장되기는 하지만, 추가적인 경험 연구가 필요하다. 결과적으로 우리는 세 가지 도구 모두 표준화, 신뢰도 및 타당도 측면에서 일반적으로 동등한 것으로 입증되었다고 본다. 검사 실시자가 일반적인 임상 장면에 적용하는 것 외에 다른 목적으로 도구를 사용하려는 경우 각 도구에 대한 신뢰도와 타당도를 재평가할 필요가 있다.

마지막으로, 우리는 MMPI-2, MMPI-2-RF 및 MMPI-3를 사용하는 임상가의 역량과 관련된 질문으로 넘어간다. 이 책을 쓰면서 우리의 가정은, 각 도구들을 사용하는 능력은 어느 정도 중첩되지만 해당 도구에 대한 고유한 교육 및 훈련이 필요하다는 것이다. 우리는 이런 중첩되고 구별되는 역량을 인지시키기 위해 이 책을 명시적으로 구조화했으며, 검사 실시자가 MMPI 제품군에 속한 각각의 도구를 사용하기 위해 필요한 기본 역량을 개발하도록 비교적 간단한 방법을 제공하려고 하였다. 물론 검사 실시자들은 어떤 도구를 사용하든지 간에 MMPI 해석을 숙달하기 위한 추가적인 훈련과 전문 역량을 강화하려 하는 것뿐만 아니라 이 책을 다시 참조할 필요가 있다.

요약하면 우리는 MMPI-3가 첫째, 업데이트된 규준이라는 점과 둘째, 포괄하는 내용 범위가 넓어진 점에서 향후 몇 년 안에 MMPI-2와 MMPI-2-RF를 모두 대체할 것이라고 생각한다. 따라서 대부분의 독자를 위한 조언은, 전환할 준비가 될 때까지 MMPI-2 및 MMPI-2-RF를 계속 사용하면서 MMPI-3 사용을 위한 증거 기반을 마련하는 데 필요한 기술 개발을 시작하라는 것이다. 이 일반지침에 대한 유일한 예외는 MMPI-3는 아직 경험적으로 입증되지 않았지만 MMPI-2 또는 MMPI-2-RF는 입증된 특정한 적용이나 맥락에서 검사가 사용되는 경우이다.

제13장 부록

Minnesota Multiphasic Personality Inventory®-3

점수 보고서

MMPI®-3
미네소타 다면적 성격검사®-3
Yossef S. Ben-Porath, PhD, & Auke Tellegen, PhD

ID 번호 :	Janelle
연령 :	24
성별 :	여
결혼 유무 :	보고되지 않음
학력 :	보고되지 않음
평가 일시 :	08/16/2021

ALWAYS LEARNING   PEARSON

MMPI-3 타당도 척도

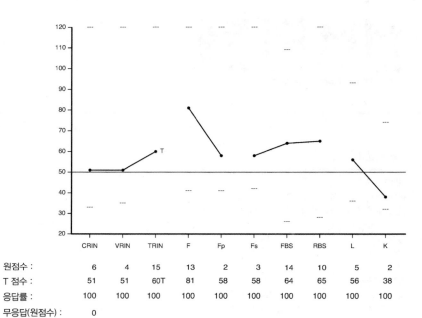

	CRIN	VRIN	TRIN	F	Fp	Fs	FBS	RBS	L	K
원점수 :	6	4	15	13	2	3	14	10	5	2
T 점수 :	51	51	60T	81	58	58	64	65	56	38
응답률 :	100	100	100	100	100	100	100	100	100	100
무응답(원점수) :	0									

각 척도별 T 점수의 최댓값과 최솟값은 "---"로 표시되어 있다: MMPI-3 점수는 비성별이다.

CRIN	반응 비일관성	F	비전형 반응	L	흔치 않은 도덕적 반응
VRIN	무선반응 비일관성	Fp	비전형 정신병리 반응	K	적응 타당도
TRIN	고정반응 비일관성	Fs	비전형 신체적 반응		
		FBS	증상 타당도		
		RBS	반응 편향		

MMPI-3 상위차원(H-O) 및 재구성 임상(RC) 척도

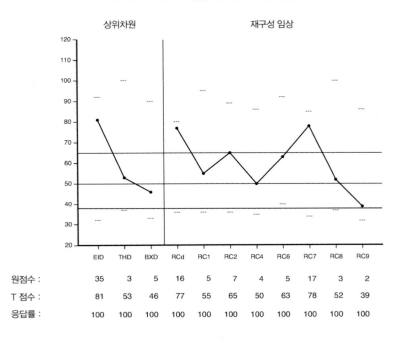

	EID	THD	BXD	RCd	RC1	RC2	RC4	RC6	RC7	RC8	RC9
원점수 :	35	3	5	16	5	7	4	5	17	3	2
T 점수 :	81	53	46	77	55	65	50	63	78	52	39
응답률 :	100	100	100	100	100	100	100	100	100	100	100

각 척도별 T 점수의 최댓값과 최솟값은 "---"로 표시되어 있다; MMPI-3 점수는 비성별이다.

EID	정서적/내재화 문제	RCd	의기소침	RC6	피해의식
THD	사고 문제	RC1	신체증상 호소	RC7	역기능적 부정 정서
BXD	행동적/외현화 문제	RC2	낮은 긍정 정서	RC8	기태적 경험
		RC4	반사회적 행동	RC9	경조증적 상태

MMPI-3 신체/인지 증상 및 내재화 척도

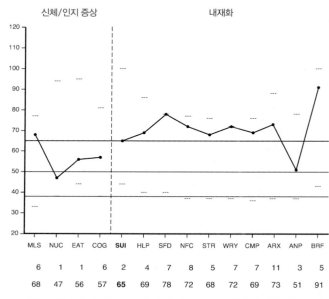

	MLS	NUC	EAT	COG	SUI	HLP	SFD	NFC	STR	WRY	CMP	ARX	ANP	BRF
원점수 :	6	1	1	6	2	4	7	8	5	7	7	11	3	5
T 점수 :	68	47	56	57	65	69	78	72	68	72	69	73	51	91
응답률 :	100	100	100	100	100	100	100	100	100	100	100	100	100	100

각 척도별 T 점수의 최댓값과 최솟값은 "---"로 표시되어 있다: MMPI-3 점수는 비성별이다.

MLS	신체적 불편감	SUI	자살/죽음 사고	WRY	걱정
NUC	신경학적 증상 호소	HLP	무력감/무망감	CMP	강박
EAT	섭식 문제	SFD	자기 회의	ARX	불안 경험
COG	인지적 증상 호소	NFC	효능감 결여	ANP	분노 경향성
		STR	스트레스	BRF	행동 제약 공포

MMPI-3 외현화 및 대인관계 척도

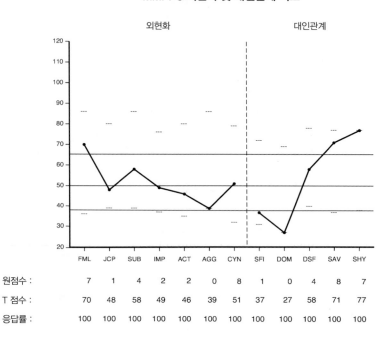

	FML	JCP	SUB	IMP	ACT	AGG	CYN	SFI	DOM	DSF	SAV	SHY
원점수 :	7	1	4	2	2	0	8	1	0	4	8	7
T 점수 :	70	48	58	49	46	39	51	37	27	58	71	77
응답률 :	100	100	100	100	100	100	100	100	100	100	100	100

각 척도별 T 점수의 최댓값과 최솟값은 "---"로 표시되어 있다: MMPI-3 점수는 비성별이다.

FML	가족 문제	ACT	흥분 성향	SFI	우월감
JCP	청소년기 품행 문제	AGG	공격 성향	DOM	지배성
SUB	약물 남용	CYN	냉소적 태도	DSF	관계 단절
IMP	충동성			SAV	사회적 회피
				SHY	수줍음

MMPI-3 성격병리 5요인(PSY-5) 척도

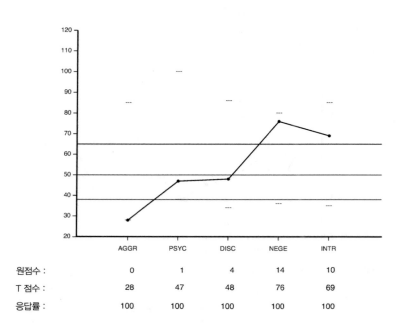

	AGGR	PSYC	DISC	NEGE	INTR
원점수 :	0	1	4	14	10
T 점수 :	28	47	48	76	69
응답률 :	100	100	100	100	100

각 척도별 T 점수의 최댓값과 최솟값은 "---"로 표시되어 있다; MMPI-3 점수는 비성별이다.

AGGR   공격성
PSYC   정신증
DISC   통제 결여
NEGE   부정적 정서성/신경증
INTR   내향성/낮은 긍정적 정서성

MMPI-3 T 점수(영역별)

프로토콜 타당도

문항 내용과 무관한 무효 응답

0	51	51	60 T
CNS	CRIN	VRIN	TRIN

과대보고

81	58		58	64	65
F	Fp		Fs	FBS	RBS

과소보고

56	38
L	K

주요 척도

신체/인지 영역

55	68	47	56	57
RC1	MLS	NUC	EAT	COG

정서 영역

81					
EID					

77	65	69	78	72
RCd	SUI	HLP	SFD	NFC

65	69
RC2	INTR

78	68	72	69	73	51	91	76
RC7	STR	WRY	CMP	ARX	ANP	BRF	NEGE

사고 영역

53
THD

63
RC6

52
RC8

47
PSYC

행동 영역

46
BXD

50	70	48	58
RC4	FML	JCP	SUB

39	49	46	39	51
RC9	IMP	ACT	AGG	CYN

48
DISC

대인관계 영역

37	27	28	58	71	77
SFI	DOM	AGGR	DSF	SAV	SHY

주의. 이 정보는 *MMPI-3 Manual for Administration, Scoring, and Interpretation*에서 권장하는 MMPI-3 해석 구조에 따라 해석이 용이하도록 제공되는데, 매뉴얼 제5장 본문에 자세한 내용과 표 5-1에 개요가 제시되어 있다.

MMPI®-3 점수 보고서
08/16/2021, Page 8

Janelle

***주의 :** 이 보고서의 마지막 페이지에는 누락 문항이나 채점할 수 없는 문항과 함께 결정적 반응 또는 결정적 문항 목록 중 응답 문항이 표시된다. 이 부분에는 문항 번호와 내용이 모두 포함된다. 보고서의 마지막 페이지에는 모든 검사 문항에 대한 수검자의 문항 수준 응답이 포함된다. 이 페이지는 검사 보안을 유지하기 위해 이 책에 표시되지 않지만, 수정된 예시 보고서는 Pearson Assessments의 웹사이트에서 확인할 수 있다.

청소년 평가 : MMPI - A

M MPI 원판은 성인용으로 만들어진 것이었지만 청소년을 평가하는 도구로 빠르게 인기를 얻었다(예 : Hathaway & Monachesi, 1963). Archer 등(1991)의 조사 결과는 MMPI가 청소년을 평가하는 데 가장 널리 사용되는 객관적 도구라는 것을 보여 주었다. 그러나 MMPI는 성인을 대상으로 개발되고 규준이 마련되었기 때문에 청소년을 대상으로 MMPI를 사용하는 것에 대해 상당한 우려가 표명되었다(예 : Archer, 1987; Williams, 1986). MMPI의 일부 문항은 많은 청소년에게 관련이 없거나 부적절했다(예 : 돈과 사업에 대한 걱정, 만족스러운 성생활). 또한 MMPI에는 청소년기 고유의 경험을 다루는 문항이 거의 없었다(예 : 학교, 또래 집단 문제). 더욱이 여러 연구를 통해 성인 MMPI 규준을 사용하면 청소년 수검자의 병리를 과대진단하게 된다는 점이 입증되었다(Archer, 1984, 1987; Klinge et al., 1978). 이에 청소년에게 사용하기 위한 규준이 개발되었다(Marks et al., 1974). 일부 연구에서는 상기 청소년 규준의 사용이 임상 장면에서 평가받는 청소년의 심리적 문제를 과소진단하는 것으로 나타난 반면(Archer et al., 1986; Klinge & Strauss, 1976), 다른 연구에서는 이 규준에 기반한 점수가 다양한 임상 장면에서 청소년의 임상상태를 보다 정확하게 나타낸다는 견해가 입증되었다(예 : Wimbish, 1984).

  청소년에게 MMPI를 사용할 때의 또 다른 문제는 점수 및 형태에 대한 해석적 진술의 출처였다. 청소년을 위해 특별히 개발된 기술문만 사용해야 하는가 아니면 성인 자료를 기반으로 개발된 기술문도 사용할 수 있는가? 몇몇 연구에서 성인 기술문을 사용하면 청소년에 대해 더 정확히 기술할 수 있는 것으로 나타났다(Ehrenworth & Archer, 1985; Lachar et al., 1976). 다른 연구(예 : Wimbish, 1984)에서는 청소년에 대한 가장 정확한 추론이 청소년 기반 기술문의 사용에서 나왔다고 결론지었다.

MMPI-2 개발을 담당하는 위원회는 여러 우려사항에 근거하여 특히 14세에서 18세 사이의 청소년에게 사용할 수 있는 개별 검사로 MMPI-A를 개발하기로 결정했다(Butcher et al., 1992). MMPI-A의 초기 검토는 상당히 긍정적이었다. Claiborn(1995)에 따르면 "MMPI-A는 인상적인 검사이며 청소년 정신병리를 평가하는 뛰어난 도구가 될 것이다. 이것의 결점은 상대적으로 경미하고 수정 가능하며, 검사의 강점이 훨씬 더 크다"(p. 628). Lanyon(1995)은 "청소년 정신병리를 평가하기 위해 사용 가능한 검사를 조사해 보면 MMPI-A에게 강력한 경쟁자가 없을 것이다"(p. 239)라고 밝혔다.

MMPI-A는 또한 심리 평가도구로 빠르게 채택되었다. Archer와 Newsom(2000)은 청소년 내담자와 작업한 346명의 심리학자를 대상으로 심리검사 사용에 대해 조사했다. 그 결과 MMPI-A가 다섯 번째로 자주 사용되는 검사로 나타났다. 비록 웩슬러 지능검사, 로르샤흐 검사, 문장완성검사, 주제통각검사가 더 자주 사용되었지만 MMPI-A는 가장 자주 사용되는 자기보고식 도구였다. Baum과 동료들(2009)의 검토에서는 다양한 장면에서 실시한 MMPI-A 척도에 대한 277건의 연구가 확인되어 MMPI-A 사용을 뒷받침하는 연구 기반이 강조되었다.

누가 MMPI-A 검사를 받을 수 있는가?

이 책의 제9장 및 전반부에서 언급한 것처럼 MMPI-A는 14세와 18세 사이의 청소년에게 사용하도록 개발되었다. 18세의 경우 MMPI-2와 MMPI-A 둘 다 사용 가능하기 때문에 해당 18세에게 어떤 검사가 가장 적절할지 임상가가 판단해야 한다. 일반적으로 대학에 재학 중이거나 부모 또는 보호자와 독립적으로 살고 있는 성숙한 18세의 경우 MMPI-2의 사용이 권장된다. MMPI-A의 사용은 독립적인 생활방식을 택하지 않은 18세에게 추천된다.

이러한 권장사항은 MMPI-A 또는 MMPI-2 규준이 18세의 기능을 더 잘 나타내는지 여부를 검증한 연구에 근거한다. Shaevel과 Archer(1996)는 18세 원점수가 MMPI-A 및 MMPI-2 규준에서 보이는 양상을 연구했다. MMPI-A 규준에서 L과 K 척도의 T 점수는 더 높았고 임상 척도의 T 점수는 더 낮았다. 어떤 경우에는 T 점수 차이가 15점이나 되었다. 연구자들은 MMPI-A 또는 MMPI-2의 사용을 시사하는 생활 환경의 분명한 지표가 없는 경우 두 규준 모두 18세에게 사용할 것을 권장했다. 상기 청소년을 대상으로 한 검사 외적 자료들이 없었기 때문에 어떤 점수(MMPI-A 또는 MMPI-2)가 그들의 실제 특성을 더 정확하게 반영했는지는 알 수 없다. Osberg와 Poland(2002) 또한 18세 학생을 대상으로 MMPI-2 규준과 MMPI-A 규준에서 얻은 점수를 비교했다. Shaevel과 Archer의 연구와 일관되게 MMPI-2 규준에 기반한 점수는 대부분의 척도에서 더 높았다. 증상 목록의 정보를 준거측정치로 사용하여 Osberg와 Poland는 MMPI-A 규준이 참여자의 심리상태를 더 잘 나타낸다고 결론지었다.

MMPI-A 매뉴얼(Butcher et al., 1992)에는 14세 미만의 청소년이 검사 문항에 유의미한 응답을 하기가 어려울 수 있다고 되어 있다. 따라서 MMPI-A의 공식 규준에는 14세 미만의 청소년이 포함되지 않는다. 그러나 Archer(1992b)는 13세 규준을 발표했으며, 이 연령대의 청소년이 검사 문항을 읽고 이해할 수 있는 한 MMPI-A를 유효하게 실시할 수 있을 것이라고 주장했다. MMPI-A 매뉴얼(Butcher et al., 1992)에는 검사 문항을 이해하기 위해 7학년 정도의 읽기 수준이 필요하다고 나와 있다.

MMPI-A의 개발

개발 이유

성인용 검사를 청소년에게 사용하는 것에 대한 우려 때문에 MMPI-2 개발과 동시에 청소년을 위해 특별히 설계된 검사인 MMPI-A 개발에 사용할 자료가 수집되었다(Butcher et al., 1992). MMPI-A와 MMPI-2 사이에는 뚜렷한 유사점이 있지만 몇 가지 중요한 차이점도 있다.

MMPI-A 검사지의 개발

MMPI-A[1] 개발은 시험용을 만들면서 시작되었다. 여기에는 원판 MMPI의 550개 문항이 포함되었는데 일부 문항은 어색한 문장과 고어를 제거하기 위해 수정했다. 또한 치료 순응도, 자신의 행동 변화에 대한 태도, 치료 관련 특성, 알코올 및 약물 문제를 평가하는 새로운 문

---

1 다른 언급이 없다면 MMPI-A 개발에 관한 정보는 C. L. Williams 등(1992)과 Butcher 등(1992)에서 발췌한 것이다.

항이 추가되었다. 그뿐 아니라 청소년 고유의 문제(예 : 학교에서의 행동, 교사에 대한 태도, 또래 집단의 영향, 섭식 문제, 부모 및 다른 성인과의 관계)를 다루는 문항이 포함되었다.

몇 가지 기준에 따라 시험용 검사지에서 MMPI-A에 포함될 478개 문항이 선정되었다. 표준 MMPI 척도에서 채점된 대부분의 문항이 포함되었다(표 14.1 참조). 보다 유망한 보충 척도와 새로 개발된 청소년 내용 척도를 채점하는 데 필요한 문항도 포함되었다. 그러나 일부 문항은 청소년에게 부적절하다고 판단되거나 불쾌한 문항 내용이 포함되어 있어 탈락했다. 또한 MMPI-A의 길이를 최대한 짧게 유지하기 위해 척도 5와 0에서만 채점되는 일부 문항을 제외시켰다.

원판 MMPI의 F(비정형) 척도가 청소년에게 주효하지 않음을 시사하는 자료 때문에 F 척도를 대폭 수정했다. 문제는 타당한 방식으로 검사를 받은 비임상 표본의 청소년들조차 F 척도 점수를 보이는 경향이 있다는 것이었다. 정밀분석 결과 표준 F 척도의 많은 문항에 대해 청소년은 성인보다 드물지 않게 응답한 것으로 밝혀졌다. MMPI-A에서 채점된 F 척도 버전은 청소년 규준 집단 남녀 20% 이하가 채점 방향으로 응답한 66개 문항을 포함한다. 원판 F

표 14.1 MMPI와 MMPI - A 기본 척도의 문항 수

척도	문항 수	
	MMPI	MMPI-A
L	15	14
F	64	66
K	30	30
1(Hs)	33	32
2(D)	60	57
3(Hy)	60	60
4(Pd)	50	49
5(Mf)	60	44
6(Pa)	40	40
7(Pt)	48	48
8(Sc)	78	77
9(Ma)	46	46
0(Si)	70	62

출처 : Excerpted from *Minnesota Multiphasic Personality Inventory®-Adolescent (MMPI®-A) Manual for Administration, Scoring, and Interpretation* by James N. Butcher, Carolyn L. Williams, John R. Graham, Robert P. Archer, Auke Tellegen, Yossef S. Ben-Porath, and Beverly Kaemmer. Copyright © 1992 by the Regents of the University of Minnesota. Reproduced by permission of the University of Minnesota Press. All rights reserved. "MMPI®" and "Minnesota Multiphasic Personality Inventory®" are registered trademarks of the Regents of the University of Minnesota.

척도의 64개 문항 중 37개만 MMPI-A의 F 척도에도 포함되어 있다. 또한 MMPI-A의 F 척도는 두 부분으로 나뉘었는데, F1은 시험용 검사지 앞부분의 문항으로 구성되고 F2는 시험용 검사지 뒷부분의 문항으로 구성된다.

MMPI-A 검사지로 478개 문항을 선정한 후, 청소년에게 적합하지 않은 표현을 고치기 위해 MMPI에서 가져온 일부 문항을 수정했다. 문항은 과거형에서 현재형 또는 현재완료형으로 수정했다. 여러 연구에서 수정 문항이 원문항과 본질적으로 동일하다는 것이 입증되었다(Archer & Gordon, 1994; C. L. Williams et al., 1994).

MMPI-A의 규준

MMPI-A의 규준 집단은 남학생 805명과 여학생 815명으로 구성되어 있다. 그들은 미국 전역의 7개 주에 있는 학교에서 무선적으로 모집되었다. 연령은 14세에서 18세 사이였다. 일부 예비 자료가 13세를 대상으로 수집되었지만 차후 분석에서 어린 학생들이 시험용을 완료하는 데 상당한 어려움을 겪는 것으로 나타났기 때문에 표본에서 제외되었다(Butcher et al., 1992). MMPI-A 매뉴얼(Butcher et al., 1992)에 제시된 자료는 규준 집단이 인종 및 민족 측면에서 1980년 미국 모집단을 대략 대표한다는 것을 나타낸다. 규준 집단에 포함된 청소년 대부분은 생물학적 부모와 함께 살고 있었으며, 그들의 부모는 1980년 미국 인구조사 자료에서 전형적으로 볼 수 있는 것보다 더 높은 수준의 교육을 받은 경향이 있었다.

MMPI-A 매뉴얼(Butcher et al., 1992)은 규준 집단에 대표된 인종 및 민족 집단에 대한 자료를 별도로 제시하지 않는다. 그러나 Schinka 등(1998)은 MMPI-A 규준 집단의 비임상 청소년과 외래 및 입원 치료시설 청소년에 대한 대규모 표본을 사용하여 MMPI-A 점수가 연령, 성별 또는 민족정체성에 의해 유의미한 영향을 받지 않는다고 밝혔다.

Negy와 동료들(1997)은 텍사스에 있는 120명의 멕시코계 미국인 청소년에 대한 자료를 보고했다. 그들의 점수는 MMPI-A의 규준 집단 점수와 놀라울 정도로 유사했다. Negy 등은 또한 MMPI-A 점수가 사회경제적 지위(SES) 및 문화 적응 수준과 관련이 있다고 보고했으며, SES가 낮거나 지배적인 미국 문화에 대한 적응 수준이 낮은 멕시코계 미국인 청소년이 이 검사에서 불이익을 당할 수 있음을 시사했다. 그러나 그들은 SES나 문화 적응 수준이 낮은 청소년이 SES와 문화 적응 수준이 높은 청소년보다 더 많은 정신병리를 경험할 수도 있다고 경고했다. 이러한 문제를 해결하기 위해서는 추가 자료가 필요하다.

Gumbiner(1998)는 비임상 히스패닉계 남학생($n=30$)과 여학생($n=17$)의 매우 작은 집단에 대한 MMPI-A 자료를 보고했다. 남학생은 MMPI-A 규준 집단의 남학생보다 더 높은 평균 점수를 보였다. 여학생의 점수는 MMPI-A 규준 집단의 여학생에 비해 대부분의 척도에서 평균이거나 약간 낮았다. 이러한 결과는 몇 가지 이유로 해석하기 어렵다. 첫째, 표본이 너무 작다. 둘째, 히스패닉계 청소년의 SES는 규준 집단을 구성하는 학생보다 훨씬 낮았다. 셋째, 히스패닉계 남학생과 규준 집단의 남학생 간 점수 차이가 검사 편향을 나타내는지 또는 개념적으로 관련된 특성의 실제 차이를 정확하게 반영하는지 결정하기 위한 검사 외적 자료가 제시되지 않았다.

　Gómez 등(2000)은 처음 범죄를 저지른 아프리카계 및 멕시코계 미국인 소년이 MMPI-A 척도에서 유의한 차이가 없었고 두 집단의 평균 점수가 MMPI-A 규준 집단과 크게 다르지 않다는 것을 발견했다. 비행 판정을 받은 청소년 표본에서 Cashel 등(1998)은 영국계 미국인 소년이 척도 4와 9에서 아프리카계 및 히스패닉계 미국인 소년보다 유의하게 높은 점수를 받았다고 밝혔다. 그러나 이런 유형의 많은 연구에서 그랬던 것처럼, 이러한 MMPI-A 점수 차이가 개념적으로 관련된 검사 외적 특성의 차이와 관련이 있는지를 결정하기 위해 조사한 검사 외적 자료들이 없었다.

　표준 멕시코 버전의 MMPI-A를 사용하여 Lucio 등(2002)은 표준지침으로 MMPI-A를 실시한 외래 정신건강치료 중인 멕시코 청소년과 심각한 정서적 문제가 있는 것으로 지시받은 비임상 멕시코 청소년을 F, F1, F2 척도 및 F−K 지표가 구별할 수 있는 정도를 밝혔다. 그들은 3개의 F 척도와 F−K 지표가 모두 집단을 효과적으로 구별한다는 것을 발견했다. 최적 분할점을 비롯한 결과는 이전에 보고된 미국 청소년 자료와 유사했다.

　MMPI-A를 다른 인종 또는 민족 배경을 가진 청소년에게 사용하는 것에 대해서는 알려진 바가 거의 없다. 앞서 논의된 Schinka 등(1998)의 연구는 인종 및 민족 배경이 MMPI-A 점수에 의미 있는 영향을 미치지 않는다는 것을 시사했다. 그러나 이 연구자들은 영어판 MMPI-A를 아시아계 미국인 또는 아메리카 원주민의 배경을 가진 사람에게 사용하는 것과 관련해 출판된 연구를 찾을 수 없었다.

　역사적으로 MMPI 청소년 규준은 연령 수준에 따라 달랐다. 그러나 MMPI-A의 경우 남학생과 여학생에게 각각 하나의 규준만 제공된다. 이는 검사 개발 중에 실시한 자료분석에서 MMPI-A 규준 집단 내 연령 집단 간에 미미한 차이만 나타났기 때문이다. MMPI-2와의 일관성을 유지하기 위해 MMPI-2와 동일한 개발 절차를 사용하여 8개의 임상 척도(1, 2, 3, 4, 6, 7, 8, 9), 내용 척도 및 내용 소척도, 성격병리 5요인(PSY-5) 척도의 원점수를 동형 T(UT) 점수로 변환했다. UT 점수 사용에 대한 근거와 점수 개발에 사용된 절차는 MMPI-A 매뉴얼(Butcher et al., 1992)에서 논의되며 이 책의 제2장에서 설명했다. 그 외 모든 척도의 점수는 선형 T 점수로 변환된다.

Marks 등(1974)이 MMPI에 대해 수집한 청소년 규준에 기반한 점수와 비교할 때, MMPI-A 규준은 대부분의 임상 척도에서 유의하게 낮은 T 점수를 산출한다. Janus 등(1996)은 정신과 청소년 환자의 점수 차이 중 일부가 임상적 의미에 대한 기준으로 자주 사용되는 T 점수 5점 차이보다 크다고 밝혔다. 그러나 Janus 등은 Marks 등의 규준과 MMPI-A의 규준에 따른 상승 척도 쌍(코드타입)에 기반한 해석적 기술이 별반 다르지 않게 정확하다고 판단했다(치료진도 마찬가지로 판단했다).

MMPI-A의 T 점수가 일반적으로 MMPI 청소년 규준에 따른 점수보다 낮기 때문에, MMPI-A 개발자들(Butcher et al., 1992)은 MMPI-A 임상 척도에서 65점 이상의 T 점수가 임상적으로 유의한 것으로 간주되지만 60~64점 사이의 T 점수 또한 높은 점수로 해석할 것을 권고했다. T 점수가 65점 이상인 경우 더 확신 있게 추론해야 한다.

MMPI-A 검사 실시자의 주된 우려는 심각한 문제가 있는 청소년이 종종 그런 문제를 반영할 만큼 높은 점수를 받지 못한다는 것이다. 예를 들어 Hilts와 Moore(2003)는 정신과 입원 장면에서 평가받은 남학생 30%와 여학생 25%가 60점 이상의 T 점수를 가진 임상 척도가 없는 유효한 MMPI-A 프로토콜을 생성했다고 보고했다. 임상 장면에서 정상 범위 내(WNL) 프로토콜을 보인 상당수의 청소년에 대해 몇 가지 가능한 설명이 제공되었다. 한 가지 가능성은 MMPI-2에서 사용되는 것과 같은 K 교정이 없으면 방어적으로 검사에 임한 청소년의 임상 척도 점수가 낮아질 수 있다는 것이다. 그러나 Alperin 등(1996)은 K 교정 사용이 정신과 청소년 환자의 WNL 프로토콜 수를 유의하게 감소시키지 않는다고 밝혔다. 또 다른 가능성은 MMPI-A 규준 집단의 청소년이 MMPI-2 규준 집단의 성인보다 채점 방향으로 문항에 더 자주 응답했다는 것이다. Archer 등(2001)은 상당수의 MMPI-A 문항이 규준 집단의 청소년과 임상 장면의 청소년을 구별하지 못한다는 것을 발견했다. 이로 인해 MMPI-A 척도의 원점수에 해당되는 T 점수가 더 낮아졌을 것이다. 이러한 가능성과 일치하는 사실은 MMPI-A 규준 집단의 청소년 중 약 12%가 MMPI-A를 실시한 후 6개월 이내에 치료자 또는 상담자에게 의뢰된 적이 있다고 명시했다는 것이다. Hand 등(2007)은 MMPI-A 실시 전 6개월 내에 상담자나 치료자에게 의뢰된 적이 있다고 명시한 청소년을 규준 집단에서 제거함으로써 개정용 MMPI-A 규준을 구성했다. 개정용 규준을 사용하면 여러 임상 장면에서 WNL 프로토콜의 빈도가 약간 감소했다. 이러한 결과는 분별력 없는 문항을 제거함으로써 MMPI-A 척도 중 일부가 개선될 수 있음을 시사한다. 요약하면 임상 장면에서 평가받은 청소년의 낮은 점수는 더 많은 연구를 통해 해결해야 할 복잡한 문제이다. 그때까지 MMPI-A를 사용하는 임상가는 임상 장면에서 WNL 프로토콜을 보인 청소년이 심각한 정신병리를 경험하고 있지 않다고 결론짓는 것에 유의해야 한다.

실시 및 채점

MMPI-A는 검사 보급사인 Pearson Assessments에서 구할 수 있는 컴퓨터 소프트웨어 또는 인쇄된 검사지와 별도의 답안지로 구성된 지필식으로 실시할 수 있다. 지필식 또는 컴퓨터 실시의 완료가 어려운 수검자를 위해 표준화된 오디오 버전용 검사 또한 Pearson Assessments에서 구할 수 있다. 검사지, 오디오 또는 컴퓨터 실시에 따른 MMPI-A 점수의 동등성을 다룬 발표 자료는 없지만 두 편의 박사학위 논문(Carlson, 2001 ; Hays, 2003)에서 지필식 및 컴퓨터 버전용 MMPI-A가 동등한 점수를 산출했음을 나타내는 연구가 보고되었다.

표준 영어와 스페인어 버전용 검사는 검사 보급사인 Pearson Assessments에서 지필식, 컴퓨터 및 오디오 형식으로 제공된다. 한편 MMPI-A는 프랑스어, 이탈리아어, 중국어를 비롯한 여러 다른 언어로 번역되었다. MMPI-A 번역이 승인된 전체 목록 및 검사 번역 버전에 접근하기 위한 연락처 정보는 미네소타대학출판부의 웹사이트에서 확인할 수 있다(https:// www.upress.umn.edu/test-division/translations-permissions/available-translations).

이 책의 제2장에 자세히 소개된 MMPI-2 실시에 대한 모든 고려사항은 MMPI-A에도 적용된다. 또한 일부 청소년은 너무 쉽게 산만해지거나 과잉행동적이거나 반항적이거나 충동적이어서 한 번에 478개 문항을 완료할 수 없다는 것을 명심해야 한다. 이런 문제가 발생하면 면밀한 감독, 잦은 휴식, 검사 담당자의 칭찬 및 격려가 도움이 될 수 있다.

MMPI-A가 실시되고 나면 몇 가지 채점방식을 사용할 수 있다. 방식에 따라 필요한 답안지가 다르기 때문에 검사 실시자는 사전에 사용할 채점방식을 결정해야 한다. 수기 채점은 검사 보급사가 제공하는 채점판을 사용해 완수할 수 있다. 완성된 답안지는 채점을 위해 보급사에 우편으로 보낼 수 있다. 컴퓨터 채점은 검사 보급사가 제공하는 두 가지 소프트웨어 프로그램 중 하나를 사용하여 완료할 수 있다. 이러한 소프트웨어 프로그램은 모든 MMPI 척도 및 하위 척도 점수와 일부 프로파일을 포함하는 확장형 점수 보고서를 작성할 수 있다. 전산화된 서술형 해석 보고서(미네소타 보고서 : 청소년 해석 시스템)도 이용할 수 있다.

MMPI-A 척도 및 심리측정적 특성

1992년 출판 당시 MMPI-A는 MMPI에서 가져온 반응유형 및 실질 구성개념을 평가하는 척도뿐만 아니라 청소년 수검자의 사회적, 정서적, 행동적 기능에 대한 검사 실시자의 이해를 개선하기 위한 몇 가지 새로운 척도로 구성되었다. 이후 추가 척도가 개발되어 표준 채점에 추가되었다. 이러한 척도에는 Sherwood 등(1997)이 개발한 내용 소척도와 McNulty, Harkness 등(1997)이 개발한 PSY-5 척도가 있다. Forbey와 Ben-Porath(1998)도 MMPI-A 결정 문항을 개발했다.

이 장의 다음 절에서는 모든 MMPI-A 척도에 대한 설명과 심리측정적 속성에 대한 요약이 제공될 것이다. MMPI-A 주요 척도의 타당성을 평가할 수 있는 몇 가지 방법이 있다. MMPI-A 점수 및 점수 형태가 MMPI 해당 점수와 일치하는 경우 MMPI에 대해 축적된 해석 정보는 MMPI-A로 일반화할 수 있다. 또한 MMPI-A 척도가 관련 외적 상관관계를 가지고 있음을 입증하는 것이 중요하다. 가능하다면 타당성의 두 측면에 대한 정보를 설명에 포함할 것이다. 그럼에도 불구하고 이 장은 검사에 대한 소개를 하기 위한 장이므로 간략하게 설명할 것이다. MMPI-A 척도에 대한 추가 정보에 관심이 있는 독자의 경우 몇 가지 훌륭한 참고문헌을 활용할 수 있다(Archer, 2017; Archer & Krishnamurthy, 2002; Butcher & Williams, 2000).

MMPI-A 타당도 척도

표 14.2에는 MMPI-A에서 채점되는 타당도 척도의 명칭과 약어가 제시되어 있다. 문항 내용과 무관한 무효 응답은 여러 척도로 평가된다. 원판 MMPI에서 사용하던 무응답(?)은 MMPI-A에서 무응답 지표로 유지되었다. 2개의 타당도 척도 즉 무선반응 비일관성(VRIN) 척도와 고정반응 비일관성(TRIN) 척도가 MMPI-A에서 추가적으로 개발되었다. 이 척도들은 MMPI-2에서 채점되는 척도와 비슷한 개념이다. VRIN 척도는 비일관된 반응을 측정하며 무작위 프로토콜을 식별하는 데 유용하다. TRIN 척도는 정반응 및 오반응 편향을 측정한다. 문항 내용과 관련된 무효 응답은 L, F, K 척도로 평가하는데, 이 척도들은 원판 MMPI에서 채점되며 MMPI-A에서 유지되었다. 그러나 앞서 설명한 바와 같이 검사 개발 중에 F 척도에 상당한 변화가 있었는데, 여기에는 검사 전반 및 후반에서 발생하는 비전형 반응을 측정하는 두 척도(즉, F1과 F2)의 추가 개발이 포함된다. F, F1, F2 척도는 과대보고를 나타낸

표 14.2	MMPI - A 타당도 척도
척도	약어
문항 내용과 무관한 무효 응답	
무응답	?
무선반응 비일관성	VRIN
고정반응 비일관성	TRIN
문항 내용과 관련된 무효 응답 – 과소보고	
부인	L
방어성	K
문항 내용과 관련된 무효 응답 – 과대보고	
비전형	F
F1 척도	F1
F2 척도	F2

출처 : Excerpted from *Minnesota Multiphasic Personality Inventory®-Adolescent (MMPI®-A) Manual for Administration, Scoring, and Interpretation* by James N. Butcher, Carolyn L. Williams, John R. Graham, Robert P. Archer, Auke Tellegen, Yossef S. Ben-Porath, and Beverly Kaemmer. Copyright © 1992 by the Regents of the University of Minnesota. Reproduced by permission of the University of Minnesota Press. All rights reserved. "MMPI®" and "Minnesota Multiphasic Personality Inventory®" are registered trademarks of the Regents of the University of Minnesota.

다. 과소보고 반응유형은 L과 K 점수로 포착된다. MMPI-A 타당도 척도는 MMPI-2와 매우 유사하기 때문에 유사하게 기능할 것으로 예상된다. 성인용 타당도 척도에 대한 자세한 정보는 제3장에서 제시되었다.

문항 내용과 무관한 무효 응답

VRIN 척도는 문항 내용과 무관한 무효 응답의 한 유형인 무선반응을 탐지하도록 만든 것이었다. MMPI-A 매뉴얼(Butcher et al., 1992)에서는 T 점수가 75점 이상이면 무선반응에 대한 우려를 제기해야 한다고 권고했다. 여러 연구를 통해 무선반응을 식별하는 데 VRIN 척도의 유용성이 입증되었다(예 : Archer & Elkins, 1999; Baer et al., 1997, 1999; Pinsoneault, 2005). 그러나 T 점수의 최적 분할점 범위가 51점보다 큰 T 점수에서 90점보다 큰 T 점수로 보고되었다. 확실히 분할점이 높을수록 긍정 오류 식별은 줄어들지만 부정 오류 식별은 더 많아진다.

MMPI-2와 마찬가지로 TRIN 척도는 개발과정에서 MMPI-A에 추가되었으며 문항 내용을 고려하지 않고 문항에 무분별하게 '그렇다' 또는 '아니다'로 응답하는 수검자를 식별하도록 만든 것이었다. MMPI-A 매뉴얼(Butcher et al., 1992)에서는 TRIN T 점수가 75점 이상이면 수검자가 문항 내용을 고려하지 않고 무차별적으로 '그렇다' 또는 '아니다'로 답함으로써 문항에 비일관되게 반응했음을 시사한다. Archer(2017)는 TRIN 척도 T 점수가 70~79점이면 경계 수준의 반응 비일관성을 나타내는 반면, TRIN T 점수가 80점 이상이면 허용할수 없는 수준의 반응 비일관성을 가리킨다고 권고했다. Handel 등(2006)이 보고한 자료에 따르면 무분별한 '그렇다' 또는 '아니다' 반응의 기저율이 상대적으로 낮은 상황에서 T 점수의분할점은 65점이 최적인 것으로 나타났다. 이렇게 높은 TRIN 척도 점수를 보이는 프로토콜을 해석해서는 안 된다.

문항 내용과 관련된 무효 응답 — 과대보고

성인과 비교하여 MMPI-A에서 청소년의 과대보고에 대한 연구는 상대적으로 거의 이루어지지 않았다. Stein 등(1995)은 MMPI-A를 사용해서 최초의 과대보고 연구를 발표했다. 이연구자들은 표준지침에 따라 MMPI-A를 실시한 비임상 청소년, 과대보고하도록 지시받은비임상 청소년, 표준지침에 따라 검사받은 정신과 청소년 환자를 비교했다. 그 결과 대부분의 척도가 성인 과대보고 연구보다 다소 낮았지만, 과대보고한 청소년의 점수 패턴은 과대보고한 성인에 대해 기존에 보고된 것과 매우 유사한 것으로 밝혀졌다. F, F1, F2 척도와 F-K 지표는 모두 과대보고하는 청소년과 표준지침에 따라 검사받은 비임상 및 임상 청소년을잘 구별했지만, F 척도가 과대보고의 가장 좋은 지표였다. F 척도 원점수 23점(남학생의 경우 T=77, 여학생의 경우 T=89)은 비임상 및 임상 장면에서 표준지침으로 검사를 완료한남녀 학생에서 과대보고한 남녀 학생을 구별하는 데 가장 효과적이었다.

형사사법제도와 관련된 청소년의 과대보고에 대한 연구에서 Rogers 등(1996)은 F, F1, F2가 모두 과대보고하는 청소년을 식별하는 데 효과적이었으며 F-K 지표(>20)의 긍정 및 부정 예측력이 가장 좋았다고 밝혔다. 이 연구자들은 또한 개별 검사인 보고 증상의 구조화된면접(SIRS; Rogers, 1992)이 과대보고하는 청소년을 식별하는 데 매우 효과적이라는 것을 발견했다. MMPI-A 타당도 지표와 SIRS 점수를 함께 사용하면 각각의 개별 측정치보다 과대보고를 식별하는 데 더 효과적이었다.

요약하면 심각한 정신병리를 가장하려는 의도로 MMPI-A를 실시하는 청소년의 경우 F, F1, F2 점수가 매우 높고 K 점수는 평균 이하인 것으로 보인다. 성인과 마찬가지로 이러한청소년은 대부분의 임상 척도에서 매우 높은 점수를 받는다. 과대보고를 식별하기 위한 최적 점수 또는 지표는 장면에 따라 다를 수 있으며 최소화하고자 하는 분류오차의 유형에 따라 설정해야 한다. 그러나 F 척도 점수가 극단적으로 높고 VRIN 및 TRIN 척도에 비추어 무작위 및 모두 '그렇다' 또는 모두 '아니다' 반응이 배제된 경우라면 과대보고의 가능성을 심각하게 고려해야 한다.

문항 내용과 관련된 무효 응답 — 과소보고

지금까지 MMPI-A의 과소보고를 조사한 연구는 그 수가 제한적이었다. Stein과 Graham (1999)은 MMPI-A 타당도 척도가 교정/임상 입원 장면에서 청소년의 과소보고를 얼마나 잘 탐지할 수 있는지 밝혀냈다. 과소보고한 청소년은 증상과 문제를 적게 보고하는 경향이 있어 L과 K 척도에서 더 높은 점수를 받고 임상 척도에서 더 낮은 점수를 받았다. 과소보고 패턴은 성인 연구에서 보고된 것과 유사했다. L 척도는 남학생과 여학생 모두에게 주효해 보였다. 과소보고 지시를 받은 교정 장면 여학생 중 약 85%와 표준지침으로 검사받은 대조 집단 여학생 중 약 87%가 L 척도로 정확하게 식별되었다. 남학생에 대한 해당 데이터는 교정 및 대조 집단에서 각각 77%와 72%였다. 그러나 Stein과 Graham(1999) 연구의 표본크기가 비교적 작았기 때문에 다양한 MMPI-A 타당도 척도에 대한 최적 분할점을 확실히 설정할 수 없었다.

Baer 등(1998)은 지역사회 및 임상 표본을 활용하여 청소년에게 표준지침에 따라 또는 뛰어난 심리적 적응을 보여 주라는 지침에 따라 MMPI-A를 실시하도록 지시했다. 그들 또한 L 척도가 과소보고를 식별하는 가장 효과적인 방법이라는 것을 발견했다.

MMPI-A의 임상 척도

MMPI의 열 가지 표준 임상 척도는 MMPI-A에서 유지되었다. 일부 척도는 원래보다 문항 수가 적고(표 14.1 참조) 약간 수정된 문항을 포함하고 있지만, MMPI-A 임상 척도는 기본적으로 MMPI 및 MMPI-2 해당 척도와 동일하다. 청소년에 대한 MMPI의 전형적인 사용과 일관되게, MMPI-A 임상 척도 중 어느 것도 K 교정하지 않는다. 이 책의 제4장에 임상 척도에 대한 자세한 정보가 제시되어 있다.

표 14.3은 규준 집단 남녀 청소년을 대상으로 한 MMPI-A 임상 척도의 내적 일관성과 단기 시간 안정성 계수(Butcher et al., 1992) 및 소규모 비임상 청소년을 대상으로 한 장기 시간 안정성 계수(Stein et al., 1998)를 보여 준다. 내적 일관성 계수가 MMPI-2의 해당 값보다 약간 낮지만, 척도 개발 시 내적 일관성을 보장하기 위한 노력이 전혀 없었다는 점을 특별히 감

표 14.3 MMPI-A 임상 척도의 내적 일관성 및 시간 안정성

| 척도 | 내적 일관성 | | 시간 안정성 | |
| | | | 단기[a] | 장기[b] |
	남자 청소년($n=805$)	여자 청소년($n=815$)	남녀 청소년($n=154$)	남녀 청소년($n=81$)
1(Hs)	0.78	0.79	0.79	0.63
2(D)	0.65	0.66	0.78	0.66
3(Hy)	0.63	0.55	0.70	0.50
4(Pd)	0.63	0.68	0.80	0.68
5(Mf)	0.43	0.40	0.82	0.59
6(Pa)	0.57	0.59	0.65	0.51
7(Pt)	0.84	0.86	0.83	0.69
8(Sc)	0.88	0.89	0.83	0.54
9(Ma)	0.61	0.61	0.70	0.54
0(Si)	0.79	0.80	0.84	0.75

내적 일관성 및 단기 안정성 자료 출처 : Excerpted (Tables 13 and 14) from *Minnesota Multiphasic Personality Inventory®-Adolescent(MMPI®-A) Manual for Administration, Scoring, and Interpretation* by James N. Butcher, Carolyn L. Williams, John R. Graham, Robert P. Archer, Auke Tellegen, Yossef S. Ben-Porath, and Beverly Kaemmer. Copyright © 1992 by the Regents of the University of Minnesota. Reproduced by permission of the University of Minnesota Press. All rights reserved. "MMPI®" and "Minnesota Multiphasic Personality Inventory®" are registered trademarks of the Regents of the University of Minnesota. 장기 안정성 자료 출처 : Stein, L. A. R., McClinton, B. K., Graham, J. R. (1998). Long-term stability of MMPI-A scales. *Journal of Personality Assessment, 70,* 103–108. Copyright © 1998, Lawrence Erlbaum Associates, Inc. Reproduced by permission.

[a] 1주 간격 검사–재검사
[b] 1년 간격 검사–재검사

안하면 대부분의 척도가 비교적 양호한 내적 일관성을 보였다. 예상하는 대로 척도의 장기 시간 안정성(1년)은 단기 시간 안정성(1주)보다 다소 낮았다. 대부분의 척도에서 시간 안정성은 MMPI-2보다 약간 낮다. 이것은 일반적으로 청소년 성격검사 점수의 안정성이 성인보다 낮은 것과 일치한다. MMPI-2의 경우와 마찬가지로 척도 6(편집증)은 임상 척도 중 검사–재검사 신뢰도 계수가 가장 낮다.

MMPI-A 매뉴얼(Butcher et al., 1992)에서 MMPI-A에 기초한 점수와 Marks 등(1974)의 청소년 규준을 사용한 MMPI에 기초한 점수 간 일치도를 다룬 자료가 제시되었다. MMPI-A 규준 집단에서 남학생의 95.1%와 여학생의 87.8%가 똑같이 가장 높은 임상 척도 상승을 보였다. 임상 표본의 경우에는 각각 95.4%와 94.4%였다.

이 자료는 두 가지 검사 버전의 점수 형태가 매우 유사함을 시사하지만, 평균 T 점수는 약간 다르다. 대부분의 척도에서 MMPI-A의 T 점수는 청소년 규준으로 채점된 MMPI보다 약

5점 더 낮다. 남학생의 경우 척도 4(반사회성)는 MMPI-A에서 약 10점 낮으며, 여학생의 경우 척도 9(경조증)가 MMPI-A에서 약 10점 낮다. 남학생과 여학생 모두 척도 0(내향성) 점수는 두 버전의 검사에서 거의 동일하다.

이러한 규준 차이에는 몇 가지 가능한 이유가 있다. 현대 청소년이 더 높은 수준의 정신병리를 경험하고 있거나 경험 중인 심리적 어려움을 더 많이 인정하기 때문에 대부분의 척도에서 더 많은 문항에 채점 방향으로 응답할 수 있다. 그러나 현행 검사지침이 수검자에게 가능한 한 모든 문항에 답하도록 장려하기 때문에 채점 방향으로 더 많은 문항에 응답하고 있는 것일 수도 있다. 초기 MMPI 규준 자료를 수집했을 때 수검자는 모든 문항에 답하도록 많은 격려를 받지 못했기에 일반적으로 현대 청소년보다 더 많은 문항을 빠뜨리고 응답하지 않았다. 수검자가 더 많은 문항에 답하는 경우 채점 방향으로 일부 문항에 응답할 가능성이 높다. 그럼에도 불구하고 MMPI와 MMPI-A가 상당히 일치하기 때문에, MMPI-A 결과 해석 시 청소년을 대상으로 한 MMPI와 관련해 보고된 많은 정보를 사용하는 것이 적절하다(예 : Archer, 1992b; Archer et al., 1988; Gallucci, 1994; Hathaway & Monachesi, 1963; Marks et al., 1974; C. L. Williams & Butcher, 1989a, 1989b; Wrobel & Lachar, 1992). 이 정보는 Archer(2017)에 의해 요약된 것이다.

앞서 언급했듯이 MMPI-A 척도의 타당성을 직접 입증하는 것도 중요하다. MMPI-A 매뉴얼(Butcher et al., 1992)에는 비임상 및 임상 장면의 청소년을 대상으로 점수에 대한 일부 외적 상관관계가 제시되어 있다. 이러한 자료는 MMPI-A 척도에 신뢰할 수 있는 상관관계가 있음을 시사하며, 그것은 MMPI 척도에 대해 기존에 발표된 것과 매우 유사하다. Pena 등 (1996)은 비행 판정을 받은 소년이 관련 임상 척도에서 MMPI-A 규준 집단의 소년보다 더 높은 점수를 받았다고 밝혔다. Cashel 등(1998)은 교정 장면에서 대다수 MMPI-A 임상 척도에 대해 의미 있는 상관관계를 확인했다. 유사하게 Veltri 등(2009)은 정신과 입원 및 법정 장면의 표본에서 대다수 MMPI-A 임상 척도와 개념적으로 관련된 상관관계를 확인했다. Handel과 동료들(2011)은 법원 처분 이전에 법정 절차의 일부로 평가받은 대규모 남녀 청소년 표본에서 임상 척도와 부모용 및 자기보고용 기능측정치의 연관성을 조사했다. 남자 청소년과 비교하여 여자 청소년의 상관관계 크기에 약간의 차이가 있었지만, 일반적으로 MMPI-A 임상 척도가 가정된 준거와 관련이 있음을 입증했다.

MMPI-A 임상 척도 상승 척도 쌍(코드타입)

MMPI를 성인에게 사용했을 때처럼, 청소년의 임상 척도 점수가 이질적인 구성개념을 반영하므로 수검자에 대한 보다 미묘한 추론을 제공하기 위해 상승 척도 쌍 접근법이 채택되었다. 상승 척도 쌍과 이것의 식별 및 해석은 제5장에서 자세히 논의되었다.

MMPI-A 매뉴얼(Butcher et al., 1992)에는 MMPI-A 점수 기반의 상승 척도 쌍과 Marks 등(1974)의 청소년 규준을 사용한 MMPI 기반의 상승 척도 쌍 간 일치를 다룬 자료가 제시되었다. 상승 척도 쌍이 잘 정의되면(상승 척도 쌍의 가장 낮은 척도와 다음으로 높은 척도 간의 T 점수가 최소 5점) 두 가지 검사 버전의 상승 척도 쌍이 상당히 일치한다. 규준 집단에서 5점의 T 점수 정의 기준을 사용했을 때 남학생의 95.2%와 여학생의 81.8%가 동일한 두 가지 상승 척도 쌍을 보였다. 임상 장면의 남학생과 여학생의 해당 비율은 각각 95.0%와 91.0%였다. 확실히 프로파일 형태는 MMPI와 MMPI-A에서 매우 유사하다.

이러한 유사성에도 불구하고 MMPI-A에서 상승 척도 쌍 해석 활용은 역사적으로 꽤 논란이 되어 왔다. Marks 등(1974)의 초기 연구에서는 청소년의 MMPI 상승 척도 쌍을 추론을 위해 사용할 수 있다고 제안했지만, 이후 청소년에 대한 상승 척도 쌍 사용을 뒷받침하는 연구가 제한적이었기 때문이다(Ehrenworth & Archer, 1985; C. L. Williams & Butcher, 1989a). Ehrenworth 및 Archer와 유사한 방법론을 사용하여 Janus 등(1996)은 MMPI-A 규준에 기반한 상승 척도 쌍 기술이 Ehrenworth 및 Archer의 MMPI 연구에 제시된 상승 척도 쌍 기술보다 약간 더 정확하다고 밝혔다.

MMPI-A 결과 해석에 상승 척도 쌍 접근법을 적용할지 여부를 고려할 때 MMPI-A 척도 및 규준에 기반한 상승 척도 쌍의 검사 외적 상관관계 문제도 고려해야 한다. 이 문제에 대한 경험적 자료는 크게 부족하다. 그러나 Archer(2017)의 설득력 있는 주장에 따르면 MMPI와 MMPI-A 임상 척도의 일치성 때문에 MMPI-A 상승 척도 쌍에 기반한 추론을 위해 성인 및 청소년을 대상으로 한 MMPI 연구에 기초한 상승 척도 쌍 기술문을 사용하는 것이 정당하다. 그러한 기술문을 바탕으로 그는 청소년들 사이에서 가장 자주 발생하는 상승 척도 쌍에 대한 추론을 제공했다. 이 모든 유형을 고려하는 것은 이 장의 범위를 벗어난다. 추론의 출처로 MMPI-A 상승 척도 쌍을 사용하려는 임상가는 Archer(2017)의 책을 참조하면 된다. 이 책의 제5장에서 논의된 바와 같이 상승 척도 쌍이 잘 정의되고 상승한 경우 이에 기반한 추론에 대해 더 확신할 수 있다.

MMPI-A Harris-Lingoes 소척도

Harris-Lingoes 소척도는 이 책의 제6장에서 자세히 논의되었다. 이 척도들은 약간 수정된 형태로 MMPI-A에서 사용되고 있다. 소척도 중 2개는 MMPI-2보다 MMPI-A에서 한 문항이 적고 일부 문항은 약간 수정되었다. 그러나 이러한 변화는 매우 미미하여 두 검사의 척도가 유사하다고 볼 수 있다.

이 책의 제6장에서 논의한 것처럼 Harris-Lingoes 소척도는 수검자가 임상 척도에서 높은 점수를 받은 이유를 이해하는 데 유용할 수 있다. 소척도 점수의 분석은 상승한 임상 척도에 대한 다양한 기술문 중 어떤 것을 특정 수검자에게 강조해야 하는지 결정하는 데 도움이 될 수 있다. Harris-Lingoes 소척도의 높은 점수(T ≥65)는 임상 모척도 T 점수가 60점보다 큰 경우에만 해석해야 한다.

청소년을 대상으로 한 Harris-Lingoes 소척도의 상관관계에 관한 정보는 많지 않다. Gallucci (1994)는 애정 욕구(Hy2), 공격성의 억제(Hy5), 순진성(Pa3) 소척도가 억제 척도로 기능하는 반면, 비도덕성(Ma1)과 심신운동 항진(Ma2) 소척도는 활성화 척도로 기능한다고 밝혔다. 이러한 척도의 해석을 알려 주는 연구가 부족하다는 점을 고려하여 내용 기반 접근법으로 상기 척도를 해석할 것을 제안한다. Harris-Lingoes 소척도의 해석적 추론은 이 책의 제6장에 제시되었다. MMPI-2와 마찬가지로 MMPI-A의 Harris-Lingoes 소척도는 해석의 기반이 되는 독립 척도로 사용하기에 너무 짧고 신뢰할 수 없다. 마찬가지로 Harris-Lingoes 소척도에서 평균 미만 점수의 의미에 대해 알려진 바가 거의 없으므로 낮은 점수를 해석해서는 안된다.

MMPI-A 척도 0 소척도

이 책의 제6장에서 설명한 척도 0의 소척도는 MMPI-A에도 사용되고 있다. 이 소척도는 MMPI-2와 동일한 수의 문항을 갖는다. Harris-Lingoes 소척도와 마찬가지로 이 소척도에서 상승한 점수(T ≥65)를 분석하면 청소년 수검자가 척도 0에서 높은 점수를 받은 이유를 이해하는 데 도움이 될 수 있다. Harris-Lingoes 소척도와 마찬가지로 이 소척도도 임상 해석을 위한 독립 척도로 사용해서는 안 되며 소척도의 낮은 점수를 해석하면 안 된다. 이 척도의 높은 점수(T ≥65)는 척도 0의 T 점수가 60점보다 큰 경우에만 해석해야 한다.

MMPI-A의 보충 척도

MMPI 문항군에서 개발된 여러 척도가 MMPI-A로 이전되었으며 새로운 MMPI-A 문항군을 사용하여 몇 가지 새로운 척도가 개발되었다. 이러한 척도와 심리측정적 특성이 다음에 간략히 설명되어 있다.

MacAndrew의 알코올 중독 척도-개정판(MAC-R)

MacAndrew의 알코올 중독 척도(MAC; MacAndrew, 1965)는 원판 MMPI 문항을 사용해 개발되었으며 물질 남용 문제에 대한 선별검사로 널리 사용되었다. 이 척도의 개정판(MAC-R)은 불쾌한 내용으로 인해 문항을 삭제하고 대신 4개 문항을 추가하여 MMPI-2에 포함되었다. MMPI-A에는 이 척도에서 한 문항을 빼고 다른 문항으로 대체한 수정된 버전이 포함되었다. 따라서 MMPI-A의 MAC-R 척도는 49문항이다.

Weed 등(1994)은 MMPI-A의 MAC-R 척도가 물질 관련 문제가 있는 청소년과 MMPI-A 규준 집단의 청소년을 잘 구별하지만 물질 관련 문제가 있는 청소년과 다른 정신건강 문제가 있는 청소년은 잘 변별하지 못한다고 밝혔다. 그러나 Archer 등(2003)은 MAC-R 척도가 물질사용장애를 동반한 정신장애와 물질사용장애를 동반하지 않은 정신장애를 구별하는 데 효과적이라는 것을 발견했다.

Gallucci(1997a)는 물질 남용 문제가 있는 청소년을 대상으로 MMPI-A의 MAC-R 척도 점수가 높을수록 물질 남용 행동 빈도를 측정하는 척도에서 더 높은 치료자 평정치를 받았다고 밝혔다. Gallucci의 연구에서 MAC-R 점수가 더 높은 청소년은 치료자 평정에서 또한 행동의 결과를 예측할 가능성이 낮고 감각추구적이고 공격적일 가능성이 높은 것으로 나타났다. Gallucci(1997b)는 물질 남용 문제가 있는 청소년 중에서 MMPI-A의 MAC-R 척도 점수가 높은 청소년이 낮은 청소년보다 치료자 평정에서 행동 과소통제를 보일 가능성이 더 높다고 보고했다. Veltri 등(2009)은 MAC-R 점수가 정신과 입원 및 법정 표본 모두에서 물질 남용 문제력과 정적 상관을 보인다고 밝혔다. 법정 처분 이전에 평가를 받은 청소년 표본에서 Handel 등(2011)은 이 척도 점수가 물질 남용 관련 외적 준거 문항과 관련이 있지만, 알코올/약물 문제 인정(ACK) 및 알코올/약물 문제 가능성(PRO) 척도와 같은 물질 관련 문제의 다른 MMPI-A 지표보다 덜 강력하다는 것을 보여 주었다.

청소년에 대한 MAC-R의 최적 분할점을 다룬 연구는 제한적이지만, 이 책의 제8장에서 성인에 대해 권장되는 동일한 분할점을 청소년에게도 사용하는 것이 좋다. 27점보다 큰 원점수는 물질 남용 문제의 높은 가능성을 시사하므로 물질 남용에 대한 추가 정보를 얻어야 한다. 23점 이하의 원점수는 물질 남용 문제의 가능성이 낮다는 것을 나타낸다. 24~27점 사이의 원점수는 물질 남용과 관련하여 불확실하다.

알코올/약물 문제 인정(ACK) 척도

ACK 척도는 주로 청소년이 알코올 또는 기타 약물의 사용 및 사용 관련 일부 증상과 문제를 인정하는 문항으로 구성된 안면 타당도 척도이다(Weed et al., 1994). Weed 등은 물질 관련 문제로 치료 중인 청소년이 MMPI-A 규준 집단의 청소년과 물질 남용 치료를 받지 않은 정신과 청소년 환자보다 ACK 척도에서 더 높은 점수를 받았다고 보고했다. 그러나 이 연구에서는 ACK 척도를 사용한 분류 정확도를 보고하지 않았다.

Gallucci(1997a)는 물질 남용 문제가 있는 청소년을 대상으로 ACK 척도 점수가 높을수록 치료자 평정에서 더 자주 물질 남용 행동을 보이고 행동의 결과는 예측하지 못한다고 보고했다. Gallucci(1997b)는 물질 남용 문제가 있는 청소년 중에서 ACK 척도 점수가 더 높은 청소년이 치료자 평정에서 행동 과소통제를 보일 가능성이 더 높다는 것을 발견했다. Veltri 등(2009)은 ACK 점수가 정신과 입원 및 법정 표본 모두에서 물질 남용 문제력과 정적 상관을 보인다고 밝혔다. 법정 처분 이전에 평가를 받은 청소년 표본에서 Handel 등(2011)은 이 척도 점수가 물질 남용 관련 외적 준거 문항과 관련이 있다는 것을 보여 주었다.

ACK 척도 문항의 명백한 특성 때문에 알코올이나 약물 문제를 부인하는 청소년은 쉽게 탐지되지 않을 수 있다. 그러나 ACK 척도의 상승한 점수(T≥60)는 청소년이 심각한 알코올 또는 다른 약물 문제를 기꺼이 인정하고 있음을 나타낸다(Butcher et al., 1992).

알코올/약물 문제 가능성(PRO) 척도

PRO 척도는 청소년의 알코올 또는 다른 약물 문제 가능성을 평가하기 위해 개발된 경험적 방식의 척도이다(Weed et al., 1994). 척도 문항은 알코올/약물치료 중인 남녀 청소년과 알코올/약물 사용 이외의 심리 문제로 치료 중인 남녀 청소년을 구별했다. 이 척도 문항은 또래 집단 영향, 감각추구, 규칙 위반, 성취에 대한 부정적 태도, 부모와의 문제, 빈약한 판단력을 다룬다(Butcher et al., 1992). 물질 남용 문제로 치료 중인 청소년은 MMPI-A 규준 집단의 청소년 및 물질 사용 치료 프로그램에 참여하지 않은 정신과 청소년 환자보다 PRO 척도에서 유의하게 높은 점수를 받았다.

Gallucci(1997a)는 물질 관련 문제가 있는 청소년을 대상으로 PRO 척도에서 더 높은 점수를 받으면 물질 남용 행동 빈도를 측정하는 척도에서 더 높은 치료자 평정치를 받았다고 보고했다. PRO 점수가 높은 청소년은 행동의 결과를 예측할 가능성이 낮고 충동적이고 공격적일 가능성이 높은 것으로도 나타났다. 또한 Gallucci(1997b)는 물질 관련 문제가 있는 청소년 중에서 PRO 척도 점수가 높은 청소년은 치료자 평정에서 행동 과소통제를 보일 가능성이 더 높다는 것을 발견했다. Veltri 등(2009)은 PRO 점수가 정신과 입원 및 법정 표본 모두에서 물질 남용 문제력과 정적 상관을 보인다고 밝혔다.

MMPI-A 매뉴얼(Butcher et al., 1992)에 따르면 60점 이상의 T 점수는 알코올 또는 약물 문제를 일으킬 가능성을 나타낸다. 그러나 현재 몇 가지 문제로 인해 PRO 척도에 대한 신뢰가 제한적이다. 첫째, 이 척도를 통해 얻을 수 있는 분류 정확도에 관한 자료가 아직 발표되지 않았다. 둘째, 척도의 명칭이 적절하지 않을 수 있다. 명칭에 '가능성(proneness)'을 사용하는 것은 이 척도가 실현되었거나 실현되지 않았을 수 있는 물질 관련 장애에의 취약성을 평가하고 있음을 시사한다. 현재까지 이 척도와 관련된 모든 자료는 현재 남용 및 관련 문제를 다루고 있으며, 향후 물질 남용 또는 관련 문제 가능성에 대한 자료는 아직 발표되지 않았다. 검사 자료만으로 청소년에게 알코올이나 다른 약물 문제가 있다고 결론지어서는 안 된다. 셋째, PRO 점수의 변별 타당도가 제한적일 수 있다. 법정 처분 이전에 평가를 받은 청소년 표본에서 Handel 등(2011)은 이 척도 점수가 물질 남용 관련 문항을 포함하는 척도와 관련이 있을 뿐만 아니라, 대체로 외현화 문제와 연관된다는 것을 보여 주었다. 이러한 한계를 감안할 때 MMPI-A PRO 척도에서 상승한 점수는 더 많은 정보를 얻어야 한다는 지표로 간주해야 한다. 예비 자료에서 척도의 유용성이 시사되기는 하지만, 청소년 알코올이나 다른 약물 문제를 식별하는 데 더 익숙한 MAC-R만큼 효과적인지 또는 더 나은지 결정하기 위해 더 많은 연구가 필요하다.

미성숙(IMM) 척도

IMM 척도는 MMPI-A 문항군의 문항을 사용하여 개발되었다(Archer et al., 1992). 이 척도는 청소년이 대인관계 양상, 인지적 복합성, 자기 인식, 판단, 충동통제의 측면에서 미성숙을 반영하는 행동, 태도, 자기 및 타인에 대한 지각을 보고하는 정도를 평가하는 것으로 생각된다(Butcher et al., 1992). 척도의 예비 문항은 MMPI-A 문항과 자아 성숙에 대한 문장완성검사 점수를 상관분석하여 구성했다. 그런 다음 자아 성숙의 구성개념과의 관련성에 따라 문항을 평정했다. 내적 일관성을 증가시키지 않은 문항을 삭제하고 MMPI-A의 문항군에서 미성숙과의 개념적 및 통계적 관련성이 모두 입증된 다른 문항을 추가함으로써 척도를 개선했다.

예비 자료에서 IMM 척도 점수가 높을수록 높은 학업 문제 발생률 및 불순종적, 반항적, 반사회적 행동과 관련이 있는 것으로 나타났다(Butcher et al., 1992). 또한 점수는 생활 연령과 부적 상관을 보였다. Imhof와 Archer(1997)는 주거형 정신과 치료 프로그램의 비교적 소규모 청소년 표본을 대상으로 IMM 척도를 연구했다. 이전 연구 결과와 달리 IMM 척도 점수는 생활 연령과 관련이 없었지만 읽기능력과 부적 상관을 보였다. IMM 척도 점수를 다른 자기보고식 척도와 비교한 결과, 연구자들은 IMM 척도 점수가 높을수록 추상적인 사고 역량이 더 부족하고 사회 집단의 가치와 신념을 동일시할 가능성이 낮으며 타인의 관점에서 세상을 지각하는 능력이 더 부족하고 더 낮은 도덕 발달 수준을 보일 것으로 예상된다고 결론지었다.

Zinn 등(1999)은 대학생의 IMM 척도 점수가 워싱턴대학 문장완성검사로 측정한 자아 발달 수준과 부적 상관이 있다고 밝혔다. Veltri 등(2009)은 청소년 정신과 및 법정 표본에서 IMM 척도의 외적 상관관계를 거의 발견하지 못했다. 그러나 IMM 점수는 정신과 표본의 자해행동 과거력 및 법정 표본의 분노행동 과거력과 유의한 상관을 보였다.

불안(A) 척도

A 척도는 MMPI 타당도 및 임상 척도를 요인분석했을 때 나타난 가장 중요한 차원을 평가하기 위해 개발되었다(Welsh, 1956). 이 척도의 MMPI-A 버전은 원판 MMPI의 A 척도에서 채점되는 39문항 중 35문항이다. Archer 등(1989)은 MMPI-A 버전의 A 척도에 대한 상관 패턴이 MMPI의 원판 척도를 사용한 성인 연구에서 나온 패턴과 일치한다는 것을 발견했다. 특히 그들은 A 척도에서 높은 점수를 받은 청소년이 불안하고 두렵고 죄책감을 느끼기 쉽고 자기비판적일 수 있음을 보여 주었다. 유사한 결과가 Veltri 등(2009)에 의한 정신과 및 법정 장면과 Handel 등(2011)에 의한 법정 장면에서 평가받은 남녀 청소년에 대해 입증되었다.

억압(R) 척도

R 척도는 MMPI 타당도 및 임상 척도를 요인분석했을 때 나타난 두 번째 차원을 평가하기 위해 개발되었다(Welsh, 1956). 이 척도의 MMPI-A 버전은 원판 MMPI의 R 척도에서 채점되는 40문항 중 33문항이다. Archer 등(1989)은 MMPI-A의 R 척도에서 높은 점수를 받은 청소년이 다른 청소년보다 과잉통제적이고 억제되고 덜 자발적인 것으로 기술되었다고 보고했다. 이는 R의 청소년 버전이 성인 버전과 유사한 구성개념을 측정한다는 것을 시사한다.

MMPI-A의 내용 척도

MMPI-2 내용 척도 개발에 적용된 것과 유사한 절차를 사용하여(제6장에서 설명), C. L. Williams 등(1992)은 MMPI-A 문항군에 기술된 기본 내용 차원을 평가하기 위해 15개의 척도세트를 개발했다. 연구자들은 척도별 시험 문항을 합리적 방식으로 만들고 통계적 절차를 사용하여 척도를 수정했다. 표 14.4에 MMPI-A 내용 척도와 내적 일관성 및 검사–재검사 신뢰도 계수가 제시되어 있다. 일부 척도는 MMPI-2 척도의 약간 수정된 버전인 반면(예 : 불안, 우울, 건강염려), 다른 척도는 청소년 고유의 문제와 염려를 평가하기 위해 개발되었

표 14.4 MMPI-A 내용 척도의 내적 일관성 및 시간 안정성

척도	내적 일관성				시간 안정성	
	임상 표본		규준 집단		단기[a]	장기[b]
	남자 청소년 (n=420)	여자 청소년 (n=293)	남자 청소년 (n=805)	여자 청소년 (n=815)	남녀 청소년 (n=154)	남녀 청소년 (n=81)
불안(A-anx)	0.80	0.86	0.76	0.80	0.81	0.65
강박성(A-obs)	0.76	0.80	0.72	0.72	0.70	0.50
우울(A-dep)	0.83	0.89	0.80	0.83	0.82	0.66
건강염려(A-hea)	0.78	0.85	0.81	0.82	0.76	0.53
기태적 정신상태(A-biz)	0.73	0.76	0.75	0.75	0.68	0.59
분노(A-ang)	0.75	0.79	0.69	0.66	0.72	0.45
냉소적 태도(A-cyn)	0.78	0.83	0.79	0.81	0.73	0.51
소외(A-aln)	0.72	0.75	0.69	0.75	0.62	0.53
품행 문제(A-con)	0.74	0.79	0.72	0.72	0.62	0.55
낮은 자존감(A-lse)	0.73	0.80	0.71	0.75	0.78	0.58
낮은 포부(A-las)	0.63	0.63	0.55	0.59	0.66	0.61
사회적 불편감(A-sod)	0.78	0.85	0.77	0.78	0.76	0.68
가정 문제(A-fam)	0.82	0.82	0.81	0.82	0.82	0.51
학교 문제(A-sch)	0.70	0.74	0.69	0.69	0.64	0.73
부정적 치료 지표(A-trt)	0.77	0.80	0.72	0.75	0.68	0.40

[a] 1주 간격 검사–재검사, 규준 집단 남녀 청소년 통합 자료
[b] 1년 간격 검사–재검사, 비임상 표본 남녀 청소년 통합 자료

다(예 : 품행 문제, 학교 문제, 낮은 포부).

표 14.4의 자료를 살펴보면 MMPI-A 내용 척도의 내적 일관성이 적절하지만 해당 MMPI-2 내용 척도보다 다소 낮다는 것을 알 수 있다. 예상대로 장기(1년) 시간 안정성은 단기(1주일)에 비해 다소 낮다. MMPI-A 내용 척도의 시간 안정성은 해당 MMPI-2 내용 척도보다 다소 낮지만 일반적으로 청소년 성격 척도에 대해 보고된 것과 비슷하다.

MMPI-A 내용 척도의 타당성을 입증하기 위한 초기 노력의 일환으로 C. L. Williams 등(1992)은 MMPI-A 규준 집단과 여러 다른 임상 장면의 청소년 자료를 사용하여 상기 척도에 대한 검사 외적 상관관계를 보고했다. 검사 외적 자료에는 청소년 자기보고, 부모 평정, 임상가 평정, 환자보고를 통해 얻은 정보가 포함되었다. 결과는 구성개념 관련 외적 측정치를 사용할 수 있는 MMPI-A 내용 척도의 타당성을 뒷받침했다. 그러나 상기 연구에서 일부 내용 척도에 대한 관련 외적 측정치는 없었다. 유사한 연구에서 Veltri 등(2009)은 내용 척도 점수와 정신과 입원 및 법정 장면의 청소년 기록 정보와의 상관관계를 구했다. Handel 등(2011)은 법정 처분 전에 평가를 받은 청소년 표본을 대상으로 자기 및 부모 보고용 기능측정치와 내용 척도 점수 간의 상관관계를 분석했다. 대체로 두 연구 결과는 대부분의 내용 척도에 대한 수렴 및 변별 타당도를 입증했다.

주거형 청소년 치료시설에서 수행된 연구에서 Forbey와 Ben-Porath(2003)는 심리 증상의 임상가 평정을 예측할 때 내용 척도가 임상 척도에 더해 예측력을 추가한다고 밝혔다. 내용 척도의 증분 타당도는 정신과 입원 청소년 및 지역사회 청소년 표본에서도 입증되었다(Rinaldo & Baer, 2003). Kopper 등(1998)은 입원 장면의 남자 청소년을 대상으로 소외(A-aln) 및 불안(A-anx) 내용 척도가 자기보고식 자살 가능성 측정치와 관련이 있다고 밝혔다. 여자 청소년의 경우 가정 문제(A-fam), 품행 문제(A-con), 학교 문제(A-sch) 내용 척도가 자기보고식 자살 가능성과 관련이 있었다.

Arita와 Baer(1998)는 사설 정신과 병동에서 치료 중인 청소년을 대상으로 A-anx, 우울(A-dep), 건강염려(A-hea), A-aln, 분노(A-ang), A-con, 사회적 불편감(A-sod) 내용 척도의 검사 외적 상관관계를 보고했다. 대체로 상기 척도 점수의 수렴 및 변별 타당도가 관련 자기보고 측정치의 관찰된 상관 패턴에 의해 뒷받침된다고 결론지었다. 그러나 내재화 구성개념들에 대한 A-anx와 A-dep 점수의 변별 타당도는 강력하지 않다고 언급했다. Archer와 Krishnamurthy(1994)는 척도 2(우울증)와 A-dep 내용 척도가 우울증 진단을 받은 청소년을 식별하는 데 거의 동일하게 효과적이라고 보고했다. 또한 A-con 및 냉소적 태도(A-cyn) 내용 척도와 IMM 척도가 품행장애 진단과 관련이 있다고 보고했다. Pena 등(1996)은 비행 판정을 받은 소년이 MMPI-A 규준 집단의 소년보다 A-ang, A-cyn, A-con, A-fam 내용 척도에서 유의하게 더 높은 점수를 받았다고 보고했다.

  MMPI-A 내용 척도에 관한 기존의 타당성 자료는 고무적이었지만, 이러한 내용 기반 척도가 기본 타당도 및 임상 척도에 더해 MMPI-A를 실시한 청소년에 대한 이해를 어느 정도까지 증가시키는지 결정하기 위해 더 많은 연구가 필요하다. 이때에 내용 척도는 기본 타당도 및 임상 척도와 함께 사용해야 한다. 높은 내용 척도 점수는 종종 다른 척도 점수의 상승 이유를 명확히 하고 임상가가 다른 척도와 대표적으로 관련된 많은 기술문 중 어떤 것을 강조해야 하는지 결정하는 데 도움이 된다. 내용 척도 점수는 청소년 수검자가 평가자에게 전달하는 직접적인 의사소통으로 간주해야 한다. 내용 척도 문항은 명백하고 안면 타당도가 있기 때문에 적응 또는 부적응의 인상을 주려는 청소년은 이 척도로 그렇게 할 수 있다. 따라서 이 척도는 타당도 척도가 방어성이나 과장을 나타내지 않을 때 가장 유용하다.

MMPI-A 내용 소척도

MMPI-A 내용 척도가 임상 척도보다 동질적이지만(표 14.4 참조), Sherwood 등(1997)은 대부분의 내용 척도 내에서 의미 있는 문항군을 확인할 수 있었다. MMPI-2 내용 소척도 개발에 사용된 것과 유사한 통계적이고 합리적인 절차를 활용하여(이 책의 제6장 참조), 15개의 MMPI-A 내용 척도 중 13개에 대한 소척도를 개발했다. 표 14.5에 MMPI-A 내용 소척도가 제시되어 있다.

표 14.5 MMPI-A 내용 소척도

우울(A-dep)
  A-dep1 : 기분 부전 (5문항)
  A-dep2 : 자기 비하 (5문항)
  A-dep3 : 동기 결여 (7문항)
  A-dep4 : 자살 사고 (4문항)

건강염려(A-hea)
  A-hea1 : 소화기 증상 (4문항)
  A-hea2 : 신경학적 증상 (18문항)
  A-hea3 : 일반적인 건강염려 (8문항)

소외(A-aln)
  A-aln1 : 이해받지 못함 (5문항)
  A-aln2 : 사회적 소외 (5문항)
  A-aln3 : 대인관계 회의 (5문항)

(계속)

기태적 정신상태(A-biz)
> A-biz1 : 정신증적 증상 (11문항)
> A-biz2 : 편집증적 사고 (5문항)

분노(A-ang)
> A-ang1 : 폭발적 행동 (8문항)
> A-ang2 : 성마름 (8문항)

냉소적 태도(A-cyn)
> A-cyn1 : 염세적 신념 (13문항)
> A-cyn2 : 대인 의심 (9문항)

품행 문제(A-con)
> A-con1 : 표출 행동 (10문항)
> A-con2 : 반사회적 태도 (8문항)
> A-con3 : 또래집단의 부정적 영향 (3문항)

낮은 자존감(A-lse)
> A-lse1 : 자기 회의 (13문항)
> A-lse2 : 순종성 (5문항)

낮은 포부(A-las)
> A-las1 : 낮은 성취성 (8문항)
> A-las2 : 주도성 결여 (7문항)

사회적 불편감(A-sod)
> A-sod1 : 내향성 (14문항)
> A-sod2 : 수줍음 (10문항)

가정 문제(A-fam)
> A-fam1 : 가정 불화 (21문항)
> A-fam2 : 가족내 소외 (11문항)

학교 문제(A-sch)
> A-sch1 : 학교 품행 문제 (4문항)
> A-sch2 : 부정적 태도 (8문항)

부정적 치료 지표(A-trt)
> A-trt1 : 낮은 동기 (11문항)
> A-trt2 : 낮은 자기 개방 (8문항)

McCarthy와 Archer(1998)는 MMPI-A 내용 척도 중 9개에 대해 요인분석한 결과 단일 요인만 산출되었다고 보고했다. 나머지 내용 척도의 경우 두세 가지 요인이 확인되었다. 이러한 결과는 Sherwood 등(1997)의 결과와 부분적으로만 일치하며, 많은 내용 소척도가 내용 척도의 개별 측면을 평가하지 않을 수 있음을 시사한다. 내용 척도의 차원 및 내용 소척도의 유용성을 잘 이해하기 위해 더 많은 연구가 필요하다.

MMPI-A 규준 집단 및 청소년 임상 표본에서 내용 소척도의 내적 일관성 및 검사-재검사 신뢰도에 관한 정보는 Ben-Porath 등(2006)의 자료에 제시되어 있다. 내적 일관성 값의 범위는 0.31에서 0.81까지이며 규준 집단에서 남학생과 여학생의 평균은 각각 0.56과 0.62이다. 임상 표본에 대한 해당 값은 매우 유사했다. 내용 소척도의 1주 검사-재검사 신뢰도 범위는 0.35에서 0.80 사이이며 평균값은 0.65이다.

상기 기술된 신뢰도 값을 고려할 때, 일부 내용 소척도는 이질적이고 불안정하여 독립 척도로 취급해서는 안 된다는 것이 분명해 보인다. 그러나 소척도는 내용 척도에서 높은 점수를 받은 청소년이 응답한 문항의 유형을 결정하는 데 유용할 수 있다. 수검자가 내용 척도에서 60점 이상의 T 점수를 받은 경우 내용 척도의 소척도를 검토할 수 있다. 내용 소척도 간에 T 점수가 10점 이상 차이 나는 경우 내용 척도를 해석할 때 더 높은 내용 소척도와 관련된 특징을 강조해야 한다. MMPI-A 매뉴얼 부록(Ben-Porath et al., 2006)은 내용 소척도에 대한 해석적 지침을 제공한다. 자살 사고(A-dep4) 내용 소척도는 자살 사고 및 행동에 관한 명백한 내용을 반영하기 때문에 각별한 주의를 기울여야 한다. 채점 방향으로 응답된 문항이 하나만 있어도 자살 위험 평가 시행이 시사될 수 있다.

MMPI-A 성격병리 5요인(PSY-5) 척도

MMPI-2 PSY-5 척도의 개발은 이 책의 제7장에서 논의되었다. McNulty, Harkness 등(1997)은 MMPI-A의 해당 척도를 개발했다. 이 척도를 만들 때 MMPI-A 문항군에도 있는 MMPI-2 PSY-5 문항을 예비 척도로 사용했다. MMPI-A에 고유한 문항을 학부생이 검토하였고 MMPI-2 PSY-5 구성개념을 측정하는 것으로 판단된 문항을 예비 척도에 추가했다. MMPI-A 규준 집단 및 MMPI-A 매뉴얼(Butcher et al., 1992)에 포함된 임상 표본의 자료를 대상으로 통계적 분석을 사용하여 척도를 수정했다.

MMPI-2 척도와 동일한 MMPI-A PSY-5 척도의 명칭은 MMPI-A 규준 집단 및 임상 표본의 내적 일관성 계수와 함께 표 14.6에 제시되어 있다. 이 값은 일반적으로 MMPI-2 PSY-5 척도에 대해 보고된 것과 유사하다(이 책의 제7장 참조). Stein 등(1998)은 공립학교 청소년 표본을 대상으로 1년 검사-재검사 신뢰도 계수를 보고했다. 계수의 범위는 정신증(PSYC)의 경우 0.44에서 통제 결여(DISC)의 0.68까지이다. 척도의 시간 안정성은 해당 성인 척도보다 낮지만, 그 값은 청소년 성격특성에 대한 다른 측정값과 비슷하다.

여러 연구에서 MMPI-A PSY-5 척도에 대한 검사 외적 상관관계를 확인했다. McNulty, Harkness 등(1997)은 여러 치료시설의 남녀 청소년을 대상으로 MMPI-A PSY-5 점수와 부

표 14.6 MMPI-A PSY-5 척도의 내적 일관성 계수

PSY-5 척도	규준 집단		임상 표본	
	남자 청소년	여자 청소년	남자 청소년	여자 청소년
공격성(AGGR)	0.74	0.73	0.79	0.82
정신증(PSYC)	0.76	0.74	0.74	0.78
통제 결여(DISC)	0.74	0.72	0.72	0.75
부정적 정서성/신경증(NEGE)	0.75	0.76	0.79	0.80
내향성/낮은 긍정적 정서성(INTR)	0.78	0.75	0.71	0.77

모평정, 치료자 평정, 기록 검토를 통해 얻은 정보와의 상관관계를 구했다. 분석 결과 PSY-5 척도의 구성 타당도가 입증되었다. 공격성(AGGR) 척도 점수는 타인에 대한 공격적인 행동을 포함하여 다양한 종류의 외현화행동과 가장 강하게 관련되었다. PSYC 점수는 다양한 종류의 정신증적 증상과 관련이 있었다. DISC 척도 점수는 약물 사용, 비행, 성적 행동화를 포함한 외현화행동과 관련이 있었다. 그러나 DISC 척도 점수는 공격적인 행동과 강하게 관련되지 않았다. 예상대로 부정적 정서성/신경증(NEGE) 척도 점수는 내재화행동과 가장 강하게 관련되었다. 마지막으로 내향성/낮은 긍정적 정서성(INTR) 척도의 높은 점수는 내재화 특성을 갖는 것으로 나타났다.

Veltri 등(2009)은 대규모 임상 및 법정 표본의 자료를 사용하여 MMPI-A PSY-5 척도에 대한 검사 외적 상관관계를 보고했다. 이들의 결과는 McNulty, Harkness 등(1997)의 것과 매우 유사했다. AGGR 척도에서 높은 점수를 받은 경우 화가 난 것처럼 보이고 싸움에 휘말릴 가능성이 더 높았다. PSYC 척도에서 높은 점수를 받은 경우 환각과 플래시백을 경험하는 것으로 기술되었다. DISC 척도에서 높은 점수를 받은 경우 약물 사용, 학교에서의 행동 문제, 법률상의 문제를 포함한 다양한 외현화행동과 관련이 있었다. NEGE 및 INTR 척도에 대한 가장 강력한 상관관계는 내재화 특성(예 : 불안, 우울)이었다.

Stokes와 동료들(2019)은 입원 장면에서 치료 중인 대규모 청소년 표본을 대상으로 경계선 성격특징에 대한 PSY-5 예측 변인을 연구했다. 그들은 청소년용 성격 평가 질문지(PAI-A; Morey, 2007)를 사용하여 경계선 특징을 측정했다. 연구 결과 DISC, INTR, NEGE 점수

는 상기 특성과 연관되어 있었지만, NEGE가 장애 및 증상 수준 모두에서 경계선 특징의 가장 강력한 개별 예측 변인인 것으로 나타났다.

MMPI-A의 결정적 문항

MMPI-2 해석 시 결정적 문항의 사용은 이 책의 제6장에서 논의되었다. 기존 결정적 문항 세트가 성인용으로 개발되었지만 청소년에게도 사용할 수 있다는 일부 견해가 있었다. Archer와 Jacobson(1993)은 MMPI-2 규준 집단, MMPI-A 규준 집단, 정신건강 서비스를 받는 청소년 표본을 대상으로 Koss-Butcher(Koss, Butcher, & Hoffman, 1976) 및 Lachar-Wrobel(Lachar & Wrobel, 1979)의 결정적 문항에 대한 반응빈도를 조사했다. 예상대로 비임상 장면의 청소년은 비임상 장면의 성인보다 결정적 문항에 훨씬 더 자주 반응했으며 비임상 및 임상 장면의 청소년 사이에 반응빈도의 차이는 크지 않은 것으로 나타났다. 연구자들은 상기 자료를 토대로 Koss-Butcher 및 Lachar-Wrobel의 결정적 문항 목록이 청소년에게 거의 유용하지 않을 것이며 특별히 MMPI-A를 위한 결정적 문항의 개발이 매우 어려울 것으로 해석했다.

Forbey와 Ben-Porath(1998)는 경험적-합리적 전략을 함께 사용함으로써 MMPI-A의 결정적 문항을 개발하려던 기존 작업의 한계를 해결했다. 구체적으로 MMPI-A 규준 집단 및 여러 청소년 임상 표본을 대상으로 반응빈도를 비교하여, 규준 집단의 청소년은 채점 방향으로 거의 반응하지 않고 임상 표본의 청소년은 자주 반응하는 문항세트를 확인했다. 그런 다음 목록의 각 문항을 검토하여 내용이 임상적으로 중요하다고 판단되는 문항만 남겼다. 그 결과 결정적 문항 목록에는 82개 문항이 포함되었으며, 합리적 방식에 의해 공격성, 불안, 인지적 문제, 품행 문제, 우울/자살 사고, 섭식 문제, 가족 문제, 환각경험, 편집적 사고, 학교 문제, 자기폄하, 성적인 관심 및 편향, 신체증상, 약물 사용/남용, 기이한 사고의 15개 범주로 분류되었다. Forbey와 Ben-Porath(1998)는 결정적 문항이 "발달적으로 적절한 청소년 문제를 나타내며, 결정적 특성 때문에 임상가가 즉각적인 주의를 기울여야 한다"라고 결론지었다.

MMPI-A 타당도 척도의 해석

무응답(?) 척도

MMPI-2와 마찬가지로 과도한 문항 누락은 MMPI-A 척도에서 인위적으로 낮은 점수를 초래한다. 청소년이 가능한 한 많은 문항에 응답하도록 모든 노력을 기울여야 한다. 30개 이상의 문항이 누락된 경우 프로토콜을 무효로 간주해야 하며 다른 척도를 해석해서는 안 된다(Butcher et al., 1992). 10개 이상의 문항이 누락된 경우 프로토콜을 주의해서 해석해야 하며 빠뜨린 문항이 특정 척도에 집중되어 있지 않은지 검토해야 한다.

무선반응 비일관성(VRIN) 척도

VRIN 척도는 수검자가 검사 문항에 일관되게 반응한 정도를 평가한다. MMPI-A 매뉴얼은 VRIN T 점수가 75점 이상인 경우 무선반응의 가능성을 고려하도록 권장한다. 앞서 설명한 바와 같이, 연구에서는 VRIN의 폭넓은 점수 범위가 완전 무선반응과 부분 무선반응을 모두 정확하게 식별하는 것으로 나타났다. 그러나 MMPI-A 매뉴얼에서 권장하는 분할점은 일반적으로 75점 이상의 T 점수에 해당한다. 따라서 상기 분할점의 사용이 권장된다. VRIN 점수가 높은 MMPI-A 프로토콜을 해석해서는 안 된다. 검사의 마지막 1/4에는 VRIN 문항 쌍이 비교적 없는 편이기 때문에 VRIN 척도 점수는 검사 후반부에서만 발생하는 무선반응을 탐지하는 데 덜 효과적일 수 있다는 점에 유의해야 한다.

고정반응 비일관성(TRIN) 척도

TRIN 척도는 청소년 수검자가 MMPI-A 문항에 무분별하게 '그렇다' 또는 '아니다' 응답으로 반응한 정도를 평가한다. MMPI-2의 TRIN 척도와 마찬가지로 TRIN 척도의 T 점수는 항상 50점 이상이며 T 또는 F가 T 점수에 추가되어 '그렇다' 또는 '아니다' 반응 편향을 나타낸다. MMPI-A 매뉴얼(Butcher et al., 1992)은 75점 이상의 T 점수가 '그렇다'(T 방향인 경우) 또는 '아니다'(F 방향인 경우) 반응 편향의 가능성을 나타낸다고 권고한다. TRIN 점수가 높은 MMPI-A 프로토콜을 해석해서는 안 된다.

비전형(F, F1, F2) 척도

MMPI-A F 척도는 두 부분으로 나뉜다(F1과 F2). F1 척도는 검사 전반부(문항 1~236)에 대한 정보를 제공하고 F2 척도는 검사 후반부(문항 242~470)에 대한 정보를 제공한다. F 척도 원점수는 F1과 F2 척도 원점수의 합이다. T 점수를 사용하면 F, F1, F2 척도의 점수를 비슷하게 해석할 수 있다.

청소년이 F 척도 중 하나에서 70점 이상의 T 점수를 받은 경우 가장 먼저 해야 할 일은 무작위 또는 부주의한 반응을 배제하는 것이다. VRIN 척도(앞부분 참조)는 이와 관련하여 매우 유용하다. 다음으로, '그렇다' 반응 편향의 가능성을 배제해야 한다. TRIN 척도(앞부분 참조)는 이 가능성을 평가하는 데 도움이 된다. F 척도가 상승하고 VRIN 또는 TRIN 점수가 문항 내용과 무관한 무효 응답을 시사하는 경우 F의 상승은 이 반응 스타일로 인한 것일 수 있다. 이 경우 앞서 VRIN 및 TRIN의 해석을 논의할 때 언급했듯이 MMPI-A 주요 척도는 해석되지 않아야 한다.

VRIN과 TRIN이 모두 상승하지 않으면 F 척도의 점수를 해석할 수 있으며 높은 점수는 심각한 정신병리 또는 증상 및 문제의 과대보고를 시사할 가능성이 있다. F1과 F2 점수는 추가적인 정보를 제공할 수 있다. 즉 F1 척도가 유의하게 상승한 경우 주요 척도가 있다면 매우 주의 깊게 해석해야 한다. F1 점수가 허용 가능한 한도 내에 있고 F2 척도가 무효반응을 시사하는 경우 기본 타당도 척도 및 임상 척도는 해석할 수 있지만 다른 척도는 해석할 수 없다. F 척도 점수 중 하나가 상승할 때, 청소년이 심각한 정신병리를 경험하고 있음을 가리키는 검사 외적 자료가 없다면 주요 척도의 해석은 신중하게 이루어져야 한다. 일반적으로 하나 이상의 F 척도에서 70T와 74T 사이의 점수는 문제적 반응 패턴을 가리킨다(Butcher et al., 1992). 75T 이상의 점수는 문제적 반응의 가능성이 훨씬 더 크다는 것을 나타낸다. 90T보다 큰 F 척도 점수는 심각한 정신병리에 대해 입증된 기록이 없는 개인에서 무효반응 스타일을 나타내며 주요 척도를 해석해서는 안 된다는 것을 시사한다.

부인(L) 척도

L 척도의 높은 점수는 청소년 수검자가 방어적인 방식으로 검사에 임했다는 것을 나타낸다. 그들은 사소한 결점과 약점을 부인하고 과도한 미덕을 주장하며 비현실적으로 호의적인 관점에서 자신을 나타내고자 노력해 왔다(Butcher et al., 1992). L 척도에서 65T 이상의 점수는 청소년이 방어적인 방식으로 검사에 임하여 결과 점수가 자신의 실제 모습을 정확하게 반영

하지 못할 수 있음을 시사한다. 높은 L 점수가 임상 척도, 내용 척도 또는 다른 주요 척도에서 높은 점수를 동반하는 경우, 이 척도들은 해석될 수 있지만 점수가 증상 및 문제를 과소대표할 수 있음을 인지해야 한다. L 척도 점수가 높고 문제 지향적 척도에서 높은 점수가 없는 경우, 청소년이 심각한 문제가 있는데도 이를 숨기고 있는 것인지 아니면 평균적인 적응을 가지고 있으면서 단순히 미덕을 과장하고 있는지 판단할 수 없다. L 척도에서 60T와 64T 사이의 점수는 다른 척도를 해석할 때 고려해야 하는 상당한 방어성을 시사한다.

교정(K) 척도

MMPI-A 임상 척도 점수는 K 교정이 되지 않지만, K 척도 점수는 청소년의 방어성을 측정하는 척도로 간주될 수 있다. 65T 이상의 점수는 청소년이 무효방식으로 검사에 임했을 가능성을 시사한다. '아니다' 반응 편향의 가능성을 배제하기 위해 TRIN 척도(앞부분 참조)를 확인해야 한다. MMPI-A 매뉴얼(Butcher et al., 1992)은 K 척도에만 근거하여 MMPI-A 프로토콜을 무효화해서는 안 된다고 권고한다. 그러나 K 척도 점수가 높은 경우(T ≥65), 다른 척도 점수가 문제 및 증상을 과소 대표할 수 있음을 인지해야 한다.

MMPI-A 임상 척도의 해석

MMPI-A 매뉴얼(Butcher et al., 1992)은 임상 척도에서 65점 이상의 T 점수를 임상적으로 유의한 것으로 간주해야 한다고 제안한다. 임상 척도에서 60T와 64T 사이의 점수 또한 높은 점수로 해석될 수 있지만, 낮은 점수를 기반으로 한 추론일수록 신뢰도는 낮을 것이다. 청소년의 경우 임상 척도에서 낮은 점수의 의미에 대해 알려진 바가 거의 없기 때문에 현재로서는 낮은 점수를 해석해서는 안 된다. 임상 척도의 높은 점수에 대한 해석은 원판 MMPI 및 MMPI-A를 사용한 연구에 근거한다. 모든 해석 진술문이 특정 척도에서 높은 점수를 받은 모든 청소년에게 적용되는 것은 아니다. 추론은 각 청소년에 대해 이용할 수 있는 다른 정보를 기반으로 검증해야 할 가설로 취급해야 한다.

척도 1(건강염려증)

척도 1의 높은 점수는 일반적으로 건강, 질병, 신체 기능에 대한 집착을 나타낸다. 실제 신체

장애가 있는 청소년은 다소 상승한 점수(T=60~64)를 얻을 수 있지만, 점수가 높을수록 심리적 요소가 있는 신체적 호소를 시사한다. 점수가 높은 남학생과 여학생은 피로와 활력 부족을 보고하며 점수가 높은 여학생은 섭식 문제를 보고하기도 한다. 척도 1에서 높은 점수를 받은 청소년은 저조한 학업수행을 보이는 경향이 있다. 그들은 불안정하고 실패를 두려워하며 문제에 대해 자책할 수도 있다. 타인이 보기에 자기중심적이고 요구적이며 관심을 끌려는 경향이 있다. 또한 다른 사람들로부터 다소 고립되는 편이다.

척도 2(우울증)

임상 장면에서 척도 2의 높은 점수는 우울, 낮은 활력, 죄책감, 비관주의, 자살 사고와 관련이 있는 편이다. 임상 장면의 경우 척도 2에서 높은 점수를 받은 청소년은 종종 우울이나 기분 부전 장애를 진단받는다. 고득점자는 또한 신체증상, 불안, 공포, 걱정, 섭식 문제를 자주 보고한다. 그들은 자신감이 부족하고 자기비판적이며 저조한 학업수행을 보인다. 지나치게 통제되고 복종적이고 수줍음이 많고 소심하고 사회적으로 위축된 경향이 있다. 고득점자는 정서적 고통 때문에 심리치료에 참여하려는 동기가 높을 수 있다.

척도 3(히스테리)

척도 3의 높은 점수는 신체증상, 집중력 저하, 수면장애와 관련이 있다. 임상 표본에서 고득점자는 우울 및 자살 사고를 보고할 수 있다. 고득점자는 미성숙한 경향이 있으며 타인이 보기에 사교적이고 관심과 애정을 요구하는 자기중심적인 사람으로 보인다. 점수가 높은 청소년은 어려움을 부인하고 자신의 동기에 대한 통찰력이 부족한 경향이 있다.

척도 4(반사회성)

척도 4의 높은 점수는 다양한 행동화 및 비행행동과 관련이 있다. 임상 및 교정 장면에서 이 척도의 고득점자는 종종 품행장애 진단을 받는다. 고득점자는 권위에 분개하고 학교에서 학업 및 행동 문제를 보이며 가족과의 갈등을 겪는다. 그들은 비판과 행동 제한에 매우 민감하다. 고득점자는 타인이 보기에 활동적이고 주장적이며 독립적으로 보이는 경향이 있다. 그들은 종종 알코올이나 다른 약물 문제를 인정한다. 고득점자는 자주 충동적이고 적대적이고 공격적이다. 그들은 판단력이 좋지 않고 자신의 경험을 통해 배우지 못하는 것처럼 보일 수 있다. 타인이 보기에 자신의 행동에 대한 책임을 받아들이지 않는 자기중심적인 사람으로 보일 가능성이 있다. 임상 장면에서 고득점자는 신체적 학대(남자 청소년) 또는 성적 학대 (여자 청소년)의 과거력이 있을 수 있다. 척도 4의 고득점자는 일반적으로 심리치료에 참여 할 동기가 없다.

척도 5(남성성 - 여성성)

성인용 척도 5와 마찬가지로 MMPI-A에서 채점되는 척도 5는 남학생과 여학생에게 일상 적으로 사용되어 왔으며, 생물학적 성별, 젠더, 성적 지향에 대한 전통적인 개념을 중심으 로 구성되었다. 남학생의 경우 척도 5의 높은 T 점수는 전형적으로 여성적 관심사를 시사하 며 여학생의 경우 높은 T 점수는 전형적으로 남성적 관심사를 나타낸다. 척도 5에서 높은 T 점수를 받은 남학생은 다른 남학생보다 법 관련 문제를 일으킬 가능성이 적다. 척도 5에 서 높은 T 점수를 받은 여학생은 다른 여학생보다 학교에서 학업 및 행동 문제를 보이고 학 습장애 이력이 있으며 다양한 방식으로 행동화할 가능성이 높다. 흥미롭게도 Hathaway와 Monachesi(1963)는 척도 5의 T 점수가 높을수록 남학생과 여학생 모두 비행을 저지를 가능 성이 낮아진다고 보고했다.

척도 6(편집증)

척도 6에서 점수가 높은 청소년은 종종 학교에서 학업 및 행동 문제를 보인다. 그들은 침울 하고 변덕스러우며 예측할 수 없는 경향이 있다. 의심하고 경계하고 회피적이고 대인관계에 서 위축되어 있고 비판과 거절에 매우 민감하다. 그들은 자신의 문제와 어려움에 대해 다른 사람을 비난하는 경향이 있다. 임상 장면에서 자해행동과 자살 사고는 일반 청소년 환자보 다 고득점자 사이에서 더 흔하다.

척도 7(강박증)

척도 7의 높은 점수는 불안, 우울 및 다른 정서적 혼란과 관련되는 경향이 있다. 고득점자는 종종 주의집중 및 출석에 곤란을 겪고 우유부단하다. 그들은 잘못된 자기개념을 가지고 있 고 자기비판적이고 완벽주의적이며 지각된 실패에 대해 죄책감을 느낄 가능성이 있다. 자살 사고는 일반 청소년 환자보다 척도 7의 고득점자 사이에서 더 흔하다. 고득점자는 수줍음이 많고 사회적으로 내성적인 경향이 있다. 점수가 높은 남학생의 임상 기록은 성적 학대의 과 거력을 가리킬 수 있다.

척도 8(조현병)

임상 장면에서 척도 8의 고득점자는 정신증적 증상을 나타낼 수 있다(예 : 망상, 환각 또는 관계 사고). 그들은 두렵고 혼란스럽고 와해된 것처럼 보일 수 있다. 정서적으로 불안정하고 기분 변동이 클 가능성이 있다. 신체증상과 약물 사용 또한 이 척도에서 고득점자의 특징일 수 있다. 고득점자는 학교에서 학업 및 행동 문제를 보이는 경향이 있다. 그들은 스트레스에 매우 취약하고 스트레스가 증가하는 시기에는 과도한 공상에 의존할 수 있다. 때때로 그들의 현실 판단력은 손상될 수 있다. 그들은 자존감이 낮고 다른 사람들에게 열등감을 느끼기 쉽다. 그들은 고립되고 냉담하고 불신하고 타인에게 관여하지 않는 것으로 묘사된다. 고득점자는 성적 학대의 과거력이 있을 수 있다. 척도 8의 고득점자에게 성공적인 심리치료의 예후는 매우 좋지 않다.

척도 9(경조증)

척도 9의 고득점자는 종종 학교 문제 및 약물 사용을 포함한 행동화의 과거력이 있다. 그들은 자주 문제에 집중하는 데 어려움을 겪는 것으로 보인다. 권위에 분개하기 쉽고 종종 매우 충동적으로 행동한다. 그들은 낙천적이고 사회적으로 외향적인 경향이 있다. 타인이 보기에 자기중심적이고 과대한 자기 평가를 보일 수 있다. 이 척도의 고득점자는 종종 타인이 보기에 기만적이고 방종하다. 그들은 많은 경우 심리치료에 참여할 동기가 별로 없다.

척도 0(내향성)

척도 0의 고득점자는 내성적이고 수줍음이 많고 소심하고 친구를 사귀는 데 어려움을 겪을 가능성이 있다. 자신감이 부족하고 정서적으로 지나치게 통제되고 문제에 대해 자책한다. 그들은 관심, 애정, 지지에 대한 강한 욕구를 갖는 경향이 있다. 임상 장면에서 우울하고 죽고 싶다고 보고할 수 있다. 그들은 알코올 또는 약물을 사용하지 않거나 비행에 연루되지 않는 경향이 있다.

MMPI-A 보충 척도의 해석

MacAndrew의 알코올 중독 척도-개정판(MAC-R)

MAC-R 척도의 고득점자는 다른 청소년보다 약물 사용과 관련된 문제가 있을 가능성이 더 높다. 27점보다 큰 원점수는 그런 문제의 가능성이 크다는 것을 시사한다. 24~27점의 원점 수는 문제적 약물 사용과 관련하여 확실하지 않다. 23점 이하의 원점수는 물질 남용 문제가 발생할 가능성이 없음을 나타낸다. MAC-R 척도의 고득점자는 또한 행동 과소통제를 보일 것이며 자기 행동의 결과를 예상하지 못할 가능성이 있다.

알코올/약물 문제 가능성(PRO) 척도

PRO 척도의 높은 점수는 청소년 물질 남용 문제와 관련이 있다. PRO 척도 분할점에 대한 정보가 많지 않지만, 척도 개발자는 60점보다 큰 T 점수가 물질 남용 문제의 가능성을 나타 낸다고 권고했다. 지금까지 모든 연구는 현재 물질 남용에 관한 것이지 향후 문제적 사용가 능성에 관한 것이 아니라는 점에 유의해야 한다. 이 척도의 고득점자는 또한 충동적이고 공 격적이며 행동적으로 과소통제되는 경향이 있다.

알코올/약물 문제 인정(ACK) 척도

ACK 척도의 고득점자는 알코올 및 다른 약물에 대한 문제를 직접적으로 인정할 가능성이 있다. 척도 개발자가 권장하는 T 분할점은 60점 이상이다. 척도의 고득점자는 또한 충동적 이고 행동적으로 과소통제되는 경향이 있다.

미성숙(IMM) 척도

IMM 척도의 고득점자는 생활 연령대의 다른 사람보다 자아 발달 수준이 낮을 가능성이 있 다. 그들은 추상적으로 생각하고 타인의 관점에서 세상을 보는 능력이 제한적이다. 그들은 또한 사회 집단의 가치 및 신념과 동일시할 가능성이 적고 도덕 발달 수준이 낮은 경향이 있 다. 학업에 어려움을 겪고 권위자에 대해 다소 저항적이고 반항적일 가능성이 있다.

불안(A) 척도

A 척도의 고득점자는 일반적으로 잘 적응하지 못하거나 유능하지 않다. 그들은 불안하고 두렵고 죄책감을 느끼기 쉽고 자기비판적이다. 그들은 압도당하고 일상생활의 요구에 효과적으로 대처할 수 없다고 느낀다.

억압(R) 척도

R 척도의 고득점자는 지나치게 통제되고 억제되는 경향이 있다. 그들은 관계에서 다소 수동적이며 불쾌한 대립과 불편한 상황을 회피하려고 한다.

MMPI-A 내용 척도의 해석

MMPI-A 내용 척도는 기본 임상 척도의 점수 패턴을 이해하는 데 매우 유용할 수 있다. 임상 척도에서 높은 점수를 받은 청소년에게는 상당히 다양한 기술문을 적용할 수 있다. 내용 척도를 검토하면 높은 임상 척도 점수를 해석할 때 이러한 기술문 중 어느 것을 강조해야 하는지에 대한 방향을 잡을 수 있다. 예를 들어 척도 4의 청소년 고득점자에 대한 기술문은 가정 문제, 학교 문제, 비행을 포함한다. 내용 척도에서 A-fam 내용 척도는 상승하지만 A-sch 또는 A-con 척도는 상승하지 않는 경우, 척도 4 상승에 대한 해석은 청소년의 학교 문제 또는 법적 문제보다는 가족과의 문제 및 갈등을 강조할 것이다.

MMPI-A 내용 척도의 점수는 또한 청소년이 평가자에게 자신에 대해 알리고 싶은 부분에 대한 중요한 정보를 제공한다. 척도의 문항 내용이 명확하여서 청소년이 개별 문항에 응답할 때 자신이 전달하고 있는 정보가 무엇인지 인지할 가능성이 있다. 자신에 대한 특정 인상을 만드는 데 관심이 있는 청소년은 이러한 척도를 구성하는 문항에 대해 자신의 반응을 신중하게 선택함으로써 그렇게 할 수 있다. 따라서 내용 척도의 점수는 수검자가 정직하고 솔직한 방식으로 검사에 임할 때 가장 유익할 수 있다. 타당도 척도가 청소년이 매우 방어적이었거나 증상과 문제를 과장했음을 시사하는 경우 내용 척도를 해석해서는 안 된다.

MMPI-A 내용 척도의 점수는 여덟 가지 기본 임상 척도의 점수와 마찬가지로 UT 점수로 표현된다. 60점 이상의 T 점수에 대해 추론할 수 있지만 65점 이상인 T 점수에 가장 중점을 두어야 한다. 다음 MMPI-A 내용 척도별 고득점자에 대한 설명은 각 척도 문항에 대한 검토 및 척도에 대해 보고된 경험적 기반의 기술문에 근거한다(예 : Arita & Baer, 1998; Veltri et al., 2009; C. L. Williams et al., 1992). 임상 척도와 마찬가지로 내용 척도와 관련된 모든 기술문이 척도에서 높은 점수를 받은 모든 청소년에게 적용되는 것은 아니다. 추론은 각 청소년에 대해 이용할 수 있는 다른 정보를 기반으로 검증해야 할 가설로 취급해야 한다.

불안(A-anx)

A-anx 척도에서 점수가 높은 청소년은 긴장, 잦은 걱정, 수면장애를 포함한 많은 불안 증상을 보고하고 있다. 그들은 집중 곤란, 혼란, 학업을 지속할 수 없는 문제를 보고한다. 삶이 긴장이고 자신의 어려움은 극복할 수 없다고 믿을지 모른다. 정신을 잃을까 걱정하거나 뭔가 끔찍한 일이 자신에게 닥칠 것이라고 생각할 수 있다. 그들은 자신이 다른 사람과 어떻게 다른지와 자신의 문제를 알고 있는 것 같다. 상관 자료에 따르면 A-anx 척도 점수는 불안, 우울, 사회적 철수, 신체적 호소와 같은 특정 증상뿐만 아니라 일반적인 부적응과도 관련이 있다.

강박성(A-obs)

A-obs 척도에서 점수가 높은 청소년은 종종 사소한 일에 대해 이치에 안 맞는 걱정을 한다고 보고한다. 그들은 나쁜 말이나 중요하지 않은 것을 세어 보는 일에 대해 반추적으로 생각할 수 있다. 그들은 걱정 때문에 잠을 잘 수 없을 때가 있다. 결정을 내리는 데 어려움이 있고 삶의 변화를 두려워한다고 보고한다. 다른 사람이 때로는 자신들에게 인내심을 잃는다고 보고하며, 종종 자신이 말하거나 한 일을 후회하기도 한다. 상관 자료에 따르면 임상 장면에서 A-obs 점수는 일반적인 부적응뿐만 아니라 남학생의 의존적이고 불안한 행동과 여학생의 자살 사고 또는 행동과 관련이 있다.

우울(A-dep)

A-dep 척도에서 점수가 높은 청소년은 피로와 울음을 포함해 많은 우울 증상을 보고한다. 그들은 자신의 삶에 만족하지 못하고 다른 사람이 자신보다 더 행복하다고 느낀다. 자기 비하적인 생각을 많이 하고 삶은 재미도 가치도 없다고 느낄 것이다. 기분이 우울하고 죽고 싶다고 보고할 수 있으며 자살 사고가 가능하다. 사회적 문제를 경험하고 다른 사람들과 함께 있을 때조차 외로움을 느낀다고 보고하며 사회적으로 위축되는 경향이 있다. 진지한 계획을 세우기에는 미래가 너무 불확실해 보이며 어떤 일도 '진행'할 수 없는 시기가 있을 수 있다.

무망감과 무관심이 그들의 특징이다. 상관 자료에 따르면 비임상 장면의 여학생 및 임상 장면의 남녀 학생의 경우 A-dep의 높은 점수는 우울과 불쾌감을 나타낸다. 자살 사고나 행동은 임상 장면의 남녀 학생에게도 나타날 수 있다.

건강염려(A-hea)

A-hea 척도에서 점수가 높은 청소년은 수많은 신체적 호소를 보고하며 신체적 문제가 학교 활동의 즐거움을 방해하고 결석의 원인이 된다고 말한다. 그들은 자신의 건강에 대해 염려하고 건강만 좋아진다면 문제가 사라질 것이라고 생각할 수 있다. 상관 자료는 임상 장면의 신체적 호소에 대한 측정치로서 A-hea 척도를 강력히 지지한다. 비임상 장면의 남녀 학생의 경우 이 척도에서 높은 점수는 나쁜 행동, 저조한 학업수행 및 기타 학교 문제와 관련이 있는 것으로 보인다.

기태적 정신상태(A-biz)

A-biz 척도에서 점수가 높은 청소년은 환청, 환시 또는 환후를 포함해 매우 이상한 경험과 사고를 보고한다. 그들은 자신의 마음에 뭔가 문제가 있다고 느낄 수 있다. 자신이 음모에 말려들고 있거나 누군가가 자신을 독살하려 한다고 생각할 수 있다. 아마도 최면을 통해 다른 사람이 자신의 생각을 훔치려 한다고 믿을 수 있다. 악령이나 귀신이 자신에게 씌거나 영향을 미친다고 믿을지 모른다. 상관 자료에 따르면 A-biz 척도는 비임상 장면에서 일반적인 부적응의 측정치로서 점수가 높으면 학교에서 문제가 있고 성적이 낮다. 임상 장면의 남녀 학생의 경우 A-biz 척도의 높은 점수는 정신증을 나타낼 수 있는 기이한 감각 경험과 기타 증상 및 행동을 시사한다.

분노(A-ang)

A-ang 척도에서 점수가 높은 청소년은 분노통제 문제를 보고한다. 그들은 종종 욕을 하거나 물건을 때려 부수고 싶어 한다. 특히 술을 마셨을 때 싸우기도 한다. 기물을 부수거나 파괴하는 일로 말썽을 겪을 수 있다. 다른 사람에게 짜증이 나고 조급함을 느낀다고 보고하며, 자신의 뜻대로 하기 위해 분노를 표출할 수 있다. 그들은 재촉받는다든지 다른 사람이 자기를 앞지르는 것을 좋아하지 않는다. 임상 장면의 상관 자료는 A-ang에서 점수가 높은 사람이 폭행 및 기타 행동화 이력을 보일 수 있음을 시사한다. 그들은 자신의 문제와 어려움에 대한 책임

을 외부로 돌리는 경향이 있다. 임상 장면의 소년은 또한 성적 학대를 당한 과거력이 있을 수 있다.

냉소적 태도(A-cyn)

A-cyn 척도에서 점수가 높은 청소년은 염세적인 태도를 보고한다. 그들은 다른 사람이 자신을 손아귀에 넣으려 하고 이익을 얻기 위해 부당한 수단을 사용할 것이라고 생각할 수 있다. 누군가가 그들에게 좋은 일을 할 때마다 숨겨진 동기를 찾는다. 사람들이 자신을 이용하려고 사귀기 때문에 아무도 믿지 않는 편이 더 안전하다고 믿는다. 고득점자는 모든 사람이 은밀하게는 타인을 돕기 싫어한다고 생각하는 경향이 있다. 다른 사람이 자신을 오해한다고 느끼고 질투한다고 생각한다. 상관 자료는 A-cyn 척도가 행동화와 반드시 관련이 있는 것은 아님을 나타낸다. 이 척도는 행동측정치보다 태도측정치에 더 가까울 수 있다.

소외(A-aln)

A-aln 척도에서 점수가 높은 사람은 다른 사람과의 상당한 정서적 거리를 보고한다. 그들은 삶에서 부당한 대우를 받고 있으며 부모를 포함해 아무도 그들을 돌보거나 이해하지 못한다고 믿는다. 다른 사람이 자신을 좋아한다고 믿지 않으며 또래와도 잘 어울리지 못한다. 그들은 자기 공개에 어려움을 겪고 집단에서 이야기해야 할 때 어색한 기분을 보고한다. 다른 사람이 의견 말하는 걸 듣는 것을 좋아하지 않는다. 다른 사람이 동정심을 갖고 있다고 믿지 않으며 종종 그들이 자신의 성공 시도를 방해한다고 느낀다. 상관 자료는 비임상 및 임상 장면 모두에서 A-aln 점수가 사회적 문제 및 타인과의 정서적 거리감과 관련이 있음을 나타낸다. 이 척도에서 점수가 높은 사람은 종종 우울과 불안 증상을 보고한다.

품행 문제(A-con)

A-con 척도에서 점수가 높은 청소년은 행동 문제를 보고하는데, 여기에는 절도, 좀도둑질, 거짓말, 기물 파손 또는 파괴, 무례, 욕설, 반항이 포함될 수 있다. 종종 친구들이 사건에 말려들었으며 자신에게 하지 말아야 할 일을 하도록 자주 설득한다고 말한다. 가끔은 단지 재미 삼아 다른 사람들이 자신을 두려워하도록 만들 수도 있다. 그들은 범죄 행위를 즐기며 타인을 이용하는 사람을 비난하지 않는다. 과거에 아무에게도 말할 수 없는 나쁜 일을 했다는 것을 인정한다. 상관 자료는 비임상 및 임상 표본, 성별 및 준거 측정치에서 유사했는데, A-con 척도에서 점수가 높은 사람은 비행, 분노, 공격성, 문제적 물질 남용을 포함해 다양한 유형의 행동 문제를 보이는 경향이 있었다. 고득점자는 자신의 문제와 어려움에 대한 책임을 외부로 돌리는 경향이 있다.

낮은 자존감(A-lse)

A-lse 척도에서 점수가 높은 청소년은 자신에 대해 매력이 없고 자신감이 부족하고 쓸모없다고 느끼고 능력이 부족하고 여러 결점이 있고 아무것도 잘하지 못한다는 등의 매우 부정적인 관점을 보고한다. 그들은 타인의 압력에 굴복하여 자신의 마음을 바꾸거나 논쟁에서 포기하기 쉽다고 말한다. 문제를 해결해야 할 때 다른 사람에게 책임을 떠맡기고 자신에게 미래를 계획할 능력이 있다고 느끼지 않는다. 그들은 다른 사람이 자신에 대해 좋은 말을 하면 불편해지고, 때때로 그들은 혼란스럽고 뭔가를 잊기도 한다. 상관 자료는 A-lse의 높은 점수가 부정적인 자기 관점 및 저조한 학업수행과 관련이 있음을 나타낸다. 고득점자에게 우울과 자살 사고가 나타날 수 있다.

낮은 포부(A-las)

A-las 척도에서 점수가 높은 사람은 낮은 성취 욕구를 보고하며 성공을 기대하지 않는다. 그들은 공부와 독서를 좋아하지 않고 과학이나 진지한 주제를 다룬 강의를 싫어하며 속 편하게 할 수 있는 일을 선호한다. 신문 사설을 꺼리고 연재만화가 신문에서 유일하게 재미있는 부분이라고 믿는다. 어떤 일을 시작하는 데 어려움을 보고하고 일이 잘못되면 빨리 포기해 버린다. 다른 사람이 자신의 문제를 해결하도록 하고 자신은 어려움에 직면하는 것을 피한다. 그들은 다른 사람이 자신의 성공을 방해한다고 믿는다. 그들은 다른 사람이 자신에게 게으르다고 했음을 보고한다. 상관 자료는 A-las 척도가 부진한 학업성적 및 학교활동의 제한적 참여에 대한 측정치임을 뒷받침한다. 또한 척도는 가출, 무단결석, 여학생의 성적 행동화와 같은 반사회적 경향과 관련이 있다.

사회적 불편감(A-sod)

A-sod 척도에서 점수가 높은 청소년은 다른 사람들과 함께 있는 것이 매우 힘들다고 보고한다. 그들은 수줍음을 보고하며 혼자 있는 것을 선호한다. 주변에 사람들이 있는 것을 싫어하고 다른 사람을 자주 피한다. 파티, 군중, 춤 또는 기타 사교모임을 좋아하지 않는다. 말을 걸

지 않는 한 말하지 않는 경향이 있으며 다른 사람이 그들에게 친해지기 어렵다고 말한 적이 있다. 그들은 친구를 사귀는 데 어려움이 있고 낯선 사람과 만나는 것을 좋아하지 않는다. 상관 자료는 A-sod 척도가 사회적 불편 및 사회적 철수의 측정치임을 시사한다. 고득점자는 또한 낮은 활력 수준을 보이는 경향이 있다. 이 척도에서 점수가 높은 남녀 학생은 모두 불안과 우울을 느낄 가능성이 있다. 또한 여학생의 경우 높은 점수는 섭식 문제와 관련이 있으며 공격적이고 무책임한 행동화를 억제시킨다.

가정 문제(A-fam)

A-fam 척도에서 점수가 높은 청소년은 부모(또는 주 양육자) 및 다른 가족 구성원과의 심각한 문제를 보고한다. 가정 불화, 질투, 흠집 내기, 분노, 심각한 의견 차이, 사랑과 이해의 부족, 제한적 의사소통이 이들 가족의 특징이다. 이 청소년들은 곤경에 처했을 때 가족에게 의지할 수 있다고 생각하지 않는 것 같다. 그들은 집을 떠날 수 있을 날을 고대한다. 부모가 자신을 이유 없이 자주 벌하고 어린애로 취급한다고 느낀다. 그들은 부모가 또래 집단을 싫어한다고 보고한다. 상관 자료에 따르면 A-fam 척도의 높은 점수는 부모와의 의견 차이, 부모 간의 의견 차이, 다양한 비행과 신경증적 증상 및 행동과 관련이 있다.

학교 문제(A-sch)

A-sch 척도에서 점수가 높은 청소년은 학교에서 수많은 어려움을 보고한다. 고득점자는 낮은 성적, 정학, 무단결석, 교사에 대한 부정적 태도, 학교에 대한 혐오를 보고한다. 고득점자는 학교활동에 참여하지 않는다고 말하며 학교가 시간 낭비라고 느낀다. 그들은 학교에서 지루함과 졸음을 자주 보고하고, 게으르다는 말을 들은 적이 있다. 일부 고득점자는 학교에 가는 것을 두려워한다고 보고할 수 있다. 상관 자료에 따르면 A-sch의 높은 점수는 학교에서의 학업 및 행동 문제 모두를 나타낸다. 척도는 또한 일반적인 부적응의 측정치가 될 수 있다.

부정적 치료 지표(A-trt)

A-trt 척도에서 점수가 높은 청소년은 의사 및 건강 전문가에 대한 부정적인 태도를 보고할 수 있다. 그들은 다른 사람이 자신의 문제와 어려움을 이해할 수 없고 자신에게 무슨 일이 일어나든 신경 쓰지 않는다고 믿는다. 자신의 문제와 어려움을 책임지고 직면하기를 꺼리며 삶의 부정적인 사건에 대해 책임을 지지 않는다. 그들은 자신의 미래를 계획할 수 있다고 느

끼지 않는다. 극복할 수 없다고 느끼는 몇 가지 결점과 나쁜 습관이 있다고 보고한다. 자신의 문제를 다른 사람과 논의하는 것을 매우 꺼린다고 보고하며 누구와도 결코 공유할 수 없는 몇몇 문제가 있음을 내비친다. 다른 사람이 사적인 질문을 할 때 긴장하며 자신만 간직하고 있는 비밀이 있다고 보고한다. A-trt 척도의 외적 타당도를 입증하기 위해서는 청소년을 대상으로 한 치료 결과 연구가 필요하다. 상관 자료는 척도가 단순히 일반적인 부적응의 측정치임을 시사하지 않는다.

내용 소척도의 해석

Sherwood 등(1997)은 일부 MMPI-A 내용 척도에 대한 소척도를 개발했다. 연구자들은 특정 사례에서 강조해야 하는 내용 척도 상관관계를 이해하는 데 소척도가 도움이 될 수 있다는 몇 가지 증거를 제시했다. 그들은 내용 모척도 T 점수가 60점에서 75점 사이이고 소척도 T 점수가 65점보다 큰 경우에만 소척도를 해석할 것을 제안했다. 내용 척도 T 점수가 75점보다 큰 경우 다양한 증상 및 문제가 적용될 수 있다고 가정한다. 내용 소척도를 해석하기 전에 소척도 간 최소 10T 점수 차이가 있어야 한다고 명시하지는 않았지만, MMPI-2 내용 소척도에 대해 만들어진 이 권장사항은 MMPI-A 척도에도 적절해 보인다.

성격병리 5요인 척도의 해석

각 성격병리 5요인(PSY-5) 척도의 원점수는 UT 점수로 변환된다. 65점 이상의 T 점수는 높은 점수로 간주된다. 다른 MMPI-A 척도 점수와 마찬가지로 60점에서 65점 사이의 T 점수에 대한 해석이 가능하다. 그러나 65점 이상의 T 점수에 더 큰 신뢰를 두어야 한다.

공격성(AGGR)

AGGR 척도에서 점수가 높은 청소년은 일반적으로 다양한 외현화행동을 보인다. 그들은 법적 문제를 겪은 적이 있을 것이다. 약물 사용 및 성적 행동화는 고득점자 사이에서 흔하다. 고득점자는 다른 사람에게 화나고 공격적인 것으로 보인다.

정신증(PSYC)

PSYC 척도의 높은 점수는 환각을 포함한 기괴하고 정신증적인 행동과 관련이 있다. 고득점자는 또한 불안, 강박사고, 신체증상을 경험할 수 있다.

통제 결여(DISC)

DISC 척도의 고득점자는 다양한 외현화행동으로 특징지어진다. 알코올 및 기타 약물 사용의 문제적 패턴이 있으며 학교와 법 관련 문제를 일으키고 성적 행동화를 보일 수 있다.

부정적 정서성/신경증(NEGE)

NEGE 척도의 높은 점수는 다양한 내재화 증상 및 행동과 관련이 있다. 고득점자는 불안과 긴장을 느낀다고 보고한다. 그들은 자기비판적이며 지각된 결점 및 실패에 대해 죄책감을 느낀다. 또한 슬프거나 우울한 느낌을 보고하며 일상생활에서 활력이 부족한 것처럼 보인다.

내향성/낮은 긍정적 정서성(INTR)

INTR 척도의 높은 점수는 내재화장애와 관련이 있다. 고득점자는 불안하고 우울한 느낌을 보고한다. 그들은 사회적으로 내성적이며 기쁨과 다른 긍정 정서를 경험하는 능력이 부족한 경향이 있다.

MMPI-A 결정적 문항의 해석

Forbey와 Ben-Porath(1998)의 결정적 문항은 즉각적인 임상적 주의가 필요한 문제를 나타내며 공격성, 불안, 인지적 문제, 품행 문제, 우울/자살 사고, 섭식 문제, 가족 문제, 환각경험, 편집적 사고, 학교 문제, 자기폄하, 성적인 관심 및 편향, 신체증상, 약물 사용/남용, 기이한 사고의 15개 범주로 구성된다. 수검자가 반응한 결정적 문항은 Pearson Assessments에서 제공하는 MMPI-A 컴퓨터 보고서에 제시되어 있다. 이러한 문항에 대한 청소년의 반응을 검토하면 청소년이 보고한 문제의 성격과 심각성에 대한 중요한 정보를 얻을 수 있다. 그러나 단일검사 문항에 대한 응답을 액면 그대로 정신병리 또는 부적응의 심리측정상 건전한 지표로 받아들여서는 안 된다. 응답한 결정 문항은 또한 즉각적인 주의 또는 추가 평가가 필요한 문제를 나타낼 뿐만 아니라 수검자와 문제를 상의하기 위한 출발점을 제공할 수 있다.

MMPI-A 해석 전략

이 책의 제11장에 제시된 MMPI-2 해석 전략은 MMPI-A에도 적용될 수 있지만 청소년의 특수한 생활 환경을 고려한 수정이 필요하다. 검사 매뉴얼에서 Butcher와 동료들(1992)은 MMPI-A 결과를 해석할 때 다음의 질문을 해결해야 한다고 제안했다.

1. MMPI-A 결과를 설명할 수 있는 검사 외 요인이 있는가?
2. 반응태도는 어떠한가?
3. 보고된 증상과 행동은 무엇인가? 행동화 가능성은 얼마나 되는가? 만일 있다면, 행동화 문제가 전체 상황에서 또는 특정 상황에서만 나타날 가능성이 있는가? 행동화가 얼마나 심각할 것 같은가?
4. 학교에서의 문제가 청소년의 임상 양상에 중요한 역할을 하는가? 만일 그렇다면, 어떻게 될 것 같은가?
5. 청소년은 알코올 또는 다른 약물 문제를 인정하는가? 그러한 문제를 일으킬 가능성이 있는가?
6. 개인의 대인관계는 어떠한가? 부정적인 또래 집단 영향이 있는가? 가정 문제가 심각한가? 권위에 어떻게 반응하는가? 소외, 냉소적 태도, 고립이 중요한 요인인가?
7. MMPI-A는 가능한 신체적 또는 성적 학대에 대한 평가의 필요성을 시사하는가?
8. 어떤 강점 또는 장점이 분명한가?
9. MMPI-A 결과의 진단적 고려사항은 무엇인가?
10. MMPI-A 결과를 기반으로 어떠한 치료적 함의나 권고가 제안되는가?

상기 질문에 관한 정보는 개별 타당도 척도, 임상 척도, 보충 척도, 내용 척도, 내용 소척도, PSY-5 척도의 검토를 통해 얻을 수 있다. 이 장의 앞부분에서 제안한 바와 같이 주요 척도의 경우 척도에서 60점 이상의 T 점수는 해석 가능한 것으로 간주해야 한다. T 점수가 65점 이상인 척도에 근거한 추론에 더 큰 신뢰를 두어야 한다. MMPI-A에서 낮은 점수의 의미에 관한 정보가 제한적이기 때문에, 평균 이하의 점수는 수검자가 해당 척도의 높은 점수와 관련된 문제와 증상을 인정하지 않았다는 것을 나타내는 경우를 제외하고 해석해서는 안 된다. 저득점자가 높은 점수와 관련된 문제와 증상을 갖고 있지 않은지, 의식적으로 부인하고 있는지, 아니면 단순히 인식하지 못하는지는 알 수 없다.

때로는 개별 척도의 높은 점수에 근거한 추론이 일관성이 없는 것처럼 보일 수 있으며, 이러한 명백한 불일치를 조정해야 한다. MMPI-2에 대해 이 책의 제11장에서 권장한 동일한 접근법이 MMPI-A에 적합하다. 첫째, 모순인 것처럼 보이는 추론이 청소년의 성격 및 행동의 다른 측면을 정확하게 반영할 가능성을 고려해야 한다. 추론의 일부가 실제로 일치하지 않는 것처럼 보인다면, 해석에서 어떤 추론을 강조해야 하는지 결정해야 한다. 일반적으로 높은 점수에 근거한 추론에 더 중점을 두어야 한다. 또한 표준 타당도 및 임상 척도가 더 철저하게 연구되었기 때문에 다른 주요 척도에 근거한 추론보다 상기 척도에 근거한 추론에 더 중점을 두어야 한다. MMPI-2와 마찬가지로 추론은 MMPI-A 척도 점수를 직접 기반으로 하지 않는 경우도 있다. 오히려 청소년에 대한 전반적인 이해를 바탕으로 상위 수준의 추론을 하는 것이 필요하다. 이러한 상위 추론은 전적으로 허용 가능하지만, 검사 해석자는 그 추론이 MMPI-A 척도에서 직접 도출된 것이 아님을 인지해야 한다.

검사 외 요인

MMPI-A 외부의 여러 요인이 검사수행에 영향을 미칠 수 있어서 검사 결과를 해석할 때 이를 고려해야 한다. 성별은 중요한 변인이다. 연구에 따르면 일부 MMPI-A 척도에서 점수가 높은 남녀 학생에게 다소 상이한 기술문이 적합한 것으로 나타났다(Butcher et al., 1992; C. L. Williams & Butcher, 1989a; Wrobel & Lachar, 1992). 읽기능력도 중요하게 고려해야 할 요인이다. MMPI-A는 대략 7학년 수준의 읽기능력을 요구한다. 제한된 교육, 영어를 제2외국어로 사용하는 경우, 또는 읽기능력에 영향을 미치는 다른 요인을 모두 고려해야 한다. 그러한 요인이 있는 경우 타당도 척도에 특별히 주의를 기울여야 한다. 평가 맥락도 중요할 수 있다. 부모나 교사에 의해 검사 상황에 억지로 온 청소년은 문제를 인정하고 도움을 구하고자 검사하는 청소년과 다르게 반응할 수 있다. 마지막으로 검사 결과에 영향을 줄 수 있는 이례적인 생활 환경을 고려해야 한다. 예를 들어 최근 성폭행이나 부모의 죽음과 같은 재앙적인 사건을 경험한 경우 MMPI-A에서 극단적인 반응을 보일 수 있으며 이는 청소년의 일반 기능을 반영하지 않는다.

반응태도

청소년의 증상, 성격, 행동에 관한 추론을 하기 전에 반응태도를 고려하는 것이 필요하다. 청소년이 결과를 무효화하는 방식으로 검사에 임했다는 신호가 있는가? 결과를 무효화할 정도로 극단적이지 않지만 결과를 해석할 때 고려해야 할 반응태도가 있는가? 이러한 질문에 답하려면 MMPI-A의 표준 타당도 척도를 검토해야 한다.

30개 이상의 문항이 누락되거나 VRIN T 점수가 75점 이상 또는 TRIN T 점수가 75점 이상('그렇다' 또는 '아니다' 방향)인 경우, MMPI-A 결과는 무효이며 해석할 수 없는 것으로 간주해야 한다. L 또는 K 척도에서 65T 이상의 점수는 수검자가 방어적인 방식으로 검사에 임했으며 다른 척도의 점수는 문제와 증상을 과소 대표할 수 있음을 나타낸다. F, F1 또는 F2 척도에서 70T 이상의 점수는 문제적 반응의 가능성을 시사한다. 이러한 경우 무선반응이나 '그렇다' 또는 '아니다' 반응 편향을 배제하기 위해 VRIN과 TRIN 점수를 확인해야 한다. 이런 가능성이 배제된 경우 상승한 F 점수는 심각한 부적응 또는 증상 및 문제의 과대보고를 나타낼 수 있다. F 척도 점수가 높은 이유를 결정할 때 다른 정보, 특히 검사 상황을 고려해야 한다. 청소년이 과대보고하는 것처럼 보인다면, 다른 척도들의 점수는 아마도 문제 및 증상을 과대평가할 수 있다.

증상과 행동

MMPI-A 결과가 타당하고 해석 가능하다고 가정하면 개별 임상 척도, 보충 척도, 내용 척도, 내용 소척도, PSY-5 척도 점수를 확인하여 증상과 행동에 관한 추론을 할 수 있다. 추론은 모든 높은 점수에서 생성할 수 있지만 특정 증상 및 문제행동과 관련하여 몇몇 척도와 소척도가 특히 중요하다. 또한 2개 또는 3개 상승 척도 쌍이 존재하고 문헌에서 기존에 설명된 경우에도 추론이 가능하다(Archer, 2017 참조).

불안

척도 7, A-anx 및 A-obs 내용 척도, A 보충 척도에서 높은 점수는 불안과 과도한 걱정을 나타낸다. 척도 2, A-dep 내용 척도, NEGE PSY-5 척도의 고득점자는 종종 불안 증상을 보고한다.

우울

척도 2와 A-dep 내용 척도의 높은 점수는 특히 임상 장면에서 우울 및 자살 사고 가능성의 주요 지표이다. 그러나 척도 3, 7, 0, A-lse, A-obs, A-sod, A-anx 내용 척도, Sc2(정서적 소외)

와 Sc4(자아통합 결여-동기적) Harris-Lingoes 소척도에서 높은 점수 또한 우울이나 자살 사고를 시사할 수 있다.

신체적 염려

척도 1과 A-hea 내용 척도의 높은 점수는 신체증상의 가장 명확한 지표이다. 그러나 척도 2, 3, 8 및 A-anx 내용 척도에서 높은 점수도 신체증상을 나타낼 수 있다. 여학생의 섭식 문제는 척도 1과 2 및 A-sod 내용 척도의 높은 점수와 관련이 있다. 수면 문제는 척도 3, A-obs 및 A-anx 내용 척도, D1(주관적 우울감) Harris-Lingoes 소척도의 높은 점수로 나타난다.

정신증적 증상

척도 8, A-biz 내용 척도, PSYC PSY-5 척도에서 높은 점수는 망상, 환각, 관계 사고 또는 와해된 사고를 포함한 정신증적 행동의 가능성을 나타낸다. Pa1(피해의식), Sc3(자아통합 결여-인지적) 및 Sc6(기태적 감각 경험) Harris-Lingoes 소척도에서 높은 점수는 정신증의 추가 지표이다.

낮은 자존감

A-lse 내용 척도의 높은 점수는 자신감에 문제가 있음을 나타낸다. 여러 임상 척도(1, 2, 7, 8, 0)의 높은 점수 또한 자신감 부족과 관련 있는 경향이 있다. 척도 9의 높은 점수는 다소 웅대할 때도 있는 긍정적인 자기지각을 나타낸다.

분노

척도 4와 9, AGGR PSY-5 척도의 높은 점수는 분노와 원한을 시사한다. A-ang 및 A-con 내용 척도에서 높은 점수는 분노 조절 문제를 나타낸다.

행동화

비행 및 행동화는 몇몇 척도와 소척도의 높은 점수로 나타난다. 이러한 행동의 가장 좋은 지표는 척도 4와 9, A-con 내용 척도 및 DISC PSY-5 척도의 높은 점수이다. 척도 2의 높은 점수는 행동화를 억제하는 경향이 있다. 일부 자료에 따르면 척도 5에서 T 점수가 높은 여학생은 다양한 방식으로 행동화하는 경향이 있는 반면, 척도 5에서 T 점수가 높은 남학생은 행동화하지 않는 경향을 보인다. A-sod 내용 척도에서 점수가 높은 여학생은 행동화하지 않는 경향이 있다. 행동화는 또한 A-ang 및 A-las 내용 척도와 Pd2(권위 불화) 및 Ma1(비도덕성)

Harris-Lingoes 소척도에서 점수가 높은 청소년의 특징이다.

학교 문제

A-sch 내용 척도는 특별히 학교에서의 학업 및 행동 문제를 평가하기 위해 개발되었다. 또한 학업 문제는 척도 1, 2, 4, 5(여학생), 6, 8과 A-hea, A-biz, A-lse, A-las 내용 척도에서 높은 점수로 나타난다. 학교에서의 행동 문제는 척도 4, 5(여학생), 6, 8, 9, A-hea와 A-biz 내용 척도 및 DISC PSY-5 척도의 높은 점수로 나타난다. 학교 문제와 많은 MMPI-A 척도 사이의 관계는 다양한 이유로 청소년의 학교 문제가 발생하고 학교 문제가 다양한 증상에 기여할 수 있음을 시사하는 것으로 보인다.

알코올/약물 문제

ACK 척도에서 중간(T=60~64) 또는 높은(T≥65) 점수를 받은 청소년은 알코올이나 약물의 사용 및 그러한 사용과 관련된 문제를 공개적으로 인정하고 있다. 그러나 ACK에서 높은 점수가 없는 경우에는 해석하기가 어렵다. 이 척도의 대다수 문항이 명백한 내용이기 때문에, 높은 점수가 없으면 물질 남용 문제가 존재하지 않거나 존재하지만 부인하고 있음을 시사할 수 있다. MAC-R 및 PRO 척도에서 중간(T=60~64) 또는 높은(T≥65) 점수는 청소년이 그러한 문제를 인정하는지 여부에 관계없이 알코올 또는 약물 문제가 있음을 시사한다. 청소년이 이 세 척도 모두에서 높은 점수를 받은 경우 문제적 사용의 가능성이 가장 크다. 알코올 또는 기타 약물 문제의 다른 가능한 지표로는 척도 4, 8, 9와 DISC PSY-5 척도의 높은 점수가 있다. 척도 2의 높은 점수는 문제적 물질 사용과 관련이 없는 경향이 있다. MMPI-A 자료에 근거해서 청소년이 물질 관련 문제를 겪고 있지 않다고 결론 내리면 안 된다. 그러나 여기 언급된 척도의 높은 점수는 임상가가 보다 철저히 평가해야 할 물질 남용 문제의 가능성을 경고해 준다.

대인관계

척도 0, A-sod 내용 척도 또는 INTR PSY-5 척도에서 점수가 높은 청소년은 수줍음이 많고 내성적이며 사회적 상황에서 불편할 가능성이 있다. 척도 2와 7 및 Si1(수줍음/자의식) 소척도에서 높은 점수는 수줍고 내성적이라는 인상을 더욱 뒷받침한다. 반면에 Hy1(사회적 불안의 부인) 및 Pd3(사회적 침착성) Harris-Lingoes 소척도와 척도 9에서 높은 점수는 외향성과 사교성을 시사한다. 사회적 위축과 고립은 척도 1, 6, 8과 A-aln, A-sod 내용 척도, Pd4(사회적 소외)와 Sc1(사회적 소외) Harris-Lingoes 소척도, Si2(사회적 회피) 소척도의 높은 점수로 나타난다. 척도 6, A-cyn 내용 척도 또는 Pa1(피해의식) Harris-Lingoes 소척도에서 점수가 높은 청소년은 관계에서 냉소적이고 경계심이 많으며 상대를 신뢰하지 않을 가능성이 있다. A-ang 내용 척도의 높은 점수는 과민성 및 분노 조절 부족과 관련이 있다.

척도 4, A-fam 내용 척도, Pd1(가정 불화) Harris-Lingoes 소척도에서 높은 점수는 청소년이 가족 상황을 매우 부정적으로 기술하고 있음을 나타낸다. 그들은 가족이 다정하거나 지지적이라고 보지 않으며, 가족 구성원에게 화를 내고 분개하며 반항하는 경향이 있다. A-con이나 A-lse 내용 척도 또는 PRO 척도에서 점수가 높은 청소년은 쉽게 또래의 영향을 받아 반사회적이거나 비행행동에 연루되는 경향이 있다.

신체적 또는 성적 학대

검사 자료를 통해 청소년이 신체적 또는 성적으로 학대받았는지 여부를 판단하는 것은 불가능하다. 그러나 일부 MMPI-A 자료에 따르면 특정 척도에서 점수가 높은 청소년은 다른 청소년보다 학대받은 과거력이 있을 가능성이 더 높다. 남학생의 경우 척도 4 또는 A-fam 내용 척도에서 높은 점수는 신체적 학대의 가능성을 신중하게 고려해야 함을 시사한다. 척도 8(남녀 학생), 4(여학생), 7(남학생)의 높은 점수는 성적 학대의 가능성을 주의 깊게 검토해야 함을 시사한다. 성적 학대의 과거력은 여학생의 경우 A-fam 내용 척도에서 높은 점수와, 남학생의 경우 A-dep, A-ang, A-lse 또는 A-sch 내용 척도에서 높은 점수와 관련될 수 있다. 이러한 다양한 척도의 높은 점수가 학대가 발생했는지 여부를 판단하는 데 사용되어서는 안 된다는 점을 다시 강조해야 한다. 이것이 평가의 목표가 아니라면, 척도의 높은 점수는 임상가에게 학대 가능성을 신중하게 평가하도록 경고해 준다.

강점과 장점

MMPI-A 척도는 문제와 증상을 측정하기 위해 고안되었지만 청소년, 부모 또는 교사에게 피드백을 제공할 때 강점과 장점을 언급하려 노력하는 것이 중요하다. MMPI-A 척도에 사용할 수 있는 제한된 경험적 자료는 높은 점수와 관련된 긍정적 특성을 많이 시사하지 않지만, 원판 MMPI 척도로 수행한 연구는 긍정적으로 볼 수 있는 고득점자의 몇 가지 특성을 제안한다(Archer, 1987). 척도 3의 고득점자는 성취 지향적이고 사회에 적극 참여하며 우호적인 것으로 기술된다. 척도 4의 고득점자는 사교적이고 남들과 어울리기 좋아하며 타인에게 좋은 첫인상을 주는 경향이 있다. 척도 5에서 점수가 높은 남학생은 다른 사람이 볼 때 지적이고 높은 수준의 학업성취를 얻는 것으로 여겨진다. 척도 7의 고득점자는 양심적이라고 묘사될 수 있다. 척도 8의 고득점자는 창의적인 방식으로 문제에 접근하는 경향이 있다. 척도 9의 고득점자는 열정적이고 외향적이며 자신감이 높을 수 있다. 척도 0의 고득점자는 비행행동에 연루될 가능성이 낮다.

일부 Harris-Lingoes 소척도의 높은 점수 또한 몇 가지 긍정적인 특성을 시사한다. 예를 들어 Hy1(사회적 불안의 부인) 또는 Pd3(사회적 침착성)에서의 높은 점수는 사회적 상황에서 편안하고 자신감이 있다고 말하는 청소년을 나타낸다. Ma4(자아팽창)의 고득점자는 매우 호의적인 자기개념(가끔 비현실적이지만)을 보이는 경향이 있다.

중요한 점은 낮은 점수를 잠재적 강점의 의미로 사용하지 않아야 한다는 것이다. 이 장의 앞부분에서 언급했듯이 MMPI-A 척도의 낮은 점수가 문제 및 증상의 부재를 나타내는지 아니면 단순히 부인하는 것인지 알 수 없기 때문이다.

진단적 고려사항

MMPI-A의 특정 점수 또는 점수 패턴을 보이는 청소년에게 가장 가능성 높은 진단을 직접 다룬 연구가 많지 않지만, 특정 척도의 높은 점수에 근거하여 일부 추론을 내릴 수 있다. 척도 1 또는 A-hea 내용 척도의 높은 점수는 신체증상장애 진단과 일치한다. 척도 2, A-dep 내용 척도, INTR PSY-5 척도에서 높은 점수는 우울증 또는 불안장애 진단과 일치한다. 척도 4 또는 9, A-con 내용 척도, DISC PSY-5 척도에서 높은 점수는 종종 품행장애 진단과 일치한다. 척도 7, A-anx 내용 척도, NEGE PSY-5 척도에서 높은 점수는 불안장애 진단과 일치한다. 척도 8, A-biz 내용 척도, PSYC PSY-5 척도에서 높은 점수는 정신증적 장애의 가능성과 일치한다. 알코올/약물 문제 척도(MAC-R, PRO, ACK)에서 하나 이상의 높은 점수는 물질 관련 장애의 가능성을 주의 깊게 조사해야 함을 시사한다.

MMPI-A 자료에만 근거하여 청소년에게 진단을 내릴 수 없고 내려서도 안 된다는 점을 강조해야 한다. 대부분의 진단적 범주 준거에는 검사 자료 이외의 출처에서 얻어야 하는 정보가 포함된다(예 : 관찰, 면담, 과거력). 종종 가장 좋은 접근법은 청소년의 증상, 성격 및 행동을 포괄적으로 기술하고 이를 최신 버전의 진단 매뉴얼에 제시된 다양한 범주와 비교하는 것이다.

치료적 함의

청소년을 대상으로 MMPI 또는 MMPI-A 점수와 치료 관련 특성 간의 관계를 다룬 경험적 자료는 매우 제한적이다. A-trt 척도는 효과적인 심리치료를 방해할 수 있는 청소년의 특성을 평가하기 위해 고안되었다. 이 척도의 고득점자는 일반적으로 의사 및 건강 전문가에 대해 부정적인 태도를 보이고 자신에게 무슨 일이 일어나든 타인은 관심이 없다고 믿으며 자기 행동에 대해 거의 책임을 지지 않고 변화할 수 없거나 변화할 의지가 없다고 느낀다. 확실히 이러한 특성은 치료에 매우 부정적인 영향을 미친다. 그러나 A-trt 척도의 타당성을 평가하기 위해 수행된 연구 결과가 아직 없다는 점을 강조해야 한다. 또한 동기 저하가 포함된 성인용 A-trt 척도의 극단 점수에 관한 증거는 청소년이 상당한 심리적 혼란에 있는 경우 척도의 높은 점수를 해석할 때 주의가 필요함을 시사한다.

척도 2와 7의 고득점자는 종종 상당한 정서적 고통을 경험하고 있어 심리치료에 참여하려는 동기가 높다. 반면에 척도 4와 9의 고득점자는 종종 자신의 문제에 대해 다른 사람을 비난하기 때문에 심리치료를 받으려 하지 않는다. 성공적인 심리치료에 대한 예후는 척도 8의 고득점자에게 그다지 긍정적이지 않다.

이 주제에 대한 연구가 제한적임을 감안할 때 치료 관련 문제에 대해 상위 수준의 추론을 하는 것이 종종 필요하고 적절하다. 예를 들어 상당한 심리적 혼란(많은 척도에서 높은 점수를 보인 것처럼)을 인정하는 청소년은 그러한 혼란을 인정하지 않는 청소년보다 치료에 기꺼이 협조할 것이며, MMPI-A 타당도 척도에서 매우 방어적인 패턴을 보이는 청소년은 치료관계에서 그다지 솔직하지 못하고 협조적이지 않을 것이라 추론하는 것이 합리적이다. MMPI-A 점수(예 : 척도 4, 9, A-ang, A-cyn, AGGR, DISC)에서 상당한 분노와 원한이 시사되는 청소년은 치료에 다소 비협조적일 가능성이 있으며 종종 치료자와의 관계에서 한계를 시험할 것이다.

해석에 대한 대안적 접근

MMPI-A를 해석하는 대안적 접근방식이 있다. 예를 들어 Archer와 Krishnamurthy(1994)는 다음의 일반 요인 차원을 사용하여 점수를 조직화하는 방식으로 MMPI-A 구조 요약을 개발했다. (a) 일반적인 부적응, (b) 미성숙, (c) 탈억제/흥분 가능성, (d) 사회적 불편감, (e) 건강염려, (f) 순진, (g) 가족 소외, (h) 정신증. MMPI-A 결과를 요약하는 이 방식은 규준 집단을 대상으로 MMPI-A 척도의 요인분석에 주로 근거한 것이다(Archer, Belevich, & Elkins,

1994). 규준 집단에서 나타난 구조는 이후 청소년 비행 및 정신과 입원 표본에서 반복검증 되었다(Archer et al., 2003 ; Pogge et al., 2002). MMPI-A 해석의 구조적 요약 접근법 활용에 관한 자세한 내용은 Archer와 Krishnamurthy(2002)의 해석 가이드를 참조해야 한다. 또한 Archer, Krishnamurthy, Jacobson(1994) 및 Ben-Porath와 Davis(1996)는 MMPI-A 해석을 설명하는 사례 연구를 출판했다.

사례

MMPI-A 매뉴얼(Butcher et al., 1992)에 제시된 해석 전략을 설명하기 위해 사춘기 소년 John의 MMPI-A 점수를 해석할 것이다. 이 장에 첨부한 컴퓨터 확장형 점수 보고서에는 John의 점수와 프로파일이 포함되어 있다. MMPI-A 점수에서 도출된 해석적 추론은 이용 가능한 다른 정보에 기초하여 평가해야 할 가설로 간주해야 한다. MMPI-A 결과는 보다 포괄적인 평가의 일부일 뿐이다. 독자들이 해석을 연습할 수 있는 추가 사례는 출판사 웹사이트에서 이 책에 제공되는 보충 자료에 포함되어 있다.

배경 정보 및 의뢰 사유

John은 16세 백인 남성으로 우울과 외현화 문제 때문에 심리 평가가 의뢰되었다. 그는 생물학적 부모에 의해 자랐으며, 그들은 John이 약 12세가 될 때까지 문제나 어려움이 거의 없었다고 기술했다. 그 당시 John은 극도로 높은 수준의 짜증과 분노뿐만 아니라 무쾌감증과 의욕 상실을 특징으로 하는 우울증을 경험하기 시작했다. John은 지속적인 노력이 필요한 활동(예 : 학업)뿐만 아니라 이전에 즐겼던 관계와 활동(예 : 청소년 모임)에서 철수했다. 그의 부모는 John이 그에게 부정적인 영향을 주는 또래들과 어울리고 술과 마리화나를 사용하는 등 지난 1년 동안 외현화행동이 점점 증가했다고 보고했다. John은 또한 성인 권위자, 특히 훈육을 담당했던 그의 아버지에게 점점 더 공격적이었다. John은 말다툼 중 아버지를 폭행한 혐의로 체포된 후 평가 및 치료를 위해 의뢰되었다.

검사 외 요인

John은 심리 평가 전반에 걸쳐 협조적이었다. 그는 약 45분 만에 컴퓨터용 MMPI-A를 완성했으며, 검사 중에는 아무런 질문과 언급도 하지 않았다.

반응태도

John은 유효하고 해석 가능한 방식으로 MMPI-A를 완성했다. 그는 어떤 문항도 누락하지 않았으며, VRIN 척도 T 점수 42점과 TRIN 척도 T 점수 51점은 그가 문항의 내용에 반응했음을 나타낸다. L 척도에서 T 점수 37점과 K 척도에서 T 점수 44점은 그가 방어적이지 않았음을 시사한다. 사실 이 점수는 그가 평균적인 청소년보다 덜 방어적이었다는 것을 보여 준다. F1(T=52), F2(T=52), F(T=52)의 점수는 그가 문제 및 증상을 과대보고하고 있다는 증거가 없음을 나타낸다. 오히려 주요 척도의 점수는 그가 겪고 있는 문제와 증상을 반영할 가능성이 있다. 요약하면, 주요 척도가 John의 심리적 상태를 정확하게 묘사할 것이라고 확신 있게 해석하지 못할 이유가 없다.

증상

세 번째로 높은 임상 척도 점수(척도 7과 9 모두 62T)와 다음으로 가장 높은 임상 척도 점수(척도 2=56T) 사이에 최소 5점의 T 점수 차이가 있기 때문에 세 상승 척도 쌍(479)이 정의된다. 상승 척도 쌍을 구성하는 점수가 모두 60T보다 크므로 해석이 가능하다. 그러나 이 상승 척도 쌍에 대해 적용할 수 있는 설명 정보가 없다. 두 번째와 세 번째로 높은 임상 척도 점수(척도 7과 9)가 동일하기 때문에 두 상승 척도 쌍이 정의되지 않는다. 따라서 상승 척도 쌍 해석은 이루어지지 않으며 개별 척도에 해석의 초점을 맞출 것이다.

불안

John이 임상 척도 7(T=62)에서 높은 점수(즉, 60점 이상)를 받은 것은 높은 수준의 정서적 혼란을 경험할 수 있음을 시사한다. 이 척도의 점수는 또한 불안을 나타낼 수 있지만, 불안(예 : A-anx 내용 척도 또는 NEGE PSY-5 척도) 또는 강박(예 : A-obs 내용 척도)의 다른 지표에서 임상적으로 유의한 상승(즉 T≥65)은 없었다. 따라서 이 척도를 해석할 때 불안 증상보다는 정서적 혼란의 경험을 강조할 것이다.

우울

John이 A-dep 내용 척도에서 임상적으로 유의한 점수(T=79)를 얻은 것은 슬프고 우울할 가능성이 있음을 시사한다. A-dep의 내용 소척도를 검토한 결과 자기 비하(A-dep2) 및 동기 결여(A-dep3)에 대한 보고가 이 척도를 상승시킨 것으로 나타났다. 이 점수는 그가 자기 자신과 삶의 방향에 불만을 느낀다고 보고하며 동기부여에 어려움을 겪고 있음을 시사한다. 중요한 것은 John이 명백한 자살 관련 내용이 포함된 MMPI-A 척도인 A-dep4 내용 소척도의 두 문항에도 응답했다는 것이다. John이 응답한 A-dep4 문항은 무망감을 반영하며 자살 위험성 평가가 실시되어야 함을 시사한다.

신체적 염려

John은 건강 관련 문제를 보이지 않을 것이다(척도 1 =54T; A-hea =50T).

정신증적 증상

John은 임상 척도 6과 8(모두 T =52), A-biz 내용 척도 및 PSYC PSY-5 척도(각각 T =41, 46)에서 평균 T 점수를 얻었기 때문에 정신증적 증상에 대한 염려를 보이지 않을 것이다.

낮은 자존감

A-lse 내용 척도에서 John의 T 점수 62점은 그가 부정적인 자기개념을 가질 가능성이 있으며 다른 사람보다 자신을 부정적으로 볼 수 있음을 나타낸다. 낮은 자존감의 추가 증거는 척도 7과 A-dep의 높은 점수에서 나온다.

분노

John은 분노의 몇 가지 주요 지표에서 높은 점수를 받았다(즉 척도 4 =83T, 척도 9 =62T; A-ang 내용 척도=74T; AGGR PSY-5 척도=65T). 그는 다른 사람에게 짜증을 내고 조바심을 느끼며 화를 자제하는 데 문제가 있을 가능성이 있다. A-con 내용 척도(T =72)와 함께 이러한 척도의 상승은 John의 분노가 직접적이고 잘 통제되지 않는 방식으로 표출될 수 있음을 시사한다. 그는 다른 사람에게 언어적, 신체적으로 공격적일 가능성이 있다. 또한 Pd1(가정 불화) Harris-Lingoes 소척도(T =80)와 A-fam 내용 척도(T =64)에서의 높은 점수를 감안할 때 그의 분노는 가족, 특히 부모에게 향할 수 있다.

행동화

John의 MMPI-A 점수에는 행동화에 대한 강력한 지표가 있다. 그는 척도 4(T =83)와 9(T =62), Ma1 Harris-Lingoes 소척도(T =73), A-con 내용 척도(T =72), DISC PSY-5 척도(T =71)를 포함하여 행동화의 주요 지표 대부분에서 높거나 임상적으로 유의한 점수를 받았다.

John은 다양한 행동화와 비행을 보일 가능성이 있다. 그는 자신이 싫어하는 권위적 대상과 불화를 일으키기 쉽다. 또한 적대적, 반항적, 자극추구적, 충동적인 방식으로 행동할 가능성이 있다.

학교 문제

John은 A-sch 내용 척도에서 평균 점수(T=48)를 얻었으며, 이는 그가 학교에서 문제를 겪고 있다고 표현하지 않았음을 시사한다. 그러나 그는 학업성취 및 적절한 학교행동의 문제를 시사하는 몇 가지 다른 척도에서 높은 점수를 받았다. 예를 들어 A-dep(T=79) 및 A-lse(T=62) 내용 척도의 높은 점수는 학교 성적에 영향을 미칠 수 있는 동기부여와 의사결정의 문제를 나타낼 수 있다. 임상 척도 4(T=83)와 DISC PSY-5 척도(T=71)의 높은 점수는 학교 장면에서 적절하게 행동하는 능력에 영향을 줄 수 있는 충동성과 권태 감내력에 어려움을 나타낸다.

알코올/약물 문제

물질 남용 문제에 관한 자료는 혼재되어 있다. ACK 척도의 59T 점수는 그가 문제적 물질 사용을 인정하지 않는다는 것을 나타낸다. MAC-R의 59T 점수도 물질 관련 문제에 부합하지 않는다. 그러나 John은 알코올 및 다른 물질을 사용한 것과 관련된 몇 가지 결정 문항에 응답했으며, PRO 척도의 67T 점수는 물질 남용 문제에 대한 우려를 제기한다. 이 척도는 물질 남용을 직접 다루는 문항을 포함하지 않으며, 문항은 가정과 학교 문제, 반사회적 행동과 신념, 또래 집단의 영향을 포함한 광범위한 내용을 다룬다는 것을 인지해야 한다. 그럼에도 불구하고 이러한 반응 패턴을 고려할 때 John은 물질 관련 문제에 대해 추가 평가를 받아야 한다.

대인관계

John은 외향적이고 사교적인 청소년일 가능성이 있다(척도 4=83T, 척도 9=62T). 그러나 John은 또한 다른 사람들로부터 소외감을 느끼고(Pd4 Harris-Lingoes 소척도=69T) 타인을 신뢰할 수 없다고 보고한다(A-cyn 내용 척도=65T). Pd1 Harris-Lingoes 소척도(T=80)와 A-fam 내용 척도(T=64)에서 높은 점수를 받았기 때문에 그의 대인관계 어려움은 가족관계에서 특히 두드러진다. 이들 척도의 높은 점수는 그가 자신의 가족을 사랑과 이해가 부족한 것으로 묘사했음을 나타낸다. 그의 가족은 또한 높은 수준의 갈등과 제한된 긍정적 의사소통을 보일 가능성이 있다.

신체적 또는 성적 학대

John은 과거 연구에서 각각 신체적 및 성적 학대 과거력과 연관된 임상 척도 4와 7에서 높은 점수를 받았다. 점수나 반응 문항에는 John이 성적 또는 신체적 학대를 당했음을 시사하는 다른 신호가 없었다. 이런 경험의 가능성은 평가 중 다른 정보 출처에서 수집한 자료를 사용하여 추가로 평가해야 한다.

강점

MMPI-A는 문제 및 정신병리 지향적 도구여서 척도와 관련된 긍정적 특성에 대한 정보가 많지 않다. 그러나 MMPI-A 점수에 근거하여 John의 강점에 대한 몇 가지 이차 추론이 가능하다. 척도 4(T=83)와 9(T=62)의 높은 점수는 John이 사회적 활동 및 다른 사람과 어울리는 것을 좋아할 가능성을 시사한다. 이러한 사교성은 우울한 기분을 완화하는 것 외에도 긍정적인 관계를 발전시키는 데 도움이 되는 의미 있고 친사회적인 활동 참여를 촉진할 수 있다. 또한 그의 점수를 통해 그렇지 않음을 시사하는 것들에 대해 논의할 수도 있다. 예를 들어 John은 건강 문제나 정신증적 증상을 보일 가능성이 없다.

진단적 고려사항

John의 MMPI-A 점수는 여러 진단과 일치한다. 임상 척도 4(T=83)와 9(T=62), A-con 내용 척도(T=72), AGGR(T=65) 및 DISC(T=71) PSY-5 척도에서 높은 점수는 품행장애 또는 적대적 반항장애와 같은 외현화장애 진단과 일치한다. 그가 알코올 또는 다른 물질 문제를 인정하지 않고 있지만, PRO 척도(T=67)에서 임상적으로 높은 점수는 물질 관련 진단을 배제할 수 없음을 시사한다. 척도 7(T=62)과 A-dep 내용 척도(T=79)에서 높은 점수는 우울장애 또는 기분 부전 장애 진단과 일치한다. 우울장애 진단은 또한 자신(예 : A-lse=62T), 타인(예 : A-cyn=65T), 미래(예 : A-dep4=64T)에 대한 부정적인 관점을 보고한 것으로 지지될 수 있다. 마지막으로 청소년기 우울한 기분 문제는 종종 분노와 짜증으로 나타나는 것을 감안할 때, A-ang 내용 척도(T=74)와 AGGR PSY-5 척도(T=65)의 높은 점수는 우울장애 진단을 뒷받침할 수도 있다.

치료적 함의

우울한 기분 문제의 반복경험(척도 7=62T; A-dep=79T, A-lse=62T), 화내고(A-ang= 74T) 공격적이고(척도 4=83T, 척도 9=62T; A-con=72T; AGGR=65T) 충동적인(DISC= 71T) 행동의 증가 패턴, 악화되는 가족관계(A-fam=64T)는 John이 심리치료의 도움을 받을 수 있음을 시사한다. 그가 상당한 정서적 혼란을 겪었다고 보고한 것을 감안할 때(예 : 척도 7) 그는 치료를 받으려 할 수 있다. MMPI-A 실시에서 문제와 어려움을 기꺼이 인정하고(F1= 52T, F2=52T, F=52T) 방어적이지 않은 모습(L=37T, K=44T)은 그가 치료를 통해 문제를 상의할 의사가 있음을 시사한다. 그러나 그는 냉소적인 태도(A-cyn=65T)와 권위자에 대한 불신(척도 4=83T; A-con=72T)으로 인해 치료자와 긍정적인 관계를 발전시키는 데 어려움을 겪을 수 있다. 그가 생각하기에 치료자가 그의 부모와 강한 동맹을 맺거나 부모가 가족갈등(A-fam=64T)에 대한 그의 관점을 무시하는 경우에도 그는 어려움을 겪을 수 있다. 무망감과 의욕 저하 경험(예 : A-dep=79T)은 또한 치료에 참여하는 능력에 영향을 미칠 수 있으며, 그는 자신의 문제를 다룰 수 없고 삶에서 긍정적인 변화를 만들 수 없다고 느낄 수 있다(A-trt=81T).

치료의 초기 목표는 John의 심리적 고통의 경험을 줄이는 것이어야 한다. 그가 무망감을 느끼고 삶이 가치가 없다고 인정했기 때문에(A-dep4=64T; 관련 결정적 문항 4개) 자세한 자살 위험 평가가 필요하다. 자살행동의 위험을 증가시킬 수 있다는 점에서 John의 높은 충동성(DISC=71T)은 특히 중요할 것이다. 희망과 동기를 고취시키기 위해 삶의 의미 있는 변화를 만들 수 있다는 것을 깨닫게 하는 것도 중요할 것이다. 그런 다음 치료는 John의 우울과 분노 문제(척도 7=62T; A-dep=79T, A-ang=74T)를 다루어야 하며, 이는 외현화 및 공격적 행동 패턴의 증가에 기여한 것으로 보인다(척도 4=83T, 척도 9=62T; A-con=72T; PRO=67T; AGGR=65T). John의 분노와 공격성은 주로 부모에게 향했기 때문에(A-fam= 64T), John의 개인치료 초기 단계에 부모를 참여시키는 것을 신중하게 고려해야 한다. 대신에 가족치료 또는 부모교육 및 지원 개입에 대한 별도의 의뢰가 필요할 수 있다. John과 작업하는 동안 치료자는 John의 냉소적 태도(A-cyn=65T), 권위자에 대한 불신(척도 4=83T; A-con=72T) 및 동기(A-dep=79T)가 치료과정에 미치는 문제를 관찰해야 한다.

요약

John은 문제와 증상을 인정하는 유효한 방식으로 MMPI-A에 임했다. 그는 우울하고 화를 내는 등 정서적 혼란을 겪고 있다. 그는 자신, 타인, 미래에 대해 부정적인 관점을 가지고 있다. 자살 사고 또는 행동의 위험이 있을 수 있다. John은 또한 분노와 공격적인 폭발, 물질 남용 가능성을 포함한 외현화행동 때문에 어려움을 겪는다. 그는 다른 사람들, 특히 그의 부모와 다른 권위자를 이해심이 없거나 지지적이지 않은 것으로 본다. 이러한 지각은 분노, 분개, 반항심에 기여하는 것으로 보인다.

그의 MMPI-A 점수에 가장 일치하는 진단은 우울장애 또는 기분 부전 장애와 청소년기 발병 품행 문제이다. 물질 관련 문제가 있는 청소년들도 응답한 일부 문항에 대한 그의 반응은 물질사용장애 가능성 또한 추가로 평가해야 함을 시사한다.

우울하고 과민한 기분 문제의 반복, 외현화행동 패턴의 증가, 높은 수준의 가족갈등은 그에게 심리적 개입이 필요함을 나타낸다. 그는 심한 고통 때문에 도움의 필요성을 느끼면서도 유의미한 긍정적 변화를 만들 수 없을 것이라고 믿는 등 치료에 다소 양가적일 가능성이 있다. 치료의 주된 목표는 심리적 혼란을 줄이는 것이다. 높은 수준의 무망감과 충동적인 경향 때문에 자살 위험 감시는 치료의 일부가 되어야 한다. 치료자와 John은 그의 우울경험을 다루어야 하며, 이러한 문제가 그가 관여하는 외현화행동에 기여하고 있는지 판단해야 한다. 그는 또한 부모와의 갈등관계를 잘 다루도록 지원을 받을 수 있다.

제14장 부록

MMPI®-A
미네소타 다면적 인성검사®-청소년용
확장형 점수 보고서

ID 번호 :	John
연령 :	16
성별 :	남
평가 일시 :	11/23/2015

ALWAYS LEARNING   PEARSON

MMPI-A 타당도 및 임상 척도 프로파일

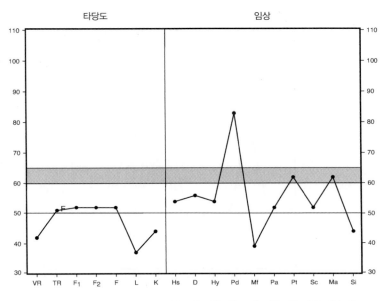

	VR	TR	F₁	F₂	F	L	K	Hs	D	Hy	Pd	Mf	Pa	Pt	Sc	Ma	Si
원점수 :	2	9	5	6	11	0	10	10	23	23	34	17	14	27	26	27	21
T 점수 :	42	51	52	52	52	37	44	54	56	54	83	39	52	62	52	62	44
응답률 :	100	100	100	100	100	100	100	100	100	100	100	100	100	100	100	100	100

무응답(원점수) :   0
긍정응답비율 :   55
부정응답비율 :   45
Welsh 코드 :   4"'+79-213 68/0:5# F/K:L#

MMPI-A 내용 척도 프로파일

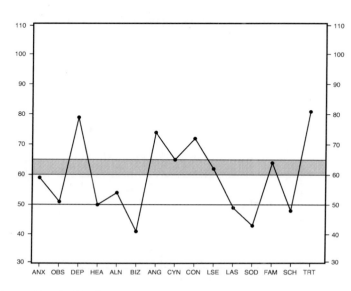

	ANX	OBS	DEP	HEA	ALN	BIZ	ANG	CYN	CON	LSE	LAS	SOD	FAM	SCH	TRT
원점수 :	12	8	20	8	8	1	14	18	17	9	6	5	19	6	19
T 점수 :	59	51	79	50	54	41	74	65	72	62	49	43	64	48	81
응답률 :	100	100	100	100	100	100	100	100	100	100	100	100	100	100	100

MMPI-A 보충 및 성격병리 5요인(PSY-5) 척도 프로파일

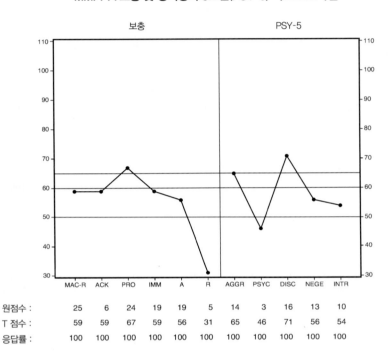

	MAC-R	ACK	PRO	IMM	A	R	AGGR	PSYC	DISC	NEGE	INTR
원점수 :	25	6	24	19	19	5	14	3	16	13	10
T 점수 :	59	59	67	59	56	31	65	46	71	56	54
응답률 :	100	100	100	100	100	100	100	100	100	100	100

추가 척도

HARRIS-LINGOES 소척도	원점수	T 점수	응답률
우울증 소척도			
주관적 우울감(D_1)	17	70	100
정신운동 지체(D_2)	5	51	100
신체적 기능 장애(D_3)	5	62	100
둔감성(D_4)	7	64	100
깊은 근심(D_5)	7	71	100
히스테리 소척도			
사회적 불안의 부인(Hy_1)	4	55	100
애정 욕구(Hy_2)	3	41	100
권태-무기력(Hy_3)	12	81	100
신체증상 호소(Hy_4)	2	43	100
공격성의 억제(Hy_5)	1	36	100
반사회성 소척도			
가정 불화(Pd_1)	9	80	100
권위 불화(Pd_2)	4	54	100
사회적 침착성(Pd_3)	5	61	100
사회적 소외(Pd_4)	8	65	100
내적 소외(Pd_5)	9	69	100
편집증 소척도			
피해의식(Pa_1)	7	60	100
예민성(Pa_2)	4	55	100
순진성(Pa_3)	2	40	100
조현병 소척도			
사회적 소외(Sc_1)	10	62	100
정서적 소외(Sc_2)	4	59	100
자아통합 결여-인지적(Sc_3)	3	50	100
자아통합 결여-동기적(Sc_4)	8	65	100
자아통합 결여-억제부전(Sc_5)	2	43	100
기태적 감각 경험(Sc_6)	2	41	100
경조증 소척도			
비도덕성(Ma_1)	6	73	100
심신운동 항진(Ma_2)	7	52	100
냉정함(Ma_3)	5	62	100
자아팽창(Ma_4)	3	42	100

	원점수	T 점수	응답률
내향성 소척도(Ben-Porath, Hostetler, Butcher, & Graham)			
수줍음/자의식(Si_1)	2	36	100
사회적 회피(Si_2)	2	47	100
내적/외적 소외(Si_3)	11	60	100
내용 소척도(Sherwood, Ben-Porath, & Williams)			
청소년 우울			
기분 부전(A-dep_1)	2	55	100
자기 비하(A-dep_2)	4	66	100
동기 결여(A-dep_3)	7	80	100
자살 사고(A-dep_4)	2	64	100
청소년 건강염려			
소화기 증상(A-hea_1)	0	46	100
신경학적 증상(A-hea_2)	4	50	100
일반적인 건강염려(A-hea_3)	2	51	100
청소년 소외			
이해받지 못함(A-aln_1)	4	64	100
사회적 소외(A-aln_2)	0	38	100
대인관계 회의(A-aln_3)	2	56	100
청소년 기태적 정신상태			
정신증적 증상(A-biz_1)	0	38	100
편집증적 사고(A-biz_2)	1	53	100
청소년 분노			
폭발적 행동(A-ang_1)	6	66	100
성마름(A-ang_2)	7	64	100
청소년 냉소적 태도			
염세적 신념(A-cyn_1)	11	62	100
대인 의심(A-cyn_2)	7	61	100
청소년 품행 문제			
표출 행동(A-con_1)	8	70	100
반사회적 태도(A-con_2)	7	68	100
또래집단의 부정적 영향(A-con_3)	0	41	100
청소년 낮은 자존감			
자기 회의(A-lse_1)	8	69	100
순종성(A-lse_2)	1	46	100

	원점수	T 점수	응답률
청소년 낮은 포부			
낮은 성취성(A-las$_1$)	4	53	100
주도성 결여(A-las$_2$)	2	49	100
청소년 사회적 불편감			
내향성(A-sod$_1$)	3	46	100
수줍음(A-sod$_2$)	2	40	100
청소년 가정 문제			
가정 불화(A-fam$_1$)	13	63	100
가족내 소외(A-fam$_2$)	5	63	100
청소년 학교 문제			
학교 품행 문제(A-sch$_1$)	0	41	100
부정적 태도(A-sch$_2$)	4	57	100
청소년 부정적 치료 지표			
낮은 동기(A-trt$_1$)	7	67	100
낮은 자기 개방(A-trt$_2$)	6	65	100

동형 T 점수는 Hs, D, Hy, Pd, Pa, Pt, Sc, Ma 임상 척도, 내용 척도, 내용 소척도, PSY-5 척도에 사용된다. 나머지 척도 및 소척도는 선형 T 점수를 사용한다.

결정적 문항(Forbey & Ben-Porath)

MMPI-A에는 이상반응으로 응답할 때 심리적 문제의 존재를 나타낼 수 있는 내용이 담긴 문항이 다수 포함되어 있다. 임상 장면에서 사용하기 위해 개발된 이러한 '결정적 문항'은 응답자에 대한 가설의 추가 출처를 제공할 수 있다. 그러나 단일 문항에 대한 반응은 매우 신뢰할 수 없고 전체 문항 척도의 점수로 간주해서는 안 되므로 결정적 문항을 해석할 때는 주의를 기울여야 한다. 예를 들어 쉽게 잘못 표기하거나 단일 문항을 오해해서 해당 응답을 의도하지 않았을 가능성이 있다. 문항 내용과 오해석의 가능성 때문에 검사 결과를 철저히 기밀로 유지하는 것이 중요하다. 비임상 장면에서 이러한 문항을 해석할 때는 각별히 주의해야 한다.

공격성
  문항 번호 및 내용 생략(그렇다)

불안
  문항 번호 및 내용 생략(그렇다)

품행 문제
  문항 번호 및 내용 생략(그렇다)
  문항 번호 및 내용 생략(아니다)
  문항 번호 및 내용 생략(그렇다)

우울/자살 사고
  문항 번호 및 내용 생략(아니다)
  문항 번호 및 내용 생략(그렇다)
  문항 번호 및 내용 생략(그렇다)
  문항 번호 및 내용 생략(그렇다)

가정 문제
  문항 번호 및 내용 생략(아니다)

자기폄하
  문항 번호 및 내용 생략(그렇다)
  문항 번호 및 내용 생략(그렇다)
  문항 번호 및 내용 생략(그렇다)
  문항 번호 및 내용 생략(그렇다)

신체증상
  문항 번호 및 내용 생략(아니다)

약물 사용/남용
  문항 번호 및 내용 생략(그렇다)
  문항 번호 및 내용 생략(아니다)
  문항 번호 및 내용 생략(그렇다)

주의 : 실제 보고서에는 문항 번호와 내용이 포함된다. 검사 보안을 위해 이 보고서에는 문항 세부 정보가 표시되지 않는다.

보고서 종료

주의 : 본 보고서의 이 페이지와 이전 페이지에는 영업 비밀이 포함되어 있으며 HIPAA(또는 영업 비밀 정보 공개를 면제하는 기타 자료 공개법)에 따른 요청으로 공개되지 않는다. 또한 소송 공표에 따른 공개는 해당 직업의 윤리적 지침과 적절한 보호 명령에 따라서만 이루어져야 한다.

문항별 반응

```
  1: 1    2: 2    3: 2    4: 1    5: 2    6: 1    7: 1    8: 1    9: 2   10: 1
 11: 2   12: 2   13: 1   14: 1   15: 1   16: 1   17: 2   18: 1   19: 1   20: 1
 21: 2   22: 2   23: 1   24: 1   25: 2   26: 1   27: 2   28: 1   29: 2   30: 2
 31: 1   32: 1   33: 2   34: 1   35: 1   36: 1   37: 2   38: 1   39: 2   40: 1
 41: 2   42: 1   43: 1   44: 2   45: 2   46: 1   47: 2   48: 1   49: 2   50: 1
 51: 1   52: 2   53: 1   54: 2   55: 1   56: 2   57: 2   58: 2   59: 2   60: 1
 61: 2   62: 2   63: 2   64: 1   65: 1   66: 2   67: 2   68: 1   69: 1   70: 1
 71: 2   72: 2   73: 1   74: 1   75: 1   76: 2   77: 1   78: 1   79: 2   80: 2
 81: 2   82: 2   83: 2   84: 2   85: 2   86: 1   87: 2   88: 1   89: 1   90: 1
 91: 2   92: 2   93: 2   94: 1   95: 2   96: 1   97: 2   98: 1   99: 1  100: 2
101: 2  102: 1  103: 1  104: 1  105: 1  106: 2  107: 1  108: 2  109: 1  110: 1
111: 1  112: 1  113: 1  114: 2  115: 1  116: 1  117: 1  118: 1  119: 2  120: 1
121: 2  122: 1  123: 1  124: 1  125: 1  126: 1  127: 1  128: 2  129: 2  130: 1
131: 2  132: 2  133: 1  134: 2  135: 2  136: 2  137: 2  138: 1  139: 2  140: 1
141: 2  142: 2  143: 2  144: 2  145: 1  146: 2  147: 1  148: 2  149: 1  150: 1
151: 2  152: 1  153: 1  154: 2  155: 2  156: 1  157: 1  158: 1  159: 2  160: 2
161: 2  162: 1  163: 2  164: 2  165: 2  166: 1  167: 1  168: 1  169: 1  170: 2
171: 1  172: 1  173: 2  174: 2  175: 2  176: 1  177: 2  178: 2  179: 1  180: 1
181: 1  182: 1  183: 1  184: 1  185: 1  186: 2  187: 2  188: 1  189: 1  190: 2
191: 1  192: 1  193: 1  194: 1  195: 1  196: 1  197: 1  198: 1  199: 2  200: 1
201: 1  202: 2  203: 1  204: 2  205: 1  206: 1  207: 2  208: 1  209: 1  210: 1
211: 1  212: 2  213: 1  214: 2  215: 2  216: 1  217: 1  218: 2  219: 1  220: 2
221: 1  222: 1  223: 1  224: 1  225: 1  226: 2  227: 2  228: 1  229: 1  230: 1
231: 2  232: 1  233: 1  234: 1  235: 2  236: 2  237: 2  238: 1  239: 1  240: 1
241: 1  242: 1  243: 1  244: 1  245: 1  246: 2  247: 1  248: 1  249: 2  250: 2
251: 2  252: 1  253: 1  254: 1  255: 1  256: 1  257: 2  258: 1  259: 1  260: 1
261: 1  262: 1  263: 1  264: 2  265: 1  266: 2  267: 2  268: 1  269: 1  270: 2
271: 1  272: 2  273: 2  274: 2  275: 2  276: 2  277: 1  278: 2  279: 1  280: 1
281: 1  282: 2  283: 2  284: 1  285: 1  286: 1  287: 2  288: 2  289: 2  290: 2
291: 2  292: 1  293: 1  294: 1  295: 1  296: 2  297: 2  298: 2  299: 2  300: 2
301: 2  302: 2  303: 2  304: 2  305: 1  306: 1  307: 2  308: 1  309: 2  310: 2
311: 1  312: 1  313: 2  314: 1  315: 2  316: 2  317: 1  318: 1  319: 2  320: 1
321: 2  322: 2  323: 1  324: 1  325: 1  326: 2  327: 2  328: 1  329: 1  330: 1
331: 1  332: 2  333: 2  334: 1  335: 1  336: 1  337: 2  338: 1  339: 1  340: 1
341: 1  342: 2  343: 2  344: 1  345: 2  346: 1  347: 1  348: 1  349: 1  350: 2
351: 2  352: 2  353: 2  354: 2  355: 2  356: 1  357: 1  358: 1  359: 1  360: 1
361: 1  362: 2  363: 2  364: 2  365: 2  366: 2  367: 1  368: 2  369: 1  370: 1
371: 1  372: 1  373: 1  374: 1  375: 1  376: 1  377: 1  378: 1  379: 1  380: 2
381: 2  382: 1  383: 2  384: 2  385: 2  386: 1  387: 1  388: 2  389: 2  390: 2
391: 1  392: 1  393: 1  394: 1  395: 2  396: 1  397: 1  398: 2  399: 1  400: 2
401: 1  402: 2  403: 1  404: 2  405: 2  406: 1  407: 2  408: 2  409: 2  410: 2
411: 2  412: 1  413: 2  414: 1  415: 1  416: 1  417: 2  418: 2  419: 1  420: 1
421: 2  422: 2  423: 2  424: 2  425: 2  426: 1  427: 1  428: 2  429: 2  430: 2
```

431: 2 432: 1 433: 2 434: 2 435: 1 436: 2 437: 1 438: 1 439: 2 440: 1
441: 2 442: 1 443: 2 444: 1 445: 2 446: 2 447: 1 448: 2 449: 1 450: 1
451: 2 452: 1 453: 1 454: 1 455: 1 456: 1 457: 1 458: 2 459: 2 460: 1
461: 1 462: 1 463: 2 464: 1 465: 1 466: 2 467: 1 468: 2 469: 1 470: 2
471: 2 472: 1 473: 2 474: 2 475: 2 476: 1 477: 2 478: 2

CHAPTER **15**

MMPI-A-RF

MPI-A-RF는 청소년용으로 만들어진 MMPI 최신 버전이다. MMPI-A-RF의 개발은 2007년에 시작되었으며(Archer, 2017; Archer et al., 2016), 과정상 성인용 검사의 재구성판인 MMPI-2-RF를 모델로 만들어졌다(Ben-Porath & Tellegen, 2008/2011; Tellegen & Ben-Porath, 2008/2011). 이 접근방식을 취하게 된 이유는 원판 MMPI-A 임상 척도를 유지하기로 한 결정으로 인해 성인용 검사의 개정판인 MMPI-2와 동일한 심리측정 적 문제가 많이 발생했기 때문이다(Butcher et al., 2001). 즉, 각 임상 척도는 이질적인 문항 내용이 포함되어 있고 척도 간 상호 상관성이 높아서 척도 점수에 수렴 및 변별 타당도 문제 가 발생한 것이다(Archer et al., 2016; Tellegen et al., 2003).

제7장에서 설명한 바와 같이 성인용 검사의 심리측정적 문제를 해결하기 위해 Tellegen과 동료들(2003)은 9개의 재구성 임상(RC) 척도를 개발하는 것으로 시작했다. 이 척도들은 원판 임상 척도의 장점을 유지하되 심리측정상 보다 최적의 방식으로 MMPI-2 문항군의 임 상적으로 의미 있는 변량을 반영하기 위한 것이었다. 척도 개발과정의 결과, 의기소침 척도 (즉 RCd) 및 원판 MMPI 임상 척도의 주요 요소를 측정하는 8개 척도(즉 RC1~RC9)가 만 들어졌다. RC 척도가 완성된 후 Tellegen과 Ben-Porath(2008/2011)는 MMPI-2 문항군을 사 용하여 다른 중요한 구성개념을 평가하는 심리측정상 효율적인 추가 척도를 개발하고자 했 다. 이러한 노력의 결과 MMPI-2-RF가 만들어졌으며(Ben-Porath & Tellegen, 2008/2011; Tellegen & Ben-Porath, 2008/2011) 이는 제12장에 설명되어 있다. 해당 장에서 검토한 바와

같이 MMPI-2-RF의 척도 점수는 광범위하게 연구되었으며 다양한 장면에서 척도의 타당성을 입증하는 강력한 증거가 있다(Sellbom, 2019).

　　MMPI-2-RF 개발 절차의 성공을 고려하여 Archer 등(2016)은 MMPI-A-RF를 개발할 때 유사한 재구성 절차를 사용하기로 결정했다. 구체적으로 일차 목표는 의기소침 공통 요인, 중복 문항, 내용 다차원성을 제거하여 척도 점수 간 높은 상호 상관성을 줄이는 것이었다. 이차 목표는 청소년이 478문항의 MMPI-A를 작성할 수 있는지에 대한 우려로 인해 재구성판 검사의 문항 수를 줄이는 것이었다. 또한 Archer 등(2016)은 MMPI-A-RF와 MMPI-2-RF 사이에 어느 정도의 유사성을 유지하고자 노력했다. 이러한 목표를 염두에 두고 검사 개발자는 의기소침 측정치 및 각 임상 척도의 핵심 구성요소를 측정하는 척도(척도 5와 0 제외)를 포함하여 MMPI-A-RF RC 척도 개발에 착수했다. 그런 다음 MMPI-A 문항군을 사용하여 측정할 수 있는 다른 중요한 구성개념을 평가하는 새로운 주요 척도와 반응유형을 평가하는 타당도 척도 및 부적응적 성격특질을 평가하는 주요 척도의 개정판을 추가로 개발했다.

　　방금 설명한 개발 절차의 결과가 MMPI-A-RF이며, 이 도구는 14세에서 18세 사이의 청소년을 대상으로 하는 241개 문항의 검사로, 위계 구조로 배열된 6개 타당도 척도 및 42개 주요 척도를 포함하고 있다. 이 척도의 성인 버전에서 수정한 9개의 RC 척도는 MMPI-A-RF의 핵심을 나타낸다. RC 척도 외에 5개의 개정된 MMPI-A 타당도 척도, 1개의 새로운 타당도 척도, 3개의 새로운 상위차원(H-O) 척도, 25개의 새로운 특정 문제(SP) 척도, 개정된 성격병리 5요인(PSY-5) 척도가 보강되었다. 표 15.1에 48개의 MMPI-A-RF 척도가 모두 제시되어 있다.

표 15.1　MMPI-A-RF 척도

타당도 척도
　VRIN-r　　　　　　　　　무선반응 비일관성
　TRIN-r　　　　　　　　　고정반응 비일관성
　CRIN　　　　　　　　　　반응 비일관성
　F-r　　　　　　　　　　　비전형 반응
　L-r　　　　　　　　　　　흔치 않은 도덕적 반응
　K-r　　　　　　　　　　　적응 타당도

상위차원 척도
　EID　　　　　　　　　　　정서적/내재화 문제
　THD　　　　　　　　　　　사고 문제
　BXD　　　　　　　　　　　행동적/외현화 문제

재구성 임상 척도
    RCd   의기소침
    RC1   신체증상 호소
    RC2   낮은 긍정 정서
    RC3   냉소적 태도
    RC4   반사회적 행동
    RC6   피해의식
    RC7   역기능적 부정 정서
    RC8   기태적 경험
    RC9   경조증적 상태

특정 문제 척도
    신체/인지 증상 SP 척도
        MLS   신체적 불편감
        GIC   소화기 증상 호소
        HPC   두통 호소
        NUC   신경학적 증상 호소
        COG   인지적 증상 호소
    내재화 SP 척도
        HLP   무력감/무망감
        SFD   자기 회의
        NFC   효능감 결여
        OCS   강박사고/행동
        STW   스트레스/걱정
        AXY   불안
        ANP   분노 경향성
        BRF   행동 제약 공포
        SPF   특정 공포
    외현화 SP 척도
        NSA   학교에 대한 부정적 태도
        ASA   반사회적 태도
        CNP   품행 문제
        SUB   약물 남용
        NPI   또래의 부정적 영향
        AGG   공격 성향
    대인관계 SP 척도
        FML   가족 문제
        IPP   대인관계 수동성
        SAV   사회적 회피
        SHY   수줍음
        DSF   관계 단절

성격병리 5요인 척도
    AGGR-r   공격성
    PSYC-r   정신증
    DISC-r   통제 결여
    NEGE-r   부정적 정서성/신경증
    INTR-r   내향성/낮은 긍정적 정서성

누가 MMPI-A-RF 검사를 받을 수 있는가?

MMPI-A-RF는 14세와 18세 사이의 청소년에게 사용하도록 만들어졌다(Archer et al., 2016). MMPI의 성인용과 청소년용 모두 18세에게 사용할 수 있으므로 임상가는 각 18세에게 가장 적절한 검사를 결정해야 한다. 일반적으로 성인용은 대학에 재학 중이거나 독립적으로 생활하는 성숙한 18세에게 사용해야 한다. 청소년용 MMPI의 사용은 독립적인 생활방식을 택하지 않은 18세에게 권장된다. 이러한 권고안은 MMPI-A에 대해 수행된 연구(예 : Shaevel & Archer, 1996)를 기반으로 하며, MMPI-A-RF에 대해 이러한 제안이 변경되어야 한다고 믿을 이유가 없다. MMPI-A 또는 MMPI-A-RF 중 어떤 MMPI를 실시해야 하는지를 결정하는 것은 평가 상황과 임상가의 필요에 따라 달라질 것이다. 청소년 평가에 사용되는 이 두 검사의 장단점은 이 장의 뒷부분에서 설명할 것이다.

MMPI-A-RF의 규준은 14세에서 18세까지만 포함하는 MMPI-A에 대해 수집된 규준에 근거한다. 따라서 이 검사는 14세 이상의 청소년에게 사용하도록 승인된 것이다. 그러나 MMPI-A에 대한 이전 연구(예 : Janus et al., 1996)에 근거하여 Archer(2017)는 12세 또는 13세 청소년이 적절한 독해력과 삶의 경험을 갖추고 있어 심리적, 의미론적으로 문항 내용을 의미 있게 해석할 수 있다면 실시가 가능하다고 주장했다. 두 가지 기준 중 후자의 경우는 많은 평가 장면의 청소년들이 거의 충족시키지 못하는 것으로 생각된다. 따라서 검사 실시에 대한 추가 연구가 있을 때까지 12세 및 13세 청소년에게는 MMPI-A-RF를 매우 주의하여 실시할 것을 권장한다. 또한 이처럼 표준화된 실시 요건에서 벗어난 경우 MMPI-A-RF 해석 시 주의해야 한다.

MMPI-A-RF 척도의 개발

척도 개발 및 타당화에 사용된 표본

MMPI-A-RF 척도는 MMPI 제품군의 판매자인 Pearson Assessments에서 제공한 보관 자료를 사용하여 개발되었다(Archer et al., 2016). 전체 개발 표본은 입원($n=419$), 외래($n=11,699$), 교정($n=1,756$), 학교($n=1,254$) 장면에서 검사받은 1만 5,000명 이상의 청소년으로 구성되었다. 이 표본에는 평균 연령이 15.61세(표준편차=1.80)인 남학생 9,286명과 여학생 5,842명이 있었다. 대규모 표본은 발달적 요인이 척도 구조에 미치는 영향을 확인할 수 있도록 연령별로 계층화했다.

척도 개발 후 여러 표본 자료를 사용하여 척도의 심리측정적 속성을 기술했다. 먼저 방금 기술된 대규모 표본 내의 특정 장면별 하위 표본 자료를 사용하여 일부 척도에 대한 기술통계뿐만 아니라 내적 일관성 계수, 측정표준오차(SEM), MMPI-A와 MMPI-A-RF 척도 점수 간 상관계수를 분석했다. MMPI-A 하위 규준 집단으로 구성된 MMPI-A-RF 규준 집단 자료($N=1,610$)를 사용하여 유사한 분석을 실시하고 그 결과를 제시했다. MMPI-A-RF 규준 집단은 이 장의 뒷부분에 더 자세히 설명되어 있다. MMPI-A 규준 집단의 일부 청소년은 약 7일 간격으로 두 차례에 걸쳐 검사를 실시했다. 이 청소년 자료($n=154$)를 사용하여 MMPI-A-RF 척도 점수에 대한 검사-재검사 신뢰도를 제시했다. 마지막으로 척도 개발에 사용되지 않은 여러 표본 자료를 사용하여 척도 점수의 타당성에 대한 초기 근거를 제공했다. 이 표본에는 정신과 입원 환자 표본($N=302$), 주거치료시설 표본($N=372$), 2개의 법정 표본(각각 $N=521$, 199) 및 의료 표본($N=165$)이 포함되었다. 상기 타당성 표본 자료에는 MMPI-A-RF를 채점할 수 있는 MMPI-A 반응뿐만 아니라 광범위한 외적 준거들이 포함되었다.

타당도 척도

MMPI-A-RF에는 6개의 타당도 척도가 있다. 이 중 5개 척도는 MMPI-A 타당도 척도의 개정판이고 나머지 반응 비일관성(CRIN)은 새로운 척도이다. 개정판 척도 중 일부는 측정 내용을 보다 정확히 기술하기 위해 재구성과정에서 명칭이 변경되었다. 예를 들어 MMPI-A 부인(L) 척도의 경우 높은 점수가 반드시 수검자의 부정직함을 나타낸다는 함의를 줄이기 위해 MMPI-A-RF에서 흔치 않은 도덕적 반응(L-r)으로 명칭이 바뀌었다. 모든 타당도 척도의 원점수는 MMPI-A-RF 규준 집단의 응답에 기초한 선형 T 점수(평균=50, 표준편차=10)로 변환된다. MMPI-A와 마찬가지로 무응답(CNS) 척도 역시 무응답 지표로 사용된다. CNS 점수는 단순히 응답하지 않은 문항 및 '그렇다'와 '아니다' 모두에 응답한 문항의 개수이다.

무선반응 비일관성(VRIN-r), 고정반응 비일관성(TRIN-r), 반응 비일관성(CRIN) 척도

MMPI-A-RF의 VRIN-r, TRIN-r, CRIN 척도는 문항 내용과 무관한 무효 응답을 측정한다. 각각 무선반응 및 고정반응을 측정하는 VRIN-r과 TRIN-r 척도는 MMPI-2-RF의 성인 척도 개발과 동일한 절차를 사용해 구성되었다(제12장 참조). CRIN 척도는 전체 반응 비일관성 지표를 제공할 목적으로 완전히 새롭게 만든 척도이다.

VRIN-r 척도는 27개의 문항반응 쌍으로 구성된다. 척도 채점 시 수검자가 한 쌍의 두 문항에 비일관된 방식으로 반응할 때마다 1점이 부여된다. 예를 들어 수검자가 대체로 아침에 일어나면 상쾌하고 피로가 풀린다고 응답함과 동시에 자주 깨고 수면에 문제가 있다고 응답한다면, VRIN-r 척도에 1점이 부여된다. VRIN-r 원점수는 단순히 문항 쌍에서 비일관되게 반응한 것으로 확인된 개수이다. 원점수는 선형 T 점수로 변환된다. 점수가 높을수록 높은 수준의 비일관적인 반응을 나타낸다. VRIN-r 척도에 대한 해석지침은 이 장의 뒷부분에 제시되어 있다.

TRIN-r 척도는 문항 쌍에 대해 2개의 '그렇다' 또는 2개의 '아니다' 반응이 비일관된 반응을 나타내는 부적 상관의 문항 13쌍으로 구성된다. 예를 들어 수검자가 슬픔에도 응답하고 행복에도 응답한다면 이러한 반응은 비일관되기 때문에 TRIN-r 척도에 1점이 부여된다. TRIN-r 원점수는 문항 쌍에 대한 '그렇다'-'그렇다' 반응 개수에서 '아니다'-'아니다' 반응 개수를 뺀 것이다. 점수가 음수가 되는 것을 방지하기 위해 총합에 원점수 5가 상수로 추가된다. 차이 점수가 클수록 문항 내용과 무관한 방식의 묵종 경향성(찬성)을 나타내는 반면, 차이 점수가 작을수록 문항 내용과 무관한 방식의 역방향 묵종 경향성(반대)을 나타낸다. 차이 점수는 선형 T 점수로 변환되며 50점 미만의 T 점수는 반전된다. 예를 들어 T 점수 40점은 T 점수 60점으로 반영된다. 따라서 TRIN-r T 점수는 50점보다 낮을 수 없다. T 점수가 높을수록 묵종 또는 역방향 묵종 유형의 문항 내용과 무관한 고정반응을 나타내며, 전자는 점수 보고서에서 문자 T로 명시되고 후자는 문자 F로 명시된다. TRIN-r에 대한 해석지침은 이 장의 뒷부분에 제시되어 있다.

CRIN 척도는 VRIN-r과 TRIN-r을 구성하는 40개의 문항반응 쌍으로 이루어져 있다. CRIN은 무선반응과 고정반응을 모두 나타내는 문항 쌍으로 구성되기 때문에 문항 내용과 무관한 무효 응답의 전체 지표로 가장 잘 설명된다. 이 척도는 VRIN-r 및 TRIN-r을 보강하기 위해 MMPI-A-RF에 추가되었는데, 상기 척도들은 다른 MMPI 검사에 비해 MMPI-A-RF의 문항 쌍이 상대적으로 더 적기 때문이다. CRIN 원점수는 VRIN-r 문항 쌍에 대한 비일관된 반응 개수, TRIN-r 문항 쌍에 대한 '그렇다'-'그렇다' 반응 개수 및 '아니다'-'아니다' 반응 개수를 합산하여 계산된다. 원점수는 선형 T 점수로 변환된다. 점수가 높을수록 높은 수준의 문항 내용과 무관한 무효 응답을 나타낸다. CRIN 척도에 대한 해석지침은 이 장의 뒷부분에 제시되어 있다.

비전형 반응(F-r) 척도

F-r 척도는 MMPI-A 비전형(F) 척도의 개정판으로 과대보고를 측정하기 위한 것이다. MMPI-A-RF에서 척도 명칭은 척도 점수가 측정하는 것을 더 잘 기술하기 위해 비전형 반응으로 변경되었다. F-r 척도는 MMPI-A-RF 규준 집단에서 15% 이하의 남녀 청소년 및 MMPI-A-RF 개발 표본에서 20% 이하의 청소년이 응답한 23개 문항으로 구성된다. 이 기준을 충족하는 일부 문항이 검사 개발자가 보기에 중복된 내용을 포함하고 있어 F-r 척도에서 제외되었다. 원점수는 선형 T 점수로 변환되며, 점수가 높을수록 규준 집단 및 척도 개발 표본의 청소년이 거의 응답하지 않은 문항에 더 많이 응답했음을 나타낸다. 극단적으로 높은 점수는 과대보고 반응 유형을 시사한다. F-r 척도에 대한 해석지침은 이 장의 뒷부분에 제시되어 있다.

흔치 않은 도덕적 반응(L-r) 및 적응 타당도(K-r) 척도

L-r 및 K-r 척도는 MMPI-A-RF에서 과소보고를 확인하기 위해 개발되었다. 이 척도들은 MMPI-A L(부인) 및 K(교정) 척도의 개정판을 반영하지만, 비난조의 의미를 줄이거나(L 척도) 척도의 목적을 더 잘 기술하도록(K 척도) 명칭이 변경되었다. L-r 및 K-r 척도는 주로 MMPI-2 과소보고 척도의 요인분석에서 도출된 MMPI-2-RF 해당 척도에 기반했다(제12장 참조). MMPI-A 문항군에서 사용 가능한 MMPI-2-RF L-r 및 K-r 척도의 채점 문항은 상기 척도의 MMPI-A-RF 버전용 초기 씨앗 척도를 만드는 데 사용되었다. 문항 내용을 검토한 결과 예비 문항 중 일부가 척도에서 제외되었다. 최종 MMPI-A-RF L-r 척도는 11문항으로 구성되며, 최종 MMPI-A-RF K-r 척도는 12문항으로 구성된다. L-r 및 K-r 척도의 원점수는 선형 T 점수로 변환된다. 이 두 척도의 점수가 높을수록 높은 수준의 과소보고 가능성이 시사된다. K-r의 높은 점수는 일반적인 증상과 일상적인 문제에 대한 부인을 반영하는 반면, L-r의 높은 점수는 평균적인 청소년의 주장보다 훨씬 도덕적인 행동에 대한 보고를 반영한다. L-r 및 K-r 척도에 대한 해석지침은 이 장의 뒷부분에 제시되어 있다.

상위차원(H-O) 척도

H-O 척도는 MMPI-A-RF 척도로 대표되는 심리적 역기능의 주요 차원을 평가할 뿐만 아니라 해석을 위한 조직적인 구조를 제공하기 위한 것이다. H-O 척도는 먼저 정신과 입원 환자 척도 개발 하위 표본($n=419$)에서 MMPI-A-RF RC 척도의 성분분석을 실시하여 개발되었다(이 장의 뒷부분에서 설명). Archer 등(2016)은 MMPI-2-RF 연구 결과에 근거하여 내재

화, 정신증, 외현화 증상을 반영할 것으로 가정한 세 가지 요소를 확인하고자 했다. 그 결과 가정된 차원을 반영하여 상대적으로 구별되는 세 가지 요소가 제안되었다. 내재화 요소는 RCd(의기소침), RC1(신체증상 호소), RC2(낮은 긍정 정서), RC7(역기능적 부정 정서)으로 구성되었다. 외현화 요소는 RC4(반사회적 행동)와 RC9(경조증적 상태)으로 이루어졌다. 정신증 요소는 RC3(냉소적 태도), RC6(피해의식), RC8(기태적 경험)으로 구성되었지만, RC4에 대한 중등도의 교차부하도 있었다. 이후 구성요소 점수를 도출하여 MMPI-A 문항군에서 H-O 척도 문항을 선정하는 데 사용했다. 한 구성요소와 강한 상관관계가 있지만 다른 구성 요소와는 강한 상관관계가 없는 문항을 선정하여 H-O 척도에 포함시켰다. 이 과정을 통해 정서적/내재화 문제(EID), 사고 문제(THD), 행동적/외현화 문제(BXD)의 세 척도가 개발 되었다. H-O 척도에 대한 해석지침은 이 장의 뒷부분에 제시되어 있다.

재구성 임상(RC) 척도

MMPI-A-RF를 개발할 때 Archer 등(2016)은 성인용 RC 척도가 측정하는 동일한 구성개념 을 반영하는 청소년용 RC 척도를 도입하는 것을 목표로 했다. 성인용 RC 척도는 제7장에서 설명하고 있다. MMPI-A-RF RC 척도의 개발과정은 MMPI-A 문항군에도 포함된 MMPI-A-RF 표적 RC 척도의 채점 문항을 사용하여 씨앗 척도를 개발하는 것으로 시작되었다. 이후 씨앗 척도의 각 문항과 다른 문항들 간의 상관관계(즉 문항-총점의 상관관계)를 조사하고 문항 내용을 합리적으로 검토하여 씨앗 척도를 개선했다.

다음으로 Archer 등(2016)은 성인 버전의 MMPI에서 입증된 것처럼 의기소침이 청소년에 대한 특정 평가를 보장하는 개별 차원인지 확인하고자 했다. 의기소침은 많은 형태의 정신 병리에 공통된 일반적 고통을 반영하는 구성개념이다. 이 목표를 달성하기 위해 각 MMPI-A-RF RC 씨앗 척도별 문항을 RCd에 대한 MMPI-A-RF 씨앗 척도에 포함된 문항과 결합하고 4개의 특정 장면별 개발 하위 표본을 대상으로 일련의 탐색적 요인분석을 실시했다. 분석 결과, 의기소침은 MMPI-A 임상 척도에 걸쳐 공통된 실질 변량의 원천이었으며 결과적으로 MMPI-A-RF RCd 척도를 통해 측정할 가치가 있음이 시사되었다.

각 RC 척도에 대한 씨앗 척도를 식별하고 해당 주요 내용에서 일반적인 고통에 기인한 변 산성을 분리한 다음, 검사 개발자는 척도 개발의 마지막 단계인 문항 수집 작업을 진행했다. 이 단계에서 RC 씨앗 척도 점수는 MMPI-A 문항군을 구성하는 478개 문항 각각과 상관관 계가 있었다. 목표는 씨앗 척도와 강한 수렴 및 변별 상관관계가 있는 문항을 확인하는 것이 었다. 다시 말해 검사 개발자는 특정 RC 씨앗 척도(즉 표적 척도)와 강한 상관관계가 있지만 다른 모든 RC 씨앗 척도(즉 비표적 척도)와는 상관관계가 전혀 없거나 매우 작은 문항을 확인했다. 이러한 관계 패턴이 입증된 문항을 선정하여 최종 RC 척도에 추가했다.

방금 설명한 과정을 통해 의기소침 및 MMPI 원판 임상 척도로 측정한 핵심 구성개념을 반영하기 위한 9개의 MMPI-A-RF RC 척도가 개발되었다(임상 척도 5와 0 제외). 이 척도와 약어는 표 15.1에 나와 있다. 각 척도에 대한 해석지침은 이 장의 뒷부분에 제시되어 있다. 중요하게도 MMPI-2-RF RC 척도가 MMPI-A-RF RC 척도 개발의 기초로 사용되었기 때문에, 이 척도의 청소년용과 성인용 사이에는 많은 유사점이 있을 것으로 예상된다. 그러나 최종 MMPI-A-RF RC 척도의 구성은 성인용 척도와 동일하지 않다. 이는 MMPI-2-RF 버전용 척도에서 채점된 일부 문항이 MMPI-A-RF의 RC 씨앗 척도에서 제거되었기 때문이다. 또한 MMPI-A-RF 버전의 문항은 MMPI-A 문항군에서 수집되었는데, 여기에는 성인용 MMPI에서 채점되지 않는 일부 문항이 포함되어 있다. 따라서 RC 척도의 성인용과 청소년용을 같은 형태로 간주하지 않는 것이 좋겠다.

특정 문제(SP) 척도

Archer 등(2016)은 또한 MMPI-A 문항군에 존재하는 임상적으로 유용한 다른 구성개념을 측정하기 위해 SP 척도세트를 개발했다. 성인용 검사와 마찬가지로 MMPI-A-RF SP 척도는 RC 척도가 반영하지 않는 별개의 임상 척도 요소, RC 척도에서 개별 측정이 필요한 특성, RC 척도가 측정하지 않는 임상적으로 중요한 속성을 측정하기 위해 만들어졌다.

MMPI-A-RF SP 척도의 구성에 사용된 정확한 절차는 검사 매뉴얼에 보고되어 있지 않다(Archer et al., 2016). 그러나 저자들은 척도가 어떻게 만들어졌는지에 대한 개요를 제공하고 있다. 성인용 검사와의 연속성을 유지하기 위해 MMPI-2-RF에서 채점된 SP 척도가 MMPI-A-RF SP 척도의 원형으로 사용되었다. 그러나 Archer 등(2016)은 청소년 고유의 경험을 평가할 척도를 포함하는 것이 중요하다고 지적했다. 그러한 경험을 식별하여 MMPI-A-RF에 포함시키기 위해, 성인용 검사에는 없는 58개의 MMPI-A 채점 문항을 대상으로 일련의 요인분석을 실시했다.

SP 척도가 개발될 수 있는 핵심 구성개념을 식별한 후, Archer 등(2016)은 RC 척도에 대해 방금 설명된 것과 같은 절차를 사용하여 SP 척도를 개발했다. 여기에는 일련의 요인분석, 상관관계 및 문항 수집 절차가 포함되었으며, 그 결과 25개의 SP 척도가 개발되었다. RC 척도를 개발할 때와 마찬가지로 이러한 분석 중 일부는 의기소침이 이 척도에 미치는 영향을 최소화하기 위한 것이었다(앞부분 및 제7장 참조). 이 척도는 신체/인지 증상, 내재화 문제, 외현화 문제, 대인관계 기능을 포함한 영역별로 구성된다. MMPI-A-RF SP 척도는 표 15.1에 약어와 함께 제시되어 있다. 이 척도에 대한 해석적 제안은 이 장의 뒷부분에서 제공될 것이다.

특히 MMPI-A-RF SP 척도 중 19개는 MMPI-2-RF에 상응하는 척도가 있으며 6개는 MMPI-A-RF에만 해당된다. MMPI-2-RF SP 척도가 척도 개발 시 원형으로 사용되었음을 고려할 때, 성인용 검사에 상응하는 청소년 SP 척도는 MMPI-2-RF의 척도와 유사할 수 있다. 그러나 RC 척도와 마찬가지로 척도 개발과정에서 MMPI-2-RF SP 척도를 채점하는 데 사용된 문항이 제거되고 MMPI-A 문항군에서 청소년 고유의 문항이 추가되었기 때문에, 이 척도의 청소년용과 성인용은 전혀 같은 형태가 아니다.

성격병리 5요인(PSY-5) 척도

MMPI-A-RF의 PSY-5 척도는 MMPI-A PSY-5 척도의 개정판으로, 후자는 McNulty, Harkness 및 동료들(1997)에 의해 개발되었다. MMPI-A-RF PSY-5 척도는 제7장에 자세히 설명되어 있는 PSY-5의 구성개념(Harkness & McNulty, 1994)을 반영하기 위해 만든 것이다. 이 척도는 MMPI-A-RF와 현대 부적응 성격 모델 간의 개념적 관련성을 제공한다.

Archer 등(2016)이 보고한 바와 같이 MMPI-A-RF 버전용 PSY-5 척도는 MMPI-A-RF 검사 개발과정에서 MMPI-A PSY-5의 원개발자 중 두 명이 만들었다(즉 McNulty와 Harkness). PSY-5 척도의 이전 버전 개발에 이용된 것과 유사한 절차를 사용했지만, MMPI-A-RF의 다른 척도 개발이 완료된 후 MMPI-A-RF 문항군에 남아 있는 문항만 검토했다. 먼저 MMPI-A-RF PSY-5 척도의 예비 버전은 두 출처의 문항을 사용하여 구성되었다. 첫 번째 출처는 MMPI-A-RF 문항군에 남아 있는 MMPI-A PSY-5 척도에서 채점된 문항이었다. 두 번째 출처는 합리적 반복 선택 과정에 참여한 평정자의 100%가 PSY-5 구성개념을 기술한다고 식별한 문항이었다. 다음으로 이러한 예비 척도는 최종 문항을 선정하기 위해 반복적인 분석을 거쳤다. 여기에는 내적 일관성 분석을 통해 척도의 내적 특성을 조사하고 문항 간 상관관계를 분석하며 준거측정치를 통해 척도의 외적 특성을 조사하는 것이 포함되었다. 이 과정에서 5개의 MMPI-A-RF PSY-5 척도가 개발되었는데, 이 척도는 MMPI-A-RF 문항군에 남아 있고 원판 MMPI-A PSY-5 척도에서 채점되는 66개 문항 중 49개와 원판 척도에 포함되지 않은 MMPI-A-RF 문항군의 24개 문항으로 구성된다. MMPI-A-RF PSY-5 척도는 표 15.1에 나와 있으며 해석지침은 이 장의 뒷부분에 제시되어 있다.

실시 및 채점

검사 실시자의 자격

다른 MMPI 검사와 마찬가지로 MMPI-A-RF는 임상 평가 도구의 사용에 있어 적절한 교육과 훈련을 받은 사람만 사용해야 한다. 검사 실시자의 최소 자격은 검사 보급사가 결정하며 자세한 내용은 웹사이트에서 확인할 수 있다(pearsonassessments.com). 일반적으로 검사 실시자는 임상 평가 도구의 실시 및 해석에 대해 적절한 교육을 받아야 하며, 자격은 학위과정 또는 지속적인 교육 워크숍을 통해 획득할 수 있다.

실시

다른 MMPI 검사와 마찬가지로 MMPI-A-RF는 전문적인 방식으로 실시되어야 한다. MMPI-A-RF에도 적용되는 MMPI-2 실시에 대한 일반지침은 제2장에 설명되어 있다. 자격을 갖춘 사용자 또는 검사 실시 절차에 대해 자격을 갖춘 사용자에 의해 훈련받은 사람이 검사를 실시해야 한다. 감독받는 장면 외에 검사를 실시해서는 안 된다. 또한 MMPI-A-RF가 MMPI-A보다 문항 수가 적음에도 불구하고, 일부 청소년은 단일 회기에 검사를 완료하기가 힘들 수 있다는 점을 인지해야 한다. 이러한 종류의 어려움은 피로, 부주의 및 주의산만 문제, 적대적이거나 과잉행동 또는 다른 이유들로 인해 발생할 수 있다. 이런 경우 면밀한 감독, 잦은 휴식, 검사 실시자의 격려가 도움이 될 수 있다.

MMPI-A-RF를 실시하기 전에 수검자의 읽기능력 및 문항이해능력을 판단해야 한다. MMPI-A-RF 문항의 Flesch-Kincaid 읽기 지수는 4.5이며, 이는 4학년 정도의 읽기 수준보다 약간 더 높은 수준이 검사 실시에 필요함을 시사한다(Archer et al., 2016). 그러나 검사 매뉴얼의 부록 D에 명시된 바와 같이 MMPI-A-RF에는 더 높은 읽기 수준이 필요한 일부 문항이 포함되어 있다. 따라서 필요한 읽기 기술을 갖춘 수검자라도 CNS, VRIN-r, TRIN-r, CRIN과 같은 척도에서 점수를 높일 수 있는 문항이해에 어려움이 시사되는 경우, 검사 실시자는 채점된 프로파일을 주의 깊게 선별할 준비를 해야 한다.

MMPI-A-RF는 검사 보급사인 Pearson Assessments에서 구할 수 있는 컴퓨터 소프트웨어 또는 인쇄된 검사지와 별도의 답안지로 구성된 지필식 버전을 사용해 실시할 수 있다. 보급사에 따르면 지필식 검사를 실시하는 데 일반적으로 약 30~45분이 소요되는 반면, 컴퓨터 실시는 대체로 25~30분이 소요된다. 다른 버전의 MMPI와 마찬가지로 지필식 및 컴퓨터 버전의 MMPI-A-RF가 동등하지 않은 점수를 산출한다고 믿을 이유는 없다. 지필식 또는 컴퓨터 실시를 완료할 수 없는 어려움이 있는 수검자를 위해 보급사에서 표준화된 오디오 버전의 검사도 사용할 수 있다. 수검자에게 문항을 소리 내어 읽는 것은 권장하지 않는데, 이러한 방식은 표준화된 실시 절차에서 벗어나기에 수검자의 점수가 왜곡될 수 있기 때문이다.

표준 영어 및 미국식 스페인어 버전용 검사는 검사 보급사인 Pearson Assessments에서 지필식, 컴퓨터 및 오디오 형식으로 제공된다. MMPI-A-RF는 스페인, 남미, 중미 사용을 위한 스페인어뿐만 아니라 한국어로도 번역되었다. 미네소타대학출판부는 추가 번역을 위임했으며 승인된 번역에 대한 자세한 정보는 웹사이트에서 확인할 수 있다(https://www.upress. umn.edu/test-division/translations-permissions/available-translations).

채점

청소년이 MMPI-A-RF 문항에 응답하고 나면 컴퓨터 또는 수기로 채점할 수 있다. 컴퓨터 채점의 경우 Pearson Assessments의 Q-Local 및 Q-Global 소프트웨어를 사용할 수 있다. 이 프로그램 중 하나가 검사 실시에도 사용된 경우 수검자가 입력한 응답을 사용하여 빠르게 점수가 생성된다. 지필식 검사 실시가 완료되면 사용자는 수검자의 응답을 이 프로그램에 직접 입력하여 채점 소프트웨어를 활용할 수 있다. 완성된 지필식 답안지는 Pearson Assessments에 우편으로 보낼 수 있으며, 여기에서 채점되어 검사 실시자에게 다시 전달된다. 마지막으로 Pearson Assessments에서 제공하는 채점판을 사용하여 MMPI-A-RF를 직접 채점할 수 있다.

디지털 채점을 사용하는 경우 검사 실시자는 점수 또는 해석 보고서 중에서 선택할 수 있다. 점수 보고서는 모든 MMPI-A-RF 척도에 대한 점수와 프로파일을 제공하며 다양한 비교 집단(예 : 정신건강 외래 환자, 정신과 입원 환자, 주거치료를 받는 청소년, 법정이나 의료, 학교 장면에서 검사받은 청소년)에 대한 평균 자료를 제공하는 옵션이 있다. 해석 보고서에는 점수 보고서와 같은 정보가 있을 뿐만 아니라 서술적 해석과 함께 해석 도출에 사용된 참고 목록도 포함되어 있다. 점수 보고서의 예시가 이 장에 첨부되어 있다. 사례(John)는 MMPI-A 해석 전략이 논의된 이 책의 제14장에서도 제시된 것이다.

심리측정적 특성

규준 집단

MMPI-A-RF의 규준 집단은 MMPI-A 규준 집단을 구성하는 청소년 1,610명의 하위 표본이다(Archer et al., 2016). 표본은 MMPI-A 표본에서 모든 남학생 805명의 자료와 MMPI-A 규준 집단의 여학생 815명 중에서 무선 표집된 805명의 여학생 자료를 결합하여 만들었다. MMPI-A 규준 집단에 관한 추가 세부사항은 이 책의 제14장에 보고되었다. MMPI-A 규준 집단은 1980년 미국 인구조사에서 보고된 인구통계학적 분류와 대체로 비슷했다(Butcher et al., 1992). 그러나 MMPI-A 규준은 히스패닉이나 18세 청소년을 과소 대표했으며, 생물학적 부모 모두와 함께 사는 청소년 및 대학교육을 받은 부모를 둔 청소년을 과도하게 대표했다. 이러한 요인들이 특정 인구통계학적 특성을 가진 청소년에 대한 MMPI-A 규준 적용에 영향을 미친 만큼 MMPI-A-RF 사용에도 영향을 미칠 것으로 예상된다.

1980년대 후반에 수집된 자료에 기반한 규준이 여전히 오늘날의 청소년을 대표하는지 여부를 조사하기 위해, Archer 등(2016)은 1995년과 2012년 사이에 비임상 장면에서 MMPI-A를 실시한 청소년 집단의 기술 자료가 보고된 발표 연구를 검토했다. 연구자들은 이러한 기술 자료가 MMPI-A 규준 집단의 평균 점수로부터 일관되고 실질적인 불일치를 입증한다면 MMPI-A-RF에 새로운 규준이 필요하다는 것을 시사할 것이라고 주장했다. 총 1,899명의 남녀 청소년을 대표하는 연구를 검토한 결과, MMPI-A 평균 점수와 표준편차가 MMPI-A 규준 집단에서 생성된 것과 본질적으로 동일하다는 점이 밝혀졌다(즉 평균=50, 표준편차=10). 이를 바탕으로 Archer 등(2016)은 MMPI-A-RF에 MMPI-A 규준 집단을 사용하는 것이 적절하다고 결론지었다. 그럼에도 불구하고 미국 인구통계의 변화를 고려할 때(예 : Hobbs & Stoops, 2002), 오늘날의 청소년에게 MMPI-A-RF 규준을 적용하기 위해서는 추가 연구가 필요하다.

성별 규준을 사용하는 MMPI-A와 달리 MMPI-A-RF는 비성별 규준을 사용한다. 비성별 규준의 사용은 MMPI-A-RF에서 수검자의 표준 점수가 남녀 학생 모두의 규준 자료에 근거한다는 것을 의미한다. Archer 등(2016)은 MMPI-A-RF에 비성별 규준을 사용하기로 한 선택이 두 가지를 기반으로 한다고 보고했다. 첫째, MMPI-2에 대한 성별 및 비성별 규준을 비교한 연구 결과는 두 규준 사이에 유의한 차이가 거의 없음을 시사했다(Ben-Porath & Forbey, 2003). 둘째, 성별 규준은 성별정체성이 다른 집단 간의 중요한 차이를 숨길 수 있다

(예 : Reynolds & Kamphaus, 2002). 수검자를 MMPI-A-RF 규준 집단의 동일 성별과 비교하려는 경우, Pearson Assessments에서 제공하는 전산화된 점수 및 해석 보고서에 있는 성별 비교 집단을 사용해서 할 수 있다.

표준 점수

원점수를 표준화하고 해석을 용이하게 하기 위해 MMPI-A-RF는 두 가지 유형의 T 점수를 사용한다(즉 평균=50이고 표준편차=10인 표준 점수). MMPI-A-RF 주요 척도의 원점수는 동형 T(UT) 점수로 변환된다. 제2장에서 설명한 대로 UT 점수를 사용하면 특정 수준의 점수가 척도에 걸쳐 동일한 백분위수 의미를 가질 수 있다. 이를 통해 척도 간 점수를 비교할 수 있다. 그러나 타당도 척도의 원점수는 주요 척도의 분포와 매우 다른 분포를 보이기 때문에 UT 점수 대신에 단순 선형 T 점수로 변환된다.

신뢰도

Archer 등(2016)의 표 3.2~3.6에는 모든 MMPI-A-RF 척도에 대한 규준 집단의 검사-재검사 계수, 내적 일관성(α) 계수, SEM 추정치가 제시되어 있다. 이 표에는 또한 척도 개발 하위 표본의 내적 일관성 계수 및 정신건강 외래 환자와 입원 환자를 합친 개발 하위 표본의 SEM 추정치가 나와 있다. 타당도 척도에 대한 내적 일관성과 검사-재검사 측정치는 척도 및 표본에 따라 다르다. MMPI-A-RF 주요 척도에 대해 제시된 추정치보다 낮은 경향이 있지만, 수검자가 협조적이고 신뢰성 있게 반응할 가능성이 있는 표본에서 타당도 척도의 한정된 변산성을 고려할 때 예상되는 바이기는 하다. 그러나 각 타당도 척도에 대해 보고된 SEM 추정치는 매우 작아서 이 장의 뒷부분에서 논의되는 해석이 정당하다는 것을 나타낸다.

검사-재검사 신뢰도 자료는 검사를 두 번 완료한 MMPI-A 규준 집단의 청소년 성별 하위 표본(남학생=45명, 여학생=109명)에 근거했으며, 검사-재검사 간격의 중앙치가 7일이었다. 검사-재검사 신뢰도 계수의 범위는 H-O 척도의 경우 0.64(THD)에서 0.85(EID; *mdn*=0.71), RC 척도의 경우 0.56(RC8)에서 0.82(RCd; *mdn*=0.66)이었다. THD, RC6, RC8와 같이 낮은 관찰값 중 대다수는 규준 집단 중에서 심각한 정신병리에 대한 기저율이 매우 낮은 하위 표본에 대해 계산한 결과일 것으로 예상한다. SP 척도에 대한 검사-재검사 계수의 범위는 행동 제약 공포(BRF)의 0.24에서 자기 회의(SFD)의 0.73(*mdn*=0.63)이었다. H-O 및 RC 척도와 마찬가지로, SP 척도에 대한 낮은 검사-재검사 신뢰도 중 대다수는 규준 집단의 범위 제한에 의해 영향을 받았을 수 있다. SP 척도는 또한 비교적 적은 수의 문항으로 구성되는 경향이 있으며 일부 SP 척도는 3개(예 : BRF) 또는 4개[예 : 약물 남용(SUB)] 문항만 가지고 있다. 문항이 많은 척도가 적은 척도보다 더 안정적인 경향이 있기 때문에 안정성 계수에도 영향을 미쳤을 수 있다. 개정판 PSY-5 척도에 대한 검사-재검사 신뢰도 계수는 허용 가능한 수준이었으며 범위는 공격성(AGGR-r) 및 정신증(PSYC-r)의 0.64에서 부정적 정서성/신경증(NEGE-r)의 0.72($mdn=0.70$)이었다.

H-O 척도에 대한 내적 일관성(α) 계수는 MMPI-A-RF 규준 집단에서 높았다. 알파값의 범위는 남학생과 여학생의 경우 각각 0.70(THD)에서 0.84(EID; $mdn=0.74$), 0.70(THD)에서 0.86(EID; $mdn=0.72$)이었다. 변산성이 큰 표본에서 예상되는 바와 같이, 이러한 추정치는 개발 하위 표본에서 더 높았으며 일반적인 값은 약 0.80 이상이었다. RC 척도에 대한 내적 일관성 추정치는 규준 집단의 남학생과 여학생에 대해 각각 0.45(RC9)에서 0.80(RCd & RC4; $mdn=0.63$), 0.52(RC9)에서 0.83(RCd; $mdn=0.66$)이었다. 내적 일관성이 낮은 것은 일부 척도의 문항 수가 적고 범위 제한이 있기 때문일 수 있다. 이 값은 대체로 개발 하위 표본에서 더 높았으며 일반적인 값은 0.70 이상이었다. Sharf와 Rogers(2020)는 정신건강 서비스가 의뢰된 66명의 청소년 표본에서 RC 척도에 대한 유사한 추정치를 입증했다.

Archer 등(2016)은 규준 집단에서 SP 척도에 대한 알파 계수를 보고했는데, 남학생($mdn=0.54$)의 경우 대인관계 수동성(IPP)의 0.36에서 수줍음(SHY)의 0.68, 여학생($mdn=0.54$)의 경우 또래의 부정적 영향(NPI)의 0.29에서 SHY의 0.73까지 다양했다. 개발 하위 표본에서 계수는 일반적으로 0.60과 0.70대였다. H-O 또는 RC 척도보다 문항 수가 적은 SP 척도의 내적 일관성은 문항 수가 많은 척도보다 낮은 경향이 있었다. 규준 집단에서 내적 일관성(α) 계수는 남학생($mdn=0.69$)의 경우 0.57(PSYC-r)에서 통제 결여(DISC-r)의 0.77, 여학생($mdn=0.67$)의 경우 0.58(AGGR-r)에서 0.73(DISC-r)이었다. 개발 하위 표본에서 해당 값은 더 높았으며 일반적으로 0.70과 0.80대였다.

규준 집단 및 임상 개발 하위 표본 모두에서 H-O, RC, PSY-5 척도에 대한 SEM 추정치는 작은 경향이 있었으며, H-O 척도의 경우=4~6점, RC 척도의 경우=4~7점, PSY-5 척도의 경우=5~8점 사이였다. SP 척도의 검사-재검사 신뢰도와 내적 일관성이 낮다는 증거에도 불구하고, SP 척도에 대한 SEM 추정치는 일반적으로 H-O, RC, PSY-5 척도에 대해 보고된 것과 유사했다. 유일한 예외는 NPI로, 상대적으로 매우 큰 SEM을 가지고 있었다(즉 규준 집단에서 10점, 임상 표본에서 11점). 이 자료는 NPI 점수 해석 시 약간의 주의가 필요할 수 있지만, 전반적으로 척도가 평가하는 구성개념에 대해 관찰된 T 점수는 청소년의 실제 상태를 비교적 정확히 측정할 수 있음을 시사한다.

요약하면 H-O, RC, PSY-5 척도의 내적 일관성 및 시간 안정성은 허용 가능하며 다른 청소년용 자기보고식 척도와 비슷한 수준이다. 신뢰도 추정치가 낮은 척도는 문항 수가 상대적으로 적거나 청소년 사이에서 낮은 기저율로 발생하는 현상을 평가하는 경향이 있었다. SP 척도는 특히 이런 문제의 영향을 받았으며 종종 허용 가능성에 대한 표준 규칙보다 낮은 신뢰도 추정치를 보였다. 그러나 NPI를 제외한 측정표준오차는 T 점수가 비교적 정확하다는 것을 보여 주었다. 이러한 결과를 종합해 보면 SP 척도 점수의 높은 상승은 미미한 상승과는 반대로 해석에 더 큰 확신을 가질 수 있음을 시사한다.

타당도

MMPI-A-RF는 2016년에야 출판되었기 때문에 척도의 이해를 돕기 위한 추가 연구가 제한적이다. 그러나 MMPI-A 문항군이 반영하는 임상적으로 중요한 주요 내용의 지표를 개선하기 위한 MMPI-A-RF 개발자들의 시도가 성공적임을 시사하는 대규모 연구가 있었다. 구체적으로 Stokes 등(2018)은 정신과 입원치료를 받는 3,516명의 청소년 표본에서 MMPI-A와 MMPI-A-RF의 비교 가능성을 조사했다. 연구자들은 MMPI-A-RF RC 척도의 점수가 MMPI-A 임상 척도보다 상호 상관성이 적다고 보고했다. 또한 RCd 점수와 다른 MMPI-A-RF RC 척도 사이의 상관이 MMPI-A 임상 척도와의 상관보다 덜 강한 것으로 결론지었다. 전반적으로 이 두 결과는 MMPI-A-RF 척도의 심리측정적 속성에 대한 공통의 의기소침 요인 및 중복 문항의 영향을 줄이기 위한 검사 개발자의 노력이 성공적임을 시사한다. 이 연구의 결론은 또한 반응유형에 대한 강력한 측정과 성격병리 측정치의 포함 등 MMPI-A의 바람직한 기능 중 많은 부분이 새로운 검사로 이어졌음을 보여 준다. Stokes 등(2018)은 MMPI-A와 MMPI-A-RF의 타당도 척도 점수가 유효 또는 무효 사례의 식별에 92.5%의 일치율을 보인다고 보고했다. 또한 MMPI-A-RF의 개정판 PSY-5가 MMPI-A 해당 척도와 밀접히 관련되며 MMPI-A 또는 MMPI-A-RF 버전용 척도를 사용하여 도출된 점수에서 일관되거나 유의한 차이가 없다는 것을 입증했다.

이러한 결과는 MMPI-A와 MMPI-A-RF 사이에 많은 유사점을 시사하지만, MMPI-A-RF 척도의 해석을 뒷받침하기 위해서는 외적 타당도 자료가 필요하다. 다음 내용은 Archer 등(2016)에 보고된 타당도 자료와 전문 저널에 게재된 연구를 요약한 것이다.

타당도 척도

무응답(CNS)

CNS는 채점 불가능한 반응의 개수로, 반응하지 않은 문항과 '그렇다'와 '아니다' 둘 다에 반응한 문항을 모두 나타낸다. Archer 등(2016)은 10% 이상의 채점 불가능한 문항이 있는 MMPI-A-RF의 상승 척도를 해석할 경우 주의하도록 권장한다. 이는 평가 구성개념에 대한 수검자의 반응을 과소평가할 수 있기 때문이다. 그들의 권고안은 채점 불가능한 반응이 과 도하면 프로파일이 무효화되는 이전 버전의 MMPI 검사에 사용된 것과 다르다. Archer 등 (2016)의 권고안은 문항 누락 처리에 대한 보다 미묘한 접근방식을 반영하는데, 이는 성인용 검사를 사용하여 척도 문항 중 최대 10%가 누락되더라도 해석 타당도가 거의 감소하지 않음 을 시사하는 연구에 근거한 것이다(Dragon et al., 2012).

문항 내용과 무관한 무효 응답 척도(VRIN-R, TRIN-R, CRIN)

Archer 등(2016)에 따르면 VRIN-r T 점수가 65점과 74점 사이인 경우 주요 척도를 신중하 게 해석해야 한다. VRIN-r T 점수가 75점보다 큰 경우 수검자가 문항에 너무 비일관되게 반 응하였으므로 다른 척도의 점수를 해석해서는 안 된다. 이러한 권장 점수는 MMPI-A VRIN 척도에 사용된 분할점에 근거한다.

　Archer 등(2016)은 검사 매뉴얼에서 무선반응을 탐지하는 VRIN-r의 효과성에 대한 예비 근거를 제공했다. 컴퓨터 모의실험에서 그들은 MMPI-A-RF 규준 집단의 하위 표본 절반에 대한 자료에 유사 무선반응을 삽입했다. 그런 다음 MMPI-A-RF와 MMPI-A 타당도 척도 간 의 상관관계를 계산했다. 분석 결과 VRIN-r 점수는 MMPI-A VRIN 척도($r=0.76$)뿐만 아니 라 무선반응의 영향을 받는 것으로 알려진 다른 척도(예 : MMPI-A F 척도)와 강한 상관을 갖는 것으로 나타났다. 비일관된 반응을 탐지하는 VRIN-r의 효과성을 더 검증하고 이상적 인 분할점을 밝히기 위해 추가적인 경험적 연구가 필요하다.

　Archer 등(2016)의 권고에 따르면 TRIN-r의 경우 75점 이상의 T 점수(T 또는 F)는 프로파 일을 무효화하는 고정반응('그렇다' 또는 '아니다')을 시사한다. 65점에서 74점 사이의 T 점 수(T 또는 F)는 신중한 해석이 권장된다. VRIN-r의 경우와 마찬가지로 TRIN-r의 분할점은 MMPI-A TRIN 척도에 대한 권장사항에 근거한다.

　Archer 등(2016)은 검사 매뉴얼에서 무선반응을 탐지하는 TRIN-r의 효과성에 대한 예비 근거를 제공했다. 모의실험 연구에서 그들은 무작위로 MMPI-A-RF 규준 집단의 하위 표본 절반이 제공한 반응을 '그렇다' 반응으로 대체했다. 그런 다음 MMPI-A-RF와 MMPI-A 타당도 척도 간의 상관관계를 계산했다. 분석 결과 TRIN-r 점수와 MMPI-A TRIN의 상관($r=$ 0.93)이 강한 것으로 나타났으며, '그렇다' 고정반응의 영향을 받는 것으로 알려진 다른 타당도 척도(예 : F 척도)와의 상관 또한 정도는 덜하지만 강한 것으로 나타났다. 이후 그들은 '그렇다' 반응 대신 '아니다' 반응을 무작위로 삽입하여 이 과정을 반복했다. TRIN-r과 TRIN 척도는 다시 높은 상관관계를 보였다($r=0.85$). TRIN-r과 MMPI-A의 과소보고 척도(L과 K) 사이에도 높은 상관이 관찰되었다. 고정반응을 탐지하는 TRIN-r 점수의 효과성을 검증하고 이상적인 분할점을 확립하기 위해 추가 연구가 필요하다.

앞서 언급했듯이 CRIN 척도는 MMPI-A-RF에서 반응 비일관성의 탐지를 지원할 목적으로 개발된 새로운 타당도 척도이다. Archer 등(2016)은 CRIN T 점수가 65점에서 74점 사이인 경우 주요 척도를 신중하게 해석해야 한다고 권장한다. CRIN T 점수가 75점 이상인 경우 수검자가 문항 내용에 상관없는 반응을 매우 빈번하게 했을 가능성이 있으므로 다른 척도의 점수를 해석해서는 안 된다. 이것은 새로운 척도이기 때문에 이러한 권장사항을 뒷받침하는 발표 연구는 아직 없으며 추가 연구가 필요하다.

앞서 기술한 것처럼 검사 매뉴얼(Archer et al., 2016)에 제시된 모의실험 연구에서 CRIN과 MMPI-A 타당도 척도 간의 상관관계 또한 계산되었다. CRIN 점수는 예상된 상관 패턴을 보여 주었다. 비일관된 반응 표본에서는 VRIN($r=0.80$) 및 F 척도군($r=0.73$~0.79) 점수와 가장 강한 상관관계가 있었으며, '그렇다' 고정반응 표본에서는 VRIN($r=0.78$), TRIN($r=0.93$), F 척도군($r=0.88$~0.89)과, '아니다' 고정반응 표본에서는 VRIN($r=0.70$)과 상관이 가장 컸다. 이러한 결과는 CRIN이 문항 내용과 무관한 무효 응답을 탐지하는 데 효과적임을 시사하는 초기 근거를 제공한다. 그러나 상대적으로 새로운 척도라는 점과 발표 연구가 한정적이라는 점을 고려할 때 추가적인 경험적 연구가 필요하다. 그러한 연구가 가능해질 때까지 척도 점수를 신중하게 해석할 것을 제안한다.

과대보고 척도(F-r)

이 장의 앞부분에서 언급했듯이 MMPI-A-RF는 MMPI-A F 척도의 개정판인 F-r을 유지했다. Archer 등(2016)에 따르면 F-r에서 70~79점의 T 점수는 과거나 현재 정신병리경험이 없는 개인의 과대보고 가능성을 나타내고, 80~89점의 T 점수는 과거나 현재 심각한 수준의 정신병리경험이 없는 개인의 과대보고 가능성을, 90점 이상의 T 점수는 과대보고 가능성을 나타낸다. F-r에 대해 Archer 등(2016)이 추천한 분할점은 MMPI-A F 척도에 대해 설정된 점수를 기반으로 한다. 다양한 장면에서 최적 분할점에 관한 추가 연구가 필요하다.

Archer 등(2016)은 과대보고의 척도로 F-r을 뒷받침하는 초기 근거를 제공했다. 그들은 정신병리를 과대보고하도록 지시받은 청소년 표본의 보관 자료($n=127$; Stein et al., 1998)를 MMPI-A-RF 규준 집단에서 무선 선정한 청소년 하위 표본($n=127$; 총 $N=254$)과 결합했다. MMPI-A 및 MMPI-A-RF의 다른 타당도 척도에서 문항 내용과 무관한 무효 응답의 징후가 없는 청소년만 하위 표본에 포함되었다. 이 두 표본을 결합했을 때 F-r의 점수는 MMPI-A의 F 척도군과 매우 큰 상관관계를 보여 주었다(F1과 F2에서 $r=0.98$, F에서 $r=0.99$). F-r의 평균 점수 또한 과대보고 하위 표본에서 증가했다(평균=93.97, 표준편차=30.40). Archer 등은 과대보고 표본 청소년의 65%가 권장 분할점인 90T보다 높은 F-r 점수를 받았으며 규준 집단에서 선정된 청소년 중 누구도 이 점수보다 높은 점수를 받지 못했다고 보고했다. RC9을 제외한 모든 RC 척도의 평균 점수도 과대보고 표본에서 증가했다(RC7의 평균=61.37, RC4의 평균=82.23). 이 결과는 주요 척도 점수가 반응을 신뢰할 수 있는 사람보다 증상과 문제를 과대보고하는 사람에게 더 높은 경향이 있다는 것을 보여 주는 과거 연구 결과와 일치한다(예 : Rogers et al., 2003; 자세한 내용은 제3장 참조). 전반적으로 이러한 자료는 F-r 척도가 MMPI-A F 척도와 유사하고 척도 점수가 과대보고를 탐지하는 데 유용할 수 있음을 시사한다.

과소보고 척도(L-r, K-r)

앞서 기술한 바와 같이 MMPI-A-RF는 또한 MMPI-A L과 K 척도의 개정판인 L-r과 K-r을 유지했는데, 이는 도덕적 미덕의 과도한 주장 및 일상 문제와 어려움에 대한 부정을 각각 측정하기 위한 것이다. Archer 등(2016)에 따르면 L-r에서 65~79점의 T 점수는 수검자가 사소한 단점과 결점을 부정하기 때문에 과소보고의 가능성이 증가함을 나타낸다. 80점 이상의 T 점수는 과소보고로 인한 무효 프로파일의 가능성을 시사하는데, 매우 전통적이거나 엄격한 도덕적 가치로 양육받은 청소년 사이에서도 흔치 않은 도덕성을 보고하기 때문이다. Archer 등(2016)에 따르면 K-r에서 60~74점의 T 점수는 수검자가 일반적인 적응 수준보다 높게 자신을 표현하기 때문에 과소보고의 가능성이 증가함을 나타낸다. 80점 이상의 T 점수는 과소보고로 인한 무효 프로파일의 가능성을 시사하는데, 청소년이 비정상적으로 높은 수준의 적응을 보고하기 때문이다. L-r과 K-r에 대해 Archer 등(2016)이 권장한 분할점은 MMPI-A 상응 척도에 대해 설정된 점수를 기반으로 한다. 따라서 다양한 장면에서 최적 분할점에 관한 추가 연구가 필요하다.

Archer 등(2016)은 과소보고의 측정치로 L-r과 K-r을 뒷받침하는 초기 근거를 제공했다.

즉 개발과정 중 MMPI-A-RF 척도를 타당화하는 데 사용된 법정 표본 자료를 사용하여(N= 473; Handel et al., 2011), MMPI-A 및 MMPI-A-RF의 다른 타당도 척도상에서 문항 내용과 무관한 무효 응답의 증거가 있는 프로파일을 걸러 낸 후 MMPI-A와 MMPI-A-RF 타당도 척도 간의 상관관계를 계산했다. L-r과 L의 상관은 0.83이었고 K-r과 K의 상관은 0.80이었다. 두 척도가 더 큰 구성개념인 과소보고를 측정한다는 점에서 예상되는 바와 같이, 다음으로 큰 상관관계는 L-r과 K(r=0.44), K-r과 L(r=0.49)에서 관찰되었다. K-r 점수는 또한 MMPI-A F 척도와 낮은 수준에서 중등도 수준의 부적 상관을 보였는데(F2의 경우 r=−0.24, F1의 경우 r=−0.33), 이는 K-r이 적응의 인정을 평가하는 반면 F 척도는 부적응의 보고를 측정한다는 개념과 일치한다. L-r과 K-r 점수는 문항 내용과 무관한 무효 응답을 측정하는 MMPI-A 척도(즉 VRIN과 TRIN)와 유의한 상관관계가 없는 것으로 나타났다. 전반적으로 이러한 자료는 L-r과 K-r이 MMPI-A 상응 척도와 유사한 구성개념을 측정할 수 있다는 점을 시사하지만, 향후 연구에서는 과소보고의 평가를 위해 이 척도들의 효과성을 검증해야 한다.

주요 척도

MMPI-A-RF 주요 척도의 타당성을 뒷받침하는 대부분의 근거는 검사 매뉴얼에서 확인할 수 있다(Archer et al., 2016). 특히 매뉴얼의 제3장에는 정신과 입원, 주거치료, 법정 사전조치 및 법정 구금 등 검사 개발자의 타당화 표본을 대상으로 MMPI-A-RF 척도와 MMPI-A 척도 간의 상관관계를 기술한 표가 제시되어 있다. Archer 등(2016)의 부록 G에는 동일한 표본을 대상으로 MMPI-A-RF 주요 척도와 외적 준거 사이에 성별로 계산된 1만 7,500개 이상의 상관관계가 나와 있다. 외적 준거 측정치는 치료자 평정, 입소 정보, 기록 검토, 기타 자기보고식 검사로 구성되었다. 검사 개발자들은 이러한 상관관계 자료를 바탕으로 대부분의 해석 권장사항을 보고하고 있다.

상위차원(H-O) 척도

일반적으로 Archer 등(2016)이 보고한 상관관계는 H-O 척도의 수렴 및 변별 타당도를 모두 지지한다. EID 척도의 높은 점수는 슬픔, 우울, 불안을 포함한 정서적 고통의 많은 측면과 관련이 있다. 이러한 상관관계는 청소년의 보고뿐만 아니라 보호자와 치료 제공자의 보고를 반영한 준거 측정치에서도 관찰된다. 이러한 정서적 경험과 함께 발생할 것으로 예상되는 문제는 주의집중 및 신체 기능에 대한 염려와 같은 것으로 EID 점수와도 정적 상관을 보인다. 이 척도의 점수는 또한 타당화 표본에 걸쳐 매우 일관되게 자살 사고, 자해행동 및 자살 행동의 보고와 정적 상관을 보여 주었다. EID 점수는 충동적이거나 학교 또는 법 관련 문제에 연루되는 것과 같은 외현화행동 측정치와 상관이 없거나 일부 장면에서 부적 상관을 보인다. 일부 장면에서 EID 척도의 높은 점수는 정신증적 장애의 일부 증상(예 : 환각)과 유의한 상관이 있다. 그러나 이러한 유형의 경험은 대체로 정신증적 장애 증상을 측정하기 위한 MMPI-A-RF 척도들(예 : THD, RC8)과 더 강한 상관을 보인다.

THD 척도의 높은 점수는 정신증적 장애 지표와 관련이 있다. 고득점자는 환청 또는 환시를 보고하고 또래로부터 괴롭힘을 당하고 고립되어 있다고 느낄 수 있다. THD 점수는 청소년, 보호자, 임상가가 보고한 우울 및 불안과 정적 상관을 보이지만, 이러한 상관관계는 상기 변수와 EID 사이에서 입증된 것만큼 강력하지 않다. 공격적인 행동을 제외하면 THD 점수는 법 또는 물질 남용 관련 문제에 처하는 것과 같은 외현화행동과 일관된 관련성을 보이지 않는다.

BXD 척도의 높은 점수는 적대적인 행동 및 품행장애 관련 행동을 포함하는 다양한 외현화행동과 관련이 있으며 집, 학교, 법 관련 문제가 있음을 나타낸다. BXD 점수는 또한 사회적 갈등, 언어적이고 신체적인 공격행동, 나쁜 또래와의 교제와 정적 상관을 보인다. 충동적이거나 제대로 통제되지 않는 행동보고와 상당히 일관된 정적 상관도 입증되었다. 높은 BXD 점수는 정서적 고통의 많은 지표와 관련이 없지만 일부 고득점자는 불안과 우울을 보고할 수 있다. BXD 점수는 사고 문제 증상과 밀접한 관련이 없다.

요컨대 Archer 등(2016)이 제시한 상관관계를 검토한 결과, 세 가지 H-O 척도는 청소년이 경험할 가능성이 높은 문제의 일반적인 특성에 대해 중요한 정보를 제공할 수 있을 것으로 보인다. 수검자에 대한 보다 정확한 추론은 특정 구성개념을 측정하는 주요 척도를 기반으로 한다.

재구성 임상(RC) 척도

MMPI-A-RF 매뉴얼에서 Archer 등(2016)은 MMPI-A-RF 타당화 표본마다 MMPI-A 척도와 가장 상관이 높은 MMPI-A-RF 척도 3개의 성별 상관관계를 제시했다. 이 자료는 RC 척도의 타당도에 관해 몇 가지 정보를 제공한다. RCd 점수는 불안(A)과 0.9보다 큰 상관을 보여 주었다. 또한 많은 수의 임상 및 내용 척도와 정적 상관을 보였으며, 효과크기는 큰 수준에서 매우 큰 수준이었다. 여기에는 임상 척도 2, 4, 7, 8과 내용 척도 우울(A-dep), 불안(A-anx), 소외(A-aln), 낮은 자존감(A-lse), 가정 문제(A-fam), 부정적 치료 지표(A-trt)가 포함되었다. 가장 크고 가장 일관된 상관은 임상 척도 2와 7 및 내용 척도 A-dep와 A-anx였으며,

Archer 등이 RCd로 포착하고자 한 의기소침 구성개념과 일치했다.

　나머지 RC 척도에 대해 상관관계 자료는 RC 척도가 MMPI-A 임상 및 내용 척도가 측정하는 것과 동일하지는 않더라도 유사한 특성을 측정하고 있음을 시사한다. RC1 점수는 임상 척도 1과 건강염려(A-hea) 내용 척도와 0.9보다 큰 상관을 보여 주었다. RC1 점수는 또한 정도는 덜하지만 임상 척도 3과 정적 상관이 있었다. 다른 RC 척도에 대해 보고된 장면별 상관관계는 더 낮았는데, 일반적으로 0.6과 0.8 사이였다. RC3 점수는 냉소적 태도(A-cyn) 내용 척도와 일관된 정적 상관을 보였다. RC4의 높은 점수는 일부 장면에서 임상 척도 4뿐만 아니라 A-fam과 학교 문제(A-sch) 내용 척도와 상관이 있었다. 일관된 정적 상관은 또한 RC6와 임상 척도 6, RC8와 기태적 정신상태(A-biz) 내용 척도, RC9과 임상 척도 9 점수 사이에서 입증되었다. RC7 점수는 일부 장면에서 개념적으로 관련된 임상 척도 7과 정적 상관이 있었지만, 척도 7은 RCd와 더 일관된 상관을 보였다. 그러나 RC7과 강박성(A-obs) 사이에 일관된 정적 상관이 입증되었으며, 이는 RC7이 침투적이고 고통스러운 생각의 측정을 포함할 수 있음을 시사한다.

　개념적으로 관련된 MMPI-A 임상 및 내용 척도와 크거나 매우 큰 상관을 보이지 않은 유일한 MMPI-A-RF 척도는 낮은 긍정 정서의 측정치로 만든 RC2이었다(Archer et al., 2016). 그러나 장면에 걸쳐 RC2 점수는 MMPI-A 내향성/낮은 긍정적 정서성(INTR) PSY-5 척도 점수와 대체로 0.8보다 큰 상관을 보여 주었다. 또한 정신운동 지체(D2) Harris－Lingoes 소척도와 중등도 수준의 정적 상관이 있었다. 이러한 상관 패턴은 RC2가 Archer 등(2016)이 의도한 대로 긍정 정서성 경험의 문제 및 무쾌감증을 포착할 수 있음을 시사한다.

　이처럼 척도의 상관관계는 RC 척도가 측정하는 바를 어느 정도 알려 주지만, RC 척도와 외적 준거 측정치 간의 관계를 이해함으로써 보다 유용한 타당도 정보를 얻을 수 있다. 일반적으로 Archer 등(2016)이 제공한 상관관계는 일부 예외(예 : RC3, RC6, RC9)가 있었지만 RC 척도의 수렴 및 변별 타당도를 뒷받침한다. 이러한 결과는 다른 경험적 발표 연구와 함께 다음에 기술되어 있다.

　Archer 등(2016)이 제시한 타당화 표본에서 RCd 점수는 슬픔, 우울, 불안과 같은 정서적 고통 지표와 강한 정적 상관을 보였으며, 그보다는 덜하지만 신체적 염려와 상관이 있었다. 점수가 높을수록 청소년과 보호자가 사회적 관계 문제와 주의력 및 집중력 문제를 보고할 가능성이 증가했다. 자살 사고의 보고뿐만 아니라 자해 및 자살 행동을 한 과거력도 RCd의 높은 점수와 일관된 상관이 있었다. 이러한 상관관계는 RCd가 측정하려는 의기소침 구성개념과 일치한다. 변별 타당도와 관련해서 RCd와 외현화행동 지표 간의 상관은 없거나 매우 작았다. 일부 장면에서 RCd 척도의 더 높은 점수는 정신증적 장애 증상과 유의한 상관이 있었으나, 이런 유형의 경험은 다른 RC 척도와 더 강한 상관이 있었다.

신체적 염려를 측정하기 위한 RC1 점수는 청소년 및 부모가 보고한 신체증상의 다른 측정치와 강한 정적 상관을 보여 주었다. 정도는 덜하지만 RC1 점수가 높을수록 우울과 불안을 평가하는 측정치와 관련이 있었다. 일반적으로 이 척도의 점수는 장면에 걸쳐 외현화 또는 사고 문제 측정치와 유의한 상관을 나타내지 않았다.

RC2 점수는 우울한 기분, 무쾌감증, 낮은 에너지와 피로, 느린 말투와 동작에 대한 보고와 정적 상관을 보여 주었다. 또한 사회적 고립과 철수를 포함한 사회적 문제 측정치와 정적 상관이 있었다. 이러한 관련성은 이 척도가 측정하고자 하는 낮은 긍정 정서 구성개념과 일치한다. 그러나 RC2 점수는 심리적 고통 및 불안에 대한 자기보고식 측정치와도 작지만 정적인 상관을 보여 주었다. RC2 점수가 외현화 또는 사고 문제 측정치와 유의한 상관 패턴을 나타내지 않았다는 점에서 변별 타당도의 증거는 강력했다.

RC3 척도는 냉소적 세계관을 측정하기 위한 것이다. Archer 등(2016)이 제시한 MMPI-A-RF 척도의 상관관계 보고에 사용된 외적 준거에는 냉소적 태도에 대한 명시적 측정치가 포함되지 않았다. 그러나 이 척도의 점수는 고득점자가 다양한 규칙 위반 행동에 관여할 가능성이 있음을 시사하는 준거와 작은 연관성을 보여 주었다. 여기에는 정학 또는 불법 행위의 과거력뿐만 아니라 규칙 위반 행동에 대한 자기보고 등이 포함되었다. 냉소적 태도의 측정치로서 RC3를 확증하기 위해서는 추가적인 연구가 필요하다.

RC4는 탈억제성 규칙 위반 및 반사회적 행동을 반영하기 위한 척도로서, Archer 등(2016)은 RC4 점수의 수렴 타당도에 대한 강력한 근거를 제공했다. RC4의 높은 점수는 청소년, 부모, 임상가가 보고한 규칙 위반, 적대 및 품행장애 관련 행동과 강한 상관이 있었다. 법체계에 연루되었거나 연루될 수 있는 다양한 행동은 RC4 점수와 정적 상관을 보였다. 여기에는 비행(예 : 무단결석, 가출)과 형사 범죄(예 : 절도, 폭행)가 모두 포함되었다. 또한 RC4의 고득점자는 타인에게 언어적이고 신체적인 공격행동을 보이고 물질 남용 과거력이 있는 것으로 기술될 가능성이 더 높았다. RC4와 외향성 및 나쁜 또래와의 교제 지표 사이에도 정적 상관이 관찰되었다. RC4와 내재화 또는 사고 문제 사이에 일관된 상관이 관찰되지 않았다는 점에서 RC4에 대한 변별 타당도는 강력했다.

Archer 등(2016)이 제시한 상관관계를 검토한 결과, RC6 점수는 청소년 및 보호자가 보고한 대인관계 문제뿐만 아니라 청소년이 또래와 잘 지내는 데 어려움을 겪고 공격적으로 행동했다는 관찰과 정적 상관이 있는 것으로 나타났다. RC6의 높은 점수는 또한 정서적 고통과 불안, 사고 문제에 대한 보고와 다소 일관된 상관을 보였다. 입원 장면에 있는 남자 청소년의 경우 RC6 점수가 높을수록 환각경험과 관련이 있었다. 마지막으로 규칙 위반 및 적대 행동 지표와 RC6 사이에 작지만 유의한 정적 상관이 입증되었지만, 장면에 걸쳐 일관되게 나타나지는 않았다. 요약하면 피해 사고의 측정치로 만든 RC6의 타당도에 대한 증거는 다른 RC 척도에 대해 제시된 것만큼 강력하지 않았다. 이는 타당화 표본에서 이런 유형의 문제에 대한 기저율이 낮았거나 포함된 외적 준거 측정치가 피해 사고를 측정하는 데 적합하지 않았기 때문일 수 있다. 그럼에도 불구하고 이 척도가 청소년 모집단에서 무엇을 평가하고 있는지 더 잘 이해하기 위해 향후 연구가 필요하다.

RC7의 높은 점수는 Archer 등(2016)이 제시한 상관관계에서 청소년, 부모, 임상가가 보고한 불안과 가장 일관된 상관을 보였다. 침투적 사고나 악몽과 같이 불안을 동반할 가능성이 있는 경험과 이 척도 점수 사이의 정적 상관도 일부 타당화 표본에서 입증되었다. RC7 점수로 측정하고자 하는 부정 정서 구성개념은 이론적으로 의기소침과 구별 가능하지만, 이 둘은 밀접한 관련이 있다(Tellegen et al., 2003). 그에 따라 타당화 표본에서 고통 및 우울 기분 지표와 RC7 사이에 정적 상관이 관찰되었다. 전반적으로 이러한 자료는 RC7의 수렴 타당도를 뒷받침한다. 그러나 과도하거나 손상된 수준의 공포와 분노와 같이 다른 부정 정서 측면의 측정치로서 RC7 점수를 확증하기 위해서는 추가 연구가 필요하다. RC7 점수는 일반적으로 외현화 및 사고 문제 측정치와 관련이 없었으며 이는 척도의 변별 타당도를 뒷받침한다.

RC8 점수는 Archer 등(2016)의 타당화 표본에 걸쳐 기이한 생각 및 지각 지표와 정적 상관을 보였다. RC8 점수가 높을수록 환청 또는 환시 경험뿐만 아니라 정신증에 대한 임상가 평정과도 관련이 있었다. 사회적 고립과 철수 측정치 및 고통, 불안, 우울 측정치와 RC8 점수 사이에도 작지만 유의한 정적 상관이 관찰되었다. RC8 점수는 일반적으로 내재화 문제의 구체적 지표와 관련이 없었으며 외현화행동 지표와는 상관이 거의 없거나 전혀 없는 것으로 나타났다.

개념적으로 RC9은 과도한 에너지, 질주 사고, 충동적인 자극추구 및 위험 감수 행동의 경험을 포함하는 경조증 활성화를 반영한다(Archer et al., 2016). Archer 등(2016)이 제시한 상관관계는 이러한 관련성을 뒷받침하는 근거를 거의 제공하지 않지만, 이는 타당화 표본에서 경조증 증상의 기저율이 낮은 결과일 수 있다. RC9의 높은 점수는 더 극단적인 수준의 경조증을 예상할 수 있는 표본인 입원 병동에서 치료 중인 남자 청소년 타당화 표본에서 더 높은 수준의 에너지와 상관이 있었다. 그러나 타당화 표본에 걸쳐 RC9 점수는 공격적인 행동 지표뿐만 아니라 가정, 학교 또는 법 체계 관련 문제측정치와 중등도의 일관된 정적 상관을 보여 주었다. 이는 성인용 RC9에 대해 입증된 상관관계와 일치한다(Selbom, 2019의 요약 참조). 심각한 정신 질환의 유병률이 낮은 모집단의 경우 RC9 점수는 종종 세상과의 탈억제성 외현화관계 방식과 연관된 충동적이고 자극추구적인 행동을 측정하는 것으로 가장 잘 개념화될 수 있다. 이 가설을 검증하기 위해서는 향후 연구가 필요할 것이다.

Sharf와 Rogers(2020)는 정신건강치료가 의뢰된 66명의 청소년을 대상으로 MMPI-A-RF RC 척도의 진단적 구성 타당도를 검증하는 연구를 실시했다. 진단은 정동장애 및 조현병에 대한 Kiddie 점검표의 증상 개수를 사용하여 내린 것이다(Kaufman et al. 1997). 상관분석 결과 RCd, RC1, RC7 점수는 우울, 공황, 범불안 장애를 포함한 내재화장애 진단과 중간에서 높은 정적 상관을 보이는 것으로 나타났다. RC1 점수가 높을수록 PTSD 진단과도 관련이 있었다. RC2의 높은 점수는 주요우울장애 및 범불안장애와만 관련이 있었다. RC6 및 RC8 점수는 조현병 진단과 각각 중간 수준 및 높은 수준의 정적 상관을 보였다. RC4의 높은 점수는 적대, 품행, 알코올 사용 및 물질사용장애와의 높은 정적 상관을 포함하여 외현화 조건과 관련이 있었다. RC9 점수는 평가된 진단 중 어떤 것과도 유의한 관련이 없었다. 전반적으로 이러한 자료는 RC9을 제외한 RC 척도의 수렴 및 변별 타당도를 뒷받침한다.

특정 문제(SP) 척도 : 신체/인지 증상 척도

5개의 신체/인지 증상 SP 척도는 건강쇠약에 대한 일반적인 집착과 보다 구체적인 신체 및 인지 문제의 표현을 측정하기 위해 개발되었다. 신체적 불편감(MLS) 척도는 수검자가 기능에 영향을 미치는 건강쇠약을 경험하고 있다고 표현하는 정도를 나타낸다. Archer 등(2016)이 제시한 타당화 표본에서 이 척도의 점수는 보고된 신체적 염려, 피로, 수면 부족, 주의력 및 집중력 문제와 정적 상관이 있었다. MLS 점수가 높을수록 고통, 불안, 우울감 측정치와의 연관성도 입증되었다.

소화기 증상 호소(GIC), 두통 호소(HPC), 신경학적 증상 호소(NUC), 인지적 증상 호소(COG)를 포함하는 나머지 4개의 신체/인지 증상 SP 척도의 내용은 신체적 또는 인지적 기능에 국한된 문제에 초점을 둔다. 척도의 간결성과 문항 내용의 동질성 때문에 척도에서 높은 점수를 받은 청소년은 척도의 명칭과 일치하는 문항에 응답했을 가능성이 높다. 또한 COG 점수가 높을수록 Archer 등(2016)이 제시한 타당화 표본에서 주의력, 집중력, 명료한 사고의 문제와 일관되게 관련되었다. MLS 척도와 마찬가지로, 외적 준거 측정치와의 상관관계는 이러한 신체/인지 증상 SP 척도 각각에서 높은 점수를 받은 청소년 또한 고통이나 불안, 우울감을 보고할 가능성이 있음을 보여 준다.

특정 문제(SP) 척도 : 내재화 척도

9개의 내재화 SP 척도는 EID, RCd, RC7 척도를 포함하여 MMPI-A-RF 상위 위계 척도의 상승에 내재하는 내면화 문제의 특정 양상을 다룬다. RC2도 내재화 구성개념을 반영하지만 내재화 SP 척도 중 어느 것도 이 척도의 일면을 측정하지 않는다. 내재화 SP 척도는 비교적 짧고(3~10개 문항) 각 척도의 문항 내용이 상당히 동질적인 경향이 있다. 따라서 척도 점수가 상승한 사람은 척도의 명칭과 일치하는 문항에 응답했을 가능성이 크다.

대부분의 내재화 SP 척도에 대해 Archer 등(2016)이 제시한 외적 준거 자료는 이러한 척도 점수가 비교적 양호한 수렴 타당도를 갖지만 내재화 영역 내에서 변별 타당도의 증거는 제한적임을 시사한다. 보다 구체적으로, 대부분의 내재화 SP 척도는 개념적으로 관련된 준거와 연관이 있지만(예 : SFD와 낮은 자존감) 우울, 불안 및 일반적인 정서적 고통의 다른 지표와도 정적 상관을 보인다. 상기 구성개념의 상호 연관된 특성을 고려할 때 이런 상관관계 패턴을 전혀 예상하지 못한 것은 아니다. Archer 등(2016)이 제시한 외적 준거 측정치는 일반적으로 이 척도의 폭넓은 변별 타당도를 뒷받침했는데, 내재화 SP 척도가 외현화 또는 사고 문제 지표와 같은 다른 영역의 구성개념을 측정하는 준거와 상관이 없거나 부적 상관을 보였기 때문이다.

방금 기술한 지지적인 타당도 증거의 일반적인 패턴에는 몇 가지 예외가 있었다. 강박사고/행동(OCS), 행동 제약 공포(BRF), 특정 공포(SPF) 척도의 점수는 Archer 등(2016)이 제시한 타당화 표본에서 점수의 수렴 타당도를 뒷받침하는 증거가 제한적이거나(OCS & BRF) 없었다(SPF). 이는 타당화 표본에서 강박 및 공포 관련 증상의 양상을 검사하는 외적 준거가 제한적이라는 사실 때문일 수 있다. 그럼에도 불구하고 현시점에서 상기 척도의 해석은 주로 척도의 내용에 따라 결정된다. 이 척도에 대한 경험 기반의 해석적 진술을 확립하기 위해 향후 연구가 필요하다.

특정 문제(SP) 척도 : 외현화 척도

6개의 외현화 SP 척도는 행동화를 다루며 각 척도는 이러한 행동의 특정 양상을 다룬다. 학교에 대한 부정적 태도(NSA) 척도의 문항은 학교출석에 대한 신념을 측정하며, 반사회적 태도(ASA) 척도의 문항은 반사회적 행동을 지지하는 태도를 측정한다. 품행 문제(CNP) 척도의 문항은 학교, 가정, 법 관련 문제를 일으키는 것을 다루고, SUB 척도의 문항은 알코올 또는 다른 약물의 사용 및 남용을 다루며, NPI 척도의 문항은 부적절한 행동을 부추기고 지지하는 또래의 존재를 측정하고, 공격 성향(AGG) 척도의 문항은 공격적인 방식의 분노 및 행동화를 다룬다.

Archer 등(2016)이 제시한 대부분의 외적 준거 측정치는 이 척도에 반영된 특정 구성개념과 일치한다. 예를 들어 NPI 척도는 청소년에게 긍정적인 영향을 주지 않는 또래가 있다고 보고하는 임상가와 일관된 정적 상관을 보여 준다. 그러나 6개 외현화 SP 척도는 모두 다양한 외현화행동과 유의한 상관이 있다. 다시 말해 각 척도의 수렴 타당도는 양호한 것으로 보이지만, 외현화행동 영역 내에서 변별 타당도는 제한적이다. 상기 구성개념의 상호 연관된 특성을 고려할 때 이러한 상관관계 패턴을 전혀 예상하지 못한 것은 아니다. 또한 Archer 등(2016)이 제시한 외적 준거 측정치는 일반적으로 이 척도의 폭넓은 변별 타당도를 뒷받침했는데, 외현화 SP 척도가 내재화 또는 사고 문제 지표와 같은 다른 영역의 구성개념을 측정하는 준거와 상관이 없거나 부적 상관을 보였기 때문이다.

특정 문제(SP) 척도 : 대인관계 척도

5개의 대인관계 SP 척도는 수검자와 다른 사람들의 관계를 다룬다. 가족 문제(FML) 척도는 청소년의 가족 내 갈등 및 낮은 지지경험을 측정한다. IPP는 수동적이고 비주장적인 행동을 측정하기 위한 것이며 사회적 회피(SAV)는 사회적 회피 및 철수를 측정하기 위한 것이다. SHY 척도는 사회불안의 특징과 같은 사회적 과묵함과 불편감을 측정한다. 마지막으로 관계단절(DSF) 척도는 혼자 하는 활동에 대한 선호 및 낮은 수준의 사회적 친밀감을 측정한다.

일반적으로 IPP를 제외하고 이 척도의 점수는 Archer 등(2016)이 제시한 상관 자료에서 척도 내용이 나타내는 핵심 특징의 측정치와 예상 방향의 상관을 보였다. 특히 FML 점수는 가족갈등에 대한 임상가 평정뿐만 아니라 광범위한 외현화 경향과 정적 상관이 있었다. SAV 점수가 높을수록 고립되고 친구가 거의 없는 것과 관련이 있었고, SHY 점수가 높을수록 내성적인 것과 관련이 있었으며, DSF 점수가 높을수록 사회적으로 철수된 것과 관련이 있었다. 그러나 IPP에 대한 추가 연구가 필요한데, 이 척도의 점수가 고통, 우울, 불안을 측정하는 준거와만 일관된 정적 상관을 보였기 때문이다. 이런 유형의 정서적 경험은 다른 대인관계 SP 척도와도 관련이 있었다.

성격병리 5요인 척도 – 개정판(PSY-5-r)

Archer 등(2016)이 보고한 원판 MMPI-A PSY-5 척도와 MMPI-A-RF PSY-5 척도 및 외적 준거 측정치 사이의 상관관계를 검토한 결과, 원판과 개정판 척도가 본질적으로 동일한 수검자 특성과 관련이 있음을 알 수 있다. 대부분의 PSY-5 척도에서 수렴 타당도의 증거가 강력했다. AGGR-r 점수가 높을수록 공격성 지표뿐만 아니라 적대적 외현화행동 지표와 일관되게 관련이 있었다. PSYC-r 점수는 환각 및 사고장애와 같은 사고 문제 지표와 강한 정적 상관이 있었다. DISC-r 점수가 높을수록 다양한 충동 및 규칙 위반 행동과 관련이 있었으며, 이 척도로 측정하려는 탈억제 구성개념과 일치했다. 내향성/낮은 긍정적 정서성-개정판 (INTR-r)은 무쾌감증 및 내향성 지표와 강한 정적 상관이 있었다. 한 가지 예외는 NEGE-r 로, 청소년, 부모, 임상가가 보고한 고통, 우울, 불안과 불특정 패턴의 정적 상관을 보였지만 특정 양상의 부정적 정서성과는 상관이 없었다.

PSY-5-r에 대한 변별 타당도의 증거 또한 강력한 편이었다. 한 가지 예외는 PSYC-r 점수 가 고통, 우울, 불안과 작은 정도의 정적 상관이 있다는 점으로, 이 척도가 여전히 불특정 의 기소침 변량을 일부 반영할 수 있음을 시사한다. 또한 AGGR-r과 DISC-r은 몇 가지 유사한 행동을 측정하는 것으로 보인다(예 : 공격행동). 상기 척도가 외현화 성격특질 측면을 반영 한다는 점을 고려하면 예상치 못한 것은 아니다. 그러나 상기 척도의 구별성을 더 정확히 기 술하기 위해서는 보다 표적화된 외적 준거를 포함하는 추가 연구가 필요할 것이다. 비슷한 이유로 NEGE-r과 INTR-r의 미묘한 상관관계를 검토하는 추가 연구도 필요할 수 있다. PSY-5-r에 대한 해석지침은 이 장의 뒷부분에 제시되어 있다.

MMPI-A 대 MMPI-A-RF

MMPI-A-RF는 MMPI-A의 대체품이 아니라 대안이다. 검사마다 장단점이 있다. 임상가가 이러한 지식을 알고 있어야 특정 평가의 요구를 가장 잘 충족하는 검사 형식을 결정하는 데 도움이 될 것이다.

두 검사에는 유사점이 있다. 첫째, MMPI-A와 MMPI-A-RF는 모두 청소년이 검사 문항 에 동의하거나 동의하지 않음으로써 자신과 자신의 경험을 기술하도록 하는 자기보고 접근 법을 사용한다. 이 접근법에는 Ben-Porath(2013)가 설명했듯이 장단점이 있다. 자기보고식 검사에 대한 핵심 비판은 수검자가 점수의 타당성을 손상시키는 방식으로 응답할 수 있다는 것이다. MMPI-A와 MMPI-A-RF는 모두 타당도 척도를 사용하여 이러한 반응유형에 대해 상당히 포괄적인 평가를 제공한다. 초기 증거에 따르면 타당도 척도는 MMPI-A와 MMPI-A-RF에서 유사하게 작동하는 것으로 나타났다(Archer et al., 2016; Stokes et al., 2018). 둘째, 검사의 규준 집단은 미국 청소년을 대표하도록 거의 동일한 청소년 집합으로 구성되어 있다. 제14장에서 논의한 바와 같이, 이 규준 집단의 장단점에 대해 알려 주는 MMPI-A 규준 관련 소규모 연구가 있다. MMPI-A-RF 규준 집단은 구성이 거의 동일하기 때문에, 이러한 정보가 MMPI-A-RF에도 적용된다고 가정할 수 있다. 셋째, MMPI-A와 MMPI-A-RF는 주요 척도의 선형 T 점수를 UT 점수로 변환하는 데 동일한 절차를 사용한다(UT 점수에 대한 자세한 정보는 제2장 참조). 마지막으로 두 검사 모두 관리, 채점 및 해석을 지원하는 소프트웨어를 갖추고 있다. 이러한 소프트웨어 프로그램을 사용하면 MMPI-A 또는 MMPI-A-RF와 같은 광대한 기능측정치를 평가에 포함하는 데 필요한 시간과 노력을 줄일 수 있다. 또한 이 소프트웨어는 수검자에게 내려지는 결론에 영향을 미칠 수 있는 채점 및 해석의 오류를 줄일 수 있다.

이러한 많은 유사점에도 불구하고 MMPI-A와 MMPI-A-RF 사이에는 임상가가 특정 평가 목적에 사용할 양식을 결정할 때 고려해야 할 중요한 차이점이 있다. 우리의 견해는 MMPI-A-RF가 MMPI-A에 비해 여러 장점이 있다는 것이다. 여기에는 더 적은 검사 문항 수, 비성별 규준의 사용, 잘 기술된 해석 전략이 포함된다. 더 많은 연구가 필요하지만, MMPI-A-RF의 세 가지 추가적인 장점에는 더 강력한 심리측정적 속성, 현대 성격 및 정신병리 모델과의 강력한 연관성, 주요 척도 해석을 위해 권장된 더 낮은 분할점이 포함된다.

청소년을 정기적으로 평가하는 임상가들에게 있어 MMPI-A를 평가에 사용하는 것에 대한 주된 우려 중 하나는 검사의 길이이다. 478개 문항의 MMPI-A를 완료하는 것은 청소년에게 상당히 부담이 될 수 있으며, 특히 심각한 정신병리를 겪고 있는 경우에 더욱 그렇다. 따라서 241개 문항의 MMPI-A-RF는 개선사항으로 보일 것으로 기대된다. MMPI-A-RF의 문항 수가 더 적다는 것은 또한 MMPI-A에 비해 실시에 필요한 시간이 적다는 것을 의미한다. 이는 평가에 허용된 시간이 제한된 상황에서 중요한 고려사항이다.

MMPI-A는 성별 규준을 사용하는 반면, MMPI-A-RF는 비성별 규준을 사용한다. 우리는 MMPI-A-RF에 대한 비성별 규준의 채택이 중대한 이점을 나타낼 것으로 생각한다. 이 장의 앞부분에서 검토한 바와 같이 성별 규준은 성별에 걸쳐 관찰되는 성격 및 정신병리의 차이를 밝히기보다는 숨길 수 있기 때문이다.

MMPI-A-RF의 또 다른 실용적 이점은 검사의 해석 전략이 Archer 등(2016)에 의해 잘 설명되어 있고 경험상 MMPI-A 프로토콜에 사용되는 것보다 덜 복잡하다는 것이다. 연구가 필요하지만, 간단한 해석 전략을 사용하면 검사 결과가 수검자의 기능에 대해 의미하는 바를 이해하고 설명하는 데 필요한 시간과 노력을 줄일 뿐만 아니라 해석의 신뢰성을 높일 것으로 기대된다. 또한 MMPI-A-RF 해석 전략은 MMPI-A에 비해 특히 학생 및 MMPI 검사에 익숙하지 않은 사람들이 배우기에 더 쉬울 것이다. 그러나 두 버전의 검사 사용에는 모두 동일한 수준의 전문교육이 요구된다는 점에 유의해야 한다.

MMPI-A-RF의 잠재적 이점은 MMPI-A 점수와 유사하거나 더 나은 심리측정적 속성을 지닌 척도를 가지고 있다는 것이다. MMPI-A-RF를 개발하면서 Archer 등(2016)은 MMPI 검사에 대한 두 가지 반복되는 비판인 척도 이질성과 상호 상관성을 해결하는 것을 목표로 했다. Tellegen 등(2003)은 이러한 문제가 의기소침 공통요소를 가진 척도들의 포화 때문이라고 가정했다. 성인용 RC 척도와 MMPI-2-RF의 다른 척도 점수는 이러한 불특정 고통 변량의 영향을 줄이기 위해 개발되었다(Ben-Porath & Tellegen, 2008/2011; Tellegen & Ben-Porath, 2008/2011; Tellegen et al., 2003). 이런 노력을 통해 이전 검사와 유사하거나 더 강력한 심리측정적 속성을 보여 주는 척도를 만드는 데 성공했다(제7장과 제12장 및 Sellbom, 2019 참조). 초기 근거에 따르면, 성인용 RC 및 다른 MMPI-2-RF 척도 개발에 이용한 것과 같은 방법을 사용하기로 한 결정은 MMPI-A-RF 척도에 대해 유사한 결과를 가져왔다(Archer et al., 2016; Stokes et al., 2018). 그럼에도 불구하고 상기 결론이 잘 입증되었다고 생각하기 전에 MMPI-A와 MMPI-A-RF 척도의 심리측정적 성과를 대조하는 추가 연구가 필요하다.

MMPI-A-RF의 또 다른 잠재적 이점은 현대 성격 및 정신병리 모델에 대한 더 강력한 연관성이다. MMPI-A-RF는 MMPI-2-RF를 원형으로 사용해 만들어졌으며(Archer et al., 2016), 후자의 검사는 기분 및 정서, 부적응적 성격 및 정신병리 모델과의 관계가 잘 확립되어 있다(Lee et al., 2017; Sellbom, 2019). 이러한 관계가 MMPI-A-RF에도 존재할 것이라는 예비 근거가 있다. RCd에 대해 Archer 등(2016)이 제시한 경험적 상관관계는 이 척도가 일반화된 심리적 고통을 측정한다는 강력한 증거를 제공했으며, 기분 및 정서의 유쾌-불쾌 차원 모델의 측정치로서 구성 타당도의 근거를 확립했다(Tellegen et al., 1999a, 1999b). Archer 등(2016)이 MMPI-A-RF RC 척도의 주성분 분석을 실시한 결과, 상기 척도가 정신병리의 위계적 분류에서 제안된 핵심 차원을 반영하는 것으로 나타났다(HiTOP; Kotov et al., 2021). Stokes 등(2018)은 MMPI-A와 MMPI-A-RF 버전의 PSY-5 척도 사이에 높은 수준의 일치성을 보여 주었다. 제7장에서 설명한 바와 같이 PSY-5 척도는 부적응 성격 모델과 밀접한 관련이 있다[예 : DSM-5에서 제안된 성격장애 대안모형(AMPD); American Psychiatric Association, 2013]. 따라서 추가 연구가 이러한 관계를 공고히 하는 데 도움이 될 것이지만, MMPI-A-RF는 강력한 구성 타당도에 대한 큰 잠재력을 지닌 것으로 보인다.

MMPI-A-RF의 마지막 잠재적 이점은 MMPI-A(T ≥65)보다 '임상적으로 유의한' 주요 척도 상승을 정의하기 위해 더 낮은 분할점(즉 T≥60)을 사용하는 것과 관련이 있다. 성인용 검사에서 문제를 식별하는 데 사용된 분할점은 청소년용 검사에 적용할 때 유용성이 떨어지는 것으로 입증되었다(Archer, 2017). 이는 MMPI-A 규준 집단에 있는 청소년이 정신병리를 나타내는 상당수의 문항에 응답하여 상기 문항이 임상 문제를 겪는 청소년과 그렇지 않은 청소년을 구별하는 데 실패했기 때문이다(예 : Archer et al., 2001; Newsom et al., 2003). 이 같은 결과는 MMPI-A 주요 척도에서 65T 이상의 점수를 임상적으로 유의미하다고 간주해야 하지만, 60T의 낮은 점수도 문제의 지표가 될 수 있다는 권장사항의 원인이 되었다(제14장 또는 Archer, 2017 참조). 이러한 지침은 문제가 실제로 있을 때 존재하지 않는다고 말할 가능성을 낮추는 것으로 입증되었다(즉, 부정 오류; Fontaine et al., 2001). 따라서 MMPI-A-RF에서 더 낮은 분할점을 채택하면 문제와 증상이 있을 때 식별하는 능력이 향상될 것으로 보인다. 그러나 부정 오류 비율을 감소시킴으로써 긍정 오류 비율(즉 문제가 실제로 없을 때 존재한다고 말하는 것)이 증가하는 결과가 초래했다. 부정 오류 비율을 낮춤으로써 얻는 이득이 긍정 오류 비율의 증가와 관련된 비용을 정당화하는지 여부를 검토하기 위해 연구가 필요하다.

　　MMPI-A 대신 MMPI-A-RF를 사용하는 경우에 단점도 있다. 가장 큰 단점은 MMPI-A-RF 척도의 해석을 안내할 수 있는 연구가 적다는 것이다. 앞서 언급했듯이 청소년에게 MMPI 일부 척도를 사용하는 풍부한 관례가 있으며, MMPI-A 척도는 해석을 안내하기 위한 연구 기반을 축적해 왔다(해당 연구 개요는 제14장 또는 Archer, 2017 참조). 이것은 MMPI-A-RF 사용을 뒷받침하는 현재 사용 가능한 증거와 대조된다. Archer 등(2016)은 다양한 장면의 대규모 표본에서 MMPI-A-RF 척도와 외적 준거 측정치 간의 인상적인 상관관계를 제시했는데, 타당도 검증을 위한 적절한 외적 준거를 사용할 수 없는 몇몇 척도가 있었다(예 : RC3, SPF). 일부 척도의 경우에는 결론에 이르지도 못했다(예 : RC9). 게다가 상기 자료는 일반적으로 임상 문제와 어려움에 중점을 둔 장면에서 수집되었다. 따라서 현재로서는 MMPI-A-RF 자료에서 청소년의 적응 기능 및 강점에 대한 정보를 얻을 수 없다. 이러한 약점은 추가적인 경험 연구를 통해 보완될 것으로 기대된다. 그러나 이러한 자료를 보완하기 위한 학계의 검증 작업은 속도가 더뎠으며, 이 장 전반에서 보듯이 MMPI-A-RF 척도에 대해 연구가 필요한 질문들이 많이 있다.

　　MMPI-A와 MMPI-A-RF의 장단점을 고려할 때 어떤 검사를 사용할지 어떻게 결정할 수 있는가? 그것은 평가 상황과 수검자의 필요에 따라 달라질 것으로 생각된다. 시간이 제한된 장면 또는 검사에 집중해서 의미 있는 반응을 하는 데 상당한 어려움을 겪을 수 있는 청소년의 경우 MMPI-A-RF가 선호된다. MMPI-A-RF는 수검자가 겪고 있는 문제의 유형에 대한 정보를 제공할 수 있으며 보다 좁게 정의된 문제의 선별측정치로서 효과적으로 기능할 것이다. 더 자세한 기술이 필요한 장면에서는 척도에 대한 정보의 폭과 깊이를 고려할 때 MMPI-A가 더 나을 수 있다.

해석

해석지침

MMPI-A-RF의 타당도 척도 및 주요 척도에 대한 해석지침은 다음 절에서 제공된다. 타당도 척도에 대한 해석은 전적으로 Archer 등(2016)이 제공한 지침을 기반으로 한다. 주요 척도에 대한 해석은 MMPI-A-RF 매뉴얼에 제안된 지침, MMPI-A-RF 매뉴얼에 제시된 경험적 상관 자료의 검토, 2016년 MMPI-A-RF가 발표된 이후에 보고된 다른 연구에 근거한다.

특히 주요 척도에 대한 해석적 제안 중 상당수는 MMPI-A-RF 매뉴얼(Archer et al., 2016)에 제시된 것과 다르다. 이는 부분적으로 잠재적 추론을 확인하기 위해 신중하게 접근한 방식 때문일 수 있다. 즉 MMPI-A-RF 매뉴얼에서 척도와 준거 측정치 사이에 적어도 작은 효과크기($r \geq 0.20$; Cohen et al., 2002)를 보이는 상관관계를 기반으로 추론이 생성되었다. 또한 현행 연구는 MMPI-A-RF 척도가 성인용 MMPI 및 MMPI-A에서 관찰된 척도와 유사하지만 일치하지 않는 형태를 나타낼 가능성이 있음을 시사한다. 그 결과, 다른 버전용 검사의 대응 척도로 작업한 연구에 근거한 기술문은 MMPI-A-RF 척도에 적용하지 않았다. 그러한 해석이 실제로 적용되기 전에 정확성을 결정하기 위한 추가 연구가 필요하다는 것이 우리의 견해이다.

다른 버전의 MMPI 척도와 마찬가지로, 주요 척도에 기초한 추론은 수검자에 대해 이용 가능한 다른 정보(예 : 면담, 다른 검사, 행동 관찰)와 비교해야 하는 가설로 간주해야 한다. 주요 척도는 T 점수가 60점 이상인 경우 임상적으로 유의미하다고 해석된다. 60점보다 훨씬 높은 T 점수는 제시된 기술문이 수검자에게 적용될 가능성 및 제시된 증상이 덜 높은 점수와 관련된 증상보다 더 심각할 가능성을 시사한다. 일부 MMPI-A-RF 척도의 낮은 점수(즉 T ≤ 40)에 대한 해석이 검사 매뉴얼에서 권장되지만, 이러한 해석을 안내하는 독립적인 연구는 아직 없다. 따라서 낮은 점수에 대해 이 장에서 제시한 해석지침은 Archer 등(2016)이 제공한 정보 및 상관관계를 기반으로 한다.

타당도 척도의 해석지침

무응답(CNS)

수검자가 MMPI-A-RF의 모든 문항에 채점 가능한 응답을 제공할 때 프로토콜을 해석할 수 있다. 그러나 하나 이상의 문항이 누락되거나 채점이 불가능한 경우, 문항 누락이 해당 척도의 점수를 인위적으로 낮추는 경향이 있기 때문에 주요 척도의 해석에 주의해야 한다. 따라서 하나 이상의 채점 불가능한 반응이 제공된 경우 각 척도별 누락 문항의 비율을 검토해야 한다. 척도에서 10% 이상의 문항이 누락된 경우 상승 척도를 해석할 수 있지만, 그 척도에 대한 수검자의 실제 상태를 과소평가할 수 있기 때문에 신중한 해석만 가능하다. 임상적으로 유의미한 상승에 도달하지 않은 10% 이상의 채점 불가능한 반응을 가진 척도는 해석할 수 없다. Archer 등(2016)이 10개 이상으로 제안한 과도한 수의 채점 불가능한 반응은 잠재적 원인에 대한 탐색을 필요로 할 수 있다. 여기에는 읽기 및 언어 문제, 심각한 정신병리, 강박증 또는 통찰력이나 협력의 부족 등이 포함될 수 있다. 또한 채점 불가능한 문항에 대한 주제가 있을 수 있으며 이는 문항 내용을 검토하여 확인할 수 있다.

무선반응 비일관성(VRIN-r)

높은 점수(T ≥ 65)

이 수준의 점수는 수검자가 비일관된 방식으로 반응했음을 나타낸다. 65~74점의 T 점수는 프로토콜을 주의해서 해석해야 함을 시사한다. T 점수가 75점 이상인 경우 비일관된 반응이 너무 만연해서 프로토콜을 해석해서는 안 된다. 수검자가 비일관되게 반응했음을 시사하는 점수에 대해 추가 연구가 필요할 수 있다. 수검자가 비협조적인 경우처럼 의도적인 무선반응을 반영할 수 있다. 또한 이 수준의 점수는 응답 기록에 오류가 있거나 문항 내용의 이해를 방해하는 인지, 읽기 또는 언어 문제가 있는 경우 발생할 수 있는 의도하지 않은 반응 비일관성을 반영할 수 있다.

평균 및 낮은 점수(T = 37~64)

수검자는 일관된 방식으로 반응했으며 프로토콜은 해석 가능하다.

고정반응 비일관성(TRIN-r)

높은 점수(T ≥ 65)

이 척도에서 높은 점수는 수검자가 문항 내용에 상관없이 '그렇다' 또는 '아니다'로 응답하는 고정방식으로 반응했음을 나타낸다. 점수에 T가 명시되는 경우 고정반응이 '그렇다' 반응(또는 묵종)일 가능성이 있는 반면, 점수에 F가 명시되면 고정반응이 '아니다' 반응(또는 역방향 묵종)일 가능성을 나타낸다. 높은 점수는 대체로 비협조적인 수검태도의 결과이다. 65~74점의 T 점수는 고정반응 경향을 나타내며 프로토콜은 주의해서 해석해야 한다. T 점수가 75점 이상인 경우 고정반응이 너무 만연해서 프로토콜을 해석해서는 안 된다.

평균 점수(T = 50~64)

이 범위의 점수는 고정반응의 증거가 없음을 나타내며 프로토콜은 해석 가능하다.

반응 비일관성(CRIN)

높은 점수(T ≥ 65)

이 수준의 점수는 수검자가 비일관된 방식으로 반응했음을 나타낸다. 65~74점의 T 점수는 프로토콜을 주의해서 해석해야 함을 시사한다. T 점수가 75점 이상인 경우 비일관된 반응이 너무 만연해서 프로토콜을 해석해서는 안 된다. 수검자가 비일관되게 반응했음을 나타내는 점수는 추가 탐색이 필요할 수 있다. 수검자가 비협조적인 경우처럼 의도적인 무선반응을 반영할 수 있다. 또한 이 수준의 점수는 반응 기록에 오류가 있거나 문항 내용의 이해를 방해하는 인지, 읽기 또는 언어 문제가 있는 경우 발생할 수 있는 의도하지 않은 반응 비일관성을 반영할 수 있다.

평균 및 낮은 점수(T = 37~64)

수검자는 일관된 방식으로 반응했으며 프로토콜은 해석 가능하다.

비전형 반응(F-r)

T ≥ 90

이 수준의 점수는 수검자가 대부분의 청소년, 심지어 실제 심각한 정신병리가 있는 청소년조차도 거의 응답하지 않은 많은 증상을 보고했음을 나타낸다. VRIN-r, TRIN-r 및 CRIN 척도를 참조하여 F-r 척도 점수가 문항 내용과 무관한 무효 응답의 결과인지 여부를 판단해야 한다. 상기 반응유형이 발견되지 않는 경우 F-r 점수는 수검자 편에서 실제 사례보다 훨씬 더 심각한 정신병리나 심리적 고통이 있는 것처럼 보이려는 시도를 나타낼 수 있다. 이 수준의 F-r 척도 점수를 가진 프로토콜은 무효로 간주해야 하며 해석해서는 안 된다.

T = 80~89

이 수준의 점수는 비일관된 반응, 심각한 정서적 고통 또는 과대보고를 나타낼 수 있다. VRIN-r, TRIN-r 및 CRIN 척도를 확인하도록 한다. 상기 척도의 점수가 허용 가능한 수준이 아닌 경우 프로토콜은 무효로 간주하여 해석해서는 안 된다. 점수가 허용 가능한 수준이면 F-r 척도 점수가 심각한 정신병리 또는 과대보고 중 어떤 것을 반영하고 있는지 판단하는 것이 중요하다. 검사 외 자료에서 심각한 장애의 과거력이나 현재 징후가 없는 경우 이 수준의 점수는 과대보고를 나타낼 가능성이 있으므로 프로토콜은 해석해서는 안 되거나 매우 주의해서만 해석해야 한다. 심각한 장애의 과거력이나 현재 검사 외 지표가 있는 경우 이 수준의 점수는 실제 정신병리를 반영하는 것으로 해석해야 하며 프로토콜은 해석 가능하다.

T = 70~79

이 수준의 점수는 80~89점의 T 점수와 유사하게 해석할 수 있으나, 과대보고의 가능성은 상위 점수 수준보다 낮다. 프로토콜은 해석할 수 있지만, 정신건강에 심각한 문제가 있는 과거력 또는 현재 겪고 있음을 확증하는 검사 외 증거가 없는 경우 점수가 증상 및 문제의 심각도를 어느 정도 과대평가할 수 있다는 점에 주의해야 한다.

T < 70

점수가 이 수준이면 심각한 과대보고의 증거가 없으므로 프로토콜은 해석할 수 있다.

흔치 않은 도덕적 반응(L-r)

T ≥ 80

이 수준의 점수는 문항 내용과 무관한 무효 응답의 결과일 수 있으므로 VRIN-r, TRIN-r 및 CRIN 척도를 검토해야 한다. 상기 반응유형이 시사되지 않는 경우 이 수준의 L-r 점수는 수검자가 자신을 지나치게 긍정적이고 도덕적인 방식으로 표현했음을 나타내므로 주요 척도의 점수는 매우 조심해서 해석할 수 있을 뿐이다. 주요 척도의 상승이 없으면 해석할 수 없으며 주요 척도의 점수가 상승한 경우 척도가 측정하는 문제를 과소평가할 수 있다.

T = 70~79

이 수준의 L-r 점수는 문항 내용과 무관한 무효 응답의 결과일 수 있으므로 VRIN-r, TRIN-r

및 CRIN 척도를 확인하도록 한다. 상기 반응유형이 배제된 경우 이 수준의 L-r 점수는 수검자가 자신을 매우 긍정적인 방식으로 표현했을 가능성을 나타낸다. 주요 척도의 상승이 없으면 해석할 수 없으며 주요 척도의 점수가 상승한 경우 척도가 측정하는 문제를 과소평가할 수 있다. 이 수준의 점수는 또한 전통적 가치를 전적으로 강조하는 양육을 받은 사람을 시사할 수 있다.

T = 65~69

이 수준의 점수는 문항 내용과 무관한 무효 응답 또는 수검자가 비현실적으로 호의적인 관점에서 자신을 표현하려는 노력의 결과일 수 있다. 주요 척도의 상승이 없으면 해석할 수 없으며 점수가 상승한 경우 척도가 측정하는 문제를 과소평가할 수 있다. 이 수준의 점수는 또한 수검자가 매우 전통적인 방식으로 양육되었음을 나타낼 수 있다.

T < 65

점수가 이 수준이면 심각한 과소보고의 증거가 없으므로 주요 척도를 해석할 수 있다.

적응 타당도(K-r)

T ≥ 75

이 수준의 점수는 문항 내용과 무관한 무효 응답의 결과일 수 있으므로 VRIN-r, TRIN-r 및 CRIN 척도를 확인하도록 한다. 상기 유형의 무효반응을 배제할 수 있는 경우 이 수준의 K-r 점수는 수검자가 자신을 대단히 적응적인 것으로 표현했음을 나타낸다. 이 점수는 수검자가 자신을 실제보다 훨씬 잘 적응한 것처럼 표현하려는 시도를 나타낼 수 있으므로 해석은 상당히 주의해서 진행해야 한다. 주요 척도의 상승이 없으면 해석할 수 없으며 주요 척도의 점수가 상승한 경우 척도가 측정하는 문제를 과소평가할 수 있다.

T = 66~74

이 수준의 점수는 문항 내용과 무관한 무효 응답의 결과일 수 있으므로 VRIN-r, TRIN-r 및 CRIN 척도를 확인하도록 한다. 상기 유형의 무효반응을 배제할 수 있는 경우 이 수준의 K-r 점수는 증상 및 문제의 과소보고 또는 매우 양호한 심리적 적응을 반영할 수 있다. 아주 뛰어난 심리적 적응을 확증하는 증거가 없는 사람에게 주요 척도의 상승이 없으면 해석할 수 없다. 주요 척도의 점수가 상승한 경우에는 척도가 측정하는 문제를 과소평가할 수 있다.

T = 60~65

문항 내용과 무관한 무효 응답은 VRIN-r, TRIN-r 및 CRIN 척도를 확인하여 배제해야 한다. 상기 반응유형이 배제된 경우 이 수준의 K-r 점수는 증상 및 문제의 과소보고 가능성을 나타낸다. 부적응을 확증하는 증거가 있는 사람의 경우 주요 척도에서 상승한 점수가 없다는 것은 주의해서 해석해야 한다. 주요 척도가 상승한다면 척도가 측정하는 문제를 과소평가할 수 있다.

T < 60

점수가 이 수준이면 심각한 과소보고의 증거가 없으므로 주요 척도의 점수를 해석해도 된다.

상위차원(H-O) 척도의 해석지침

H-O 척도는 정서, 사고 및 행동 문제를 측정하는 광범위한 척도이다. H-O 척도의 높은 점수는 청소년이 겪는 문제의 심각도, 청소년이 특정 영역에서 겪고 있는 증상의 범위 또는 둘 다를 나타낼 수 있다. 따라서 특정 H-O 척도에 상승한 점수가 없다고 해서 수검자가 해당 영역에 문제가 없음을 보고하고 있다는 뜻은 결코 아니다. RC 척도와 SP 척도를 사용하여 보고되고 있는 문제를 더 한정해서 식별할 수 있다.

정서적/내재화 문제(EID)

이 척도는 내재화 문제의 특징을 나타내는 문항을 포함해 광범위한 정서적 기능 문제를 반영하는 26문항으로 구성된다.

높은 점수(T ≥ 60)는 다음과 같은 청소년을 나타낸다.

1. 많은 정서적 혼란을 겪고 있다고 보고한다(T 점수가 80점 이상인 경우 고통은 위기로 지각될 가능성이 높다).
2. 슬픔, 우울, 불안 문제를 겪는다.
3. 신체적 염려를 보인다.
4. 자존감이 낮다.
5. 주의력 및 집중력에 문제가 있다.
6. 자살 사고를 겪을 가능성이 있다.
7. 자해 또는 자살 행동 과거력이 있을 수 있다.
8. 우울, 불안, 공포 또는 신체증상을 특징으로 하는 내재화장애에 대해 평가해야 한다.

9. 높은 수준의 정서적 고통 때문에 치료에 대한 동기가 높을 수 있다.

낮은 점수(T≤40)는 평균 수준보다 좋은 정서적 적응을 보고하는 청소년을 나타낸다.

사고 문제(THD)

이 척도는 기이한 감각 경험 또는 망상 수준의 경직된 거짓 믿음 등의 사고 문제 증상을 반영하는 14문항으로 구성된다.

높은 점수(T≥60)는 다음과 같은 청소년을 나타낸다.

1. 사고 문제 증상을 보고한다(T 점수가 80점 이상인 경우 증상이 심각할 수 있다).
2. 전형적으로 정신증과 관련된 기이한 사고 또는 경험을 가지고 있다.
3. 환청 또는 환시를 경험할 수 있다.
4. 고통, 우울, 불안을 느낀다.
5. 다른 사람들로부터 고립되어 있다.
6. 사회적 관계에 문제가 있다.
7. 또래에게 괴롭힘을 당한다고 느낄 수 있다.
8. 때때로 다른 사람들에게 공격적으로 행동한다.
9. 정신증적 장애(예 : 조현병, 망상장애)에 대해 평가해야 한다.
10. 항정신병 약물치료를 위해 평가해야 한다.
11. 구조화된 또는 안전한 환경에서 치료가 필요할 수 있다.

이 척도의 낮은 점수(T≤40)는 해석하지 않는다.

행동적/외현화 문제(BXD)

이 척도는 충동, 위험 감수, 물질 남용 및 반사회적 행동을 포함하여 외현화 경향으로 인한 문제를 반영하는 24문항으로 구성된다.

높은 점수(T≥60)는 다음과 같은 청소년을 나타낸다.

1. 다양한 외현화행동을 한다고 보고한다(T 점수가 80점 이상인 경우 이런 행동 때문에 곤경에 빠졌을 가능성이 높다).
2. 적대적이고 권위적인 대상에 반항한다.
3. 다른 사람들의 요구를 무시하는 방식으로 행동한다.

4. 충동적이고 행동통제에 문제가 있는 것으로 보인다.

5. 관계에서 언어적 또는 신체적으로 공격적이다.

6. 또래들과 부정적인 관계를 갖는다.

7. 부정적인 영향을 주는 또래들과 어울리는 경향이 있다.

8. 학교, 가정, 지역사회에서 행동 문제의 과거력이 있다.

9. 학교에서 정학 또는 퇴학을 당했을지 모른다.

10. 법체계에 연루된 과거력이 있거나 이를 초래할 수 있는 행동에 관여했다.

11. 전형적으로 높은 수준의 정서적 고통을 보고하지 않지만 일부 불안 및 우울 증상을 보고할 수 있다.

12. 충동, 물질 남용, 적대 또는 반사회적 행동을 특징으로 하는 외현화장애에 대해 평가해야 한다.

13. 치료에 대한 동기가 부족하다.

14. 치료에 불응할 위험이 있다.

15. 충동 및 탈억제 행동을 목표로 한 치료가 도움이 될 수 있다.

낮은 점수(T≤40)는 다음과 같은 청소년을 나타낸다.

1. 평균 수준보다 높은 행동 제약을 보고한다.
2. 외현화행동 및 행동화에 관여할 가능성이 낮다.

재구성 임상(RC) 척도의 해석지침

RC 척도는 H-O 척도에 의해 포착된 광범위한 정신병리 영역별 양상을 반영한다. RC 척도는 특정 장애의 지표가 아니다. 오히려 청소년의 문제를 식별하고 기술할 때뿐만 아니라 사례 개념화, 치료 계획, 진행 점검 시에도 사용할 수 있는 초진단적 문제 차원을 평가한다.

의기소침(RCd)

RCd 척도는 18문항으로 구성되며 Tellegen과 동료들(1999a, 1999b)의 기분 및 정서 모델에서 유쾌–불쾌(또는 행복–불행) 차원을 반영한다. RCd 점수는 청소년이 경험할 수 있는 심리적 고통 및 정서적 불편감의 정도를 나타낸다. 개념적으로 이 척도는 HiTOP 모델(Kotov et al., 2021)에서 내재화 정신병리의 '고통' 차원과 일치한다.

높은 점수(T≥60)는 다음과 같은 청소년을 나타낸다.

1. 현재 생활 환경에 대해 고통, 슬픔, 불만족을 느낀다고 보고한다.
2. 불쾌감, 무력감, 부적절감을 특징으로 하는 극심한 심리적 고통을 겪고 있다고 보고한다(T 점수가 80점 이상인 경우).
3. 불행, 슬픔, 우울을 느낀다.
4. 많은 시간 동안 불안을 느낀다.
5. 주의집중에 어려움을 겪는다.
6. 신체적 염려를 보고한다.
7. 자기개념이 빈약하다.
8. 또래들과의 관계에서 어려움을 겪는다.
9. 자살 사고를 경험할 수 있다.
10. 자해 또는 자살 행동의 과거력이 있을 수 있다.
11. 자살 위험성에 대해 평가해야 한다[자살 관련 결정적 문항에 응답하거나 무력감/무망감(HLP)이 60점 이상인 경우].
12. 우울 및 불안 관련 장애에 대해 평가해야 한다.
13. 정서적 고통 때문에 치료동기가 높을 수 있다.
14. 정서적 고통 경감을 목표로 한 초기 개입이 도움이 될 수 있다.

낮은 점수(T≤40)는 평균 수준보다 높은 삶의 만족도 및 정서적 적응을 보고하는 청소년을 나타낸다.

신체증상 호소(RC1)

이 척도는 다양한 신체적 염려를 반영하는 23문항으로 구성된다. 개념적으로 RC1 점수는 정신병리의 차원 모델에 속한 신체형 요인과 관련될 수 있다. 이 척도는 실제 의학적 문제를 반영할 수 있으므로 이러한 문제를 가진 청소년에게는 신중하게 해석되어야 한다.

높은 점수(T≥60)는 다음과 같은 청소년을 나타낸다.

1. 두통이나 소화기 또는 신경학적 증상과 관련된 것을 포함하여 여러 신체적 염려를 보고한다.
2. 여러 가지 다양한 신체적 문제를 나타낸다.
3. 슬픔, 우울, 불안을 자주 느낀다.
4. 그들이 보고한 문제에 대한 신체적 설명을 배제할 수 있는 경우 신체증상 및 관련 장

애에 대해 평가해야 한다.

5. 신체적 문제에 대한 심리적 설명을 거부할 수도 있다.

낮은 점수(T≤40)는 신체적 안녕감을 보고하는 청소년을 나타낸다.

낮은 긍정 정서(RC2)

이 척도는 청소년의 긍정적인 정서경험뿐만 아니라 관계 및 활동에 참여하는 능력과 의지를 반영하는 10문항으로 구성된다. 높은 점수는 우울장애의 고유한 구성요소인 긍정 정서를 경험하는 데 어려움을 겪는 수검자의 경험(즉, 무쾌감증)을 반영하기 위한 것이다. 개념적으로 RC2는 Tellegen과 동료들(1999a, 1999b)의 기분 및 정서 모델에서 긍정 정서 차원과 관련될 수 있다.

높은 점수(T≥60)는 다음과 같은 청소년을 나타낸다.

1. 긍정 정서를 경험하고 사회적 소속감을 느끼는 데 어려움을 보고한다.
2. 기쁨과 행복을 경험하는 능력에 결함(무쾌감증)이 있다.
3. 피곤하고 에너지가 부족하다고 느낀다.
4. 말과 동작의 지체를 보인다.
5. 사회적 상황에서 고립되거나 철수되는 경향이 있다.
6. 우울, 고통, 불안을 느낀다.
7. 무쾌감증을 특징으로 하는 우울 및 기타 장애에 대해 평가해야 한다.
8. 항우울제 약물치료를 위해 평가해야 한다.
9. 낮은 긍정 정서성 때문에 치료에 참여하기가 어려울 수 있다.
10. 사회적 위축으로 인해 치료자와의 관계를 발전시키는 데 어려움을 겪을 수 있다.

낮은 점수(T≤40)는 다음과 같은 청소년을 나타낸다.

1. 높은 수준의 심리적 안녕감을 보고한다.
2. 정서적으로 긍정적인 경험을 폭넓게 보고한다.

냉소적 태도(RC3)

이 척도는 다른 사람의 동기와 행동에 대한 냉소적 신념을 반영하는 9문항으로 구성되어 있다. 이러한 신념은 타인에 대한 일반화된 부정적 관점을 반영하며 청소년 자신이 무신경하고 신뢰할 수 없는 행동의 대상이라고 느낀다는 것을 시사하지 않는다.

높은 점수(T ≥60)는 다음과 같은 청소년을 나타낸다.

1. 냉소적 신념을 보고한다.
2. 다른 사람을 신뢰할 수 없고, 무신경하고, 그들 자신에게만 관심이 있다고 본다.
3. 규칙 위반 행동을 한다.
4. 치료적 관계를 형성하는 데 어려움을 겪을 수 있다.
5. 대인신뢰를 발전시키는 데 도움이 필요하다.

낮은 점수(T ≤40)는 다음과 같은 청소년을 나타낸다.

1. 냉소적 신념을 거부한다.
2. 다른 사람을 선의가 있고 신뢰할 만하다고 여긴다.

반사회적 행동(RC4)

이 척도는 물질 남용, 규칙 위반, 반사회적 행위와 같은 다양한 행동화를 기술하는 20문항으로 구성되어 있다. RC4의 점수는 사회 규범을 위반하거나 타인을 무시하는 탈억제성 행동을 반영한다. 이 척도는 개념적으로 정신병리의 차원 모델에 기술된 탈억제 및 적대적 외현화 영역과 관련된다.

높은 점수(T ≥60)는 다음과 같은 청소년을 나타낸다.

1. 위험하고 적대적이고 반사회적인 행동을 많이 했다고 보고한다.
2. 가정, 학교, 지역사회에서 문제를 일으키는 규칙 위반 행동에 관여한다.
3. 법체계에 연루될 수 있는 행동에 관여한다.
4. 형사 고발을 당한 적이 있다.
5. 소년원에 수감되었을 가능성이 있다.
6. 알코올 또는 다른 약물 사용의 과거력이 있다.
7. 문제성 물질 사용의 위험이 증가한다.
8. 다른 사람에게 언어적이고 신체적인 공격행동을 보인다.
9. 권위적 대상과 상호작용할 때 적대적으로 행동한다.
10. 외향적이고 친구가 많다.
11. 부정적인 영향을 주는 또래들과 어울리는 경향이 있다.
12. 파괴적 행동, 충동통제 및 품행장애에 대해 평가해야 한다.

13. 물질 관련 장애에 대해 평가해야 한다.

14. 치료 참여를 증진하기 위해 동기적 개입이 필요할 수 있다.

15. 치료자와 긍정적인 라포를 발전시키는 데 어려움을 겪을 수 있다.

16. 탈억제, 규칙 위반 행동을 목표로 한 개입이 도움이 될 수 있다.

낮은 점수(T≤40)는 다음과 같은 청소년을 나타낸다.

1. 평균 수준보다 높은 행동 제약을 보고한다.
2. 규칙 위반 행동, 물질 남용 또는 반사회적 행위의 과거력을 보고할 가능성이 낮다.

피해의식(RC6)

이 척도는 학대받고 있다는 생각에서부터 의도적으로 악의적인 대우를 받고 있다는 믿음에 이르기까지 피해의식을 평가하는 9문항으로 구성되어 있다. 개념적으로 이 척도는 정신병리의 차원 모델에 기술된 정신증적 성향과 관련된다. 이것은 망상 수준에 이르는 신념을 포착할 수 있다. 그러나 문항은 청소년이 박해받는다고 인식할 수 있는 다양한 방식을 반영하기 때문에(예 : 차별 또는 대인관계에서 외상을 경험하는 청소년), 이 척도의 높은 점수는 따돌림이나 학대당한 상호작용으로 인해 발달한 덜 극단적인 의심을 반영할 수 있다.

높은 점수(T≥60)는 다음과 같은 청소년을 나타낸다.

1. 심각한 피해 사고를 보고한다(T 점수가 80점 이상인 경우 피해망상 수준에 이를 수 있다).
2. 사회적 관계에 어려움을 겪는다.
3. 또래들과 갈등관계에 있다.
4. 다른 사람에게 공격적이다.
5. 고통과 불안감을 경험한다.
6. 기이한 사고 패턴을 경험할 수 있다.
7. 피해 신념의 존재, 특성 및 맥락을 명확히 하기 위해 추가 평가가 필요하다.
8. 정신증적 증상을 포함한 장애에 대해 평가해야 한다(T 점수가 80점 이상인 경우).
9. 치료적 관계를 형성하는 데 어려움을 겪을 수 있다.

이 척도의 낮은 점수(T≤40)는 해석하지 않는다.

역기능적 부정 정서(RC7)

이 척도는 청소년의 불안, 공포, 짜증/분노, 걱정을 포함해 지나치게 부정적인 정서경험을 측정하는 11문항으로 구성되어 있다. 개념적으로 이 척도는 Tellegen 등(1999a, 1999b)의 기분 및 정서 모델에서 부정 정서 차원을 반영한다. RC7 문항에 반영된 부정 정서의 변량을 고려할 때 이 척도에서 점수가 높은 수검자는 또한 높은 수준의 의기소침을 보고할 가능성이 있다. 그러나 의기소침에 반영된 심리적 고통은 청소년이 겪을 수 있는 다양한 문제로 나타나는 경향이 있기 때문에, 구별이 가능한 구성개념이다.

높은 점수(T ≥60)는 다음과 같은 청소년을 나타낸다.

1. 불안, 공포, 짜증, 걱정을 포함한 부정 정서 경험을 보고한다.
2. 높은 수준의 불안을 경험한다.
3. 고통 및 우울감의 문제를 겪는다.
4. 침투적 사고를 경험할 수 있다.
5. 악몽을 꾼다고 보고할 수 있다.
6. 불안 관련 장애에 대해 평가해야 한다.
7. 항불안제의 잠재적 필요성에 대해 평가해야 한다.
8. 정서적 고통 때문에 치료에 대한 동기가 높을 수 있다.

낮은 점수(T ≤40)는 평균 수준 이하의 부정 정서 경험을 보고하는 청소년을 나타낸다.

기태적 경험(RC8)

이 척도는 청소년의 기이한 사고 및 지각경험에 대해 묻는 8문항으로 구성되어 있다. 척도는 비편집성 망상(예 : 관계 사고) 및 환각과 같은 정신증의 양성 증상을 반영한다. 개념적으로 정신병리의 차원 모델에 기술된 사고 문제 성향과 관련된다.

높은 점수(T ≥60)는 다음과 같은 청소년을 나타낸다.

1. 기이한 지각, 인지 또는 운동 경험을 보고한다.
2. 환시 또는 환청을 경험할 가능성이 있다.
3. 망상 수준에 이를 수 있는 기이한 사고를 가지고 있다.
4. 현실검증력의 손상을 보일 수 있다.
5. 또래로부터 고립되거나 철수되는 경향이 있다.
6. 고통, 불안, 우울을 보고한다.

7. 정신증적 증상 관련 장애에 대해 평가해야 한다.

8. 항정신병 약물치료를 위해 평가해야 한다.

9. 기이한 패턴의 사고 및 지각에 초점을 맞춘 치료가 도움이 될 수 있다.

이 척도에서 낮은 점수(T≤40)는 해석하지 않는다.

경조증적 상태(RC9)

이 척도는 종종 경조증적 활성화와 관련된 경험을 반영하는 내용의 8문항으로 구성된다. 여기에는 과도한 에너지와 움직임, 질주하는 사고, 충동적인 위험 감수 및 흥분추구행동 등이 포함된다. 개념적으로 RC9은 정신병리의 차원 모델에서 조증 하위 요인을 반영할 수 있으며, 이는 내재화 및 사고 장애 영역 모두와 관련된다(Kotov et al., 2021). 그러나 성인용 검사에서 이 척도의 문항은 탈억제성 외현화 성향과 관련되었는데(예 : Sellbom, 2016), 충동적인 행동과 흥분추구행동을 측정하기 때문일 수 있다.

높은 점수(T≥60)는 다음과 같은 청소년을 나타낸다.

1. 평균 수준보다 높은 에너지 및 주변 상황에의 관여를 보고한다.

2. 공격적이다.

3. 가정, 학교 또는 지역사회에서 행동 문제의 과거력이 있을 수 있다.

4. 양극성 및 조현정동 장애를 포함한 기분 관련 장애에 대해 평가해야 한다.

5. 과도한 행동 활성화로 인해 치료에 효과적으로 참여하기가 어려울 수 있다.

6. 기분의 점검 및 안정화에 중점을 둔 초기 치료가 도움이 될 수 있다.

낮은 점수(T≤40)는 평균 수준 이하의 활성화 및 주변 상황에의 관여를 보이는 청소년을 나타낸다.

특정 문제(SP) 척도의 해석지침

신체/인지 증상 SP 척도

신체/인지 증상 SP 척도는 청소년이 보고할 수 있는 일반적인 유형의 신체 및 인지 문제를 측정한다. 척도는 RC1의 높은 점수 또는 SP 척도의 단독상승을 해석할 때 수검자가 신체 기능에 대해 보고하는 문제의 특정 유형을 파악하는 데 도움이 될 수 있다.

신체적 불편감(MLS)

이 척도는 신체 건강 및 기능에 대한 청소년의 전반적인 인식을 측정하는 8문항으로 구성된다.

높은 점수(T≥60)는 다음과 같은 청소년을 나타낸다.

1. 활동에 지장을 줄 수 있는 건강 악화의 느낌을 보고한다.
2. 신체 기능에 대해 염려한다.
3. 피곤하고 에너지가 부족하다고 느낀다.
4. 잠을 잘 못 잔다.
5. 주의집중에 문제가 있다.
6. 고통, 불안, 우울을 겪고 있다.
7. 신체증상장애를 포함해 신체적 염려를 특징으로 하는 장애에 대해 평가해야 한다.
8. 신체적 불편감 때문에 치료에 효과적으로 참여하기가 어려울 수 있다.

낮은 점수(T≤40)는 전반적인 신체적 안녕감을 보고하는 청소년을 나타낸다.

소화기 증상 호소(GIC)

이 척도는 메스꺼움이나 구토로 인한 불편감과 같은 소화기 문제를 기술하는 내용의 4문항으로 구성된다.

높은 점수(T≥60)는 다음과 같은 청소년을 나타낸다.

1. 일반적인 수준보다 더 많은 소화기 문제를 보고한다.
2. 신체 기능에 다양한 문제가 있다고 기술한다.
3. 고통, 불안 또는 우울을 겪고 있다.
4. 소화기 문제에 대한 신체적 설명을 배제할 수 있는 경우 신체증상장애에 대해 평가해야 한다.
5. 스트레스 감소 기법을 배우면 도움이 될 수 있다.

이 척도의 낮은 점수(T≤40)는 해석하지 않는다.

두통 호소(HPC)

이 척도는 청소년의 두통과 통증 경험을 측정하는 4문항으로 구성되어 있다.

높은 점수(T≥60)는 다음과 같은 청소년을 나타낸다.

1. 일반적인 수준보다 많은 두통과 통증을 보고한다.

2. 고통, 불안 또는 우울을 겪고 있다.

3. 통증에 대한 신체적 설명을 배제할 수 있는 경우 신체증상 및 관련 장애를 고려해야
   한다.

4. 스트레스 및 통증 관리 기법을 배우면 도움이 될 수 있다.

이 척도의 낮은 점수(T≤40)는 해석하지 않는다.

신경학적 증상 호소(NUC)

이 척도는 신경학적 또는 심리적 어려움의 결과일 수 있는 문제를 반영하는 7문항으로 구성된다. 여기에는 이유를 알 수 없는 마비, 현기증, 불수의적 운동과 같은 문제가 포함된다.

높은 점수(T≥60)는 다음과 같은 청소년을 나타낸다.

1. 신경학적 원인이 있을 수 있는 문제를 보고한다(예 : 균형 문제, 현기증, 이유를 알 수
   없는 마비).

2. 고통, 불안 또는 우울을 겪고 있다.

3. 보고된 증상에 대한 신체적 설명을 배제할 수 있는 경우 신체증상 및 관련 장애에 대
   해 평가해야 한다.

4. 보고된 증상에 대한 신경학적 설명이 확증된 경우 의학적 또는 행동적 증상관리가 도
   움이 될 수 있다.

이 척도의 낮은 점수(T≤40)는 해석하지 않는다.

인지적 증상 호소(COG)

이 척도는 인지 및 기억과 관련된 다양한 문제를 측정하는 5문항으로 구성된다.

높은 점수(T≥60)는 다음과 같은 청소년을 나타낸다.

1. 평균 수준보다 많은 인지적 문제를 보고한다.

2. 낮은 주의력과 집중력으로 어려움을 겪는다.

3. 명료하게 생각하는 데 어려움을 겪는다.

4. 고통, 불안 또는 우울을 겪고 있다.

5. 신경학적 평가를 의뢰해야 한다.

6. ADHD를 포함해 신경발달장애에 대해 평가해야 한다.

이 척도의 낮은 점수(T≤40)는 해석하지 않는다.

내재화 SP 척도

이 척도는 청소년이 보고한 내재화 증상의 특정 양상을 측정하기 위한 것이다. 이것은 EID(모든 내재화 SP 척도), RCd(HLP, SFD, NFC), RC7(OCS, STW, AXY, ANP, BRF, SPF)이 기술하는 문제 양상을 나타내지만, 상기 상위 수준의 척도들이 상승하지 않는 경우에도 해석할 수 있다.

무력감/무망감(HLP)

이 척도는 청소년에게 무망감 및 비관주의 경험에 대해 묻는 10문항으로 구성되어 있다.

높은 점수(T≥60)는 다음과 같은 청소년을 나타낸다.

1. 미래에 대한 무망감, 무력감, 비관주의를 보고한다.
2. 고통, 불안 또는 우울을 겪고 있다.
3. 자살 사고를 경험할 가능성이 있다.
4. 자해 또는 자살 행동의 과거력이 있을 수 있다.
5. 주의집중에 어려움을 겪을 수 있다.
6. 학업 문제를 경험할 가능성이 있다.
7. 우울 관련 장애에 대해 평가해야 한다.
8. 희망감을 고취시키는 치료가 도움이 될 수 있다.

이 척도의 낮은 점수(T≤40)는 무망감과 무력감에 대한 거부를 반영한다.

자기 회의(SFD)

이 척도는 낮은 자신감 및 부족한 자존감을 반영하는 5문항으로 구성된다.

높은 점수(T≥60)는 다음과 같은 청소년을 나타낸다.

1. 자신감 부족과 쓸모없는 느낌을 보고한다.
2. 자존감이 낮다.
3. 고통, 불안 또는 우울을 겪고 있다.
4. 자살 사고를 경험할 가능성이 있다.
5. 자해 또는 자살 행동의 과거력이 있을 수 있다.
6. 주의집중에 어려움을 겪을 수 있다.

7. 우울 관련 장애에 대해 평가해야 한다.

8. 자존감을 높이고 자신감을 향상시키는 치료가 도움이 될 수 있다.

이 척도의 낮은 점수(T≤40)는 높은 수준의 자신감 및 자존감을 보고하는 청소년을 나타낸다.

효능감 결여(NFC)

이 척도는 어려운 상황에 효과적으로 대처할 수 있는 역량에 대한 청소년의 신념을 반영하는 4문항으로 구성된다.

높은 점수(T≥60)는 다음과 같은 청소년을 나타낸다.

1. 스트레스에 대처하는 데 우유부단하고 비효율적이라고 보고한다.

2. 스트레스 상황에 직면했을 때 수동적이다.

3. 삶에 조심스럽게 접근하는 경향이 있다.

4. 고통, 불안 또는 우울을 겪고 있다.

5. 자살 사고를 경험할 가능성이 있다.

6. 자해 또는 자살 행동의 과거력이 있을 수 있다.

7. 주의집중에 어려움을 겪을 수 있다.

8. 우유부단 및 수동성을 감소시키는 치료가 도움이 될 수 있다.

이 척도의 낮은 점수(T≤40)는 스트레스 상황에서 결단력이 있고 효능감을 느끼는 청소년을 나타낸다.

강박사고/행동(OCS)

이 척도는 강박사고 및 강박행동을 반영하는 4문항으로 구성된다.

높은 점수(T≥60)는 다음과 같은 청소년을 나타낸다.

1. 평균 수준 이상의 강박사고 및 강박행동을 보고한다.

2. 불안해한다.

3. 조심성이 있고 위험을 감수할 가능성이 낮다.

4. 강박사고 또는 강박행동과 관련된 장애에 대해 평가해야 한다.

5. 강박사고 및 강박행동을 줄이기 위한 치료가 도움이 될 수 있다.

이 척도의 낮은 점수(T≤40)는 강박사고 또는 강박행동의 경험이 없다고 보고한 청소년을 나타낸다.

스트레스/걱정(STW)

이 척도는 과도한 걱정과 그에 따른 어려움을 기술하는 7문항으로 구성된다.

높은 점수(T≥60)는 다음과 같은 청소년을 나타낸다.

1. 스트레스와 걱정이 많다고 보고한다.
2. 고통, 불안 또는 우울을 겪고 있다.
3. 명료하게 생각하는 데 어려움이 있다.
4. 주의집중에 어려움을 겪을 수 있다.
5. 자존감이 낮다.
6. 자살 사고를 경험할 가능성이 있다.
7. 자해 또는 자살 행동의 과거력이 있을 수 있다.
8. 스트레스 관련 장애에 대해 평가해야 한다.
9. 스트레스 관리 기법을 배우면 도움이 될 수 있다.

이 척도의 낮은 점수(T≤40)는 평균 수준 이하의 스트레스와 걱정을 보고하는 청소년을 나타낸다.

불안(AXY)

이 척도는 불안 및 관련 문제에 대한 청소년의 경험을 묻는 4문항으로 구성되어 있다.

높은 점수(T≥60)는 다음과 같은 청소년을 나타낸다.

1. 불안, 두려움, 공포감을 보고한다.
2. 높은 수준의 불안을 경험한다.
3. 악몽과 수면장애를 경험할 가능성이 있다.
4. 침투적 사고를 경험할 수 있다.
5. 고통과 우울을 느낀다.
6. 항불안제 약물치료를 위해 평가해야 한다.

이 척도의 낮은 점수(T≤40)는 해석하지 않는다.

분노 경향성(ANP)

이 척도는 청소년의 분노 경험 및 표현을 측정하는 5문항으로 구성되어 있다.

　　높은 점수(T ≥ 60)는 다음과 같은 청소년을 나타낸다.

1. 짜증과 분노를 자주 느낀다고 보고한다.
2. 분노감으로 인해 문제를 경험했다고 기술한다.
3. 쉽게 짜증을 내거나 화를 낸다.
4. 다른 사람에게 공격적으로 행동한다.
5. 싸움을 하거나 누군가를 폭행했을 가능성이 있다.
6. 규칙 위반, 적대적 및 반사회적 행동의 과거력이 있다.
7. 파괴적 행동, 충동통제 및 품행장애에 대해 평가해야 한다.
8. 분노관리 기법을 배우고 연습하는 데 중점을 둔 치료가 도움이 될 수 있다.

　　이 척도의 낮은 점수(T ≤ 40)는 분노 문제가 없다고 보고한 청소년을 나타낸다.

행동 제약 공포(BRF)

이 척도는 집 안팎에서 활동의 제약을 반영하는 3문항으로 구성된다. 이러한 제약은 광장공포증에서 나타날 수 있는 두려움 때문에 발생한 것으로 여겨진다.

　　높은 점수(T ≥ 60)는 다음과 같은 청소년을 나타낸다.

1. 활동을 제약하는 몇 가지 두려움이 있다고 보고한다.
2. 고통, 불안, 우울을 느낄 가능성이 있다.
3. 불안장애, 특히 광장공포증에 대해 평가해야 한다.
4. 활동 제약에 기여하는 두려움을 줄이는 데 초점을 맞춘 치료가 도움이 될 수 있다.

　　이 척도의 낮은 점수(T ≤ 40)는 해석하지 않는다.

특정 공포(SPF)

이 척도는 특정 사물이나 환경에 대한 공포를 반영하는 4문항으로 구성된다. 이 척도에 대한 경험적 상관관계가 입증될 필요가 있다. 따라서 현재는 내용 기반 해석만 권장한다.

　　높은 점수(T ≥ 60)는 다음과 같은 청소년을 나타낸다.

1. 공포증 수준에 이를 수 있는 여러 두려움이 있다고 보고한다.
2. 공포 감소를 목표로 한 치료가 도움이 될 수 있다.

이 척도의 낮은 점수(T≤40)는 특정 공포를 평균 수준보다 적게 보고한 청소년을 나타낸다.

외현화 SP 척도

이 척도는 청소년이 보고한 외현화 증상의 특정 양상을 식별하는 데 도움을 주기 위한 것이다. 이것은 BXD(모든 외현화 SP 척도), RC4(NSA, ASA, CNP, SUB, NPI), RC9(AGG)의 일면을 나타내지만, 상기 척도의 점수가 상승하지 않더라도 해석할 수 있다.

학교에 대한 부정적 태도(NSA)

이 척도는 학교에 다니는 것이 불쾌하거나 무가치한 활동이라는 신념과 같이 학교에 대한 부정적 태도를 반영하는 6문항으로 구성된다.

높은 점수(T≥60)는 다음과 같은 청소년을 나타낸다.

1. 학교에 대한 부정적 태도를 일반적인 수준보다 많이 보고한다.
2. 학업 문제를 경험한다.
3. 다양한 규칙 위반, 적대적 및 기타 외현화행동에 관여한다.
4. 학업성취 문제 및 학교에서의 행동 문제에 대해 평가해야 한다.
5. 학교에 대한 부정적 태도를 목표로 한 개입이 도움이 될 수 있다.

이 척도의 낮은 점수(T≤40)는 학교에 대한 부정적 태도를 일반적인 수준보다 적게 보고한 청소년을 나타낸다.

반사회적 태도(ASA)

이 척도는 목적에 부합하면 진실이나 규칙을 바꿔야 한다고 믿는 등 반사회적 행동을 지지하는 태도를 측정하는 6문항으로 구성되어 있다.

높은 점수(T≥60)는 다음과 같은 청소년을 나타낸다.

1. 반사회적 행동을 지지하는 다양한 태도를 보고한다.
2. 다양한 규칙 위반 및 적대적 행동에 관여한다.
3. 자기 뜻대로 하려고 다른 사람을 위협할 수 있다.
4. 품행 문제의 과거력이 있다.
5. 문제성 물질 사용에 관여했을 수 있다.
6. 파괴적 행동, 충동통제 및 품행장애에 대해 평가해야 한다.
7. 반사회적 태도를 목표로 한 개입이 도움이 될 수 있다.

이 척도의 낮은 점수(T≤40)는 반사회적 태도를 평균 수준 이하로 보고한 청소년을 나타낸다.

품행 문제(CNP)

이 척도는 가정, 학교, 지역사회에서 청소년의 반사회적 행동 참여를 측정하는 7문항으로 구성된다.

높은 점수(T≥60)는 다음과 같은 청소년을 나타낸다.

1. 다양한 반사회적 행동에 관여하고 있다고 보고한다.
2. 규칙 위반, 적대적 및 반사회적 행동에 관여할 가능성이 있다.
3. 무책임하고 충동적인 행동을 한다.
4. 구금 또는 기소와 같이 법체계에 연루된 과거력이 있다.
5. 다른 사람에게 공격적일 수 있다.
6. 또래들과 부정적인 관계를 갖는 경향이 있다.
7. 싸운 전력이 있다.
8. 도둑질 때문에 곤경에 처했던 적이 있다.
9. 알코올 또는 약물 사용의 과거력이 있다.
10. 학교에서 정학 또는 퇴학을 당한 전력이 있다.
11. 가출한 적이 있다.
12. 파괴적 행동, 충동통제 및 품행장애에 대해 평가해야 한다.
13. 반사회적 행동을 감소하기 위한 개입이 도움이 될 수 있다.

이 척도의 낮은 점수(T≤40)는 반사회적 행동에 평균 수준 이하로 응답한 청소년을 나타낸다.

약물 남용(SUB)

이 척도는 청소년에게 알코올 또는 기타 약물 사용 및 관련 문제를 묻는 4문항으로 구성된다.

높은 점수(T≥60)는 다음과 같은 청소년을 나타낸다.

1. 공개적으로 알코올, 마리화나 또는 기타 물질의 사용을 인정하고 있다.
2. 물질 남용으로 인한 문제를 경험할 가능성이 있다.
3. 물질 관련 문제에 대한 치료력이 있다.
4. 다양한 규칙 위반, 적대적 및 반사회적 행동에 관여할 가능성이 있다.

5. 기소, 구금 또는 보호 관찰을 포함하여 법 관련 문제가 있었을 가능성이 크다.

6. 도주한 과거력이 있다.

7. 잠재적인 물질 관련 장애에 대한 평가를 포함하여 물질 남용 및 관련 문제에 대해 자세히 평가해야 한다.

8. 문제성 물질 사용을 겨냥한 개입이 도움이 될 수 있다.

이 척도의 낮은 점수(T≤40)는 해석하지 않는다.

또래의 부정적 영향(NPI)

이 척도는 청소년의 반사회적 행동을 부추기는 또래와의 관계 및 그런 또래에 대한 보호자의 반응을 기술하는 5문항으로 구성된다.

높은 점수(T≥60)는 다음과 같은 청소년을 나타낸다.

1. 부정적 행동을 부추기는 또래와 어울린다고 보고한다.

2. 부정적 행동을 부추기고 지지하는 또래가 있을 가능성이 높다.

3. 다양한 규칙 위반, 적대적 및 반사회적 행동에 관여한다.

4. 학교에서 정학을 당한 전력이 있다.

5. 가출한 적이 있다.

6. 알코올 또는 다른 약물을 사용할 수 있다.

7. 법체계에 연루된 과거력이 있을 수 있다.

8. 파괴적 행동, 충동통제, 품행 및 물질 관련 장애에 대해 평가해야 한다.

9. 부정적인 또래의 영향을 줄이기 위한 개입이 도움이 될 수 있다.

10. 긍정적인 또래 영향이 있는 활동에 참여하면 도움이 될 수 있다.

이 척도의 낮은 점수(T≤40)는 해석하지 않는다.

공격 성향(AGG)

이 척도는 청소년의 공격적 행동 참여뿐만 아니라 타인에 대한 공격적 행동을 지지할 수 있는 태도를 반영하는 8문항으로 구성된다.

높은 점수(T≥60)는 다음과 같은 청소년을 나타낸다.

1. 다른 사람에게 공격적인 방식으로 행동한다고 보고한다.

2. 언어적, 신체적으로 공격적인 행동을 보인다.

3. 다른 사람에게 위협을 가할 수 있다.

4. 싸운 전력이 있다.

5. 무책임하거나 충동적인 행동을 할 수 있다.

6. 다양한 규칙 위반, 적대적 및 반사회적 행동에 관여할 가능성이 있다.

7. 파괴적 행동, 충동통제 및 품행장애에 대해 평가해야 한다.

8. 공격행동을 목표로 한 개입이 도움이 될 수 있다.

이 척도의 낮은 점수(T≤40)는 평균 수준보다 낮은 공격행동을 보고한 청소년을 나타낸다.

대인관계 SP 척도

대인관계 SP 척도는 청소년의 대인관계 기능에 대한 정보를 제공하기 위한 것이다. 다른 SP 척도와 달리 대인관계 척도는 독립적인 기능 영역을 평가하며 MMPI-A-RF 척도 위계상에 위치하지 않는다.

가족 문제(FML)

이 척도는 청소년이 가족 내에서 겪는다고 보고한 갈등 및 지원 부족 등의 부정적 경험을 반영하는 11문항으로 구성된다. 여러 다른 집단의 사람을 가족으로 인식하는 상황에 처한 청소년의 경우(예 : 생물학적 가족과 위탁 또는 입양 가족이 있는 청소년), 이 척도의 상승을 해석하려면 수검자에 대한 추가 조사가 필요할 수 있다. 이는 문항이 원가족 및 현재 가족과의 경험을 구분하지 않기 때문이다.

높은 점수(T≥60)는 다음과 같은 청소년을 나타낸다.

1. 갈등 및 지각된 지원 부족을 포함해 가족 구성원과 부정적 상호작용을 한다고 보고한다.

2. 관계 문제를 겪고 있는 가족이 있을 가능성이 크다.

3. 다른 사람에게 언어적 또는 신체적으로 공격적인 행동을 한다.

4. 다양한 규칙 위반, 적대적 및 반사회적 행동에 관여할 가능성이 있다.

5. 고통, 우울 또는 불안을 경험한다.

6. 가족 기반 치료의 참여를 고려해야 한다.

7. 가족 문제에 대처하는 것을 목표로 한 개입이 도움이 될 수 있다.

낮은 점수(T≤40)는 과거 및 현재 가족 환경에서 평균 수준 이하의 갈등을 보고하는 청소년을 나타낸다.

대인관계 수동성(IPP)

이 척도는 사회적 상황에서 자신을 주장하는 청소년의 의지와 능력을 평가하는 4문항으로 구성되어 있다.

높은 점수(T≥60)는 다음과 같은 청소년을 나타낸다.

1. 대인관계 상황에서 수동적이고 비주장적이라고 보고한다.
2. 고통, 우울, 불안을 느낀다고 기술한다.
3. 자기주장적 행동에 참여하려는 의지와 능력을 증가시키기 위한 개입이 도움이 될 수 있다.

이 척도의 낮은 점수(T≤40)는 해석하지 않는다.

사회적 회피(SAV)

이 척도는 춤, 파티 등 사회적 상황에 대한 청소년의 사회적 회피를 묻는 7문항으로 구성된다.

높은 점수(T≥60)는 다음과 같은 청소년을 나타낸다.

1. 사회적 상황과 사건을 자주 회피한다고 보고한다.
2. 고립되어 있다.
3. 친구가 거의 없거나 전혀 없다.
4. 다른 사람이 보기에 내성적이라고 묘사된다.
5. 고통, 우울, 불안을 느낀다고 기술한다.
6. 무쾌감증, 느린 말투와 움직임과 같은 신체생리적 증상을 경험할 수 있다(임상 장면에서 평가하는 경우).
7. 사회적 회피를 특징으로 하는 장애에 대해 평가해야 한다.
8. 사회적 회피를 목표로 한 개입이 도움이 될 수 있다.

낮은 점수(T≤40)는 사회적 상황과 사건을 즐긴다고 보고하는 청소년을 나타낸다.

수줍음(SHY)

이 척도는 청소년이 다른 사람과 상호작용할 때 얼마나 과묵하고 사회적으로 불안한지를 측정하는 9문항으로 구성된다.

높은 점수(T≥60)는 다음과 같은 청소년을 나타낸다.

1. 다른 사람과 함께 있으면 수줍고 불편하다고 보고한다.
2. 쉽게 당황한다고 보고한다.
3. 많은 사회적 어려움을 겪고 있다고 기술한다.
4. 사회적 상황에서 수동적으로 반응할 수 있다.
5. 다른 사람이 보기에 내성적이고 고립되어 있다고 묘사된다.
6. 고통, 불안, 우울을 경험한다.
7. 사회불안장애(사회공포증)에 대해 평가해야 한다.
8. 사회불안을 감소시키기 위한 개입이 도움이 될 것이다.

낮은 점수(T≤40)는 사회불안을 거의 또는 전혀 보고하지 않는 청소년을 나타낸다.

관계 단절(DSF)

이 척도는 청소년의 혼자 있는 것에 대한 선호 및 사회적 관계에 대한 반감을 반영하는 5문항으로 구성된다.

높은 점수(T≥60)는 다음과 같은 청소년을 나타낸다.

1. 다른 사람과 함께 있는 것을 싫어한다고 보고한다.
2. 사회적으로 위축되어 있다.
3. 사회적 관계에 어려움을 겪고 있다고 기술한다.
4. 우울감을 경험한다.
5. 자존감에 문제가 있을 수 있다.
6. 혼자 하는 활동에 대한 선호를 특징으로 하는 장애에 대해 평가해야 한다.
7. 조현성 특질에 대해 평가해야 한다(DSF=90인 경우).
8. 치료자와 긍정적 동맹을 발전시키는 데 어려움을 겪을 수 있다.

이 척도의 낮은 점수(T≤40)는 해석하지 않는다.

성격병리 5요인(PSY-5) 척도의 해석지침

제7장에서 자세히 설명했듯이 PSY-5 척도는 성격특성의 적응 및 부적응 양상을 평가하기 위한 것이었다(Harkness, McNulty, & Ben-Porath, 1995). 이러한 특질은 DSM-5(American

Psychiatric Association, 2013)에 제시된 AMPD 및 HiTOP 모델에 설명된 영역 수준별 차원(Kotov et al. 2021)과 밀접히 관련된다. 이 척도의 버전은 MMPI-A용으로 개발되었으며 전 생애에 걸친 성격특질의 상대적 연속성 때문에 MMPI-A-RF에 채택되었다(McNulty, Harkness et al., 1997).

공격성(AGGR-r)

이 척도는 자신의 목표를 달성하기 위해 사용하는 공격적 행동 또는 도구적 공격성을 반영하는 내용의 12문항으로 구성된다. 이 척도가 측정하는 구성개념은 AMPD에서 제안된 적대성 영역 및 HiTOP의 적대적 외현화 영역과 관련된다.

높은 점수(T ≥60)는 다음과 같은 청소년을 나타낸다.

1. 대인관계에서 자기주장적이고 공격적이라고 보고한다.
2. 다른 사람에게 언어적이고 신체적으로 공격적인 경향이 있다.
3. 언어적 위협을 가한 적이 있다.
4. 싸운 전력이 있다.
5. 분노를 자주 경험한다.
6. 다양한 규칙 위반, 적대적 및 반사회적 행동에 관여한다.
7. 충동적이거나 부주의하거나 또는 과잉행동적일 수 있다.
8. 외현화장애, 특히 품행장애에 대해 평가해야 한다.
9. 공격적 행동의 비용과 이점을 검토하면 도움이 될 수 있다.
10. 분노통제 기법을 배우면 도움이 될 수 있다.

낮은 점수(T ≤40)는 대인관계에서 수동적이고 순종적이라고 보고하는 청소년을 나타낸다.

정신증(PSYC-r)

이 척도는 사고장애 증상에 반영된 것과 같이 합의된 현실과의 단절을 기술하는 13문항으로 구성된다. 이 척도가 측정하는 구성개념은 AMPD에서 제안된 정신증 영역 및 HiTOP의 사고장애 영역과 관련된다.

높은 점수(T ≥60)는 다음과 같은 청소년을 나타낸다.

1. 기이한 사고과정 및 지각경험을 보고한다.
2. 정신증적 증상을 겪을 수 있다.

3. 기이한 사고 패턴이 있다.

4. 환청 또는 환시를 경험한다.

5. 악몽을 꾼다고 기술한다.

6. 고통, 불안 또는 우울을 느낀다.

7. 긍정적인 또래관계가 거의 없다.

8. 정신증적 증상을 특징으로 하는 정신증 스펙트럼 장애 및 기타 장애에 대해 평가해야한다.

9. 사고 문제를 목표로 한 개입이 도움이 될 수 있다.

이 척도에서 낮은 점수(T≤40)는 해석하지 않는다.

통제 결여(DISC-r)

이 척도는 충동통제 곤란 및 위험 감수를 포함하여 탈억제를 반영하는 20문항으로 구성된다. 이 척도가 측정하는 구성개념은 AMPD에서 제안된 탈억제 영역 및 HiTOP의 탈억제성 외현화 영역과 관련된다.

높은 점수(T≥60)는 다음과 같은 청소년을 나타낸다.

1. 다양한 탈억제행동 양상을 보고한다.

2. 다양한 규칙 위반, 적대적 및 반사회적 행동에 관여한다.

3. 흥분추구 및 위험 감수 행동을 한다.

4. 알코올 및 다른 약물을 섭취한 적이 있다.

5. 학교에서 정학 또는 퇴학을 당했을 가능성이 있다.

6. 기소, 구금 또는 보호 관찰을 포함하여 법체계에 연루되었을 가능성이 있다.

7. 싸움을 포함하여 공격적 행동의 과거력이 있다.

8. 충동적인 결정을 내리거나 나쁜 판단을 할 수 있다.

9. 파괴적 행동, 충동통제 및 품행장애에 대해 평가해야 한다.

10. 파괴적 행동 때문에 치료에 어려움을 겪을 수 있다.

11. 탈억제 및 부적응적 의사결정을 줄이기 위한 개입이 도움이 될 수 있다.

낮은 점수(T≤40)는 지나친 제약을 반영할 수 있는 낮은 수준의 행동 탈억제를 보고하는 청소년을 나타낸다.

부정적 정서성/신경증(NEGE-r)

이 척도는 불안, 분노, 공포와 같은 강한 부정적 정서를 경험하는 경향성을 반영하는 13문항으로 구성된다. 이 척도가 측정하는 구성개념은 AMPD에서 제안된 부정적 정서성 영역 및 HiTOP의 내재화 영역과 관련된다.

높은 점수(T ≥ 60)는 다음과 같은 청소년을 나타낸다.

1. 견디기 힘든 부정적 정서를 보고한다.
2. 많은 정서적 어려움을 겪고 있다고 기술한다.
3. 대부분의 시간을 불안해한다.
4. 고통과 우울을 경험한다.
5. 주의집중에 문제가 있다.
6. 명료하게 생각하는 데 어려움을 겪는다.
7. 자살 사고를 경험할 수 있다.
8. 자살 위험성에 대해 평가해야 한다.
9. 불안 및 우울 장애에 대해 평가해야 한다.
10. 정서적 불편감 때문에 치료에 대한 동기가 높을 수 있다.
11. 부정적 정서를 목표로 한 개입이 도움이 될 수 있다.

이 척도에서 낮은 점수(T ≤ 40)는 해석하지 않는다.

내향성/낮은 긍정적 정서성(INTR-r)

이 척도는 낮은 수준의 사회적 참여 및 긍정적 정서경험의 어려움을 반영하는 15문항으로 구성된다. 이 척도가 측정하는 구성개념은 AMPD와 HiTOP 모두에서 제안된 애착 상실 영역과 관련된다.

높은 점수(T ≥ 60)는 다음과 같은 청소년을 나타낸다.

1. 평균보다 적은 긍정적 정서경험을 보고한다.
2. 대부분의 시간을 우울해한다.
3. 무쾌감증 및 정신운동 지체와 같은 우울의 신체생리적 증상을 경험한다(임상 장면에서 평가하는 경우).
4. 비정상적으로 활동이 적다.
5. 고통과 불안을 경험한다.

6. 다른 사람으로부터 고립되고 위축되어 있을 수 있다.

7. 또래를 신뢰하는 데 어려움을 겪을 수 있다.

8. 우울 및 불안 관련 장애에 대해 평가해야 한다.

9. 긍정적 정서경험을 증가시키는 데 초점을 둔 개입이 도움이 될 수 있다.

10. 사회적 고립 및 위축을 감소시키기 위한 개입이 도움이 될 수 있다.

낮은 점수(T≤40)는 많은 긍정적 정서경험을 보고하는 청소년을 나타낸다.

해석 전략

Archer 등(2016)의 MMPI-A-RF 해석에 대한 제안은 MMPI-2-RF와 유사하다(Ben-Porath & Tellegen, 2008/2011). 이는 MMPI-2-RF가 MMPI-A-RF의 원형으로 사용되어 두 검사가 유사하게 구성되었다는 점을 감안할 때 적절하다.

MMPI-A-RF를 해석할 때 첫 번째 단계는 타당도 척도를 검토하여 주요 척도의 해석이 정당한지 여부를 결정하는 것이다. 타당도 척도에서 수검자가 문항 내용에 상관없이 반응하거나 과대보고하는 등의 무효한 방식으로 검사에 임했음이 시사되는 경우 다른 MMPI-A-RF 점수는 더 이상 고려되지 않는다. 그러나 종종 타당도 척도 점수에서 무효반응 유형의 존재가 시사되지만 프로토콜을 무효화할 수준은 아닌 경우가 있다. 이 경우 주요 척도가 해석되지만 신중해야 한다. 이는 수검자가 보고하는 문제를 과대평가하거나 과소평가할 수 있기 때문이다. 타당도 척도를 해석하기 위한 지침이 Archer 등(2016)에 제시되어 있으며 이 장의 앞부분에 요약되어 있다.

프로토콜이 유효하고 해석 가능한 것으로 간주되고 나면 주요 척도를 해석한다. Archer 등(2016)은 MMPI-A-RF 점수를 사용하여 5개의 광범위한 영역을 다룰 수 있다고 제안한다. 여기에는 (a) 신체/인지 영역, (b) 정서 영역, (c) 사고 영역, (d) 행동 영역, (e) 대인관계 영역이 포함된다. 특정 MMPI-A-RF 척도는 상기 영역 내에서 해석되며 이러한 척도의 해석은 본질상 위계적이다. 먼저 일반적인 문제 영역에 대해 추론한 다음 보다 구체적인 문제 양상에 대해 추론한다. 그런 다음 MMPI-A-RF 척도의 전체 위계에 가까운 PSY-5에 기반한 추론이 이루어진다.

각 문제 영역에 대한 H-O, RC, SP 및 개정판 PSY-5(PSY-5-r) 척도는 표 15.2에 나와 있다. H-O 척도는 일반적인 문제 영역(즉 정서, 사고, 행동)에 대한 추론을 가능하게 한다. 각 H-O 척도와 관련된 RC 척도가 있어 H-O 척도의 높은 점수가 시사하는 문제의 특정 양상에 대해 추론할 수 있다. 마찬가지로 RC 척도와 관련된 SP 척도가 있어 RC 척도의 상승이 시사하는 문제의 보다 구체적인 양상에 대해 추론이 가능하다.

신체/인지, 정서, 사고, 행동 문제 영역별 해석은 MMPI-A-RF 프로토콜에서 중요한 순서 대로 제시되어야 한다. 이를 통해 수검자에게 있는 가장 핵심적인 문제를 강조하는 해석이 가능하다. 중요도는 신체/인지 영역에 대한 RC1 척도와 일반적인 정서(EID), 사고(THD), 행동(BXD) 문제 영역에 대한 세 가지 H-O 척도를 사용하여 결정할 수 있다. 가장 높은 T 점

표 15.2 MMPI-A-RF 해석을 위한 권장 구조 및 정보 출처

주제	MMPI-A-RF 출처
1. 프로토콜 타당도	
a. 문항 내용과 무관한 무효 응답	CNS, VRIN-r, TRIN-r, CRIN
b. 과대보고	F-r
c. 과소보고	L-r, K-r
2. 주요 척도 해석	
a. 신체/인지 영역	1. RC1, MLS, GIC, HPC, NUC, COG
b. 정서 영역	1. EID
	2. RCd, HLP, SFD, NFC
	3. RC2, INTR-r
	4. RC7, OCS, STW, AXY, ANP, BRF, SPF, NEGE-r
c. 사고 영역	1. THD
	2. RC6
	3. RC8
	4. PSYC-r
d. 행동 영역	1. BXD
	2. RC4, NSA, ASA, CNP, SUB, NPI
	3. RC9, AGG, AGGR-r, DISC-r
e. 대인관계 영역	1. FML
	2. RC3
	3. IPP
	4. SAV
	5. SHY
	6. DSF
f. 진단적 고려사항	거의 모든 주요 척도
g. 치료적 고려사항	거의 모든 주요 척도

수 상승을 보이는 영역의 해석부터 시작하되 해당 척도 및 MMPI-A-RF 위계상 그 척도 아래의 모든 척도를 해석하도록 한다. 그런 다음 상승 순서대로 나머지 영역에 대해 이 과정을 반복한다. 네 가지 영역 각각을 해석하고 나면 대인관계 영역의 척도를 해석한다.

각 영역 내에서 척도의 해석은 가장 광범위한 문제를 반영하는 것에서 가장 좁은 문제를 반영하는 것으로 진행해야 한다. 즉 해석은 수검자의 문제에 대한 기술 구체성이 가장 낮은 수준에서 가장 높은 수준의 순서로 배치해야 한다. RC 척도에 기반한 추론은 대체로 H-O 척도에 기반한 추론보다 더 구체적이며, SP 척도는 일반적으로 수검자의 문제를 가장 세밀하게 묘사한다. 따라서 H-O 척도가 상승하면 이 척도를 해석한 다음 관련된 RC 척도를 검토한다(EID의 경우 RCd, RC2, RC7; THD의 경우 RC6, RC8; BXD의 경우 RC4, RC9). RC 척도의 T 점수가 60점 이상인 경우 RC 척도에 대해 추론한 다음, RC 척도의 일면인 SP 척도를 검토하고 해석하여 T 점수가 60점 이상인 척도에 대해 추론한다. 관련 PSY-5 척도도 이 시점에서 해석해야 한다(RC2의 경우 INTR-r, RC7의 경우 NEGE-r, THD의 경우 PSYC-r, BXD의 경우 AGGR-r, DISC-r).

수검자가 MMPI-A-RF 위계의 모든 수준에서 항상 높은 점수를 얻지 못할 수 있다. 이러한 경우 해석은 상승(즉 T≥60)이 발생하는 MMPI-A-RF 위계 수준에서 이루어져야 한다. 예를 들어 수검자가 RC2는 상승하지만 이에 상응하는 EID가 상승하지 않는 프로토콜을 보일 수 있다. 이러한 경우 수검자는 다른 내재화 RC 척도인 RCd와 RC7에서 상승을 보이지 않았을 것이다. 이런 일은 수검자가 의기소침 또는 부정적 정서 문제를 부인하거나 해당 RC 척도에 반영된 매우 특정한 양상의 문제에만 응답하는 경우에 발생할 수 있다. 이 경우 정서 문제 영역의 해석은 RC2로 시작해서 INTR-r로 이어진다. 수검자가 RCd(즉 HLP, SFD, NFC)나 RC7(즉 OCS, STW, AXY, ANP, BRF, SPF)의 일면을 반영하는 SP 척도 또는 NEGE-r에서 상승을 보인 경우, RC2 및 관련 척도를 해석한 다음 중요한 순서대로 해석을 제시한다.

Archer 등(2016)의 권고에 따르면, 모든 영역 내에서 상승 척도를 해석한 후에는 모든 척도를 검토하여 평가 맥락에 근거한 진단 및 치료 고려사항에 대한 정보를 제공한다. 모든 주요 척도(H-O, RC, SP, PSY-5)는 진단적 인상 및 치료적 함의에 대한 정보 출처이다. Archer 등은 진단적 고려사항에 대한 추론이 부분적으로는 경험적 자료에 기반하고 부분적으로는 추정에 의한 것이라고 지적했다. 또한 치료에 대한 추론은 일반적으로 경험적 자료에 근거하지 않는다고 명시했다.

Archer 등(2016)은 문항 수준의 해석을 해석 전략에 통합하는 방법에 대한 정보를 제공하지 않는데, 단일 문항반응과 관련된 신뢰도와 타당도의 문제를 고려할 때 문항 수준의 해석이 바람직하지 않다고 주장한다. 대신 결정적 문항의 문항 수준 정보를 수검자와의 후속 면담을 안내하는 데 사용할 것을 권장한다. 우리는 이 전략에 동의한다.

MMPI-A-RF에서 중요한 문항 수준의 정보를 얻기 위한 두 가지 출처가 있다. 첫 번째는 MMPI-A-RF 점수 및 해석 보고서에서 수검자가 AGG, AXY, HLP, RC6, RC8, SUB 척도에 응답한 결정적 반응이다. 검사 개발자는 상기 척도에 즉각적인 주의와 후속 조치가 필요한 결정적 문항 내용이 있다고 밝혔다. T 점수가 60점 이상인 척도에 대해 채점 방향으로 응답된 문항이 제공된다.

추가적인 문항 수준의 정보는 MMPI-A-RF 결정적 문항세트에서 구할 수 있으며, 이것은 MMPI-A에 사용하도록 개발된 Forbey 및 Ben-Porath(1998) 결정적 문항에서 추출한 것이다. MMPI-A-RF 버전에는 원판 MMPI-A 81개의 결정적 문항 중 53개가 포함되어 있다. 상기 문항은 공격성, 불안, 인지적 문제, 품행 문제, 우울/자살 사고, 섭식 문제, 가족 문제, 환각경험, 편집적 사고, 학교 문제, 자기폄하, 신체증상, 약물 사용/남용, 기이한 사고의 14개 내용 범주로 분류된다. 우울/자살 사고의 결정적 문항 범주는 자살 사고 및 행동에 대해 직접적으로 질문하는 MMPI-A-RF의 모든 문항을 포함하기 때문에 특히 중요할 수 있다.

사례

다음 절에서는 방금 설명한 MMPI-A-RF 해석 전략을 이 장에 첨부된 예시 사례(John)의 점수에 적용할 것이다. 이것은 MMPI-A 해석 전략과 관련해 제14장에서 논의한 것과 동일한 사례라는 점에 유의해야 한다. MMPI의 다른 버전과 마찬가지로, MMPI-A-RF에서 도출된 추론은 보다 포괄적인 평가에서 하나의 정보로만 간주해야 한다. 해석을 연습할 수 있는 추가 사례는 출판사 웹사이트에서 이 책에 대해 제공하는 보충 자료에 포함되어 있다.

John의 타당도 척도 점수를 검토하면 그가 적절한 방식으로 검사에 임했으며 조심스럽게나마 주요 척도를 해석할 수 있다는 것을 알 수 있다. 누락 문항은 없었으며 점수는 그가 문항 내용과 관련된 응답을 했지만(VRIN-r=42T; CRIN=50T) 가끔씩 무분별하게 '그렇다'고 반응했을 가능성을 시사한다(TRIN-r=73T). 이 수준의 고정반응은 프로파일을 무효화하지 않지만 주요 척도를 주의해서 해석할 필요성을 나타낸다. 문항 내용과 관련된 무효 응답 지표에 대한 점수는 과소보고(L-r=44T; K-r=39T) 또는 과대보고(F-r=51T)의 근거를 제공하지 않는다.

다음으로 해석 전략상 4개 문제 영역(즉 신체/인지, 정서, 행동, 사고 영역)에 대한 중요도 지표 역할을 하는 H-O 및 RC1 척도에서 John의 점수를 검토하도록 한다. 가장 높은 점수가 EID 척도이고 T 점수가 60점 이상이기 때문에 정서 문제의 심각한 징후를 보고하고 있다고 추론할 수 있다. 그런 다음 EID와 연관된 RC 척도인 RCd, RC2, RC7과 관련 SP 및 PSY-5 척도를 상승 순서대로 해석한다. 상기 척도를 해석하면 John의 증상과 문제에 대해 보다 구체적인 그림을 얻을 수 있다.

가장 높은 RC 척도인 RCd 척도부터 해석을 시작하도록 한다. T 점수 67점은 John이 현재 삶의 상황에 대한 슬픔, 불행, 불만을 보고하고 있음을 시사한다. 그는 고통, 불안, 우울을 경험할 가능성이 높다. John은 HLP(T=73), SFD(T=62), NFC(T=61) 척도에서 60점 이상의 T 점수를 보였다. 상기 척도의 점수는 그가 미래에 대한 무망감과 비관주의를 보고하고 있으며(HLP) 자존감이 낮을 가능성(SFD)을 나타낸다. 또한 그는 신중하고 수동적으로 삶에 접근할 가능성이 있다(NFC). 이 모든 척도는 John이 자살 사고 또는 행동의 위험성이 있음을 시사하는데, 이는 몇몇 결정적 문항에 대한 반응과도 일치한다.

RCd 및 관련 SP 척도를 해석한 후 다른 정서 문제 RC 척도인 RC2와 RC7으로 넘어가도록 한다. 두 척도 모두 상승하지 않았지만 RC2가 해석 가능한 낮은 점수를 보이므로 다음으로 이 척도를 해석하도록 한다. John의 RC2 점수(T=37)는 그가 높은 수준의 정서적 고통을 겪는 동시에 폭넓은 긍정적 정서도 경험하고 있음을 나타낸다. 마지막으로 John은 RC7에서 유의한 상승을 보이지 않지만(T=46), 그의 보고는 부정적 정서성의 몇 가지 특정 양상을 경험한다는 것을 시사한다. 이는 OCS(T=65), STW(T=64), ANP(T=74) 점수에 반영되어 있다. 상기 척도의 상승은 그가 자주 불안해하고(OCS, STW) 걱정하고(STW) 화를 낼(ANP) 가능성이 있음을 나타낸다. John은 강박적 또는 침투적 사고를 경험할 수 있다(OCS, STW). 또한 쉽게 짜증을 내거나 분노할 수 있으며 이런 감정이 일어날 때 타인에게 공격적으로 행동할 수 있다(ANP).

다른 H-O 또는 RC 척도가 상승하지 않았기 때문에 다양한 영역 내 SP 척도의 해석을 진행하도록 한다. 이것은 중요도에 따라 순서대로 진행해야 한다. 이 사례에서 John은 MLS 신체/인지 증상 SP 척도와 ASA 외현화 SP 척도에서 모두 73T 점수를 보였다. 두 SP 척도가 중요도에서 동점을 이루기 때문에 다음에 해석할 영역에 대해 임상적인 판단을 내려야 한다. 방금 논의한 내재화장애와 신체 문제의 관련성을 고려할 때 다음 순서로 신체/인지 영역을 해석하는 것이 좋겠다.

신체/인지 영역 내에서 John은 MLS에서 73T와 COG에서 61T 점수를 보였다. MLS의 높은 점수는 그가 신체건강에 문제가 있다는 전반적인 느낌을 보고하고 있으며 피곤해하고 잠을 자지 못할 가능성을 나타낸다. COG의 높은 점수는 John이 평균보다 많은 인지 문제를 보고했음을 시사한다. 그는 명료한 사고에 어려움을 겪을 뿐만 아니라 주의력 및 집중력의 문제를 보일 수 있다.

프로파일에서 다음으로 가장 높은 척도는 ASA 점수이기 때문에 외현화 영역과 관련된 SP 척도의 해석으로 넘어가도록 한다. ASA에서 John의 점수(T=73)는 그가 반사회적 행동을 지지하는 태도를 보고하고 있음을 시사한다. 그는 다양한 규칙 위반 및 적대적 행동에 가담했을 가능성이 있으며 알코올 또는 다른 물질을 사용한 과거력이 있을 수 있다. 후자의 해석은 또한 SUB(T=61) 및 DISC-r(T=63) 척도의 높은 점수에 의해 뒷받침된다. 전자의 척도는 John이 물질 남용으로 인해 문제를 겪었을 가능성이 있으며 물질 관련 장애에 대해 면밀하게 평가해야 한다는 것을 나타낸다. 이 영역에서 마지막으로 높은 두 척도는 AGGR-r(T=65)과 DISC-r(T=63)이다. 대체로 이 척도의 점수는 그에게 적대성 및 탈억제에 대한 성향이 있음을 시사한다. AGGR-r 점수는 John이 광범위한 도구적 공격행동을 보고하며 다른 사람에게 언어적, 신체적으로 공격적일 가능성을 나타낸다. DISC-r 점수는 John이 잘못된 판단과 충동성을 특징으로 하는 다양한 행동에 관여할 가능성을 시사한다. 여기에는 학교 또는 법 관련 문제를 일으키는 행동과 위험 감수를 반영하는 행동이 포함될 수 있다.

주요 증상 영역별 척도를 해석했으므로 이제 대인관계 영역 척도로 넘어가도록 한다. 유일하게 상승한 대인관계 척도는 FML(T=75)이다. 따라서 다른 대인관계 척도는 해석하지 않는다. FML 척도의 높은 점수는 가족에게 갈등이 많다고 보고하고 있으며 가족을 비지지적으로 인식함을 나타낸다. 그의 가족은 서로 관계를 맺는 데 심각한 어려움을 겪을 가능성이 있다. 이 척도의 점수는 그의 가족도 John의 공격적인 행동의 대상일 수 있음을 시사한다.

다음으로 특정 정신장애를 시사하는 증거가 있는지 살펴보기 위해 John의 모든 점수를 검토하도록 한다. John의 EID(T=64), RCd(T=67), 내재화 및 신체/인지 증상 SP 척도인 MLS(T=73), COG(T=61), HLP(T=73), SFD(T=62), NFC(T=61), OCS(T=65), STW(T=64), ANP(T=74) 점수는 몇 가지 내재화 진단을 고려해야 함을 시사한다. 여기에는 광범위하게 우울 및 불안 관련 장애가 포함된다. 강박증(OCS) 또는 스트레스 및 걱정(STW)을 특징으로 하는 장애와 같이 광범위한 범주에 속하는 특정 장애도 고려하거나 추가로 평가해야 한다. 또한 신체적 불편감에 대한 신체적 원인을 배제할 수 있다면 신체증상장애에 대한 평가가 도움이 될 것이다(MLS). 인지 문제의 경험(COG)은 ADHD와 같은 신경발달장애를 고려할 필요성을 시사한다. 이 결론은 DISC-r(T=63) PSY-5-r 척도 점수가 나타내는 높은 수준의 탈억제 및 충동적 행동에서도 뒷받침된다. ANP 내재화 SP 척도(T=74)

의 높은 점수뿐만 아니라 ASA(T=73)와 SUB(T=61) 외현화 SP 척도 및 AGGR-r(T=65)과 DISC-r(T=63) PSY-5-r 척도의 높은 점수는 ADHD 외 다른 외현화장애에 대해서도 평가해야 함을 시사한다. 여기에는 모든 파괴적 행동, 충동통제 및 품행장애뿐만 아니라 물질 관련 장애가 광범위하게 포함된다. 반사회적 또는 다른 군집B 성격장애를 고려할 수 있겠으나 그의 나이를 감안할 때 PSY-5-r에 반영된 특질만 기술할 가능성이 더 크다. 왜냐하면 이 발달 시기에서 흔히 볼 수 있듯이 부적응 성격의 보다 일시적인 징후를 반영한 것일 수 있기 때문이다.

맥락과 관련이 있다면, 치료에 대한 고려사항을 밝히기 위해 모든 상승 척도의 점수를 검토하도록 한다. 일반적으로 참여 관련 문제에 대해 논의하는 것으로 시작한다. 이 사례에서 EID, RCd, HLP, SFD, NFC의 60점이 넘는 T 점수는 높은 수준의 정서적 고통으로 인해 치료에 대한 동기가 높을 가능성을 시사한다. 그러나 높은 수준의 신체적 불편감(MLS) 또는 파괴적 행동(DISC-r) 때문에 효과적으로 치료에 참여하는 데 어려움을 겪을 수 있다.

그다음 일반적으로 잠재적인 추가 평가 또는 외부 의뢰의 필요성에 대해 논의한다. John의 경우 MMPI-A-RF 점수는 즉각적인 자살 위험 평가가 필요하다고 시사한다(RCd, HLP, SFD, NFC). 이는 자살 사고 및 행동과 경험적으로 관련된 상기 척도(Archer et al., 2016)의 모든 점수가 높은 수준의 정서적 고통, 무망감, 미래에 대한 비관주의를 겪고 있음을 나타내기 때문이다. 그는 또한 우울/자살 사고의 결정적 문항 중 4개에 응답했으며, 그중 하나는 자살 위험 평가와 관련이 있는 것으로 알려졌다. 충동 및 탈억제 행동에 대한 보고로 인해 그의 자살 위험이 높아진다는 점도 고려해야 한다(DISC-r). John의 MMPI-A-RF 프로파일은 또한 강박 및 물질 관련 문제에 대한 추가 평가가 도움이 될 수 있음을 시사한다(각각 OCS, SUB). 마지막으로 COG 점수는 ADHD의 가능성을 충분히 검토하기 위해 신경심리학적 평가가 유용하다는 점을 시사한다.

마지막 단계에서 일반적으로 잠재적인 치료목표에 관심을 돌린다. 앞에서 기술한 자살 위험 평가의 결과에 따라 자살 위험을 완화하기 위한 개입을 권고할 수 있다. 더 넓게는 치료목표에 심리적 고통(RCd) 및 우유부단(NFC) 수준의 감소와 희망감(HLP) 및 긍정적 자존감(SFD)의 증진이 포함된다. 또한 분노(ANP, AGGR-r) 및 스트레스(STW) 관리 기법을 배우면 도움이 될 것이다. 추가 평가에서 심각한 강박사고나 강박행동이 있는 것으로 시사된다면 이런 경험을 다루기 위한 개입도 유효할 수 있다(OCS). 덧붙여 John의 MMPI-A-RF 결과는 탈억제 및 잘못된 의사결정을 목표로 하는 광범위한 개입이 도움이 될 것이라 시사한다(DISC-r). 반사회적이고(ASA) 공격적인(ANP, AGGR-r) 행동을 지지하는 태도를 줄이기 위한 구체적인 개입도 유효할 것이다. 물질 관련 문제가 확증되면 이러한 행동을 목표로 하는 개입이 필요할 수 있다(SUB). 마지막으로 심각한 가족 문제에 대한 그의 보고를 고려할 때 (FML) John과 가족에게 가족 기반 개입이 도움이 될지 생각해야 한다.

해석과정의 이 시점에서 결정적 반응 및 MMPI-A-RF 결정적 문항세트를 검토하도록 한다. HLP와 SUB에서 T 점수가 60점 이상이기 때문에 채점 방향으로 응답한 문항은 점수 보고서에 인쇄된다. 그는 또한 개정판 Forbey 및 Ben-Porath(1998) 결정적 문항에서 53개 중 13개에 응답했다. 이 문항들은 우울/자살 사고, 가족 문제, 자기폄하, 신체증상, 약물 사용/남용 범주에 속했다. 상기 문항은 추적 검사가 필요한 특정 문제를 밝히는 데 사용할 수 있다.

요약하면 John은 유효한 방식으로 MMPI-A-RF에 임한 것으로 보이지만, 문항 내용에 상관없이 '그렇다' 반응을 하는 경향이 있기 때문에 약간의 주의가 필요하다. John의 문제는 속성상 내재화와 외현화 둘 다 있다. 그는 많은 정서적 고통을 겪고 있고 생활 환경의 요구에 압도당하며 상황을 개선하기 위해 아무것도 할 수 없다고 생각할 가능성이 있다. 증상에는 건강이 좋지 않은 느낌, 스트레스와 걱정, 낮은 효능감과 자존감이 포함될 수 있다. 자살 사고나 행동의 위험이 있을 수 있다. John은 또한 성마르고 쉽게 화를 내는 경향이 있다. 적대적일 수 있으며 도발에 언어적, 신체적 공격성으로 대응할 가능성이 있다. 자기 뜻대로 하기 위해 도구적 공격성을 사용할 수 있다. 이런 유형의 공격적 행동은 John이 많이 겪는 가족갈등에 관여할 때 특히 두드러질 것으로 보인다. 탈억제 경향이 있으며 결과를 고려하지 않고 충동적인 결정을 내릴 가능성이 있다. 이런 어려움은 사고 조직화 및 집중력 문제의 가능성 때문에 악화될 수 있다. John은 자신이 물질을 사용한다는 것과 반사회적 행동을 지지하는 태도가 있다는 것을 공개적으로 인정한다.

John은 그가 겪고 있는 심리적 및 신체적 고통 때문에 치료동기가 높을 가능성이 있다. 그러나 신체적 불편감 및 파괴적 행동 참여와 같이 효과적인 치료를 방해할 수 있는 요인들이 있다. 몇 가지 척도는 추가 자료 수집과 외부 의뢰의 필요성을 시사한다. 치료목표에는 초기에 그의 정서적 혼란을 줄이는 데 초점을 맞춘 개입 이후 탈억제, 분노 및 공격 행동을 해결하기 위한 개입이 포함될 수 있다.

임상가가 작성한 MMPI-A-RF 해석을 제14장에 제시된 해당 MMPI-A 해석과 비교하는 것도 유익할 수 있다. MMPI-A와 MMPI-A-RF 보고서는 John의 프로토콜이 유효하고 해석 가능하다는 것에 동의한다. 그러나 MMPI-A-RF TRIN-r 점수는 약간 상승한 반면 MMPI-A TRIN 점수는 평균 수준이었다. 이러한 상승 차이는 MMPI-A-RF TRIN-r 척도에서 문항 쌍이 감소한 결과일 수 있으며, 더 적은 문항에 유사한 방향으로 응답해도 점수가 상승한다는 것을 의미한다. 향후 연구는 MMPI-A-RF 문항 내용과 무관한 무효 응답 척도의 문항이 적을수록 낮은 수준의 응답에 더 민감해지는지 여부를 결정하는 데 도움이 될 것이다.

주요 척도 해석에 있어서 MMPI-A와 MMPI-A-RF 보고서는 John이 자살 사고나 행동의 위험에 처할 수 있는 상당한 심리적 혼란을 겪고 있다는 데 동의한다. 그러나 MMPI-A에 따르면 자신에 대한 부정적 관점 및 동기 문제를 특징으로 하는 우울 기분이 더 두드러진 것으로 나타난다. 이러한 경험은 MMPI-A-RF에서 덜 두드러지지만 자존감 및 효능감 문제 지표가 일부 있었다(SFD와 NFC). John의 우울경험에 관한 MMPI-A 해석은 주로 A-dep 내용 척도와 해당 소척도에서 나왔다. A-dep가 측정한 일반적인 고통 및 A-dep2가 측정한 자기 비하는 SFD 및 NFC 상승에 반영된 반면, MMPI-A에서 해석된 동기 문제를 반영하는 내용 소척도는 MMPI-A-RF에 직접 대응되는 척도가 없다. RC2와 INTR-r 척도가 이러한 유형의 구성개념을 반영할 가능성이 가장 높은데, 두 척도에 대해 개발된 SP 척도가 없는 것이 그 이유이다. 그러나 MMPI-A에서 내용 소척도의 해석은 대부분 내용 기반 절차이다. 따라서 두 기술문 중 어느 것이 John의 실제 경험을 가장 잘 설명한다고 말하기는 어렵다.

MMPI-A와 MMPI-A-RF 해석 모두 John에게 분노와 짜증으로 인한 문제가 있으며 이런 감정을 언어적이고 신체적인 공격행동을 통해 표현할 가능성이 높은 것으로 묘사한다. 두 검사는 또한 John에게 적대 및 탈억제 성격특질이 있어 물질 사용을 포함한 위험 감수 행동과 행동화 패턴에 기여할 가능성을 시사한다. 그러나 MMPI-A와 MMPI-A-RF 모두 높은 수준의 가족 문제를 시사하는 것을 제외하고 MMPI-A-RF에는 이러한 경향과 관련된 대인관계 문제의 징후가 더 적다. 이를테면 MMPI-A는 일부 행동 때문에 John이 다른 사람에게 소외감과 냉소를 느끼는 것으로 나타낸 반면 MMPI-A-RF는 그렇지 않다. 이러한 차이는 MMPI-A-RF의 상기 중요한 기능 영역에 대한 연구가 제한적이기 때문일 수 있다. 예를 들어 Archer 등(2016)이 검사 매뉴얼에서 제시한 MMPI-A-RF의 외적 상관 자료에는 대인관계 경향(예 : 외향성)과 관계경험(예 : 또래와의 애착)을 반영하는 외적 준거가 거의 없었다. 이런 이유로 많은 대인관계 척도의 해석적 권고를 뒷받침할 강력한 관계가 입증되지 않았거나 (예 : RC3) 폭이 제한되었다(예 : SHY). 그러나 청소년 발달에서 대인관계의 중요성을 고려할 때 향후 이 주제에 대한 MMPI-A-RF 연구가 기대된다.

MMPI-A와 MMPI-A-RF 해석 모두 John의 부정적인 특성을 강조하고 있으며 강점에 대한 정보 제공은 제한적이거나 없다. MMPI 검사는 정신병리 평가에 초점을 두기 때문에 강점 평가는 역사적으로 핵심 기능이 아니었다. 그러나 MMPI-A 점수는 John이 외향적이라는 몇 가지 증거를 제공하는데, 이를 활용하여 외향성이 증상 개선에 어떻게 사용될 수 있는지에 대해 이차 추론을 할 수 있다. 주로 문제의 기술 및 개입 중심적인 장면(예 : 입원 병동, 주 거치료시설, 법정 사전조치 장면)의 수집 자료로 MMPI-A-RF의 경험 기반 해석을 만든다는 점을 고려할 때, 강점에 초점을 둔 외적 준거의 부족은 놀라운 일이 아니다. 그럼에도 불구하고 이는 MMPI-A-RF에 대한 추가 연구가 필요한 영역이다.

MMPI-A와 MMPI-A-RF 해석은 검토나 추가 평가가 필요한 장애에 대해 대체로 일치한다. 그러나 독특하게도 MMPI-A-RF 해석은 ADHD 평가의 필요성을 시사한다. 두 검사는 또한 치료 참여 동기 및 장애물에 대해 유사한 고려사항을 시사하지만, MMPI-A 해석은 라포 및 치료 진행상 잠재적 장애물과 관련된 고려사항을 추가적으로 제공한다. MMPI-A-RF 척도는 실시 개입의 가능한 속도와 결과에 대한 정보도 거의 제공하지 않는다. 치료자에게 최대한 유용하기 위해서는 이러한 유형의 치료 참여 변수가 MMPI-A-RF에 어떻게 반영되는지를 다룬 경험적 연구가 필요할 것이다.

요약하면 John의 프로토콜에 대한 MMPI-A와 MMPI-A-RF 해석에는 차이점보다 훨씬 많은 유사점이 있다. 성인용 검사와 마찬가지로 MMPI-A의 풍부한 해석은 MMPI-A 척도의 해석을 제공하는 연구 기반의 산물일 수 있다. 따라서 MMPI-A-RF 척도에 대한 연구가 수행됨에 따라, 척도 점수가 수검자에 대한 더 넓고 깊은 이해를 가능하게 하기를 바란다.

맺음말

이 장의 초반에 언급했듯이 MMPI-A-RF는 청소년용으로 개발된 최신 버전의 MMPI를 나타낸다. 이 대체검사와 널리 연구된 원형 MMPI-2-RF 사용에 내재한 근거는 MMPI-A-RF가 효율적이고 심리측정상 강력한 방식으로 수검자에 대한 정보를 제공하기에 적합함을 시사한다. 실제로 다양한 장면에서 척도 점수의 타당성에 관한 초기 자료는 전망이 좋다. 그러나 사용 가능한 다른 검사와 비교해 볼 때 추가 연구를 통해 MMPI-A-RF가 청소년의 사회, 정서, 행동 기능에 대한 세밀한 설명을 제공하는 데 유용한지를 적절히 판단할 필요가 있다.

제15장 부록

Minnesota Multiphasic
Personality Inventory-Adolescent
Restructured Form™

점수 보고서

MMPI-A-RF™
미네소타 다면적 인성 검사-청소년용-재구성판™
Robert P. Archer, PhD, Richard W. Handel, PhD, Yossef S. Ben-Porath, PhD, & Auke Tellegen, PhD

ID 번호 :	John
연령 :	16
성별 :	남
학력 :	보고되지 않음
평가 일시 :	11/23/2015

ALWAYS LEARNING   PEARSON

MMPI-A-RF 타당도 척도

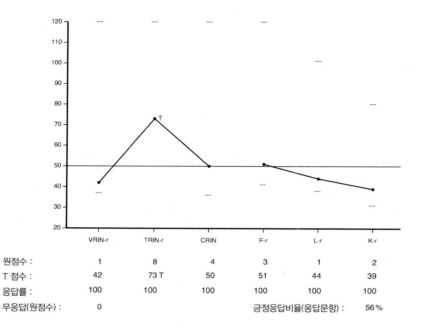

원점수 :	1	8	4	3	1	2
T 점수 :	42	73 T	50	51	44	39
응답률 :	100	100	100	100	100	100

무응답(원점수) :   0   긍정응답비율(응답문항) :   56%

각 척도별 T 점수의 최댓값과 최솟값은 "---"로 표시되어 있다; MMPI-A-RF T 점수는 비성별이다.

VRIN-r	무선반응 비일관성	F-r 비전형 반응
TRIN-r	고정반응 비일관성	L-r 흔치 않은 도덕적 반응
CRIN	반응 비일관성	K-r 적응 타당도

MMPI-A-RF 상위차원(H-O) 및 재구성 임상(RC) 척도

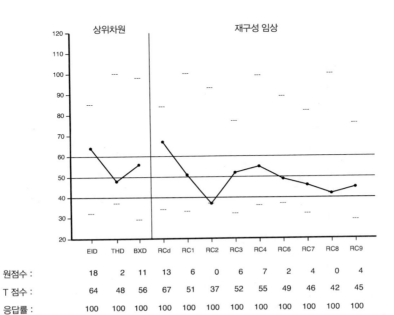

	EID	THD	BXD	RCd	RC1	RC2	RC3	RC4	RC6	RC7	RC8	RC9
원점수 :	18	2	11	13	6	0	6	7	2	4	0	4
T 점수 :	64	48	56	67	51	37	52	55	49	46	42	45
응답률 :	100	100	100	100	100	100	100	100	100	100	100	100

각 척도별 T 점수의 최댓값과 최솟값은 "---"로 표시되어 있다; MMPI-A-RF T 점수는 비성별이다.

EID 정서적/내재화 문제	RCd 의기소침	RC6 피해의식
THD 사고 문제	RC1 신체증상 호소	RC7 역기능적 부정 정서
BXD 행동적/외현화 문제	RC2 낮은 긍정 정서	RC8 기태적 경험
	RC3 냉소적 태도	RC9 경조증적 상태
	RC4 반사회적 행동	

MMPI-A-RF 신체/인지 증상 및 내재화 척도

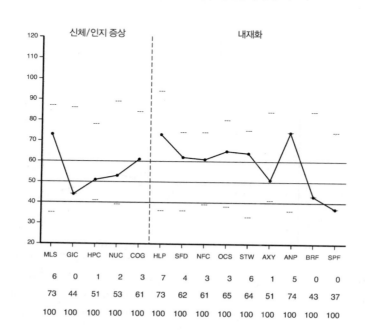

	MLS	GIC	HPC	NUC	COG	HLP	SFD	NFC	OCS	STW	AXY	ANP	BRF	SPF
원점수 :	6	0	1	2	3	7	4	3	3	6	1	5	0	0
T 점수 :	73	44	51	53	61	73	62	61	65	64	51	74	43	37
응답률 :	100	100	100	100	100	100	100	100	100	100	100	100	100	100

각 척도별 T 점수의 최댓값과 최솟값은 "---"로 표시되어 있다; MMPI-A-RF T 점수는 비성별이다.

MLS	신체적 불편감	HLP	무력감/무망감
GIC	소화기 증상 호소	SFD	자기 회의
HPC	두통 호소	NFC	효능감 결여
NUC	신경학적 증상 호소	OCS	강박사고/행동
COG	인지적 증상 호소	STW	스트레스/걱정

AXY	불안
ANP	분노 경향성
BRF	행동 제약 공포
SPF	특정 공포

MMPI-A-RF 외현화 및 대인관계 척도

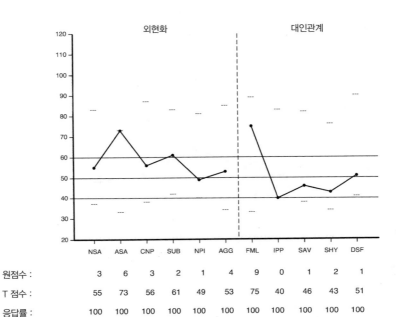

	NSA	ASA	CNP	SUB	NPI	AGG	FML	IPP	SAV	SHY	DSF
원점수 :	3	6	3	2	1	4	9	0	1	2	1
T 점수 :	55	73	56	61	49	53	75	40	46	43	51
응답률 :	100	100	100	100	100	100	100	100	100	100	100

각 척도별 T 점수의 최댓값과 최솟값은 "---"로 표시되어 있다: MMPI-A-RF T 점수는 비성별이다.

NSA	학교에 대한 부정적 태도	FML	가족 문제
ASA	반사회적 태도	IPP	대인관계 수동성
CNP	품행 문제	SAV	사회적 회피
SUB	약물 남용	SHY	수줍음
NPI	또래의 부정적 영향	DSF	관계 단절
AGG	공격 성향		

MMPI-A-RF 성격병리 5요인(PSY-5) 척도

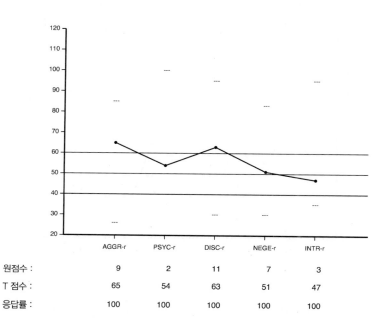

	AGGR-r	PSYC-r	DISC-r	NEGE-r	INTR-r
원점수 :	9	2	11	7	3
T 점수 :	65	54	63	51	47
응답률 :	100	100	100	100	100

각 척도별 T 점수의 최댓값과 최솟값은 "---"로 표시되어 있다; MMPI-A-RF T 점수는 비성별이다.

AGGR-r 공격성
PSYC-r 정신증
DISC-r 통제 결여
NEGE-r 부정적 정서성/신경증
INTR-r 내향성/낮은 긍정적 정서성

MMPI-A-RF T 점수(영역별)

프로토콜 타당도

문항 내용과 무관한 무효 응답

CNS	VRIN-r	TRIN-r	CRIN
0	42	73 T	50

과대보고

F-r
51

과소보고

L-r	K-r
44	39

주요 척도

신체/인지 영역

RC1	MLS	GIC	HPC	NUC	COG
51	73	44	51	53	61

정서 영역

EID
64

RCd	HLP	SFD	NFC
67	73	62	61

RC2	INTR-r
37	47

RC7	OCS	STW	AXY	ANP	BRF	SPF	NEGE-r
46	65	64	51	74	43	37	51

사고 영역

THD
48

RC6
49

RC8
42

PSYC-r
54

행동 영역

BXD
56

RC4	NSA	ASA	CNP	SUB	NPI
55	55	73	56	61	49

RC9	AGG	AGGR-r	DISC-r
45	53	65	63

대인관계 영역

FML	RC3	IPP	SAV	SHY	DSF
75	52	40	46	43	51

주의. 이 정보는 *MMPI-A-RF Administration, Scoring, Interpretation, and Technical Manual*에서 권장하는 MMPI-A-RF 해석 구조에 따라 해석이 용이하도록 제공되는데, 매뉴얼 제7장 본문에 자세한 내용과 표 7-1에 개요가 제시되어 있다.

MMPI-A-RF™ 점수 보고서   John
11/23/2015, Page 8

***주의 : 이 보고서의 마지막 페이지에는 누락 문항이나 채점할 수 없는 문항과 함께 결정적 반응 또는 결정적 문항 목록 중 응답 문항이 표시된다. 이 부분에는 문항 번호와 내용이 모두 포함된다. 보고서의 마지막 페이지에는 모든 검사 문항에 대한 수검자의 문항 수준 응답이 포함된다. 이 페이지는 검사 보안을 유지하기 위해 이 책에 표시되지 않지만, 수정된 예시 보고서는 Pearson Assessments의 웹사이트에서 확인할 수 있다.

참고문헌

Aaronson, A. L., Dent, O. B., Webb, J. T., & Kline, C. D. (1996). Graying of the critical items: Effects of aging on responding to MMPI-2 critical items. *Journal of Personality Assessment*, 66(1), 169–176. https://doi.org/10.1207/s15327752jpa6601_13

Ackerman, M. J., & Pritzl, T. B. (2011). Child custody evaluation practices: A 20-year follow-up. *Family Court Review*, 49(3), 618–628. https://doi.org/10.1111/j.1744-1617.2011.01397.x

Adkins, J. W., Weathers, F. W., McDevitt-Murphy, M., & Daniels, J. B. (2008). Psychometric properties of seven self-report measures of posttraumatic stress disorder in college students with mixed civilian trauma exposure. *Journal of Anxiety Disorders*, 22(8), 1393–1402. https://doi.org/10.1016/j.janxdis.2008.02.002

Alfano, D. P., Paniak, C. E., & Finlayson, M. A. J. (1993). The MMPI and closed head injury: A neurocorrective approach. *Neuropsychiatry, Neuropsychology, and Behavioral Neurology*, 6(2), 111–116.

Allard, G., & Faust, D. (2000). Errors in scoring objective personality tests. *Assessment*, 7(2), 119–129. https://doi.org/10.1177/107319110000700203

Allen, J. (1998). Personality assessment with American Indians and Alaska natives: Instrument considerations and service delivery style. *Journal of Personality Assessment*, 70(1), 17–42. https://doi.org/10.1207/s15327752jpa7001_2

Almagor, M., & Koren, D. (2001). The adequacy of the MMPI-2 Harris–Lingoes subscales: A cross-cultural factor analytic study of scales D, Hy, Pd, Pa, Sc, and Ma. *Psychological Assessment*, 13(2), 199–215. https://doi.org/10.1037/1040-3590.13.2.199

Alperin, J. J., Archer, R. P., & Coates, G. D. (1996) Development and effects of an MMPI-A K-correction procedure. *Journal of Personality Assessment*, 67(1), 155–168. https://doi.org/10.1207/s15327752jpa6701_12

American Educational Research Association, American Psychological Association, & National Council on Measurement in Education. (2014). *Standards for educational and psychological testing*. American Educational Research Association.

American Psychiatric Association. (1987). *Diagnostic and statistical manual of mental disorders* (3rd ed., revised).

American Psychiatric Association. (2013). *Diagnostic and statistical manual of mental disorders* (5th ed.). https://doi.org/10.1176/appi.books.9780890425596.

American Psychological Association. (1986). *Guidelines for computer-based tests and interpretations*.

찾아보기

저자 소개

John R. Graham
미국 Kent State University 교수

Carlo O. C. Veltri
미국 St. Olaf College 부교수

Tayla T. C. Lee
미국 Ball State University 부교수

역자 소개

문혜신
연세대학교 심리학과 졸업
동 대학원 임상심리학 전공(박사)
현재 마음사랑상담센터 부원장

박현진
고려대학교 대학원 임상심리학 전공(석 · 박사)
현재 마음사랑아동 · 청소년심리상담센터 소장

유성진
서울대학교 심리학과 졸업
동 대학원 임상 · 상담심리학 전공(석 · 박사)
현재 한양사이버대학교 상담심리학과 교수

김지영
서울대학교 심리학과 졸업
동 대학원 임상심리학 전공(석 · 박사)
현재 차 의과학대학교 심리학 전공 교수